U0897931

最高人民法院案例指导与参考丛书

最高人民法院
执行案例指导与参考

（第三版）

最高人民法院案例
指导与参考丛书编选组 编

人民法院出版社

图书在版编目（CIP）数据

最高人民法院执行案例指导与参考 / 最高人民法院案例指导与参考丛书编选组编. -- 3版. -- 北京 : 人民法院出版社, 2023.9
（最高人民法院案例指导与参考丛书）
ISBN 978-7-5109-3877-1

Ⅰ. ①最… Ⅱ. ①最… Ⅲ. ①法院－执行(法律)－案例－中国 Ⅳ. ①D926.225

中国国家版本馆CIP数据核字(2023)第158716号

最高人民法院执行案例指导与参考（第三版）

最高人民法院案例指导与参考丛书编选组 编

责任编辑 陈晓璇
出版发行 人民法院出版社
地　　址 北京市东城区东交民巷27号（100745）
电　　话 （010）67550520（责任编辑） 67550558（发行部查询）
65223677（读者服务部）
客服QQ 2092078039
网　　址 http://www.courtbook.com.cn
E-mail courtpress@sohu.com
印　　刷 保定市中画美凯印刷有限公司
经　　销 新华书店

开　　本 787毫米×1092毫米 1/16
字　　数 721千字
印　　张 48.5
版　　次 2023年9月第1版 2023年9月第1次印刷
书　　号 ISBN 978-7-5109-3877-1
定　　价 148.00元

出版说明

案例指导制度是一项具有中国特色的司法制度。自建立以来，案例指导制度发展迅速，在统一裁判标准、提高审判质量、提升司法公信力方面发挥了重要作用。最高人民法院院长张军指出，人民法院要组织编写集中反映案件审理中的难点、争点和痛点问题，能够指导广大法官公正高效办案的案例教程，使之充分发挥促进公正司法、统一裁判尺度的重要作用。基于此，我们编辑了《最高人民法院案例指导与参考丛书》，将最高人民法院出台的指导性案例分类汇编成册，并收录近几年来《最高人民法院公报》《中国审判指导丛书》中公布的具有重要参考价值的典型案例，为广大法官审理类似案件提供指导与参考，使公众从案例中直观领悟法律的原则和精神，更好地发挥司法的指导引领作用。

本丛书具有以下特点：

第一，精选案例、指导实践。本丛书收录了截至目前最高人民法院发布的有效指导性案例以及部分指导性案例理解与参照适用的权威论述，并对近几年来《最高人民法院公报》《民事审判指导与参考》《执行工作指导》《商事审判指导》《立案工作指导》《审判监督指导》《知识产权审判指导》等《中国审判指导丛书》中刊发的典型案例进行了系统梳理，精选出社会广泛关注、法律规定比较原则、具有典型性、疑难复杂或者新类型的案例予以收录。这些案例经过了最高人民法院的层层筛选，案例中所蕴含的裁判思路、裁判标准和裁判方法将为广大法律工作者从“抽象到具体”的法律适用，提供从“具体到具体”的参照，对司法实践中的法律适用难点问题进行实例指导。

第二，精细编排，精准参照。本丛书将最高人民法院公布的有效指导性案例以及分布在《最高人民法院公报》和最高人民法院各审判业务庭出版的审判参考类图书中的大量案例进行了精细分类编排，以案件类型为分卷标准，目前已陆续出版了合同、物权、侵权、劳动、婚姻家庭与继承、知识产权、保险、票据、公司、行政、执行、环境资源、建设工程、人格权等案例指导与参考分册，各分册以案由、公布载体对精选收录的案例进一步细化分类，每一案例均注明案例来源，方便读者进行同类案件查找比对。各分册还特别提炼了所收录案例的裁判要点，并在目录中进行醒目提示，使读者对案例的指导与参考要点一目了然，准确定位所需参照案例。在部分指导性案例后附录最高人民法院案例指导工作办公室撰写的理解与参照文章，有助于读者领会和把握案例的精神实质和指导与参考意义。

本丛书一经推出便得到读者广泛好评。因近几年我国法律的立改废释工作举措密集，同时新类型案件层出不穷，本丛书编写组特对丛书进行了更新，以期为读者提供最新、最全的最高人民法院案例指导与参考。衷心希望本丛书的出版能够为法律实务工作提供切实有效的办案指导与参考，同时也能够为法学理论研究提供权威、真实的案例素材。执行分册的编纂获得了李超、汤志勇、施付阳、兰子君等执行法官与法律专业人士的帮助，在此表示感谢。书中存在的不当之处，敬请广大读者批评指正。

编　者

二〇二三年九月

目录

执行异议之诉案件

一、案外人执行异议之诉

执行异议复议案件

执行监督案件

执行分配方案异议之诉案件

承认和执行外国仲裁裁决案件

错误执行司法赔偿案件

其他执行案件

人民法院能动司法（执行）典型案例

执行异议之诉案件

一、案外人执行异议之诉

1. 王某光与中天建设集团有限公司、白山和丰置业有限公司案外人执行异议之诉案*

（最高人民法院审判委员会讨论通过 2021年2月19日发布）

房屋买受人对强制执行的房屋提起案外人执行异议之诉，请求排除强制执行的民事权益，但不否定原生效判决确认的债权人所享有的建设工程价款优先受偿权的，人民法院应予受理

【关键词】

民事　案外人执行异议之诉　与原判决、裁定无关　建设工程价款优先受偿权

【裁判要点】

在建设工程价款强制执行过程中，房屋买受人对强制执行的房屋提起案外人执行异议之诉，请求确认其对案涉房屋享有可以排除强制执行的民事权益，但不否定原生效判决确认的债权人所享有的建设工程价款优先受偿权的，属于《中华人民共和国民事诉讼法》第二百二十七条①规定的“与原判决、裁定无关”的情形，人民法院应予依法受理。

---

* 2021年2月19日最高人民法院发布的第27批指导性案例（指导案例154号）。

① 对应《民事诉讼法》（2021年修正）第二百三十四条，下同。

【相关法条】

《中华人民共和国民事诉讼法》第二百二十七条

【基本案情】

2016年10月29日，吉林省高级人民法院就中天建设集团公司（以下简称中天公司）起诉白山和丰置业有限公司（以下简称和丰公司）建设工程施工合同纠纷一案作出（2016）吉民初19号民事判决：和丰公司支付中天公司工程款42746020元及利息，设备转让款23万元，中天公司可就春江花园B1栋、B2栋、B3栋、B4栋及B区16栋、17栋、24栋折价、拍卖款优先受偿。判决生效后，中天公司向吉林省高级人民法院申请执行上述判决，该院裁定由吉林省白山市中级人民法院执行。2017年11月10日，吉林省白山市中级人民法院依中天公司申请作出（2017）吉06执82号（之五）执行裁定，查封春江花园B1栋、B2栋、B3栋、B4栋的11××—××号商铺。

王某光向吉林省白山市中级人民法院提出执行异议，吉林省白山市中级人民法院于2017年11月24日作出（2017）吉06执异87号执行裁定，驳回王某光的异议请求。此后，王某光以其在查封上述房屋之前已经签订书面买卖合同并占有使用该房屋为由，向吉林省白山市中级人民法院提起案外人执行异议之诉，请求法院判令：依法解除查封，停止执行王某光购买的白山市浑江区春江花园B1栋、B2栋、B3栋、B4栋的11××—××号商铺。

2013年11月26日，和丰公司（出卖人）与王某光（买受人）签订《商品房买卖合同》，约定：出卖人以出让方式取得位于吉林省白山市星泰桥北的土地使用权，出卖人经批准在上述地块上建设商品房春江花园；买受人购买的商品房为预售商品房……买受人按其他方式按期付款，其他方式为买受人已付清总房款的50%以上，剩余房款10日内通过办理银行按揭贷款的方式付清；出卖人应当在2014年12月31日前按合同约定将商品房交付买受人；商品房预售的，自该合同生效之日起30天内，由出卖人向产权处申请登记备案。

2014 年 2 月 17 日，贷款人（抵押权人）招商银行股份有限公司、借款人王某光、抵押人王某光、保证人和丰公司共同签订《个人购房借款及担保合同》，合同约定抵押人愿意以其从售房人处购买的该合同约定的房产的全部权益抵押给贷款人，作为偿还该合同项下贷款本息及其他一切相关费用的担保。2013 年 11 月 26 日，和丰公司向王某光出具购房收据。白山市不动产登记中心出具的不动产档案查询证明显示：抵押人王某光以不动产权证号为白山房权证白 BQ 字第××××××号，建筑面积 5339.04 平方米的房产为招商银行股份有限公司通化分行设立预购商品房抵押权预告。2013 年 8 月 23 日，涉案商铺在产权部门取得商品房预售许可证，并办理了商品房预售许可登记。2018 年 12 月 26 日，吉林省电力有限公司白山供电公司出具历月电费明细，显示春江花园 B1-4 号门市 2017 年 1 月至 2018 年 2 月用电情况。

白山市房屋产权管理中心出具的《查询证明》载明："经查询，白山和丰置业有限公司 B—1、2、3、4#楼在 2013 年 8 月 23 日已办理商品房预售许可登记。没有办理房屋产权初始登记，因开发单位未到房屋产权管理中心申请办理。"

【裁判结果】

吉林省白山市中级人民法院于 2018 年 4 月 18 日作出（2018）吉 06 民初 12 号民事判决：一、不得执行白山市浑江区春江花园 B1 栋、B2 栋、B3 栋、B4 栋 11××—××号商铺；二、驳回王某光其他诉讼请求。中天建设集团公司不服一审判决向吉林省高级人民法院提起上诉。吉林省高级人民法院于 2018 年 9 月 4 日作出（2018）吉民终 420 号民事裁定：一、撤销吉林省白山市中级人民法院（2018）吉 06 民初 12 号民事判决；二、驳回王某光的起诉。王某光对裁定不服，向最高人民法院申请再审。最高人民法院于 2019 年 3 月 28 日作出（2019）最高法民再 39 号民事裁定：一、撤销吉林省高级人民法院（2018）吉民终 420 号民事裁定；二、指令吉林省高级人民法院对本案进行审理。

【裁判理由】

最高人民法院认为，根据王某光在再审中的主张，本案再审审理的重点是王某光提起的执行异议之诉是否属于《中华人民共和国民事诉讼法》第二百二十七条规定的案外人的执行异议“与原判决、裁定无关”的情形。

根据《中华人民共和国民事诉讼法》第二百二十七条规定的文义，该条法律规定的案外人的执行异议“与原判决、裁定无关”是指案外人提出的执行异议不含有其认为原判决、裁定错误的主张。案外人主张排除建设工程价款优先受偿权的执行与否定建设工程价款优先受偿权权利本身并非同一概念。前者是案外人在承认或至少不否认对方权利的前提下，对两种权利的执行顺位进行比较，主张其根据有关法律和司法解释的规定享有的民事权益可以排除他人建设工程价款优先受偿权的执行；后者是从根本上否定建设工程价款优先受偿权权利本身，主张诉争建设工程价款优先受偿权不存在。简而言之，当事人主张其权益在特定标的的执行上优于对方的权益，不能等同于否定对方权益的存在；当事人主张其权益会影响生效裁判的执行，也不能等同于其认为生效裁判错误。根据王某光提起案外人执行异议之诉的请求和具体理由，并没有否定原生效判决确认的中天公司所享有的建设工程价款优先受偿权，王某光提起案外执行异议之诉意在请求法院确认其对案涉房屋享有可以排除强制执行的民事权益；如果一、二审法院支持王某光关于执行异议的主张也并不动摇生效判决关于中天公司享有建设工程价款优先受偿权的认定，仅可能影响该生效判决的具体执行。王某光的执行异议并不包含其认为已生效的（2016）吉民初 19 号民事判决存在错误的主张，属于《中华人民共和国民事诉讼法》第二百二十七条规定的案外人的执行异议“与原判决、裁定无关”的情形。二审法院认定王某光作为案外人对执行标的物主张排除执行的异议实质上是对上述生效判决的异议，应当依照审判监督程序办理，据此裁定驳回王某光的起诉，属于适用法律错误，再审法院予以纠正。鉴于二审法院并未作出实体判决，根据具体案情，再审法院裁定撤销二审裁定，指令二审法院继续审理本案。

（生效裁判审判人员：余晓汉、张岱恩、仲伟珩）

理解与参照

《王某光与中天建设集团有限公司、白山和丰置业有限公司案外人执行异议之诉案》的理解与参照*

——《中华人民共和国民事诉讼法》第二百二十七条中“与原判决、裁定无关”的认定标准

2021年2月19日，最高人民法院发布了第27批指导性案例，包括第148号至第156号共9件指导性案例，包括6个第三人撤销之诉案例和3个案外人执行异议之诉案例。其中，第154号指导案例为《王某光与中天建设集团有限公司、白山和丰置业有限公司案外人执行异议之诉案》。为了正确理解和准确参照适用该指导案例，现对该指导案例的基本案情、裁判要点、参照适用等有关情况予以解释和说明。

一、案例选编过程

最高人民法院第二巡回法庭推荐本案作为备选指导性案例后，最高人

* 原载《人民司法》2022年第17期。

民法院案例指导工作办公室经过初审认为，本案例基本符合指导性案例要求，并提交研究室室务会讨论。2020年11月15日，研究室室务会讨论同意，建议提交院审委会讨论。12月21日，该案例经最高人民法院民事专业委员会第365次会议讨论，同意作为指导性案例。2021年2月19日，最高人民法院以法〔2021〕55号文件将本案例列在第27批指导性案例予以发布。

《中华人民共和国民事诉讼法》第二百二十七条①规定案外人提起执行异议之诉的条件是案外人对执行标的提出的异议或者诉讼请求“与原判决、裁定无关”。该规定相对原则和抽象，有关司法解释也没有作出更为具体的规定，司法实践中有关理解尚不完全一致，需要进一步明确“与原判决、裁定无关”的认定标准。本案具体阐明《中华人民共和国民事诉讼法》第二百二十七条中“与原判决、裁定无关”的认定标准，对于明确案外人、当事人不服执行异议裁定的下一步救济途径究竟是申请再审抑或是提起执行异议之诉，具有指导意义。

二、关于本案例的相关情况

2016年10月29日，吉林省高级人民法院（以下简称吉林高院）就中天建设集团有限公司（以下简称中天公司）诉白山和丰置业有限公司（以下简称和丰公司）建设工程施工合同纠纷一案作出（2016）吉民初19号民事判决：和丰公司支付中天公司工程款4274万余元及利息，中天公司可就案涉7栋房产折价、拍卖款优先受偿。该判决生效后，吉林省白山市中级人民法院（以下简称白山中院）于2017年11月10日依中天公司申请作出执行裁定，查封上述部分案涉房产（商铺），王某光向该院提出异议，该院于2017年11月24日作出执行裁定，驳回王某光的异议请求。此后，王某光以其在白山中院查封上述房屋之前已经签订书面买卖合同并占有使用该房屋为由，向该院提起案外人执行异议之诉。

白山中院一审认为王某光与和丰公司在该院查封前已签订合法有效的

① 对应《民事诉讼法》（2021年修正）第二百三十四条，下同。

书面买卖合同，支付全部价款，且合法占有该商铺，其应当依法获得涉案商铺的所有权，王某光未办理过户登记原因是开发单位未办理初始登记，王某光无过错。该院依照《最高人民法院关于人民法院办理执行异议和复议案件若干问题的规定》第二十八条、《最高人民法院关于人民法院民事执行中查封、扣押、冻结财产的规定》第十七条的规定，于2018年4月18日作出（2018）吉06民初12号民事判决：（一）不得执行案涉商铺；（二）驳回王某光其他诉讼请求。

中天公司不服一审判决提出上诉。吉林高院二审认为，根据已生效的（2016）吉民初19号民事判决，案涉商铺在中天公司享有建设工程价款优先受偿权的范围内，王某光作为案外人对执行标的物主张排除执行的异议实质上是对上述生效判决的异议，人民法院应当依照审判监督程序办理，而不应按案外人执行异议之诉进行审理。吉林高院遂于2018年9月4日作出（2018）吉民终420号民事裁定：（一）撤销白山中院（2018）吉06民初12号民事判决；（二）驳回王某光的起诉。

王某光对裁定不服，申请再审。最高人民法院再审认为：本案再审审理的重点是王某光提起的执行异议之诉是否属于《中华人民共和国民事诉讼法》第二百二十七条规定的案外人的执行异议“与原判决、裁定无关”的情形。根据《中华人民共和国民事诉讼法》第二百二十七条规定的文义，该条法律规定的案外人的执行异议“与原判决、裁定无关”是指案外人提出的执行异议不含有其认为原判决、裁定错误的主张。案外人主张排除建设工程价款优先受偿权的执行与否定建设工程价款优先受偿权权利本身并非同一概念。前者是案外人在承认或至少不否认对方权利的前提下，对两种权利的执行顺位进行比较，主张其根据有关法律和司法解释的规定享有的民事权益可以排除他人建设工程价款优先受偿权的执行；后者是从根本上否定建设工程价款优先受偿权权利本身，主张诉争建设工程价款优先受偿权本身不存在。简而言之，当事人主张其权益在特定标的的执行上优于对方的权益，不能等同于否定对方权益的存在；当事人主张其权益会影响生效裁判的执行，也不能等同于其认为生效裁判错误。根据王某光提起案外人执行异议之诉的请求和具体理由，王某光并没有否定原生效判决确认的中天公司所享有的建设工程价款优先受偿权，王某光提起案外执行异议之诉意在请求法院确认其对案涉房屋享有可以排除强制执行的民事权益；如果一、二审法院支持王某光关于执行异议的主张也并不动摇生效判决关于中天公司享有建设工程价款优先受偿权的认定，仅可能影响该生效判决的具体执行。王某光的执行异议并不包含其认为已生效的（2016）吉民初19号民事判决存在错误的主张，属于《中华人民共和国民事诉讼法》第二百二十七条规定的案外人的执行异议“与原判决、裁定无关”的情形。二审法院认定王某光作为案外人对执行标的物主张排除执行的异议实质上是对上述生效判决的异议，应当依照审判监督程序办理，据此裁定驳回王某光的起诉，适用法律错误。鉴于二审法院对本案未作出实体判决，根据本案具体案情，最高人民法院于2019年3月28日作出（2019）最高法民再39号民事裁定：（一）撤销吉林高院（2018）吉民终420号民事裁定；（二）指令吉林高院对本案进行审理。

三、裁判要点的理解与说明

该指导案例的裁判要点确认：（1）《中华人民共和国民事诉讼法》第二百二十七条中“与原判决、裁定无关”是指案外人提出的执行异议不含有其认为原判决、裁定错误的主张。（2）在建设工程价款强制执行过程中，房屋买受人对强制执行的房屋提起案外人执行异议之诉，请求确认其对案涉房屋享有可以排除强制执行的民事权益，且不否定原生效判决确认的债权人所享有的建设工程价款优先受偿权的，属于《中华人民共和国民事诉讼法》第二百二十七条规定的“与原判决、裁定无关”的情形，人民法院应予依法受理。

上述两个要点并不难理解，主要可从两个层面来说明：一是从文义解释层面进行基本概念辨识与区分；二是从基本法理层面进行分析论证。单纯从上述“与原判决、裁定无关”的表述看，的确难以把握究竟什么与原判决、裁定的什么内容在什么范围或者程度内无关，但根据该表述所在条款的上下文可大概知其含义，该表述的上文是“案外人、当事人对裁定不服，认为原判决、裁定错误的，依照审判监督程序办理”，通过上下文对比，如果法院作出执行异议裁定后，案外人、当事人对裁定不服，但不认为原判决、裁定错误，对于原判决、裁定就不按审判监督程序处理，而是由当事人、案外人提起执行异议之诉。由此看来，当事人、案外人是否主张原判决、错误，系案件具体按审判监督程序还是按照执行异议之诉程序处理的区分标准。这种在条款文义上的初步理解是否成立或者可行，还可以在法理上进一步探究。对原判决、裁定启动审判监督程序的依据，基本上是原判决、裁定发生错误。如果法院在执行过程中决定对特定标的是否执行，会与生效的原裁判（执行依据）发生冲突，影响执行依据的既判力，则应当启动审判监督程序；如果对特定执行标的是否执行，并不与生效的原裁判发生冲突，则没有对原判决、裁定启动审判监督程序的必要。具体地讲，如果原判决、裁定没有涉及具体执行标的，则对特定标的执行与否一般均不会影响原判决、裁定的既判力，对当事人、案外人就是否执行特定标的的诉求则按执行异议之诉处理；如果原判决、裁定涉及特定执行标的（如判令一方当事人向另一方给付特定标的物），而案外人主张其对该标的享有实体权益，仅仅排除执行而不纠正该执行依据就不足以保护其实体权益，则对该案外人诉求的救济途径是对原判决、裁定启动审判监督程序，而不是按照执行异议之诉程序处理。

接下来的问题，是“原判决、裁定错误”的范围究竟是限于裁判主文，还是包括原裁判所认定的事实和所阐述的裁判理由。这涉及生效裁判的既判力的客观范围问题，法理上普遍认为原则上裁判仅对其主文中的判断产生既判力，而裁判中的事实认定和裁判理由均应排除在既判力的客观范围之外。对于生效裁判所确认的基本事实，当事人可以在另案中提供相反证据予以推翻，没有必要通过启动对生效裁判的审判监督程序解决事实认定问题。生效裁判中的裁判理由原则上对于另案裁判亦没有拘束力，尽管学理上对于缓解裁判理由与裁判既判力之间可能出现的矛盾，提出既判力客观范围扩张说、争点效说、诚信原则约束力说等方案，但在我国《民事诉讼法》及有关司法解释中尚未具体规定;《最高人民法院关于〈中华人民共和国民事诉讼法〉的解释》(以下简称《民事诉讼法司法解释》)基本上确认上述法理中的原则性意见,具体可见于《民事诉讼法司法解释》第二百九十六条①关于“民事诉讼法第五十六条第三款规定的判决、裁定、调解书的部分或者全部内容,是指判决、裁定的主文,调解书中处理当事人民事权利义务的结果”的规定,尽管司法解释没有明确《中华人民共和国民事诉讼法》第二百二十七条中“原判决、裁定错误”的客观范围,但上述司法解释的精神是可以参照适用的,即可以明确该“原判决、裁定错误”的客观范围原则上限于裁判主文,而不含裁判中的事实认定和裁判理由。

该指导案例所涉及具体情形是,生效判决确认债权人对特定房产享有建设工程价款优先受偿权(裁判主文表述为债权人可就案涉房产折价、拍卖款优先受偿),而案外人以其在法院查封前合法购买并支付价款为由诉请排除对该房产的执行。问题是该生效判决主文与案外人诉请之间是否存在冲突,即案外人诉请是否含有否定生效判决关于建设工程价款优先受偿权认定的主张,或者说如果法院支持案外人的诉请是否会动摇生效判决的既判力。简要对比分析,应当得出否定意见。首先,生效判决的既判力与执行力,或者说判决的确认与判决的执行,属于两个不同层面的概念。具有给付内容的生效判决具有强制执行的效力,但在不具备强制执行条件情况下就不能得以执行,案外人诉请排除强制执行也未必就影响生效裁判的既判力,案外人的诉请可能是请求在特定条件下排除对特定标的的强制执行,而未必就否定生效判决主文确定的内容。其次,就案外人作为购房者主张排除对案涉房产的强制执行而言,该诉请在性质上属于主张其享有一种优先于建设工程价款优先受偿权等其他权利而更需要特殊保护的权益,案外人享有的该权益可以排除其他权利的执行,但并没有否定建设工程价款优先受偿权等其他权利的存在。对此,该指导案例的裁判进行了阐述,

① 对应《最高人民法院关于适用〈中华人民共和国民事诉讼法〉的解释》(2022 年修正)第二百九十四条。

并作出延伸拓展，指出：当事人主张其权益在特定标的的执行上优于对方的权益，不能等同于否定对方权益的存在；当事人主张其权益会影响生效裁判的执行，也不能等同于其认为生效裁判错误。这就是该指导案例参照适用的价值所在。

（执笔人：余晓汉、李予霞）

2. 中国建设银行股份有限公司怀化市分行与中国华融资产管理股份有限公司湖南省分公司等案外人执行异议之诉案*

(最高人民法院审判委员会讨论通过　2021 年 2 月 19 日发布)

▶ 房屋买受人仅以其享有优先于房屋抵押权的权利而非以否定原判决确认的抵押权为由提起执行异议之诉，人民法院应当受理

【关键词】

民事　案外人执行异议之诉　与原判决、裁定无关　抵押权

【裁判要点】

在抵押权强制执行中，案外人以其在抵押登记之前购买了抵押房产，享有优先于抵押权的权利为由提起执行异议之诉，主张依据《最高人民法院关于人民法院办理执行异议和复议案件若干问题的规定》排除强制执行，但不否认抵押权人对抵押房产的优先受偿权的，属于《中华人民共和国民事诉讼法》第二百二十七条①规定的“与原判决、裁定无关”的情形，人民法院应予依法受理。

* 2021 年 2 月 19 日最高人民法院发布的第 27 批指导性案例（指导案例 155 号）。

① 对应《民事诉讼法》(2021 年修正）第二百三十四条，下同。

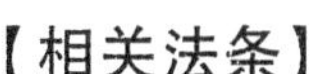

【相关法条】

《中华人民共和国民事诉讼法》第二百二十七条

【基本案情】

中国华融资产管理股份有限公司湖南省分公司（以下简称华融湖南分公司）与怀化英泰建设投资有限公司（以下简称英泰公司）、东星建设工程集团有限公司（以下简称东星公司）、湖南辰溪华中水泥有限公司（以下简称华中水泥公司）、谢某某、陈某某合同纠纷一案，湖南省高级人民法院（以下简称湖南高院）于 2014 年 12 月 12 日作出（2014）湘高法民二初字第 32 号民事判决（以下简称第 32 号判决），判决解除华融湖南分公司与英泰公司签订的《债务重组协议》，由英泰公司向华融湖南分公司偿还债务 9800 万元及重组收益、违约金和律师代理费，东星公司、华中水泥公司、谢某某、陈某某承担连带清偿责任。未按期履行清偿义务的，华融湖南分公司有权以英泰公司已办理抵押登记的房产 3194.52 平方米、2709.09 平方米及相应土地使用权作为抵押物折价或者以拍卖、变卖该抵押物所得价款优先受偿。双方均未上诉，该判决生效。英泰公司未按期履行第 32 号判决所确定的清偿义务，华融湖南分公司向湖南高院申请强制执行。湖南高院执行立案后，作出拍卖公告拟拍卖第 32 号判决所确定华融湖南分公司享有优先受偿权的案涉房产。

中国建设银行股份有限公司怀化市分行（以下简称建行怀化分行）以其已签订房屋买卖合同且支付购房款为由向湖南高院提出执行异议。该院于 2017 年 12 月 12 日作出（2017）湘执异 75 号执行裁定书，驳回建行怀化分行的异议请求。建行怀化分行遂提起案外人执行异议之诉，请求不得执行案涉房产，确认华融湖南分公司对案涉房产的优先受偿权不得对抗建行怀化分行。

【裁判结果】

湖南省高级人民法院于 2018 年 9 月 10 日作出（2018）湘民初 10 号民

事裁定：驳回中国建设银行股份有限公司怀化市分行的起诉。中国建设银行股份有限公司怀化市分行不服上述裁定，向最高人民法院提起上诉。最高人民法院于2019年9月23日作出（2019）最高法民终603号裁定：一、撤销湖南省高级人民法院（2018）湘民初10号民事裁定；二、本案指令湖南省高级人民法院审理。

【裁判理由】

最高人民法院认为，《中华人民共和国民事诉讼法》第二百二十七条规定："执行过程中，案外人对执行标的提出书面异议的，人民法院应当自收到书面异议之日起十五日内审查，理由成立的，裁定中止对该标的的执行；理由不成立的，裁定驳回。案外人、当事人对裁定不服，认为原判决、裁定错误的，依照审判监督程序办理；与原判决、裁定无关的，可以自裁定送达之日起十五日内向人民法院提起诉讼。"《最高人民法院关于适用〈中华人民共和国民事诉讼法〉的解释》（以下简称《民事诉讼法解释》）第三百零五条[①]进一步规定："案外人提起执行异议之诉，除符合民事诉讼法第一百一十九条规定外，还应当具备下列条件：（一）案外人的执行异议申请已经被人民法院裁定驳回；（二）有明确的排除对执行标的执行的诉讼请求，且诉讼请求与原判决、裁定无关；（三）自执行异议裁定送达之日起十五日内提起。人民法院应当在收到起诉状之日起十五日内决定是否立案。"可见，《民事诉讼法解释》第三百零五条明确，案外人提起执行异议之诉，应当符合"诉讼请求与原判决、裁定无关"这一条件。因此，《中华人民共和国民事诉讼法》第二百二十七条规定的"与原判决、裁定无关"应为"诉讼请求"与原判决、裁定无关。

华融湖南分公司申请强制执行所依据的原判决即第32号判决的主文内容是判决英泰公司向华融湖南分公司偿还债务9800万元及重组收益、违约金和律师代理费，华融湖南分公司有权以案涉房产作为抵押物折价或者以拍卖、变卖该抵押物所得价款优先受偿。本案中，建行怀化分行一审诉讼

① 对应《最高人民法院关于适用〈中华人民共和国民事诉讼法〉的解释》（2022年修正）第三百零三条。

请求是排除对案涉房产的强制执行，确认华融湖南分公司对案涉房产的优先受偿权不得对抗建行怀化分行，起诉理由是其签订购房合同、支付购房款及占有案涉房产在办理抵押之前，进而主张排除对案涉房产的强制执行。建行怀化分行在本案中并未否定华融湖南分公司对案涉房产享有的抵押权，也未请求纠正第32号判决，实际上其诉请解决的是基于房屋买卖对案涉房产享有的权益与华融湖南分公司对案涉房产所享有的抵押权之间的权利顺位问题，这属于“与原判决、裁定无关”的情形，是执行异议之诉案件审理的内容，应予立案审理。

（生效裁判审判人员：高燕竹、奚向阳、杨蕾）

理解与参照

《中国建设银行股份有限公司怀化市分行诉中国华融资产管理股份有限公司湖南省分公司等案外人执行异议之诉案》的理解与参照*

——房屋买受人仅以其享有优先于房屋抵押权的权利而非以否定原判决确认的抵押权为由提起执行异议之诉，人民法院应当受理

2021年2月19日，最高人民法院发布了第27批指导性案例，共9个案例，包括6个第三人撤销之诉案例和3个案外人执行异议之诉案例。其中，第155号指导性案例为《中国建设银行股份有限公司怀化市分行诉中

* 原载《人民司法》2022年第17期。

国华融资产管理股份有限公司湖南省分公司等案外人执行异议之诉案》。为了正确理解和准确参照适用该指导性案例，现对该指导性案例的选编过程、裁判要点、参照适用等有关情况予以解释、论证和说明。

一、案例选编过程

该案例由最高人民法院第一巡回法庭报送。第一巡回法庭审查后认为该案例符合《最高人民法院关于案例指导工作的规定》第二条之规定，在对案例进行编写后，向最高人民法院案例指导工作办公室推荐。2020 年 11 月 15 日，研究室室务会对该案例进行了讨论。会议同意作为备选指导性案例，同时提出修改裁判要点后征求立案庭、民一庭、民二庭、审监庭、执行局、各巡回法庭的意见。2020 年 12 月 21 日，该案例经最高人民法院民专会第 365 次会议讨论，同意作为指导性案例。2021 年 2 月 19 日，最高人民法院以法〔2021〕55 号文件将该案例编入第 27 批指导性案例予以发布。

二、关于本案例的相关情况

（一）基本情况

中国华融资产管理股份有限公司湖南省分公司（以下简称华融湖南分公司）与怀化英泰建设投资有限公司（以下简称英泰公司）、东星建设工程集团有限公司（以下简称东星公司）、湖南辰溪华中水泥有限公司（以下简称华中水泥公司）、谢某某、陈某某合同纠纷一案，湖南省高级人民法院（以下简称湖南高院）于 2014 年 12 月 12 日作出（2014）湘高法民二初字第 32 号民事判决（以下简称第 32 号判决），判决：解除华融湖南分公司与英泰公司签订的《债务重组协议》，由英泰公司向华融湖南分公司偿还债务 9800 万元及重组收益、违约金和律师代理费，东星公司、华中水泥公司、谢某某、陈某某承担连带清偿责任。未按期履行清偿义务的，华融湖南分公司有权以英泰公司已办理抵押登记的房产折价或者以拍卖、变卖该抵押房产所得价款优先受偿。双方均未上诉，该判决生效。英泰公

司未按期履行第32号判决所确定的清偿义务，华融湖南分公司向湖南高院申请强制执行。湖南高院执行立案后，作出拍卖公告，拟拍卖第32号判决所确定华融湖南分公司享有抵押权的案涉房产。中国建设银行股份有限公司怀化市分行（以下简称建行怀化分行）以其就案涉房产已签订房屋买卖合同且支付购房款为由，向湖南高院提出执行异议。湖南高院于2017年12月12日作出（2017）湘执异75号执行裁定书，驳回建行怀化分行的异议请求。建行怀化分行不服，遂提起案外人执行异议之诉，请求：不得执行案涉房产，确认华融湖南分公司对案涉房产的优先受偿权不得对抗建行怀化分行。

湖南高院于2018年9月10日作出（2018）湘民初10号民事裁定，驳回建行怀化分行的起诉。建行怀化分行不服，向最高人民法院提起上诉。最高人民法院于2019年9月23日作出（2019）最高法民终603号裁定：一、撤销湖南高院（2018）湘民初10号民事裁定；二、本案指令湖南高院审理。

（二）法律适用难点

本案法律适用难点在于如何理解《中华人民共和国民事诉讼法》（以下简称《民事诉讼法》）第二百二十七条①中的“与原判决、裁定无关”。《民事诉讼法》第二百二十七条规定：“执行过程中，案外人对执行标的提出书面异议的，人民法院应当自收到书面异议之日起十五日内审查，理由成立的，裁定中止对该标的的执行；理由不成立的，裁定驳回。案外人、当事人对裁定不服，认为原判决、裁定错误的，依照审判监督程序办理；与原判决、裁定无关的，可以自裁定送达之日起十五日内向人民法院提起诉讼。”本案中，建行怀化支行在其执行异议被驳回后，起诉请求确认华融湖南分公司对案涉房产的优先受偿权不得对抗其对案涉房产享有的权利，这一诉讼请求是否属于“与原判决、裁定无关”的情形，进而是否符合执行异之诉的受理条件，是本案审理的重点和难点。

① 对应《民事诉讼法》（2021年修正）第二百三十四条，下同。

(三) 推荐理由

就如何理解《民事诉讼法》第二百二十七条中的“与原判决、裁定无关”，司法实践中存在颇多争议。原判决（执行所依据的生效判决）的主文内容是抵押权人可与抵押人协议以抵押房产折价或者抵押权人对拍卖、变卖抵押房产所得价款享有优先受偿权。在执行抵押房产过程中，案外人以其是抵押房产的买受人为由，依据《民事诉讼法》第二百二十七条就抵押房产提出排除强制执行的执行异议，在执行异议被驳回后，其起诉请求排除对抵押房产的强制执行并确认抵押权人对抵押房产的优先受偿权不得对抗其对抵押房产享有的权利。此情形下，人民法院是应认定案外人的诉讼请求属于“认为原判决、裁定错误”的情形而裁定不予受理或驳回起诉，还是认定属于“与原判决、裁定无关”的情形而依照执行异议之诉进行审理，实践中存在不同观点和做法。本案中，最高人民法院经审查，裁定撤销一审法院驳回起诉的裁定，明确指出此情形下案外人的诉讼请求并未否定抵押权人对抵押房产的抵押权，亦未请求纠正原判决，其诉讼请求实质上仅系请求确定其与抵押权人对抵押房产享有的不同权利之间的顺位问题，属于“与原判决、裁定无关”的情形。因此，本案属于典型的案外人执行异议之诉，应予立案审理。本案确立的裁判规则对今后类似案件的处理具有很强的指导意义。

三、裁判要点的理解与说明

该指导案例的裁判要点为：在抵押权强制执行中，案外人以其在抵押登记之前购买了抵押房产，享有优先于抵押权的权利为由提起执行异议之诉，主张依据《最高人民法院关于人民法院办理执行异议和复议案件若干问题的规定》排除强制执行，但不否认抵押权人对抵押房产的优先受偿权的，属于《民事诉讼法》第二百二十七条规定的“与原判决、裁定无关”的情形，人民法院应予依法受理。现围绕与该裁判要点相关的问题逐一解释和说明如下：

1. 案外人可依据《民事诉讼法》第二百二十七条对执行标的提出书面

异议。人民法院在执行中，通常会依据“形式审查原则”对登记在被执行人名下的不动产、特殊动产或由被执行人实际占有的动产采取查封、扣押、拍卖等强制执行措施，案外人如认为人民法院的强制执行措施侵害了其对被执行财产享有的合法权益，有权依据《民事诉讼法》第二百二十七条“执行过程中，案外人对执行标的提出书面异议的，人民法院应当自收到书面异议之日起十五日内审查，理由成立的，裁定中止对该标的的执行；理由不成立的，裁定驳回”之规定，向执行法院提出书面执行异议，请求排除对执行标的的强制执行。

2. 案外人对执行异议裁定不服，根据不同情形，可申请启动审判监督程序或提起执行异议之诉。人民法院对执行标的采取的强制执行措施，会对执行标的的物权产生重大影响，因此，在案外人的执行异议请求被驳回的情形下，有必要赋予案外人进一步采取救济措施的权利。依据《民事诉讼法》第二百二十七条规定，案外人认为原判决、裁定错误的，依照审判监督程序办理；与原判决、裁定无关的，可以自裁定送达之日起十五日内向人民法院提起诉讼。《最高人民法院关于适用〈中华人民共和国民事诉讼法〉的解释》第四百二十三条①进一步对案外人启动审判监督程序作出了明确规定：根据《民事诉讼法》第二百二十七条规定，案外人对驳回其执行异议的裁定不服，认为原判决、裁定、调解书内容错误损害其民事权益的，可以自执行异议裁定送达之日起六个月内，向作出原判决、裁定、调解书的人民法院申请再审。因此，案外人对执行异议裁定不服的，“案外人认为原判决、裁定错误的”可在执行异议裁定送达之日起六个月内申请再审，“与原判决、裁定无关的”可在执行异议裁定送达之日起十五日内提起诉讼。

3. “与原判决、裁定无关”是指“诉讼请求”与原判决、裁定无关。案外人执行异议之诉针对的是执行行为，其核心在于以案外人是否对执行标的享有足以阻却执行的正当权利为前提，就应当继续还是停止执行程序作出评价和判断，而非否定原判决、裁定的实体内容。就如何理解《民事

---

① 对应《最高人民法院关于适用〈中华人民共和国民事诉讼法〉的解释》（2022 年修正）第四百二十一条。

诉讼法》第二百二十七条中的“与原判决、裁定无关”,《最高人民法院关于适用〈中华人民共和国民事诉讼法〉的解释》第三百零五条①作了进一步规定:“案外人提起执行异议之诉,除符合民事诉讼法第一百一十九条规定外,还应当具备下列条件:……(二)有明确的排除对执行标的执行的诉讼请求,且诉讼请求与原判决、裁定无关;……”因此,人民法院判断“与原判决、裁定是否有关”,应重点审查案外人的诉讼请求,如果其诉讼请求旨在否定原判决、裁定,则属于“认为原判决、裁定错误”的情形,应依照审判监督程序处理;如果其诉讼请求并未否定原判决、裁定,则属于“与原判决、裁定无关”的情形,应按照执行异议之诉进行审理。具体到本案中,建行怀化分行的诉讼请求并未主张第32号判决存在错误,而是在未否定第32号判决确定的华融湖南分公司对案涉房产的抵押权的前提下,仅请求确认该等抵押权不得对抗建行怀化分行因在抵押之前已签订购房合同、支付购房款并占有案涉房产而对案涉房产享有的权利。因此,建行怀化分行的诉讼请求的实质是解决其基于房屋买卖关系对案涉房产享有的权利与华融湖南分公司对案涉房产的抵押权之间的权利顺位问题,属于“与原判决、裁定无关”的情形,是执行异议之诉的审理范畴,应予立案审理。

四、参照适用时应注意的问题

本案在参照适用时应注意以下问题:

1. 本案原判决的主文是判决英泰公司向华融湖南分公司偿还债务,华融湖南分公司有权对案涉抵押房产折价或者拍卖、变卖所得价款优先受偿。建行怀化分行以其是案涉房产的买受人为由提出执行异议,并未否定案涉房产的抵押权,因此,本案属于“与原判决、裁定无关”的情形。如果原判决是确定案涉房产所有权的确权判决,则建行怀化分行的诉讼请求明显意在否定或者推翻原判决,属于“认为原判决、裁定错误”的情形,其应就原判决申请再审启动审判监督程序,而不能提起执行异议之诉。

---

① 对应《最高人民法院关于适用〈中华人民共和国民事诉讼法〉的解释》(2022年修正)第三百零三条。

2. 本案案外人未对案涉房产的抵押权提出异议。建行怀化分行的诉讼请求是排除对案涉房产的强制执行同时确认案涉房产的抵押权不得对抗其对案涉房产享有的权利，如果建行怀化分行直接提出案涉房产抵押权不成立或者无效等直接否定案涉房产抵押权的诉讼请求，则该等诉讼请求旨在否定原判决的正确性，此情形属于“认为原判决、裁定错误”的情形，其亦不能提起执行异议之诉，同样应就原判决申请再审启动审判监督程序。

（执笔人：高燕竹、王智锋、李予霞）

3. 王某岩与徐某君、北京市金陛房地产发展有限责任公司案外人执行异议之诉案*

（最高人民法院审判委员会讨论通过　2021年2月19日发布）

▶ 当被执行财产同时符合登记在"被执行人名下的不动产"与"被执行的房地产开发企业名下的商品房"两种情形，案外人可以选择适用《异议复议规定》第二十八条或者第二十九条，请求排除强制执行

【关键词】

民事　案外人执行异议之诉　排除强制执行　选择适用

【裁判要点】

《最高人民法院关于人民法院办理执行异议和复议案件若干问题的规定》第二十八条规定了不动产买受人排除金钱债权执行的权利，第二十九条规定了消费者购房人排除金钱债权执行的权利。案外人对登记在被执行的房地产开发企业名下的商品房请求排除强制执行的，可以选择适用第二十八条或者第二十九条规定；案外人主张适用第二十八条规定的，人民法院应予审查。

* 2021年2月19日最高人民法院发布的第27批指导性案例（指导案例156号）。

【相关法条】

《最高人民法院关于人民法院办理执行异议和复议案件若干问题的规定》第二十八条、第二十九条

【基本案情】

2007年，徐某君因商品房委托代理销售合同纠纷一案将北京市金陛房地产发展有限责任公司（以下简称金陛公司）诉至北京市第二中级人民法院（以下简称北京二中院）。北京二中院经审理判决解除徐某君与金陛公司所签《协议书》，金陛公司返还徐某君预付款、资金占用费、违约金、利息等。判决后双方未提起上诉，该判决已生效。后因金陛公司未主动履行判决，徐某君于2009年向北京二中院申请执行。北京二中院裁定查封了涉案房屋。

涉案房屋被查封后，王某岩以与金陛公司签订合法有效《商品房买卖合同》，支付了全部购房款，已合法占有房屋且非因自己原因未办理过户手续等理由向北京二中院提出执行异议，请求依法中止对该房屋的执行。北京二中院驳回了王某岩的异议请求。王某岩不服该裁定，向北京二中院提起案外人执行异议之诉。王某岩再审请求称，仅需符合《最高人民法院关于人民法院办理执行异议和复议案件若干问题的规定》（以下简称《异议复议规定》）第二十八条或第二十九条中任一条款的规定，法院即应支持其执行异议。二审判决错误适用了第二十九条进行裁判，而没有适用第二十八条，存在法律适用错误。

【裁判结果】

北京市第二中级人民法院于2015年6月19日作出（2015）二中民初字第00461号判决：停止对北京市朝阳区儒林苑×楼×单元×房屋的执行程序。徐某君不服一审判决，向北京市高级人民法院提起上诉。北京市高级人民法院于2015年12月30日作出（2015）高民终字第3762号民事判决：一、撤销北京市第二中级人民法院（2015）二中民初字第00461号民事判

决；二、驳回王某岩之诉讼请求。王某岩不服二审判决，向最高人民法院申请再审。最高人民法院于2016年4月29日作出（2016）最高法民申254号裁定：指令北京市高级人民法院再审本案。

【裁判理由】

最高人民法院认为，《异议复议规定》第二十八条适用于金钱债权执行中，买受人对登记在被执行人名下的不动产提出异议的情形。而第二十九条则适用于金钱债权执行中，买受人对登记在被执行的房地产开发企业名下的商品房提出异议的情形。上述两条文虽然适用于不同的情形，但是如果被执行人为房地产开发企业，且被执行的不动产为登记于其名下的商品房，同时符合了“登记在被执行人名下的不动产”与“登记在被执行的房地产开发企业名下的商品房”两种情形，则《异议复议规定》第二十八条与第二十九条适用上产生竞合。案外人对登记在被执行的房地产开发企业名下的商品房请求排除强制执行的，可以选择适用第二十八条或者第二十九条规定；案外人主张适用第二十八条规定的，人民法院应予审查。本案一审判决经审理认为王某岩符合《异议复议规定》第二十八条规定的情形，具有能够排除执行的权利，而二审判决则认为现有证据难以确定王某岩符合《异议复议规定》第二十九条的规定，没有审查其是否符合《异议复议规定》第二十八条规定的情形，就直接驳回了王某岩的诉讼请求，适用法律确有错误。

关于王某岩是否支付了购房款的问题。王某岩主张其已经支付了全部购房款，并提交了金陛公司开具的付款收据、《商品房买卖合同》、证人证言及部分取款记录等予以佐证，金陛公司对王某岩付款之事予以认可。上述证据是否足以证明王某岩已经支付了购房款，应当在再审审理过程中，根据审理情况查明相关事实后予以认定。

（生效裁判审判人员：毛宜全、潘勇锋、葛洪涛）

理解与参照

《王某岩诉徐某君、北京市金陛房地产发展有限责任公司案外人执行异议之诉案》的理解与参照*

——《最高人民法院关于人民法院办理执行异议和复议案件若干问题的规定》第二十八条、第二十九条的选择适用关系

2021年2月19日，最高人民法院发布了第27批指导性案例，共9个案例，包括6个第三人撤销之诉案例和3个案外人执行异议之诉案例。这批指导性案例总结了审判实践中某些普遍的疑难复杂法律适用问题，有利于进一步明确裁判规则，统一裁判标准。其中，第156号指导性案例为《王某岩诉徐某君、北京市金陛房地产发展有限责任公司案外人执行异议之诉案》。为了正确理解和准确参照适用该指导性案例，现对该指导性案例的选编过程、裁判要点、参照适用等有关情况予以解释、论证和说明。

一、案例选编过程

2016年4月29日，最高人民法院对再审申请人王某岩诉徐某君、北京市金陛房地产发展有限责任公司案外人执行异议之诉案裁定指令北京高

* 原载《人民司法》2022年第17期。

院审理。该案对于指导类似案件审判，增强全民法治观念，推进法治社会建设均具有积极而深远的影响，受到国内外舆论的广泛赞誉，取得了良好的法律效果和社会效果。鉴于本案对于相关法律适用问题具有重要指导价值，民二庭将本案作为指导性案例进行推荐。2020 年 11 月 15 日，研究室室务会讨论同意，建议提交审委会讨论。12 月 21 日，该案例经最高人民法院民专会第 365 次会议讨论，同意作为指导性案例。2021 年 2 月 19 日，最高人民法院以法〔2021〕55 号文件将该案例编入第 27 批指导性案例予以发布。

二、关于本案例的相关情况

2007 年，徐某君因商品房委托代理销售合同纠纷一案起诉北京市金陛房地产发展有限责任公司（以下简称金陛公司），经审理于 2008 年 12 月作出（2007）二中民初第 00127 号生效民事判决，解除徐某君与金陛公司所签《协议书》，金陛公司返还徐某君预付款、资金占用费、违约金、利息等。后因金陛公司未主动履行判决，徐某君于 2009 年向法院申请强制执行。执行程序中，北京市第二中级人民法院（以下简称北京二中院）于 2012 年 8 月 31 日查封了涉案房屋。

涉案房屋被查封后，王某岩以其 2007 年 8 月 8 日即与金陛公司签订合法有效《商品房买卖合同》，2007 年 8 月 28 日支付了全部购房款 1450790 元，已合法占有房屋且非因自己原因未办理过户手续等理由向北京二中院提出执行异议，请求依法中止对该房屋的执行。北京二中院驳回了王某岩的异议请求。王某岩不服该裁定，向北京二中院提起案外人执行异议之诉。本案的争议焦点为王某岩对涉案房屋享有的权利能否排除强制执行的问题。北京二中院审理后认为，王某岩购买涉案房屋的事实真实存在，符合《最高人民法院关于人民法院办理执行异议和复议案件若干问题的规定》（以下简称《异议复议规定》）第二十八条之情形，应予支持。故北京二中院于 2015 年 6 月 19 日作出（2015）二中民初字第 00461 号判决：停止对北京市朝阳区儒林苑×楼×单元×房屋的执行程序。徐某君不服一审判决，向北京市高级人民法院（以下简称北京高院）提起上诉。北京高院

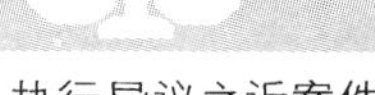

审理后认为，王某岩实际权利人身份存在疑点，现有证据难以确定其符合《异议复议规定》第二十九条关于排除执行的条件，其执行异议理由难以支持。故北京高院于2015年12月30日作出（2015）高民终字第3762号民事判决，判令撤销（2015）二中民初字第00461号民事判决，驳回王某岩之诉讼请求。王某岩不服二审判决，向最高人民法院申请再审称，二审判决适用法律错误。王某岩仅需符合《异议复议规定》第二十八条或第二十九条两条中任一条的规定，法院即应支持其执行异议。王某岩完全符合第二十八条规定情形，但二审判决认为王某岩不符合第二十九条规定情形，却没有适用第二十八条，存在法律适用错误。最高人民法院于2016年4月29日作出（2016）最高法民申254号裁定，指令北京高院再审本案。

最高人民法院审理认为，《异议复议规定》第二十八条适用于金钱债权执行中，买受人对登记在被执行人名下的不动产提出异议的情形。而第二十九条则适用于金钱债权执行中，买受人对登记在被执行的房地产开发企业名下的商品房提出异议的情形。上述两条文虽然适用于不同的情形，但是如果被执行人为房地产开发企业，且被执行的不动产为登记于其名下的商品房，同时符合了“登记在被执行人名下的不动产”与“登记在被执行的房地产开发企业名下的商品房”两种情形，则《异议复议规定》第二十八条与第二十九条适用上产生竞合。案外人对登记在被执行的房地产开发企业名下的商品房请求排除强制执行的，可以选择适用第二十八条或者第二十九条规定；案外人主张适用第二十八条规定的，人民法院应予审查。本案一审判决经审理认为王某岩符合《异议复议规定》第二十八条规定的情形，具有能够排除执行的权利，而二审判决则认为现有证据难以确定王某岩符合《异议复议规定》第二十九条的规定，没有审查其是否符合《异议复议规定》第二十八条规定的情形，就直接驳回了王某岩的诉讼请求，适用法律确有错误。

关于王某岩是否支付了购房款的问题。王某岩主张其已经支付了全部购房款，并提交了金陛公司开具的付款收据、《商品房买卖合同》、证人证言及部分取款记录等予以佐证，金陛公司对王某岩付款之事予以认可。上述证据是否足以证明王某岩已经支付了购房款，应当在再审审理过程中，根据审理情况查明相关事实后予以认定。

本案最主要贡献是阐明了《异议复议规定》第二十八条与第二十九条之间的关系问题。上述两条虽各有适用的前提条件，但第二十八条指向的标的物是“登记在被执行人名下的不动产”，第二十九条指向的标的物是“登记在被执行的房地产开发企业名下的商品房”。如果在金钱债权执行中，被执行人为房地产开发企业，且被执行的不动产为登记于其名下的商品房，则同时符合了上述两条的指向。在该种情形下，第二十八条与第二十九条之间是选择适用关系，还是只能适用第二十九条排除强制执行？关于这一问题，中基层法院在选择适用上存在疑虑，有的虽然能选择正确，但裁判说理方面仍然不充分，确有发布指导性案例的必要。本案厘清了《异议复议规定》第二十八条与二十九条规定之间的关系，明确了金钱债权执行中，案外人对登记在被执行的房地产开发企业名下的商品房提起的异议之诉中，上述两条可以选择适用，即使案外人不符合第二十九条规定的条件，也可以适用第二十八条规定排除对标的物的执行。本案对于正确适用相关法律规定，处理同类案件，具有指导意义。

三、裁判要点的理解与说明

该指导案例的裁判要点是：《异议复议规定》第二十八条规定了不动产买受人排除金钱债权执行的权利，第二十九条规定了消费者购房人排除金钱债权执行的权利。案外人对登记在被执行的房地产开发企业名下的商品房请求排除强制执行的，可以选择适用第二十八条或者第二十九条规定；案外人主张适用第二十八条规定的，人民法院应予审查。现围绕与该裁判要点相关的问题逐一解释和说明如下：

(一)《异议复议规定》第二十八条与第二十九条的异同

我国采取不动产物权转移登记生效原则，而基于我国房地产交易现状，部分不动产买受人签订买卖合同甚至支付价款后，出于各种原因往往不能即时进行登记，买受人取得法律意义上的所有权总会滞后于债权合意。此时，买卖的不动产在法律上属于出卖人所有，买受人仅享有不动产

登记请求权或交付请求权。此时，如果仅仅将买受人当作普通的债权人，基于债权平等性，买受人对于不动产的登记或者交付请求权并不具有排除出卖人其他债权人就所买卖不动产提出的受偿要求，将面临其他金钱债权人请求就买卖不动产另行变价的风险。而不动产为人民群众基本生活资料，有必要对不动产买受人予以优先保护。故此，在此前司法解释基础上，有了《异议复议规定》第二十八条。该条规定："金钱债权执行中，买受人对登记在被执行人名下的不动产提出异议，符合下列情形且其权利能够排除执行的，人民法院应予支持：（一）在人民法院查封之前已签订合法有效的书面买卖合同；（二）在人民法院查封之前已合法占有该不动产；（三）已支付全部价款，或者已按照合同约定支付部分价款且将剩余价款按照人民法院的要求交付执行；（四）非因买受人自身原因未办理过户登记。"符合上述保护条件的买受人，其对于所指向标的的房屋所享有的权益，赋予其能够排除出卖人其他金钱债权人请求变价房屋进行受偿的优先权。

在房价高企的当下，许多家庭穷尽三代人努力，购买一套居住用房，因此在不动产的买受人中，对唯一住房消费者的保护具有更加深刻的社会基础。故此有了《异议复议规定》第二十九条规定。该条规定："金钱债权执行中，买受人对登记在被执行的房地产开发企业名下的商品房提出异议，符合下列情形且其权利能够排除执行的，人民法院应予支持：（一）在人民法院查封之前已签订合法有效的书面买卖合同；（二）所购商品房系用于居住且买受人名下无其他用于居住的房屋；（三）已支付的价款超过合同约定总价款的百分之五十。"

纵观第二十八条与第二十九条，该两条的相同点为：申请执行的债权都是金钱债权。均要求在人民法院查封之前已经签订合法有效的书面买卖合同。其不同点在于：首先，第二十九条指向的标的物必须是房地产经营者所开发的商品房。而第二十八条指向的标的物则是登记在被执行人名下的不动产。从范围上看，第二十八条标的物范围上涵盖了第二十九条指向的标的物。其次，对于消费者保护的标准，不要求主观上无过错，不要求支付全部价款或者按照合同要求支付价款，只要求其实际交付50%以上的购房款即可，更不要求占有房屋。而对普通不动产买受人的保护，则要求其在人民法院查封之前已合法占有该不动产，已支付全部价款，或者已按照合同约定支付部分价款，而且要求未办理过户登记非因买受人自身原因。从这一点来看，对消费者保护要求的条件总体上比较宽松。但是，其要求保护的对象必须是消费者，要求所购商品房系用于居住且买受人名下无其他用于居住的房屋。从这一点来看，第二十九条的要求又比第二十八条的要求更加严苛。

分析下来，有的买受人可能符合第二十八条的保护条件而不符合第二十九条的保护条件；有的买受人则相反，符合第二十九条的保护条件而不符合第二十八条的保护条件。当然，还有的买受人可能同时符合第二十八条与第二十九条两条的保护条件。

（二）关于《异议复议规定》第二十八条与二十九条的关系问题

如上所述，《异议复议规定》第二十八条指向标的物为登记在被执行人名下的不动产，而第二十九条指向标的物为登记在被执行的房地产开发企业名下的商品房。上述两条文虽然适用于不同的情形，但是如同本案例所述情形，如果被执行人为房地产企业，且被执行的不动产为登记于其名下的商品房，则同时符合了“登记在被执行人名下的不动产”与“登记在被执行的房地产开发企业名下的商品房”两种情形。此时，《异议复议规定》第二十八条与第二十九条适用上产生竞合，两者并非非此即彼，互相排斥。

本案一审判决经审查认为王某岩符合《异议复议规定》第二十八条规定的情形，具有能够排除执行的权利，而二审判决则认为现有证据难以确定王某岩符合《异议复议规定》第二十九条的规定，没有审查其是否符合《异议复议规定》第二十八条规定的情形，就直接驳回了王某岩的诉讼请求，确实存在适用法律上的错误。王某岩的关于二审判决适用法律错误的申请事由具有事实与法律依据，应予支持。

当然，从实体权利角度分析，二审判决认定现有证据不能证明王某岩已经支付了购房款，而第二十八条与第二十九条同样有付款的要求，甚至第二十八条对于付款要求更高。因此，虽然二审判决没有考察是否符合第二十八条规定情况，但就目前认定来说，也可以推测出其认为王某岩肯定不符合第二十八条保护要求。但鉴于二审判决对二十八条与二十九条关系认识的错误需要再审。

综上，本案例阐明了第二十八条与第二十九的关系问题。金钱债权执行中，被执行人为房地产开发企业，且被执行的不动产为登记于其名下的商品房，同时符合了“登记在被执行人名下的不动产”与“登记在被执行的房地产开发企业名下的商品房”两种情形下，产生《异议复议规定》第二十八条与第二十九条适用上的竞合。人民法院不能因为被执行人是房地产开发企业，就当然适用《异议复议规定》第二十九条，而排斥适用《异议复议规定》第二十八条。案外人对标的物的权益不符合《异议复议规定》第二十九条规定的保护条件，但符合第二十八条规定条件，案外人主张适用第二十八条排除强制执行的，人民法院应予支持。

四、参照适用时应注意的问题

司法实践中，针对本案例还应当思考以下两个问题。

（一）关于案外人异议之诉审查范围的问题

案外人异议审查的主要目的，在于对案外人的实体权利异议成立与否迅速作出判决。由于仅有十五日的审查期间，客观上只能过滤掉一些明显成立或不成立的案外人异议，而将实质审查的任务交给执行异议之诉承担。而且案外人异议审查的结论并非终局结论，无论何种结果，当事人或案外人不服的，皆可通过诉讼程序寻求救济。换言之，程序设计的最终落脚点在于执行异议之诉应当承担起最终查明真相、解决纠纷的程序职能。

《异议复议规定》第二十八条、第二十九条、第三十条总体来看，并非确认权属的规则，而是对物权期待权的保护。我国不动产物权变动实行登记生效原则，在物权变动过程中，尚且登记在作为出卖人的被执行人名下的不动产从法律上讲，是被执行人的责任财产，然而如果案外人有正当理由相信自己能够获得该不动产且已经付出了相当的代价，其就对该不动产权属就产生合理信赖，在商事交易中，该信赖应当受到法律的保护，即买受人的物权期待权，有别于一般的债权。我国自《中华人民共和国物权法》就确认经过预告登记的权利人的物权期待权能够对抗物权。该法第二十条①第一款规定："当事人签订买卖房屋或者其他不动产物权的协议，为保障将来实现物权，按照约定可以向登记机构申请预告登记。预告登记后，未经预告登记的权利人同意，处分该不动产的，不发生物权效力。"《异议复议规定》第三十条从另一角度又确认了这一点。而《最高人民法院关于审理涉及国有土地使用权合同纠纷案件适用法律问题的解释》第十条②第一款规定："土地使用权人作为转让方就同一出让土地使用权订立数个转让合同，在转让合同有效的情况下，受让方均要求履行合同的，按照以下情形分别处理：（一）已经办理土地使用权变更登记手续的受让方，请求转让方履行交付土地等合同义务的，应予支持；（二）均未办理土地使用权变更登记手续，已先行合法占有投资开发土地的受让方请求转让方履行土地使用权变更登记等合同义务的，应予支持；（三）均未办理土地使用权变更登记手续，又未合法占有投资开发土地，先行支付土地转让款的受让方请求转让方履行交付土地和办理土地使用权变更登记等合同义务的，应予支持；（四）合同均未履行，依法成立在先的合同受让方请求履行合同的，应予支持。"就包含了一种形式化的对于不同程度的信赖利益的保护。尤其是第二项、第三项与第一项、第四项之间对比的顺序，显示了我国对于物权期待权的保护程度：不能对抗物权、优于普通债权。《异议复议规定》第二十八条和第二十九条则表明物权期待权优先于普通金钱债权受到保护。

案外人异议之诉阶段，法院首先应当审查被执行的财产是否是被执行人的责任财产，如果是，才存在继续执行的可能性；在确认被执行的财产属于被执行人的责任财产后，还要确定第三人对该财产所主张的权利是否

① 对应《民法典》第二百二十一条。

② 《最高人民法院关于审理涉及国有土地使用权合同纠纷案件适用法律问题的解释》已于2020年修正，修正后本条对应第九条。

成立以及该权利能否阻止执行。本案遵循这一思路审理的话，首先应当确认案涉房屋是否属于被执行人金陛公司的责任财产。因为该房屋因整体拍卖目前登记在另一案外人新锐公司名下，但该公司承认涉案房屋不属于拍卖范围，另有权利主体。如果根据事实情况确定其不属于被执行人金陛公司的责任财产的话，则无论王某岩是否对该房屋享有权利，徐某君都无权要求继续执行该房屋。确认涉案房屋是被执行人金陛公司的责任财产后，第二步则需要考察案外人王某岩是否享有其主张的物权期待权。如果享有，则可以排除徐某君因金钱债权对该房屋的执行。

（二）执行行为异议与案外人异议的区分问题

执行行为异议和案外人异议作为执行程序中两种最基本的救济制度，发挥着重要作用。但仍有许多问题需要在执行实践中不断探索，总结经验，其中一个基本问题就是如何区分这两种异议，尤其是如何区分案外人异议与利害关系人提出的执行行为异议。

案外人异议是案外人认为法院的执行行为侵害了其实体权利，是基于对执行标的主张实体权利提出的异议，即实体异议。利害关系人异议是因执行行为本身违反程序性规定，侵害了执行案件当事人以外第三人的合法权益，由利益受损的第三人以法院违反执行程序为由提出的异议，即程序异议。从实践中看，所有的异议从表面上看都指向执行行为，主张执行行为错误，但是判断一个异议是实体异议还是程序异议，也就是说判断实体异议和程序异议的标准，只能是看异议所依据的基础权利的性质。如果异议指向的对象是执行标的物，且所提异议依据的是所有权或者其他足以阻止执行标的物转让、交付的实体权利的，就构成实体异议。反之，如果案外人（以利害关系人的身份）所提异议所依据的基础权利为程序权利，比如排除超标的查封的权利，因为在先查封所主张的优先受偿权利等，则构成程序异议。笼统地说，执行异议审查的是程序问题，案外人异议审查的是实体问题。

这两种异议分别规定于《中华人民共和国民事诉讼法》第二百二十五

条与第二百二十七条[①]。前者属于程序上的执行救济，目的在于将违反法律规定的执行行为予以更正或撤销，以维护执行当事人或利害关系人程序上的利益；而后者属于实体上的执行救济，目的则在于排除对特定标的的执行，以维护当事人或利害关系人的实体权益。执行行为异议涉及的是程序问题，因此处理上可以由执行法院的执行机构进行，在审查处理时不一定要进行言词辩论，可以直接作出裁定；案外人异议和异议之诉涉及实体争议，执行机构只能作初步审查，最终需要由审判机构进行实体审理。案外人异议之诉应依照通常诉讼程序进行审理，除不予受理、驳回起诉、对管辖有异议等事项使用裁定外，其他事项的处理应当作出判决。

异议被提出后应当适用哪种程序进行处理，笔者认为，最主要的应当从当事人和事由两方面来进行辨别：

第一，从事由方面来看。对执行行为提出异议的事由系针对执行程序本身存在的违法问题；案外人异议和异议之诉的事由系案外人主张对特定标的有所有权或其他足以排除强制执行的实体权利。值得注意的是，执行程序中被执行人提出已偿还债务、行使抵销权、已自行达成和解等实体抗辩事由的，本应该由债务人异议之诉解决，由于我国没有规定债务人异议之诉制度，只能将之放在了执行行为异议部分处理。

第二，从当事人方面来看。对执行行为的异议可以由申请执行人、被执行人或其他利害关系人提起；案外人异议和异议之诉只能由案外人提起。实践中，案外人与利害关系人身份混淆是最为常见的错误形式，即应当适用案外人异议程序审查的案件，却以利害关系人身份适用执行行为异议程序进行审查。此外，被执行人与案外人在某些情形下也并非泾渭分明。例如在某案中，生效判决判令债务人 A 向债权人承担 100 万元的付款责任，债务人 B 对其中的 30 万元承担连带清偿责任。进入执行程序后，A 与 B 均为被执行人。后 B 履行了 30 万元的给付义务，执行法院对 A 继续采取执行措施，查封了 A 占有使用的未经初始登记的一处房产。B 提出异议，称该房产虽由 A 占有使用，但实为 B 所有，请求法院解除查封。执行

① 分别对应《民事诉讼法》(2021 年修正) 第二百三十二条、第二百三十四条。

法院以《民事诉讼法》第二百二十五条规定的执行行为异议程序进行审查。此时B虽然名义上还是本案的被执行人，但实际是以案外人身份对执行标的权属提出争议，应当适用的是《民事诉讼法》第二百二十七条规定的程序进行审查，执行法院适用执行行为异议程序进行审查，则侵犯了当事人的程序权利。

（执笔人：潘勇锋、李予霞）

4．钟某玉与王某、林某达案外人执行异议纠纷案*

执行异议是否成立，应根据案件的具体情况和异议人所主张的权利、申请执行人债权实现的效力以及被执行人对执行标的的权利等因素综合判断

【裁判摘要】

《最高人民法院关于人民法院办理执行异议和复议案件若干问题的规定》是关于执行程序中当事人提出执行异议时如何处理的规定。由于执行程序需要贯彻已生效判决的执行力，因此，在对执行异议是否成立的判断标准上，应坚持较高的、外观化的判断标准。这一判断标准，要高于执行异议之诉中原告能否排除执行的判断标准。由此，《最高人民法院关于人民法院办理执行异议和复议案件若干问题的规定》第二十五条至第二十八条的规定应当在如下意义上理解，即符合这些规定所列条件的，执行异议能够成立；不满足这些规定所列条件的，异议人在执行异议之诉中的请求也未必不成立。是否成立，应根据案件的具体情况和异议人所主张的权利、申请执行人债权实现的效力以及被执行人对执行标的的权利作出比较并综合判断，从而确定异议人的权利是否能够排除执行。

* 摘自《最高人民法院公报》2016年第6期。

最高人民法院民事判决书

（2015）民一终字第150号

上诉人（原审被告）：王某，男，汉族，住福建省福州市。

委托代理人：史某，福建方圆统一律师事务所律师。

委托代理人：林某，福建方圆统一律师事务所律师。

被上诉人（原审原告）：钟某玉，女，畲族，住福建省上杭县。

委托代理人：庄某伟，北京大成（厦门）律师事务所律师。

委托代理人：董某辉，北京大成（厦门）律师事务所律师。

原审被告：林某达，男，汉族，住福建省上杭县。

上诉人王某为与被上诉人钟某玉、原审被告林某达案外人执行异议纠纷一案，不服福建省高级人民法院2015年3月2日（2014）闽民初字第7号民事判决，向本院提起上诉。本院依法组成合议庭，于2015年7月2日开庭审理了本案。王某委托代理人史某及钟某玉委托代理人庄某伟、董某辉到庭参加了诉讼，林某达经合法传唤未到庭。本案现已审理终结。

一审法院经审理查明：王某与林某达股权转让合同纠纷一案中，王某向一审法院提出财产保全申请，请求对林某达的财产进行诉讼保全。2011年7月15日，一审法院作出（2011）闽民初字第22-2号民事裁定，冻结林某达银行存款5723万元或查封、扣押等值的财产，并于2011年7月21日向上杭县房地产交易管理所发出（2011）闽民初字第22-2号《协助执行通知书》，查封了林某达所有的坐落于上杭县和平路121号的房产一幢（房屋所有权证：杭房权字第06072号，以下简称诉争房产），查封期限自2011年7月21日至2013年7月20日。

2011年12月15日，一审法院作出（2011）闽民初字第22号民事判决，判令林某达应返还王某已支付的转让款750.681万美元（合人民币5000万元）。（2011）闽民初字第22号民事判决生效后，王某于2012年

12 月 23 日向一审法院申请强制执行，申请执行标的 750.681 万美元（合人民币 5000 万元）及利息，一审法院于 2012 年 12 月 24 日立案执行，并于 2013 年 6 月 19 日作出（2013）闽执行字第 1-4 号执行裁定：继续查封林某达所有的坐落于上杭县和平路 121 号的房产，查封期限自 2013 年 7 月 21 日至 2014 年 7 月 20 日止。

2013 年 12 月 5 日，钟某玉以诉争房产系其所有为由，向一审法院提起执行异议，请求一审法院中止对该房产的执行并解除对该房产的查封措施。一审法院认为，讼争房产至今仍登记在林某达名下，尚未变更登记为案外人钟某玉，故上述房产的物权未发生变动，应仍为林某达所有。案外人钟某玉认为讼争房产系其合法财产之理由无事实和法律依据，查封并无不当，作出（2013）闽执外异字第 3 号执行裁定，驳回钟某玉异议。钟某玉不服，遂提起本案诉讼。

钟某玉向一审法院提起诉讼称：一审法院于 2013 年 12 月 18 日作出的（2013）闽执外异字第 3 号执行裁定书，在认定事实及适用法律上存在错误，应当对讼争房产依法停止执行。理由如下：1996 年 7 月 22 日，钟某玉与林某达签订《离婚协议书》，双方约定讼争房屋归女方及女方所生子女所有，但只准居住，不准转卖。《离婚协议书》签订后，双方于同年 8 月 7 日办理了离婚登记手续，但林某达未及时将讼争房产变更登记至钟某玉名下，经钟某玉多次要求均未果，过错在于林某达。根据《中华人民共和国物权法》第十五条规定，钟某玉与林某达签订的《离婚协议书》依法成立，合法有效，且讼争房产一直由钟某玉占有、支配、使用，属钟某玉合法财产。根据相关法律法规的规定，本案讼争房产不应列为执行财产。请求判令：（1）确认诉争房产归属于钟某玉所有；（2）停止对讼争房产的执行，并解除查封措施；（3）本案诉讼费由王某、林某达承担。

王某答辩称：（1）讼争房产的所有权人为林某达，法院对讼争房产采取执行措施，是正确、合法的。理由如下：①讼争房产的《房屋所有权证》及《国有土地使用证》上的权利人均登记为林某达，因此，讼争房产的物权归林某达所有。②钟某玉主张其与林某达于 1996 年达成离婚协议，该协议约定“上杭县城关和平路的面积一百七十三平方米的房屋归女方及其所生子女所有，但只准居住，不准转卖”，从1996年至今已近20年，讼争房产登记的所有权人仍是林某达，仍为林某达所有。③钟某玉对林某达享有的债权请求权不能对抗法院的查封、执行措施，不能对抗申请执行人。钟某玉要求林某达办理变更登记，事实和法律上已不可能实现。钟某玉要求确认讼争房产归属于钟某玉所有的诉讼请求没有事实和法律依据，依法应予以驳回。（2）《离婚协议书》不能作为钟某玉主张权利的依据。①《离婚协议书》约定的是：“上杭县城关和平路的面积一百七十三平方米（尚未办理门牌号码）的房屋归女方及女方所生子女所有。但只准居住，不准转卖。”而根据讼争房产《房屋所有权证》载明讼争房产共四层，面积为748.7平方米，故钟某玉只对讼争房产748.7平方米中的173平方米享有请求权，绝非对讼争房产全部748.7平方米享有请求权。②《离婚协议书》上特别载明对173平方米“只准居住，不准转卖”，说明钟某玉只有居住、使用的权利，并不享有所有权。③钟某玉提交的《离婚登记申请书》上结婚证号为空白，故钟某玉与林某达未必存在结婚的事实，《离婚协议书》是无效的。对该事实钟某玉负有举证责任，否则应承担举证不能的法律后果。（3）钟某玉与林某达的《离婚协议书》早在1996年就已签订，至今已近20年，钟某玉长期未办理变更登记，也不主张权利，直到法院采取强制执行措施才提出主张，其目的在于帮助林某达逃避执行。（4）钟某玉已另案起诉林某达要求确认讼争房产产权，其隐瞒讼争房产已被法院依法查封的事实，另行提起确权诉讼的行为不符合法律规定。根据《最高人民法院印发〈关于执行权合理配置和科学运行的若干意见〉的通知》（法发〔2011〕15号）第二十六条之规定，受诉法院不应对钟某玉与林某达进行的确权诉讼进行审理，如有确权判决书或调解书也应当撤销，不能成为本案定案的依据。综上，讼争房产的物权并未发生变动，仍为林某达所有，执行法院对属于林某达所有的讼争房产采取执行措施是正确、合法的，钟某玉与林某达提起本案诉讼的目的在于逃避执行，请求法院依法驳回钟某玉的全部诉讼请求，以维护王某的合法权益。

一审法院经审理查明：钟某玉与林某达于1972年6月28日登记结婚。1996年7月22日，钟某玉与林某达签订《离婚协议书》，载明：现双方同意办理离婚手续。建在迳美村新联路 11 号的房屋一幢及建在上杭县城关和平路的面积 173 平方米（尚未办理门牌号码）的房屋归女方及女方所生子女所有。但只准居住，不准转卖。

1996 年 8 月 7 日，钟某玉与林某达办理离婚手续，《离婚登记申请书》及《审查处理结果》的内容体现钟某玉与林某达经婚姻登记机关审查同意准予离婚。

根据《上杭县私有房屋所有权登记申请书》、杭房权字第 06072 号《房屋所有权证》及杭国用（1997）字第 4468 号《国有土地使用证》，其中申请书载讼争房产来源为新建，用地面积为 172.8 平方米，建成年份 1996 年，同时讼争房产的《国有土地使用证》与《房屋所有权证》所附平面图内容与《上杭县私有房屋所有权登记申请书》所附平面图内容一致。

钟某玉与林某达之子女林某盛、林某燕、林某均、林某娟四人出具的《声明》，内容为同意讼争房产归钟某玉所有，并将《国有土地使用证》及《房屋所有权证》直接变更至钟某玉名下，由此产生任何纠纷、诉讼同意由钟某玉全权处理。

一审法院另查明：林某达于 2014 年 2 月 17 日、3 月 24 日上杭县人民法院法庭审理中陈述，讼争房产土地使用权 1994 年向上杭县国土资源局购买，1995 年建造竣工并乔迁入住，1996 年向土地管理部门申请办理土地使用权证，1997 年才办理好土地使用权证和房屋所有权证。离婚时，双方已经协议夫妻共同财产即讼争房产归钟某玉及所生子女所有。由于购买土地使用权时是用林某达的名义购买的，所以办证机关要求用其名字办理，原本可以将房屋所有权过户到钟某玉名下，但一直未去办理。离婚后，该房产都由钟某玉占有、使用和收益。讼争房产现在的门牌号是和平路 121 号，离婚时已协商归钟某玉及其所生子女所有。

案外人李某杭述称：讼争房产一楼店面从 2010 年 2 月起由其向钟某玉承租，租金每月 1200 元，每半年以现金方式向钟某玉支付一次。根据钟某玉提供的《上杭县自来水公司用水分户明细卡》《自来水公司用水账户卡》等证据，林某达名下的讼争房屋于 1996 年 2 月已经建成并入住。

一审法院经审理认为，钟某玉依照《中华人民共和国民事诉讼法》第二百二十七条[①]的规定提起案外人执行异议之诉，应当提供证据证明其对讼争房产享有的实体权利足以阻却强制执行措施。钟某玉提供的《离婚登记申请书》《离婚协议书》《审查处理结果》均复印自上杭县档案馆，真实性应予认定，该三份证据内容体现钟某玉与林某达经协商一致达成离婚协议，并经行政机关审批同意予以办理离婚登记，虽然钟某玉于一审庭审后提供的《结婚登记申请表》所载的申请人为“钟某某姑”，且未提供其他证据证明其曾用名为“钟某某姑”，但是钟某玉与林某达是否存在合法的婚姻关系，属行政机关在办理两人离婚登记时应当审查的事项，行政机关作出“符合条件，予以办理（离婚登记）”的审查结果，其中当包含确认两人此前存在婚姻关系之意，故王某以《离婚协议书》未填写结婚证号、钟某玉未提供证据证明其与林某达存在合法婚姻关系等为由，主张钟某玉不能证明其与林某达曾存在婚姻关系，并因此认为《离婚协议书》无效，理由不能成立，一审法院不予支持。钟某玉与林某达签署的《离婚协议书》系双方自愿达成，内容没有违反法律、行政法规的强制性规定，两人亦已依该协议并经行政机关批准解除婚姻关系，故应当认定该离婚协议合法有效。

虽然钟某玉提供的《上杭县私有房屋所有权登记申请表》、讼争房产的权属证书等证据体现林某达系于1997年申请办理并取得讼争房产的权属证书，但是《上杭县私有房屋所有权登记申请表》载讼争房产系于1996年建成，钟某玉于一审庭审后提供的用水分户明细卡、用水账户卡等证据亦体现讼争房产于1996年2月安装自来水并有每月用水记录，上述事实与林某达有关讼争房产于1994年购买土地使用权，1995年底建成，1996年初入住，1997年补办土地使用权出让手续并办理权属证书的陈述可以互相印证，证明讼争房产系在林某达与钟某玉婚姻关系存续期间购买土地使用

① 对应《民事诉讼法》（2021年修正）第二百三十四条。

权并合法建造而成，根据《中华人民共和国婚姻法》第十七条①的规定，当属两人夫妻共同财产。

1996年，两人经协商达成有关该处房产归钟某玉及其子女所有的《离婚协议书》，不仅是双方对夫妻共同财产作出的分割协议，而且因具有解除人身关系的性质，而不同于一般处分房产所有权的协议。钟某玉作为讼争房产的共有权人，依法享有该处房产之物权，其请求停止对讼争房产强制执行措施，一审法院予以支持。根据钟某玉与林某达《离婚协议书》的约定，讼争房产权属应当由钟某玉及其四个子女享有，一审诉讼中，钟某玉虽然提供了林某盛等四人的《声明》，主张该四人为钟某玉的婚生子女，但由于该四人并非本案当事人，仅凭《声明》并不能证明林某盛等人的身份，因此，该《声明》书不足以认定《离婚协议书》中涉及的林某盛等四名子女已经同意将讼争房产权利归属于钟某玉，在此情况下，钟某玉在本案中请求将讼争房产判归其所有，依据不足，一审不予支持。

综上，依照《中华人民共和国婚姻法》第十七条、第三十九条②第一款，《中华人民共和国民事诉讼法》第二百二十七条③，《最高人民法院关于适用〈中华人民共和国民事诉讼法〉执行程序若干问题的解释》第二十四条④的规定，一审法院判决如下：一、停止对位于福建省上杭县和平路121号房产的执行；二、驳回钟某玉的其他诉讼请求。案件受理费100元，由王某负担。

王某不服一审判决，向本院提起上诉，请求：（1）撤销福建省高级人民法院（2014）闽民初字第7号民事判决第一项，改判驳回钟某玉的全部诉讼请求。（2）本案诉讼费用由钟某玉承担。主要理由是：（1）讼争房产

---

① 对应《民法典》第一千零六十二条："夫妻在婚姻关系存续期间所得的下列财产，为夫妻的共同财产，归夫妻共同所有：（一）工资、奖金、劳务报酬；（二）生产、经营、投资的收益；（三）知识产权的收益；（四）继承或者受赠的财产，但是本法第一千零六十三条第三项规定的除外；（五）其他应当归共同所有的财产。夫妻对共同财产，有平等的处理权。"

② 对应《民法典》第一千零八十七条。

③ 对应《民事诉讼法》（2021年修正）第二百三十四条。

④ 《最高人民法院关于适用〈中华人民共和国民事诉讼法〉执行程序若干问题的解释》已于2020年修正，修正后本条已被删除。

的物权归林某达所有，一审法院不依据不动产权属证书而是以 1996 年两人经协商达成的《离婚协议书》为由，作出钟某玉享有该处房产之物权，判决停止对讼争房产执行的认定没有法律依据。（2）即便按照一审法院的观点，以《离婚协议书》来确定讼争房产的权属，钟某玉的诉讼请求仍然不能成立。①《离婚协议书》所涉及的与钟某玉及其子女有关的讼争房产的面积只有 173 平方米，而根据讼争房产的《房屋所有权证》所载，讼争房产面积为 748.7 平方米，钟某玉只对讼争房产 748.7 平方米中的 173 平方米享有请求权（173 平方米大约是一层的面积），而非对 748.7 平方米享有请求权（这种权利仅指 173 平方米的使用权），并不能因此停止对讼争房产（特别是 173 平方米以外的部分）的执行。②《离婚协议书》的内容是"只准居住，不准转卖"，即钟某玉并不享有处分权，钟某玉只有居住、使用的权利，并不享有所有权。所以钟某玉对讼争房产实际上只有 1/4 居住、使用的权利，并不能阻止对讼争房产的拍卖执行。（3）钟某玉自述 1996 年达成《离婚协议书》，但至 2011 年法院查封讼争房产，长达 15 年，钟某玉从未主张办理变更登记。这一事实证明，依据《离婚协议书》，钟某玉并不获得讼争房产的所有权，之所以在 17 年后对讼争房产提出执行异议（钟某玉在 2013 年才提起执行异议），纯属协助林某达逃避执行。

钟某玉答辩称：其请求法院停止讼争房屋的强制执行措施，于法有据，一审认定事实清楚，适用法律正确，应予维持。（1）钟某玉与林某达签订的《离婚协议书》，对房屋所有权分配的约定十分明确，且《离婚协议书》签订后，钟某玉与林某达又于 1996 年 8 月 7 日签署了《离婚登记申请书》，再次明确"财产处理"方式为"房屋归女方"，《离婚登记申请书》是双方无恶意的合意行为，在行政机关备案的法律文件，合法有效，即案涉房屋全部归女方所有，钟某玉是讼争房产的所有权人（至少是共有权人）。《离婚协议书》中约定的"只准居住，不准转卖"，其真实原因是林某达考虑其离婚后可能改嫁，担心日后如果房屋被出让，其四个子女的基本生活没有保障，该约定并非从法律角度限制房屋的物权，而是林某达从保护子女利益角度考虑所提出的一项"离婚条件"。即便退一万步讲，钟某玉与林某达之间的财产分割属于债权关系，该债权基于《离婚协议书》所产生，债的标的是唯一且确定的，即讼争房产，属于特定之债。王某与林某达之间因股权所产生的债务纠纷发生在离婚14年之后，属于种类之债，且形成在后。因此，特定之债优先于种类之债。(2)《离婚协议书》所载“和平路的面积一百七十三平方米（尚未办理门牌号码）的房屋”即和平路121号房屋，《离婚协议书》中所载面积173平方米系房屋的占地面积。①《离婚协议书》签订时讼争房产尚无门牌号，房屋总建筑面积未实际测量，仅知讼争房产的用地面积为172.8平方米（四舍五入即173平方米），故协议书所载“建在上杭县城关和平路的面积一百七十三平方米的房屋”中的“一百七十三平方米”仅是代替门牌号的一种识别符号，且讼争房产共四层总建筑面积为748.7平方米，每层的面积也应是187.18平方米，与《离婚协议书》所载的173平方米相去甚远。如果林某达与钟某玉的真实意思是指讼争房产的一层或173平方米归女方及其子女所有，也应当在《离婚登记申请书》中明确备注是第几层或多少面积归女方及其子女所有，现实情况是《离婚协议书》《离婚登记申请书》都无此备注，因此“一百七十三平方米”是指房屋用地面积，而不是王某所称的一层房屋的面积。②从讼争房产的实际使用情况看，其与林某达离婚后，其在讼争房屋里一个人含辛茹苦把三个子女抚养成人，该讼争房产一直由其和子女居住、使用，后对外出租也是由钟某玉收取租金，林某达离婚后从未在讼争房产内居住。而且，根据生活常理和中国农村的惯例，离婚之后男女双方是不会继续在同一栋房子里居住的，更不可能一方“寄住”在另一方的房产之中。(3) 1997年讼争房屋的房产证及土地证办到林某达名下，原因在于之前办理土地使用权受让相关手续时登记人是林某达，所以权属证书就顺理成章地办到林的名下，而且当时《中华人民共和国物权法》尚未颁布实施，普通老百姓对于不动产物权登记的法律意义都无多少概念，文化水平低的农村家庭妇女，更不会去关心房产“两证”如何办理，钟某玉对房产至今未办理过户手续没有过错。

林某达提交答辩意见称：同意钟某玉的答辩意见。

本院二审查明的事实与一审法院查明的事实相同。

本院认为，本案系案外人钟某玉在王某与林某达股权转让纠纷一案生

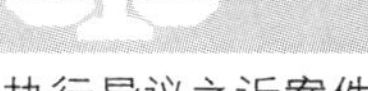

效判决的执行中，对执行标的（讼争房产）提起的执行异议之诉，请求排除执行的理由为股权转让关系发生之前该讼争房产已在离婚协议中作为其与林某达夫妻共同财产进行处分归其和四名子女所有，因此，钟某玉对本案讼争房产是否享有足以阻止执行的实体权利是本案争议的焦点。本院认为，钟某玉对诉争房产享有足以阻却执行的权利。主要理由是：

1. 现有证据不能证明钟某玉与林某达之间存在恶意串通逃避债务的主观故意，钟某玉与林某达解除婚姻关系及有关财产约定的意思表示真实。根据原审查明的案件事实，王某与林某达之间转让股权的时间为2009年9月，王某因该股权转让纠纷根据生效判决申请原审法院对讼争房产进行查封的时间为2013年6月，此时讼争房产登记在债务人林某达个人名下。钟某玉一审中提供的复印自上杭县档案馆的《离婚登记申请书》《离婚协议书》《审查处理结果》等三份证据，能够证明钟某玉与林某达两人于1996年7月22日达成的《离婚协议书》已明确将夫妻双方共有的讼争房产归钟某玉及其子女所有。上述《离婚协议书》系钟某玉与林某达两人自愿达成，内容不违反法律、行政法规的强制性规定，且两人亦已依该协议并经行政机关批准解除婚姻关系，故一审法院认定该离婚协议合法有效，并无不当。由于该《离婚协议书》签订时间（1996年7月）在先，法院对讼争房产的执行查封（2013年6月）在后，时间上前后相隔长达十几年之久，林某达与钟某玉不存在借离婚协议处分财产逃避债务的主观恶意。据此，钟某玉与林某达在离婚协议中对于夫妻共同财产的处分行为亦属有效。王某上诉认为钟某玉与林某达之间的离婚协议属恶意逃避债务的理由不能成立。

2. 关于钟某玉对讼争房产的请求权的内容问题。根据《上杭县私有房屋所有权登记申请书》、杭房权字第06072号《房屋所有权证》及杭国用（1997）字第4468号《国有土地使用证》等证据可知，讼争房产的用地面积为172.8平方米。由于钟某玉与林某达签订《离婚协议书》时，讼争房产尚未办理门牌号码也未测量其实际面积，因此，钟某玉与林某达在《离婚协议书》中约定："……建在上杭县城关和平路的面积一百七十三平方米（尚未办理门牌号码）的房屋归女方及女方所生子女所有"，该约定的内容即应解释为诉争房屋的全部而非其中的173平方米归钟某玉及其所生子女所有。尤其是，在《离婚协议书》签订之后，钟某玉及其所生子女也一直实际占有、使用了诉争房屋。因此，王某上诉以钟某玉仅对诉争房屋的173平方米部分享有请求权、人民法院不应停止对该房屋其他部分执行的主张不能成立。

3. 由于《离婚协议书》并不存在恶意串通逃避债务的问题，且钟某玉对案涉全部房产享有请求权，因此，需要进一步讨论的问题是，钟某玉依据《离婚协议书》对讼争房产享有的权利是否足以排除执行。

在法律适用上，应当看到，《最高人民法院关于人民法院办理执行异议和复议案件若干问题的规定》是针对执行程序中当事人提出执行异议时如何处理的规定。由于执行程序需要贯彻已生效判决的执行力，因此，在对执行异议是否成立的判断标准上，应坚持较高的、外观化的判断标准。这一判断标准，要高于执行异议之诉中原告能否排除执行的判断标准。

由此，《最高人民法院关于人民法院办理执行异议和复议案件若干问题的规定》第二十五条至第二十八条的规定就应当在如下意义上理解，即符合这些规定所列条件的，执行异议能够成立；不满足这些规定所列条件的，异议人在执行异议之诉中的请求也未必不成立。是否成立，应根据案件的具体情况和异议人所主张的权利、申请执行人债权实现的效力以及被执行人对执行标的的权利作出比较后综合判断，从而确定异议人的权利是否能够排除执行。

在本案中，钟某玉与林某达于1996年7月22日签订《离婚协议书》，约定讼争房产归钟某玉及其所生子女所有，该约定是就婚姻关系解除时财产分配的约定，在诉争房产办理过户登记之前，钟某玉及其所生子女享有的是将讼争房产的所有权变更登记至其名下的请求权。该请求权与王某的请求权在若干方面存在不同，并因此具有排除执行的效力。

第一，从成立时间上看，该请求权要远远早于王某因与林某达股权转让纠纷所形成的金钱债权。债权的成立时间尽管并不影响债权的平等性，但是在若干情形下对于该债权能否继续履行以及继续履行的顺序产生影响。例如，《最高人民法院关于审理买卖合同纠纷案件适用法律问题的解

释》第十条[①]针对出卖人就特殊动产订立多重买卖合同的继续履行问题明确规定，在均未受领交付且未办理所有权转移登记手续的情况下，依法成立在先合同的买受人的继续履行请求权就优先于其他买受人。以此类推，在本案情形，至少不能得出王某成立在后的债权具有优先于钟某玉成立在前的债权的结论。

第二，从内容上看，钟某玉的请求权系针对诉争房屋的请求权，而王某的债权为金钱债权，并未指向特定的财产，讼争房屋只是作为林某达的责任财产成为王某的债权的一般担保。在钟某玉占有诉争房屋的前提下，参考《最高人民法院关于审理买卖合同纠纷案件适用法律问题的解释》第十条规定的精神可知，其要求将讼争房产的所有权变更登记至其名下的请求权，也应当优于王某的金钱债权。

第三，从性质上看，王某与林某达之间的金钱债权，系林某达与钟某玉的婚姻关系解除后发生的，属于林某达的个人债务。在该债权债务发生之时，诉争房屋实质上已经因钟某玉与林某达之间的约定而不再成为林某达的责任财产。因此，在王某与林某达交易时以及最终形成金钱债权的过程中，诉争房产都未影响到林某达的责任财产。在此意义上，钟某玉的请求权即使排除王某债权的执行，也并未对王某债权的实现形成不利影响。

第四，从发生的根源上看，讼争房产系钟某玉与林某达婚姻关系存续期间因合法建造而产生的夫妻共同财产，在钟某玉与林某达婚姻关系解除之时约定讼争房产归钟某玉及其所生子女所有。从功能上看，该房产具有为钟某玉及其所生子女提供生活保障的功能。与王某的金钱债权相比，钟某玉及其子女享有的请求权在伦理上具有一定的优先性。

综上所述，本院认为，基于钟某玉与王某各自债权产生的时间、内容、性质以及根源等方面来看，钟某玉对诉争房产所享有的权利应当能够阻却对本案讼争房产的执行，钟某玉提起执行异议请求阻却对本案讼争房产执行的理由成立，一审法院判决停止对讼争的位于福建省上杭县和平路

① 对应《最高人民法院关于审理买卖合同纠纷案件适用法律问题的解释》（2020 年修正）第七条。

121号房产的执行正确，应予维持。王某上诉请求撤销该项判决的理由，不能成立，本院不予支持。

综上，一审判决认定事实清楚，判决结果正确。本院依照《中华人民共和国民事诉讼法》第一百七十条[①]第一款第一项之规定，判决如下：

驳回上诉，维持原判。

二审案件受理费100元，由王某负担。

本判决为终审判决。

审　判　长　姚爱华
审　判　员　王毓莹
代理审判员　姜　强

二〇一六年一月十日

书　记　员　王慧娴

① 对应《民事诉讼法》(2021年修正)第一百七十七条。

5. 大连银行股份有限公司沈阳分行与抚顺市艳丰建材有限公司、郑某旭案外人执行异议之诉案*

承兑汇票出票人向银行交存保证金属于设立金钱质押。质权属于担保物权，足以排除另案债权的强制执行

【裁判摘要】

《最高人民法院关于适用〈中华人民共和国民事诉讼法〉的解释》第三百一十二条①规定，对于案外人提起的执行异议之诉，人民法院经审理，案外人就执行标的享有足以排除强制执行的民事权益的，判决不得执行该执行标的。本案中，承兑汇票出票人向银行承兑汇票保证金专用账户交存保证金作为承兑汇票业务的担保，该行为性质属于设立金钱质押。当出票人未支付到期票款，银行履行垫款义务后，银行基于质权享有就该保证金优先受偿的权利。质权属于担保物权，足以排除另案债权的强制执行。

* 摘自《最高人民法院公报》2016年第8期。

① 对应《最高人民法院关于适用〈中华人民共和国民事诉讼法〉的解释》（2022年修正）第三百一十条。

最高人民法院民事判决书

（2015）民提字第175号

再审申请人（一审原告、二审上诉人）：大连银行股份有限公司沈阳分行。住所地：辽宁省沈阳市沈河区北站路77-1号1门。

负责人：毕某轩，该分行行长。

委托代理人：徐某浩，该分行员工。

被申请人（一审被告、二审被上诉人）：抚顺市艳丰建材有限公司。住所地：辽宁省抚顺经济开发区李石经济区大街2号4020室。

法定代表人：李某成，该公司总经理。

被申请人（一审被告、二审被上诉人）：郑某旭，男，汉族，1968年12月28日出生，住河北省霸州市。

委托代理人：戴某勇，北京市资略律师事务所律师。

委托代理人：何某敏，北京市亦非律师事务所律师。

再审申请人大连银行股份有限公司沈阳分行（以下简称大连银行沈阳分行）因与被申请人抚顺市艳丰建材有限公司（以下简称艳丰公司）、郑某旭案外人执行异议之诉一案，不服河北省高级人民法院（2014）冀民二终字第32号民事判决，向本院申请再审。本院于2015年6月16日作出（2015）民申字第736号民事裁定，提审本案。本院依法组成由审判员王涛担任审判长，代理审判员梅芳、杨卓参加的合议庭，公开开庭审理了本案，书记员陈明担任记录。大连银行沈阳分行的委托代理人徐某浩、郑某旭的委托代理人戴某勇、何某敏到庭参加诉讼。艳丰公司经合法传唤未到庭。本案现已审理终结。

河北省廊坊市中级人民法院一审查明：艳丰公司与郑某旭于2011年12月6日签订《借款合同》，约定：借款金额为8000万元，借款日期为2011年12月6日，还款日期为2011年12月7日。同日，艳丰公司与大连银行沈阳分行签订《汇票承兑合同》，约定：本合同项下银行承兑汇票共计8张，全部汇票金额合计为8000万元；出票人均为艳丰公司，收款人均为沈阳首创物资有限公司（以下简称首创公司）；出票日期均为2011年12月6日，汇票到期日均为2012年6月6日；承兑满足条件为，艳丰公司与收款人之间的商品交易关系是真实合法和具有对价的，艳丰公司具有支付到期汇票金额的可靠资金来源，不存在票据欺诈行为；艳丰公司于汇票承兑前，在大连银行沈阳分行开立针对本合同项下汇票的保证金专用账户（账户为1012×××××××0023）并存入汇票金额100%的保证金，保证金金额为8000万元整，艳丰公司同意将上述保证金及由其产生的利息作为履行本合同的担保，并授权大连银行沈阳分行在因本合同需要时办理上述保证金的冻结、扣划等手续；双方权利义务为，艳丰公司在本合同项下汇票出票日起一个月内，向大连银行沈阳分行提供其与收款人之间的增值税发票复印件，大连银行沈阳分行有权要求核验原件；艳丰公司应于本合同项下汇票到期日之前将汇票金额足额存入大连银行沈阳分行指定账户，若艳丰公司未能在汇票到期日足额交付全部汇票金额，则大连银行沈阳分行有权将本合同第2.2款的保证金账户和艳丰公司其他存款账户中的款项直接用于支付到期汇票或偿还大连银行沈阳分行对持票人的垫款以及相应利息和手续费，同时对艳丰公司尚未支付的汇票金额按照日万分之五计收罚息；本合同项下汇票承兑后，发生以下任一情况，大连银行沈阳分行均可以要求艳丰公司将保证金金额提高到汇票金额的100%；艳丰公司未按照大连银行沈阳分行要求如期补足保证金的，大连银行沈阳分行有权宣布艳丰公司违约，对艳丰公司提起诉讼并按照相关担保合同约定行使相应权利。《汇票承兑合同》签订当日，艳丰公司将8000万元存入大连银行沈阳分行文艺路支行营业部的1012××××××××0325账户，大连银行沈阳分行文艺路支行将8000万元转至《汇票承兑合同》指定的1012×××××××0023保证金账户。同日，大连银行沈阳分行在艳丰公司作为出票人、首创公司作为收款人、大连银行沈阳分行文艺路支行作为付款行、金额各为1000万元、出票日期为2011年12月6日、到期日为2012年6月6日的8张银行承兑汇票正面“本汇票已经承兑，到期日由本行付款”处加盖了汇票专用章，之后将该8张汇票交付出票人艳丰公司。汇票上未填写承兑日期。

艳丰公司在《借款合同》约定的还款日期即2011年12月7日未还款。后艳丰公司与郑某旭及案外人明达意航企业集团有限公司（以下简称明达意航公司）于2011年12月24日签订了《还款协议》，约定：艳丰公司于2011年12月6日向郑某旭借款8000万元用于大连银行沈阳分行开具承兑汇票百分之百保证金，艳丰公司收到此款用完后没按约定归还，反而把此款用于其他，经双方协商达成如下协议：2012年1月6日至2012年1月19日还清8000万元本金以及500万元利息。到期后艳丰公司、明达意航公司未履行。2012年4月20日，艳丰公司与郑某旭、明达意航公司又签订《还款补充协议》，约定：第一期还款时间为2012年5月20日—25日之间，还款金额为2000万元；第二期还款时间为2012年6月20日—25日之间，还款金额为2000万元；第三期还款时间为2012年7月20日—25日之间，还款金额为2000万元；第四期还款时间为2012年8月20日—25日之间，还款金额为2000万元；利息从2011年12月20日起计算，根据实际占用时间与额度按月利息2%计算，以上利息于2012年9月底结清。上述合同到期后，艳丰公司、明达意航公司亦未履行。

2012年5月23日，中国邮政储蓄银行有限责任公司辽宁省分行以委托收款形式对前述8张银行承兑汇票中的6张（汇票号码313000512063920—313000512063924及313000512063929）进行收款。2012年5月25日，中国民生银行股份有限公司深圳分行以委托收款形式对其余2张汇票（汇票号码313000512063927、313000512063928）进行收款。2012年6月6日，大连银行沈阳分行文艺路支行对上述8张汇票总计金额8000万元进行了付款。同日，大连银行沈阳分行文艺路支行将8000万元转为承兑逾期垫款。

2012年5月，郑某旭分两次以艳丰公司、明达意航公司为被告向廊坊市中级人民法院提起诉讼，分别要求艳丰公司偿还借款4000万元及利息，明达意航公司承担担保责任，同时申请了财产保全。廊坊市中级人民法院于2012年5月28日裁定冻结了艳丰公司在大连银行沈阳分行文艺路支行开立的账户1012×××××××0023中的保证金8000万元。后廊坊市中级人民

法院作出（2012）廊民三初字第117号、第133号民事判决书。明达意航公司对（2012）廊民三初字第133号民事判决不服，向河北省高级人民法院提起上诉，该院于2013年7月3日作出（2013）冀民一终字第139号民事判决书，驳回上诉，维持原判。

在郑某旭申请执行（2012）廊民三初字第117号民事判决书期间，大连银行沈阳分行于2013年5月14日向廊坊市中级人民法院提出书面异议称：应依法纠正（2013）廊民执字第26号执行案件中的错误冻结行为，解除对银行保证金存款4000万元的查封。该院于2013年8月20日作出（2013）廊执异字第26-1号执行裁定书，认为：该院于2012年5月28日冻结了艳丰公司在大连银行沈阳分行保证金账户中的存款，大连银行沈阳分行于2012年6月6日对汇票进行了兑付，法院冻结保证金账户存款的时间早于大连银行沈阳分行对汇票进行承兑和付款时间。根据《最高人民法院、中国人民银行关于依法规范人民法院执行和金融机构协助执行的通知》（法发〔2000〕21号）第九条规定，人民法院依法可以对银行承兑汇票保证金采取冻结措施，但不得扣划；如果金融机构已对汇票承兑或者已对外付款，根据金融机构的申请，人民法院应当解除对银行承兑汇票保证金相应部分的冻结措施。银行承兑汇票保证金已丧失保证金功能时，人民法院可以依法采取扣划措施。本案中，在法院已经采取冻结措施的情况下，大连银行沈阳分行不考虑此款项交易存在的风险，无视法院的冻结措施，仍对外继续承兑，继续付款，且大连银行沈阳分行在本案中未考虑可能涉及虚假交易合同及出票存在的问题。故大连银行沈阳分行请求解除对该4000万元的冻结措施，该院不予支持。大连银行沈阳分行执行异议被驳回后，可以向该院提起案外人执行异议之诉，解决此实体争议。该院依照《中华人民共和国民事诉讼法》第二百二十七条①和《最高人民法院关于适用〈中华人民共和国民事诉讼法〉执行程序若干问题的解释》第十五条②之规定，裁定驳回大连银行沈阳分行的异议。

---

① 对应《民事诉讼法》（2021年修正）第二百三十四条。

② 该司法解释已于2020年修正，修正后为第十四条。

2013年10月9日，大连银行沈阳分行以艳丰公司、郑某旭为被告向一审法院提起本案诉讼，请求撤销一审法院（2013）廊执异字第26-1号执行裁定，确认其对1012×××××××0023账户内的4000万元享有优先受偿权；诉讼费用由艳丰公司、郑某旭承担。

一审法院认为，本案争议的焦点为：（1）2012年5月23日及2012年5月25日，收款人的委托收款行为是否属于承兑人已经完成了承兑行为；（2）保证金账户的性质及大连银行沈阳分行对于保证金账户内的款项是否享有优先受偿权。

关于第一个争议焦点，该院认为，依据《商业汇票办法》（银发〔1993〕140号，1993年5月21日中国人民银行发布）第三条第三款规定，银行承兑汇票是由收款人或承兑申请人签发，并由承兑申请人向开户银行申请，经银行审查同意承兑的票据。《中华人民共和国票据法》第三十八条规定，承兑是指汇票付款人承诺在汇票到期日支付汇票金额的票据行为；第三十九条规定，定日付款或者出票后定期付款的汇票，持票人应当在汇票到期日前向付款人提示承兑。提示承兑是指持票人向付款人出示汇票，并要求付款人承诺付款的行为；第四十一条第一款规定，付款人对向其提示承兑的汇票，应当自收到提示承兑的汇票之日起三日内承兑或者拒绝承兑；第四十二条规定，付款人承兑汇票的，应当在汇票正面记载“承兑”字样和承兑日期并签章……汇票上未记载承兑日期的，以前条第一款规定期限的最后一日为承兑日期。《支付结算办法》（银发〔1997〕393号，1997年9月19日中国人民银行发布）第七十三条规定，商业汇票分为商业承兑汇票和银行承兑汇票……银行承兑汇票由银行承兑；第七十九条规定，银行承兑汇票应由在承兑银行开立存款账户的存款人签发；第八十条规定，商业汇票可以在出票时向付款人提示承兑后使用，也可以在出票后先使用再向付款人提示承兑；第八十三条规定，银行承兑汇票的出票人或持票人向银行提示承兑时，银行的信贷部门负责按照有关规定和审批程序，对出票人的资格、资信、购销合同和汇票记载的内容进行认真审查，必要时可由出票人提供担保。符合规定和承兑条件的，与出票人签订承兑协议；第八十四条规定，付款人承兑商业汇票，应当在汇票正面记载

"承兑"字样和承兑日期并签章。从以上法律及规章的规定可以看出，大连银行沈阳分行在与艳丰公司签订《汇票承兑合同》后并在开具的以大连银行沈阳分行作为付款人的8张银行承兑汇票（每张银行承兑汇票金额为1000万元，合计8000万元）正面记载"承兑"并签章的行为中，艳丰公司向大连银行沈阳分行申请开具承兑汇票的行为即是艳丰公司作为出票人向银行承兑汇票上记载的付款人即大连银行沈阳分行出示票据，请求大连银行沈阳分行承诺付款的行为，也就是票据法规定的出票人即艳丰公司在出票时向付款人即大连银行沈阳分行提示承兑的行为。大连银行沈阳分行经审查按照有关规定和审批程序，要求出票人艳丰公司提供8000万元保证金存于保证金账户，与艳丰公司签订《汇票承兑合同》后在8张银行承兑汇票正面"本汇票已经承兑，到期日由本行付款"栏处签章的行为即是《中华人民共和国票据法》规定的付款人已经完成了银行承兑汇票承兑的行为。这也符合《支付结算办法》第八十条的规定，即商业汇票可以在出票时向付款人提示承兑后使用。按照《中华人民共和国票据法》第二十二条的规定，银行承兑汇票正面记载的加盖承兑章不属于汇票的绝对应记载的事项。但是按照我国现在的银行承兑汇票的使用和流通来看，一般以银行作为付款人的银行承兑汇票，都是在出票人与付款人签订了汇票承兑合同，银行在银行承兑汇票正面"本汇票已经承兑，到期日由本行付款"栏处签章后才能在市场上使用和流通。作为基础关系的债权人和票据关系的收款人的财务人员，在以银行承兑汇票结算时，不会接受没有付款人（即银行）在银行承兑汇票正面加盖银行承兑章的银行承兑汇票。在收款人都不接受该银行承兑汇票的情况下，其也不可能在银行承兑汇票的背面第一背书人栏背书的。即使收款人背书转让的话，下一手被背书人在查看银行承兑汇票正面没有付款人承兑的签章时，也不会接受这样的银行承兑汇票以清偿或消灭基础关系的债务。在现实当中，银行承兑汇票是出票人在出票的同时向付款人提示承兑，付款人完成了承兑（即在银行承兑汇票正面加盖承兑章）并交付出票人后，出票人交付收款人以清偿或消灭基础关系，收款人在收到银行承兑汇票后，在银行承兑汇票的背面第一栏背书人栏签章后，银行承兑汇票才能正常使用和流通。也就是说，银行承兑汇票在出票的同时，付款人应当或者必须完成承兑行为。《支付结算办法》第八十八条规定，商业汇票的提示付款期限，自汇票到期日起10日。持票人应在提示付款期限内通过开户银行委托收款或直接向付款人提示付款。对异地委托收款，持票人可匡算邮程，提前通过开户银行委托收款；第一百九十八条规定，委托收款是收款人委托银行向付款人收取款项的结算方式；第一百九十九条规定，单位和个人凭已承兑商业汇票、债券、存单等付款人债务证明办理款项的结算，均可以使用委托收款结算方式。从以上的规定可以看出，委托收款是一种支付结算方式，属于票据法上的提示付款行为，并不是大连银行沈阳分行主张的委托收款行为是承兑人已经完成承兑的行为。

关于第二个争议焦点，该院认为，《中华人民共和国物权法》第二百零八条[①]规定，为担保债务的履行，债务人或者第三人将其动产出质给债权人占有的，债务人不履行到期债务或者发生当事人约定的实现质权的情形，债权人有权就该动产优先受偿；第二百一十条规定，设立质权，当事人应当采取书面形式订立质权合同。《最高人民法院关于适用〈中华人民共和国担保法〉若干问题的解释》[②] 第八十五条规定，债务人或者第三人将其金钱以特户、封金、保证金等形式特定化后，移交债权人占有作为债权的担保，债务人不履行债务时，债权人可以以该金钱优先受偿。从相关法律规定来看，如果将金钱以保证金形式成立质押合同时，依据《中华人民共和国物权法》第二百一十条[③]的规定，应当采用书面形式。从一般交易习惯来说，一般由作为付款人的银行根据开具银行承兑汇票出票人的信誉决定交存保证金金额的比例，一般为汇票金额的30%~50%，最高交存100%，最低的可以不交存。银行承兑汇票的保证金的数额多少一般参考两个方面：一是参照汇票金额来确定保证金比例；另一方面，也是主要的方面，就是参照出票人的信誉来确定保证金的比例。银行要求出票人在为其开立的保证金账户上存入一定数额的保证金，其目的并不是用这笔保证金

① 对应《民法典》第四百二十五条。
② 已失效。
③ 对应《民法典》第四百二十七条。

来抵偿所到期支付的款项，而是出于出票人不守信用或无能力归还垫款，为降低风险，用银行的行为（银行制作的冻结保证金通知书）来控制出票人一定数额的资金。从这一点来看，保证金账户内的资金没有质押的性质。《商业汇票办法》第十八条规定，银行承兑汇票的承兑申请人应于银行承兑汇票到期前将票款足额缴存其开户银行。承兑银行俟到期日凭票将款项付给收款人、被背书人或贴现银行。如果出票人违约，银行可以依据汇票承兑协议扣划保证金。但是如果在银行未付款的情况下，法院对保证金账户进行冻结，银行并不对保证金被冻结而向出票人负责，为了继续履行汇票承兑协议，银行可以要求出票人在到期日前补足保证金。如果出票人不补足保证金，则是出票人违约，银行可以拒绝对持票人（收款人）付款并出具拒付证明，产生的违约责任应由出票人承担，因为出票人是最终债务人。银行可以以出票人违约，制作拒付证明，通过诉讼解决纠纷，以确定保证金的去向。如果银行已对汇票承兑或对外付款，自承兑行为或对外付款行为完成之时起，承兑汇票票据关系即告消灭，保证金功能随之丧失。大连银行沈阳分行与艳丰公司未就以保证金作为质押签订书面的质押合同，保证金的性质经过以上分析应是信誉保证，故大连银行沈阳分行主张的保证金属于金钱质押，其有优先受偿权的主张不能成立。

关于提供增值税专用发票和《工业品买卖合同》的问题，该院认为，《中华人民共和国票据法》第十条规定，票据的签发、取得和转让，应当遵循诚实信用的原则，具有真实的交易关系和债权债务关系。在不考虑票据效力的情况下，仅依据《汇票承兑合同》第5.3条的规定及《工业品买卖合同》存在的出卖人和买受人颠倒的问题上来看，有理由相信，本案银行承兑汇票8000万元金额项下的交易关系或债权债务关系不具有真实性。大连银行沈阳分行在此行为中存在过错或者重大过失。

综上，大连银行沈阳分行主张的委托收款是承兑行为与《中华人民共和国票据法》规定的承兑行为不符，应为票据法上的提示付款行为。在艳丰公司申请银行承兑汇票出票的时候，大连银行沈阳分行在银行承兑汇票正面加盖承兑专用章的行为是票据法上的承兑行为，也就是艳丰公司在出票的同时，付款人大连银行沈阳分行已经承兑了。《最高人民法院、中国人民银行关于依法规范人民法院执行和金融机构协助执行的通知》第九条规定，人民法院依法可以对银行承兑汇票保证金采取冻结措施，但不得扣划。如果金融机构已对汇票承兑或者已对外付款，根据金融机构的申请，人民法院应当解除对银行承兑汇票保证金相应部分的冻结措施。《中华人民共和国票据法》第三十九条规定，定日付款的汇票，持票人应当在汇票到期日前向付款人提示承兑。而按照当前一般的交易习惯和实际操作，银行承兑汇票的出票人在出票的同时完成承兑行为，在我国当前实际中是应当也是必须的，这也符合相关的票据法律规定，否则收款人是不会接受票据的。如果依据《最高人民法院、中国人民银行关于依法规范人民法院执行和金融机构协助执行的通知》第九条规定，对于在出票的同时完成承兑的行为适用本条规定，既然按第九条规定认定了已经承兑，那么第九条规定法院可以采取冻结措施也就没有必要了，故本案只能考虑是否已经对外付款的情形。本案中，法院冻结在先，大连银行沈阳分行付款在后。《最高人民法院、中国人民银行关于依法规范人民法院执行和金融机构协助执行的通知》第九条规定，银行承兑汇票保证金已丧失保证金功能时，人民法院可以依法采取扣划措施。保证金账户存款的性质属于信誉保证的性质，不属于大连银行沈阳分行主张的金钱质押的性质，在法院对保证金采取了冻结措施之后，大连银行沈阳分行可以依据《汇票承兑合同》和相关的规定要求艳丰公司另行提供担保或者出具拒付证明等措施，故大连银行沈阳分行在法院冻结之后，依然对外付款应由其承担责任。大连银行沈阳分行在到期日对外付款，银行承兑汇票的票据关系消灭，保证金功能也就丧失了。大连银行沈阳分行没有法律依据享有对保证金的优先受偿权，该院可以扣划。故，大连银行沈阳分行的诉讼请求没有法律依据，该院不予支持。依据《中华人民共和国民事诉讼法》第六十四条的规定，该院判决如下：驳回大连银行沈阳分行的诉讼请求，案件受理费 120900 元由大连银行沈阳分行负担。

大连银行沈阳分行不服上述一审判决，向河北省高级人民法院提起上诉称：《汇票承兑合同》项下的《工业品买卖合同》是否真实不是本案的争议焦点，一审法院违法审查票据基础关系，把本来是否承兑或付款的一项审查无限扩大，在执行异议之诉中审理票据纠纷和买卖合同纠纷，违反法定程序。法院在承兑到期日之前冻结了 8000 万元保证金，付款人到期也应当无条件兑付，并可按中国人民银行《关于银行承兑汇票保证金冻结、扣划问题的复函》（银条法〔2000〕第 9 号）第二条的规定向人民法院提出以被冻结保证金优先受偿的申请。一审法院认为付款行在到期日对外付款，承兑汇票的票据关系消失，保证金功能也丧失，属于逻辑混乱，请求二审法院发回重审或者改判。

二审法院经审理，对一审法院查明的事实予以确认。

二审法院认为，根据《中华人民共和国票据法》第十条、第二十一条第二款的规定，票据的签发、取得和转让，应当具有真实的交易关系，不得签发无对价的汇票用以骗取银行或者其他票据当事人的资金。经庭审质证，可以认定，在艳丰公司向大连银行沈阳分行申请银行承兑汇票并签订 8000 万《汇票承兑合同》之际，合同约定的出票人艳丰公司与收款人首创公司之间并不存在真实的交易关系和债权债务关系。大连银行沈阳分行在《工业品买卖合同》系虚构的情况下，仍然与艳丰公司签订《汇票承兑合同》并出具银行承兑汇票，显然存在着重大过错。本案中，审查艳丰公司提供的基础交易关系的真实性、合法性，是大连银行沈阳分行在艳丰公司申请开具银行承兑汇票时的基本义务，但大连银行沈阳分行却怠于审查。为防止出现当事人利用虚假合同骗取银行资金，人民法院对于案外人提出的执行异议是否具有相应的事实和法律依据应当依法查明。人民法院审查承兑汇票基础关系的真实合法性，是维护我国票据立法和金融监管“票据的签发、取得和转让，应当具有真实的交易关系”之基本原则，并未违反法定程序。

2011 年 12 月 6 日，艳丰公司汇入案涉保证金账户下的 8000 万元，是郑某旭当初提供给艳丰公司的 8000 万元借款。按照艳丰公司与大连银行沈阳分行间的《汇票承兑合同》第五条第 5.7 款约定，艳丰公司应在汇票到期日之前将汇票金额足额存入大连银行沈阳分行指定账户。在廊坊市中级人民法院于 2012 年 5 月 28 日冻结案涉 8000 万元保证金的情况下，大连银行沈阳分行并未要求艳丰公司补足款项，而是用艳丰公司在该行开具的贷款账户中的8000万元进行了兑付，其存在明显过错。

综上，大连银行沈阳分行在与艳丰公司签订《汇票承兑合同》时，未尽到法定监管职责，对于不存在真实交易关系的买卖合同未尽审查义务，开具了无对价的银行承兑汇票，对艳丰公司套取银行8000万元资金存在重大过错。在廊坊市中级人民法院冻结艳丰公司在大连银行沈阳分行开具的保证金账户中的8000万元后，大连银行沈阳分行并未要求艳丰公司按《汇票承兑合同》第五条第5.7款的约定在汇票到期日之前将汇票金额足额存入指定账户，而是进行了兑付，对其损失的造成具有不可推卸的责任。案涉保证金属于合同担保问题，与汇票的承兑及付款无关，该保证金的法律性质应当根据《汇票承兑合同》的约定来认定。从案涉《汇票承兑合同》第二条第2.2款对保证金的约定看，其只是规定“授权乙方在因本合同需要时办理上述保证金的冻结、划扣等手续”，并未约定“在甲方不履行本合同项下的义务时，乙方对该保证金享有优先受偿权”。可见，双方并无以案涉8000万元保证金为大连银行沈阳分行设立金钱质押的意思，故其不具有金钱质押性质，大连银行沈阳分行不享有优先受偿权。大连银行沈阳分行的上诉理由不充分，对其上诉请求不予支持。原判程序合法，事实清楚，适用法律正确。依照《中华人民共和国民事诉讼法》第一百七十条[①]第一款第一项之规定，该院判决如下：驳回上诉，维持原判；二审案件受理费120900元，由大连银行沈阳分行负担。

大连银行沈阳分行不服上述二审判决，向本院申请再审称：(1)原审判决认定大连银行沈阳分行在与艳丰公司签订《汇票承兑合同》时未尽到法定监管义务，开具无对价的银行承兑汇票，对艳丰公司套取8000万元资金（包括本案4000万元和另案4000万元）存在重大过错，与事实不符。①大连银行沈阳分行已经尽到了法定的审查义务。艳丰公司与首创公司签订的《工业品买卖合同》虽然存在买卖双方公章加盖不规范问题，但仅属合同形式问题，对合同本身的权利义务并无实质性影响。②虽然艳丰公司未按《汇票承兑合同》的约定提供增值税发票复印件，但也不能据此否认

① 对应《民事诉讼法》(2021年修正)第一百七十七条。

艳丰公司与首创公司之间的交易关系。③原审法院在未作任何调查的情况下就认定艳丰公司与首创公司之间不存在真实交易关系是错误的，且该问题并不属于本案的审查范围。（2）原审判决认定大连银行沈阳分行在保证金被冻结的情况下仍然坚持承兑付款，具有不可推卸的责任，是不符合法律规定的。根据《中华人民共和国票据法》规定，银行在承兑汇票法律关系中处于付款人地位，在见票或者汇票到期日有向持票人无条件付款的义务，即便承兑汇票保证金被冻结，付款人到期也应当无条件付款。我国法律并未规定保证金被查封后，银行不能对持票人付款。大连银行沈阳分行作为承兑汇票的付款人进行付款，并非无视法院的查封措施，而是充分尊重法律和合同约定。（3）原审判决认定大连银行沈阳分行对本案4000万元保证金不享有优先受偿权，适用法律错误。①根据《汇票承兑合同》第二条第2.2款、第五条第5.7款约定，大连银行沈阳分行与艳丰公司已经达成对本案承兑汇票业务以保证金账户内的4000万元作为质押担保的合意。原审法院认定双方没有以保证金作为金钱质押的意思表示，不符合合同约定。②本案中，双方当事人已经按照《汇票承兑合同》约定为出质金钱开立了保证金专用账户，艳丰公司已缴存了保证金，大连银行沈阳分行对保证金进行了冻结，符合出质金钱以保证金形式特定化的要求。该保证金账户设立在大连银行沈阳分行，该行对该账户进行了实际控制和管理，保证金账户内的资金使用均与保证金业务相对应，未用于保证金业务之外的日常结算，因此，亦符合出质金钱移交债权人占有的要件要求，金钱质押已经设立。故大连银行沈阳分行有权以案涉4000万元保证金行使优先受偿权。综上，原审判决认定事实错误，适用法律不当。大连银行沈阳分行依据《中华人民共和国民事诉讼法》第二百条[①]第一项、第二项、第六项之规定申请再审，请求撤销河北省高级人民法院（2014）冀民二终字第32号民事判决，将本案发回重审或者依法改判。

郑某旭答辩称：（1）原审判决认定大连银行沈阳分行签订《汇票承兑合同》时存在重大过错是正确的。①艳丰公司与首创公司的买卖交易是否

---

① 对应《民事诉讼法》（2021年修正）第二百零七条。

真实、合法，直接决定着《汇票承兑合同》及其项下汇票的出票、兑付等行为的法律效力，与本案具有直接的法律关系，因此，原审法院依法审查《工业品买卖合同》的真实性、合法性是正确的。②艳丰公司依据伪造的《工业品买卖合同》向大连银行沈阳分行申请银行承兑汇票并签订《汇票承兑合同》，违反《中华人民共和国票据法》等法律法规，其《汇票承兑合同》以及其中的保证金条款依法均属无效。③对于艳丰公司依据伪造的《工业品买卖合同》向大连银行沈阳分行申请银行承兑汇票并签订《汇票承兑合同》的行为，大连银行沈阳分行并未尽到审查义务，对艳丰公司和首创公司利用虚假的买卖合同骗取银行资金明显存在重大过错。（2）本案4000万元保证金不具有金钱质押性质，大连银行沈阳分行不享有优先受偿权。由于《汇票承兑合同》以及其中的保证金条款均属无效，故该合同及保证金条款不能为大连银行沈阳分行设定金钱质权；即便抛开上述合同及其条款的合法性和有效性不谈，其约定亦不符合法律关于质权合同及金钱质押的规定，不能为大连银行沈阳分行设立金钱质权，大连银行沈阳分行亦不享有优先受偿权。（3）在法院冻结4000万元资金后，无论大连银行沈阳分行是否兑付本案承兑汇票，都不能对抗法院的冻结扣划措施。本案中，早在2012年5月28日廊坊市中级人民法院就依法冻结了艳丰公司保证金账户上的4000万元存款，大连银行沈阳分行却仍然在2012年6月6日向持票人兑付了4000万元，而未要求艳丰公司按照合同约定“于银行承兑汇票到期前将票款足额缴存其开户银行”，其行为显然存在重大过错。因此，大连银行沈阳分行无权要求法院解除对本案4000万元保证金的冻结措施。综上，原审判决认定事实清楚，证据确实充分，适用法律无误，大连银行沈阳分行的再审申请不符合法律规定的再审情形，应予驳回。

艳丰公司未提交答辩意见。

本院经再审审理，确认原审法院查明的事实。

本院认为，本案为大连银行沈阳分行对河北省廊坊市中级人民法院作出的（2013）廊执异字第26-1号执行异议裁定不服提起的案外人执行异议之诉，根据《最高人民法院关于适用〈中华人民共和国民事诉讼法〉的

解释》第三百一十二条①规定，对该类案件，人民法院经审理，按照下列情形分别处理：（1）案外人就执行标的享有足以排除强制执行的民事权益的，判决不得执行该执行标的；（2）案外人就执行标的不享有足以排除强制执行的民事权益的，判决驳回诉讼请求。案外人同时提出确认其权利的诉讼请求的，人民法院可以在判决中一并作出裁判。因此，本案再审审理的焦点问题是大连银行沈阳分行对执行标的即艳丰公司存入保证金专用账户的4000万元是否享有足以排除人民法院强制执行的民事权益。大连银行沈阳分行主张，艳丰公司存入保证金专用账户的4000万元系具有金钱质押效力的保证金，在其对艳丰公司申请开立的银行承兑汇票付款之后，其对该4000万元享有优先受偿权。据此，本案将从大连银行沈阳分行是否对该4000万元享有质权、该权利是否足以排除强制执行等方面进行分析判定。

一、大连银行沈阳分行对案涉4000万元是否享有质权

《中华人民共和国物权法》第二百一十条②规定："设立质权，当事人应当采取书面形式订立质权合同。质权合同一般包括下列条款：（一）被担保债权的种类和数额；（二）债务人履行债务的期限；（三）质押财产的名称、数量、质量、状况；（四）担保的范围；（五）质押财产交付的时间。"第二百一十二条③规定："质权自出质人交付质押财产时设立。"《最高人民法院关于适用〈中华人民共和国担保法〉若干问题的解释》④第八十五条规定："债务人或者第三人将其金钱以特户、封金、保证金等形式特定化后，移交债权人占有作为债权的担保，债务人不履行债务时，债权人可以以该金钱优先受偿。"根据上述法律及司法解释的规定，金钱作为一种特殊的动产，具备一定形式要件后，可以用于质押。具体到本案，大连银行沈阳分行对案涉4000万元是否享有质权，应当从大连银行沈阳分行

---

① 对应《最高人民法院关于适用〈中华人民共和国民事诉讼法〉的解释》（2022年修正）第三百一十条。

② 对应《民法典》第四百二十七条。

③ 对应《民法典》第四百二十九条。

④ 已失效，下同。

与艳丰公司之间是否存在质押合同关系以及质权是否有效设立两个方面进行审查。

1. 大连银行沈阳分行与艳丰公司之间是否存在质押合同关系。大连银行沈阳分行与艳丰公司签订的《汇票承兑合同》第二条第2.2款约定：艳丰公司于汇票承兑前，在大连银行沈阳分行开立针对合同项下汇票的保证金专用账户（账号为1012×××××××0023）并存入汇票金额100%的保证金，保证金金额为8000万元。艳丰公司同意将上述保证金及其产生的利息作为履行合同的担保，并授权大连银行沈阳分行在因合同需要时办理上述保证金的冻结、扣划等手续；第五条第5.7款约定：艳丰公司应于合同项下汇票到期日之前将汇票金额足额存入大连银行沈阳分行指定账户。若艳丰公司未能在汇票到期日前足额交付全部汇票金额，则大连银行沈阳分行有权将合同第二条第2.2款的保证金账户和艳丰公司其他存款账户中的款项直接用于支付到期汇票或偿还大连银行沈阳分行对持票人的垫款以及相应利息和手续费，同时对艳丰公司尚未支付的汇票金额按照日万分之五计收罚息。上述约定表明，大连银行沈阳分行与艳丰公司之间协商一致，达成以下合意，即艳丰公司向大连银行沈阳分行缴存100%比例保证金作为案涉承兑汇票业务的担保，如艳丰公司未按期足额交付全部汇票金额，则大连银行沈阳分行有权以该保证金直接支付到期承兑汇票或偿还大连银行沈阳分行对持票人的垫款，也即大连银行沈阳分行对案涉保证金享有优先受偿权。上述合意具备质押合同的一般要件，符合《最高人民法院关于适用〈中华人民共和国担保法〉若干问题的解释》第八十五条关于金钱质押的规定。原审法院仅以双方在《汇票承兑合同》中未有大连银行沈阳分行对该保证金享有优先受偿权的表述即认定双方并无以保证金设立质押的意思表示、保证金不具有金钱质押性质，有所不当，本院予以纠正。

2. 本案质权是否有效设立。根据《中华人民共和国物权法》第二百一十二条“质权自出质人交付质押财产时设立”的规定，交付行为应被视为设立动产质权的生效条件。金钱质押作为特殊的动产质押，依照《最高人民法院关于适用〈中华人民共和国担保法〉若干问题的解释》第八十五条规定，生效条件包括金钱特定化和移交债权人占有两个方面。具体到本

案，首先，案涉4000万元资金已经通过存入保证金专用账户的形式予以特定化。保证金特定化的实质意义在于使特定数额金钱从出质人财产中划分出来，成为一种独立的存在，使其不与出质人其他财产相混同，同时使转移占有后的金钱也能独立于质权人的财产，避免特定数额的金钱因占有即所有的特征混同于质权人和出质人的一般财产中。具体到保证金账户的特定化，就是要求该账户区别于出质人的一般结算账户，使该账户资金独立于出质人的其他财产。本案中，双方当事人按照《汇票承兑合同》的约定开立了账号为1012××××××0023的保证金专用账户，用途均与保证金有关，不同于艳丰公司在大连银行沈阳分行开立的账号为1012××××××0325的一般结算账户。艳丰公司按照《汇票承兑合同》约定的额度比例向该账户缴存了保证金，大连银行沈阳分行向艳丰公司出具了《保证金冻结通知书》，对保证金账户进行了冻结。因此，本案符合金钱以保证金形式特定化的要求。其次，大连银行沈阳分行能够对该保证金专用账户进行实际控制和管理，实现了移交占有。本案中，案涉保证金专用账户开立于大连银行沈阳分行的下属支行，艳丰公司在按照《汇票承兑合同》约定存入保证金之后，大连银行沈阳分行对该账户进行了冻结，使得艳丰公司作为保证金专户内资金的所有权人，不能自由使用账户资金，实质上丧失了对保证金账户的控制权和管理权。而大连银行沈阳分行依据《汇票承兑合同》第五条第5.7款规定，在艳丰公司未能在汇票到期日前足额交付全部汇票金额的情况下，有权将保证金账户中的款项直接用于支付到期汇票或者偿还大连银行沈阳分行对持票人的垫款，即大连银行沈阳分行有权直接扣划保证金专用账户内的资金。据此应当认定，大连银行沈阳分行实质上取得了案涉保证金专用账户的控制权，此种控制权移交符合动产交付占有的本质要求。

综合以上分析可以认定，本案金钱质押已经设立，大连银行沈阳分行对案涉4000万元保证金享有质权。大连银行沈阳分行该项再审主张和理由，有事实和法律依据，本院予以支持。原审法院认定本案保证金账户存款性质属于信誉保证，不属于金钱质押，适用法律错误，本院予以纠正。

二、大连银行沈阳分行对案涉4000万元保证金享有的质权是否足以排除郑某旭与艳丰公司借款案的强制执行

根据《中华人民共和国物权法》第一百七十条①规定，担保物权人在债务人不履行到期债务或者发生当事人约定的实现担保物权的情形，依法享有就担保财产优先受偿的权利；第二百零八条②规定，为担保债务的履行，债务人或者第三人将其动产出质给债权人占有的，债务人不履行到期债务或者发生当事人约定的实现质权的情形，债权人有权就该动产优先受偿。因此，大连银行沈阳分行在履行案涉承兑汇票付款义务后，对艳丰公司享有垫款之债权，也即《汇票承兑合同》约定的担保之债权已经发生，为实现该债权，大连银行沈阳分行有权就4000万元保证金主张优先受偿。但本案的特殊之处在于，另案即郑某旭与艳丰公司、明达意航公司借款合同纠纷案判决郑某旭对艳丰公司享有4000万元本金及相应利息的债权，该案执行中，该4000万元作为艳丰公司的资金已被廊坊市中级人民法院予以冻结，因此，出现了在同一执行标的即案涉4000万元保证金之上，大连银行沈阳分行主张质权而郑某旭主张债权的冲突问题。大连银行沈阳分行享有的质权能否排除郑某旭案的强制执行，是本案需要解决的终极问题，而该问题取决于物权与债权的关系如何。

从权利属性和分类上来讲，大连银行沈阳分行对艳丰公司享有的质权属于担保物权，因此，该权利具备物权的基本特征和法律效力。《中华人民共和国物权法》第二条③第三款明确规定："本法所称物权，是指权利人依法对特定的物享有直接支配和排他的权利。"据此，物权相较之债权而言具有优先性，此即意味着当同一标的物之上同时存在债权人主张债权与物权人主张物权相冲突时，物权优先于债权实现。具体到本案，大连银行沈阳分行对案涉4000万元保证金享有担保物权，而郑某旭作为艳丰公司的普通债权人对艳丰公司存款享有的仅是一般债权，两种权利虽都是当事人

① 对应《民法典》第三百八十六条。
② 对应《民法典》第四百二十五条。
③ 对应《民法典》第二百零五条。

的合法民事权利，但二者相比较，大连银行沈阳分行享有的物权应当优先于郑某旭的普通债权得以实现。因此，可以得出结论，大连银行沈阳分行对执行标的即4000万元保证金享有的质权足以排除郑某旭与艳丰公司借款案的强制执行。大连银行沈阳分行该项再审主张有事实及法律依据，本院予以支持。原审法院认定大连银行沈阳分行对4000万元保证金不享有优先受偿权，适用法律错误，本院予以纠正。

关于郑某旭答辩提出的大连银行沈阳分行在出票过程中存在重大过错的意见，从本案事实看，大连银行沈阳分行与艳丰公司签订《汇票承兑合同》是双方的真实意思表示，现无证据证实该合同存在《中华人民共和国合同法》第五十二条①规定的合同无效之情形，因此，双方已经形成票据法律关系；大连银行沈阳分行已对艳丰公司提供的《工业品买卖合同》进行了相应的形式审查，虽未按《汇票承兑合同》约定要求艳丰公司提供增值税专用发票复印件存在业务操作欠规范的情形，但并不对《汇票承兑合同》的真实性、合法性以及票据法律关系的效力构成影响。至于艳丰公司与首创公司之间的基础交易关系，属于票据取得的原因关系，而票据作为要式证券，文义性、无因性是其重要特征，票据关系一经成立，即与票据取得的原因关系相脱离，无论其原因关系是否存在及是否有效，均不影响票据本身的效力。因此，郑某旭以非票据法律关系当事人之身份、以艳丰公司与首创公司的买卖交易关系虚假为由主张本案《汇票承兑合同》及其中的保证金条款无效，无法律依据，本院不予采纳。另外，郑某旭还提出，大连银行沈阳分行在票据付款过程中亦存在过错，在廊坊市中级人民法院对案涉保证金采取冻结措施后，大连银行沈阳分行不应再进行付款。但从本案事实看，大连银行沈阳分行在出票的同时已经在汇票正面“本汇票已经承兑，到期日由本行付款”处加盖了汇票专用章，即进行了承兑。大连银行沈阳分行一经承兑，则负有汇票到期无条件交付票款的责任，且已经实际履行该付款责任。根据《最高人民法院、中国人民银行关于依法规范人民法院执行和金融机构协助执行的通知》（法发〔2000〕21号）第

① 《合同法》已失效，《民法典》中无对应条文。

九条关于“人民法院依法可以对银行承兑汇票保证金采取冻结措施，但不得扣划。如果金融机构已对汇票承兑或者已对外付款，根据金融机构的申请，人民法院应当解除对银行承兑汇票保证金相应部分的冻结措施；银行承兑汇票保证金丧失保证功能时，人民法院可以依法采取扣划措施”的规定，廊坊市中级人民法院虽然于2013年5月28日对案涉保证金进行了冻结，但该冻结措施发生于大连银行沈阳分行承兑之后，而在艳丰公司未在汇票到期日前将汇票金额足额交存的情况下，大连银行沈阳分行已经实际履行了付款责任，与艳丰公司形成垫付款的债权债务关系，此时案涉4000万元保证金并未丧失保证功能。因此，大连银行沈阳分行有权对廊坊市中级人民法院采取的冻结措施提出异议，该院应当解除对保证金相应部分的冻结措施。原审法院关于大连银行沈阳分行在人民法院冻结4000万元保证金之后未要求艳丰公司在汇票到期日之前将汇票金额存入指定账户，而是进行了兑付，存在明显过错，大连银行沈阳分行应对其损失自负的认定，无法律依据，本院予以纠正。

另外，大连银行沈阳分行在本案中还有一项诉讼请求，即要求撤销廊坊市中级人民法院（2013）廊执异字第26-1号执行裁定书，但根据《最高人民法院关于适用〈中华人民共和国民事诉讼法〉的解释》第三百一十四条[①]“对案外人执行异议之诉，人民法院判决不得对执行标的执行的，执行异议裁定失效”的规定，在本案判决对案涉执行标的4000万元保证金不得执行后，上述执行异议裁定即已失效。因此，大连银行沈阳分行的该项诉讼请求已无实质意义。

综上，本院依照《中华人民共和国物权法》第二条第三款、第一百七十条、第二百零八条、第二百一十条、第二百一十二条，《最高人民法院关于适用〈中华人民共和国担保法〉若干问题的解释》第八十五条，《中华人民共和国民事诉讼法》第二百零七条[②]，《最高人民法院关于适用〈中

① 对应《最高人民法院关于适用〈中华人民共和国民事诉讼法〉的解释》（2022年修正）第三百一十二条。

② 对应《民事诉讼法》（2021年修正）第二百一十四条。

华人民共和国民事诉讼法〉的解释》第三百一十二条以及第四百零七条[①]第二款之规定，判决如下：

一、撤销河北省廊坊市中级人民法院（2013）廊民三初字第123号民事判决；

二、撤销河北省高级人民法院（2014）冀民二终字第32号民事判决；

三、抚顺市艳丰建材有限公司保证金专用账户（账号为1012×××××××0023）内的保证金4000万元不得执行；

四、大连银行股份有限公司沈阳分行对上述4000万元保证金享有质权，并可优先受偿。

本案一、二审案件受理费各为120900元，均由郑某旭负担。

本判决为终审判决。

审　判　长　王　涛

代理审判员　梅　芳

代理审判员　杨　卓

二〇一六年三月三十一日

书　记　员　陈　明

---

① 对应《最高人民法院关于适用〈中华人民共和国民事诉讼法〉的解释》（2022年修正）第四百零五条。

6. 李某国与孟某生、长春圣祥建筑工程有限公司等案外人执行异议之诉案*

企业或个人以承包、租赁为名，实际借用建筑施工企业资质的，不适用法律对执行过程中对承包人或承租人投入及收益的保护的规定

【裁判摘要】

1. 法律规则是立法机关综合衡量取舍之后确立的价值评判标准，应当成为司法实践中具有普遍适用效力的规则，除非法律有特别规定，否则在适用时不应受到某些特殊情况或者既定事实的影响。

2. 分公司的财产即为公司财产，分公司的民事责任由公司承担，这是《中华人民共和国公司法》确立的基本规则。以分公司名义依法注册登记的，即应受到该规则调整。至于分公司与公司之间有关权利义务及责任划分的内部约定，因不足以对抗其依法注册登记的公示效力，进而不足以对抗第三人。

3. 遵法守法依法行事者，其合法权益必将受到法律保护；不遵法守法甚至违反法律者，因其漠视甚至无视法律规则，就应当承担不受法律保护或者受到法律追究的风险。

---

* 摘自《最高人民法院公报》2017 年第 2 期。

4.《最高人民法院关于人民法院执行工作若干问题的规定（试行）》第七十八条[①]规定以及予以保护的承包或者租赁经营，应当是法律所准许的承包、租赁形式。企业或者个人以承包、租赁为名借用建筑施工企业资质之实的，因违反有关法律及司法解释规定，故不应包含在该条保护范围之内。

5. 实际施工人是《最高人民法院关于审理建设工程施工合同纠纷案件适用法律问题的解释》[②]中规定的概念，因其规范情形之特定性，故亦应在该规范所涉之建设工程施工合同纠纷案件中，才适宜对实际施工人的身份作出认定。

再审申请人（一审被告，二审上诉人）：孟某生，男，汉族，1970年6月17日出生，住吉林省长春市。

委托代理人：孟某，吉林创一律师事务所律师。

委托代理人：于某华，吉林创一律师事务所律师。

再审申请人（一审被告，二审上诉人）：长春圣祥建筑工程有限公司（原长春东亚建筑工程有限公司）。住所地：吉林省长春市绿园区长白公路7公里处。

法定代表人：张某奇，该公司董事长。

委托代理人：乔某博，男，该公司工作人员。

被申请人（一审原告，二审被上诉人）：李某国，男，汉族，1961年6月30日出生，住吉林省长春市。

委托代理人：陈某蕾，吉林瀛春律师事务所律师。

一审被告：长春市腾安房地产开发有限公司。住所地：吉林省长春市

---

① 该司法解释已于2020年12月23日修正，新司法解释中已无此条。

② 该司法解释已于2021年1月1日废止。

长江路经济开发区长江路57号五层167段。

法定代表人：王某荣，该公司董事长。

再审申请人孟某生、长春圣祥建筑工程有限公司（以下简称圣祥公司）因与被申请人李某国、一审被告长春市腾安房地产开发有限公司（以下简称腾安公司）案外人执行异议之诉一案，不服吉林省高级人民法院（以下简称吉林高院）（2015）吉民一终字第72号民事判决，向本院申请再审。本院于2015年12月17日作出（2015）民申字第2547号民事裁定，对本案予以提审，于2016年7月14日公开开庭进行了审理。再审申请人孟某生及其委托代理人孟某、于某华，再审申请人圣祥公司的委托代理人乔某博，被申请人李某国及其委托代理人陈某蕾到庭参加诉讼。一审被告腾安公司经本院公告送达开庭传票，无正当理由拒不到庭参加诉讼。本案现已审理终结。

李某国向吉林省长春市中级人民法院（以下简称长春中院）提起诉讼称：孟某生申请执行长春市东亚建筑工程有限公司（圣祥公司的前身，以下简称东亚公司）、腾安公司买卖合同纠纷案件时，长春中院以（2012）长民四初字第2-6号民事裁定冻结了东亚公司建和分公司（以下简称建和分公司）银行账户存款5050435.10元。但建和分公司与东亚公司系承包关系，李某国作为建和分公司实际投资人，对被冻结的财产享有所有权，故依法提出了执行异议。长春中院作出（2014）长执异字第16号执行裁定，驳回了李某国的异议申请。为此，根据《最高人民法院关于人民法院执行工作若干问题的规定（试行）》（以下简称《执行规定》）第七十八条规定提起诉讼，请求在长春中院（2013）长执字第155号执行案件中停止对建和分公司5050435.10元银行存款的执行，解除对该款项的冻结。

孟某生答辩称：李某国并不是建和分公司的承包人，请求驳回其诉讼请求，继续执行建和分公司账户的存款。

东亚公司答辩称：建和分公司系东亚公司的分支机构，分支机构的财产是总公司财产的组成部分。李某国只是建和分公司的负责人，虽然东亚公司和建和分公司签署过内部承包合同，但双方之间并非《执行规定》第七十八条规定的承包关系。

腾安公司提交书面答辩意见称：腾安公司不是本案适格被告。东亚公司的账户被查封及执行系孟某生申请所致，是否应该解除查封、停止执行与腾安公司没有任何关系。腾安公司未反对任何人对此财产主张权利，应以东亚公司为被告，不应把腾安公司作为被告。

长春中院一审查明：2012 年 1 月 9 日，孟某生、甘某因与东亚公司、腾安公司、东亚公司祥泽分公司（以下简称祥泽分公司）买卖合同纠纷，起诉至长春中院。2012 年 9 月 28 日，长春中院作出（2012）长民四初字第 2 号民事判决：一、东亚公司于本判决生效之日起 10 日内给付孟某生钢材款人民币 7319306.20 元并支付违约金（违约金按照中国人民银行同期同类贷款利率上浮 30%自 2010 年 9 月 2 日起计算至判决生效之日止）；二、腾安公司对东亚公司支付以上款项承担连带保证责任，腾安公司承担保证责任后，有权向债务人追偿；三、驳回孟某生的其他诉讼请求。如果未按本判决指定的期间履行金钱给付义务，应当依照《中华人民共和国民事诉讼法》第二百二十九条[①]之规定，加倍支付迟延履行期间的债务利息。案件受理费 110715 元、财产保全费 5000 元，合计 115715 元，由东亚公司承担。2012 年 12 月 18 日，长春中院作出（2012）长民四初字第 2-6 号民事裁定，冻结建和分公司在九台农商银行长春大街支行 0710×××××××××××××0396 账户存款 850 万元，实际冻结 5850435.10 元。上述 850 万元系沈阳军区空军军官住房发展中心于 2012 年 12 月 17 日转入建和分公司的蓝天佳苑小区二期工程的工程款。因李某宾、李某国以其所有的两套房屋提供置换担保，长春中院作出（2012）长民四初字第 2-8 号民事裁定，解除对建和分公司账户存款人民币 5850435.10 元中 80 万元的冻结。2013 年 6 月 5 日，孟某生向长春中院申请执行，案号为（2013）长执字第 155 号。在执行过程中，李某国提出异议，认为法院查封的 5850435.10 元款项是李某国承包建和分公司并承建蓝天佳苑二期工程所得收益，请求法院解除对该款项的冻结。长春中院于 2014 年 5 月 14 日作出（2014）长执异字第 16 号执行裁定，驳回李某国的异议。

---

① 对应《民事诉讼法》（2021 年修正）第二百三十六条。

另查明，东亚公司成立于 1993 年 7 月 9 日，公司类型为有限责任公司，经营范围为承揽国内外建筑工程。2006 年 3 月 17 日，东亚公司向长春市工商行政管理局申请设立分支机构建和分公司。2006 年 3 月 24 日，长春市工商行政管理局颁发了建和分公司营业执照，经营范围为在所隶属的公司经营范围内，从事工程承包经营，其民事责任由所属的公司承担。建和分公司的负责人为田万和，后于 2013 年 5 月 29 日变更为李某国。2011 年 3 月 4 日，东亚公司与沈阳军区空军军官住房发展中心长春办事处签订《沈阳军区空军建筑安装工程承包合同书》，承建蓝天佳苑二期工程，合同价款为 83561772 元。

再查明，建和分公司成立后，与东亚公司签订《长春东亚公司工程有限公司内部承包合同》，约定承包范围为《资质证书》中规定的工业与民用建筑承包范围；建和分公司每年向东亚公司缴纳 3 万元业务费用，每年向东亚公司缴纳 10 万元工程费用。

长春中院一审认为：

1. 关于东亚公司与建和分公司的关系问题。李某国主张二者系承包关系，东亚公司、孟某生主张二者系统一经营管理的总公司与分支机构关系。从本案当事人陈述情况看，在本案前置程序（2014）长执异字第 16 号案件听证会中，东亚公司明确认可对于蓝天佳苑二期工程而言“工程是李某国干的”，并对李某国的各项主张及提供的证据均无异议。依照《最高人民法院关于民事诉讼证据的若干规定》[①]（以下简称《民事证据规定》）第七十四条“诉讼过程中，当事人在起诉状、答辩状、陈述及其委托代理人的代理词中承认的对己方不利的事实和认可的证据，人民法院应当予以确认，但当事人反悔并有相反证据足以推翻的除外”的规定，在本案庭审中，东亚公司未提供充分证据推翻其在（2014）长执异字第 16 号案件中的全部主张，因此，应以（2014）长执异字第 16 号案件中陈述为准。从本案证据上看，建和分公司在工商登记上系东亚公司合法注册成立的分公司，依据公司法的相关规定，分公司是总公司在其住所以外设立的以自己的名义从事活动的机构，在

① 本案适用 2001 年 12 月 12 日公布的《最高人民法院关于民事诉讼证据的若干规定》。

业务、资金、人事等方面受总公司管辖，不具有独立法人资格，在法律上、经济上没有独立性，没有自己的名称、章程，没有自己的财产，以总公司的资产对其债务承担法律责任。李某国提供了证据证明建和分公司每年向东亚公司缴纳管理费，东亚公司对此亦认可。建和分公司向总公司缴纳管理费的事实与其作为东亚公司的分公司的身份相矛盾。东亚公司称其与建和分公司之间是内部承包关系，并签订了内部承包合同。但该内部承包合同甲方为东亚公司，乙方为建和分公司，承包标的为“《资质证书》中规定的工业与民用建筑承包范围”，该承包标的不是以完成特定的工作为目的，不符合承包合同的基本特征，因此，不能认定东亚公司与建和分公司之间系内部承包关系。东亚公司当庭无法陈述清楚建和分公司办公场所、办公环境、人员管理、具体业务开展等相关基本的公司情况，亦不能提供东亚公司对建和分公司人员、财物直接管理的证据，无法提供建和分公司的相关账目，无法提供对建和分公司承建工程具体投入、建设、管理的相关证据。因此，结合东亚公司向建和分公司收取管理费的事实，可以认定东亚公司与建和分公司并非普通总公司与分公司之间的关系，而是东亚公司将建和分公司发包出去，其不对建和分公司进行统一经营、管理，东亚公司对建和分公司的盈利方式通过收取管理费实现。

2. 关于建和分公司的承包人问题。建和分公司的原负责人田万和在长春中院询问笔录中证实建和分公司自成立起，李某国为实际投资人，建和分公司承建的全部工程为李某国个人洽谈，亦由其投入垫资并组织工人建设，东亚公司仅收取管理费。李某国提供的吉林省延房置业集团有限公司鑫元分公司的证明材料、沈阳军区长春办事处的证明材料均证实金达莱小区、文苑小区、蓝天佳苑一、二期工程由李某国个人洽谈、组织施工承建，并垫付部分款项的事实。李某国提交的中国建设银行存款账户信息及明细账查询单、支付蓝天佳苑小区工程相关费用票据等证据亦佐证了上述事实。同时，李某国申请杨某福、孟某军、曾某元出庭作证，证实其从李某国手中承包蓝天佳苑二期工程的土建、木工、抹灰工程，且拖欠的农民工工资一直是向李某国个人索要，三位证人对东亚公司及建和分公司均不熟悉。李某国亦提供了其个人垫付部分工程款的现金支出的相关证据。另外，东亚公司、孟某生、腾安公司均未提供证据证明除李某国外，还有其他人对建和分公司的承包权主张权利。因此，虽然李某国未提供其与东亚公司签订的关于承包建和分公司的合同，但结合其在提供的对建和分公司承建工程的投资、管理、组织建设的相关证据及田某和、杨某福、孟某军、曾某元的相关证言，可以认定李某国是建和分公司的实际承包人。

3. 李某国作为建和分公司的实际承包人，其对建和分公司名下的财产享有权利。本案诉争的5050435.10元系沈阳军区长春办事处打到建和分公司账户上的蓝天佳苑二期工程款，属于李某国在承包建和分公司的过程中的投入及收益。《执行规定》第七十八条规定："被执行人为企业法人的分支机构不能清偿债务时，可以裁定企业法人为被执行人。企业法人直接经营管理的财产仍不能清偿债务的，人民法院可以裁定执行该企业法人其他分支机构的财产。若必须执行已被承包或租赁的企业法人分支机构的财产时，对承包人或承租人投入及应得的收益应依法保护。"因此，李某国就本案执行标的享有足以排除强制执行的民事权益，应停止对（2013）长执字第155号执行案件中冻结的建和分公司在九台农商行长春大街支行账号为0710××××××××××××××3906账户内存款5050435.10元的执行。李某国要求解除上述款项的冻结，不属于本案执行异议之诉的审理范围。

综上，长春中院依照《执行规定》第七十八条，《中华人民共和国民事诉讼法》第二百二十七条①，《最高人民法院关于适用〈中华人民共和国民事诉讼法〉的解释》（以下简称《民事诉讼法解释》）第三百一十二条②，《最高人民法院关于适用〈中华人民共和国民事诉讼法〉执行程序若干问题的解释》第十九条，《民事证据规定》第七十四条之规定，判决：在（2013）长执字第155号执行案件中不得对东亚公司建和分公司在九台农商行长春大街支行账号为0710××××××××××××××3906账户内的存款5050435.10元执行。案件受理费47153元，由孟某生负担23576.50元，由东亚公司负担23576.50元。

---

① 对应《民事诉讼法》（2021年修正）第二百三十四条。

② 对应《最高人民法院关于适用〈中华人民共和国民事诉讼法〉的解释》（2022年修正）第三百一十条。

孟某生不服一审判决，向吉林高院提起上诉称：请求撤销原判，驳回李某国的诉讼请求，一、二审诉讼费用均由李某国承担。理由是：李某国的证据不足以证明其所主张的诉讼请求。一审法院要求作为总公司的圣祥公司承担举证责任，分配举证责任错误；认定事实明显错误且没有依据。一审法院错误地理解和适用法律，违背了《中华人民共和国公司法》的基本原理和最高人民法院司法解释的立法本意。

圣祥公司亦不服一审判决，向吉林高院提起上诉称：请求撤销原判，驳回李某国的诉讼请求，一、二审诉讼费用均由李某国承担。理由是：一审判决认定事实不清，建和分公司与圣祥公司签订承包合同只是公司内部管理的一种模式，并不改变总公司与分公司之间的关系，而且李某国不是实际承包人。案涉财产是圣祥公司的资产，不是李某国的“投入及收益”，一审判决适用法律错误。

李某国答辩称：一审判决认定事实清楚，适用法律正确，程序合法，请求维持原判。

吉林高院二审对一审法院查明的事实予以确认。

吉林高院二审认为：建和分公司系圣祥公司合法注册成立的分公司，其与圣祥公司的关系当然是总公司与分公司的关系。本案的关键在于，建和分公司是否已由他人承包，该分公司账户上的5050435.10元存款是否为该承包人的投入及收益。承包的显著特征是承包人进行管理，经营的风险及收益由承包人承受。而未被承包的分公司则应受总公司管理，经营的风险及收益由总公司承受。本案中，虽然签订《内部承包合同》的双方是圣祥公司与建和分公司，但从该合同的内容上看，合同标的就是建和分公司本身，故建和分公司作为本合同的签订者不合逻辑。从圣祥公司收取建和分公司的管理费及税金，圣祥公司庭审中承认建和分公司所创造的利润刨除各种费用后都分给建和分公司，圣祥公司当庭无法说清建和分公司如何成立、如何管理等方面，可以认定圣祥公司将建和分公司承包给了实际控制人。

建和分公司的原负责人田某和在一审中证实建和分公司自成立起，李某国为实际投资人，建和分公司承建的全部工程为李某国个人洽谈，亦由其投入垫资并组织工人建设的证言，吉林省延房置业集团有限公司鑫元分公司、沈阳军区长春办事处证实金达莱小区、文苑小区、蓝天佳苑一、二期工程由李某国个人洽谈、组织施工承建，并垫付部分款项的证明材料，一审中三位证人杨某福、孟某军、曾某元出庭作证，证实从李某国手中承包蓝天佳苑二期工程的土建、木工，抹灰工程，且拖欠的农民工工资一直是向李某国个人索要的证言，李某国提交的中国建设银行存款账户信息及明细账查询单、支付蓝天佳苑小区工程相关费用票据及李某国个人垫付部分工程款的现金支出的相关证据等，可以证明李某国作为建和分公司的实际控制人对涉诉工程进行了施工。反观孟某生和圣祥公司，虽主张圣祥公司是涉诉工程的实际施工人，但无法提供对建和分公司承建工程具体投入、建设、管理的相关证据，对该工程的相关情况知之甚少，而且圣祥公司在本案前置程序（2014）长执异字第 16 号案件听证会中，明确认可本案涉诉工程是李某国施工的。虽然圣祥公司出具李某国的承诺书欲证明其在（2014）长执异字第 16 号案件听证会中的表述不客观，但从该承诺书的内容看，未能体现出涉诉工程的实际施工人问题，该承诺书无法支持圣祥公司的反言行为，依据《民事证据规定》第七十四条“诉讼过程中，当事人在起诉状、答辩状、陈述及其委托代理人的代理词中承认的对己方不利的事实和认可的证据，人民法院应当予以确认，但当事人反悔并有相反证据足以推翻的除外”的规定，一审法院将该举证责任分配给圣祥公司正确。在李某国提供大量证据证明其为涉诉工程实际施工人，孟某生未能提供关于涉诉工程实际施工人方面的证据，圣祥公司未提供充分证据推翻其在（2014）长执异字第 16 号案件中陈述的情况下，一审判决认定李某国是涉诉工程的实际施工人并无不当。综上，可以认定沈阳军区长春办事处打到建和分公司 0710××××××××××××××3906 账户上的蓝天佳苑二期工程 5050435. 10 元工程款属于李某国在承包建和分公司的过程中的投入及收益。根据《执行规定》第七十八条“被执行人为企业法人的分支机构不能清偿债务时，可以裁定企业法人为被执行人。企业法人直接经营管理的财产仍不能清偿债务的，人民法院可以裁定执行该企业法人其他分支机构的财产。若必须执行已被承包或租赁的企业法人分支机构的财产时，对承包人或承租人投入及应得的收益应依法保护”的规定，一审法院判决在

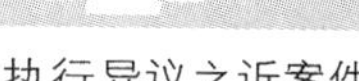

（2013）长执字第155号执行案件中不得对建和分公司在九台农商行长春大街支行账号为0710××××××××××××××3906账户内的存款5050435.10元执行并无不当。

综上，吉林高院认为，一审判决认定事实清楚，适用法律正确，审判程序合法。依照《中华人民共和国民事诉讼法》第一百七十条①第一款第一项之规定，判决：驳回上诉，维持原判。二审案件受理费94306元，由孟某生负担47153元，由圣祥公司负担47153元。

孟某生向本院申请再审称：根据《中华人民共和国民事诉讼法》第二百条②第二项、第六项之规定申请再审，请求撤销原判决，依法改判驳回李某国的诉讼请求，本案全部诉讼费用由李某国承担。

其主要理由是：

1. 原判决认定李某国是建和分公司的独立承包人，缺乏证据证明。圣祥公司始终不认可李某国系建和分公司的承包人和投资人，李某国也没有举证证明其个人与圣祥公司或建和分公司签订了承包合同或者租赁合同。原判决将圣祥公司在（2014）长执异字第16号案件听证会上的陈述作为本案的重要证据，明显错误。圣祥公司提交的在经营、管理建和分公司过程中的一系列工程及财务人员的劳动合同和备案手续、财务报表等，结合李某国出具的承诺书，足以证明建和分公司并非由李某国独立承包，足以推翻圣祥公司先前在执行听证中的陈述。

2. 原判决对《执行规定》第七十八条的理解与适用错误，属于适用法律确有错误的情形。根据该条规定，即便被执行人的分支机构存在合法承包或者租赁，也并非不能予以执行，只是需要查明并保护承包人的合法投资权益。圣祥公司提供的证据，能够证明沈阳军区蓝天佳苑小区工程尚有700余万元税款没有缴纳，多份生效判决都判令圣祥公司承担了建和分公司的债务及责任。建和分公司收回的工程款，尚不足以弥补成本和清偿债务，更谈不上是投资收益。

① 对应《民事诉讼法》（2021年修正）第一百七十七条。

② 对应《民事诉讼法》（2021年修正）第二百零七条。

圣祥公司向本院申请再审称：根据《中华人民共和国民事诉讼法》第二百条第二项、第六项之规定申请再审，请求撤销原判决，依法改判驳回李某国的诉讼请求，本案全部诉讼费用由李某国承担。

其主要理由是：

1. 原判决认定案涉款项是李某国的个人所得，缺乏证据证明。案涉款项是建设单位拨付给圣祥公司的工程款，沈阳军区蓝天佳苑工程未开发票税款 7867894 元是不可争辩的事实，原判决将案涉款项认定为个人所得是错误的。

2. 原判决适用法律确有错误。内部承包合同是圣祥公司的内部管理要求和管理机制，对外承担民事责任的只能是作为总公司的圣祥公司。在建和分公司引发的诉讼或者仲裁中，都判令或者裁决圣祥公司承担了建和分公司应承担的责任。

李某国针对孟某生及圣祥公司的再审申请一并答辩称：二再审申请人的再审申请缺乏事实与法律支持，应当予以驳回。

其主要理由为：

1. 原判决对（2014）长执异字第 16 号执行异议听证证据的认定并无不当。在该执行异议审查过程中，圣祥公司出具证明材料，证明 2010～2013 年期间李某国独立承包了建和分公司，有独立收益权。但是，在本案一审阶段圣祥公司却向法庭提交了李某国于 2014 年 3 月 27 日出具的“其认可东亚公司所出证明仅用于诉讼”的承诺书，想证明其在（2014）长执异字第 16 号执行异议听证会中的表述不客观，但证据并不充分。圣祥公司举证的工程及财务人员的劳动合同、人员备案手续因人员非建和分公司工作人员，与建和分公司无关。财务报表等证据均为圣祥公司自行打印出具，不具有客观性，不能推翻建和分公司已被李某国实际承包、案涉存款为李某国作为实际施工人的所得收益这一事实。一审判决适用《民事证据规定》第七十四条之规定，并无不当。

2. 一、二审法院举证责任分担正确，不违反法律规定。本案为执行异议之诉，李某国就被查封的建和分公司银行账户内的存款所有权提出异议，认为该笔存款不是建和分公司财产，应为李某国作为建和分公司实际承包人的个人收益。李某国为证明自己的主张，向法庭提交了一系列证据。孟某生和圣祥公司作为一审被告，也应提交证据证明自己的主张。根据《中华人民共和国民事诉讼法》第六十四条第一款，《民事证据规定》第二条第三款、第四款和第七条的规定，一、二审法院分配举证责任，并无不当。

3. 原判决认定李某国为建和分公司实际承包人，案涉款项为李某国作为实际施工人的所得收益，事实清楚，适用法律正确。圣祥公司和建和分公司签订的《内部承包合同》，合同标的就是建和分公司本身，故建和分公司作为本合同的签订者不符合逻辑。从合同约定看，圣祥公司收取建和分公司的管理费和税金，圣祥公司也承认建和分公司所创利润刨除各种费用后都留给建和分公司。所以该承包合同实质应为李某国承包建和分公司就承包关系与圣祥公司签订的。

案涉建和分公司银行账户内的存款，是沈阳军区长春办事处拨付的蓝天佳苑小区工程款，该办事处出具的证明也证实了该工程由李某国个人洽谈、组织施工承建、垫付款项。结合李某国提交的其他大量证据，均可以证明该款项应为李某国个人收益。相反，圣祥公司无法提供对建和分公司承建工程具体投入、建设、管理的相关证据。

长春市腾安房地产开发有限公司庭前没有提交书面陈述意见。

本院经再审审理，对长春中院原一审认定的案件事实予以确认。

本院认为，根据孟某生及圣祥公司的再审请求，结合李某国的答辩意见，本案的争议焦点为李某国对建和分公司账户内的案涉争议款项提出的执行异议是否成立，是否足以阻却人民法院的强制执行。

本院认为：

1. 建和分公司系圣祥公司的分支机构，其与圣祥公司之间的关系应当受到《公司法》规定的调整。《公司法》第十四条第一款规定：“公司可以设立分公司。设立分公司，应当向公司登记机关申请登记，领取营业执照。分公司不具有法人资格，其民事责任由公司承担。”根据以上规定，分公司的财产属于公司所有，分公司对外进行民事活动所产生的民事责任由公司承担。《执行规定》第七十八条第一款亦规定，被执行人为企业法人的分支机构不能清偿债务时，可以裁定企业法人为被执行人。同理，当被执行人为企业法人时，如果不能执行该企业法人分支机构的财产，将有违权利义务对等原则。

根据已查明的事实，圣祥公司之前身东亚公司于2006年3月17日向长春市工商行政管理局申请设立分支机构建和分公司。2006年3月24日，长春市工商行政管理局颁发了建和分公司营业执照，经营范围为在所隶属的公司经营范围内，从事工程承包经营，其民事责任由所属的公司承担。建和分公司作为圣祥公司的分公司在工商行政管理机关依法注册登记，圣祥公司与建和分公司之间即形成法律上的公司与分公司之间的关系，应当受到《公司法》所确立的公司与分公司之间各项规则的调整。具体表现为：分公司的财产即为公司财产，分公司的民事责任由公司承担。本院同时注意到，本案再审申请人孟某生申请执行一案的起因即是其与祥泽分公司之间的买卖合同纠纷，该判决因祥泽分公司系圣祥公司的分公司，据此判令圣祥公司承担债务责任并进而执行圣祥公司的财产。李某国在庭审中陈述，圣祥公司多个分公司经营模式基本相同，即以注册成立分公司的形式利用圣祥公司资质承揽建筑工程。在此情形下，对于一个分公司的民事行为适用《公司法》关于公司与分公司之间的规则判令公司承担责任，而对于另一个分公司如不适用该规则而使其免除责任，将有违权利义务对等原则以及法律适用的统一性。

2. 李某国提出的其与圣祥公司关于建和分公司经营模式的内部约定，不具有对抗第三人的法律效力。如前所述，建和分公司作为圣祥公司的分公司在工商行政管理机关依法注册登记，应当受到《中华人民共和国公司法》既有规则的调整。无论当时圣祥公司与建和分公司内部如何约定双方之间的权利义务关系及责任划分标准，该约定内容均不足以对抗其在工商行政管理机关依法注册登记的公示效力，进而不足以对抗第三人。建和分公司、李某国如认为其为圣祥公司承担责任有违其与圣祥公司之间的内部约定，可与圣祥公司协商解决。

既然建和分公司系圣祥公司的分支机构，而案涉争议款项又在建和分公司银行账户内，故该笔款项在法律上就是圣祥公司的财产。在对圣祥公司强制执行时，如未出现法定的可以不予执行之情形，人民法院可以执行

该笔款项。

3. 建和分公司与圣祥公司之间的内部承包合同，不属于《执行规定》第七十八条规定的企业法人分支机构被承包的情形。第一，该内部承包合同载明的承包人是建和分公司，被承包人是圣祥公司，也就是说，从该合同的表现形式来看，被承包经营的是圣祥公司，建和分公司作为企业法人的分支机构并没有被承包。且从已查明的事实看，无论是圣祥公司还是建和分公司与李某国之间均没有签订相关承包合同。据此，原判决认定李某国是建和分公司的实际承包人缺乏合同依据。第二，该内部承包合同约定的承包范围为《资质证书》中规定的工业与民用建筑承包范围，也就是说，究其合同约定之实质，该合同名为内部承包，实为建设工程施工企业资质租赁或者有偿使用。李某国在庭审中亦自认其经营建和分公司，主要是利用圣祥公司的资质方便其对外承揽建筑工程。换言之，该内部承包合同约定之实质并非承包法律关系。第三，《执行规定》第七十八条中规定以及予以保护的承包或者租赁经营，应当是法律所准许的承包、租赁形式。众所周知，建筑施工企业具有很强的专业技术性，且施工质量直接关系到人民群众的生命财产安全，因此，不仅要求此类企业要具有符合国家规定的注册资本，而且要具有与所从事的建筑施工活动相适应的专业资质。实践中，一些建筑施工企业中所谓承包或者租赁经营的实质，是不具备资质的企业或者个人，以承包或者租赁形式，掩盖其借用建筑施工企业资质进行施工的目的，由于借用资质进行施工是法律及司法解释所禁止的行为，故与之相关的承包或者租赁经营合同以及施工转分包合同亦为法律所不容。因此，即便能够认定李某国与建和分公司之间存在实际承包关系，因其承包经营形式为法律所不容，故亦不应包括在《执行规定》第七十八条规定的承包经营之列。

4. 法律作为一种约束人们各项行为之规范的总和，其中一项重要价值即在于保护合法权益。本院认为并倡导，遵法守法依法行事者，其合法权益必将受到法律保护；反之，不遵法守法甚至违反法律者，因其漠视甚至无视法律规则，就应当承担不受法律保护或者受到法律追究的风险。李某国具有完全民事行为能力，从事建设工程施工事务多年，其应当知道国家有关建设工程施工方面的法律法规规定，应当知道法律对于借用资质从事施工行为的态度，应当知道公司与分公司之间的权利义务以及责任关系。但是，其坚持选择以圣祥公司的分公司名义从事经营活动，坚持选择利用圣祥公司的资质对外承揽建筑工程，坚持选择实施此种为法律所不容之行为并获取收益，其亦应当承担由此可能带来的不受法律保护的法律风险。因此，即便能够认定李某国系建和分公司的实际经营控制人，因其对外以建和分公司名义从事民事活动，案涉争议款项亦实际存至建和分公司账户，其就应当按照既有法律规则承担法律责任，即其对于案涉争议款项提出的执行异议，不足以阻却人民法院的强制执行。

司法实践中，一些案件常产生某些既定事实或者特殊情况与既有的法律规则之间的冲突。本案一、二审法院之所以作出原判决之认定，即是受到这种冲突所引发的利益权衡纠结之影响。诚如原判决之分析，本案圣祥公司、建和分公司以及李某国之间确实存在着有别于一般公司与分公司经营模式的特殊情况，如李某国自述的其虽以分公司形式开展经营活动，但实际上系其个人借用圣祥公司资质从事部分工程的施工活动，从某种角度上讲，其境遇亦值得同情。但本院同时认为，既然法律规则是立法机关综合衡量取舍之后确立的价值评判标准，就应当成为司法实践中具有普遍适用效力的规则，就应当成为司法者在除非法律有特别规定之外要始终坚守的信条，就应当成为不受某些特殊情况或者既定事实影响的准则。否则，如某一法律规则可以随着个案的特殊情况或者既定事实不断变化左右逢源，该规则将因其不确定性，而不再被人们普遍信奉、乐于遵守，从而失去其存在意义，并将严重伤害法律的权威性、秩序的稳定性以及司法的公正性。

5. 原判决认定李某国系蓝天佳苑二期工程的实际施工人，超出了本案的审理范围。实际施工人是《最高人民法院关于审理建设工程施工合同纠纷案件适用法律问题的解释》中规定的概念，旨在对于那些已实际施工诉争工程但无法因合同关系主张工程款的人予以限制性保护，因其规范情形之特定性，故亦应在该规范所涉之建设工程施工合同纠纷案件中，才适宜对实际施工人的身份作出认定。本案系案外人执行异议之诉，并非实际施

工人以发包人和承包人为被告提起的建设工程施工合同纠纷，原判决认定李某国为蓝天佳苑二期工程的实际施工人，一方面，超出了本案的审理范围；另一方面，因一、二审法院并非针对建设工程施工合同纠纷进行审理，并未围绕该工程所涉各方之诉辩主张、举证质证情况进行庭审、判断及裁决，故作出该认定可能有失公正且可能对于该工程所涉各方之权利义务关系造成一定影响。因此，原判决作出的关于李某国为蓝天佳苑二期工程的实际施工人的认定欠妥，本院予以纠正。

综上所述，建和分公司系圣祥公司的分支机构，建和分公司账户内的案涉争议款项在法律上即为圣祥公司的财产。建和分公司与圣祥公司之间的内部承包合同，不具有对抗第三人的法律效力，亦不应包括在《执行规定》第七十八条规定的承包经营之列。原判决适用《执行规定》第七十八条的规定，认定案涉争议款项系李某国个人财产，适用法律错误，应予纠正。李某国对案涉争议款项提出的异议，不足以阻却人民法院的强制执行。依照《中华人民共和国公司法》第十四条第一款，《中华人民共和国民事诉讼法》第二百零七条、第二百二十七条[①]，《最高人民法院关于适用〈中华人民共和国民事诉讼法〉的解释》第三百一十二条第一款第二项、第四百零七条第二款[②]之规定，判决如下：

一、撤销吉林省高级人民法院（2015）吉民一终字第72号民事判决、吉林省长春市中级人民法院（2014）长民二初字第5号民事判决；

二、驳回李某国的诉讼请求。

一审案件受理费47153元，二审案件受理费94306元，均由李某国负担。

本判决为终审判决。

---

① 分别对应《民事诉讼法》（2021年修正）第二百一十四条、第二百三十四条。

② 分别对应《最高人民法院关于适用〈中华人民共和国民事诉讼法〉的解释》（2022年修正）第三百一十条第一款第二项、第四百零五条第二款。

7. 付某华诉吕某白、刘某锋案外人执行异议之诉案*

▶ 在不动产产权人未依法变更的情况下，离婚协议中关于不动产归属的约定不具有对抗外部第三人债权的法律效力

【裁判摘要】

根据《中华人民共和国物权法》[①] 规定，不动产物权变动原则上以登记完成为生效要件。夫妻双方签订的离婚协议中对不动产归属的约定并不直接发生物权变动的效果，一方仅可基于债权请求权向对方主张履行房屋产权变更登记的契约义务。在不动产产权人未依法变更的情况下，离婚协议中关于不动产归属的约定不具有对抗外部第三人债权的法律效力。

原告：付某华，女，47岁，汉族，住上海市松江区。

被告：吕某白，男，48岁，中华人民共和国香港特别行政区居民，住上海市闵行区。

第三人：刘某锋，男，52岁，汉族，住浙江省桐乡市。

原告付某华与被告吕某白、第三人刘某锋发生案外人执行异议纠纷，向上海市第一中级人民法院提起诉讼。

---

* 摘自《最高人民法院公报》2017年第3期。

① 该法已废止。相关规定见《民法典》。

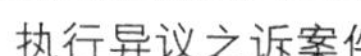

原告付某华诉称：原告与第三人刘某锋于1989年10月登记结婚，婚后于2000年购买了本市松江区中山二路×弄×号×室房屋（以下简称中山二路房屋）、于2003年购买了本市松江区北翠路×弄×号房屋（以下简称北翠路房屋）。双方于2007年10月29日登记离婚，在离婚协议中约定，该二处房屋的所有权均归原告所有。但两人为减少按揭贷款转贷手续费和缓缴交易契税，暂未办理不动产变更过户手续。原告离婚后一直居住于上述中山二路房屋中。因第三人与被告吕某白于2012年发生股权转让纠纷并诉至法院，被告依据生效的法律文书（2012）沪一中民四（商）初字第S51号民事判决向法院申请执行，法院查封了登记于该案被执行人刘某锋名下的中山二路房屋及登记于原告和第三人名下的北翠路房屋。原告就此查封向该案执行部门提出执行异议，被裁定驳回。原告认为，尽管上述房屋的所有权尚未变更登记至原告一人名下，但已有充分证据证明原告对上述二处房产有合法物权。第三人对被告的债务是其与原告离婚后所发生的个人债务，原告仅是该执行案件的案外人。故请求法院判令：（1）确认上海市松江区中山二路房屋、上海市松江区北翠路房屋的所有权属于原告；（2）解除对前述两房地产的司法查封，停止对该房地产的执行。

被告吕某白辩称：原告付某华和第三人刘某锋在离婚协议中的约定不能对抗《中华人民共和国物权法》第九条①和第十四条②的规定。房产权利人要以登记为准，不能因当事人的私自约定而改变。故不同意原告的诉讼请求。

第三人刘某锋表示其同意原告付某华的诉讼请求。

上海市第一中级人民法院查明：原告付某华与第三人刘某锋夫妻关系存续期间购买了本市松江区中山二路房屋及松江区北翠路房屋。其中中山二路房屋的房屋产权登记在第三人名下，北翠路房屋产权共同登记在原告与第三人名下。北翠路房屋名下尚有银行抵押贷款，主贷人为第三人。

---

① 对应《民法典》第二百零九条："不动产物权的设立、变更、转让和消灭，经依法登记，发生效力；未经登记，不发生效力，但是法律另有规定的除外。"

② 对应《民法典》第二百一十四条："不动产物权的设立、变更、转让和消灭，依照法律规定应当登记的，自记载于不动产登记簿时发生效力。"

2007 年 10 月 29 日，原告付某华与第三人刘某锋在民政部门登记离婚。2007 年 10 月 31 日，原告与第三人签订离婚协议，约定："大儿子刘甲归女方，小儿子刘乙归男方；上海市松江区的两套房屋归女方；公司股份第三人 21. 125%、刘甲 21. 125%、刘乙 21. 125%、原告 16%，刘甲的股份由女方代管。"该离婚协议目前留存于民政部门。上述离婚协议签订后，协议所涉的房屋产权及公司股份均未发生变更登记。

第三人刘某锋于 2008 年 3 月 12 日与案外人领取了结婚证，并于 2012 年 10 月 30 日经法院调解达成离婚协议并由法院出具民事调解书。

第三人刘某锋因与被告吕某白之间的股权转让纠纷，经法院审理并于 2013 年 3 月 27 日作出（2012）沪一中民四（商）初字第 S51 号民事判决，判令第三人于判决生效之日起 10 日内归还被告人民币 2000 万元并支付相应的利息，利展纺织（浙江）有限公司、浙江宏展新材料有限公司对第三人承担连带还款责任。该案生效后，因第三人及利展纺织（浙江）有限公司、浙江宏展新材料有限公司未履行生效判决所确定的还款义务，故被告向法院申请执行。在执行过程中，法院依法查封了上述中山二路房屋及北翠路房屋。

原告付某华在上述房屋被查封后，向法院执行部门提出异议，其主要理由是，在与第三人刘某锋的离婚协议中已约定了上述两套房屋的所有权归原告所有，仅未办理过户手续。故要求法院解除对系争房屋的查封并中止执行。

法院执行部门对此依法组成合议庭进行了听证审查，并于 2014 年 6 月 19 日作出（2014）沪一中执异字第 7-1 号、7-2 号执行裁定书，裁定驳回付某华提出的异议。原告付某华遂提起本案诉讼，要求判如所请。

上海市第一中级人民法院认为：本案系争房屋是原告付某华与第三人刘某锋夫妻关系存续期间所购买，根据《中华人民共和国婚姻法》相关规定，系争房屋应属原告与第三人的夫妻共同财产。《中华人民共和国物权法》第九条明确规定："不动产物权的设立、变更、转让和消灭，经依法登记，发生法律效力；未经登记，不发生法律效力。"双方在离婚协议中约定上述房屋产权均归原告所有，这是第三人对自己在系争房屋产权中所拥有份额的处分，该处分行为未经产权变更登记并不直接发生物权变动的法律效果，也不具有对抗第三人的法律效力。因系争房屋的产权未发生变更登记，第三人刘某锋仍为系争房屋的登记产权人，其在系争房屋中的产权份额尚未变动至原告名下，故在第三人对外尚存未履行债务的情况下，被告吕某白作为第三人的债权人，要求对第三人名下的财产予以司法查封并申请强制执行符合法律规定。原告依据《离婚协议书》对系争房屋产权的约定要求确认系争房屋的所有权属其所有并要求解除对系争房屋的司法查封、停止对系争房屋执行的诉讼请求于法无据，法院不予支持。

综上，上海市第一中级人民法院依照《中华人民共和国物权法》第六条①、第九条的规定，于 2015 年 2 月 9 日判决：驳回原告付某华的诉讼请求。

一审判决后，各方当事人均未提起上诉，一审判决已经发生法律效力。

---

① 对应《民法典》第二百零八条："不动产物权的设立、变更、转让和消灭，应当依照法律规定登记。动产物权的设立和转让，应当依照法律规定交付。"

8．富滇银行股份有限公司大理分行与杨某鸣、大理建标房地产开发有限公司案外人执行异议之诉案*

▶
保证金账户内资金的特定化不等于固定化，只要资金的浮动均与保证金业务对应、有关，未作日常结算使用，即应认定系金钱以特户形式特定化

【裁判摘要】

保证人与债权银行之间约定设立保证金账户，按比例存入一定金额的保证金用于履行某项保证责任，未经同意保证人不得使用保证金，债权银行有权从该账户直接扣收有关款项，并约定了保证期间等，应认定双方存在金钱质押的合意。保证金账户内资金的特定化不等于固定化，只要资金的浮动均与保证金业务对应、有关，未作日常结算使用，即应认定符合《最高人民法院关于适用〈中华人民共和国担保法〉若干问题的解释》第八十五条①规定的金钱以特户形式特定化的要求。如债权银行实际控制和管理保证金账户，应认定已符合对出质金钱占有的要求。

原告（执行案外人）：富滇银行股份有限公司大理分行，住所地：云南省大理白族自治州大理市经济开发区云岭大道。

---

* 摘自《最高人民法院公报》2020年第6期。

① 该司法解释已于2021年1月1日废止，2020年12月31日公布的《最高人民法院关于适用〈中华人民共和国民法典〉有关担保制度的解释》中已无此条，下同。

负责人：赵某峰，该行行长。

被告（申请执行人）：杨某鸣，女，49岁，住云南省大理白族自治州大理市经济开发区。

第三人（被执行人）：大理建标房地产开发有限公司，住所地：云南省大理白族自治州大理市经济开发区满江片区。

法定代表人：刘某承，该公司董事长。

原告富滇银行股份有限公司大理分行（以下简称富滇银行大理分行）因与被告杨某鸣、第三人大理建标房地产开发有限公司（以下简称建标公司）发生执行异议纠纷，不服云南省大理白族自治州中级人民法院（以下简称大理中院）驳回其执行异议的裁定，向该院提起执行异议之诉。

富滇银行大理分行诉称：大理中院因杨某鸣申请执行建标公司借款合同纠纷一案，冻结了建标公司在该行开设的保证金账户内的资金280万元，该保证金账户系建标公司根据其与富滇银行大理分行的贷款合作协议，为担保其“建标华城”楼宇按揭贷款购房户在富滇银行大理分行的贷款而开具的具有担保性质的专户，依据《最高人民法院关于适用〈中华人民共和国担保法〉若干问题的解释》第八十五条“债务人或者第三人将其金钱以特户、封金、保证金等形式特定化后，移交债权人占有作为债权的担保，债务人不履行债务时，债权人可以以该金钱优先受偿”的规定，该行对保证金账户内的资金享有优先受偿权，诉请：（1）判令不得执行建标公司开立于富滇银行大理分行营业部6596保证金账户内的保证金280万元及其利息；（2）确认富滇银行大理分行对6596保证金账户内的保证金280万元及其利息享有质权。

杨某鸣辩称：富滇银行大理分行与建标公司签订的《个人住房贷款合作协议书》约定的是建标公司承担连带保证责任而非动产质押责任，该协议书仅约定建标公司设立保证金账户并按比例存入资金，但对存入资金并未按照质押要求进行质押移交或扣划，没有让存入资金产生特定化的行为，质押不成立。请求驳回该行诉请。

建标公司一审未发表意见。

大理中院一审查明：（1）2010年1月28日，建标公司董事会通过决议，向富滇银行大理分行申请“建标华城”楼宇按揭额度4.5亿元，同意为在富滇银行大理分行办理“建标华城”项目按揭贷款的客户承担连带保证责任。2010年7月至8月期间，富滇银行大理分行就向建标公司“建标华城”项目按揭额度授信4.5亿元事宜按照内部程序进行审批。当年8月12日经富滇银行总行信用审批委员会审议，同意给予建标公司4.5亿元楼宇按揭贷款授信额度，授信期限3年。2011年8月28日，富滇银行大理分行与建标公司签订《个人住房贷款合作协议书》，约定：双方就建标公司开发建设的“建标华城”进行合作，对于符合贷款条件的购房户，富滇银行大理分行提供总额不超过4.5亿元的贷款，建标公司对购房户提供连带保证担保，建标公司应在富滇银行大理分行开立保证金账户，保持存放不低于富滇银行大理分行发放贷款最高额的5%的保证金，用于履行建标公司的连带保证责任，未经富滇银行大理分行同意，建标公司不得将保证金挪作他用。2012年11月19日，富滇银行大理分行与建标公司再次签订《个人住房贷款合作协议书》，约定富滇银行大理分行为“建标华城”购房户提供总额不超过4000万元的贷款，建标公司对购房户提供连带保证担保，相关约定同2011年贷款合作协议书。（2）2010年，建标公司在富滇银行大理分行开设“9700××××××××××0990”保证金账户（以下简称0990账户），自2010年10月开始向该账户转入资金。后0990账户内的资金全部转结至2011年6月17日建标公司在富滇银行大理分行开设的“9700××××××××××6596”保证金账户（以下简称6596账户）。自2011年6月开始，建标公司依约向6596账户转入资金，富滇银行大理分行对违约贷款保证金进行了扣划。（3）2017年9月8日，大理中院在办理杨某鸣申请执行建标公司借款合同纠纷一案中，冻结了6596账户内的存款280万元，富滇银行大理分行向大理中院提出执行异议，该院作出《执行裁定书》驳回富滇银行大理分行的执行异议，该行不服该裁定，提起本案执行异议之诉。

大理中院一审认为：《最高人民法院关于适用〈中华人民共和国担保法〉若干问题的解释》第八十五条规定：“债务人或者第三人将其金钱以特户、封金、保证金等形式特定化后，移交债权人占有作为债权的担保，

债务人不履行债务时，债权人可以以该金钱优先受偿。"《中华人民共和国物权法》第二百一十条[①]第一款规定："设立质权，当事人应当采取书面形式订立质权合同"，本案富滇银行大理分行虽提交了建标公司按揭额度的申请、富滇银行审批的相关材料，但未提交可证明2010年至2011年8月期间与建标公司之间存在出质约定的《个人住房贷款合作协议书》，因缺乏双方就建标华城项目达成合作的最终协议，故富滇银行大理分行的举证不足以认定2010年至2011年8月期间保证金账户内的资金往来特定为建标公司为购房者交纳的保证金，未能就案争保证金账户内的金钱已全部特定化完成举证责任，应承担举证不能的不利后果，对其诉讼请求不予支持。

据此，大理中院依照《中华人民共和国物权法》第二百一十条，《最高人民法院关于适用〈中华人民共和国担保法〉若干问题的解释》第八十五条，《中华人民共和国民事诉讼法》第六十四条、第六十五条[②]，《最高人民法院关于适用〈中华人民共和国民事诉讼法〉的解释》第九十条之规定，于2018年7月9日作出判决：驳回原告富滇银行大理分行的诉讼请求。

富滇银行大理分行不服一审判决，向云南省高级人民法院提起上诉称：建标公司与富滇银行大理分行自2010年就针对"建标华城"项目建立起贷款合作关系，建标公司自愿为按揭贷款客户承担连带保证责任，按贷款金额5%比例存入保证金。2010年8月授信审批通过后，富滇银行大理分行与建标公司当即签订以及在2011年8月、2012年11月逐年签订《个人住房贷款合作协议书》，虽然2010年授信审批通过后签订的第一份贷款合作协议因经办员工离职的客观原因未能向法院提交，但建标公司在富滇银行大理分行开设的0990账户即为根据2010年贷款合作协议开设的保证金专户。2011年6月，因银行内部审计发现0990账户记入的会计科目有误，将"按揭贷款担保保证金"记入"25101公司业务承兑保证金"，建标公司重新开立6596保证金账户，0990账户内的保证金179.4万元全部转入6596账户。两账户存入的每笔资金均有相关凭证证实款项是按照当

① 对应《民法典》第四百二十七条。

② 分别对应《民事诉讼法》(2021年修正) 第六十七条、第六十八条。

期发放的按揭贷款金额的5%比例存入的保证金，金额可一一对应。同时，6596账户内资金的扣划均是由于按揭购房户拖欠贷款未能归还，该行直接扣划用于清偿借款。本案0990账户、6596账户系建标公司为担保业务而设立的保证金专户，不作为日常结算使用，账户内资金已特定化为保证金，该行对账户内的保证金享有控制权。根据《最高人民法院关于适用〈中华人民共和国担保法〉若干问题的解释》第八十五条的规定，该行对6596账户资金享有优先受偿权，请求改判支持该行诉请。

被上诉人杨某鸣辩称：富滇银行大理分行无证据证明2010年10月至2011年8月期间该行与建标公司存在按揭贷款合作约定。2012年富滇银行大理分行与建标公司签订的《个人住房贷款合作协议书》仅约定建标公司承担连带保证责任而非动产质押，对存入保证金账户的资金也未进行质押移交或扣划。账户内资金存入转出不能一一对应，且处于不固定状态。资金没有特定化。请求驳回对方的上诉。

原审第三人建标公司述称：本公司与富滇银行大理分行没有关于保证金质押的具体协议，请求驳回富滇银行大理分行的上诉。

云南省高级人民法院经二审，确认了一审查明的事实。另查明：

1. 自2010年10月11日起，富滇银行大理分行就贷款给建标公司“建标华城”项目购房户，建标公司自该日起就在富滇银行大理分行与购房户签订的《个人购房（抵押）担保借款合同》中作为保证人承担连带保证责任，该公司于当日在富滇银行大理分行开立0990保证金专用账户（科目号25101）并按同一时段（同一天）发生的按揭贷款金额的5%存入保证金。至2011年5月19日，发生按揭贷款合同总额3560万元，共计存入保证金179.4万元（其中重复计收了龚爰中按揭贷款对应的保证金1.4万元）。

2. 2011年6月1日，富滇银行内部审计，认为富滇银行大理分行营业部将建标公司0990保证金账户“按揭贷款担保保证金”记入“25101公司业务承兑保证金”属会计科目使用错误，建标公司于2011年6月17日开设6596保证金账户（科目类别：25102公司业务担保保证金），0990账户内的179.4万元于当年9月7日按银行转账操作程序分11笔（次）转入尾号0823账号后，当日又从该账号将179.4万元一次性转入6596账户，

0990 账户同时销户。转账过程中，各转账凭证均注明款项性质为保证金。

3. 6596 保证金账户开设后，发生的按揭贷款需交存的保证金均存入该账户内。自 2011 年 6 月 29 日起，发生按揭贷款合同总额 4869 万元，应收保证金 243. 45 万元，共计存入保证金 245. 2 万元（其中重复计收董学军按揭贷款对应的保证金 1. 75 万元）。期间：2015 年 6 月 18 日，因有 36 户购房户结清贷款，富滇银行大理分行退回建标公司 46. 8 万元；2015 年 12 月 17 日，因有 4 笔按揭贷款逾期本息共计 926366. 24 元未还，富滇银行大理分行按照银行资金使用操作程序要求，使用尾号 0101 “暂收保证金存款销账本息”账户从 6596 账户转出保证金共计 1019000 元，扣划欠款金额 926366. 24 元后，剩余金额 93754. 25 元（含中转保证金时产生的利息 1120. 49 元）又全额转回 6596 账户。现该账户余额为：179. 4 万元+245. 2 万元-46. 8 万元-1019000 元+93754. 25 元=2852754. 25 元。

云南省高级人民法院二审认为：本案二审的争议焦点为，富滇银行大理分行是否对案涉保证金账户内的资金享有质权。

一、关于 0990 账户性质及其与 6596 账户的关系问题。根据已查明的案件事实，0990 账户性质为保证金账户，开设该账户的双方当事人对此无争议。虽该账户开设时科目处理出现瑕疵，但不影响其保证金专户的性质，且具体科目的处理属于银行内部的会计核算方式，对双方当事人开设该账户为保证金账户的合意不产生影响。0990 账户销户后，其资金全部转入 6596 保证金账户，同时后续发生的按揭贷款的保证金存入该账户，两账户之间的关系为替换关系。

二、关于富滇银行大理分行与建标公司是否存在保证金质押的合意问题。《中华人民共和国物权法》第二百一十条规定：设立质权，当事人应当采取书面形式订立质权合同。质权合同一般包括下列条款：（1）被担保债权的种类和数额；（2）债务人履行债务的期限；（3）质押财产的名称、数量、质量、状况；（4）担保的范围；（5）质押财产交付的时间。虽然富滇银行大理分行陈述因职工离职原因无法提交 2010 年 10 月至 2011 年 8 月期间的贷款合作协议书，但根据 2010 年建标公司按揭额度的申请、富滇银行审批的相关材料、2011 年和 2012 年的《个人住房贷款合作协议书》《个人购房（抵押）担保借款合同》，以及自2010年10月建标公司即开始交存保证金担保按揭贷款的客观事实等可以形成证据链，证实富滇银行大理分行与建标公司自2010年10月即存在贷款合作关系，双方对建标公司自2010年10月11日起，对购买“建标华城”项目的购房户提供连带保证担保，在富滇银行大理分行开立保证金账户，保持存放不低于富滇银行大理分行发放贷款最高额的5%的保证金，用于履行该公司的连带保证责任，未经富滇银行大理分行同意，该公司不得将保证金挪作他用，若保证人不按合同履行保证责任，富滇银行大理分行有权从其账户直接扣收有关款项，保证期间至抵押合同生效且抵押凭证送交富滇银行大理分行为止达成了合意，该合意具备质押合同的一般要件，故双方之间存在保证金质押关系。

三、关于质权是否设立即资金是否特定化及交付占有的问题。根据《中华人民共和国物权法》第二百一十二条[①]“质权自出质人交付质押财产时设立”，以及《最高人民法院关于适用〈中华人民共和国担保法〉若干问题的解释》第八十五条“债务人或者第三人将其金钱以特户、封金、保证金等形式特定化后，移交债权人占有作为债权的担保，债务人不履行债务时，债权人可以以该金钱优先受偿”的规定，金钱质押生效的条件包括金钱特定化和移交债权人占有两方面。本案0990、6596两个保证金专户开立后，存入的款项均注明为保证金，转出款项只有两次，一次为部分购房户还清贷款后银行退回相应保证金，一次为扣划清偿购房户的逾期欠款，款项进出均能一一对应。保证金以专户形式特定化并不等于固定化，案涉账户内的资金因业务发生浮动，但均与保证金业务相对应，除缴存保证金外，支出的款项均用于保证金的退还和扣划，未作日常结算使用，符合《最高人民法院关于适用〈中华人民共和国担保法〉若干问题的解释》第八十五条规定的金钱以特户形式特定化的要求。另占有是指对物进行控制和管理的事实状态，因案涉账户开立在富滇银行大理分行，该行实际控制和管理该账户，符合出质金钱移交债权人占有的要求，故案涉保证金质权依法设立。此外，扣划款项表明富滇银行大理分行对该账户资金享有处置

① 对应《民法典》第四百二十九条。

权，属于实现质权的情形。另建标公司申请按揭贷款的额度为4.5亿元，富滇银行大理分行授信的额度也为4.5亿元，故杨某鸣关于保证金账户内的最高金额超出对应的贷款总额的主张也不能成立。

综上，一审判决认定部分事实不清，适用法律不当，上诉人富滇银行大理分行的上诉请求有事实和法律依据，应予支持。因富滇银行大理分行诉请判处的金额为一审法院冻结的6596账户内的资金额280万元及其利息，故二审法院针对当事人的诉请范围予以判处，同时根据《中华人民共和国物权法》第二百一十三条[①]之规定，质权的效力及于质押财产的孳息，对该行诉请判处的利息一并予以支持。云南省高级人民法院依照《中华人民共和国物权法》第二百一十条、第二百一十二条、第二百一十三条，《最高人民法院关于适用〈中华人民共和国担保法〉若干问题的解释》第八十五条，《中华人民共和国民事诉讼法》第一百七十条[②]第一款第二项，《最高人民法院关于适用〈中华人民共和国民事诉讼法〉的解释》第三百一十二条[③]之规定，于2018年12月28日作出判决：

一、撤销云南省大理白族自治州中级人民法院（2018）云29民初19号民事判决；

二、确认富滇银行股份有限公司大理分行对大理建标房地产开发有限公司开立于富滇银行股份有限公司大理分行营业部账号为"9700××××××××××6596"保证金账户内的保证金280万元及其利息享有质权；

三、不得执行大理建标房地产开发有限公司开立于富滇银行股份有限公司大理分行营业部账号为"9700××××××××××6596"保证金账户内的保证金280万元及其利息。

本判决为终审判决。

云南省大理白族自治州中级人民法院（2018）云29执异1号执行异议裁定于本判决生效时自动失效。

---

① 对应《民法典》第四百三十条。

② 对应《民事诉讼法》（2021年修正）第一百七十七条。

③ 对应《最高人民法院关于适用〈中华人民共和国民事诉讼法〉的解释》（2022年修正）第三百一十条。

9. 汤某伟与广州市海顺房地产发展有限公司、长春高斯达生物科技集团股份有限公司案外人执行异议之诉纠纷案*

案外人与被执行人之间订立的房屋买卖合同的真实性、合同效力以及履行情况等,均属于案外人执行异议之诉本应审理的范畴

【裁判摘要】

案外人与被执行人之间订立的房屋买卖合同的真实性、合同效力以及履行情况等,均属于案外人执行异议之诉本应审理的范畴。在执行异议之诉之外,案外人和被执行人另行单独就执行标的提出有关合同效力、继续履行等诉讼的,存在串通诉讼的嫌疑,可能损害到执行申请人的利益,故该另案诉讼不应继续审理,执行异议之诉不因另案诉讼而中止审理。

最高人民法院民事裁定书

(2017)最高法民申3075号

再审申请人(一审原告、二审上诉人):汤某伟,男,1968年4月11日出生,汉族,住广东省广州市海

* 摘自《最高人民法院公报》2020年第11期。

珠区。

委托诉讼代理人：潘某拥，广东永通律师事务所律师。

被申请人（一审被告、二审被上诉人）：广州市海顺房地产发展有限公司。住所地：广东省广州市海珠区新港西路144号。

法定代表人：彭某滔，该公司总经理。

被申请人（一审被告、二审被上诉人）：长春高斯达生物科技集团股份有限公司。住所地：吉林省长春市南关区桃园路东园小区5栋1门602室。

法定代表人：袁某亮，该公司董事长。

再审申请人汤某伟因与被申请人广州市海顺房地产发展有限公司（以下简称海顺公司）、长春高斯达生物科技集团股份有限公司（以下简称高斯达公司）案外人执行异议之诉一案，不服广东省高级人民法院（以下简称广东高院）（2015）粤高法民一终字第39号民事判决，向本院申请再审。本院依法组成合议庭对本案进行了审查，现已审查终结。

汤某伟向本院申请再审称：（1）原审认定事实错误。汤某伟与海顺公司于2009年3月3日签订《房屋买卖协议书》，约定由汤某伟以1408260元的价格购买海顺公司位于广州市海珠区新港西路顺华街9号102铺房屋。汤某伟在签约当天将购房款支付给海顺公司，海顺公司也于当天将房屋交付给汤某伟，后因海顺公司的原因没有完成过户手续。海顺公司对前述事实予以确认。广东高院在没有相反证据的情况下，以推理的方式全面否定双方当事人和已生效民事判决、仲裁裁决所确认的事实，直接导致适用法律错误，应依法予以纠正。（2）本案二审应中止审理而不予中止，严重损害汤某伟的合法权益，程序违法。汤某伟与海顺公司之间《房屋买卖协议书》的效力结果直接影响本案的审理结果，故本案应在有关《房屋买卖协议书》效力确认之诉的裁判结果生效之前中止审理。二审法院明知有关《房屋买卖协议书》效力确认之诉的案件尚在审理过程中而没有中止本案审理，程序违法。据此，汤某伟依照《中华人民共和国民事诉讼法》第二百条①的规定申请再审。

本院认为，本案属于案外人执行异议之诉。根据汤某伟申请再审的事由看，本案主要需审查以下两个问题：第一，二审程序是否违法，是否应中止审理；第二，汤某伟对于案涉房屋是否享有排除强制执行的民事权益。

（一）关于二审程序是否违法，是否应中止审理的问题

对于执行异议之诉，根据《最高人民法院关于适用〈中华人民共和国民事诉讼法〉的解释》第三百一十二条②的规定，案外人同时提出确认其权利的诉讼请求的，人民法院可以在判决中一并作出裁判。本案中，案外人汤某伟提出的诉讼请求包括了确权之诉的内容，即请求依法确认案涉房屋归其所有。因此，汤某伟与海顺公司之间的《房屋买卖协议书》是否真实存在、合同效力以及履行情况等内容，均属于本案执行异议之诉中有关确权部分本应审理的范畴。

根据原审查明的事实看，广州市中级人民法院（以下简称广州中院）于2009年8月12日查封了案涉房产后，汤某伟于2010年3月18日作为原告以海顺公司为被告另案提起确认《房屋买卖协议书》有效的诉讼。此后，汤某伟于2010年7月2日就针对案涉房产的强制执行程序提出执行异议，广州中院驳回其执行异议后，汤某伟提起本案执行异议之诉。不难看出，汤某伟另案提起确认《房屋买卖协议书》有效的诉讼，是为其提出执行异议和执行异议之诉进行证据准备的。但是，汤某伟在案涉房产被查封之后另案提起确认《房屋买卖协议书》有效的诉讼，其审理结果明显与查封案涉房屋的申请执行人高斯达公司具有利害关系，在不追加高斯达公司作为第三人参加诉讼的情况下，汤某伟和海顺公司另案单独进行诉讼，存在串通诉讼的嫌疑，有可能损害高斯达公司的利益。而且，在执行异议之诉和确认合同有效之诉的两种诉讼中，有关举证责任的要求也是不同的。

① 对应《民事诉讼法》(2021年修正)第二百零七条。

② 对应《最高人民法院关于适用〈中华人民共和国民事诉讼法〉的解释》(2022年修正)第三百一十条。

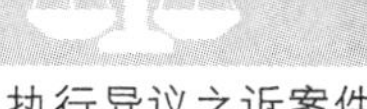

因此，在本案执行异议之诉立案之后，汤某伟另案提出的确认《房屋买卖协议书》有效的诉讼不应继续审理，而应由本案执行异议之诉针对《房屋买卖协议书》是否真实存在、合同效力以及履行情况等内容进行查明和认定。综上，本案二审无需以另案确认《房屋买卖协议书》有效之诉的裁判结果为依据，无需中止审理，二审审理程序并不违法。

（二）关于汤某伟对于案涉房屋是否享有排除强制执行的民事权益的问题

案外人提出执行异议之诉，应当就其对执行标的享有足以排除强制执行的实体权利承担举证证明责任，即便被执行人对案外人的权利主张表示承认的，也不能免除案外人的举证证明责任，以避免案外人和被执行人串通损害申请执行人的利益。就本案而言，虽然海顺公司确认汤某伟所主张的各项事实，但不能由此免除汤某伟的证明责任。结合《最高人民法院关于人民法院民事执行中查封、扣押、冻结财产的规定》第十七条[①]的规定，本案汤某伟主张具有排除强制执行的民事权益，应举证证明其满足已支付价款、实际占有房屋等相关要件。

本案中，首先，汤某伟未能举证证明其已经支付140多万元的购房款。汤某伟主张其已付购房款，应首先证明其与海顺公司之间成立房屋买卖合同关系。但是，汤某伟在一审起诉时和证据交换时分别提供的《房屋买卖协议书》并不一致，其相关解释也明显自相矛盾，故原审对该协议书的真实性不予认定，并无不当。而且，汤某伟针对其付款主张未提供付款凭证，即便其经济收入可观，但140多万元款项一次性通过现金支付的说法，明显与现实中巨额资金交易往来的习惯不符。其次，汤某伟未能举证证明其已经实际占有案涉房屋。在一审针对案涉房屋是否由汤某伟出租给杨军这一事实进行调查的过程中，汤某伟均未提及其在广州仲裁委员会（2015）穗仲案字第447号仲裁案件中提交的《补充协议》和预付租金的

---

① 对应《最高人民法院关于人民法院民事执行中查封、扣押、冻结财产的规定》（2020年修正）第十五条。

重要事实，仲裁裁决查明的杨军向汤某伟支付租金的过程也与汤某伟在本案一审中陈述的内容明显不符。此外，根据二审的分析，汤某伟提交的作为其已实际占有案涉房屋的证据《物业管理合同》的真实性并不能得到确认，又未能提供与案涉房屋地址、合同约定的金额相符的物业管理费发票。因此，即便相关仲裁裁决确认了汤某伟将案涉房屋出租给杨军的事实，但鉴于汤某伟在该仲裁案之前于本案中的陈述和相关证据内容明显与仲裁裁决查明的事实不符，故原审未采信仲裁裁决的认定，并无不当。而且，该仲裁裁决结果亦明显与查封案涉房屋的申请执行人高斯达公司具有利害关系，在高斯达公司未参与仲裁的情况下，汤某伟和海顺公司另案单独仲裁，存在串通仲裁的嫌疑。综合前述分析，由于汤某伟并不具备享有足以排除强制执行民事权益的要件，故原审判决驳回其排除执行的诉讼请求，并无不当。

综上所述，汤某伟的再审申请不符合《中华人民共和国民事诉讼法》第二百条规定的情形。依照《中华人民共和国民事诉讼法》第二百零四条[①]第一款、《最高人民法院关于适用〈中华人民共和国民事诉讼法〉的解释》第三百九十五条[②]第二款的规定，裁定如下：

驳回汤某伟的再审申请。

审 判 长　王毓莹
审 判 员　曹　刚
审 判 员　奚向阳

二〇一七年十二月十五日

法官助理　陈　亚
书 记 员　谢松珊

---

① 对应《民事诉讼法》（2021 年修正）第二百一十一条。

② 对应《最高人民法院关于适用〈中华人民共和国民事诉讼法〉的解释》（2022 年修正）第三百九十三条。

10．王某志与成都农村商业银行股份有限公司簇桥支行、何某案外人执行异议之诉纠纷案*

▶ 判断案外人就执行标的所主张的民事权益是否足以排除强制执行，应当依据相关法律、司法解释的规定，在对相关当事人关于执行标的的民事权利（益）的实体法性质和效力作出认定的基础上综合加以认定

【裁判摘要】

案外人执行异议之诉案件中，判断案外人就执行标的所主张的民事权益是否足以排除强制执行，应当依据相关法律、司法解释对于民事权利（益）的规定，在对相关当事人关于执行标的的民事权利（益）的实体法性质和效力作出认定的基础上，通过对相关法律规范之间的层级关系、背后蕴含的价值判断以及立法目的进行探寻与分析，并结合不同案件中相关当事人的身份职业特点、对于执行标的权利瑕疵状态的过错大小，与执行标的交易相关的权利行使状况、交易履行情况，进一步分析执行标的对于相关当事人基本生活保障与秩序追求的影响等具体情况，综合加以认定。

* 摘自《最高人民法院公报》2021 年第 7 期。

最高人民法院民事判决书

（2019）最高法民终370号

上诉人（一审原告）：王某志，男，1979年11月7日出生，汉族，住四川省西昌市礼州镇。

委托诉讼代理人：陈某翔，四川恒和信律师事务所律师。

委托诉讼代理人：汪某毅，四川恒和信律师事务所律师。

被上诉人（一审被告）：成都农村商业银行股份有限公司簇桥支行，住所地四川省成都市武侯区簇桥镇福锦路二段。

负责人：唐某棠，该行行长。

委托诉讼代理人：廖某丽，四川君合律师事务所律师。

委托诉讼代理人：宁某莹，四川君合律师事务所律师。

被上诉人（一审被告）：何某，女，1971年10月11日出生，汉族，住四川省成都市青羊区。

上诉人王某志因与被上诉人成都农村商业银行股份有限公司簇桥支行（以下简称成都农商行簇桥支行）、何某案外人执行异议之诉纠纷一案，不服四川省高级人民法院（2018）川民初112号民事判决，向本院提起上诉。本院于2019年3月14日立案后，依法组成合议庭进行了审理。王某志及其委托诉讼代理人陈某翔、汪某毅，成都农商行簇桥支行的委托诉讼代理人廖某丽，何某到庭参加诉讼。本案现已审理终结。

王某志上诉请求：1. 撤销一审判决；2. 依法改判确认四川省成都市锦江区佳宏路A房产归王某志所有；3. 依法改判何某协助王某志办理房屋产权变更登记手续；4. 依法改判停止对四川省成都市锦江区佳宏路A房产的执行，并解除查封措施；5. 本案一、二审诉讼费由成都农商行簇桥支行、何某共同承担。事实和理由：1. 王某志对案涉房屋享有物权期待权。首先，王某志与何某之间虽未形成严格意义上的房屋买卖关系，但王某志

与何某、陈某平实际经营的湖南湘潭市雨湖区三羊开泰服饰连锁湘潭店（以下简称服饰店）签订了劳动合同，服饰店自愿有偿购买案涉房屋提供给王某志作为福利，王某志基于相关合同约定取得了对案涉房屋的物权期待权。其次，王某志与服饰店签订的《劳动合同补充协议》和《说明》中关于案涉房屋购房款和银行按揭款归还的约定已经在实际履行过程中进行了变更，该房屋实际由王某志购买，服饰店仅仅支付了首付中的很少一部分款项，绝大部分首付款由王某志支付。再次，在2009年6月13日与四川南欣房地产开发有限公司（以下简称南欣公司）签订的《商品房认购协议》中，买受人为王某志、何某，说明房屋系王某志购买，只是由于劳动合同的约定暂时登记在何某名下，但实际并非何某购买。2. 案涉房屋未过户登记到王某志名下，王某志对此没有过错。王某志在服饰店注销后多次与何某沟通房屋过户事宜，何某等人也认同王某志已经履行了劳动合同约定的义务，但由于当时案涉房屋仍存在银行按揭贷款尚未还清，并且双方约定的十年劳动期限未届满，故未在2014年办理过户登记。后王某志因女儿读书，为提前办理过户，于2017年7月31日将剩余按揭款246161.83元全部归还，但案涉房屋在尚未过户给王某志前就被法院查封。故一审法院认定王某志在2014年服饰店注销后并未就案涉房屋的所有权、过户等问题与何某进行协商属于事实认定错误。综上，王某志享有排除法院保全查封的民事权益。

成都农商行簇桥支行辩称：1. 王某志未与何某就案涉房屋签订《买卖合同》或建立任何能够发生物权变动的法律关系。案涉房屋的所有权人为何某，服饰店对案涉房屋不享有所有权。服饰店与王某志签订的劳动合同、补充协议等仅表明王某志与服饰店建立了劳动关系，其权利义务关系不能及于何某及何某名下的案涉房屋。2. 购买房屋的价款并非王某志全额支付，若王某志支付的价款超出约定应当由其承担的范围，其对服饰店享有债权请求权。案涉房屋未完成产权变更登记系因王某志未履行完毕劳动合同约定的服务年限，其对房屋不享有稳定的物权期待权，不满足取得房屋所有权及办理过户登记的条件。王某志不符合《最高人民法院关于人民法院办理执行异议和复议案件若干问题的规定》第二十五条至第二十八条规定的可以排除执行的情形。3. 若王某志的权利受到侵犯或服饰店违约，其应当向侵权人主张赔偿或者要求服饰店承担违约责任。综上，王某志不享有排除法院保全查封案涉房屋的权益，一审法院认定事实清楚，适用法律正确，应予维持。

何某辩称：王某志与服饰店签订的劳动合同属实，服饰店注销后，王某志在其他门店继续履行了劳动合同，案涉房屋系王某志应得的福利房，如果王某志没有履行满十年劳动合同，服饰店不可能将房屋给王某志。

王某志向一审法院起诉请求：1. 确认四川省成都市锦江区佳宏路 A 房屋归属于王某志所有；2. 判令何某协助王某志办理房屋产权变更登记手续；3. 停止对四川省成都市锦江区佳宏路 A 房产的执行，并解除查封措施；4. 诉讼费用由成都农商行簇桥支行、何某共同承担。

一审法院认定事实：2008 年 12 月 2 日，王某志与服饰店签订《劳动合同书》，约定服饰店为发展需要，聘请王某志为部门经理。主要内容：第一条：合同类型和期限：本合同为有固定期限的劳动合同。合同期限自 2009 年 1 月 1 日起至 2018 年 12 月 31 日止；第二条：工作内容和工作地点：服饰店安排王某志从事部门经理工作。工作地点在湖南湘潭市；第四条：劳动报酬：经双方协商一致，王某志的工资为每月 2500 元。同日，双方签订《劳动合同补充协议》一份，约定因发展需要，服饰店自愿为王某志提供一套住房作为福利。主要内容：第一条：服饰店同意，在王某志与其签订 10 年以上有固定期限的劳动合同并实际履行的条件下，服饰店无偿提供给王某志住房一套的福利待遇。此项待遇是服饰店额外的、有条件地为王某志提供的特殊待遇，与王某志的劳动报酬以及正常的福利待遇无关。第二条：服饰店为王某志购买住房的时间在 2009 年内；住房建筑面积 110 平方米；住房位置：成都市三环路附近；住房款支付形式为按揭；第三条：住房款支付方式：1. 房屋以公司指定人员的名义办理房屋产权证和土地使用权证，办理费用由服饰店承担；2. 首付房款由服饰店支付 50%，王某志支付 50%，王某志在服饰店工作满 10 年时，服饰店将王某志支出的首付房款一次性支付给王某志；3. 房屋按揭款的支付：①服饰店每月支付 50%，王某志支付 50%；②当年的按揭款先由王某志全额支付，次年元月份服饰店一次性支付给王某志上一年代服饰店支付的按揭部分，今后按揭款的支付均按此支付办法类推；③合同期满后，所有房屋按揭款支付完毕后30日内，服饰店将王某志所承担的按揭款部分一次性结算给王某志；4. 服饰店提供给王某志的福利住房为建筑面积110平方米的房屋。对房屋建筑面积超过部分的处理：超出部分的房屋面积之房款，由王某志承担并一次性支付给服饰店。如果房屋面积不足110平方米，服饰店只按实际面积结算，不补差给王某志。第四条：房屋权属约定：1. 住房的房屋产权证和土地使用权证以及购房发票等与该房屋有关的所有手续由服饰店保管，待王某志按约定履行完劳动合同及补充协议约定的义务后，服饰店将房屋过户给王某志，王某志才取得该房屋所有权；2. 本合同签署后房屋购买之时，王某志对房屋取得的是使用权，即王某志必须在现有工作岗位（或经调整后的更高层次工作岗位）正常工作十年以上，才能取得房屋的所有权。在合同约定的王某志工作期限届满之前，王某志对房屋只享有使用权和出租收益权，对房屋不享有处置权，不得转让、抵押、赠与。

2009年6月13日，王某志、何某作为买受人与南欣公司签订《商品房认购协议》，主要内容：由王某志、何某认购南欣公司开发的比华利国际城1期B房屋。建筑面积为129.48平方米，单价4850元/平方米，房屋总价为602082元，定金3万元。

2009年6月13日，王某志用个人银行卡支付了3万元定金。案涉房屋的首付款为292082元，服饰店实际支付11万元，王某志实际支付182082元。此后，以何某名义在中国农业银行开设账户，每月支付了按揭款。王某志举示的证据显示何某前述账户的按揭款来源系由王某志或者其配偶汤某家从2009年开始存入何某账户。2017年7月31日，王某志的配偶汤某家通过其银行内扣的方式将剩余按揭款246161.83元全部归还。

2010年10月9日，案涉房屋登记在何某及其配偶鲜某章名下。2017年8月24日，何某和其配偶离婚，约定房屋归何某所有，并完成变更登记，房屋登记在何某名下。2010年10月至2011年1月，王某志对案涉房屋进行了装修。此后，入住至今。

一审法院另查明：2017年8月2日，成都农商行簇桥支行因与陈某平、周某海、彭某能、何某、眉山市旗胜建材有限公司保证合同纠纷一案，申请在1.1亿元范围内，查封陈某平、周某海、彭某能、何某、眉山市旗胜建材有限公司的财产。

2017年8月23日，一审法院作出（2017）川民初85号财产保全裁定，在1.1亿元的范围内，查封了包括案涉房屋在内的36套房屋。2018年2月5日，王某志作为案外人对保全案涉房屋提出执行异议，以其是案涉房屋的实际所有人为由，要求解除对房屋的查封。2018年8月16日，一审法院作出（2017）川民初85号之三民事裁定，驳回了王某志的异议；该裁定书于2018年8月30日送达给了王某志。2018年9月5日，王某志提起了本案诉讼。

服饰店的个体工商户营业执照显示其经营者姓名为马某忠。王某志在诉讼中陈述，服饰店于2014年年底注销。

一审法院认为，根据王某志的起诉理由、成都农商行簇桥支行的答辩意见，本案争议焦点为：王某志是否对案涉房屋享有足以排除法院另案诉讼保全查封的权益。

根据《最高人民法院关于人民法院办理财产保全案件若干问题的规定》第二十七条关于“人民法院对诉讼争议标的物以外的财产进行保全，案外人对保全裁定或者保全裁定实施过程中的执行行为不服，基于实体权利对被保全财产提出书面异议的，人民法院应当依照民事诉讼法第二百二十七条规定审查处理并作出裁定。案外人、申请保全人对该裁定不服的，可以自裁定送达之日起十五日内向人民法院提起执行异议之诉”的规定，在一审法院已经驳回王某志对保全裁定提出异议的情形下，其有权提起案外人执行异议之诉。一审法院驳回王某志异议的（2017）川民初85号之三民事裁定书送达给王某志的时间为2018年8月30日，王某志于2018年9月5日递交了起诉状，其起诉符合法律规定的程序性要件。

同时，根据《最高人民法院关于适用〈中华人民共和国民事诉讼法〉

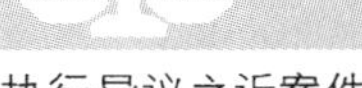

的解释》第三百一十一条[①]关于“案外人或者申请执行人提起执行异议之诉的，案外人应当就其对执行标的享有足以排除强制执行的民事权益承担举证证明责任”、《最高人民法院关于人民法院办理执行异议和复议案件若干问题的规定》第二十八条关于“金钱债权执行中，买受人对登记在被执行人名下的不动产提出异议，符合下列情形且其权利能够排除执行的，人民法院应予支持：（一）在人民法院查封之前已签订合法有效的书面买卖合同；（二）在人民法院查封之前已合法占有该不动产；（三）已支付全部价款，或者已按照合同约定支付部分价款且将剩余价款按照人民法院的要求交付执行；（四）非因买受人自身原因未办理过户登记”的规定，在王某志举证证明其对案涉房屋所享有的权利同时符合上述四个要件时，才可能产生阻却法院执行的效果。

一审法院认为，王某志并不满足前述司法解释第一项、第四项规定的要件，其对案涉房屋并不享有足以排除执行的民事权益。理由如下：

首先，王某志与何某之间并未形成房屋买卖关系。从王某志提交的证据看，其对案涉房屋的占有、使用和收益的权益是建立在与何某实际经营的服饰店之间形成的劳动关系的基础上，是由服饰店提供的福利房，在满足王某志为服饰店服务 10 年的条件后，房屋方能过户至王某志。然而，合同中约定王某志取得案涉房屋所有权的时间为王某志与服饰店之间劳动合同期限届满之日，即 2018 年 12 月 31 日，按照前述约定，取得房屋的条件并未成就。

其次，王某志主张服饰店已经于 2014 年注销，但其并未在服饰店注销后就案涉房屋的所有权、过户等问题与何某进行过协商。同时，王某志通过其配偶账户汤某家账户在 2017 年 7 月付清所有房屋按揭款后，何某却在 2017 年 8 月因离婚将房屋过户至自己名下，王某志对此也没有提出任何异议。因此，应当认定对于房屋最终未完成过户，王某志本身存在过错。

关于王某志要求确认其系案涉房屋所有权人，并要求何某协助办理过

---

① 对应《最高人民法院关于适用〈中华人民共和国民事诉讼法〉的解释》（2022 年修正）第三百零九条。

户的起诉理由，一审法院认为，如前所述，王某志并未提交有力证据证明在案涉《劳动合同书》约定的房屋所有权转移条件尚未成就、何某与王某志就房屋的过户问题进行过协商并达成一致意思表示的情形下，案涉房屋登记在何某名下，应认定为何某所有。据此，王某志的该项起诉理由亦不能成立，不予支持。

综上，王某志的诉请不能成立。一审法院依照《中华人民共和国民事诉讼法》第六十四条、第二百二十七条[①]，《最高人民法院关于适用〈中华人民共和国民事诉讼法〉的解释》第三百一十一条，《最高人民法院关于人民法院办理执行异议和复议案件若干问题的规定》第二十八条之规定，判决：驳回王某志的诉讼请求。一审案件受理费10700元，由王某志负担。

本院二审期间，当事人围绕上诉请求依法提交了证据。本院组织当事人进行了证据交换和质证。

王某志提交了以下证据：1. 王某志建设银行卡流水，拟证明房屋按揭款系王某志支付。2. 王某志与叶某祥房屋买卖合同及转款凭证，拟证明房屋尾款20余万元系王某志支付。3. 王某志工资流水，拟证明王某志与服饰店系真实劳动关系。4. 王某志及配偶个人住房信息，拟证明王某志及配偶另有一套房屋在成都市锦江区，但未办理产权登记，二人现无住房。5. 王光志及女儿户口簿，拟证明因女儿读小学，故与何某商议将房屋提前过户到王某志名下。6. 2013~2018年期间，王某志的职务任命文件、会议纪要、安全目标责任书、装饰装修工程施工合同书等复印件15份，以及四川省三羊开泰企业管理咨询有限公司关于上述复印件复印自该公司的情况说明一份，拟证明在2014年服饰店注销后，王某志继续根据公司投资人的要求在其他连锁店从事管理工作。

成都农商行簇桥支行对证据2真实性有异议；对证据1、3、4、5的真实性无异议，但认为不能达到王某志的证明目的；对证据6，认为其中14份形成于一审开庭前，不属于新证据，且这些证据与待证事实缺乏关联性。

对此，本院认为，成都农商行簇桥支行对证据1、3、4、5真实性无异

---

① 分别对应《民事诉讼法》（2021年修正）第六十七条、第二百三十四条。

议，本院对其真实性予以确认，证据6能够反映“三羊开泰”各连锁分店之间的关联关系，亦能反映王某志在相应分店的任职情况，本院对此予以采信。证据2拟证明的王某志支付剩余按揭尾款20余万元系一审法院已认定的事实，该证据与待证事实无关，且真实性存疑，本院不予采纳。对其余证据是否能够证明王某志对案涉房屋享有可以排除强制执行的民事权益，本院将综合全案证据予以认定。

本院二审认定如下事实：2008年12月2日，服饰店（甲方）与王某志（乙方）签订的《劳动合同补充协议》第十一条约定：如果甲方公司因各种意外情况发生，迫使甲方无法再维持经营，公司解散时，本合同继续履行（即任何一个股东都有权要求乙方继续履约至合同期满）。

2009年7月26日，服饰店（甲方）与王某志（乙方）签订《说明》一份，载明：“合同”到期半年内，甲方将该房屋过户到乙方名下。首付款甲方支付11万元，乙方支付13万元，房贷10年内还清。每年甲方按“合同”约定，支付乙方50%的按揭款时，由乙方打收条给甲方。收条必须有甲、乙双方签字，甲方代表为陈某平或何某，乙方为王某志本人。

2018年1月28日，服饰店的代表陈某平出具《情况说明》，载明：服饰店于2014年注销，王某志与该店签订的劳动合同所涉及的劳动年限已经临近十年，该店赠送给王某志的比华利国际城住房已经属于王某志所有，王某志自己交纳了全部按揭款，公司出资部分是公司对王某志工作的福利奖励。

二审审理中，王某志陈述，2009年6月13日《商品房认购协议》中载明的“比华利国际城1期B房屋”即后来被法院查封的四川省成都市锦江区佳宏路A房屋。

本院对一审法院认定的其他事实予以确认。

本院认为，根据当事人的上诉请求、答辩意见以及有关证据，并经当事人当庭确认，本案二审争议焦点为：一、王某志对案涉房屋是否享有所有权；二、王某志是否就案涉房屋享有足以排除保全查封的民事权益。具体分析如下：

一、关于王某志对案涉房屋是否享有所有权的问题

《中华人民共和国物权法》第九条第一款规定:“不动产物权的设立、变更、转让和消灭,经依法登记,发生效力;未经登记,不发生效力,但法律另有规定的除外。”① 也就是说,对于基于法律行为发生的不动产物权变动而言,除了需具备合法有效的法律行为之外,完成不动产登记亦属物权变动生效的要件。本案中,案涉房屋属于不动产,故依法应当办理所有权转移登记,登记完成后方发生房屋所有权变动的效力。而该房屋虽系由王某志、何某作为买受人与南欣公司于 2009 年 6 月 13 日签订《商品房认购协议》购买,但房屋所有权现仅登记在何某一人名下,因此,王某志主张对案涉房屋享有所有权,没有事实和法律依据,本院不予支持。

二、关于王某志是否就案涉房屋享有足以排除保全查封的民事权益的问题

本院认为,《最高人民法院关于适用〈中华人民共和国民事诉讼法〉的解释》第三百一十一条规定:“案外人或者申请执行人提起执行异议之诉的,案外人应当就其对执行标的享有足以排除强制执行的民事权益承担举证证明责任。”② 因此,案外人执行异议之诉制度的目的,就是要解决案外人是否有权排除对执行标的强制执行的问题。

对此问题的评判,应当以法律、司法解释对于民事权利(益)的规定为依据展开。而现行法律、司法解释对案外人执行异议之诉的规定较为原则,尤其是对于法律、司法解释规定的“足以排除强制执行的民事权益”的类型、范围及条件,不仅法律没有明确规定,适用于民事诉讼程序的有关司法解释也没有明确具体的规定,仅有适用于强制执行程序的《最高人民法院关于人民法院民事执行中查封、扣押、冻结财产的规定》《最高人民法院关于人民法院办理执行异议和复议案件若干问题的规定》等司法解

① 对应《民法典》第二百零九条。

② 对应《最高人民法院关于适用〈中华人民共和国民事诉讼法〉的解释》(2022 年修正)第三百零九条。

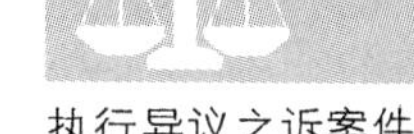

释进行了不完全的列举和规定。因此，在当前对案外人执行异议之诉案件的审理中，对案外人就执行标的所主张的民事权益是否足以排除强制执行，可以参照《最高人民法院关于人民法院民事执行中查封、扣押、冻结财产的规定》《最高人民法院关于人民法院办理执行异议和复议案件若干问题的规定》等司法解释的有关规定加以审查；但同时，又不应完全拘泥于上述适用于强制执行程序的司法解释的规定，案外人所享有的民事权益即使不在上述司法解释规定的情形之内的，亦未必不能够排除强制执行。对于案外人排除强制执行的主张能否成立，应当在依据法律、司法解释对于民事权利（益）的规定认定相关当事人对执行标的的民事权利（益）的实体法性质和效力的基础上，通过对相关法律规范之间的层级关系、背后蕴含的价值以及立法目的的探寻与分析，并结合不同案件中相关当事人的身份职业特点、对于执行标的权利瑕疵状态的过错大小，与执行标的交易相关的权利行使状况、交易履行情况，乃至于进一步探寻执行标的对于相关当事人基本生活保障与秩序追求的影响等具体情况，综合加以判断。

本案中，首先，从相关各方对于房屋权利的来源看，王某志与服饰店之间系劳动关系，根据《劳动合同补充协议》的约定，在《劳动合同》履行期间，王某志对案涉房屋享有占有、使用、收益的权利，并且随着《劳动合同》的持续履行，王某志最终将在合同履行期满后获得案涉房屋的所有权；何某作为名义上的登记所有人，其目的仅是约束王某志按照《劳动合同》履行完毕十年的劳动合同义务，而对案涉房屋实际并不享有其他任何权利。合同履行期满后，王某志享有针对案涉房屋请求何某协助办理转移登记的权利。本案中，虽然服饰店在2014年注销，但根据合同约定，王某志在服饰店注销后仍有义务按照服饰店股东的要求继续履约至合同期满，王某志也实际继续在其他连锁服饰店工作至十年劳动合同期满。服饰店实际经营者之一陈某平亦出具《情况说明》，表示服饰店与王某志签订的劳动合同涉及的劳动年限已临近十年，王某志交纳了剩余全部按揭贷款，案涉房屋实际为王某志所有。相反，成都农商行簇桥支行未举示王某志未按约定履行十年期劳动合同，不能依约取得案涉房屋的证据，故王某志在履行完毕十年期劳动合同后，对案涉房屋享有相应的权利。而成都农商行簇桥支行与何某之间系保证合同关系，前者对案涉房屋的权利系源于强制执行程序，背后的基础是其作为商事主体对何某享有的基于何某应当履行保证责任而形成的债权，而且，没有证据证明该债权系基于对案涉房屋登记权利状态的信赖而形成。

其次，从相关各方对于案涉房屋权利的性质看，虽然《劳动合同补充协议》明确案涉房屋与王某志的劳动报酬和正常的福利待遇无关，但《劳动合同补充协议》同时也明确服饰店提供的案涉房屋系“作为福利”，并将此项待遇称为“是服饰店额外地、有条件地为王某志提供的特殊待遇”。从当事人的约定以及劳动合同的履行看，案涉房屋将因王某志履行了劳动合同约定的义务而归属王某志所有，因此其中显然包含了一定的劳动对价因素，从某种程度上而言，王某志对案涉房屋享有的权利实际上凝结着其为用人单位工作十年的相当一部分劳动付出，应属于广义的劳动报酬的范畴。而且，案涉房屋目前绝大部分房款均由王某志实际支付，王某志已于2011年装修完毕入住至今。这种情况下，在本案针对的对于案涉房屋的强制执行程序中，相较于成都农商行簇桥支行基于何某应当履行保证责任而享有的保证债权，对王某志对于案涉房屋的权利予以优先保护，符合法律保障劳动者获得劳动报酬权利的基本精神，因而亦具有相当的正当性和合理性。

再次，从案涉房屋的交易模式看，《劳动合同》约定，案涉房屋系服饰店分配给王某志的福利房，在劳动合同期内该房屋登记在何某名下，合同期满后即可转移登记至王某志名下，该房从购买交付之日起，由王某志占有使用。本案的这种交易模式虽与借名买房具有一定的相似性，但又有别于一般意义上的借名买房。案涉房屋系服饰店为防止王某志提前离职等原因而暂且登记在服饰店的指定人名下，王某志是基于其处于劳动合同这一不完全平等的民事法律关系中的弱势地位而被动接受服饰店关于案涉房屋的权属登记安排，其并非积极主动地通过这种方式获取不正当利益，且亦未损害国家利益和社会公共利益，故相关当事人之间的这种交易安排并不具有违法性或者不当性，因而，对于王某志而言，并不因此而具有法律上的可责难性。而且，案涉《劳动合同》签订于2008年12月，远早于保全申请人的债权形成时间以及人民法院的查封时间，因此，没有证据证明案外人王某志与被执行人何某之间存在通过案涉房屋的交易安排而逃避债务、规避执行的行为。

最后，从案涉房屋未完成权属转移登记的原因看，在服饰店于 2014 年注销后，王某志为尽快完成案涉房屋权属转移登记，与服饰店协商并于劳动合同期满前提前一次性支付了剩余按揭贷款，应视为王某志积极行使权利。在付清按揭款后一个月左右，案涉房屋被人民法院查封，但结合《说明》中"'合同'到期半年内，甲方将房屋过户到乙方名下"的过户时间约定，以及前述王某志提前一次性归还剩余按揭款等事实，可以综合认定，并非因王某志的原因导致案涉房屋在法院查封前未转移登记到其名下。

综上分析，案涉房屋系王某志履行劳动合同应当获得的劳动报酬的组成部分，现其已经按照劳动合同的约定履行了相应义务，相较于成都农商行簇桥支行基于何某应当履行保证责任而享有的保证债权，王某志对案涉房屋权利的合理期待应当予以保护，故其请求排除人民法院依据（2017）川民初 85 号财产保全裁定而对案涉房屋的保全查封，本院予以支持。

此外，对于王某志主张的由何某协助其办理案涉房屋权属转移登记的请求，本院认为，根据《中华人民共和国民事诉讼法》《最高人民法院关于适用〈中华人民共和国民事诉讼法〉的解释》关于执行异议之诉的规定，执行异议之诉所要解决的是相关当事人之间的民事权益在强制执行程序中的冲突问题，除根据法律、司法解释的规定，案外人同时提出的确认权利的诉讼请求因与民事权益的认定密切相关而可在执行异议之诉中一并审理并裁判外，案外人在执行异议之诉中同时提出的要求被执行人继续履行合同、协助办理权属转移登记、交付标的物或支付违约金等给付内容的诉讼请求，因与排除强制执行的诉讼目的无关，故不属于执行异议之诉案件的审理范围，也不宜合并审理。因此，本案中，王某志提出的有关何某协助办理案涉房屋产权转移登记的请求，不属于本案的审理范围。

综上所述，王某志的上诉请求部分成立。依照《中华人民共和国民事诉讼法》第一百七十条①第一款第二项、《最高人民法院关于适用〈中华人

① 对应《民事诉讼法》（2021 年修正）第一百七十七条。

民共和国民事诉讼法〉的解释》第三百一十二条①规定，判决如下：

一、撤销四川省高级人民法院（2018）川民初112号民事判决；

二、不得查封四川省成都市锦江区佳宏路A房产；

三、驳回王某志的其他诉讼请求。

一审案件受理费10700元，二审案件受理费10700元，均由成都农村商业银行股份有限公司簇桥支行负担。

本判决为终审判决。

审 判 长　司　伟
审 判 员　李延忱
审 判 员　马成波

二〇一九年八月二十三日

法官助理　陈泫华
书 记 员　罗映秋

---

① 对应《最高人民法院关于适用〈中华人民共和国民事诉讼法〉的解释》（2022年修正）第三百一十条。

11. 武汉和平华裕物流有限公司与乐昌市粤汉钢铁贸易有限公司等案外人执行异议之诉案*

土地被强制执行时，案外人主张承租人向其转租土地，且其在土地上兴建建筑物并对之享有足以排除强制执行的合法权益时，可通过案外人执行异议之诉主张权利

【裁判摘要】

出租人将土地出租给承租人，当该土地被强制执行时，案外人主张承租人向其转租土地，且其在土地上兴建建筑物并对之享有足以排除强制执行的合法权益时，可通过案外人执行异议之诉主张权利。人民法院在审理次承租人以案外人提起的执行异议之诉案件时，既要依法维护次承租人的正当权利，也要防止其滥用案外人执行异议之诉，妨害强制执行程序的正常进行。对于次承租人提起的执行异议能否排除强制执行，应当依据《最高人民法院关于适用〈中华人民共和国民事诉讼法〉的解释》第三百一十一条（修改后第三百零九条）的规定进行审查。

* 摘自《最高人民法院公报》2022 年第 9 期。

最高人民法院民事判决书

（2019）最高法民终 1790 号

上诉人（原审原告）：武汉和平华裕物流有限公司。住所地：湖北省武汉市东湖生态旅游风景区龚家岭。

法定代表人：李某，该公司总经理。

委托诉讼代理人：王某，湖北卓胜律师事务所律师。

被上诉人（原审被告）：乐昌市粤汉钢铁贸易有限公司。住所地：广东省乐昌市站前路幸福家园 B 座首层 02 号。

法定代表人：孙某亮，该公司总经理。

委托诉讼代理人：徐某林，湖北谦顺律师事务所律师。

委托诉讼代理人：梅某春，湖北汉丰律师事务所律师。

原审第三人：武汉华裕李氏经贸集团有限公司。住所地：湖北省武汉市东湖生态旅游风景区和平乡龚家岭青王路 235 号。

法定代表人：李某华，该公司总经理。

委托诉讼代理人：陈某，湖北蕙风和律师事务所律师。

原审第三人：李某华，男，1971 年 1 月 23 日出生，汉族，住湖北省武汉市洪山区。

委托诉讼代理人：陈某，湖北蕙风和律师事务所律师。

上诉人武汉和平华裕物流有限公司（以下简称华裕物流公司）因与被上诉人乐昌市粤汉钢铁贸易有限公司（以下简称粤汉钢铁公司）及原审第三人武汉华裕李氏经贸集团有限公司（以下简称华裕李氏公司）、李某华案外人执行异议之诉一案，不服湖北省高级人民法院（2018）鄂民初 99 号民事判决，向本院提起上诉。本院于 2019 年 10 月 10 日立案后，依法组成合议庭，开庭进行了审理。上诉人华裕物流公司的委托诉讼代理人王某，被上诉人粤汉钢铁公司的委托诉讼代理人徐某林、梅某春，原审第三

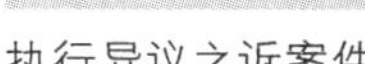

人华裕李氏公司的法定代表人李某华及委托诉讼代理人陈某，原审第三人李某华及其委托诉讼代理人陈某到庭参加诉讼。本案现已审理终结。

华裕物流公司上诉请求：一、撤销原审判决。二、停止执行位于湖北省武汉市东湖生态旅游风景区龚家岭村12组41.15亩土地（以下简称龚家岭地块）上所建地上建筑物的征收收益；停止执行位于湖北省武汉市东湖生态旅游风景区青王公路235号（原武汉市和平镀锌板厂，以下简称和平镀锌板厂）土地上所建厂房、仓库等地上建筑物的征收收益；停止执行原武汉市和平总观园工贸发展有限公司（以下简称总观园公司）厂房、仓库、办公楼等地上建筑物的征收收益；解除对上述建筑物的查封。三、请求确认龚家岭地块上所建地上建筑物以及湖北省武汉市东湖生态旅游风景区青王公路235号（和平镀锌板厂）土地上所建厂房、仓库等地上建筑物和总观园公司厂房、仓库、办公楼等地上建筑物的权利人为华裕物流公司。四、一、二审诉讼费用由粤汉钢铁公司承担。主要事实和理由：一、本案核心是案涉建筑物投资建设主体的认定问题，在华裕物流公司提交充分证据的前提下，原审法院未认定华裕物流公司系案涉建（构）筑物的实际权利人，属于认定事实错误。二、原审判决认定华裕物流公司提交的设计合同、施工图纸以及施工合同，对应的工程项目系围墙、路面、护坡、给排水等构筑物附属工程，与本案争议的厂房、仓库等主体建筑物无关，认定事实错误。（一）华裕物流公司原审提供的证据施工合同第一条第一项明确约定的工程范围包括室内仓库，同时结合本次提交的华裕物流公司与施工单位签订的结算文件，加之此前提供的三千万工程款的付款凭证，可以证明华裕物流公司投资建设的并非原审法院所认定的仅限附属工程，而包括主体工程厂房、仓库与附属工程。（二）即便如原审认定，华裕物流公司投资建设了围墙、护坡等附属工程，该建设行为亦非与案涉建筑物无关，粤汉钢铁公司申请对龚家岭地块、和平镀锌板厂地块上所建厂房、仓库等地上建筑物进行查封，可见查封范围并非限于厂房和仓库，而是及于地上的全部建（构）筑物在内，因此原审法院认定华裕物流公司举证与案涉查封标的无关，属于认定事实错误。三、原审判决认为“华裕物流公司以其对被查封的上述建筑物享有足以排除强制执行实体权利的理由不能成立”错误。(一)华裕物流公司虽未提供符合合同约定支付方式的租金支付凭证，但提供了实际对该地块进行投资、占有及使用管理的证据，而华裕李氏公司与华裕物流公司之间是否形成转租的事实，实质判断应以租赁标的（即案涉龚家岭地块）是否实际转移占有、使用为依据，而非仅以“是否存在租金支付凭证”作为主要判断依据，更何况华裕物流公司与华裕李氏公司是以转租方式使用龚家岭地块还是以其他方式使用案涉地块，均不影响对投资主体及权利人的判断。即使华裕李氏公司无偿将案涉地块转租给华裕物流公司使用，华裕物流公司在租赁地块上投资建设建（构）筑物，该建（构）筑物的权利人亦为华裕物流公司，而与华裕李氏公司无关，故原审判决以“华裕物流公司未能提交相关租金支付凭证及其他合同履行依据，无法认定转租关系成立”为由，未认定华裕物流公司作为投资人享有排除强制执行的权利，属于认定事实错误。(二)华裕物流公司原审中提交的大量证据证明和平镀锌板厂的资产已经转移给华裕物流公司且在资产转移后所涉建（构）筑物由华裕物流公司实际经营管理，且因集体土地性质及历史原因，和平镀锌板厂地块上的建筑物本身并未办理产权证，在变更转移至华裕物流公司时无法办理产权登记手续有其客观因素，原审判决认为“总观园公司在处置和平镀锌板厂移交的厂房、仓库等不动产时，应当依法进行登记，否则不发生物权变更的法律效力”错误，原审判决关于和平镀锌板厂地块上所建建筑物的权属问题认定，属于认定事实错误，应予纠正。四、原审对案涉建筑物能否享有收益及收益权归属认定的事实不清，且对执行标的实体权益的认定及证明标准适用法律方面存在错误。(一)本案为执行异议之诉，法院的审查范围不应仅包括华裕物流公司对执行标的是否拥有足以排除强制执行的权利，而应审查法院对执行标的采取执行行为的正当性以及被执行人华裕李氏公司对执行标的是否享有实体权益。在本案中，华裕物流公司针对执行标的提交了涵盖从设计、施工到对建筑物投资、占有、管理、使用、收益的大量证据，同时因案涉执行标的本身属于未办理任何规划手续且在村集体经济组织的土地上建设而成的建（构）筑物，所涉投资建设行为迄今已十多年之久，原审法院不应以十多年之后对证据形式及合法性的要求溯及适用至十多年前既已形成的有关事实、证据，而应根据《最高人民法院关于适用〈中华人民共和国民事诉讼法〉的解释》第一百零八条的规定，采用高度盖然性的证明标准，对华裕物流公司作为执行标的权利人的身份予以认定。（二）原审在对华裕物流公司作为执行标的权利人身份予以全面驳斥的前提下，却未对原审法院查封执行标的的法律依据以及华裕李氏公司是否对执行标的享有实体权益作出说明，涉及龚家岭地块上建筑物的查封行为，原审判决对依据何种法律规定以及事实认定对执行标的进行查封，亦未进行阐述。根据《最高人民法院关于人民法院民事执行中查封、扣押、冻结财产的规定》第二条“人民法院可以查封、扣押、冻结被执行人占有的动产、登记在被执行人名下的不动产、特定动产及其他财产权。未登记的建筑物和土地使用权，依据土地使用权的审批文件和其他相关证据确定权属”之规定，执行法院在财产保全中查封的范围应仅限于登记在被执行人华裕李氏公司名下的财产，而案涉房屋及土地并未登记在华裕李氏公司名下，也无土地使用权审批文件和其他相关证据可以确定权属为华裕李氏公司。因此，原审法院对案涉建筑物采取的查封措施，应予纠正。

粤汉钢铁公司答辩称：一、华裕物流公司主张其对位于龚家岭地块上所建厂房、仓库等地上建筑物享有所有权的证据不足，不足以排除强制执行。（一）粤汉钢铁公司申请查封龚家岭地块上所建厂房、仓库等地上建筑物有充分的依据，且经原审法院调查核实，该部分建筑物的权利归属于华裕李氏公司。（二）华裕物流公司以2010年1月1日其与华裕李氏公司签订的《土地租赁合同》、构筑物设计合同及图纸、租金支付凭证、施工合同、转租合同、供电合同等证据证明其对该部分建筑物享有所有权，其证据及证明目的存在诸多缺陷，证据真实性存疑，且多数证据无法与本案争议标的物建立关联，证据之间无法形成完整、有效的证据链以支持其享有足以排除强制执行的诉讼主张，原审对相关证据的认定合法合理，认定的事实清楚准确，华裕物流公司主张享有龚家岭地块上所建厂房、仓库等建筑物的所有权的证据不足，不足以排除强制执行。二、华裕物流公司主张其对“和平镀锌板厂土地上所建厂房、仓库等地上建筑物”及“总观园公司厂房、仓库、办公楼等地上建筑物”享有所有权与事实相悖。（一）位于湖北省武汉市东湖生态旅游风景区青王公路235号（和平镀锌板厂）土地上所建厂房、仓库等地上建筑物已经转化为华裕李氏公司的固定资产，原审法院对该部分地上建筑物的查封合法合理。（二）华裕物流公司在举证中混淆了武汉东湖生态旅游风景区先锋村（以下简称先锋村）所有的82亩土地与武汉市洪山区和平街道资产管理中心所有的53亩土地，未证明"位于和平镀锌板厂土地上所建厂房、仓库等地上建筑物"以及"总观园公司厂房、仓库、办公楼等地上建筑物"属其所有。三、华裕物流公司主张的土地租赁（转租）、构筑物设计、施工、仓库出租等方面的证据，均不满足在执行异议程序中确权或排除强制执行的条件。（一）华裕物流公司提交的由华裕李氏公司分别向其转租龚家岭村41.15亩土地、先锋村82亩土地的《租赁合同》，合同真实性存疑、合同签订时间早于华裕李氏公司与龚家岭村签订《土地股份合作协议》的时间、合同履行的证据不充分，举证对象混淆，无法证明华裕物流公司已实际承租相应地块。（二）华裕物流公司提交的设计合同、设计图纸、施工合同，无法体现与本案争议标的物具有关联性。（三）华裕物流公司提交的仓库转租经营、电力等方面的证据，不仅缺乏关联性，亦不能证明其享有所有权或者其他足以排除强制执行的实体权利。四、原审法院依据粤汉钢铁公司提供的《土地股份合作协议》《土地出租协议》等保全线索，依法核实并裁定对华裕李氏公司、李某华所有的财产采取保全措施合法合理，且有充分、详尽的调查资料予以佐证。华裕物流公司在本案中既未提供不动产权利登记证明，也未提供其他证据证明其对本案标的物享有足以排除强制执行的实体权利，其异议应予驳回。

原审第三人华裕李氏公司、李某华共同答辩称，同意华裕物流公司的诉讼请求，原审判决认定事实不清，结论错误。

华裕物流公司向原审法院起诉请求：一、停止执行龚家岭地块上所建地上建筑物的征收收益；停止执行位于湖北省武汉市东湖生态旅游风景区青王公路235号（和平镀锌板厂）土地上所建厂房、仓库等地上建筑物的征收收益；停止执行总观园公司厂房、仓库、办公楼等地上建筑物的征收收益，并解除对上述建筑物的查封。二、确认位于龚家岭地块上所建地上

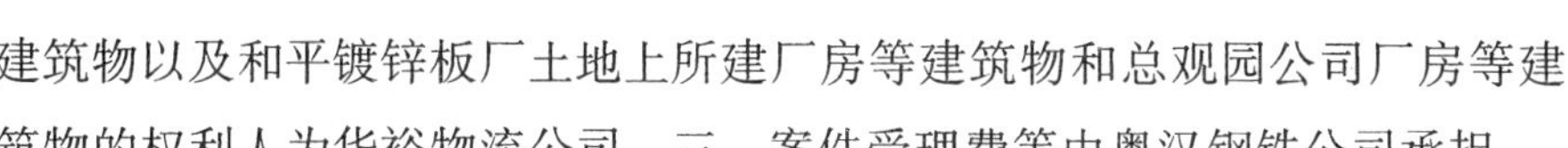

建筑物以及和平镀锌板厂土地上所建厂房等建筑物和总观园公司厂房等建筑物的权利人为华裕物流公司。三、案件受理费等由粤汉钢铁公司承担。

原审法院查明：2017 年 7 月 21 日，湖北省高级人民法院立案受理粤汉钢铁公司与华裕李氏公司、李某华民间借贷纠纷一案，该院于 2017 年 12 月 25 日作出（2017）鄂民初 49 号民事判决。粤汉钢铁公司不服，向最高人民法院提起上诉。最高人民法院于 2018 年 4 月 27 日作出（2018）最高法民终 198 号民事判决：一、撤销湖北省高级人民法院（2017）鄂民初 49 号民事判决。二、华裕李氏公司于判决生效之日起十日内：1. 偿还粤汉钢铁公司借款本金 1332322 元，并自 2016 年 9 月 22 日起至实际给付之日止，以 1332322 元为基数，按 12%的年利率向粤汉钢铁公司支付利息；2. 偿还粤汉钢铁公司借款本金 1377 万元，并自 2014 年 1 月 17 日起至实际给付之日止，以 1377 万元为基数，按 12%的年利率向粤汉钢铁公司支付利息；3. 偿还粤汉钢铁公司借款本金 50 万元，并自 2014 年 2 月 20 日起至实际给付之日止，以 50 万元为基数，按 12%的年利率向粤汉钢铁公司支付利息；4. 偿还粤汉钢铁公司借款本金 50 万元，并自 2014 年 2 月 21 日起至实际给付之日止，以 50 万元为基数，按 12%的年利率向粤汉钢铁公司支付利息；5. 偿还粤汉钢铁公司借款本金 300 万元，并自 2014 年 3 月 7 日起至实际给付之日止，以 300 万元为基数，按 12%的年利率向粤汉钢铁公司支付利息。三、华裕李氏公司于判决生效之日起十日内偿还粤汉钢铁公司借款本金 5000 万元，并自 2014 年 1 月 16 日起至实际给付之日止，以 5000 万元为基数，按 24%的年利率向粤汉钢铁公司支付利息；李某华对此承担连带保证责任。四、驳回粤汉钢铁公司其他诉讼请求。

在上述案件审理过程中，2017 年 8 月 3 日，粤汉钢铁公司向湖北省高级人民法院提出财产保全申请，该院于 2017 年 8 月 4 日作出（2017）鄂民初 49 - 1 号民事裁定：查封、扣押、冻结华裕李氏公司、李某华价值 141763252. 11 元的财产。2017 年 10 月 30 日，该院依据上述民事裁定书作出（2017）鄂执保 44 号查封公告以及（2017）鄂执保 44 号之一查封公告，查封了龚家岭地块上所建的厂房、仓库等地上建筑物，和平镀锌板厂土地上所建厂房、仓库等地上建筑物以及李某华享有的总观园公司厂房、仓库、办公楼等地上建筑物80%的收益，查封期限自2017年11月30日起至2020年11月29日。2018年8月14日，华裕物流公司向湖北省高级人民法院提出执行异议，称上述被查封的财产均属该公司所有，并非华裕李氏公司的财产。该院经审查后，于2018年9月29日作出（2018）鄂执异6号执行裁定：驳回华裕物流公司的异议请求。华裕物流公司不服该裁定，于2018年10月26日向原审法院提起案外人执行异议之诉。

原审另查明：2010年1月1日，华裕李氏公司（乙方）与龚家岭村（甲方）签订《土地股份合作协议》，约定：1. 甲方同意以龚家岭村闲置荒地与乙方合作，合作期限为贰拾年，从2010年1月1日至2029年12月31日止，土地方位为本村12组，面积41.15亩，届时以实测为准。2. 乙方在合作期内不论盈亏，每年必须定时足额向甲方付土地费用，即每年每亩陆仟元整（6000元/亩），每年分两次付清，即年中和年底各付一半。五年后，每亩按3%的幅度递增，每五年递增一次。……合作期满后，土地归还甲方。厂房设备及辅助设施和地上附着物乙方所有。同时，双方还对各自的权利义务及违约责任进行了约定。

2010年1月1日，华裕李氏公司（甲方）与华裕物流公司（乙方）签订《租赁合同》，约定：1. 乙方承租的范围。甲方同意将龚家岭特1号的41.15亩土地（约合27406㎡），有偿租赁给乙方开发建设仓储物流中心（仅限仓储物流业，不得另作他用）。2. 租赁期限。租赁期限约为15年。期限自2010年1月1日起至2025年12月31日止，期满本合同自行废止……3. 租赁费及缴费之规定。①土地租赁费按1.5万元/亩·年计，即年度租赁费为人民币陆拾壹万柒仟贰佰伍拾元整（￥61.725万元），整个租赁期（15年）租赁费为人民币玖佰贰拾伍万捌仟柒佰伍拾元整（￥925.875万元）。②土地租赁费缴费约定。土地租赁费按照“先租后用”的惯例，约定每三年缴纳一次。即本合同签订生效后三日内（若遇法定节假日可顺延），乙方一次性向甲方付讫三年期的土地租赁费（人民币壹佰捌拾伍万壹仟柒佰伍拾元整，￥185.175万元）。三年期满后（若遇法定节假日可顺延）第二次向甲方一次性付讫下三年期的土地租赁费（人民币壹佰捌拾伍万壹仟柒佰伍拾元整，￥185.175万元）。往后每三年期的土

地租赁费，即第三、第四、第五次付款时限及金额均雷同，以此类推。双方还对各自责任及约定责任作了约定。

原审还查明：1. 和平镀锌板厂原系和平乡人民政府资产管理中心所属集体企业。2003年12月22日，和平乡人民政府为推进和平镀锌板厂改制与总观园公司签订了《固定资产有偿转让合同书》，约定由总观园公司收购和平镀锌板厂的全部固定资产。协议签订后，和平乡将和平镀锌板厂的全部固定资产移交给总观园公司，并制作了资产移交表。2. 2004年3月，总观园公司股东李某华、李甲共同以实物出资方式申请设立“武汉华裕镀锌板有限公司”。后经武汉华裕镀锌板有限公司申请，工商部门于2007年3月30日将“武汉华裕镀锌板有限公司”名称核准变更登记为华裕李氏公司。2007年5月8日，总观园公司经股东李某华、李甲申请注销清算，2011年8月23日的注销清算报告显示总观园公司固定资产为“零”。3. 2007年6月18日，华裕李氏公司物流仓储分公司经工商管理部门核准成立，经营范围为仓储、货物代（办）。2007年9月26日，华裕物流公司经工商管理部门核准成立，注册资本为1800万元，法定代表人为黄某宇，银行进账单显示黄某宇出资的540万元由武汉华裕镀锌板有限公司即华裕李氏公司代缴。4. 工商登记资料显示：华裕李氏公司和华裕物流公司在具体经营中，均开展了物流仓储、货物代办经营项目。其中，李乙既是华裕李氏公司财务负责人，亦是华裕物流公司财务负责人、股东和监事。李丙既是华裕李氏公司财务联络员，亦是华裕物流公司财务联络员。5. 在庭审中，华裕物流公司、粤汉钢铁公司、华裕李氏公司、李某华均对粤汉钢铁公司提交的卫星图片的真实性无异议，并均认为和平镀锌板厂所占的53亩土地与先锋村82亩地块未发生重叠。

原审法院认为，本案争议焦点为华裕物流公司对案涉建筑物是否享有权益并足以排除强制执行的问题。

关于龚家岭地块所建地上建筑物的权属问题。根据各方当事人的诉辩意见，各方对华裕李氏公司承租龚家岭地块的事实均无异议，但是对华裕李氏公司是否将该地块转租给华裕物流公司以及华裕物流公司是否对该地块上的厂房、仓库等地上建筑物享有民事权益的事实存有重大争议。根据

《最高人民法院关于适用〈中华人民共和国民事诉讼法〉的解释》第三百一十一条“案外人或者申请执行人提起执行异议之诉的，案外人应当就其对执行标的享有足以排除强制执行的民事权益承担举证证明责任”的规定，华裕物流公司应当对其提出的其与华裕李氏公司之间就龚家岭地块形成转租合同法律关系，并实际投资建设了龚家岭地块上的厂房、仓库等地上建筑物的主张承担举证责任。本案中，华裕物流公司提交了华裕李氏公司与华裕物流公司于2010年1月1日签订的《租赁合同》以及与相关设计、施工单位、银行签订的《建设工程设计合同》《建筑工程施工合同》《固定资产借款合同》及借款、转账凭证等证据。原审法院综合全案证据审查认为，华裕物流公司虽提交了其与华裕李氏公司之间的《租赁合同》，但未提交与该合同约定的租金数额、租期、支付方式相对应的租金支付凭证以及其他合同履行依据。因此，在无其他证据佐证的情况下，仅依据《租赁合同》尚不足以认定华裕物流公司与华裕李氏公司之间就龚家岭地块形成了转租关系的事实。华裕物流公司提交的《建设工程设计合同》《施工图》《建筑工程施工合同》，对应的工程项目均系路面、围墙、护坡、给排水等构筑物附属工程，与本案争议的厂房、仓库等主体建筑物并不一致。同时，也没有证据佐证相应的履约依据与上述合同相对应。《固定资产借款合同》及借款凭证只能证明华裕物流公司以仓储扩建的名义向武汉农村商业银行股份有限公司青山支行借款3000万元的事实，而该借款合同对应的具体工程项目不明，且转账凭证中用途亦未填写，无法证明与龚家岭地块地上建筑物存有关联。因此，上述证据均不足以证明华裕物流公司实际投资建设了龚家岭地块上的厂房、仓库等地上建筑物的主张。华裕物流公司在原审庭审中提出，上述合同、借款及转账凭证对应的是龚家岭地块、先锋村地块以及和平镀锌板厂的全部地上建筑物的建设工程项目，是统一设计、统一施工，但是无论从华裕物流公司提交的设计、施工合同的具体内容，还是借款及转账凭证中载明的款项用途，都无法与其主张相印证。因此，对华裕物流公司关于其与华裕李氏公司之间关于龚家岭地块形成了租赁关系以及实际投资建设了龚家岭地块地上建筑物的相关主张均不予支持。在华裕物流公司未能提交充分证据证明其实际承租以及投资建设了龚家岭地块地上建筑物的情形下，华裕物流公司对被查封的上述建筑物享有足以排除强制执行实体权利的理由不能成立。故依据相关法律规定查封龚家岭地块上的厂房、仓库等地上建筑物并无不当。此外，关于华裕物流公司提出的书面申请，要求对其提交的证据 A4、A15 及华裕物流公司向武汉农村商业银行股份有限公司青山支行借款 3000 万元的真实性进行调查核实的问题，因粤汉钢铁公司及第三人对证据 A4、A15 的真实性无异议，该院对此亦予以了确认，故该调查核实已无意义。对华裕物流公司向武汉农村商业银行股份有限公司青山支行借款真实性的问题，因该银行已经向原审法院提交了相关汇款原件资料，对此调查亦无意义，该院不予准许。

关于和平镀锌板厂地块上所建建筑物的权属问题。本案中，粤汉钢铁公司提交的《和平镀锌板厂资产移交表》显示，和平镀锌板厂的全部资产在经过改制之后已全部移交至总观园公司。总观园公司股东李某华、李甲将上述部分资产以实物作价的方式出资设立了华裕李氏公司。之后，李某华、李甲申请注销总观园公司。注销清算报告显示，总观园公司在申请注销时的固定资产为“零”。华裕物流公司认为，总观园公司的固定资产为零，表明该公司的资产已经发生转移，结合华裕物流公司是总观园公司现有资产管理人的实际情况，可以确定总观园公司的上述资产已被华裕物流公司合法接收。因此，华裕物流公司是和平镀锌板厂厂房、仓库等地上建筑物的实际权利人。对此，该院认为，根据《中华人民共和国物权法》第六条①“不动产物权的设立、变更、转让和消灭，应当依照法律规定登记”的规定，总观园公司在处置和平镀锌板厂移交的厂房、仓库等不动产时，应当依法进行登记，否则不发生物权变更的法律效力。因此，即便华裕物流公司对和平镀锌板厂的相关资产行使着管理和收益的权利，在没有任何物权登记的情况下，也不能认定华裕物流公司系上述资产的实际权利人。华裕物流公司还认为，武汉市房产测绘中心出具的《武汉市房屋面积调查测丈表》以及武汉市青山区房产测绘站出具的《武汉市房地产平面图》可作为认定该公司系上述资产产权人的依据。对此，该院认为，首先，华裕

① 对应《民法典》第二百零八条。

物流公司、华裕李氏公司以及华裕李氏公司物流仓储分公司均有物流仓储经营项目，且部分管理和财务人员还存在重合，华裕物流公司与华裕李氏公司之间存在一定的关联关系，而上述文件中产权人记载的“华裕物流”以及“华裕物流仓储公司”，在无明确依据的情况下，上述记载明显指向不明；其次，上述文件均系房产测绘文件，即对房屋进行位置、面积、结构等内容的测定，而对于权属的审核和登记，不属于测绘部门的职责范围。因此，上述测绘资料不能作为认定争议执行标的物权属的依据。加之，从和平镀锌板厂的资产流转过程分析，现有证据只能证明上述资产通过李某华、李甲等人的操作，部分移交至华裕李氏公司名下，但不能证明上述资产合法移交至华裕物流公司。且华裕物流公司提交的《建设工程设计合同》《施工图》《建筑工程施工合同》均系 2008 年 6 月之后形成，而和平镀锌板厂的厂房、仓库等地上建筑物于 2003 年在和平镀锌板厂改制之前就已经存在。因此，华裕物流公司关于其对和平镀锌板厂的厂房、仓库等地上建筑物享有实体权利，并足以阻却执行措施的主张，缺乏相应的事实和法律依据，不予支持。综上，该院认为华裕物流公司的请求及理由依据不足，不予支持。依照《中华人民共和国民事诉讼法》第二百二十七条①、《最高人民法院关于适用〈中华人民共和国民事诉讼法〉的解释》第三百一十二条②第一款第二项之规定，判决：驳回华裕物流公司的诉讼请求。案件受理费 750616.26 元，由华裕物流公司负担。

二审审理期间，华裕物流公司提交了以下新证据：

证据 1：湖北省民族建筑工程有限责任公司（以下简称民族建筑公司）法定代表人叶佳斌出具的《法定代表人授权委托书》，内容为“授权委托该公司许才进为华裕物流公司厂房及基础配套工程项目经理”。拟证明：民族建筑公司为华裕物流公司厂房及基础配套工程的施工单位，许才进为项目实际施工人。粤汉钢铁公司质证认为：该证据形成于原审庭审之前，不属于新证据，对该证据的真实性、合法性、关联性均不予认可。

① 对应《民事诉讼法》(2021 年修正) 第二百三十四条。

② 对应《最高人民法院关于适用〈中华人民共和国民事诉讼法〉的解释》(2022 年修正) 第三百一十条。

证据2:《工程决算书》六份。拟证明:华裕物流公司系案涉执行标的的投资主体,并就相关施工内容与民族建筑公司进行结算。粤汉钢铁公司质证认为:该证据仅首页加盖了建设单位华裕物流公司和施工单位民族建筑公司的印章,其余部分均为打印件或复印件,也无骑缝章,存在伪造嫌疑,真实性无法确定,也不属于新证据。

证据3:武汉农村商业银行股份有限公司青山支行2019年11月19日出具的《情况说明》。拟证明:华裕物流公司因支付室内仓库、露天货场改造道路及场坪等工程款,向该行贷款3000万元,支付对象为民族建筑公司。粤汉钢铁公司质证认为:对该证据的真实性、合法性、关联性均不予认可。

原审第三人华裕李氏公司、李某华对华裕物流公司提交的上述新证据均予认可。本院将结合庭审查明事实及在案其他证据对华裕物流公司提交的上述新证据的证明目的予以综合评判认定。

本院二审审理期间,被上诉人粤汉钢铁公司及原审第三人华裕李氏公司、李某华未提交新证据。

本院二审对原审查明的事实予以确认。

本院认为,根据当事人的诉辩主张和理由,本案二审争议的焦点为"华裕物流公司对案涉建筑物是否享有权益并足以排除强制执行",而该焦点问题涉及的建筑物包括"龚家岭地块地上建筑物"和"和平镀锌板厂地块地上建筑物"两部分,本院对上述两地块分别进行评判。

首先,关于龚家岭地块上所建地上建筑物的权属问题。本院认为,本案中,本案各方对华裕李氏公司承租龚家岭地块的事实均无异议,但对华裕李氏公司是否将该地块转租给华裕物流公司以及华裕物流公司是否对该地块上的厂房、仓库等地上建筑物享有民事权益的事实存有争议。根据《最高人民法院关于适用〈中华人民共和国民事诉讼法〉的解释》第三百一十一条① "案外人或者申请执行人提起执行异议之诉的,案外人应当就

① 对应《最高人民法院关于适用〈中华人民共和国民事诉讼法〉的解释》(2022年修正)第三百零九条。

其对执行标的享有足以排除强制执行的民事权益承担举证证明责任”的规定，华裕物流公司应当提交证据证明其对龚家岭地块形成转租关系，并实际投资建设了龚家岭地块上的厂房、仓库等地上建筑物，进而证明其对龚家岭地块上所建地上建筑物享有足以排除强制执行的民事权益。对此，原审中，华裕物流公司仅提交了其与华裕李氏公司之间的《租赁合同》，但未提交与该合同约定的租金数额、租期、支付方式相对应的租金支付凭证以及其他合同履行依据，在无其他证据相印证的情形下，原审认定该证据尚不足以充分证明华裕物流公司与华裕李氏公司之间就龚家岭地块形成转租关系正确。华裕物流公司在原审中也提交了《建设工程设计合同》《施工图》《建筑工程施工合同》等证据，但原审亦查明认定，上述证据对应的工程项目系路面、围墙、护坡、给排水等构筑物附属工程，与案涉厂房、仓库等主体建筑物并不一致，同时也没有其他证据佐证相应的履约依据与上述合同相对应。而华裕物流公司原审中提交的《固定资产借款合同》及借款凭证，只能证明华裕物流公司以仓储扩建的名义向武汉农村商业银行股份有限公司青山支行借款3000万元的事实，而该借款合同对应的具体工程项目不明，且转账凭证中用途未填写，无法证明与龚家岭地块地上建筑物存在关联。在本院二审期间，华裕物流公司为证明其主张，又提交了《工程结算书》《法定代表人授权委托书》《情况说明》等证据。因本案原审已查明，华裕物流公司在原审提交的《建设工程设计合同》《施工图》《建筑工程施工合同》等证据对应的工程项目系路面、围墙、护坡、给排水等构筑物附属工程，与案涉厂房、仓库等主体建筑物并不一致，即使华裕物流公司提交的《工程结算书》《法定代表人授权委托书》为真实，也不能以此证明华裕物流公司投资建设了案涉厂房、仓库等主体建筑物。而《情况说明》显示华裕物流公司向武汉农村商业银行股份有限公司青山支行申请该笔贷款的申请理由，为支付室内仓库露天货场改造道路及场坪等工程款，尚不能证明该笔贷款实际用于案涉厂房、仓库等建筑物的建设。因此，华裕物流公司提交的上述新证据亦不能充分证明其投资建设了龚家岭地块上的建筑物。故原审认定华裕物流公司提交的证据无法证明其对龚家岭地块上所建地上建筑物享有足以排除强制执行的民事权益并无不

当。华裕物流公司关于“其已提交充分证据的前提下，原审未认定华裕物流公司系案涉建（构）筑物实际权利人，属认定事实错误”等上诉理由不能成立，本院予以驳回。

其次，关于和平镀锌板厂地块上所建建筑物的权属问题。本院认为，本案已查明，和平镀锌板厂的全部资产经过改制后已全部移交至总观园公司。总观园公司股东李某华、李甲将上述部分资产以实物作价的方式出资设立了华裕李氏公司。华裕物流公司提交的现有证据无法证明总观园公司在和平镀锌板厂处置过程中移交的厂房、仓库等不动产已依法进行物权变更登记，因此，即便华裕物流公司对和平镀锌板厂的相关资产行使管理和收益的权利，在没有相关权属登记证明的情况下，华裕物流公司提交的现有证据不能证明华裕物流公司系上述资产的实际权利人。而本案也查明，和平镀锌板厂的厂房、仓库等地上建筑物在和平镀锌板厂2003年改制前就已经存在，华裕物流公司在原审提交的《建设工程设计合同》《施工图》《建筑工程施工合同》均形成于2008年6月后，晚于和平镀锌板厂地上建筑物形成时间。而且，对应的工程项目系路面、围墙、护坡、给排水等构筑物附属工程，与案涉厂房、仓库等主体建筑物并不一致，华裕物流公司即使在本案二审期间又提交了《工程结算书》《法定代表人授权委托书》《情况说明》等证据，也并不能形成完整的证据链条证明其为和平镀锌板厂相关资产的实际权利人。因此，原审关于华裕物流公司对和平镀锌板厂的厂房、仓库等地上建筑物不享有实体权利及不足以阻却执行的事实认定亦无不当，对华裕物流公司主张“其为上述资产的实际权利人”不予支持正确，本院予以维持。关于华裕物流公司主张武汉市房产测绘中心出具的《武汉市房屋面积调查测丈表》以及武汉市青山区房产测绘站出具的《武汉市房地产平面图》可作为认定该公司系上述资产产权人的依据的问题。原审已查明，华裕物流公司、华裕李氏公司以及华裕李氏公司物流仓储分公司均有物流仓储经营项目，而且，部分管理人员和财务人员还存在重合，华裕物流公司与华裕李氏公司之间存在一定的关联关系，而《武汉市房屋面积调查测丈表》《武汉市房地产平面图》中记载的产权人为“华裕物流”以及“华裕物流仓储公司”，在华裕物流公司未提供其他证据相互印证的情况下，上述记载无法明确指向华裕物流公司，亦不能证明华裕物流公司为上述文件所涉房产的权利人。而且，上述文件均系房产测绘文件，即对房屋进行位置、面积、结构等内容的测定，而对于权属的审核和登记，不属于测绘部门的职责范围。因此，原审认定上述测绘资料不能作为认定争议执行标的物权属的依据并无不当。综上，华裕物流公司主张其对和平镀锌板厂地块上所建建筑物享有权益并足以排除强制执行的上诉理由亦不能成立，本院予以驳回。

关于原审对案涉建筑物能否享有收益权及收益权归属的事实认定是否清楚、对执行标的实体权益的认定以及证明标准适用法律是否正确的问题。本院认为，本案为案外人执行异议之诉，根据《最高人民法院关于适用〈中华人民共和国民事诉讼法〉的解释》第三百一十一条“案外人或者申请执行人提起执行异议之诉的，案外人应当就其对执行标的享有足以排除强制执行的民事权益承担举证证明责任”的规定，本案的审理范围主要为“案外人华裕物流公司对其主张的案涉建筑物能否享有足以排除强制执行的民事权益”，而华裕物流公司上诉所主张的原审法院对案涉建（构）筑物采取的查封措施错误、未对执行行为的正当性进行审查等理由，并非本案的审理范围。所以，原审法院仅就华裕物流公司提供的证据是否足以排除强制执行进行审理认定，并无不当。根据《最高人民法院关于适用〈中华人民共和国民事诉讼法〉的解释》第三百一十二条第一款第二项“案外人就执行标的不享有足以排除强制执行的民事权益的，判决驳回诉讼请求”的规定，原审经审理后，认定华裕物流公司提交的证据不足以证明其为案涉建筑物的权利人且不享有足以排除强制执行的民事权益，并据此规定驳回诉讼请求适用法律亦无不当。

综上，华裕物流公司的上诉请求因缺乏相应的证据支持和法律依据，均不能成立，本院予以驳回。原审判决认定事实清楚，适用法律正确，依法应予维持。本院依照《中华人民共和国民事诉讼法》第一百七十条①第一款第一项之规定，判决如下：

① 对应《民事诉讼法》(2021 年修正）第一百七十七条。

驳回上诉，维持原判。

一审案件受理费按一审判决执行。二审案件受理费 750616. 26 元，由武汉和平华裕物流有限公司负担。

本判决为终审判决。

审 判 长　李相波

审 判 员　方　芳

审 判 员　朱　燕

二〇二〇年四月二十八日

法官助理　王　鑫

书 记 员　秦　爽

12. 黔南州荔波县茂兰镇下甲介煤矿与张某新、贵州甲盛龙集团矿业投资有限公司案外人执行异议之诉案*

▶ 执行异议之诉中，案涉采矿权在判决作出前已通过以物抵债裁定变更到申请执行人名下，法院判决不得执行该采矿权时，不得执行的范围可以及于该以物抵债裁定书

【裁判摘要】

支付定金后即变更采矿权人登记系兼并重组政策的要求，登记权利人仅支付定金未实际经营，申请执行人应当知晓案外人系案涉采矿权的实际权利人，对采矿权登记在登记权利人名下不产生信赖利益保护，案外人提出执行异议的，人民法院应予支持。

执行异议之诉中，案涉采矿权在判决作出前已通过以物抵债裁定变更到申请执行人名下，当人民法院判决不得执行该采矿权时，如不涉及维护司法拍卖、变卖程序安定性及不特定第三人利益保护等问题，则不得执行的范围可以及于该以物抵债裁定书，以物抵债裁定书应予以撤销，并解除查封等强制执行措施。

---

* 摘自《最高人民法院公报》2022 年第 11 期。

最高人民法院民事判决书

（2021）最高法民再141号

再审申请人（案外人、一审原告、二审上诉人）：黔南州荔波县茂兰镇下甲介煤矿，住所地贵州省荔波县茂兰镇比鸠村。

执行事务合伙人：欧某金，该矿矿长。

委托诉讼代理人：覃某保，广西协约律师事务所律师。

被申请人（申请执行人、一审被告、二审被上诉人）：张某新，男，1967年10月1日出生，汉族，住贵州省都匀市。

委托诉讼代理人：罗某昌，贵州贵达律师事务所律师。

第三人（被执行人）：贵州甲盛龙集团矿业投资有限公司，住所地贵州省荔波县玉屏镇建设西路66号。

法定代表人：任某渠。

再审申请人黔南州荔波县茂兰镇下甲介煤矿（以下简称下甲介煤矿）因与被申请人张某新、第三人贵州甲盛龙集团矿业投资有限公司（以下简称甲盛龙公司）案外人执行异议之诉一案，不服贵州省高级人民法院（2020）黔民终476号民事判决，向本院申请再审。本院于2021年5月12日作出（2021）最高法民申1484号民事裁定，提审本案。本院依法组成合议庭，公开开庭审理了本案，再审申请人下甲介煤矿的执行事务合伙人欧某金及其委托诉讼代理人覃某保、被申请人张某新及其委托诉讼代理人罗某昌到庭参加诉讼。第三人甲盛龙公司经传票传唤无正当理由未到庭参加诉讼，本院依法缺席审理。本案现已审理终结。

下甲介煤矿申请再审称：一、下甲介煤矿是名为“黔南州荔波县茂兰镇下甲介煤矿（欧某金）”的采矿权（即案涉采矿权，证号C5200002012011120122487）的实际权利人，一审和二审法院以案涉采矿权登记在甲盛龙公司名下、认定失效的采矿许可证可以抵债缺乏证据予以证明。案涉采矿权系挂靠在甲盛龙公司名下，下甲介煤矿与甲盛龙公司对此有合同约定，甲盛龙公司亦明确表示无异议。张某新与甲盛龙公司达成的《执行和解协议》针对的是张某新对甲盛龙公司享有的普通金钱债权，下甲介煤矿与甲盛龙公司于2013年8月27日签订的《协议书》和甲盛龙公司于2014年9月26日出具的《产权确认证明书》，约定的是案涉采矿权的所有权，所有权应当优于债权受到保护。在甲盛龙公司仅支付100万元定金的情况下，案涉采矿权就被变更登记到甲盛龙公司名下，是根据贵州省煤矿企业兼并重组政策的要求进行的。案涉采矿权没有登记在甲盛龙公司企业财产范围内，不属于其财产。(2020）黔27民终225号民事判决已经解除下甲介煤矿与甲盛龙公司签订的《矿业权股权转让合同》和《关于“矿业权股权转让合同”的补充协议》（以下简称《补充协议》），双方应当各自返还财产，甲盛龙公司已把案涉煤矿全部财产移交回下甲介煤矿管理。二、案涉采矿权在签订《执行和解协议》时已经过期且案涉煤矿已经被关闭，不能成为合同转让或者抵债的标的，一审和二审法院适用法律错误。张某新是自然人，不是合法的采矿企业，不能成为采矿权的受让人，贵州省自然资源厅也不可能将采矿权变更登记办理到张某新名下，因此案涉采矿权无法在执行程序中抵债。根据《执行和解协议》拍卖案涉采矿权，未经贵州省自然资源厅审批同意，违反《中华人民共和国矿产资源法》相关强制性规定，是无效的。综上，下甲介煤矿根据《中华人民共和国民事诉讼法》第二百条第二项、第六项的规定申请再审，请求撤销一、二审判决，依法判决不得执行案涉采矿权。

张某新辩称：一、下甲介煤矿对案涉采矿权不享有正当权益。下甲介煤矿与甲盛龙公司于2013年8月27日签订的《黔南州荔波县茂兰镇下甲介煤矿（兼并重组）采矿权转让合同》（以下简称《采矿权转让合同》），约定下甲介煤矿将案涉采矿权以合作方式转让给甲盛龙公司，转让价款700万元。该转让合同经原贵州省国土资源厅批准，并于2013年11月27日办理采矿许可证变更登记，下甲介煤矿已丧失案涉采矿权。下甲介煤矿

所持旧证不能证明其是案涉煤矿的采矿权人。《关于对甲盛龙公司煤矿企业兼并重组实施方案第一批的批复》（黔煤兼并重组办〔2016〕2号）并未确认案涉煤矿关闭后，权属为下甲介煤矿所有，《贵州省煤矿企业兼并重组工作方案（试行）》（黔府办发〔2012〕61号）亦没有对被兼并重组的煤矿企业作出可以保留产权、采矿权的规定，上述文件不是下甲介煤矿享有案涉煤矿权属的依据。下甲介煤矿提交的《产权确认证明书》《情况说明》《声明》系甲盛龙公司或下甲介煤矿的自述材料，不符合《中华人民共和国物权法》第四十六条①规定，不能证明下甲介煤矿对案涉煤矿享有正当权益。《矿业权股权转让合同》约定，甲盛龙公司延期付款超过一个月的，下甲介煤矿有权解除合同。下甲介煤矿于2019年9月6日起诉解除，其解除权已经消灭。（2020）黔27民终225号民事判决适用法律错误，不能成为下甲介煤矿享有案涉采矿权的正当根据。二、下甲介煤矿与甲盛龙公司于2013年8月27日签订《协议书》的真实目的并非保留案涉煤矿原采矿权权益，而是要解决因签订多份转让合同可能带来的转让价款支付风险，并不能证明下甲介煤矿仍享有案涉采矿权。甲盛龙公司是否如约支付转让价款属于合同之债问题，不涉及案涉采矿权的归属。三、在案涉煤矿被关闭、案涉采矿权过期的情况下，甲盛龙公司不再享有对案涉煤矿矿产资源进行使用和收益的权利，但其对案涉煤矿仍享有财产性权益，经自然资源行政主管部门批准，可以变卖以清偿采矿企业的债务或者以物抵债。四、张某新与甲盛龙公司签订的《执行和解协议》合法有效，本案已执行完毕，下甲介煤矿已丧失诉的基础。如果下甲介煤矿认为《执行和解协议》违法，可以向执行法院申请确认该协议的效力而不应在本案中解决。张某新已将对甲盛龙公司享有的700万元债权转让给盘县新民富新煤矿，执行法院已变更申请执行人，将案涉煤矿采矿权作价700万元抵偿了债务。综上，请求驳回下甲介煤矿的再审申请。

甲盛龙公司向本院提交了一份《再审提交材料的情况说明》称，张某新的借款共1400万元与下甲介煤矿无关。

---

① 对应《民法典》第二百四十七条。

下甲介煤矿向贵州省黔南布依族苗族自治州中级人民法院（以下简称一审法院或者黔南州中院）起诉请求：一、判决不得查封、拍卖政府已经关闭的下甲介煤矿和已经过期的下甲介煤矿采矿权（证号C520000201201112012××××，即案涉采矿权）折抵张某新债务；二、本案的诉讼费由张某新承担。

一审法院认定事实：根据贵州省煤矿企业兼并重组实施方案，2013年7月30日、8月27日，下甲介煤矿与甲盛龙公司相继签订了《矿业权股权转让合同》和《补充协议》，双方约定转让案涉采矿权，同时约定了有效期、转让金额及股权份额。2013年8月27日，下甲介煤矿与甲盛龙公司签订《协议书》，载明双方已进入煤矿企业兼并重组矿权交易变更阶段，双方就甲盛龙公司暂时无法支付收购煤矿转让价款事宜达成协议，约定双方签订的煤矿收购协议继续生效，签订的《采矿权转让合同》作为办理煤矿采矿权兼并重组用，不作为采矿权交易付款的真实依据。2013年11月20日，甲盛龙公司办理了采矿许可证（证号C520000201201112012××××），载明采矿权人为甲盛龙公司，矿山名称为“贵州甲盛龙集团矿业投资有限公司荔波县茂兰镇下甲介煤矿”（即案涉煤矿）。2016年3月4日，贵州省煤矿企业兼并重组工作领导小组办公室与贵州省能源局联合下发黔煤兼并重组办〔2016〕2号文件，决定关闭案涉煤矿。

另查明，张某新与甲盛龙公司民间借贷纠纷一案，贵州省高级人民法院作出（2017）黔民终128号民事判决，判决甲盛龙公司偿付张某新借款1128万元及利息（自2014年12月4日至本息还清之日止，按年利率24%计息）。因甲盛龙公司不履行生效文书义务，张某新向一审法院申请强制执行。执行程序中，一审法院向原贵州省国土资源厅查询甲盛龙公司名下采矿权情况。2018年5月28日，原贵州省国土资源厅查询情况显示：截至该日，包括案涉采矿权在内共有16个有效采矿权登记在甲盛龙公司名下，其中案涉采矿权在该厅无有效的抵押备案记录。一审法院依据上述查询结果对甲盛龙公司名下包括案涉采矿权在内的部分采矿权进行了查封。下甲介煤矿以其为案涉采矿权的实际权利人为由，向一审法院提出异议，请求中止对案涉采矿权的执行。一审法院认为案涉采矿权登记权利人为甲盛龙公司，而非下甲介煤矿，故驳回下甲介煤矿所提执行异议。

再查明，原贵州省国土资源厅查询情况同时显示，甲盛龙公司在该厅登记案涉采矿权的有效期至 2018 年 6 月。

又查明，张某新与甲盛龙公司民间借贷纠纷一案，在执行过程中，张某新与甲盛龙公司达成《执行和解协议》，甲盛龙公司同意提供属于其公司的案涉煤矿进行担保和查封。

一审法院于 2019 年 12 月 12 日作出（2019）黔 27 民初 122 号民事判决：驳回下甲介煤矿的诉讼请求。案件受理费 60800 元，由下甲介煤矿承担。

下甲介煤矿不服一审判决，上诉请求：一、撤销一审判决，改判不得执行查封、拍卖政府已经关闭了的下甲介煤矿和用已经过期了的案涉采矿权（证号 C520000201201112012××××）折抵张某新 700 万元债务；二、本案的诉讼费由张某新承担。

二审法院查明的事实与一审法院认定事实基本一致。二审程序中，下甲介煤矿提交了另案生效民事判决即黔南州中院（2020）黔 27 民终 225 号民事判决书，该生效判决解除下甲介煤矿与甲盛龙公司于 2013 年 7 月 30 日签订的《矿业权股权转让合同》和 2013 年 8 月 27 日签订的《补充协议》，下甲介煤矿拟以该生效判决证明案涉采矿权属其所有，张某新与甲盛龙公司签订的《执行和解协议》无效。张某新质证认为该生效判决不能达到下甲介煤矿的证明目的。甲盛龙公司认可该生效判决的真实性。

二审法院认为，下甲介煤矿在本案所提诉讼请求能否成立，关键在于其是否属于案涉煤矿的合法采矿权人或者就案涉采矿权享有足以排除案涉强制执行的其他合法民事权益。

根据《中华人民共和国矿产资源法实施细则》第六条规定，取得采矿许可证的单位或者个人称为采矿权人。本案中，案涉采矿权虽曾属于下甲介煤矿，但下甲介煤矿在贵州省实施煤矿兼并重组期间按兼并重组政策和相关法律规定将案涉采矿权报经行政审批后已变更登记到甲盛龙公司名下，甲盛龙公司据此已经依法取得采矿许可证，成为案涉煤矿的法定采矿权人，下甲介煤矿依法不再是案涉煤矿的法定采矿权人。采矿权系经行政审批许可取得的开采矿产资源的特许权利，不同于一般物权。下甲介煤矿与甲盛龙公司之间关于双方就案涉采矿权系挂靠关系、下甲介煤矿仍然系案涉煤矿实际采矿权人的主张，于法无据，不能否定行政主管机关对甲盛龙公司依法颁发的采矿许可证。下甲介煤矿在二审中所提另案生效判决，虽然解除了下甲介煤矿与甲盛龙公司之间的前述转让合同，但并未判决也不可能判决案涉煤矿的采矿权人系下甲介煤矿，否则系以审判权取代行政权，从而违背矿产资源法律法规规定。下甲介煤矿与甲盛龙公司之间的案涉合同经判决解除后，下甲介煤矿因此对甲盛龙公司可依法享有相应的合同债权，而非据此依法直接取得案涉采矿权。事实上，根据我国现行矿产资源管理规定，煤炭资源的采矿权人应具备法人资格和其他特定条件。根据债权平等原则，下甲介煤矿基于合同解除对甲盛龙公司可能享有的合同债权，并不能对抗张某新对甲盛龙公司享有的经生效判决确定的债权，不能排除执行法院基于张某新的申请对甲盛龙公司名下采矿权的强制执行。执行法院在执行查封甲盛龙公司名下的案涉采矿权时，案涉采矿许可证并未被行政机关依法注销或者撤销，而是该矿需与甲盛龙公司名下的其他煤矿兼并重组，所查封的采矿权具有相应财产价值，贵州省实施煤矿企业兼并重组政策期间相关煤矿采矿权的处理有其特殊性，案涉煤矿采矿许可证过期并不等于采矿权的当然灭失，行政主管机关并未因此认定该采矿权已灭失。案涉煤矿因兼并重组需关闭亦不能否定该矿既有采矿权的兼并重组变现价值。下甲介煤矿所提其他上诉理由，均不能证明其系被执行查封的案涉采矿权的法定采矿权人，亦不能证明其对案涉采矿权依法享有优先于张某新对甲盛龙公司享有的债权。故下甲介煤矿关于对案涉采矿权排除执行的上诉理由不能成立。

综上，二审法院于2020年8月3日作出（2020）黔民终476号民事判决：驳回上诉，维持原判。二审案件受理费60800元，由下甲介煤矿负担。

为充分考虑各方当事人基于证据提出的诉辩意见，本院对各方当事人在不同审理程序中提交的证据进行了审查。

下甲介煤矿向一审和二审法院提交了以下证据：

证据1，黔南州中院（2019）黔27执异54号执行裁定书，系下甲介煤矿提起案外人执行异议之诉的依据。

证据2~4，贵州省人民政府办公厅发布的《贵州省煤矿企业兼并重组工作方案（试行）》（黔府办发〔2012〕61号），贵州省煤矿企业兼并重组工作领导小组办公室与贵州省能源局联合下发的《关于对贵州甲盛龙集团矿业投资有限公司煤矿企业兼并重组实施方案（第一批）的批复》（黔煤兼并重组办〔2016〕2号），中共荔波县委办公室与荔波县人民政府办公室联合下发的《关于印发〈荔波县煤炭工业淘汰落后产能加快转型升级实施方案〉的通知》（荔党办发〔2018〕35号）。拟证明，案涉煤矿是根据政府要求重组整合的，是政府行为的结果，案涉采矿权仅是挂靠在甲盛龙公司名下；案涉煤矿虽然已经被关闭，但下甲介煤矿主体资格仍然存在，案涉煤矿不得拍卖抵债。

证据5，下甲介煤矿与甲盛龙公司签订的《矿业权股权转让合同》《补充协议》《协议书》。拟证明，甲盛龙公司未按合同约定向下甲介煤矿支付案涉煤矿转让款，双方仅是形式上的兼并重组。

证据6~8，原贵州省国土资源厅颁发给甲盛龙公司的采矿许可证（证号C520000201201112012××××），有效期自2013年11月至2018年6月，采矿权人为甲盛龙公司；原贵州省国土资源厅颁发给下甲介煤矿的采矿许可证（证号C520000201201112012××××），有效期自2011年12月至2018年6月，采矿权人为下甲介煤矿；黔南州中院于2019年8月27日在其网络平台发布的关于变卖甲盛龙公司名下的案涉采矿权的公告。拟证明，张某新与甲盛龙公司达成的《执行和解协议》约定的采矿许可证是采矿权人为甲盛龙公司名下的采矿许可证，并非下甲介煤矿名下的采矿许可证，而且拍卖时案涉采矿权已经过期，法院拍卖行为错误。

证据9~11，甲盛龙公司于2014年9月26日出具的《产权确认证明书》，下甲介煤矿于2019年9月18日出具的经荔波县应急管理局盖章确认的《情况说明》，甲盛龙公司于2019年9月3日向黔南州中院出具的《声明》。拟证明，甲盛龙公司与下甲介煤矿共同确认下甲介煤矿是案涉采矿权的实际权利人，荔波县应急管理局对此情况亦知悉。

证据12~13，国家企业信用信息公示系统关于甲盛龙公司的《企业信用信息公示报告》，下甲介煤矿的《合伙企业营业执照》和《组织机构代码证》。拟证明，案涉煤矿的主体资格仍然是下甲介煤矿，下甲介煤矿是案涉采矿权的实际权利人。

证据14，张某新与甲盛龙公司在双方民间借贷纠纷生效判决的执行程序中签订的《执行和解协议》。拟证明，张某新作为个人签订该协议，主体不适格，且用已经过期的案涉采矿许可证拍卖抵债，违反相关法律规定，应属无效。

证据15，黔南州中院（2020）黔27民终225号民事判决书和荔波县人民法院（2019）黔2722民初1656号民事判决书。拟证明，生效判决已经解除了下甲介煤矿与甲盛龙公司的《矿业权股权转让合同》及其《补充协议》，案涉采矿权属于下甲介煤矿。

在一审法院于2019年11月25日开庭审理本案中，张某新对上述证据的真实性未提出异议。在本院于2021年4月14日询问当事人时，张某新本人先是明确陈述对上述证据的真实性无异议，后又主张对证据9~11的真实性有异议，认为是下甲介煤矿后补的证据。在本院于2021年7月26日公开开庭审理本案中，张某新对证据9~11的真实性提出异议，但未提交反驳证据。本院对证据9~11予以采信。

张某新向本院提交了以下新证据：

证据1，《下甲介煤矿档案资料》（复印件）。拟证明，下甲介煤矿因贵州省煤矿企业兼并重组政策转让案涉采矿权，案涉采矿权的权利人已经由下甲介煤矿变更为甲盛龙公司，下甲介煤矿对案涉采矿权不享有正当权益。该证据系张某新于再审开庭审理前向本院申请调查取证，经本院与下甲介煤矿沟通，由下甲介煤矿自行向贵州省自然资源厅取得上述证据后提供给张某新。

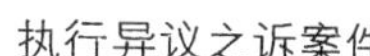

证据2~5，张某新与盘县新民富新煤矿于2019年12月6日签订的《债权转让协议》，盘县新民富新煤矿于2019年12月6日向黔南州中院提交的《关于变更申请执行人申请》和《以物抵债申请书》，黔南州中院（2019）黔27执恢9号之五执行裁定书。拟证明，张某新已将案涉700万元债权转让给盘县新民富新煤矿，黔南州中院已裁定将案涉采矿权以物抵债给盘县新民富新煤矿。

证据6~7，黔南州中院（2018）黔27执8号之六协助执行通知书，原贵州省国土资源厅于2018年5月28日出具的案涉采矿权查封、抵押登记备案情况回函。拟证明，黔南州中院已向原贵州省国土资源厅发出协助执行通知书，案涉采矿权已经被查封，程序合法。

证据8~10，下甲介煤矿于2019年12月出具的《荔波县茂兰镇下甲介煤矿矿山地质环境现状调查评价报告》，下甲介煤矿矿山地质环境恢复前后对照图，荔波县自然资源局于2019年11月26日出具的《关于实施荔波县茂兰镇下甲介煤矿矿山地质环境治理恢复工作的委托书》。拟证明，荔波县人民政府已对案涉煤矿进行复垦复绿环境治理，下甲介煤矿述称其已按照黔南州中院（2020）黔27民终225号民事判决书接管案涉煤矿资产不属实。

证据11~13，贵州省煤炭工业淘汰落后产能加快转型升级工作领导小组办公室于2019年12月31日作出的《关于对盘州市煤炭开发总公司（第四批）兼并重组实施方案的批复》（黔煤转型升级办〔2019〕99号），贵州省煤炭工业淘汰落后产能加快转型升级工作领导小组办公室〔2019〕第16次会议纪要，贵州省自然资源厅于2021年5月7日颁发的矿山名称为“贵州亿盛龙矿业有限公司荔波县茂兰镇富奇煤矿”的采矿许可证。拟证明，经贵州省煤炭工业淘汰落后产能加快转型升级工作领导小组办公室批准，案涉煤矿被纳入贵州亿盛龙矿业有限公司荔波县茂兰镇富奇煤矿第四批兼并关闭煤矿，案涉煤矿已经执行完毕，下甲介煤矿已经丧失诉的基础。

下甲介煤矿对上述证据的真实性未提出异议，但认为，债权转让不符合法律规定，变更被执行人违法，政府相关部门认定案涉采矿权属于下甲介煤矿。

甲盛龙公司向本院提交了以下新证据：

证据1，甲盛龙公司于2013年9月1日出具的《关于对张某新同志任命的通知》（复印件）以及其于2021年7月24日出具的《〈关于对张某新同志任命通知〉的情况说明》（原件）。拟证明，甲盛龙公司任命张某新为该公司副总经理，负责公司融资、整合煤矿资源；任命通知原件存档于甲盛龙公司原法定代表人曹某柏私人保险柜内，因曹某柏目前被关押在金沙县看守所，无法提供原件。

证据2，甲盛龙公司分别在中国建设银行股份有限公司贵阳东山支行、贵阳银行股份有限公司都匀分行等开设的银行账户流水及相关凭证。拟证明，张某新通过其掌控的甲盛龙公司上述账户，将其他煤矿汇入甲盛龙公司的款项1632.5万元转入其个人账户。

证据3，贵州省高级人民法院（2017）黔民终128号民事判决书。拟证明，张某新曾将甲盛龙公司账户内的1632.5万元转入自己的账户，但该判决并未认定该款系还款。

证据4，《都匀市洛帮镇躲雨岩煤矿采矿权及股权转让合同》及其《补充协议》《荔波县水尧乡吉党煤矿采矿权及股权转让合同》及其《补充协议》《中国建设银行客户专用回单》等。拟证明，张某新将甲盛龙公司名下的躲雨岩煤矿、吉党煤矿转让给贵州永基矿业投资有限公司，并将相应转让款汇至张某新控制的银行账户中。

证据5，甲盛龙公司于2014年9月23日向贵州鲁中矿业有限责任公司出具的请求付款到张某新账户的《付款申请》及张某新出具的《收条》。拟证明，张某新指令贵州鲁中矿业有限责任公司将转让款转入张某新账户。

证据6，贵州省贵阳市观山湖区人民法院（2016）黔0115民初330号民事裁定书及相应的起诉状、撤诉申请书、甲盛龙公司出具的证明等。拟证明，张某新曾伪造甲盛龙公司的公章及该公司时任法定代表人曹某柏的

签名，并起诉贵州鲁中矿业有限责任公司请求其支付转让尾款，被甲盛龙公司发现后向法院出具书面证明，才使该民事案件被裁定准许撤诉。

张某新对上述证据1的真实性、合法性和关联性均不认可，对证据2~6的真实性、合法性无异议，但认为与本案无关，无法达到证明目的。

下甲介煤矿对证据1~6的真实性、合法性、关联性均予以认可。

对于当事人认可真实性的证据，本院予以采信。对于当事人提出异议的证据及所证明事项是否成立，本院将在审理查明事实部分一并进行分析论证。

下甲介煤矿、张某新对一审和二审法院查明的事实没有异议，本院经审查，予以确认。根据各方当事人在一审和二审程序中提交的证据、向本院提交的新证据以及当事人的陈述，本院另查明：

一、关于贵州省煤矿企业兼并重组工作及案涉采矿权转让相关情况

贵州省人民政府办公厅于2012年12月19日印发的《贵州省煤矿企业兼并重组工作方案（试行）》载明以下内容，为……积极稳妥推进全省煤矿企业兼并重组，深化煤矿整合，有序开发煤炭资源，优化煤炭产业结构，促进全省煤炭产业持续健康安全发展，制定本工作方案；通过政策引导、政府推动，依照有关法律和规定推进煤矿企业兼并重组；实施方案批准后，由各市（州）、各县（市、区、特区）人民政府组织协调，兼并重组主体具体实施，于2014年3月31日前基本完成兼并重组工作；兼并重组后的煤矿各类证照必须变更到兼并重组主体名下。

贵州省煤矿企业兼并重组工作领导小组办公室与贵州省能源局于2016年3月4日联合下发的《关于对甲盛龙公司煤矿企业兼并重组实施方案（第一批）的批复》系针对甲盛龙公司的请示作出，批复的内容包括，保留甲盛龙公司荔波县茂兰镇富奇煤矿，关闭甲盛龙公司荔波县茂兰镇下甲介煤矿。

2013年7月30日，下甲介煤矿与甲盛龙公司签订《矿业权股权转让

合同》，载明：转让采矿权名称为黔南州荔波县茂兰镇下甲介煤矿（欧某金）；采矿权许可证号为C5200002012011120122487；转让金额为，所有资产作价为人民币3000万元，甲盛龙公司收购下甲介煤矿99%股权，作价2970万元；在原贵州省国土资源厅签字更名时，甲盛龙公司支付100万元作为履行合同的定金。2013年8月27日，下甲介煤矿与甲盛龙公司签订《补充协议》，变更转让金额为，所有资产作价为人民币3800万元，甲盛龙公司收购下甲介煤矿99%股份，作价3762万元；定金支付条件和数额未变更。2014年2月10日，甲盛龙公司向下甲介煤矿支付了100万元转让款。

2013年8月27日，下甲介煤矿与甲盛龙公司签订《采矿权转让合同》，该合同约定，案涉煤矿采矿权以合资合作方式转让给甲盛龙公司，转让金额为700万元，转让后下甲介煤矿占该矿权的49%，甲盛龙公司占该矿权的51%；签订协议后三个工作日内，甲盛龙公司付款50万元，六个月以后付款400万元，剩余250万元在变更完证照后付清；甲盛龙公司按合同约定向下甲介煤矿支付完转让金额后，方可要求下甲介煤矿提供采矿许可证等规定的全部资料，下甲介煤矿有义务协助甲盛龙公司办理采矿许可证变更登记等相关手续。该《采矿权转让合同》系在原贵州省国土资源厅归档的合同。

2013年8月27日，下甲介煤矿与甲盛龙公司签订《协议书》，第二条约定，按省国土资源厅要求所签订的《采矿权转让合同》仅作为办理煤矿采矿权兼并重组之用，不作为采矿权交易付款的真实依据。

2014年9月26日，甲盛龙公司向下甲介煤矿出具《产权确认证明书》，承诺在甲盛龙公司未支付完毕所有采矿权价款时，案涉煤矿的所有产权（含采矿权及煤矿地面上的所有财产权等）仍归属荔波县茂兰镇下甲介煤矿（法人：欧某金）所有。2019年9月18日下甲介煤矿出具《情况说明》称，2018年9月4日甲盛龙公司与荔波县茂兰镇富奇煤矿、下甲介煤矿在荔波县应急管理局就产权退出补偿一事进行调解。荔波县应急管理局在该《情况说明》上备注“情况属实”，并加盖了荔波县应急管理局的

印章。甲盛龙公司于2019年9月3日向黔南州中院出具《声明》称，根据省人民政府对煤矿兼并重组精神的要求，贵州省各县煤矿成立集团公司，原煤矿企业要求兼并重组到集团公司，为了配合甲盛龙公司办理相关证件手续，下甲介煤矿进入甲盛龙公司进行兼并重组，甲盛龙公司于2013年8月27日与下甲介煤矿（法人：欧某金）签订《煤矿收购协议书》，但采矿权手续变更后，甲盛龙公司无法履行《煤矿收购协议书》，至今未按时支付采矿权转让价款，因此案涉煤矿的所有产权归黔南荔波县茂兰镇下甲介煤矿所有，其他任何单位和个人无权处置下甲介煤矿所有产权。

案涉采矿权变更登记至甲盛龙公司名下后，一直处于关闭停业状态，甲盛龙公司对案涉煤矿未进行实际经营。经贵州省煤炭工业淘汰落后产能加快转型升级工作领导小组办公室于2019年12月31日批复，案涉煤矿被关闭。

二、关于张某新诉甲盛龙公司民间借贷纠纷案相关情况

贵州省高级人民法院（2017）黔民终128号民事判决查明以下事实："甲盛龙公司于2013年1月5日注册成立后，公司法定代表人曹某柏以公司名义授权委托张某新代为行使公司作为所收购煤矿出资人享有的所有权利，包括但不限于：采矿权对外转让、煤矿对外转让权、收取转让款等。甲盛龙公司为此开设的贵阳银行账户、建行账户所留两枚印鉴，除公司财务专用章外，另一枚为张某新私章，上述甲盛龙公司两个银行账户上存款资金使用均需经张某新同意。"张某新对上述事实本身没有异议，但主张其未参与案涉采矿权的交易。

根据贵州省高级人民法院（2017）黔民终128号民事判决查明的事实，张某新在该案中请求甲盛龙公司返还的借款本金1400万元是其于2013年9月至10月期间多次转入甲盛龙公司账户。

在本院开庭审理本案中，张某新认可其向甲盛龙公司出借上述款项前，未到原贵州省国土资源厅查询甲盛龙公司名下的采矿权，亦未在案涉采矿权上设立担保物权。

在本院于2021年7月26日召开庭前会议和开庭审理本案时，张某新述称，案涉采矿权已经于2021年5月7日通过执行法院执行程序变更到盘县新民富新煤矿名下，执行法院通过银行转账给张某新300万元，下甲介煤矿对案涉采矿权已经没有诉的利益。下甲介煤矿对此发表意见称，过期的采矿许可证不能变更，其在开庭前到贵州省自然资源厅调取案涉采矿权档案，该档案中不存在案涉采矿权已经变更登记至盘县新民富新煤矿名下的记载。经查，在贵州省高级人民法院（2017）黔民终128号民事判决的执行程序中，张某新与盘县新民富新煤矿于2019年12月6日就判项中的700万元借款本金达成《债权转让协议》，盘县新民富新煤矿于2019年12月6日向黔南州中院提交《关于变更申请执行人申请》和《以物抵债申请书》，申请以二拍流拍价裁定案涉煤矿采矿权归盘县新民富新煤矿所有；在张某新提供执行担保的情况下，黔南州中院于2019年12月8日作出（2019）黔27执恢9号之五执行裁定书，裁定变更盘县新民富新煤矿为案涉申请执行人（之一），将案涉采矿权作价700万元交付盘县新民富新煤矿抵偿700万元的债务。

三、其他情况

甲盛龙公司向本院提交了其分别在中国建设银行股份有限公司贵阳东山支行、贵阳银行股份有限公司都匀分行开设的银行账户流水及相关凭证(即证据2)。张某新对该证据的真实性没有异议。经查，相关凭证为银行电汇凭证或者实时通付款凭证等，汇款人为甲盛龙公司，收款人为张某新，在银行记账凭证联或者汇出行作借方凭证联上同时有甲盛龙公司财务专用章和张某新私章，交易时间最早为2013年10月15日，最晚为2016年10月11日。

甲盛龙公司向本院提交了其于2013年9月1日向集团各部门、各煤矿印发的《关于对张某新同志任命的通知》（复印件）以及于2021年7月24日甲盛龙公司出具的《〈关于对张某新同志任命通知〉的情况说明》（原件)，均盖有甲盛龙公司的印章。前述任命通知载明：“经集团公司股东会

研究决定任命张某新同志为集团公司副总经理。负责融资、整合煤矿资源。”前述情况说明载明：“该任命通知原件存档于集团公司原法定代表人曹某柏私人保险柜内，目前曹某柏被关押在金沙县看守所，无法提供原件，但张某新的确是我集团公司任命的副总经理。”对于该任命通知及情况说明，虽然张某新不认可其真实性，但结合贵州省高级人民法院（2017）黔民终128号民事判决查明的相关事实以及甲盛龙公司通过银行向张某新汇款的凭证上同时有甲盛龙公司财务专用章和张某新私章的事实，张某新又未提供足以推翻该任命通知和情况说明的证据，可以认定甲盛龙公司关于其任命张某新为其副总经理并负责融资、整合煤矿资源的主张成立。即使不能认定甲盛龙公司任命张某新为其副总经理，也至少可以认定张某新负责甲盛龙公司自2013年9月以来的对外收购煤矿、转让煤矿以及支付煤矿转让款等工作。

张某新于本院申请再审程序中询问当事人时陈述称，其了解贵州省煤矿企业兼并重组政策；在本院于再审程序中组织庭前会议时称，贵州省煤矿企业兼并重组政策实施之前，其也经营小煤矿，曾有一个煤矿兼并重组到甲盛龙公司名下，甲盛龙公司未支付转让款，其起诉请求返还煤矿并得到支持。

本院再审认为，本案的争议焦点在于，下甲介煤矿对案涉采矿权是否享有足以排除强制执行的民事权益。对此需要考虑两个问题，一是下甲介煤矿是否为案涉采矿权的实际权利人；二是下甲介煤矿对案涉采矿权享有的民事权益是否足以排除强制执行，即下甲介煤矿对案涉采矿权享有的民事权益相对于张某新依据执行依据所享有的债权是否具有优先效力。

一、关于下甲介煤矿是否为案涉采矿权的实际权利人

采矿权虽然是依据行政许可产生的权利，但对矿产品的开采利用本身是一种用益物权，属于物权范畴。在采矿权经初始设定即行政许可登记之后的权利利用上，实践中存在名义权利与实际权利分离的情形。《中华人

民共和国物权法》第三十三条[①]规定："因物权的归属、内容发生争议的，利害关系人可以请求确认权利。"当名义权利人和实际权利人就采矿权的归属发生争议时，通过执行异议之诉请求确认实际权利人，符合民事诉讼的制度目的。需要明确的是，人民法院在执行异议之诉中确认的是采矿权的实际权利状态而不是采矿权的行政许可，不具有直接产生许可登记的效力。人民法院确认采矿权的实际权利人后，实际权利人能否取得采矿权，仍然需要取决于其是否符合行政管理法规关于采矿权许可登记的其他条件。

本案中，根据前述查明的事实可以认定，下甲介煤矿是案涉采矿权的实际权利人。理由如下：

首先，案涉采矿权变更到甲盛龙公司名下，系根据贵州省煤矿企业兼并重组政策要求进行的，并非下甲介煤矿的真实意思表示。甲盛龙公司与下甲介煤矿虽然签订了《矿业权股权转让合同》及《补充协议》，但该交易是根据贵州省煤矿企业兼并重组政策要求进行的，与当事人经过自由协商后达成的转让合同不同，主要体现在，本案中下甲介煤矿客观上无法采用约定支付完毕全部价款或者大部分价款后再变更采矿权人的通常做法，以避免案涉采矿权被变更到受让人名下、转让人却无法收到转让款的商业风险。下甲介煤矿与甲盛龙公司之间先后就案涉采矿权的转让签订了四份协议，四份协议所体现的转让价款、转让时间及采矿许可证的变更时间并不一致，其中关于转让价款，《矿业权股权转让合同》及《补充协议》分别约定的是 3000 万元和 3800 万元，而在原贵州省国土资源厅官网公示并归档的《采矿权转让合同》约定的是 700 万元。下甲介煤矿主张，之所以甲盛龙公司仅支付 100 万元定金就将案涉采矿权变更登记至甲盛龙公司名下，是根据贵州省煤矿企业兼并重组政策要求进行的。贵州省人民政府办公厅发布的《贵州省煤矿企业兼并重组工作方案（试行）》（黔府办〔2012〕61 号）关于 2014 年 3 月 31 日前基本完成兼并重组工作、兼并重组后的煤矿各类证照必须变更到兼并重组主体名下的内容，可以佐证下甲

---

① 对应《民法典》第二百三十四条。

介煤矿的上述主张。因此，案涉采矿权于2013年11月20日被变更到甲盛龙公司名下并非下甲介煤矿的真实意思表示。

其次，甲盛龙公司认可下甲介煤矿是案涉采矿权的实际权利人。甲盛龙公司与下甲介煤矿签订的《协议书》关于“按省国土资源厅要求所签订《采矿权转让合同》仅作为办理煤矿采矿权兼并重组之用，不作为采矿权交易付款的真实依据”的约定，以及甲盛龙公司出具的《产权确认证明书》，均反映出甲盛龙公司也确认，其未按约定支付案涉采矿权转让款，案涉采矿权仍然属于下甲介煤矿所有。

再次，当地行政主管部门认可下甲介煤矿与甲盛龙公司的兼并重组并未完成，并就产权退出补偿事宜进行过调解。从案涉煤矿所属地区荔波县应急管理局盖章确认的《情况说明》来看，相关行政部门就双方产权退出补偿一事进行过调解，当地行政主管部门对双方之间的兼并重组情况知情。

最后，甲盛龙公司未对案涉煤矿进行实际经营。在案涉采矿权变更登记至甲盛龙公司名下后，案涉煤矿即根据贵州省煤矿企业兼并重组相关政策要求被关闭至今，未进行实质性的兼并重组。甲盛龙公司虽然是登记的权利人，但除挂名之外，对案涉采矿权和案涉煤矿未进行实际经营。

综上，案涉采矿权系根据贵州省煤矿企业兼并重组政策要求，形式上变更登记至甲盛龙公司名下，甲盛龙公司并未进行实际经营和收益，应当认定下甲介煤矿系案涉采矿权的实际权利人。

二、关于下甲介煤矿对案涉采矿权享有的民事权益是否足以排除本案强制执行

本院认为，下甲介煤矿作为案涉采矿权的实际权利人，对案涉采矿权享有的民事权益，足以排除本案强制执行。理由如下：

一方面，本案不存在实际权利人需要让位优先权利的情形。本案案涉采矿权被查封，系依据张某新诉甲盛龙公司民间借贷纠纷一案的生效判决，张某新依据该生效判决对甲盛龙公司享有普通金钱债权，张某新并未

在案涉采矿权上设立担保物权。本案亦不存在建筑工程优先受偿权和居住权等优先权利的情形。

另一方面，张某新向甲盛龙公司提供借款时，案涉采矿权未登记在甲盛龙公司名下。张某新请求执行的债权形成于2013年9月至10月，此时案涉采矿权尚未变更登记至甲盛龙公司名下。张某新在向甲盛龙公司提供借款时，并未对甲盛龙公司名下采矿权情况进行查询，案涉采矿权及其无抵押等相关信息系由黔南州中院在执行程序中向原贵州省国土资源厅查询所知，张某新向甲盛龙公司提供借款并未受到案涉采矿权的影响。此外，根据本院查明的事实，张某新知晓贵州省煤矿企业兼并重组政策，且经授权代甲盛龙公司行使作为所收购煤矿出资人享有的所有权利，甲盛龙公司为兼并重组开设的两个银行账户上存款资金使用均需经张某新同意。由此可知，张某新对于甲盛龙公司与下甲介煤矿之间的兼并重组交易、转让款支付情况以及下甲介煤矿属于实际权利人应当是知晓的。

二审判决认为："采矿权系经行政审批许可取得的开采矿产资源的特许权利，不同于一般物权。下甲介煤矿与甲盛龙公司之间关于双方就该矿采矿权系挂靠关系、下甲介煤矿仍然系案涉煤矿实际采矿权人的主张，于法无据，不能否定行政主管机关对甲盛龙公司依法颁发的采矿许可证。"二审判决实际上是严格按照行政许可登记来确认案涉采矿权的权利人。这涉及采矿权行政许可登记的公信效力。物权登记的公信效力是物权公示制度的法律效果。所谓公信效力，是指登记的采矿权权利人在法律上推定为真正的权利人。对于信赖该登记而从事交易的人，即使后来证明该登记是错误的，法律仍然承认其具有与真实的采矿权相同的法律效果，这是为保护依据登记内容进行交易的第三人的信赖利益，但在登记权利人和利害关系人之间，不适用公示公信的推定效力。本案中，张某新对贵州省煤矿企业兼并重组政策是知晓的，而且经授权代甲盛龙公司行使作为收购煤矿出资人享有的所有权利，张某新事实上对于案涉采矿权登记在甲盛龙公司名下系根据兼并重组政策要求而进行且甲盛龙公司仅支付100万元定金应当知晓。在这种情况下，张某新并非对下甲介煤矿与甲盛龙公司之间的兼并

重组交易或者说对下甲介煤矿系案涉采矿权的实际权利人毫不知情的第三人。因此，案涉采矿权登记在甲盛龙公司名下，对于张某新来说，不产生信赖利益保护的问题。

此外，张某新主张，在本院裁定提审本案前，案涉采矿权已经通过执行程序变更至案外人名下，下甲介煤矿已经没有诉的利益。对此，本院认为，本案中，执行法院作出（2019）黔27执恢9号之五执行裁定书，以流拍的案涉采矿权抵债，并非通过拍卖、变卖方式予以执行并变更至本案案外人名下，应当属于人民法院在执行程序中作出的以物抵债裁定书。《最高人民法院关于人民法院办理执行异议和复议案件若干问题的规定》第六条第二款规定："案外人依照民事诉讼法第二百二十七条规定提出异议的，应当在异议指向的执行标的执行终结之前提出；执行标的由当事人受让的，应当在执行程序终结之前提出。"下甲介煤矿提起本案诉讼符合上述法律规定，案涉采矿权虽然经过以物抵债裁定变更至盘县新民富新煤矿名下，但是下甲介煤矿在执行标的查封之后、执行程序终结之前，有权提起执行异议维护其合法权益。此外，（2019）黔27执恢9号之五执行裁定书虽然确认案涉采矿权交付盘县新民富新煤矿，但该裁定书属于人民法院在执行程序中作出的以物抵债裁定书，将案涉采矿权变更登记至盘县新民富新煤矿名下不涉及维护司法拍卖、变卖程序安定性以及不特定第三人利益保护等问题，本案判决不得执行的范围可以及于该裁定书。

综上，下甲介煤矿对案涉采矿权享有足以排除强制执行的民事权益。《最高人民法院关于适用〈中华人民共和国民事诉讼法〉的解释》第三百一十二条①第一款第一项规定，案外人就执行标的享有足以排除强制执行的民事权益的，判决不得执行该执行标的。本案应当判决不得执行案涉采矿权。《最高人民法院关于适用〈中华人民共和国民事诉讼法〉的解释》第三百一十四条②第一款规定："对案外人执行异议之诉，人民法院判决不

① 对应《最高人民法院关于适用〈中华人民共和国民事诉讼法〉的解释》（2022年修正）第三百一十条。

② 对应《最高人民法院关于适用〈中华人民共和国民事诉讼法〉的解释》（2022年修正）第三百一十二条。

得对执行标的执行的，执行异议裁定失效。”本判决生效后，黔南州中院（2019）黔27执异54号执行裁定书即失效，无需本院在判项中撤销该裁定。在执行程序中针对案涉采矿权作出的以物抵债裁定书即黔南州中院（2019）黔27执恢9号之五执行裁定书，基于前述理由，也应当予以撤销，并解除查封等强制执行措施。

综上所述，下甲介煤矿的再审请求成立。依照《中华人民共和国民事诉讼法》第二百零七条[①]第一款、第一百七十条[②]第一款第二项规定，判决如下：

一、撤销贵州省高级人民法院（2020）黔民终476号民事判决和贵州省黔南布依族苗族自治州中级人民法院（2019）黔27民初122号民事判决；

二、不得执行贵州甲盛龙集团矿业投资有限公司荔波县茂兰镇下甲介煤矿采矿权（证号C5200002012011120122487）。

一审案件受理费60800元，二审案件受理费60800元，由张某新负担。

本判决为终审判决。

审 判 长　郎贵梅
审 判 员　王朝辉
审 判 员　刘丽芳

二〇二一年十一月十一日

法官助理　梁　欣
书 记 员　朱小玲

---

① 对应《民事诉讼法》（2021年修正）第二百一十四条。
② 对应《民事诉讼法》（2021年修正）第一百七十七条。

13．再审申请人南宁市万智物业服务有限公司与被申请人广西海潮农业投资有限责任公司等案外人执行异议之诉纠纷案*

▶ 在适用《查封、扣押、冻结财产司法解释》对买受人利益进行特别保护时，应当严格审查不动产买卖协议的正当性，以及该条所规定的要件是否具备

【裁判摘要】

根据《最高人民法院关于民事执行中查封、扣押、冻结财产的规定》（以下简称《查封、扣押、冻结财产司法解释》）第十七条①的规定，买受人基于正当的不动产买卖关系，在已经支付全部价款、实际占有且对未办理过户登记没有过错的情况下，其虽未取得标的物之所有权，但该买受人仍享有排除普通金钱债权强制执行的权利。该规定系在买受人对所买受之不动产的权利保护与普通金钱执行债权人的权利保护发生冲突时，基于对正当买受人合法权利的特别保护之目的而设置的特别规则，该规则实质上是以牺牲普通金钱执行债权人的正当权利为代价而确立的，故在适用该规定对买受人利益进行特别保护时，应当严格审查买受人与被执行人之间不动产买卖协议的正当性，以及该条所规定的付款、实际占有和过错等要件是否具备。

---

* 摘自《民事审判指导与参考》2017年第3辑（总第71辑），人民法院出版社2017年版，第67~73页。

① 该司法解释已于2020年12月29日修正，本条已变更为第十五条，但内容未作变动，下同。

最高人民法院民事裁定书

（2016）最高法民申 3635 号

再审申请人（一审原告、二审被上诉人）：南宁市万智物业服务有限公司。

法定代表人：黄某明，该公司总经理。

委托诉讼代理人：覃某德，广东洛亚律师事务所律师。

委托诉讼代理人：郭某玉，广东洛亚律师事务所律师。

被申请人（一审被告、二审上诉人）：广西海潮农业投资有限责任公司。

法定代表人：张某朝，该公司董事长。

被申请人（一审第三人、二审上诉人）：南宁市邕宁区农村信用合作联社。

法定代表人：赵某勇，该联社理事长。

委托诉讼代理人：陆某清，广西欣和律师事务所律师。

委托诉讼代理人：刘某，广西欣和律师事务所律师。

原审被告：深圳市有荣配销有限公司。

法定代表人：陆某琦，该公司董事长。

委托诉讼代理人：管某亮，广东鹏鼎律师事务所律师。

再审申请人南宁市万智物业服务有限公司（原名南宁市万智物业管理有限公司，以下简称万智公司）因与被申请人广西海潮农业投资有限责任公司（原名广西绿满地房地产开发有限公司，以下简称海潮公司）、南宁市邕宁区农村信用合作联社（以下简称邕宁信用社），原审被告深圳市有荣配销有限公司（以下简称有荣公司）案外人执行异议之诉一案，不服广西壮族自治区高级人民法院（2015）桂民一终字第 61 号民事判决（以下简称原判决），向本院申请再审。本院依法组成合议庭进行了审查，现已

审查终结。

万智公司向本院申请再审，请求：（1）撤销原判决，维持本案一审判决；（2）解除对绿都假日山庄综合楼（以下简称案涉综合楼）的查封；（3）改判海潮公司承担本案全部诉讼费。事实和理由：（1）万智公司已经支付案涉综合楼的全部价款。从 2003 年 8 月 10 日开始至 2007 年 8 月 28 日长达 4 年多的时间里，由海潮公司开具的《收据》（附照片作为旁证）、《商品房买卖合同》（以下简称案涉合同）、南宁市房产管理局的《答复》、海潮公司承诺提供购房发票和确认绿都温泉度假山庄综合验收时间的两份《商函》、万智公司与海潮公司签订的《房屋租赁合同》、海潮公司出具的《资产转移协议函》、确认综合楼权属为万智公司的《房屋属权说明》、南宁市良庆区人民法院作出的（2010）良民一初字第 528 号民事判决（以下简称 528 号判决）等一系列证据形成完整的证据链，充分证明万智公司已经支付全部 600 万元的房价款。更为重要的是，在 2013 年海潮公司向南宁市中级人民法院就 528 号判决申请再审之前长达十年的时间里，海潮公司从未否认其已经收取万智公司 600 万元购房款的事实，也未向万智公司提出过任何异议。（2）自 2003 年 8 月 10 日起万智公司已经合法占有、使用、出租综合楼，从未间断。万智公司从 2003 年 8 月 1 日开始选派相关人员进入该山庄综合楼提供物业管理服务。2006 年 5 月 18 日，海潮公司向万智公司出具《确认函》，主要内容为，截至 2006 年 5 月 1 日，其应支付万智公司物业费、办公楼租金等款项共计 2223730.3 元，特此致函确认并承诺承担相应支付责任。2007 年 3 月 1 日，万智公司与海潮公司签订《房屋租赁合同》，约定将案涉综合楼租赁给海潮公司做营业性使用，租期为 5 年，每月租金为 47180 元，租赁保证金为 5 万元。2007 年 5 月 25 日，海潮公司向万智公司出具《资产转移协议函》，将综合楼内附属的经营固定资产冲抵其使用综合楼的租金而随楼转移并随租使用。2009 年 9 月 16 日至今，综合楼由万智公司分别出租给案外人黄某楷、南宁市良庆区水利电业有限公司使用，无任何纠纷。上述事实已经由南宁市良庆区人民法院作出的（2013）良民一初字第 431 号民事判决认定。海潮公司从未提出过任何异议，更未通过诉讼去维护自己的权利。这说明万智公司一直有合法依据地占有、使用、出租综合楼，且海潮公司也认可该事实。(3) 万智公司对综合楼至今又登记至海潮公司名下这一事实没有过错。如前所述，万智公司与海潮公司已就案涉合同备案登记，后因海潮公司原法定代表人黄某新勾结原邕宁县房管所有关人员，单方将前述备案登记撤销，才形成现在的综合楼仍登记在海潮公司名下的局面。万智公司得知这一情况后，先后采取了对南宁市房产管理局提起行政诉讼、向南宁市公安局报案、向海潮公司提起民事诉讼、提起本案诉讼等方式维护自己的权利，故万智公司对综合楼目前的产权登记现状没有任何过错。(4) 原判决评判、采信本案证据时，在没有相反证据的情况下，以法官个人无证据支持的主观推理分析推翻万智公司提供的已经形成完整证据链的书证以及已经人民法院生效判决确认的事实，严重违反我国法律有关证据评判、采信的相关规定，致使原判决认定的付款和实际占有这两个基本事实缺乏证据证明。

海潮公司提交意见，请求驳回万智公司的再审申请。理由：(1) 万智公司没有支付 600 万元购房款。根据海潮公司原法定代表人黄某新出具的说明，其曾向万智公司借款 150 万元，每月利息 75000 元，当天收现金 1425000 元，以在建的综合楼担保。万智公司主张其以现金支付了 600 万元购房款，但其未提供在银行提取现金的证据，亦未证明黄某新收取 600 万元款。就万智公司拍摄的支付现金的现场照片，仔细查看可知其金额为 150 万元，而非 600 万元。(2) 万智公司与海潮公司签订的案涉合同是虚假合同。该合同加盖的公章系由黄某新私刻，而非公安局备案核准的公章。且合同约定的建筑面积与套内建筑面积均为 2359m^2，有违常理。案涉合同签订之时，综合楼尚为在建工程，2004 年 8 月 10 日万智公司交付 600 万元，2004 年 8 月 13 日双方才签订案涉合同，亦不符合交易惯例。(3) 万智公司非法占有案涉综合楼。2007 年南宁市中级人民法院查封涉案综合楼后，2009 年 6 月绿都温泉假日山庄停业，万智公司强行占据案涉综合楼。本案一审判决错误认定 2004 年 8 月 13 日万智公司与海潮公司签订案涉合同后交付案涉综合楼。(4) 案涉综合楼系由海潮公司开发建设，万智公司于 2009 年 6 月将南宁市中级人民法院轮候查封的综合楼强行出租。本案原判决生效后，万智公司仍强占案涉综合楼，拒不搬离。

邕宁信用社提交意见，请求驳回万智公司的再审申请。理由：（1）万智公司与海潮公司签订案涉合同的真实目的是以该房屋为借款作抵押，双方并没有买卖该综合楼的真实意思表示。万智公司提供的关于支付现金的照片中的现金数量明显不足600万元现金，其实际是海潮公司向万智公司借款150万元的照片。万智公司无法证明其交付600万元现金的资金来源，故其交付600万元购房款现金的主张不能成立。（2）案涉合同存在不合常理的错误，该合同当认定为虚假合同。首先，案涉合同注明的商品房预售许可证号为“（邕宁）房预售证第20030013号”，但二审法院查明该综合楼的预售证号却为“（邕宁）房预售证第20040019号”。其次，合同第三条约定“该商品房的用途为商住楼”，但第十八条中却载明“买受人的房屋仅作住宅使用”，该两个条款相互矛盾。并且合同第三条约定的建筑面积与套内建筑面积均为2359平方米，有违常理。再次，合同第四条房屋的单价一栏并未填写，且万智公司在二审开庭时也无法说出房屋单价，由此可见该买卖合同并非双方的真实意思表示，双方所约定的购房总额只是掩人耳目。最后，根据合同第五条，就房屋面积争议的处理方式，双方选择自行约定。但合同中双方自行约定的条款并未实际填写。综合上述情况，案涉合同当认定为虚假合同，该合同的目的实际系为借款提供担保。（3）万智公司实际占有案涉综合楼，是因为其与海潮公司签订了物业管理合同，并非基于买卖合同而占有，故不能适用《最高人民法院关于人民法院民事执行中查封、扣押、冻结财产的规定》（以下简称《查封、扣押、冻结财产司法解释》）第十七条的规定。（4）万智公司用于主张其对涉案综合楼享有所有权的重要依据即528号民事判决本身存在错误。（5）案涉综合楼的房产以及该房产所占用的土地已经抵押给邕宁信用社，邕宁信用社对处置该房产和土地所得的价款享有优先受偿权。

有荣公司口头发表意见称，人民法院对登记在海潮公司名下的综合楼进行查封，程序合法，结果正确。海潮公司与万智公司之间并无真实的房屋交易关系，两公司签订房屋买卖合同的真实意图系为双方150万元的借款提供担保。由于海潮公司已经在原邕宁县房管所撤销了案涉合同的备案，故该合同已经终止。在案涉合同终止后，万智公司不能再次主张要求继续履行。2003 年海潮公司将案涉综合楼委托给万智公司管理，万智公司基于物业委托关系对房屋进行管理，并不意味着万智公司拥有案涉综合楼产权。综上，请求驳回万智公司的再审申请。

本院经审查认为，本案系万智公司不服原判决，依据《中华人民共和国民事诉讼法》第二百条的规定向本院申请再审，故本案审查的重点是万智公司的再审申请是否符合《中华人民共和国民事诉讼法》第二百条①规定的情形，即原判决依据《查封、扣押、冻结财产司法解释》第十七条的规定认定万智公司不享有足以排除强制执行的民事权益，是否存在《中华人民共和国民事诉讼法》第二百条规定的情形。

根据《查封、扣押、冻结财产司法解释》第十七条关于“被执行人将其所有的需要办理过户登记的财产出卖给第三人，第三人已经支付部分或者全部价款并实际占有该财产，但尚未办理产权过户登记手续的，人民法院可以查封、扣押、冻结；第三人已经支付全部价款并实际占有，但未办理过户登记手续的，如果第三人对此没有过错，人民法院不得查封、扣押、冻结”的规定，买受人基于正当的不动产买卖关系，在已经支付全部价款、实际占有且对未办理过户登记没有过错的情况下，其虽未取得标的物之所有权，但该买受人仍享有排除普通金钱债权强制执行的权利。司法解释的该条规定，系在买受人对所买受之不动产的权利保护与普通金钱执行债权人的权利保护发生冲突时，基于对正当买受人合法权利的特别保护之目的而设置的特别规则，该规则实质上是以牺牲普通金钱执行债权人的正当权利为代价而确立的，故人民法院在适用《查封、扣押、冻结财产司法解释》第十七条对买受人利益进行特别保护时，应当严格审查买受人与被执行人之间不动产买卖协议的正当性，以及该条所规定的付款、实际占有和过错等要件是否具备。

本案中，万智公司根据《查封、扣押、冻结财产司法解释》第十七条的规定主张人民法院不得查封案涉综合楼，但是案涉综合楼的交易存在如下诸多不合理之处：（1）案涉合同系于 2004 年 8 月 13 日签订，但是在此

① 对应《民事诉讼法》（2021 年修正）第二百零七条。

之前的同年8月10日海潮公司已向万智公司出具内容为“收到南宁市万智物业管理有限公司购买‘绿都温泉度假山庄’综合楼款项共计陆佰万（600万元）整（注税务发票另开）”的《收据》。在合同签订之前，当事人双方权利义务尚未确定的情况下，万智公司即支付全部购房款项，不符合一般交易规则。（2）据二审查明的事实，案涉综合楼于2004年7月31日在原邕宁县房管所办理了购房人为万智公司的商品房合同备案手续，后于2004年8月10日在原邕宁县建设局办理了（邕宁）房预售证20040019号商品房预售许可证。由此可见，在案涉合同尚未签订以及案涉综合楼项目尚未办理预售许可证的情况下，案涉合同已经办理了备案手续。此举明显有违商品房买卖合同登记备案的要求和通常做法。（3）案涉合同自身亦存在诸多不合常理之处：①案涉合同注明的商品房预售许可证号为“（邕宁）房预售证第20030013号”，但二审法院查明该综合楼的预售证号却为“（邕宁）房预售证第20040019号”，即合同载明的预售证号与实际不符。②合同第三条约定“该商品房的用途为商住楼”，但第十八条中却载明“买受人的房屋仅作住宅使用”，该两个条款相互矛盾。③房屋单价是房屋买卖合同的重要条款，但是案涉合同第四条房屋单价一栏并未实际填写，有违通常的交易惯例。④就房屋面积争议的处理方式，根据合同第五条双方选择自行约定，但合同中双方自行约定一栏并未实际填写。从案涉合同中有关房屋单价、用途等诸多房屋买卖合同重要条款的缺失或自相矛盾的情况看，万智公司与海潮公司并未尽到一般房屋交易行为所应有的注意义务。故根据现有证据不足以认定其之间存在房屋买卖的真实意思表示。（4）就付款问题，万智公司提供了收款收据和现金付款照片。本院再审审查询问时，万智公司明确表示，其并未主张照片上显示的是600万元，拍摄现金付款照片只是为了留念，而非留下证据。由于现金付款照片不能证明全额付款事实，且万智公司不能证明照片中的款项系支付本案购房款，故在该公司未能提供600万元现金来源以及任何银行汇款或转账凭证等证据佐证的情况下，仅凭收款收据，不足以认定万智公司已经全额支付购房款。（5）案涉合同第八条约定，交房时间为2004年2月28日前。合同约定的交房时间在双方签订合同之前，此亦不符合房屋买卖之常理。并且，由于万智公司在与海潮公司签订案涉合同之前，双方已存在物业服务合同关系，万智公司于2003年已基于物业服务合同实际占有涉案综合楼，故现有证据不足以证明万智公司系基于案涉合同取得对综合楼的实际占有。

综上所述，万智公司与海潮公司之间就案涉综合楼的交易存在诸多不合常理之处，万智公司提供的证据亦不足以证明其已支付了全部购房款项且已基于房屋买卖合同实际占有案涉综合楼。原判决认定万智公司要求排除强制执行涉案综合楼并解除对涉案综合楼查封的诉讼请求缺乏事实及法律依据，并无不当。万智公司依据《查封、扣押、冻结财产司法解释》第十七条的规定主张其对执行标的物享有足以排除强制执行的民事权益，没有事实和法律依据，本院不予支持。

综上，万智公司的再审申请不符合《中华人民共和国民事诉讼法》第二百条规定的情形。依照《中华人民共和国民事诉讼法》第二百零四条[①]第一款、《最高人民法院关于适用〈中华人民共和国民事诉讼法〉的解释》第三百九十五条[②]第二款规定，裁定如下：

驳回南宁市万智物业服务有限公司的再审申请。

审 判 长 刘 敏
审 判 员 汪治平
审 判 员 孙祥壮

二〇一六年十二月三十日

法官助理 陈宏宇
王蓓蓓
书 记 员 潘海蓉

---

① 对应《民事诉讼法》(2021年修正)第二百一十一条。

② 对应《最高人民法院关于适用〈中华人民共和国民事诉讼法〉的解释》(2022年修正)第三百九十三条。

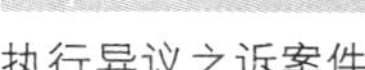

14．上诉人金某平与被上诉人中信信托有限责任公司、被上诉人昆山红枫房地产有限公司案外人执行异议之诉纠纷案*

借款人与出借人签订《商品房购销合同》是为保障出借人的融资债权实现的，并非存在真实的商品房买卖关系。出借人对该合同下房产主张排除强制执行，无事实和法律依据

【裁判摘要】

借款人与出借人签订《商品房购销合同》是为保障出借人的融资债权实现，并非存在真实的商品房买卖关系。出借人支付借款人的款项系借款，而非购房款。出借人不属于《最高人民法院关于民事执行中查封、扣押、冻结财产的规定》第十七条①规定的无过错的购房者，不享有优先其他债权的权利。出借人对《商品房购销合同》项下房产主张排除法院的强制执行，无事实和法律依据。

* 摘自《民事审判指导与参考》2017年第3辑（总第71辑），人民法院出版社2017年版，第87~103页。

① 该司法解释已于2020年12月29日修正，本条已变更为第十五条，但内容未作变动。

最高人民法院民事判决书

（2016）最高法民终692号

上诉人（原审原告）：金某平。

委托诉讼代理人：葛某石，北京奥北律师事务所律师。

被上诉人（原审被告）：中信信托有限责任公司，住所地：北京市朝阳区新源南路6号京城大厦13层。

法定代表人：陈某松，该公司董事长。

委托诉讼代理人：王某平，江苏三法律师事务所律师。

委托诉讼代理人：曹某辉，江苏三法律师事务所律师。

被上诉人（原审被告）：昆山红枫房地产有限公司，住所地：江苏省昆山市巴城镇湖滨南路1098号。

法定代表人：胡某云，该公司董事长。

委托诉讼代理人：黄某民，上海君康律师事务所律师。

上诉人金某平因与被上诉人中信信托有限责任公司（以下简称中信公司）、被上诉人昆山红枫房地产有限公司（以下简称红枫公司）案外人执行异议之诉纠纷一案，不服江苏省高级人民法院（2014）苏民初字第00018号民事判决，向本院提起上诉。本院于2016年10月25日立案后，依法组成合议庭，公开开庭进行了审理。金某平的委托诉讼代理人葛某石，中信公司的委托诉讼代理人王某平、曹某辉，红枫公司的委托诉讼代理人黄某民到庭参加诉讼。

金某平上诉请求：（1）撤销一审判决；（2）依法判决对位于昆山市巴城镇湖滨南路1098号4区编号为1040101029地块（云顶红枫苑别墅）上的第1501号房屋停止执行；（3）本案一、二审诉讼费由中信公司和红枫公司承担。事实和理由：一审判决将金某平与红枫公司的房屋买卖合同关系认定为借款合同关系，事实认定及法律适用存在严重错误。2011年8

月，金某平与红枫公司签订《商品房购销合同》并依法办理了房屋预售合同备案登记；依据该合同约定，金某平购买了红枫公司开发的位于昆山市巴城镇湖滨南路 1098 号 4 区编号为 1040101029 地块（云顶红枫苑别墅）第 1501 号房屋；金某平已支付全部购房款。上述房屋建设完成后，金某平与红枫公司办理了 1501 号房屋的交接入住手续，金某平实际占有 1501 号房屋。

中信公司辩称：（1）金某平与红枫公司不存在合法有效的房屋买卖合同关系，名为买卖，实为借贷。（2）金某平不享有排除案涉房屋执行的实体权利。（3）根据同案同判原则，应当驳回金某平的上诉请求。

红枫公司辩称：（1）金某平与红枫公司所谓的《商品房购销合同》实际是一种债权债务的转让以及转让中对不动产的抵押。因案外人朱某平与红枫公司有债权债务关系，红枫公司曾经用多处房产（包括案涉房产）向朱某平融资，朱某平与红枫公司于 2011 年签订了一份债务抵销合同，约定将案涉三套别墅按照每套 700 万元价格转售给金某平、黄某勤，共计 2100 万元，以抵销红枫公司对朱某平的债务。红枫公司从金某平处获得的购房款均已按照约定全额支付给朱某平，红枫公司与金某平网签《商品房购销合同》。（2）金某平与红枫公司所谓的《商品房购销合同》是虚假的，红枫公司的目的是以名下不动产作为担保进行融资，金某平的目的是以购房为由出借资金以获得高额利息回报。网签《商品房购销合同》和《〈商品房购销合同〉补充协议》（以下简称《补充协议二》）约定的房款严重不符，金某平根据《补充协议二》实际支付的购房款不仅远低于当时同地段、同类房屋售价，也低于成本价。金某平主张已按照《商品房购销合同》约定支付全额房款明显缺乏依据，原审时，金某平并未提交除按照《补充协议二》支付的 700 万元外的其他转账或付款凭证。（3）红枫公司已以其名下其他房产折价支付了金某平部分利息，总共折抵 1033 万元，金某平获得两套，并办理了产权登记手续。综上，原审认定本案金某平与红枫公司的纠纷属于民间借贷纠纷并无不当，请求法院驳回金某平的上诉请求。

金某平向一审法院起诉请求：（1）对位于昆山市巴城镇湖滨南路 1098 号 4 区编号为 1040101029 地块（云鼎红枫苑别墅）第 1501 号房屋停止执

行、解除查封、中止拍卖。(2)请求红枫公司为金某平办理云鼎红枫苑别墅1501号房屋所有权证。经一审法院释明，金某平自愿撤回要求解除查封、中止拍卖措施的诉讼请求，同时撤回对昆山东方云顶广场有限公司(以下简称东方云顶公司)的起诉。

一审法院认定事实：红枫公司于2003年经昆山市发展计划委员会批复同意在江苏省昆山市巴城镇湖滨南路1098号建造东方云顶广场红枫苑项目，并取得了昆山市住房和城乡建设局颁发的编号为2010301号房屋预售许可证。涉案房屋所在国有土地使用权于2010年4月9日被抵押给中信公司。

(一) 关于红枫公司与金某平之间签订与履行商品房买卖合同的事实

1. 合同签订情况

(1) 2012年3月7日，金某平与红枫公司签订一份《商品房购销合同》，约定：红枫公司将其开发的位于昆山市巴城镇湖滨南路1098号4区红枫苑别墅1501号房屋出售给金某平。房屋住宅建筑面积545.87平方米，储藏室建筑面积178.07平方米，单价2万元/平方米，商品房总价款14478800元。第六条关于付款方式及期限约定，买受人一次性付款。第八条关于交付期限约定，出卖人应当在2012年12月31日前将取得昆山市建设局核发的交付备案证书、并符合本合同约定的商品房交付买受人使用。第九条关于出卖人逾期交房的违约责任约定：“(1)逾期不超过30日，自本合同第八条规定的最后交付期限的第二天起至实际交付日止，出卖人按日向买受人支付已交付房价款万分之五的违约金，合同继续履行；(2)逾期超过30日后，买受人有权解除合同。买受人解除合同的，出卖人应当自买受人解除合同通知到达之日起10日内退还全部已付款，并按买受人累计已付款的5%向买受人支付违约金。买受人要求继续履行合同的，合同继续履行，自本合同第八条规定的最后交付期限的第二天起至实际交付之日止，出卖人按日向买受人支付已交付房价款万分之七［该比率应不小于第(1)项中的比率］的违约金。”第十一条关于房屋交接约定：商品房达到

交付使用条件后，出卖人应当书面通知买受人办理交付手续。双方进行验收交接时，出卖人应当出示本合同第八条规定的证明文件，并签署房屋交接单。所购商品房为住宅的，出卖人还需提供《住宅质量保证书》和《住宅使用说明书》。出卖人不出示证明文件或出示证明文件不齐全，买受人有权拒绝交接，由此产生的延期交房责任由出卖人承担。由于买受人原因，未能按期交付的，视为已交付。该《商品房购销合同》已在昆山市住房和城乡建设局办理了网签备案手续。对该合同真实性各方当事人均不持异议，应予以认定。

（2）金某平还提供了一份其作为乙方与红枫公司（甲方）签订的《〈商品房购销合同〉补充协议》（以下简称《补充协议一》），落款日期为 2011 年 9 月 13 日。合同约定："鉴于甲方将其开发的红枫苑别墅 1501（房屋产权面积 878.44 平方米，庭院面积 634 平方米，合同号 2011023510）并签订《商品房购销合同》（网签备案）。一、乙方在本协议签订后支付相应购房款。甲方指定收款人：朱某平；账号：农行温州支行；工行温州支行，开户行：温州支行，房款收到后甲方向乙方开具收受房款收据。二、甲方应在：2012 年 12 月 31 日前交房，同时履行甲方其他卖房义务，如甲方未能按时交房，乙方有权解除合同。1. 甲方必须补偿乙方 100%的已交购房款；2. 甲方将购房款和补偿款合计万元支付给乙方；3. 乙方收到款后须配合甲方解除双方签订的《商品房购房合同》并配合甲方注销房屋登记备案手续，否则应承担违约金　　元。三、若甲方违反《商品房购房合同》及本补充协议约定的，应向乙方支付 20%的违约金，并承担乙方向甲方主张权利而产生的包括但不限于差旅费、诉讼费、律师费（按照房款及违约金总额的 8%计算）等相关损失，本条约定均为各方自愿。五、本补充协议与《商品房购房合同》具有同等法律效力。若有与《商品房购房合同》冲突之处，均以本协议为准。"该份补充协议上有金某平的签名字样和红枫公司的盖章。中信公司对该协议的真实性表示无法确认，红枫公司对其真实性不予认可。一审法院认为，金某平提供了协议原件，中信公司和红枫公司未明确提出反驳的主张和理由，故对其形式上的真实性予以确认。

（3）本案审理期间，中信公司也提供了一份红枫公司（甲方）与金某平（乙方）、朱某光（丙方）签订的《补充协议二》，约定：鉴于甲方将其开发的红枫苑别墅1501（房屋产权面积878.44平方米，庭院面积634平方米），（合同号2011023510），签订3份《商品房购销合同》（网签备案），经各方协商一致达成如下补充条款："一、甲方考虑到各种因素，要求登记备案的合同所显示的房屋价格为每平方米单价为　　万元，但双方实际约定的房屋总价为每套700万元，备案登记的房屋销售价格不再适用，一套别墅的总价实际为700万元，乙方在本协议签订后支付。甲方指定收款人：朱某平；账号：农行温州支行；工行温州支行，开户行：温州支行，房款收到后甲方向乙方开具收受房款收据。二、甲方应在2012年3月15日前交房，同时履行甲方其他卖房义务。因考虑到施工期限的不确定因素，甲方如未能在　　年　　月　　日前交房的则有权选择解除合同；甲方选择单方合同解除的，须同时满足以下条件：1. 甲方补偿乙方　　万元；2. 甲方将购房款和补偿款合计　　万元在提出解除合同前支付给乙方；否则甲方不得选择解除合同。甲方满足前述两个条件时，乙方须配合甲方解除双方签订的《商品房购房合同》并及时配合甲方注销房屋登记备案手续，否则应承担违约金　　元，不足赔偿损失的，甲方有权追偿。　　年　　月　　日如需解除合同，需经双方协商一致。三、若甲方违反《商品房购销合同》及本补充协议约定的，应向乙方支付20%的违约金，并承担乙方向甲方主张权利而产生的包括但不限于差旅费、诉讼费、律师费（按照房款及违约金总额的8%计算）等相关损失，本条约定为各方自愿。四、丙方作为甲方的股东在签订本补充协议时已知悉甲、乙双方之间的购房关系，同意为甲方在《商品房购销合同》及本补充协议中一切义务作连带担保，担保期间为合同约定义务成就之日次日起算二年。本担保条款不因主合同无效而无效，如主合同无效的担保人仍应对甲方的义务承担连带责任。"该补充协议上有金某平、朱某平、朱某光、陈某兵的签字字样，有红枫公司的盖章和胡某云的签章，没有签订日期。

红枫公司质证认可该《补充协议二》的真实性，金某平则不认可，并申请对该补充协议中金某平签名的同一性和红枫公司印章加盖时间进行司法鉴定。一审法院遂依法委托南京师范大学司法鉴定中心对《补充协议

二》上金某平签名的真实性和红枫公司印章的形成时间进行司法鉴定。2015年12月28日，一审法院组织金某平的委托代理人杜喜文、中信公司的委托代理人曹某辉对检材和比对样本进行质证，红枫公司的委托代理人黄某民表示同意中信公司的意见。各方对于将金某平的亲笔签名、金某平与红枫公司签订的1501号房屋《商品房购销合同》（复印件）作为比对样本没有异议，一审法院予以确认。对于2012年3月26日金某平与中国银行股份有限公司昆山支行（以下简称中国银行昆山支行）《个人一手住房贷款合同》（复印件）以及两套公寓房《商品房购销合同》（原件），金某平同意作为比对样本，中信公司和红枫公司表示由法院决定，一审法院认为，中信公司和红枫公司没有证据推翻住房贷款合同以及两套公寓房《商品房购销合同》的真实性，故可以作为比对样本。

对于2011年9月13日红枫公司与金某平签订的《补充协议一》，金某平申请作为比对样本，但中信公司和红枫公司均不同意。鉴于双方对该补充协议的真实性存在争议，且本案司法鉴定已经取得了较为充足的比对样本，故一审法院决定对该2013年9月13日《补充协议一》不作为比对样本。南京师范大学司法鉴定中心于2016年2月1日出具鉴定意见书，结论为：《〈商品房购销合同〉补充协议》（即《补充协议二》）上乙方处“金某平”签名与提供的字迹样本是同一人所写。对于印章形成时间，由于不具备鉴定条件，无法出具鉴定意见。一审法院于2016年3月21日开庭对该鉴定意见组织质证。中信公司和红枫公司对该鉴定意见予以认可。金某平对鉴定意见不认可，并申请重新鉴定。南京师范大学司法鉴定中心的鉴定人潘溪出庭接受质询，并就金某平提出的质询作出了相应答复。一审法院认为，金某平没有提出证据证明存在符合《最高人民法院关于民事诉讼证据的若干规定》第二十七条①第一款重新鉴定的情形，故对其重新鉴定的主张不予支持，对中信公司提供的《补充协议二》的真实性予以确认。

2. 款项支付情况

从红枫公司与金某平签订的《商品房购销合同》看，金某平应支付的

① 对应《最高人民法院关于民事诉讼证据的若干规定》（2019年修正）第四十条。

房屋总价款为14478800元；而中信公司提供的《补充协议二》则显示，金某平应支付的房屋总价款为700万元。关于款项的实际支付情况，金某平称其已经按照《商品房购销合同》支付了全部购房款14478800元；而红枫公司和中信公司则认为金某平仅仅支付了《补充协议二》所约定的700万元。根据金某平提供的证据和一审法院依职权调查，查明款项支付情况如下：

（1）金某平提供了黄某勤于2011年9月13日向朱某平转账300万元的银行交易明细、陈某林于2011年9月9日向朱某平转账400万元的银行交易明细，主张系由黄某勤和陈某林代其支付。

（2）金某平于2012年3月26日与中国银行昆山支行就涉案房屋签订《个人一手住房贷款合同》，红枫公司作为保证人。合同中约定购房总价款14478800元，贷款金额500万元。该合同第五条贷款的发放约定：贷款人在同意借款人贷款申请后，按贷款人受托支付方式发放贷款，即借款人同意并授权贷款人将全部贷款直接划至借款人指定购买住房的开发商或售房单位的专用账户（账户名称：昆山红枫房地产有限公司；账号：536××××××904）。在附件二的清单中，约定以涉案房屋为贷款合同项下贷款向贷款人提供抵押，并同意配合办理抵押权有效设立所需的抵押登记等一切相关手续。

（3）关于上述贷款的实际发放和转账走向，经一审法院依职权调查，查明：2012年4月9日，红枫公司在中国银行昆山支行的账户上，显示从黄某勤和金某平的账户上分别转入500万元，当天分四笔转出，其中两笔各转出25万元，备注信息为红枫公司；另两笔通过支票各转出475万元，备注信息为苏州兰大贸易发展有限公司（以下简称兰大贸易公司）。红枫公司的法定代表人胡某云在庭审中称该账户系为配合金某平开设，红枫公司没有使用过其中的款项，也不知晓兰大贸易公司。经一审法院查明，兰大贸易公司的法定代表人是卢品淑。在一审法院审理的与本案相关联的黄某勤与中信公司、红枫公司案外人执行异议之诉纠纷一案中，黄某勤在庭审中承认卢某淑是其朋友，其曾经向卢某淑借款用于支付该案的购房款。但是其对兰大贸易公司与卢某淑的关系并不清楚，对红枫公司和兰大贸易

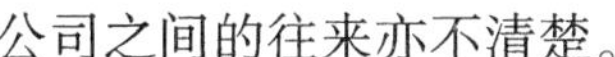

公司之间的往来亦不清楚。

（4）对于剩余的245万元，金某平陈述为现金支付，但金某平就其陈述未能提供相关证据。

（5）红枫公司于2011年9月6日、2011年11月16日、2012年4月16日分别给金某平出具收据700万元、245万元、500万元，收款事由购房款。收据上有红枫公司财务专用章和胡某云的签章。

3. 房屋交付情况

经查明，金某平购买的涉案房屋至今未办理竣工验收手续。金某平主张其于2013年1月1日实际占有涉案房屋，并提供了一组1501号房屋内部照片，证明涉案房屋已装修入住，实际占有。中信公司对交付房屋的真实性不予认可，认为涉案房屋未办理竣工验收手续，且所约定的交付时间在一审法院查封之后，不能发生交付效果。

4. 相关交易情况

（1）金某平与红枫公司签订《昆山市商品房购销合同》，约定金某平购买红枫公司6号、67号公寓房，价款分别为2202400元和811200元。合同上没有签订日期。红枫公司于2012年1月13日就两套商品房向金某平开具了购房发票。该两套房屋登记在金某平名下。经一审法院释明，金某平未能提供支付两套房屋价款的付款证据。

（2）胡某云提供朱某平（甲方）与红枫公司、胡某云（乙方）的《债务抵销协议》，约定：鉴于甲方对乙方享有　　万元的债权，2011年9月13日乙方应甲方的要求与黄某勤、金某平签订了商品房购房《补充协议》，约定乙方将位于昆山市巴城镇湖滨南路1098号4区红枫苑别墅1601（房屋产权面积723.94平方米）、1602（房屋产权面积723.94平方米）、1501（房屋产权面积723.94平方米）号别墅以每套700万元的低价出售给黄某勤、金某平并进行了备案登记。就上述事宜甲乙双方达成如下一致意见，以供双方遵守执行：“1. 乙方与黄某勤、金某平在《补充协议》中约定低价出售的三套别墅甲方实际上已按1601号别墅30164334元，1602号别墅30564166元，1501号别墅31395997元的价格出售给甲方（未登记备案），三套别墅的总购房款额为人民币92124497元。甲乙双方同意，乙方应付甲方的购房款额抵销甲方在乙方相应数额的债权，自本协议签订之日已作抵销。2. 乙方与黄某勤、金某平《补充协议》所约定的购房款额2100万由甲方享有，相应房屋的出售、登记备案事宜所产生的所有权利、义务和风险也都由甲方承担。乙方因上述别墅的再出售而产生费用、损失等由甲方承担，乙方有权抵销甲方相应数额的债权，不足部分乙方有权追偿。”该协议上有朱某平的签名和红枫公司、东方云顶公司的盖章。协议上没有签署日期。金某平认为该份证据为复印件，没有原件，对真实性不予认可。

（3）胡某云提供2012年1月18日黄某勤、金某平作为收款人签名的《收条》，载明：“今收到朱某光7套1033平方米人民币1033万，冲支票290万，实收743万，计柒佰肆拾叁万元正。”金某平认为该份证据为复印件，没有原件，对真实性不予认可。

（4）2012年3月13日温州公安局鹿城区分局对朱某平的询问笔录，朱某平陈述其以预售网签形式为金某平等6人做抵押，借了4300万元，利息在4.5~5.5分之间。2012年5月16日温州公安局鹿城区分局对朱某平的询问笔录，朱某平陈述16幢别墅中有3幢作为抵押物向一个人借款大概2200万元。2012年6月14日温州公安局鹿城区分局对朱某平的询问笔录，朱某平陈述抵给金某平一套别墅，抵押了700万元。

（5）2012年6月12日温州公安局鹿城区分局对胡某云的询问笔录，胡某云陈述向金某平借款700万元，利息大概5分。2014年3月2日温州公安局鹿城区分局对胡某云的询问笔录，胡某云陈述将7幢别墅抵押给社会上的人。

（6）中信公司提供红枫公司、东方云顶公司（共同作为甲方）与朱某平（乙方）于2011年6月1日签订的《协议书》原件一份，内容为：甲方（借款人）与乙方（出借人）签订了一系列的借款协议及补充条款(截至本补充协议签订日)，现就原来的所有借款及担保条款进行充分协商后做如下补充条款：“1. 截至本补充条款签订之日，双方共同确定目前甲方尚欠乙方人民币本金总额为17500万元。该款项总额包括乙方出借给甲方红枫公司、东方云顶公司以及两股东或法人即胡某云、胡某亚、胡某帛以及单某珍名义为借款人项下之所有欠款。2. 该欠款本金连同利息偿还方

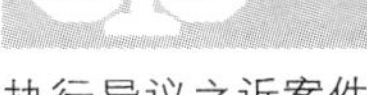

式为以甲方之红枫公司开发的价值为42226.8万元的二期别墅共计16套作为抵偿，该16套别墅清单附后。3. 在该16套别墅具备办理产权证时，甲方应该无条件配合将该16套别墅产权办理至乙方名下。在办理产权证时，双方的契税各自承担。4. 在办理产权证之前，甲方如找到买家购买该16套别墅全部或者部分时，价格需得到乙方同意，同时所得款项由乙方所得，甲方在该房屋具备房屋交付条件时将该款项转交给乙方。5. 鉴于甲方二期别墅项目的整体性，乙方同意在该别墅具备交付条件之前，甲方可就该16幢别墅连同整个项目一起进行融资，所融资金进行项目的后期建设。但该房屋达到交付条件时，甲方应确保偿付清该16幢别墅项下的所有融资，即确保没有任何抵押，可以顺利将该16幢别墅过户至乙方名下。6. 甲乙双方除此上述债权债务外，再无其他任何瓜葛。”本案1501号房屋在该协议所附的16套别墅清单中。

5. 一审法院调查情况

一审法院就涉案别墅相关情况向江苏省昆山市住房和城乡建设局的工作人员进行了调查，该局工作人员称：“2011年左右地上地下500平方米的别墅，1000万元是好卖的，当时红枫公司要卖1500万元是卖不掉的。”

（二）关于中信公司与红枫公司签订公证债权文书及申请执行的相关事实

中信公司和红枫公司于2010年3月18日签订《人民币资金贷款合同》和《抵押合同》，约定由中信公司向红枫公司贷款，红枫公司以其拥有的部分房产及其对应的国有出让土地使用权作为抵押物，向中信公司提供抵押担保。上述合同均由当事人向北京市方圆公证处申请办理了赋予强制执行效力的公证书。中信公司于2010年3月29日起陆续向红枫公司累计发放了人民币552194200元，贷款期限为12个月。后经红枫公司申请，中信公司同意就贷款期限展期至2012年9月29日，双方就此于2011年3月29日签订《人民币资金贷款合同之补充合同》。中信公司于2011年5月10日向红枫公司发放贷款人民币4291万元。中信公司累计向红枫公司发放贷款人民币595104200元。根据合同约定，截至2012年6月20日，红枫公司应向中信公司支付贷款利息人民币306294579.72元，但红枫公司只向中信公司支付贷款利息168936933.06元，尚欠贷款利息137357646.66元未按期向中信公司支付。为此，中信公司发函要求红枫公司立即偿还所有本息并承担抵押担保义务。因红枫公司未按照要求履行还款义务，中信公司遂向北京市方圆公证处申请执行证书，北京市方圆公证处于2012年7月3日作出（2012）京方圆内经证字第19478号执行证书。中信公司于2012年7月20日向一审法院申请执行，一审法院于2012年7月23日立案执行。

2012年8月1日、2日，一审法院通过昆山市住房和城乡建设局查封了登记在红枫公司名下的位于昆山市巴城镇阳澄湖旅游度假区的昆国用（2005）字第12005104051号面积为43890平方米的土地使用权及其地上建筑物（包括涉案房屋）。

2014年4月9日，一审法院作出（2012）苏执字第0006-4号执行裁定，拍卖被执行人红枫公司所有的位于昆山市巴城镇阳澄湖旅游度假区的昆国有（2005）字第12005104051面积为43890平方米的土地使用权及其地上建筑物（建筑面积合计21741.40平方米）。案外人金某平于2014年6月13日对执行标的提出书面异议，一审法院受理后于2014年8月18日作出（2014）苏执异字第0007号执行裁定书，认为案外人金某平主张其对涉案房屋已支付全款并实际合法占有，且对未过户登记无过错，因而其拥有实体权利足以阻却一审法院拍卖行为的异议理由无事实和法律依据，故裁定：驳回案外人金某平的异议。金某平不服该裁定，遂向一审法院提起本案诉讼。

一审法院认为本案争议焦点为：（1）金某平的起诉是否超过法定期限；（2）红枫公司与金某平之间是否存在合法有效的房屋买卖合同关系；（3）金某平有无排除执行的实体权利；（4）金某平请求红枫公司为其办理云鼎红枫苑别墅1501号房屋所有权证能否成立。一审法院根据事实与法律对上述争点作如下认定：

（一）关于金某平起诉是否超过法定期限的问题

一审法院认为，根据《中华人民共和国民事诉讼法》第二百二十七条[1]的规定，执行过程中，案外人对执行标的提出书面异议，人民法院裁定驳回的，案外人对裁定不服，且其所提异议与原判决、裁定无关的，可以自裁定送达之日起 15 日内向人民法院提起诉讼。因此，15 日系提起执行异议之诉的法定期间，逾期起诉的，人民法院不予受理，已经受理的，应当驳回起诉。经审查，本案执行裁定于 2014 年 8 月 18 日作出，8 月 22 日金某平收到该执行裁定，金某平于 9 月 5 日将本案起诉状寄交一审法院，故金某平的起诉并未超过法定期限。

（二）关于红枫公司与金某平之间是否存在合法有效的房屋买卖合同关系

金某平主张其与红枫公司之间成立了房屋买卖合同关系；而中信公司和红枫公司则主张，金某平与红枫公司之间并不存在真实的商品房买卖合同关系，而是借贷关系。综合审查各方当事人提交的全部证据材料，一审法院认为，红枫公司与金某平之间法律关系的性质名为房屋买卖实为民间借贷关系。理由是：

1. 从履约过程看，双方并未按照《商品房购销合同》的约定实际履行

金某平主张其履行的是《商品房购销合同》，总价款 14478800 元，其中包括 700 万元转账、500 万元银行贷款和 2478000 元现金，并提供了红枫公司的收据。红枫公司法定代表人胡某云则陈述，其只收到 700 万元转账，500 万元银行贷款并未实际进入红枫公司，2478000 元现金也未实际收到。至于收款收据，系由于公司经济当时陷入困难，财务管理较为混乱，印章当时已经处于失控状态。一审法院认为，首先，对于 2478000 元的现金付款，由于涉及金额较大，且红枫公司对款项交付提出合理异议，故金某平仍须就款项的交付事实进一步举证。但本案庭审中，金某平虽就款项的来源、交付的时间、地点和方式等作出了单方陈述，但其陈述内容并不具体，且存在前后矛盾和模糊之处，其并未提供相关的证据证明其陈述的真实性，并且该现金支付方式与之前双方通过银行转账 700 万元的交易习

---

① 对应《民事诉讼法》（2021 年修正）第二百三十四条。

惯不符，故一审法院对金某平主张以现金方式交付2478000元的事实不予认定。其次，对于500万元银行贷款，红枫公司抗辩称其没有收到，在中国银行昆山支行开设的账户系为配合金某平贷款而开设，当时公司的银行账户被他人控制，该款并未实际进入红枫公司。中信公司主张金某平与兰大贸易公司之间存在利益往来，该500万元银行贷款虽然名义上进入红枫公司账户但当天即被转走，红枫公司并未实际收到购房款。经一审法院审查，红枫公司在中国银行昆山支行的账户上显示，该500万元贷款从金某平账户汇入后当天即有475万元转入兰大贸易公司的账户，另500万元贷款从黄某勤账户汇入后当天也以475万元转入兰大贸易公司的账户。金某平庭审中认可黄某勤系其老乡，双方一起与红枫公司办理买房事宜，本案中金某平主张的转账700万元中有300万元系由黄某勤转账。而在一审法院审理的与本案相关联的黄某勤与中信公司、红枫公司案外人执行异议之诉纠纷一案中，黄某勤在庭审中承认兰大贸易公司的法定代表人卢某淑系其朋友，其曾经向卢某淑借款用于支付剩余的购房款。综合以上证据，可以认定兰大贸易公司与金某平、黄某勤存在利害关系，金某平并不能提供充分证据证明该500万元贷款已经实际为红枫公司所收取。因此，综合全案证据分析，金某平实际支付给红枫公司的款项应为700万元，恰好与《补充协议二》中约定的款项吻合，可见，双方实际履行的是房屋价格为700万元的《补充协议二》，而非《商品房购销合同》。

2. 双方约定的购房价格明显不符合市场行情

金某平与红枫公司签订的《商品房购销合同》约定涉案房屋总价款14478800元，单价2万元/平方米；而《补充协议二》约定房屋总价款700万元，单价仅为9669元/平方米，价格相差达1.07倍之多。据一审法院向江苏省昆山市住房和城乡建设局相关工作人员的调查，当时同地段别墅均价在2万元/平方米左右，按照补充协议的价格明显低于当地同类型房屋的市场价格。

3. 从利息支付情况看，可以推断红枫公司存在向金某平支付利息的行为

红枫公司主张其以两套公寓房抵偿本案借款利息，金某平对此虽然不予认可，但经一审法院释明，要求金某平提供两套公寓房的房款支付证

明，金某平未能提供，而只提供了两套公寓房的购销合同和购房发票。一审法院认为，两套公寓房的购销合同和购房发票只能证明金某平与红枫公司签订了合同，但就房款是否已经实际向红枫公司支付，仅有购房发票尚不足以证明。而经一审法院释明，金某平不能就该房款的款项来源、支付方式、支付时间等事实等作出合理说明，亦未能提供相关证据。故一审法院认为，中信公司和红枫公司关于红枫公司以两套公寓房抵偿本案借款利息的抗辩存在合理性，可进一步证明红枫公司与金某平之间名为房屋买卖实为借贷的法律关系。

4. 从其他关联证据看，能够佐证本案系民间借贷关系

从温州公安局鹿城区分局对朱某平的询问笔录看，朱某平陈述其以网签预售形式向金某平等人抵押借款，以 700 万元的价格抵一套别墅给金某平。红枫公司与朱某平于 2011 年 6 月 1 日签订的《协议书》中也确认，朱某平在别墅具备交付条件之前，红枫公司可就包括涉案房屋在内的 16 幢别墅连同整个项目一起进行融资，所融资金进行项目的后期建设。综合以上证据，能够形成证据锁链，可以认定红枫公司利用涉案房屋向金某平进行担保融资。

综上，一审法院认为，综合本案的证据进行分析，红枫公司与金某平签订商品房买卖合同的真实目的是融资而非买卖房屋，双方签订的商品房买卖合同以及相关补充协议仅是为了担保民间借贷的债务履行而采取的一种非典型担保方式，故金某平主张其与红枫公司之间系房屋买卖关系的理由无充分证据证明，一审法院不予采信。

（三）关于购房人有无排除执行的实体权利问题

本案中，金某平以《最高人民法院民事执行中查封、扣押、冻结财产的规定》（以下简称《查扣冻规定》）第十七条和《最高人民法院关于建设工程价款优先受偿权问题的批复》① （以下简称《优先受偿权批复》）第一条、第二条作为依据，主张其对涉案房屋享有停止执行的实体权利。

① 已失效。

一审法院认为，无论是《查扣冻规定》或《优先受偿权批复》的相关规定，其适用的前提均是案外人需与被执行人建立房屋买卖关系，其必须具备房屋购买人的身份。而本案中，如前所述，金某平与红枫公司之间属于民间借贷关系而非房屋买卖关系，因此，金某平不具备买房人的身份，只能依据借贷关系向红枫公司主张债权，而不享有排除强制执行的实体权利。

（四）关于金某平要求红枫公司办理涉案房屋所有权证的问题

一审法院认为，案外人在执行异议之诉案件中同时提出要求被执行人继续履行合同、交付标的物等给付之诉的诉讼请求的，因其与阻却执行的诉讼目的无关，不属于执行异议之诉案件的审理范围，故对金某平要求红枫公司办理涉案房屋所有权证的请求，一审法院不予理涉。

综上，一审法院认为，法律关系的性质界定，不应受制于当事人之间签订合同的形式与名称，而应由当事人的真实意思与合同的真实权利义务关系来决定。本案中，红枫公司与金某平的真实意思是建立借款关系，双方签订的商品房购销合同及补充协议仅仅是作为债务履行的一种非典型担保方式。在双方不成立房屋买卖关系的前提下，金某平并不具备买房人的身份，故以《查扣冻规定》或《优先受偿权批复》等相关规定主张其享有排除强制执行的实体权利不能成立，对其主张停止执行的诉讼请求应当予以驳回。关于金某平主张的要求办理涉案房屋所有权证的问题，不属于执行异议之诉审理的范围，一审法院不予理涉。依照《中华人民共和国民事诉讼法》第一百四十二条①、第二百二十七条之规定，判决：驳回金某平的诉讼请求。一审案件受理费108500元，鉴定费31200元，由金某平负担。

二审中，当事人没有提交新证据。金某平申请对《补充协议二》重新鉴定。主要理由是：一审鉴定程序和鉴定结论存在严重错误，排除最有比对价值的样本《补充协议一》；未对加盖印章形成时间进行鉴定。

本院认为，一审鉴定的样本包括金某平的亲笔签名、金某平与红枫公司签订的1501号房屋《商品房购销合同》（复印件）；2012年3月26日金

① 对应《民事诉讼法》（2021年修正）第一百四十五条。

某平与中国银行昆山支行《个人一手住房贷款合同》(复印件)以及两套公寓房《商品房购销合同》(原件)等。对上述比对样本,金某平并无异议,本案司法鉴定比对样本充足。中信公司和红枫公司不认可《补充协议一》的真实性,一审法院决定《补充协议一》不作为比对样本,并无不当。《补充协议二》印章形成时间不具备鉴定条件,鉴定机构对此未出具鉴定意见亦无不当。一审鉴定机构和鉴定人员具有相应鉴定资质,鉴定人员出庭接受质询。金某平未举证证明一审鉴定存在《最高人民法院关于民事诉讼证据的若干规定》第二十七条第一款规定的重新鉴定情形,本院对其重新鉴定的申请不予准许。

对当事人二审争议的事实,本院认定如下:金某平主张2012年3月5日、6日,红枫公司转账收入的1049万元中包括金某平支付的两套公寓房的购房款;红枫公司不予认可。经查,红枫公司的银行账户明细记载,2012年3月5日,红枫公司转账收入三笔,金额分别为50万元、50万元、150万元,备注是黄某勤,同日转账支出(同城提出)两笔,金额分别为100万元、150万元。2012年3月6日,红枫公司转账收入三笔,一笔260万元,备注黄某勤,一笔260万元和另一笔279万元,备注金某平。同日上述三笔款项转账支出(同城提出)。金某平转入红枫公司共计539万元,金某平购买红枫公司两套公寓房价款共计3013600元,两者金额并不相符。红枫公司于2012年1月13日就两套公寓房向金某平开具了购房发票,在539万元的转账时间之前。黄某勤和金某平向红枫公司购房金额总计10337900元,与双方转入红枫公司金额总计1049万元并不一致。故不足以认定金某平转入红枫公司的539万元系支付两套公寓房购房款。

二审查明其他事实与一审查明一致。

本院认为,本案争议的焦点问题是:金某平阻却强制执行江苏省高级人民法院(2012)苏执字第0006-4号执行裁定的理由是否成立。红枫公司与金某平虽签订《商品房购销合同》、红枫公司亦向金某平出具购房款收据,但是综合本案事实不足以认定双方存在商品房买卖合同关系,理由如下:

第一,红枫公司与金某平约定的房屋价格过低,与正常的商品房交易价格不符。红枫公司与金某平就案涉房产签订两份协议,其中《商品房购销合同》（合同号 2011023510）予以备案，另签订《补充协议二》明确约定备案登记的价格不再适用，实际房屋总价为每套 700 万元。双方约定的房屋价格应以《补充协议二》为准，据此计算的房产价格不足 1 万元/平方米。而根据查明事实，该地段别墅的价格在 2 万元/平方米，双方约定的购房价格明显低于市场行情。

第二，金某平主张已实际支付购房款收据载明的全部款项，依据不足。金某平提交红枫公司于 2011 年 9 月 6 日、2011 年 11 月 16 日、2012 年 4 月 16 日出具的金额分别为 700 万元、245 万元、500 万元的购房款收据，证明已付购房款。红枫公司认为其中 700 万元支付给朱某平，是借款。其中 500 万元系红枫公司帮助金某平获得银行贷款，红枫公司未实际收取。经查，金某平自中国银行昆山支行贷款 500 万元虽然进入红枫公司账户，但是同日其中的 475 万元又转入兰大贸易公司。兰大贸易公司与红枫公司并不存在其他经济往来，兰大贸易公司的法定代表人卢某淑是另案（黄某勤与中信公司、红枫公司案外人执行异议之诉纠纷）当事人黄某勤的朋友，黄某勤曾经向卢某淑借款用于支付购房款。即款项贷出后支付给黄某勤的关系人。红枫公司主张未收取购房款具有一定可信性。另外 245 万元，金某平委托代理人陈述为现金支付给红枫公司法定代表人胡某云，红枫公司不予认可。除购房款收据外，金某平未提交其他证据予以佐证，且与 700 万元的交付方式（转账）和收款人（朱某平）均不一致。金某平实际支付的款项仅为 700 万元，与《补充协议二》约定的金额相符。

第三，朱某平在公安机关供述用预售网签形式向金某平等人借款。朱某平在《补充协议二》签字，且为指定收款人，金某平委托黄某勤和陈某林代其向朱某平支付房款 700 万元，说明朱某平与本案有密切关系。红枫公司、东方云顶公司与朱某平于 2011 年 6 月 1 日签订的《协议书》约定，以红枫公司开发的包括本案 1501 号房屋在内的 16 套别墅抵偿红枫公司、东方云顶公司欠朱某平的 17500 万元及利息。朱某平在公安机关的询问笔录中陈述其以预售网签形式为金某平等 6 人做抵押，借 4300 万元。以 700 万元的价格抵一套别墅给金某平。

第四，金某平收取红枫公司两套公寓房，而未举证证明支付购房款。

金某平一审中以红枫公司开具购房发票主张已付两套公寓房价款，二审主张红枫公司2012年3月5日和6日转账收入的1049万元中包括金某平支付的购房款。经查，金某平转入红枫公司的款项与两套公寓房的价款金额并不相符；转账时间在红枫公司向金某平开具购房发票之后，故不足以认定金某平转入红枫公司的539万元系支付两套公寓房购房款。红枫公司主张用两套公寓房折抵应向金某平支付的借款利息，具有一定可信性。

上述事实和证据可以相互印证，证明红枫公司与朱某平通过预售网签方式向金某平借款，款项支付给朱某平。红枫公司另以公寓房折价向金某平支付利息。红枫公司与金某平签订《商品房购销合同》和《补充协议二》是为保障金某平的融资债权实现。金某平不属于《查扣冻规定》第十七条规定的无过错的购房者，不享有优先其他债权的权利。金某平主张排除法院的强制执行，无事实和法律依据。

综上所述，金某平的上诉请求不能成立，应予驳回；一审判决认定事实清楚，适用法律正确，应予维持。依照《中华人民共和国民事诉讼法》第一百七十条[①]第一款第一项规定，判决如下：

驳回上诉，维持原判。

二审案件受理费108500元，由金某平负担。

本判决为终审判决。

审　判　长　张　纯

审　判　员　李　琪

代理审判员　谢爱梅

二〇一六年十二月十六日

书　记　员　徐　上

---

① 对应《民事诉讼法》（2021年修正）第一百七十七条。

15. 再审申请人招商银行股份有限公司包头分行与被申请人贾某军、姜某军及原审第三人刘某案外人执行异议之诉纠纷案*

基于以房抵债而拟受让不动产的受让人，在完成不动产法定登记之前，不能据此产生针对交易不动产的物权期待权

【裁判摘要】

以房抵债协议首先以消灭金钱债务为目的，而房产的交付仅系以房抵债的实际履行方式，基于以房抵债而拟受让不动产的受让人，在完成不动产法定登记之前，该以房抵债协议并不足以形成优先于一般债权的利益，不能据此产生针对交易不动产的物权期待权。

最高人民法院民事裁定书

(2017) 最高法民申 1769 号

再审申请人（一审被告、二审被上诉人）：招商银

* 摘自《民事审判指导与参考》2017 年第 3 辑（总第 71 辑），人民法院出版社 2017 年版，第 104~107 页。

行股份有限公司包头分行，住所地：内蒙古自治区包头市青山区钢铁大街甲5号。

负责人：吕某良，该分行行长。

委托诉讼代理人：程某，北京市高朋律师事务所律师。

委托诉讼代理人：张某，北京市高朋（呼和浩特）律师事务所律师。

被申请人（一审原告、二审上诉人）：贾某军。

被申请人（一审原告、二审上诉人）：姜某军。

委托诉讼代理人：扈某，内蒙古日恒律师事务所律师。

委托诉讼代理人：赵某，内蒙古日恒律师事务所律师。

原审第三人：刘某。

再审申请人招商银行股份有限公司包头分行（以下简称招商银行包头分行）因与被申请人贾某军、姜某军及原审第三人刘某案外人执行异议之诉纠纷一案，不服内蒙古自治区高级人民法院（2015）内民一终字第00184号民事判决，向本院申请再审。本院依法组成合议庭进行了审查，现已审查终结。

招商银行包头分行申请再审称：（1）本案事实认定错误。①贾某军、姜某军不是涉案房地产的所有权人。贾某军、姜某军虽然与刘某于人民法院查封之前签订涉案房屋抵顶协议书，但此时贾某军、姜某军对刘某只享有债权请求权，其对刘某的债权与招商银行包头分行对刘某的债权性质是一样的，均为债权请求权，不能排除执行。②争议不动产是否交付给案外人贾某军、姜某军，是本案的关键事实。招商银行包头分行认为贾某军、姜某军在人民法院查封之前没有合法占有涉案房产的理由是：基于贾某军、姜某军与刘某抵账协议约定，向贾某军、姜某军交付房地产的时间是2014年9月30日前；内蒙古自治区包头市中级人民法院（以下简称包头中院）在巴彦淖尔市房屋产权交易中心查封本案房地产是2014年6月5日，贾某军、姜某军以其2014年8月4日《校舍租赁协议》及装修费等相关证据来证明其对涉案房地产占有、使用、收益的权利，不能对抗招商银行包头分行的财产保全；中山学校交付姜某军的租赁费36万元不能证明其在2014年6月5日前占有房屋的事实；贾某军、姜某军自认2014年8

月4日实际占有包括本案执行标的在内的全部抵债房产和地产。③现有证据不能证明贾某军、姜某军在2014年6月5日查封之前对涉案房地产的管理和支配；贾某军、姜某军与刘某在2013年8月9日签订的500万元《借款合同》及借条，均未约定是为办理涉案房地产注销在银行的抵押登记所借款，也无转账汇款凭证，且在巴彦淖尔市临河区人民法院（2014）临民初字第4283号民事判决中无此事实的陈述与认定；内蒙古泰安煤业有限公司及刘某出具的《确认书》，刘某、国某霞存在倒签的行为，不具有真实性。④巴彦淖尔市临河区人民法院（2014）临民初字第4283号民事判决作出于2014年10月28日，在执行标的被查封之后，作为排除执行的依据不符合法律规定；该判决在诉讼中未审查涉案房地产的状态，判决依据也是基于借贷关系的债权请求权；招商银行包头分行未参与该诉讼程序，该判决对招商银行包头分行无约束力。⑤贾某军、姜某军对未及时进行涉案房地产过户登记具有过错。在2014年6月5日查封涉案房地产前，将近10个月的时间内，贾某军、姜某军怠于行使房地产产权变更手续的权利，其主观上是存在过错的。其没有任何证据证明符合“非因买受人自身原因未办理过户登记”的情形，故不应受到该原则的保护。（2）本案适用法律错误。①巴彦淖尔市临河区人民法院（2014）临民初字第4283号案件立案时间为2014年8月21日，判决作出时间是2014年10月28日，对本案房地产保全查封时间是2014年6月5日，根据《最高人民法院关于人民法院办理执行异议和复议案件若干问题规定》第二十六条第二款的规定，金钱债权执行中，案外人依据执行标的被查封、扣押、冻结后作出的另案生效法律文书提出排除执行异议的，人民法院不予支持。②《最高人民法院关于人民法院办理执行异议和复议案件若干问题规定》第二十八条是关于无过错不动产买受人物权期待权的保护规定，贾某军、姜某军不属于法律规定的不动产的买受人，抵债协议的受让人不在物权期待权的保护范围之内。综上，招商银行包头分行依据《中华人民共和国民事诉讼法》第二百条[①]第二项、第六项的规定申请再审。

---

① 对应《民事诉讼法》（2021年修正）第二百零七条。

贾某军、姜某军提交意见称：（1）其在包头中院查封前已经与刘某、国某霞签订《协议书》并办理了公证。该《协议书》约定了全部房产及地产的抵债总价为22867992元，房产现状为教学使用，房产交易方式为抵债，交付时间为2014年9月30日前。（2）在包头中院查封前，贾某军、姜某军已合法占有抵债的不动产。本案中刘某、国某霞于2013年8月9日向贾某军、姜某军借款500万元，用于消灭抵押房产的抵押权。抵押的房产在注销抵押登记后，刘某、国某霞将全部权利凭证都交付给了贾某军、姜某军；2014年8月5日贾某军、姜某军与中山学校签订《协议书》，先后投入20余万元修缮了教职工食堂，一直在行使出租人的管理职能；2014年12月24日临河区教育局向贾某军、姜某军交付了2013年度至2014年度租金36万元，可以证实在2013年8月9日后，刘某、国某霞抵顶的全部房产及地产一直由贾某军、姜某军占有和管理。（3）签订抵债协议后，贾某军、姜某军已经免除了刘某、国某霞以房抵债部分的债务。（4）由于刘某、国某霞无力承担抵债房产和地产的变更登记税费，导致贾某军、姜某军在签订《协议书》后一直未能办理过户登记。（5）招商银行包头分行据以申请执行的债权为一般债权。综上，原判决认定事实清楚，适用法律准确，应予维持。

本院经审查认为，案外人提起执行异议之诉的主要目的在于通过诉讼阻却人民法院对执行标的的强制执行，在此类诉讼中，人民法院需要审查案外人对执行标的是否享有所有权或者享有其他足以阻止执行标的的转让、交付的实体权利。

贾某军、姜某军与刘某、国某霞民间借贷纠纷一案，巴彦淖尔市临河区人民法院于2014年10月28日作出（2014）临民初字第4283号民事判决，该判决已经生效。上述案件案由是民间借贷纠纷而非物权确认纠纷，该判决并未确认案涉房产所有权归属于贾某军、姜某军，只是判决刘某、国某霞协助贾某军、姜某军办理抵顶房屋所有权转移登记手续及抵顶土地使用权变更登记手续，该判决不能直接引起物权变动的法律后果。因案涉房产一直登记在刘某名下，物权变动并未完成，贾某军、姜某军对刘某只享有债权请求权。

原判决适用的主要依据是《最高人民法院关于人民法院办理执行异议和复议案件若干问题规定》第二十八条规定，即“金钱债权执行中，买受人对登记在被执行人名下的不动产提出异议，符合下列情形且其权利能够排除执行的，人民法院应予支持：（一）在人民法院查封之前已签订合法有效的书面买卖合同；（二）在人民法院查封之前已合法占有该不动产；（三）已支付全部价款，或者已按照合同约定支付部分价款且将剩余价款按照人民法院的要求交付执行；（四）非因买受人自身原因未办理过户登记”。上述规定适用的主体是不动产买卖合同中的买受人，保护的是基于买卖不动产而产生的物权期待权。本案涉及的是以房抵债协议，以房抵债协议首先以消灭金钱债务为目的，而房产的交付仅系以房抵债的实际履行方式，基于以房抵债而拟受让不动产的受让人，在完成不动产法定登记之前，该以房抵债协议并不足以形成优先于一般债权的利益，不能据此产生针对交易不动产的物权期待权。

依照《中华人民共和国民事诉讼法》第二百零四条、第二百零六条①和《最高人民法院关于适用〈中华人民共和国民事诉讼法〉的解释》第三百九十五条②第一款的规定，裁定如下：

1. 指令内蒙古自治区高级人民法院再审本案；

2. 再审期间，中止原判决的执行。

审　判　长　贾劲松
审　判　员　吴晓芳
代理审判员　高　榉

二〇一七年六月二十三日

书　记　员　武泽龙

---

① 对应《民事诉讼法》（2021 年修正）第二百一十一条、第二百一十三条。

② 对应《最高人民法院关于适用〈中华人民共和国民事诉讼法〉的解释》（2022 年修正）第三百九十三条。

16．再审申请人张某与被申请人高某云、一审第三人张某勋案外人执行异议之诉纠纷案*

在对夫妻一方个人债务执行程序中，另一方提起执行异议之诉，请求排除执行夫妻共同财产的，不予支持，但应在夫妻共有财产范围内对夫妻一方所享有的财产份额进行处分

【裁判摘要】

在对夫妻一方个人债务执行程序中，另一方以被执行财产系夫妻共同财产为由提起执行异议之诉，请求排除执行夫妻共同财产的，人民法院不予支持，但应在夫妻共有财产范围内对夫妻一方所享有的财产份额进行处分，不得损害另一方的财产份额。

最高人民法院民事裁定书

（2017）最高法民申 2083 号

再审申请人（一审原告、二审上诉人）：张某。

委托诉讼代理人：解某鹏，内蒙古邦铎律师事务所律师。

---

* 摘自《民事审判指导与参考》2017 年第 3 辑（总第 71 辑），人民法院出版社 2017 年版，第 108～110 页。

被申请人（一审被告、二审被上诉人）：高某云。

一审第三人：张某勋。

再审申请人张某因与被申请人高某云、一审第三人张某勋案外人执行异议之诉一案，不服内蒙古自治区高级人民法院（以下简称内蒙古高院）(2016）内民终154号民事判决，向本院申请再审。本院依法组成合议庭对本案进行了审查，现已审查终结。

张某依照《中华人民共和国民事诉讼法》第二百条①第二项、第六项的规定，向本院申请再审。事实与理由：一审、二审判决适用法律错误。一、二审判决已经认定张某是目前已查封财产的共同共有人，而内蒙古自治区乌海市中级人民法院（2012）乌中民一初字第98号民事判决明确判决张某在该案中不承担责任。如果在未析产前对共有财产予以执行，则势必会连同张某的财产一并执行，而执行张某的财产是没有依据的，甚至是与据以执行的判决相悖的。一审判决认为因难以划分执行财产各归所属，而执行行为本身也不能充分印证对张某的共有权已经造成实质性损害的理由是无事实和法律依据的。二审法院认可张某不承担责任，在执行中应在共有财产范围内对第三人张某勋所享有的财产份额进行处分，不得损害张某的财产份额，但却驳回了张某的上诉请求，明显前后自相矛盾。在执行本案中的涉案财产前，必须先进行析产。在有明确的析产结果前，应当先对涉案财产解除查封。因为《最高人民法院关于人民法院民事执行中查封、扣押、冻结财产的规定》（以下简称《查封扣押冻结规定》）第十四条并未对提起析产后以及协商不成又无人提起析产诉讼时是否能够继续查封作出规定，根据公权力“法无授权不可为”的原则，法律没有授权人民法院在这种情况下继续查封涉案财产，人民法院应当先解除对涉案财产的查封。

高某云辩称，张某的再审申请不符合《中华人民共和国民事诉讼法》第二百条的规定，应裁定驳回申请。

本院认为，本案再审审查的核心问题是：张某的主张是否足以排除强

---

① 对应《民事诉讼法》(2021年修正）第二百零七条。

制执行效力。《查封扣押冻结规定》第十四条规定，对被执行人与其他人共有的财产，人民法院可以查封、扣押、冻结，并及时通知共有人。共有人协议分割共有财产，并经债权人认可的，人民法院可以认定有效。查封、扣押、冻结的效力及于协议分割后被执行人享有份额内的财产；对其他共有人享有份额内的财产的查封、扣押、冻结，人民法院应当裁定予以解除。共有人提起析产诉讼或者申请执行人代位提起析产诉讼的，人民法院应当准许。诉讼期间中止对该财产的执行。本案中，张某勋作为生效判决的被执行人，人民法院查封张某勋与张某的夫妻共同财产，符合《查封扣押冻结规定》第十四条第一款的规定，并无不当。该条第二款规定，共有人可以和债权人协议分割共有财产。但张某勋、张某并没有与债权人高某云协商一致对共有财产进行分割，故人民法院继续查封张某勋、张某夫妻共同财产，并无不当。该条第三款赋予共有人提起析产诉讼或者申请执行人代位提起析产诉讼的权利，而非提起析产诉讼的法定义务，张某认为高某云应该积极提起析产诉讼的主张，缺乏法律依据。同时，本案亦不符合《最高人民法院关于适用〈中华人民共和国婚姻法〉若干问题的解释（三）》[①] 第四条“婚姻关系存续期间，夫妻一方请求分割共同财产的，人民法院不予支持”的例外情形，故内蒙古高院不支持张某“先析产再执行”的上诉请求，并无不当。《查封扣押冻结规定》第十四条第一款规定执行法院可以对被执行人与其他人共有的财产进行查封、扣押、冻结，第二款和第三款分别规定了在各方当事人协商一致分割共有财产以及提起析产诉讼情况下的执行方式，在不存在第二款和第三款规定的情形时，应适用第一款的规定。张某关于“该条并未对提起析产后以及协商不成又无人提起析产诉讼时是否能够继续查封作出规定”的主张不能成立。内蒙古高院二审判决认定“在对张某勋、张某夫妻共有财产进行拍卖时，应在夫妻共有财产范围内对张某勋所享有财产份额进行处分，不得损害张某的财产份额”。可见，二审判决已经对张某的财产权益给予了适当保护，故张某关于涉案的执行行为对其造成实质性损害的再审事由亦不能成立。

---

① 已失效。

综上，张某的再审申请不符合《中华人民共和国民事诉讼法》第二百条第二项、第六项规定的情形，依照《中华人民共和国民事诉讼法》第二百零四条[①]第一款、《最高人民法院关于适用〈中华人民共和国民事诉讼法〉的解释》第三百九十五条[②]第二款之规定，裁定如下：

驳回张某的再审申请。

审　判　长　付少军
代理审判员　王　渊
代理审判员　赵风暴

二〇一七年六月二十八日

书　记　员　李　帅

① 对应《民事诉讼法》（2021年修正）第二百一十一条。

② 对应《最高人民法院关于适用〈中华人民共和国民事诉讼法〉的解释》（2022年修正）第三百九十三条。

不论租赁合同是否合法有效，均不能产生阻却人民法院对该房屋及其占用土地使用权予以执行的法律效果

17. 再审申请人大连舒心门业有限公司与被申请人中信银行股份有限公司大连甘井子支行、大连国滨企业发展总公司案外人执行异议之诉纠纷案*

【裁判摘要】

(1) 根据《中华人民共和国民事诉讼法》第二百二十五条①之规定，房屋承租人主张拍卖房屋未通知其行使优先购买权，属于对人民法院执行行为是否合法的异议，而不属于对执行标的的异议。(2) 租赁合同是否合法有效，均不能产生阻却人民法院对该房屋及其占用土地使用权予以执行的法律效果。(3) 当事人所持因土地被征用而使抵押物发生变化，申请执行人就案涉土地使用权无权行使抵押权的主张，属于对执行所依据的法律文书的异议，而不属于对执行标的的异议，应通过针对执行依据的审判监督程序解决。

---

* 摘自《民事审判指导与参考》2017年第3辑（总第71辑），人民法院出版社2017年版，第111~114页。

① 对应《民事诉讼法》（2021年修正）第二百三十二条。

最高人民法院民事裁定书

（2015）民申字第16号

再审申请人（一审原告、二审上诉人）：大连舒心门业有限公司，住所地：辽宁省大连经济技术开发区湾里杏树底村。

法定代表人：赵某品，该公司总经理。

委托代理人：原某，北京金诚同达律师事务所律师。

委托代理人：于某彬，北京金诚同达律师事务所律师。

被申请人（一审被告、二审被上诉人）：中信银行股份有限公司大连甘井子支行，住所地：辽宁省大连市甘井子区金家街1号。

负责人：赵某，该支行行长。

被申请人（一审被告、二审被上诉人）：大连国滨企业发展总公司，住所地：辽宁省大连市甘井子区石家沟。

法定代表人：王某京，该公司总经理。

再审申请人大连舒心门业有限公司（以下简称舒心门业）因与被申请人中信银行股份有限公司大连甘井子支行（以下简称中信银行）、大连国滨企业发展总公司（以下简称国滨公司）案外人执行异议之诉纠纷一案，不服辽宁省高级人民法院（2014）辽民一终字第254号民事判决，向本院申请再审。本院依法组成合议庭对本案进行了审查，现已审查终结。

舒心门业申请再审称，国滨公司向中信银行抵押的是集体土地建设用地使用权，大连舒心科技建材有限公司（以下简称舒心建材）投资在该地块上建设仓库3500平方米，仓库建设于抵押权设定之后，根据《中华人民共和国物权法》第二百条[①]的规定，该仓库不属于抵押财产。舒心门业因未收到拍卖通知导致未能行使优先购买权，二审判决认定舒心门业放弃

① 对应《民法典》第四百一十七条。

了优先购买权缺乏证据证明。案涉建筑物在甘井子区土地规划局有总体规划图，并非违法建筑，舒心门业与国滨公司及舒心建材签订租赁合同的时间是2004年，而《最高人民法院关于审理城镇房屋租赁合同纠纷案件具体应用法律若干问题的解释》自2009年9月1日起才开始实施，一审、二审判决根据上述解释第一条、第二条的规定认定舒心门业对案涉房屋不享有合法承租权，适用法律错误。根据法律规定，抵押物毁损、灭失或被征用，就该抵押物设定的抵押权消灭，抵押物价值转化为其他形态时，其他形态的价值为抵押权标的物的代位物，抵押权人可以就该代位物行使抵押权。案涉土地被征用后，国滨公司原有的土地使用权证已被注销，土地权属已发生变化，中信银行在案涉土地上设定的抵押权其抵押物不再是集体土地使用权，而是转变成土地征收补偿金、赔偿金的优先受偿权，法院将案涉土地及地上建筑物均作为执行标的没有事实和法律依据。本案舒心门业有两个租赁关系，一个是国滨公司出租的土地使用权，另一个是舒心建材出租的房屋使用权，一审、二审忽略了舒心门业与舒心建材之间的租赁关系，未作释明也未依职权追加舒心建材为被告，遗漏了应当参加诉讼的当事人，且在舒心建材未参加诉讼的情况下，认定案涉租赁合同无效，处分了案外人的实体权利。舒心门业系根据《中华人民共和国民事诉讼法》第二百条[①]第二项、第六项、第九项之规定申请再审。

本院认为，关于案涉地块上3500平方米仓库是否属于抵押财产的问题。舒心门业提交的三份租赁合同中，落款日期为2004年9月23日的国滨公司与舒心门业的租赁合同约定，租赁物范围为国滨公司拥有的案涉土地使用权及地上厂房，其中包含了仓库3500平方米。舒心门业主张其仅从国滨公司租赁了土地使用权，地上仓库系舒心建材投资建设，但就该节事实，未提供充分证据予以证明，其仅提供与舒心建材签订的房屋租赁合同，不能证明该房屋系舒心建材投资建设于案涉抵押权设定之后的事实。而且根据《中华人民共和国担保法》[②]第五十五条、《中华人民共和国物权

① 对应《民事诉讼法》（2021年修正）第二百零七条。

② 已失效。

法》第二百条[①]的规定，即使可以认定土地使用权抵押后该土地上新增建筑物不属于抵押财产的情况下，在抵押权人就该土地使用权实现抵押权时，人民法院亦应当依法将该土地上新增的建筑物与土地使用权一并处分，故舒心门业所持案涉地块上3500平方米仓库不属于抵押财产范畴的理由，不能产生阻却人民法院对该土地使用权及地上房屋采取执行措施的法律效果，该申请再审理由不能成立。

关于优先购买权问题。本院认为，根据一审、二审判决载明的事实，案涉房产及土地使用权拍卖前，法院曾就拍卖事宜多次通知舒心门业，但该公司未行使优先购买权，舒心门业称并未收到拍卖通知与其经理在接受法院调查时所作陈述不相符。而且，根据《中华人民共和国民事诉讼法》第二百二十五条[②]之规定，舒心门业关于优先购买权行使问题的异议，属于对人民法院执行行为是否合法的异议，而不属于对执行标的的异议，故其所持该项申请再审理由不能成立。

关于舒心门业对案涉房屋是否享有合法承租权的问题。本院认为，舒心门业主张案涉建筑物在大连市甘井子区土地规划局有总体规划图，并非违法建筑，但就该节事实未举证证明，且仅具有总体规划图，亦不符合取得建设工程规划许可并按照规划许可建设施工的要求，不能因此推翻本案一审、二审判决作出的事实认定。本案系执行异议之诉，案件争议焦点为舒心门业就案涉执行标的物是否享有合法权利且该权利是否可以阻却人民法院的执行。根据《最高人民法院关于适用〈中华人民共和国担保法〉若干问题的解释》[③] 第六十六条的规定，抵押人将已抵押的财产出租的，抵押权实现后，租赁合同对受让人不具有约束力。抵押人将已抵押的财产出租时，如果抵押人未书面告知承租人该财产已抵押的，抵押人对出租抵押物造成承租人的损失承担赔偿责任；如果抵押人已书面告知承租人该财产已抵押的，抵押权实现造成承租人的损失，由承租人自己承担。根据一审、二审判决载明的事实，本案中信银行的抵押权设定在先，舒心门业所

---

① 对应《民法典》第四百一十七条。

② 对应《民事诉讼法》（2021年修正）第二百三十二条。

③ 已失效。

持租赁合同签订在后，因此，无论该租赁合同是否合法有效，舒心门业的承租权是否合法存在，都不能产生阻却人民法院对案涉土地使用权及房屋予以执行的法律效果。舒心门业以其享有合法承租权为由，要求停止人民法院对抵押物执行的申请再审理由不能成立。

关于中信银行抵押权的抵押物是否发生变化的问题。本院认为，舒心门业提交的征地文件，不能证明征地范围是否包含案涉土地以及征地是否已经实际进行，就其所持案涉土地被征用、国滨公司原有土地使用权证被注销的事实，舒心门业未提供充分证据予以证明。而且，根据《中华人民共和国民事诉讼法》第二百二十七条①之规定，舒心门业所持因土地被征用的事实而使抵押物发生变化，中信银行就案涉土地使用权无权行使抵押权的问题，属于对执行所依据的法律文书的异议，而不属于对执行标的的异议，依法应通过针对执行依据的审判监督程序解决，舒心门业所持该项申请再审理由不能成立。

关于本案是否遗漏了应当参加诉讼的当事人问题。本院认为，根据《最高人民法院关于适用〈中华人民共和国民事诉讼法〉执行程序若干问题的解释》第十七条②的规定，案外人执行异议之诉中，案外人对执行标的主张实体权利，并请求对执行标的停止执行的，应当以申请执行人为被告；被执行人反对案外人对执行标的所主张的实体权利的，应当以申请执行人和被执行人为共同被告。本案中，舒心门业作为案外人，对执行标的主张实体权利，以申请执行人中信银行和被执行人国滨公司为共同被告提起执行异议之诉，一审、二审法院根据其提起的诉讼确定当事人诉讼地位并无不当。舒心建材不属于本案中法院应当依职权追加的被告，舒心门业亦未举证证明其曾经要求追加舒心建材为被告，本案在程序上不存在遗漏了应当参加诉讼的当事人问题，故舒心门业的该项申请再审理由亦不能成立。

综上所述，舒心门业的再审申请不符合《中华人民共和国民事诉讼

---

① 对应《民事诉讼法》（2021年修正）第二百三十四条。

② 该司法解释已于2020年修正，修正后无对应条文。

法》第二百条第二项、第六项、第九项规定的情形。本院依照《中华人民共和国民事诉讼法》第二百零四条[①]第一款的规定，裁定如下：

驳回大连舒心门业有限公司的再审申请。

审　判　长　辛正郁
代理审判员　潘　杰
代理审判员　沈丹丹

二〇一五年一月二十九日

书　记　员　韦　大

① 对应《民事诉讼法》(2021年修正)第二百一十一条。

公司之间签订内部关系协议，在没有对案涉土地或房屋进行变更登记或者经生效裁判文书确权之前，不足以对抗权属证书的公示性

18. 再审申请人赵某凯与被申请人利津县利华益恒信小额贷款股份有限公司、一审第三人东营市润泽房地产开发有限责任公司案外人执行异议之诉纠纷案*

【裁判摘要】

案涉房屋所在土地的《土地使用权证》、案涉房屋的《建设用地规划许可证》《建设工程规划许可证》《建筑工程施工许可证》和《商品房预售许可证》均办理在润泽公司名下，依据《中华人民共和国物权法》规定，案涉房屋的产权人应认定为润泽公司。赵某凯主张其对案涉房屋享有可排除强制执行的权益，但其主张的依据为其与润泽公司之间签订的《联合开发协议》，该协议是其与润泽公司之间的内部关系，在没有对案涉土地或房屋进行变更登记或者经生效裁判文书确权之前，赵某凯享有的仅是对润泽公司的债权，不足以对抗上述权属证书的公示性。

* 摘自《民事审判指导与参考》2017年第3辑（总第71辑），人民法院出版社2017年版，第126~130页。

最高人民法院民事裁定书

（2017）最高法民申2004号

再审申请人（一审原告、二审上诉人）：赵某凯。

委托诉讼代理人：于某志，北京恒都律师事务所律师。

委托诉讼代理人：杜某，北京恒都律师事务所律师。

被申请人（一审被告、二审被上诉人）：利津县利华益恒信小额贷款股份有限公司，住所地：山东省东营市利津县大桥路86号。

法定代表人：赵某民，该公司董事长。

委托诉讼代理人：王某云，该公司员工。

委托诉讼代理人：霍某台，山东东城律师事务所律师。

一审第三人：东营市润泽房地产开发有限责任公司，住所地：东营市利津县利三路65号。

法定代表人：赵某波，该公司董事长。

再审申请人赵某凯因与被申请人利津县利华益恒信小额贷款股份有限公司（以下简称恒信公司）、一审第三人东营市润泽房地产开发有限责任公司（以下简称润泽公司）案外人执行异议之诉纠纷一案，不服山东省高级人民法院（2016）鲁民终2378号民事判决，向本院申请再审。本院依法组成合议庭进行了审查，现已审查终结。

赵某凯申请再审称：（1）从涉案项目土地使用权的历史沿革、赵某凯与润泽公司签订的相关合作协议、涉案项目的实际投资情况来看，赵某凯是涉案项目的权利人，其权利真实、合法，一审、二审认定事实错误。①涉案项目土地使用权系赵某凯及赵某吉（赵某凯的哥哥）通过自有土地置换取得，真实权利人为赵某凯。②根据赵某凯与润泽公司签订的《联合开发协议》，涉案项目土地使用权为赵某凯所有，建设费用由赵某凯投资，建成的房屋及相应土地使用权归赵某凯所有。③从涉案项目实际投资情况

来看，涉案项目完全是由赵某凯个人投资建设。赵某凯向利津瑞凯商贸有限公司、东营市海河物流有限公司、东营市好运来运输有限公司、利津鑫汇商贸有限公司、山东锐凯新能源开发有限责任公司等公司借款，通过润泽公司对涉案项目进行投资。赵某凯通过财务人员胡某森、张某真二人的个人银行账户支出建设费用。润泽公司对赵某凯上述证据及主张均无异议。（2）赵某凯作为涉案项目的实际权利人，享有足以排除强制执行的权利，如果允许法院强制执行，则严重损害了赵某凯的合法权益。①根据《最高人民法院关于人民法院民事执行中查封、扣押、冻结财产的规定》第二条第二款规定，未登记的建筑物和土地使用权，依据土地使用权的审批文件和其他相关证据确定权属。本案中，涉案土地使用权是赵某凯通过拆迁补偿获得，以润泽公司名义开发只是在履行赵某凯与政府拆迁部门的协议，而且赵某凯与润泽公司也明确约定涉案项目所有权归赵某凯所有。确定涉案项目权属应当以项目的历史渊源、审批文件和合作协议等证据综合认定。东营中院（2014）东民保字第68-4号民事裁定书裁定赵某凯作为案外人的异议成立，裁定解除对涉案房产的查封，证明赵某凯为涉案项目权利人。东营中院（2014）东民保字第68-5号民事裁定书裁定利津县人民政府就法院查封的登记在润泽公司名下的三宗土地使用权提出的异议成立，也证明土地及房产并非完全以不动产权属证书记载为准。②赵某凯与润泽公司合作开发涉案房产，是为了配合利津县棚户区改造项目，赵某凯取得涉案项目所有权是政府拆迁补偿的结果，如果允许法院执行涉案项目，则违反公平正义原则。根据赵某凯与利津县棚户区改造工程指挥部签订的协议书，政府同意赵某凯置换4栋小高层住宅楼和1栋多层住宅楼，负责将土地使用权证办理到赵某凯名下，但由于赵某凯不具有房地产开发的资质，不得不以与润泽公司合作开发的方式获得置换的房产，这是政府部门、赵某凯、润泽公司三方意思表示一致的结果，共同目的是赵某凯取得涉案项目房产保障拆迁顺利进行。③赵某凯作为房屋的实际建造人，根据《中华人民共和国物权法》第三十条规定，自房屋建成时取得房屋的所有权。④如果将涉案项目定性为名为合作开发实为房屋买卖合同，赵某凯也有权排除执行。根据《联合开发协议》，润泽公司不承担风险。双方不存在共同出资、共担风险、共负盈亏的事实，不属于合作开发。根据《最高人民法院关于审理涉及国有土地使用权合同纠纷案件适用法律问题的解释》第二十五条①的规定，应将赵某凯与润泽公司的行为视为房屋买卖合同。根据《最高人民法院关于人民法院民事执行中查封、扣押、冻结财产的规定》第十七条规定，赵某凯已经支付的全部投资应视为房款，房屋建成后即完成分配属于赵某凯已经实际占有，而且赵某凯已将大部分房屋出售，属于对房屋进行了处分。所以，赵某凯虽未办理产权过户登记手续，但法院不应强制执行。（3）恒信公司主张的借款，名义上借款人是润泽公司，但实际借款人为王某青及银海棉业公司，恒信公司明知该笔借款与涉案项目无任何关系。如果法院排除本案执行，实质上未损害恒信公司利益。恒信公司的法定代表人赵某民与赵某凯是多年朋友关系，其对赵某凯是涉案项目的所有人是明知的。（4）一审法院将润泽公司列为第三人程序违法。赵某凯的诉讼请求涉及润泽公司的实体权利，润泽公司应当作为被告而非第三人参加诉讼。赵某凯系根据《中华人民共和国民事诉讼法》第二百条②第二项、第六项规定申请再审。

恒信公司提交意见称，一审、二审判决认定事实正确、适用法律得当、审判程序合法，请求驳回赵某凯的再审申请。

本院经审查认为，根据再审申请人申请再审的理由以及提交的证据，本案的争议焦点问题为：

1. 赵某凯对案涉房屋是否享有足以排除强制执行的权益。本院认为，根据《中华人民共和国物权法》第十六条第一款“不动产登记簿是物权归属和内容的根据”、第十七条“不动产权属证书是权利人享有该不动产物权的证明”以及第九条“不动产物权的设立、变更、转让和消灭，经依法登记，发生效力；未经登记，不发生效力，但法律另有规定的除外”的规定，③ 对于涉案房屋的归属及变动应根据不动产权属证书及登记情况确定。本案中，根据已查明事实，润泽公司是案涉房屋所在土地的《土地使用权

① 该司法解释已于2020年修正，修正后本条对应第二十二条。

② 对应《民事诉讼法》（2021年修正）第二百零七条。

③ 分别对应《民法典》第二百一十六条、第二百一十七条、第二百零九条。

证》上所载的土地使用权人，案涉房屋的《建设用地规划许可证》《建设工程规划许可证》《建筑工程施工许可证》和《商品房预售许可证》也是由润泽公司取得，依据《中华人民共和国物权法》上述规定，案涉房屋的产权人应认定为润泽公司。赵某凯主张其对案涉房屋享有可排除强制执行的权益，但其主张的依据为其与润泽公司之间签订的《联合开发协议》，该协议是其与润泽公司之间的内部关系，在没有对案涉土地或房屋进行变更登记或者经生效裁判文书确权之前，赵某凯享有的仅是对润泽公司的债权。在法律没有另行规定的情形下，该债权不足以对抗《土地使用权证》《建设用地规划许可证》《建设工程规划许可证》《建筑工程施工许可证》《商品房预售许可证》等权属证书的公示性。山东省东营市中级人民法院（2014）东民保字第68-4号民事裁定和（2014）东民保字第68-5号民事裁定均是在财产保全中作出的程序性裁定，不具有确权性质，因此，赵某凯以此作为证据证明其是涉案项目权利人的主张不能成立。综上，赵某凯关于其对案涉房屋享有足以排除强制执行的权益的主张不能成立，二审判决对此认定并无不当，赵某凯关于此点的申请再审的理由不成立。

2. 一审法院将润泽公司列为第三人是否属于程序违法。根据《最高人民法院关于适用〈中华人民共和国民事诉讼法〉的解释》第三百零七条①“案外人提起执行异议之诉的，以申请执行人为被告。被执行人反对案外人异议的，被执行人为被告；被执行人不反对案外人异议的，可以列被执行人为第三人”之规定，本案中，根据一审判决书记载，润泽公司作为另案中的被执行人，对赵某凯的陈述“没有异议”，依据上述规定，可以列其为第三人，故原审审理不存在程序违法情形。赵某凯关于此点的申请再审的理由不成立。

综上，赵某凯主张的再审事由不成立。依照《中华人民共和国民事诉讼法》第二百零四条②第一款、《最高人民法院关于适用〈中华人民共和国

① 对应《最高人民法院关于适用〈中华人民共和国民事诉讼法〉的解释》（2022年修正）第三百零五条。

② 对应《民事诉讼法》（2021年修正）第二百一十一条。

民事诉讼法〉的解释》第三百九十五条[①]第二款规定，裁定如下：

驳回赵某凯的再审申请。

审　判　长　李明义
代理审判员　方　芳
代理审判员　于　蒙

二〇一七年六月二十七日

书　记　员　张莉莉

① 对应《最高人民法院关于适用〈中华人民共和国民事诉讼法〉的解释》（2022 年修正）第三百九十三条。

▶
以房屋及国有土地使用权作为抵押担保，但实际只办理了该房屋的抵押登记的，对在抵押房屋占用范围内的土地使用权享有优先受偿权

19．再审申请人鄂尔多斯银行股份有限公司呼和浩特分行与被申请人王某玉、王某祥案外人执行异议之诉纠纷案*

【裁判摘要】

（1）鄂尔多斯银行呼市分行与润鑫公司、王某祥等签订《还款协议书》，约定以房屋及国有土地使用权作为抵押担保，但实际只办理了该房屋的抵押登记，而未办理土地使用权的抵押登记。故根据《中华人民共和国物权法》第一百八十二条、第一百八十七条①之规定，鄂尔多斯银行呼市分行对该国有土地使用权，在抵押房屋占用范围内的土地使用权享有优先受偿权。鄂尔多斯银行呼市分行可在执行程序中，主张和实现其依法享有的优先受偿权，其要求停止对该国有土地使用权的强制执行，缺乏法律依据。（2）鄂尔多斯银行呼市分行提出的关于被执行人为王某祥个人，法院查封王某祥控股的润鑫公司财产错误的理由，系对法院执行行为的异议，不属于案外人执行异议之诉案件的审理范围。

---

* 摘自《民事审判指导与参考》2017年第3辑（总第71辑），人民法院出版社2017年版，第131～133页。

① 分别对应《民法典》第三百九十七条、第四百零二条。

最高人民法院民事裁定书

（2015）民申字第3429号

再审申请人（一审原告、二审上诉人）：鄂尔多斯银行股份有限公司呼和浩特分行，住所地：内蒙古自治区呼和浩特市新城西街37号建行内蒙分行营业部大楼。

负责人：张某丽，该分行行长。

委托代理人：昂汗巴雅尔，该分行客户经理。

被申请人（一审被告、二审被上诉人）：王某玉。

被申请人（一审被告）：王某祥。

再审申请人鄂尔多斯银行股份有限公司呼和浩特分行（以下简称鄂尔多斯银行呼市分行）因与被申请人王某玉、王某祥案外人执行异议之诉纠纷一案，不服内蒙古自治区高级人民法院（2015）内民一终字第27号民事判决，向本院申请再审。本院依法组成合议庭对本案进行了审查，现已审查终结。

鄂尔多斯银行呼市分行申请再审称，该分行对案涉磴国用（2011）第10753号国有土地使用权享有优先受偿权，本案应当停止对案涉土地使用权的执行。二审判决仅认定鄂尔多斯银行呼市分行对抵押房屋占用土地范围内的土地使用权具有抵押权，将导致其余土地使用权无法实现价值。案涉执行依据的被执行人为王某祥个人，法院查封王某祥控股的巴彦淖尔市润鑫煤焦有限公司（以下简称润鑫公司）的财产，没有法律依据。鄂尔多斯银行呼市分行系根据《中华人民共和国民事诉讼法》第二百条①第二项、第六项之规定申请再审。

本院认为，根据一审、二审法院查明的事实，鄂尔多斯银行呼市分行

① 对应《民事诉讼法》（2021年修正）第二百零七条。

虽然与润鑫公司、王某祥等人签订《还款协议书》，约定以证号为蒙房权证磴口县字第10401110××××号房屋一套，及证号为磴国用（2011）第10×××号国有土地使用权作为抵押担保，但鄂尔多斯银行呼市分行只办理了上述房屋的抵押登记，而未办理土地使用权的抵押登记。故二审判决认定鄂尔多斯银行呼市分行对磴国用（2011）第10753号国有土地使用权，在巴彦淖尔市房他证字第10404130××××号《房屋他项权证》记载的房屋抵押权7416.45平方米占用范围内的土地使用权享有优先受偿权，符合《中华人民共和国物权法》第一百八十二条、第一百八十七条之规定。鄂尔多斯银行呼市分行可在执行程序中，主张和实现其依法享有的优先受偿权，其要求停止对润鑫公司国有土地使用权的强制执行，缺乏法律依据。鄂尔多斯银行呼市分行提出的关于被执行人为王某祥个人，法院查封王某祥控股的润鑫公司财产错误的理由，系对法院执行行为的异议，不属于案外人执行异议之诉案件的审理范围，其据此提出的申请再审理由亦不能成立。

综上，鄂尔多斯银行呼市分行的再审申请不符合《中华人民共和国民事诉讼法》第二百条第二项、第六项规定的情形。本院依照《中华人民共和国民事诉讼法》第二百零四条①第一款之规定，裁定如下：

驳回鄂尔多斯银行股份有限公司呼和浩特分行的再审申请。

审　判　长　辛正郁
代理审判员　司　伟
代理审判员　沈丹丹

二〇一五年十二月十一日

书　记　员　韦　大

① 对应《民事诉讼法》（2021年修正）第二百一十一条。

20．上诉人青海盐湖新域水泥制造有限公司与被上诉人中国华融资产管理股份有限公司深圳市分公司、原审第三人青海水泥股份有限公司案外人执行异议之诉纠纷案*

如公司之间债权债务关系的证据不能认定，就不能证明其享有排除强制执行的民事权益

【裁判摘要】

虽然并无充分证据证明当事人之间就案涉借款存在恶意串通、规避执行的行为，但结合对新域公司提交的证明三者之间借贷关系的证据分析以及新域公司、新域管理公司、水泥公司三者之间关联关系这一事实，可以作出新域公司在本案中提交的证据不足以证明新域公司与水泥公司之间存在案涉债权债务关系的认定。相应地，新域公司关于判决不得执行本案争议标的的上诉请求因就案涉执行款项不能证明享有足以排除强制执行的民事权益，而不能得到支持。

* 摘自《民事审判指导与参考》2017年第3辑（总第71辑），人民法院出版社2017年版，第134~142页。

最高人民法院民事判决书

（2016）最高法民终363号

上诉人（原审原告）：青海盐湖新域水泥制造有限公司，住所地：青海省西宁市经济技术开发区甘河工业园区。

法定代表人：刁某瑞，该公司董事长。

委托诉讼代理人：黄某伟，青海树人律师事务所律师。

被上诉人（原审被告）：中国华融资产管理股份有限公司深圳市分公司，住所地：广东省深圳市福田区南园路232号五邑大厦三楼。

负责人：孙某文，该公司总经理。

委托诉讼代理人：王某，泰和泰（深圳）律师事务所律师。

委托诉讼代理人：张某，北京市永轩律师事务所律师。

原审第三人：青海水泥股份有限公司，住所地：西宁市大通回族土族自治县桥头镇黎明路19号。

法定代表人：白某文，该公司董事长。

委托诉讼代理人：李某，该公司员工。

委托诉讼代理人：许某，青海树人律师事务所律师。

上诉人青海盐湖新域水泥制造有限公司（以下简称新域公司）因与被上诉人中国华融资产管理股份有限公司深圳市分公司（以下简称华融公司）、原审第三人青海水泥股份有限公司（以下简称水泥公司）案外人执行异议纠纷一案，不服青海省高级人民法院（以下简称青海高院）（2015）青民三初字第1号民事判决，向本院提起上诉。本院于2016年5月23日立案后，依法组成合议庭，开庭进行了审理。上诉人新域公司委托诉讼代理人黄某伟、被上诉人华融公司委托诉讼代理人王某、原审第三人水泥公司委托诉讼代理人许某、李某到庭参加诉讼。本案现已审理终结。

新域公司上诉请求：（1）撤销一审判决；（2）判决不得执行本案争议

标的；（3）一、二审诉讼费退返新域公司或由华融公司承担。事实和理由：

1. 原审法院认定事实不清，责任认定不当。案涉 20310048.73 元是在查封保全逾期解封的状态下，由水泥公司通过其开户银行青海银行股份有限公司中心广场支行（以下简称广场支行）以转账方式支付给新域公司。水泥公司之所以给新域公司转款，是因为双方之间存在债权债务关系。虽然 20310048.73 元是执行标的，但在保全逾期后即属于水泥公司的可支配款项。其再行转付或处分并不属于转移执行标的或逃避履行。法院对水泥公司账户的查封保全逾期后，该账户资金已自动解封。在此情形下，任何单位动用或处分该资金均不属于妨害和阻止执行。因为执行民事裁判的先决依据是裁定书。裁定书失效，该裁定书确定的义务即不存在。

2. 原审法院的执行程序错误，对证据的认定不当。新域公司与华融公司申请执行水泥公司担保债务一案无任何关系。案争款项 20310048.73 元是水泥公司通过银行付至新域公司账户的。从银行转付款的程序来看，收款方属于被动一方是善意相对人，在转付款的流程中不需要也没有必要去衡量、判断该款项是否合法、权利受限。而新域公司自其账户收到该款项时就占有了该款项。根据我国民法的基本精神，占有货币即取得其所有权。

新域公司取得该款项的所有权后至今，没有任何司法机关及第三方对该款项的所有权提出异议，要求确认无效或行使撤销权。故原审法院执行占有的该款项是新域公司的款项。本案执行至今，法院并未追加新域公司为协助执行人，华融公司也没有申请追加新域公司要求承担责任，故法院（口头）要求新域公司承担责任没有依据，属于执行程序不当。原审法院依据《最高人民法院关于适用〈中华人民共和国民事诉讼法〉的解释》（以下简称《民诉法解释》）第三百一十一条①认为，新域公司应当对涉案执行标的享有足以排除人民法院强制执行的民事权益提供证据是本末倒

① 对应《最高人民法院关于适用〈中华人民共和国民事诉讼法〉的解释》（2022 年修正）第三百零九条。

置，将本属于法院执行程序错误的责任转嫁给新域公司。首先，新域公司是案外人，法院在执行中牵涉到或要求新域公司承担责任时要有法律依据及司法认定，而且在被要求承担责任前就应由司法机关出具并送达；其次，法院现执行的标的是新域公司善意、合法取得的财产，法院执行该财产，需要完备的司法程序与司法文书，故举证责任不应由新域公司承担。

3. 关于本案的诉讼费用问题。本案虽然是新域公司与华融公司的执行异议之诉，但华融公司对该执行程序实际既未参与也不知情，本案实质审查的是法院的程序问题。因此，本案应归类于特别程序。《诉讼费用交纳办法》第八条第一项规定，依照特别程序审理的案件不交纳案件受理费。因而，该案不应当收取诉讼费，更不应由新域公司承担。

华融公司辩称：（1）新域公司与水泥公司均属于同一家公司共同控制的关联公司，双方之间的债权债务关系具有模糊性。（2）水泥公司利用查封空档期，与银行串通，转移执行标的款项，属于非法转移资产，逃避债务的行为。（3）新域公司向原审法院支付案涉款项时，案涉款项的所有权已发生转移。

水泥公司述称，水泥公司向新域公司转款时，案涉款项已经解冻。水泥公司向新域公司还款合法。

新域公司向原审法院提出诉讼请求：（1）撤销（2015）青执异字第3号执行裁定；（2）返还案涉20310048.73元。后经原审法院释明后，新域公司变更诉讼请求为：对案涉20310048.73元不得强制执行，应返还所有人新域公司。

原审法院认定事实：2008年6月29日，青海高院作出（2008）青民二初字第4号民事判决，判决青海水泥厂向中国东方资产管理公司兰州办事处（以下简称兰州办事处）归还本金5000万元及截至2007年12月20日的利息44069952.23元，水泥公司承担连带清偿责任。该案经二审判决维持并已生效。在兰州办事处申请执行该案期间，青海高院于2013年10月15日，依当事人申请，裁定将申请执行人兰州办事处变更为华融公司。2014年6月16日，青海高院依法冻结了被执行人水泥公司在广场支行开设账户上的现金20310048.73元。同年12月17日8时7分，水泥公司将此笔资金转入该公司另一个账户，再转入新域公司账户并销户。12月18日，青海高院向广场支行下发《责令追回被转移款项通知书》。12月23日，青海高院责令水泥公司限期追回款项，该公司法定代表人承诺按期转回。12月26日，水泥公司在新域公司的配合下，将20310048.73元转账至青海高院账户。

新域公司是青海盐湖新域资产管理有限公司（以下简称新域管理公司）全资子公司；水泥公司注册资本11000万元，由三个股东组成，其中管理公司持股金额103442800元，为控股股东。三家公司均为独立的法人企业。2008年4月22日，水泥公司向新域管理公司借款1200万元，2010年4月20日又借款1000万元；2011年4月30日，新域管理公司向新域公司借款2000万元；2014年5月5日，新域管理公司、新域公司、水泥公司三方确认《还款通知》，将新域管理公司欠新域公司借款2000万元及利息360万元，转移由水泥公司直接向新域公司偿还2360万元。

原审法院认为，依照《民诉法解释》第三百一十一条关于“案外人或者执行人提起执行异议之诉的，案外人应当就其对执行标的享有足以排除强制执行的民事权益承担举证证明责任”之规定，案外人是否对执行标的享有实体权益并可以排除对执行标的执行，应当在执行标的上是否具有真实权属和能否阻止执行提供证据证明。新域公司在本案中仅就其与水泥公司存在债权债务关系提供了初步证据，但未能提供对涉案执行标的享有足以排除人民法院强制执行的民事权益的证据。（2008）青民二初字第4号民事判决发生法律效力后，经华融公司申请，青海高院裁定对被执行人水泥公司的财产进行强制执行。在执行期间，青海高院冻结了水泥公司在广场支行账户存款20310048.73元，该存款属于水泥公司所有，虽然新域公司与水泥公司可能存在债权债务关系，但在涉案特定执行标的上，新域公司既没有民事权益，更无优先权。华融公司行使权利的依据是生效判决，按照民事裁判执行优先原则，该款项应优先实现进入执行程序的债权。即使人民法院采取的具体执行措施影响到保全效力，也不允许义务人转移财产，逃避债务。

新域公司是水泥公司的控股股东，属于关联公司，新域公司之所以取

得涉案执行标的，是水泥公司为逃避执行，利用保全措施逾期的机会，以偿还债务为名，将原冻结款项转移给新域公司，其行为属于故意妨害和阻止民事裁判的执行。水泥公司不履行生效裁判确定义务，其转款行为既无正当性，也无合法性；新域公司主张善意取得该款项理由不当，不予支持。

综上，新域公司在本案中未能提供对涉案执行标的享有足以排除强制执行的民事权益的证据，其诉讼请求不能成立，不予支持。华融公司的抗辩理由正当，应予采纳。经本院审判委员会讨论决定，依照《民诉法解释》（2015 年）第三百零四条、第三百零七条、第三百一十条、第三百一十一条、第三百一十二条第一款第（二）项规定，判决：驳回新域公司的诉讼请求。案件受理费 143350 元由新域公司负担。

本院二审期间，当事人围绕上诉请求依法提交了证据。本院组织当事人进行了证据交换和质证。二审庭审时，新域公司向本院提交了五份新证据：（1）2015 年 1 月 16 日，新域公司向青海高院出具的《关于新域公司支付案款的说明》；（2）2015 年 5 月 21 日，新域公司向青海高院出具的《新域公司关于不能动用案款的函》；（3）2015 年 7 月 1 日，新域公司向青海高院出具的《新域公司关于涉诉案款的函》；（4）2014 年 12 月 17 日，青海高院出具的《协助冻结存款通知书》；（5）2014 年 12 月 26 日，青海高院出具的《解除冻结存款通知书》。新域公司在接受庭审询问时，仅以无法调取青海高院的执行卷宗作为逾期举证的理由，但并未提交不能调取的相关证据。

对于上述五份新证据，华融公司发表质证意见为，对前三份证据的关联性不予确认，因为该三份证据是新域公司的单方陈述，没有法院的认可，也没有其他证据印证；对第四份、第五份证据的关联性也不予确认。因为法院对违法转移的执行款项具有冻结查封的权利。本院认为，前三份证据仅为新域公司单方制作，并无法院确认，不能证明其真实性和关联性；由于新域公司提交后两份证据目的是证明青海高院执行时违反法定程序，而在二审庭审中，新域公司已明确表示不再坚持关于执行违反程序的主张，故对后两份证据，不作评价。

本院认为，本案争议焦点为：新域公司是否已取得案涉款项的所有权并可以此排除法院的强制执行。对此，可从以下方面进行分析。

1. 新域公司提交的证据不足以证明水泥公司与新域管理公司之间存在案涉2200万元的借款关系。第一，案涉《借款协议》内容存在冲突。首先，2008年4月22日，新域管理公司与水泥公司签订第一份《借款协议》时，尚未成立。经查，新域管理公司经工商登记，成立时间为2008年6月4日。根据《借款协议》可知，协议虽约定新域管理公司出借1200万元给水泥公司，但落款盖的是青海数码网络投资（集团）股份有限公司。而且，案涉1200万元也是由青海数码网络投资（集团）股份有限公司通过转账支票支付给水泥公司。对此，一审质证笔录中载明，新域公司的陈述为，青海数码网络投资（集团）股份有限公司为新域管理公司前身，2008年新域管理公司刚刚完成重组，公章还没有刻。但新域公司并未提供证据证明青海数码网络投资（集团）股份有限公司与新域管理公司之间的演变关系，更没有提供证据证明新域管理公司从青海数码网络投资（集团）股份有限公司取得了该债权。其次，《借款协议》上记载的“借款编号”“公司用章”存在不一致。经查，2009年4月30日，新域管理公司将1200万元续借给水泥公司签订的《借款协议》为格式文本，其上“借款编号：YHXY（正常）0000111”。新域管理公司盖的是该公司公章。而时隔一年后的2010年4月20日，新域管理公司将1000万元出借给水泥公司签订的《借款协议》（格式文本）上“借款编号：YHXY（正常）0000109”。新域管理公司盖的是该公司财务章。经查，两份《借款协议》中的打印条款部分均相同，应为新域管理公司单方制作提供的格式文本，其上编号并非手写。一般情况下，借款编号与《借款协议》签订时间对应，签订时间越早，则借款编号越小。本案中，2010年4月20日签订的《借款协议》上“借款编号：YHXY（正常）0000109”比之前2009年4月30日签订的《借款协议》上“借款编号：YHXY（正常）0000111”还小，不符合逻辑和日常生活经验。另外，既然都是新域管理公司出借款项给水泥公司，合同文本都是新域管理公司提供的格式文本，那么前后《借款协议》上，新域管理公司盖章也应一致。但新域管理公司在2010年4月20日的《借款

协议》上不加盖公司公章而用公司财务部章替代，不符合常理。

第二，案涉银行转账支票存根存在涂改。经查，证明案涉1200万元借款已支付的中国建设银行转账支票存根上“用途”一栏填写的是“水泥借款”，而证明案涉1000万元借款已支付的中国建设银行转账支票存根上“用途”一栏填写的原有字迹已被删除后加上了“借款”二字。故上述两张转账支票存根在证明转账款项为借款性质这一点上存在形式瑕疵。

2. 新域公司提交的证据不足以证明新域公司与新域管理公司之间存在案涉2000万元的借款关系。第一，《借款协议》约定案涉2000万元借款期间的起点与借款实际给付时间不一致。经查，案涉2000万元的《借款协议》签订时间为2011年4月30日，而约定的借款期间为2011年5月1日至2014年4月30日，但借款实际转账时间是2011年5月5日。故实际借款给付时间晚于约定的借款期间起点。第二，《中国建设银行电子转账凭证》本身不能证明其与案涉2000万元借款有必然联系。首先，新域公司同一天分两笔各1000万元向新域管理公司电子转账给付案涉2000万元借款的行为，不合常理。为证明新域公司已向新域管理公司提供案涉2000万元借款，新域公司提交了同一天委托的两张各1000万元的《中国建设银行电子转账凭证》，从其凭证编号分别为0754和0755来看，应是新域公司先后分别向新域管理公司转账1000万元，共计2000万元。一般而言，同一笔借款没有必要分拆为两笔分别转账。但新域公司未提供证据证明拆分的合理性；其次，两张各1000万元的《中国建设银行电子转账凭证》上“附加信息及用途”记载的并非“借款”而是“往来款”。虽然两张《中国建设银行电子转账凭证》能够证明新域公司向新域管理公司转账了2000万元，但从《中国建设银行电子转账凭证》上的文字表述也得不出该款项是借款的结论。

3. 新域管理公司向水泥公司出具的《还款通知》的表述不符合常理。第一，从《还款通知》内容看，其抬头部分载明的通知对象为水泥公司，主要内容是新域管理公司要求水泥公司将其所欠款项26891000元中的2360万元直接偿还给新域公司。既然是通知，则应是由新域管理公司直接发送给水泥公司即可，无需水泥公司、新域公司确认。但《还款通知》上出现了确认单位：水泥公司、新域公司的盖章。第二，新域管理公司通过《还款通知》让水泥公司代为承担其对新域公司的债务，应经债权人新域公司同意。但新域公司并不是《还款通知》上载明的通知对象，其如何得知该通知内容、何时盖章确认，均不得而知。第三，《还款通知》记载的案涉2000万元借款日期与实际借款日期不一致。《还款通知》上记载的案涉2000万元借款发生时间为2010年4月30日，而新域公司与新域管理公司实际借款发生日期为2011年4月30日。如此大笔借款，新域管理公司在起草《还款通知》时，应会仔细审核，但在《还款通知》内容不足一页纸的情形下，新域管理公司居然对借款日期的表述不一致，也不符合常理。

4. 水泥公司向新域公司支付案涉20310048.73元的具体行为表现不符合常理。根据一审已查明事实，2014年6月16日，水泥公司账户中的案涉20310048.73元被依法冻结后，于2014年12月16日24时到期。水泥公司在17日早上8点07分即将案涉资金先转入该公司另一账户，再转账支付给新域公司。转账后，水泥公司还对原账户进行了销户处理。显然，案涉20310048.73元解冻后，水泥公司马上在银行非正常营业时间实施的转账后销户行为，不符合日常生活经验和行业惯例。对此，2014年12月23日，水泥公司法定代表人李良也认识到上述行为的不当，明确表示其将想办法给法院把钱划回来。

5. 新域管理公司既是水泥公司控股股东又是新域公司的唯一股东，三者之间存在关联关系。根据一审质证笔录可知，新域管理公司持有水泥公司股权比例为94.04%，而持有新域公司股权比例为100%。《中华人民共和国公司法》第二百一十六条规定："本法下列用语的含义：……（二）控股股东，是指其出资额占有限责任公司资本总额百分之五十以上或者其持有的股份占股份有限公司股本总额百分之五十以上的股东；出资额或者持有股份的比例虽然不足百分之五十，但依其出资额或者持有的股份所享有的表决权已足以对股东会、股东大会的决议产生重大影响的股东……（四）关联关系，是指公司控股股东、实际控制人、董事、监事、高级管理人员与其直接或者间接控制的企业之间的关系，以及可能导致公司利益转移的其他关系。但是，国家控股的企业之间不仅因为同受国家控股而具有关联关系。”可知，新域管理公司是新域公司与水泥公司的共同控股股东，分别与两者构成关联关系。也即，新域管理公司可以同时控制新域公司与水泥公司包括对外借贷在内的生产经营。本案中，虽然并无充分证据证明三者之间就案涉借款存在恶意串通、规避执行的行为，但结合对新域公司提交的证明三者之间借贷关系的证据分析以及新域公司、新域管理公司、水泥公司三者之间关联关系这一事实，可以作出新域公司在本案中提交的证据不足以证明新域公司与水泥公司之间存在案涉债权债务关系的认定。相应地，新域公司关于判决不得执行本案争议标的的上诉请求因就案涉执行款项不能证明享有足以排除强制执行的民事权益，而不能得到支持。

综上所述，新域公司的上诉请求不能成立，应予驳回。依照《中华人民共和国民事诉讼法》第一百七十条①第一款第一项规定，判决如下：

驳回上诉，维持原判。

二审案件受理费143350元，由青海盐湖新域水泥制造有限公司负担。

本判决为终审判决。

审 判 长　张颖新
审 判 员　吴晓芳
代理审判员　肖　峰

二〇一六年十二月二十九日

书 记 员　王冬颖

① 对应《民事诉讼法》（2021年修正）第一百七十七条。

21. 上诉人信达陕西分公司与被上诉人崇立公司、佳佳公司案外人执行异议之诉案*

▶ 被执行人对案件事实的承认可以作为认定案件事实的证据，但不能据此当然免除案外人的举证证明责任

【裁判摘要】

根据《最高人民法院关于适用〈中华人民共和国民事诉讼法〉的解释》第三百一十一条①规定，案外人提起执行异议之诉的，应当就其对执行标的享有足以排除强制执行的民事权益承担举证证明责任，且需达到享有权益排除执行的高度盖然性证明标准。

执行异议之诉中，利益和主张相对的双方首先是案外人和申请执行人，被执行人对案件事实的承认可以作为认定案件事实的证据，但不能据此当然免除案外人的举证证明责任。

上诉人（一审被告）：中国信达资产管理股份有限公司陕西省分公司，住所地：陕西省西安市碑林区南大街10号楼。

负责人：李某昭，该公司总经理。

---

* 摘自《民事审判指导与参考》2017年第3辑（总第71辑），人民法院出版社2017年版，第166~176页。

① 对应《最高人民法院关于适用〈中华人民共和国民事诉讼法〉的解释》（2022年修正）第三百零九条。

委托诉讼代理人：郭某龙，国浩律师（北京）事务所律师。

委托诉讼代理人：黄某超，国浩律师（西安）事务所律师。

被上诉人（一审原告）：陕西崇立实业发展有限公司，住所地：陕西省西安市高新区紫薇花园19号楼3-1。

法定代表人：刘某礼，该公司总经理。

委托诉讼代理人：刘某，北京大成（西安）律师事务所律师。

委托诉讼代理人：于某，北京大成（西安）律师事务所律师。

被上诉人（一审被告）：西安佳佳房地产综合开发有限责任公司，住所地：陕西省西安市未央区北二环西段31号。

法定代表人：李某隆，该公司总经理。

委托诉讼代理人：杨某成，陕西静远新言律师事务所律师。

一、陕西省高级人民法院一审查明的案件事实

陕西省高级人民法院（以下简称一审法院）认定事实：2004年9月3日、9月6日，西安佳佳房地产综合开发有限责任公司（以下简称佳佳公司）与中国工商银行股份有限公司西安朱雀大街支行（以下简称工行朱雀支行）分别签订了陕工银营朱雀经字002号、003号《房地产业借款合同》及陕工银营朱雀抵字004号、005号《抵押合同》。佳佳公司共计向工行朱雀支行借款8000万元整，借款期限30个月，佳佳公司以坐落于西安市经济技术开发区文景路以西的文景花园3号、4号、5号楼在建工程提供抵押担保。2004年9月10日，陕西省西安市汉唐公证处（原陕西省公证处）对上述合同予以公证，分别作出（2004）陕证经字第6526号、第6527号赋予强制执行效力公证书。2007年1月10日，陕西省西安市汉唐公证处作出（2007）陕证执字第1号和第2号执行证书，对佳佳公司所欠本金利息合计85592366.6元赋予强制执行效力。

2007年2月6日，工行朱雀支行向一审法院申请强制执行。同年2月14日，一审法院立案执行，案号分别为（2007）陕执二公字第58号、第59号。一审法院执行中查明贷款抵押物文景花园3号、4号、5号楼除46套房产未予销售，且被西安市中级人民法院查封外，其余房产均已销售完

毕。一审法院依据工行朱雀支行的申请，对上述46套房产进行轮候查封，并对位于西安市未央区北二环北侧，面积为9589.1平方米土地使用权及在建工程（地上建筑面积为佳家时代广场A、D座）和面积为16497平方米的土地使用权及在建工程（地上建筑物为佳家时代广场B、C座）予以查封，对位于文景花园内面积为12295.18平方米的428套地下车库予以查封。后经工行朱雀支行申请，一审法院解除了对面积为16497平方米的土地使用权及在建工程的查封。一审法院执行过程中，因将上述428套地下车库过户至工行朱雀支行名下以抵偿佳佳公司所欠债务，并依法拍卖了轮候查封的46套房产中的1套，上述第59号案件还剩余债权本金1274万元及相应利息未执行。2009年3月16日，一审法院裁定将上述第59号案件的剩余债权本金1274万元及相应利息与上述第58号案件合并执行，上述第59号案件终结执行。同年4月20日，一审法院因查封的佳佳公司所有的面积为9589.1平方米土地使用权及在建工程不具备执行条件，经征求申请执行人工行朱雀支行的意见，裁定终结执行。

后因工行内部撤并，工行朱雀支行的业务归由工行西安南大街支行负责。本案债权其后又调整由工行东大街支行负责。2011年3月23日，工行东大街支行申请恢复执行。一审法院于2011年4月6日立案恢复执行，执行过程中将已查封的佳家时代广场A座1层和2层房屋以91380430元抵偿给工行东大街支行，用以清偿借款本金及迟延履行期间双倍债务利息共计91316014元，对多抵偿的64410元由工行东大街支行在交接房产时退还给佳佳公司。2012年12月27日，一审法院裁定解除对佳家时代广场A座4层和D座1层房产和相应土地使用权的查封措施，终结执行。

2013年10月16日，工行东大街支行称计算错误向一审法院申请恢复执行。同年12月13日，一审法院立案恢复执行。2014年3月3日，一审法院对位于西安市经济技术开发区北二环西段31号佳家时代广场B、C座的案涉15套房屋予以查封。

另查明，2015年1月13日，中国信达资产管理股份有限公司陕西省分公司（以下简称信达陕西分公司）向一审法院递交申请称其与工行东大街支行于2014年12月8日签订债权转让协议，将工行东大街支行申请恢

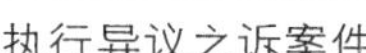

复执行的贷款债权依法转让，请求变更其为申请执行人。后一审法院裁定变更信达陕西分公司为申请执行人。

2015年6月15日，陕西崇立实业发展有限公司（以下简称崇立公司）向一审法院提出案外人执行异议。同年9月17日，一审法院作出（2015）陕执异字第00002号执行裁定认为，崇立公司没有相关房屋权属登记手续和房屋权属证书等权属证明文件。执行异议所涉房屋尚未办理不动产登记，其国有土地使用证、建设工程规划许可证等相关审批手续和建筑设计方案等均登记在被执行人佳佳公司名下。根据《最高人民法院关于人民法院办理执行异议和复议案件相关问题的规定》（以下简称《执行异议和复议规定》），对案外人的异议，人民法院应当按照下列标准判断其是否系权利人：已登记的不动产，按照不动产登记簿判断；未登记的建筑物、构筑物及其附属设施，按照土地使用权登记簿、建设工程规划许可证、施工许可证等相关证据判断。崇立公司所提供的证据材料不足以证明其是涉案房屋的所有权人，故驳回了崇立公司的异议请求。崇立公司不服，向一审法院起诉，遂形成本案。

一审法院还查明，2006年7月19日，崇立公司与佳佳公司签订《佳家时代广场B、C座项目联合开发合同书》约定，双方联建项目为B、C座住宅楼及B座以北的地下车库工程，联建面积85000平方米。佳佳公司提供建设项目用地、项目的规划审批手续和建筑设计方案及施工图纸，崇立公司以人民币出资，承担项目设计蓝图内所有的建安费用。双方共同投资至本项目总价的25%~30%时，佳佳公司应无条件地将该项目过户给崇立公司，由崇立公司独自建设、经营、销售，收益归崇立公司所有。佳佳公司应收回投资和收益为总建筑面积每平方米700元，B座一至三层裙房每平方米1250元。其余投资、楼盘的销售、产权（同土地证年限）及收入全部归崇立公司所有。

2007年6月19日，佳佳公司作出授权书载明：“经佳佳公司研究决定，将佳家时代广场B、C座销售全权委托崇立公司。B、C座的个人住户贷款和保证金直接转入崇立公司的账户。”

2008年12月2日，佳佳公司与崇立公司向西安市住房公积金管理中心作出《情况说明》称:“我公司开发的佳家时代广场项目是与投资商崇立公司联合开发,前期报建手续全部以佳佳公司名义报建,后期销售我公司委托崇立公司负责第10号楼、第11号楼的销售和收款工作。因此,这两座楼的买受人首付款收据均由崇立公司出具,买受人办理的公积金贷款同样转入崇立公司账户。”

2009年9月7日,崇立公司与佳佳公司签订《有关〈佳家时代广场B、C座项目联合开发合同书〉相关问题的协议》载明,工程已经验收竣工。双方一致认可崇立公司已经按照合同约定向佳佳公司付清了全部投资收益,双方就合同收益分配问题再无任何争议。双方一致认可崇立公司已经依据合同合法且无争议地拥有佳家时代广场B、C座及协议约定的地下车库全部产权以及产权转让后的全部销售收益。

佳佳公司与崇立公司合同约定的佳家时代广场B、C座即为佳家SPORT第10幢、第11幢房屋。佳家时代广场项目已办理的国有土地使用权证、建设用地规划许可证、建设工程规划许可证、建设工程施工许可证等手续均在佳佳公司名下。

二、一审法院裁判情况

崇立公司向一审法院起诉请求:(1)确认崇立公司对位于西安市经济技术开发区北二环和文景路交会处佳家SPORT第10幢、第11幢的10套房屋享有所有权;(2)判令不得执行上述房屋,并解除对上述房屋的查封;(3)判令信达陕西分公司与佳佳公司承担本案诉讼费用。

一审法院认为,案外人执行异议之诉,是指案外人就执行标的享有足以排除强制执行之权利,请求法院不得对该标的实施执行的诉讼。本案系崇立公司提起的案外人执行异议之诉,其诉讼请求为确认其对涉案10套房屋享有所有权,判令不得执行该房屋,并解除对该房屋的查封。诉讼请求能否成立,应判断其是否依法享有涉案10套房屋的所有权或其他足以排除强制执行的民事权益,并进而决定是否停止执行。

《中华人民共和国物权法》第三十条规定:“因合法建造、拆除房屋等

事实行为设立或者消灭物权的，自事实行为成就时发生效力。”[①] 依法建造房屋属于取得权利的事实行为，房屋建好后即在事实上产生了房屋的所有权，建造人亦因此取得该房屋的所有权，该种取得属于《中华人民共和国物权法》第三十条规定的原始取得方式，不以登记作为取得房屋所有权的要件。佳佳公司与崇立公司系联建关系，共同出资开发建设涉案房屋，故佳佳公司与崇立公司均为房屋建造人，自房屋建成，即应共同享有对涉案房屋的所有权。2009 年 9 月 7 日，佳佳公司与崇立公司签订的《有关〈佳家时代广场 B、C 座项目联合开发合同书〉相关问题的协议》载明，双方确认崇立公司已经向佳佳公司付清全部投资收益，崇立公司拥有佳家时代广场 B、C 座及协议约定的地下车库全部产权以及产权转让后的全部销售收益。佳佳公司与崇立公司之间的上述约定对合作开发的共有财产进行了分割，该约定系双方的真实意思表示，不违反法律、行政法规的强制性规定，应为有效。本案争议的 10 套房屋属于崇立公司所有，崇立公司请求确认其为该 10 套房屋的所有权人合法有据，应予支持。信达陕西分公司认为国有土地使用权证、建设工程规划许可证等证书均在佳佳公司名下，根据《执行异议和复议规定》第二十五条之规定，佳佳公司应为权利人。但该司法解释适用于执行程序，就本案所涉房屋所有权归属的审查认定在执行异议中仅仅是一种初步审查，一审法院在诉讼程序中依据查明的基础交易事实认定崇立公司为涉案房产的所有权人与上述司法解释并不矛盾。信达陕西分公司的该项抗辩理由不能成立。信达陕西分公司对佳佳公司仅享有一般的金钱债权，该普通债权不能对抗崇立公司对涉案房屋所享有的物的所有权。

《最高人民法院关于适用〈中华人民共和国民事诉讼法〉的解释》第三百一十二条[②]规定：“对案外人提起的执行异议之诉，人民法院经审理，按照下列情形分别处理：（一）案外人就执行标的享有足以排除强制执行的民事权益的，判决不得执行该执行标的；（二）案外人就执行标的不享

---

① 对应《民法典》第二百三十一条。

② 对应《最高人民法院关于适用〈中华人民共和国民事诉讼法〉的解释》（2022 年修正）第三百一十条。

有足以排除强制执行的民事权益的，判决驳回诉讼请求。案外人同时提出确认其权利的诉讼请求的，人民法院可以在判决中一并作出裁判。”本案中，崇立公司依法享有涉案10套房屋的所有权，足以排除强制执行，故依照上述规定，应不得执行该10套房屋。至于崇立公司请求解除对涉案10套房屋的查封，应在执行程序中申请，本案不予涉及。

综上，一审法院依照《中华人民共和国物权法》第三十条、《最高人民法院关于适用〈中华人民共和国民事诉讼法〉的解释》第三百一十二条之规定，判决：一、崇立公司对位于西安市经济技术开发区北二环和文景路交会处佳家时代广场第10幢、第11幢的10套房屋享有所有权。二、在信达陕西分公司申请执行佳佳公司一案中不得执行上述10套房屋。案件受理费42800元，由信达陕西分公司、佳佳公司共同负担。

三、当事人上诉请求、事由与答辩意见

信达陕西分公司上诉请求：(1）撤销（2015）陕民一初字第00037号民事判决；（2）驳回崇立公司诉讼请求；（3）本案诉讼费由崇立公司承担。事实与理由：

1. 案涉房屋尚未办理不动产登记，其国有土地使用权证、建设用地规划许可证、建设工程规划许可证、建筑施工许可证、商品房预售许可证等相关审批手续和建筑设计方案等均登记在佳佳公司名下。依据《执行异议复议规定》第二十五条第一款第一项规定，崇立公司提交证据材料不足以证明其为涉案房屋所有权人。崇立公司与佳佳公司的联合开发协议，是双方之间合同关系以及销售款项的分配（债的关系），属普通债权债务关系。崇立公司对执行法院依法查封的房屋不享有物权，也不享有物上请求权。不动产物权的设立、变更、转让经过登记发生效力，未经登记不发生物权效力。

2. 原判认定事实不清、适用法律不当。依据协议，崇立公司作为投资商应出资并承担设计蓝图内所有建安费用。一审法院并未就崇立公司的投资行为及是否履行协议约定全部义务进行查明。案涉工程“建造人”应为五证登记的权利人佳佳公司，而非依据合同承担相应出资权利义务的崇立公司，崇立公司与佳佳公司协议约定房屋分配本身为合作开发中的一种收

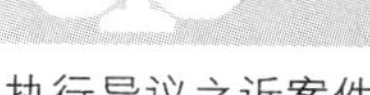

益分配，未经权属登记不应产生物权效力，未经依法登记的合作主体，不享有开发土地及其上房产的物权。仅凭一纸协议就主张不动产所有权并排除法院强制执行行为，违背了物权法定、物权公示基本原则。原判适用《中华人民共和国物权法》第三十条规定错误。一审判决认定涉案房屋系佳佳公司与崇立公司共同共有关系，判决主文却判决涉案房屋的所有权归属崇立公司矛盾。

崇立公司辩称：（1）五证登记在佳佳公司名下，并不能否认崇立公司对涉案房屋所有权。《执行异议和复议规定》第二十五条对权属判断，形式审查为主、实质审查为辅，仅适用于执行异议程序，仅是明确执行标的权属原则上根据登记和占有情况判断。原判根据崇立公司与佳佳公司相关协议确认崇立公司对涉案房屋所有权正确。（2）崇立公司与佳佳公司就涉案房屋建设、分配已签署协议，并实际履行。原判依据《中华人民共和国物权法》第三十条规定对涉案房屋所有权作出认定正确。（3）信达陕西分公司主张对涉案房屋执行，违背诚信公平原则。

佳佳公司辩称，原判适用《中华人民共和国物权法》第三十条规定，扩大解释不以登记作为取得房屋所有权要件，认定崇立公司与佳佳公司自房屋建成即共同享有对涉案房屋所有权错误。崇立公司对于案涉房屋，不享有法定所有权。

四、最高人民法院裁判情况

最高人民法院二审期间，当事人围绕上诉请求依法提交了证据，最高人民法院组织当事人进行了证据交换和质证。陕西信达分公司提交一审法院（2014）陕技委字第 4—2 号评估委托书和陕西金达房地产评估有限公司《房地产估价报告》，以证明佳佳公司用其中 1 套房屋抵债，为涉案房屋物权人；房地产评估报告明确涉案房屋中 8 套为空置，毛墙毛地，2 套出租，崇立公司并未实际占有房屋。崇立公司对该证据真实性认可，证明目的不予认可；佳佳公司质证认为，真实性认可，证明目的由法院认定。二审法院对该两份证据真实性确认，但一审法院委托事项为 15 套房屋现值评估，房屋抵债及占有情况为事实问题，既非一审法院委托范围，亦不属于委托鉴定内容，与待证事实无关联性，对于该证据不予采信。

二审庭审，佳佳公司述称，本案一审判决后，涉案房屋的大产权证已经办理在佳佳公司名下，因为特殊原因，佳佳公司法定代表人还没有拿到房产证，大的房产证给了佳佳公司的一个小股东。

二审庭审，合议庭询问崇立公司“一审期间，崇立公司是否提交对B、C座投入的证据材料”，崇立公司回答“没有提交，因为根据双方签订协议，一审提交的证据，佳佳公司认可我们投资建设，我们认为足以证明合同已经履行”。合议庭询问“二审阶段，能否提交投资建设的证据”，崇立公司回答“因为已经很久远了，我们庭后会找一下相关证据”。但至此尚未提交。

二审法院对一审法院查明的其他事实予以确认。

最高人民法院认为，围绕当事人上诉请求、事实理由与答辩意见，本案争议焦点为：原判认定崇立公司享有案涉10套房屋所有权并可排除执行是否正确。

首先，不动产物权变动一般应以登记为生效要件。依照物权法规定的物权法定原则，物权的种类和内容，由法律规定，当事人之间不能创设。《中华人民共和国物权法》第九条①规定，不动产物权的设立、变更、转让和消灭，经依法登记，发生效力；未经登记，不发生效力，但法律另有规定的除外。《中华人民共和国物权法》第十四条②规定，不动产物权的设立、变更、转让和消灭，依照法律规定应当登记的，自记载于不动产登记簿时发生效力。根据查明事实，案涉房屋并未登记于崇立公司名下，崇立公司不能依据登记取得案涉房屋所有权。

其次，崇立公司能否基于合法建造取得案涉房屋所有权。最高人民法院认为，第一，《中华人民共和国物权法》第一百四十二条③规定，建设用地使用权人建造的建筑物、构筑物及其附属设施的所有权属于建设用地使用权人，但有相反证据证明的除外。即建设用地使用权人建造的建筑物、

① 对应《民法典》第二百零九条：“不动产物权的设立、变更、转让和消灭，经依法登记，发生效力；未经登记，不发生效力，但是法律另有规定的除外。”

② 对应《民法典》第二百一十四条。

③ 对应《民法典》第三百五十二条。

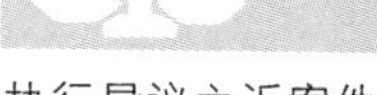

构筑物及其附属设施的所有权一般属于建设用地使用权人。就本案而言，建设用地使用权证载明的权利人为佳佳公司并非崇立公司。第二，虽然《中华人民共和国物权法》第三十条规定，因合法建造、拆除房屋等事实行为设立或者消灭物权的，自事实行为成就时发生效力。但合法建造取得物权，应当包括两个前提条件，一是必须有合法的建房手续，完成特定审批，取得合法土地权利，符合规划要求；二是房屋应当建成。根据查明事实，案涉房屋的国有土地使用权证、建筑用地规划许可证、建筑工程规划许可证、施工许可证等记载的权利人均为佳佳公司。即在案涉房屋开发的立项、规划、建设过程中，佳佳公司是相关行政审批机关确定的建设方，崇立公司仅依据其与佳佳公司的联建协议，并不能直接认定其为《中华人民共和国物权法》第三十条规定的合法建造人，并因事实行为而当然取得物权。结合《佳家时代广场B、C座项目联合开发合同书》约定内容分析，双方联建的佳家时代广场B、C座楼位及B座以北的地下车库项目，双方共同投资至本项目总价的25%～30%时，佳佳公司应无条件地将该项目转让，过户给崇立公司，由崇立公司独自建设、经营、销售，收益归崇立公司所有，转让过户的税费由崇立公司承担。即崇立公司、佳佳公司双方亦明知，双方合作开发，崇立公司仅能依据联建协议参与建成房屋分配，项目转让仍需履行相关审批手续。

最后，《最高人民法院关于适用〈中华人民共和国民事诉讼法〉的解释》第三百一十一条规定，案外人或者申请执行人提起执行异议之诉的，案外人应当就其对执行标的享有足以排除强制执行的民事权益承担举证证明责任。崇立公司主张其基于合法建造事实享有案涉房屋所有权，应当承担举证证明责任。现其既未提交证据足以证明对于案涉项目投资事实，亦未提交证据证明其对涉案房屋占有的权利外观，更未提交证据证明案涉房屋已经登记至其名下，应当承担举证不能不利后果。

另外，物权法规定物权公示原则，即物权的变动必须将其变动的事实通过一定方法向社会公开，其目的在于使第三人知道物权变动情况，以免第三人遭受损害并保障交易安全。本案中崇立公司与佳佳公司之间存在合作开发房地产合同关系，崇立公司有权另案向佳佳公司主张二者基于合作开发合同产生的权利义务关系。但在其提交证据不足以证明其为相关审批手续载明的合法建造主体、投资事实、占有权利外观的情况下，仅依据其与佳佳公司合作开发合同关系，不属于《中华人民共和国物权法》第三十条规定的合法建造人，一审判决认定崇立公司基于合法建造取得案涉房屋所有权属适用法律不当，予以纠正。

综上所述，信达陕西分公司的上诉请求成立，予以支持。最高人民法院依照《中华人民共和国民事诉讼法》第一百七十条[①]第一款第二项规定，判决：一、撤销陕西省高级人民法院（2015）陕民一初字第00037号民事判决；二、驳回陕西崇立实业发展有限公司的诉讼请求。二审案件受理费42800元，由陕西崇立实业发展有限公司负担。

五、本案解析

执行异议之诉是一种具有复合型的特殊诉讼，往往涉及三方利益：申请执行人、被执行人、案外人。其实质为案外人与被执行人对执行标的的权属纠纷和案外人对执行标的所享有权益与申请执行人在生效裁判文书等执行依据项下请求权的优先效力纠纷。[②] 执行异议之诉包括案外人执行异议之诉和申请执行人执行异议之诉。案外人执行异议之诉是指案外人就执行标的享有足以排除强制执行的权利，请求人民法院不许对标的物实施执行之诉讼。申请执行人执行异议之诉是案外人对执行标的提出书面异议后，人民法院经审查，认为理由成立并裁定中止对该标的执行，申请执行人对该裁定不服请求继续执行的诉讼。

本案为案外人执行异议之诉。案外人执行异议之诉最直接功能在于排除对执行标的的强制执行，具有形成之诉的性质；同时，案外人主张的实体法律关系，即是否享有排除执行的实体权益是异议权的前提，故案外人异议之诉兼具确认之诉性质。

---

① 对应《民事诉讼法》（2021年修正）第一百七十七条。

② 参见最高人民法院修改后民事诉讼法贯彻实施工作领导小组编著：《最高人民法院民事诉讼法司法解释理解与适用》，人民法院出版社2015年版，第814页。

（一）关于案外人执行异议之诉的举证责任分配

执行异议之诉的举证责任分配是查明案件事实、准确适用法律的前提，也成为当前日益增多的执行异议之诉案件审理难点。

我们认为，《中华人民共和国民事诉讼法》第六十四条①第一款规定：当事人对自己提出的主张，有责任提供证据。《最高人民法院关于适用〈中华人民共和国民事诉讼法〉的解释》第九十条规定，当事人对自己提出的诉讼请求所依据的事实或者反驳对方诉讼请求所依据的事实，应当提供证据加以证明，但法律另有规定的除外。在作出判决前，当事人未能提供证据或者证据不足以证明其事实主张的，由负有举证证明责任的当事人承担不利后果。执行异议之诉举证证明责任分配应遵循该一般原则。

《最高人民法院关于适用〈中华人民共和国民事诉讼法〉的解释》第三百一十一条规定，案外人提起执行异议之诉的，应当就其对执行标的享有足以排除强制执行的民事权益承担举证证明责任，且需达到享有权益排除执行的高度盖然性证明标准。就本案而言，崇立公司主张其享有的权益足以排除法院对于案涉标的物的强制执行，负有举证证明责任。

首先，基于物权登记情况分析。不动产物权变动一般应以登记为生效要件。依照物权法规定的物权法定原则，物权的种类和内容，由法律规定，当事人之间不能创设。《中华人民共和国物权法》第九条②规定，不动产物权的设立、变更、转让和消灭，经依法登记，发生效力；未经登记，不发生效力，但法律另有规定的除外。《中华人民共和国物权法》第十四条③规定，不动产物权的设立、变更、转让和消灭，依照法律规定应当登记的，自记载于不动产登记簿时发生效力。崇立公司在本案中并未提供登记取得案涉房屋所有权的证明。

其次，崇立公司主张其基于合法建造事实享有案涉房屋所有权，应当

---

① 对应《民事诉讼法》（2021 年修正）第六十七条。

② 对应《民法典》对应《民法典》第二百零九条。

③ 对应《民法典》第二百一十四条。

承担举证证明责任。第一，《中华人民共和国物权法》第一百四十二条[①]规定，建设用地使用权人建造的建筑物、构筑物及其附属设施的所有权属于建设用地使用权人，但有相反证据证明的除外。即建设用地使用权人建造的建筑物、构筑物及其附属设施的所有权一般属于建设用地使用权人。就本案而言，建设用地使用权证载明的权利人为佳佳公司并非崇立公司。第二，虽然《中华人民共和国物权法》第三十条规定，因合法建造、拆除房屋等事实行为设立或者消灭物权的，自事实行为成就时发生效力。但合法建造取得物权，应当包括两个前提条件：一是必须有合法的建房手续，完成特定审批，取得合法土地权利，符合规划要求；二是房屋应当建成。根据查明事实，案涉房屋的国有土地使用权证、建筑用地规划许可证、建筑工程规划许可证、施工许可证等记载的权利人均为佳佳公司。即在案涉房屋开发的立项、规划、建设过程中，佳佳公司是相关行政审批机关确定的建设方，崇立公司仅依据其与佳佳公司的联建协议，并不能直接认定其为《中华人民共和国物权法》第三十条规定的合法建造人，并因事实行为而当然取得物权。

本案中，崇立公司既未提交证据足以证明对于案涉项目投资事实，亦未提交证据证明其对涉案房屋占有的权利外观，更未提交证据证明案涉房屋已经登记至其名下，应当承担举证不能不利后果。

（二）被执行人对案件事实的承认不能据此当然免除案外人的举证证明责任

本案中，崇立公司认为，因有出资建设事实、佳佳公司认可，故无须承担举证证明责任，我们认为，目前有关处理涉及不动产执行异议的法律依据主要是《最高人民法院关于人民法院民事执行中查封、扣押、冻结财产的规定》（以下简称《查封、扣押、冻结财产司法解释》）第十七条[②]

---

① 对应《民法典》第三百五十二条。

② 《查封、扣押、冻结财产司法解释》第十七条规定：“被执行人将其所有的需要办理过户登记的财产出卖给第三人，第三人已经支付部分或者全部价款并实际占有该财产，但尚未办理产权过户登记手续的，人民法院可以查封、扣押、冻结；第三人已经支付全部价款并实际占有，但未办理过户登记手续的，如果第三人对此没有过错，人民法院不得查封、扣押、冻结。”该司法解释已于2020年12月23日修正，本条已变更为第十五条，内容未修改。

的规定和《执行异议和复议规定》第二十八条[①]规定。司法解释的规定，主要解决正当买受人权利保护，系在买受人对所买受之不动产的权利保护与普通金钱执行债权人的权利保护发生冲突时，基于对正当买受人合法权利特别保护之目的而设置的特别规则，该规则实质上是以保护合法买受人物权期待权、牺牲普通金钱执行债权人的正当权利为代价而确立的。在处理相关不动产执行异议之诉中，可以参照适用相关规则，但在适用相关司法解释对案外人利益进行特别保护时，应当严格审查。

执行异议之诉中，利益和主张相对的双方首先是案外人和申请执行人，被执行人对案件事实的承认可以作为认定案件事实的证据，但不能据此当然免除案外人的举证证明责任。根据《最高人民法院关于适用〈中华人民共和国民事诉讼法〉的解释》第九十条规定，主张法律关系存在的当事人，应当对产生该法律关系的基本事实承担举证证明责任。就本案而言，认定合作开发房地产法律关系，崇立公司负有提供证据证明双方存在“共同出资、共享利润、共担风险”的房地产合作开发法律关系，且不因佳佳公司认可当然免除其举证证明责任。

故在本案中，最高人民法院认为，物权法规定物权公示原则，即物权的变动必须将其变动的事实通过一定方法向社会公开，其目的在于使第三人知道物权变动情况，以免第三人遭受损害并保障交易安全。本案中崇立公司与佳佳公司之间存在合作开发房地产合同关系，崇立公司有权另案向佳佳公司主张二者基于合作开发合同产生的权利义务关系。但在其提交证据不足以证明其为相关审批手续载明的合法建造主体、投资事实、占有权利外观的情况下，仅依据其与佳佳公司合作开发合同关系，不属于《中华人民共和国物权法》第三十条规定的合法建造人。

---

① 《执行异议和复议规定》第二十八条规定：“金钱债权执行中，买受人对登记在被执行人名下的不动产提出异议，符合下列情形且其权利能够排除执行的，人民法院应予支持：（一）在人民法院查封之前已签订合法有效的书面买卖合同；（二）在人民法院查封之前已合法占有该不动产；（三）已支付全部价款，或者已按照合同约定支付部分价款且将剩余价款按照人民法院的要求交付执行；（四）非因买受人自身原因未办理过户。”

（三）申请执行人执行异议之诉中亦由案外人承担举证证明责任

实践中，对于案外人执行异议之诉由案外人承担举证证明责任，证明其对执行标的享有足以排除人民法院强制执行的权利，并无太大争议。有观点认为，在申请执行人执行异议之诉中，因申请执行人提出异议，举证证明责任由其承担，我们认为该观点值得商榷。

首先，申请执行人提起执行异议之诉的前提，是执行法院因为案外人提起执行异议申请，人民法院裁定中止执行后，申请执行人以判决准许执行该执行标的为诉请的诉讼。由案外人承担举证证明责任并不违背“谁主张谁举证”原则，将《中华人民共和国民事诉讼法》第二百二十七条①执行异议与执行异议之诉结合，因案外人执行过程中对执行标的提出书面异议，由其主张而引起，案外人在申请执行人执行异议之诉中承担举证证明责任视为其在执行异议中举证证明责任的延伸。

其次，不宜认定执行法院因案外人异议而裁定中止执行是举证证明责任的转移。毋庸讳言，目前执行异议审查与执行异议之诉功能并非吻合，执行异议审查，人民法院只有 15 天审查期限，执行机构不属于审判机构，执行异议亦不同于审判程序，一般只对标的物权利归属外观进行审查并作出裁定。而在执行异议之诉阶段，审理对象是案外人对执行标的是否享有足以排除人民法院强制执行的权利，其审查判断标准、举证证明责任要求并非等同。

最后，从与证据的接近程度来看，执行异议之诉的标的是案外人是否有权请求排除对执行标的采取的强制执行措施，而这一诉讼标的的基础是案外人与被执行人谁对该执行标的享有实体权利，二者权利是否相互排斥、谁的权利具有优先性，由于申请执行人并不掌握案外人和被执行人之间对该执行标的权属关系的证据，相对于申请执行人而言，案外人距离权利相关证据更近。

（执笔人：李琪）

① 对应《民事诉讼法》（2021 年修正）第二百三十四条。

22．华宇广泰建工集团松原建筑有限公司与东北农业生产资料有限公司及松原市博翔房地产开发有限公司案外人执行异议之诉申请再审案*

▶

对生效判决确认债权的强制执行并不必然妨害建设工程价款优先受偿权的实现，案外人不能要求停止执行，而应当在执行程序中提出优先受偿主张

【裁判摘要】

1. 建设工程价款优先受偿权是以建设工程折价、拍卖的交换价值担保债权的实现，本质上是债权实现的优先顺位权。人民法院对生效判决确认债权的强制执行并不必然妨害建设工程价款优先受偿权的实现，案外人不能以其对被执行的建设工程享有优先受偿权为由要求停止执行，而应当在执行程序中向执行法院提出优先受偿主张。若案外人提出的优先受偿主张未获支持，其可以根据《最高人民法院关于适用〈中华人民共和国民事诉讼法〉的解释》第五百一十二条①的规定，对分配方案提出书面异议以及提出“执行分配方案异议之诉”。

* 摘自《民事审判指导与参考》2017年第4辑（总第72辑），人民法院出版社2018年版，第228~241页。

① 对应《最高人民法院关于适用〈中华人民共和国民事诉讼法〉的解释》（2022年修正）第五百一十条。

2. 案外人执行异议之诉的根本目的在于解决能否排除执行的问题，确权只是排除执行的附带功能，若案外人对执行标的物享有的实体权利不足以排除强制执行，人民法院在执行异议之诉中不能单独针对案外人的确权请求作出确权判项。

3. 执行异议之诉的实质为“执行标的异议”之诉，应围绕“执行标的异议”进行审理。当事人、利害关系人在已经提起的执行异议之诉中又提出执行行为、执行程序违法的主张，不属于执行异议之诉的审理范围，其应依据《中华人民共和国民事诉讼法》第二百二十五条①的规定，提出执行行为异议、申请复议或者申请执行监督。

再审申请人（一审原告、案外人，二审上诉人）：华宇广泰建工集团松原建筑有限公司（以下简称华宇广泰公司）。

被申请人（一审被告、申请执行人，二审上诉人）：东北农业生产资料有限公司（以下简称东北农业公司）。

一审被告、被执行人：松原市博翔房地产开发有限公司（以下简称松原博翔公司）。

一、辽宁省葫芦岛市中级人民法院一审查明的事实

辽宁省葫芦岛市中级人民法院（以下简称葫芦岛中院）经审理查明：东北农业公司因松原博翔公司欠付其巨额借款债务，向辽宁省高级人民法院（以下简称辽宁高院）提起民间借贷纠纷诉讼，双方在法院主持下达成调解，辽宁高院作出（2013）辽民二初字第3号民事调解书和（2013）辽民二初字第4号民事调解书。葫芦岛中院因执行上述两份民事调解书，于

① 对应《民事诉讼法》（2021年修正）第二百三十二条。

2014年7月11日作出（2013）葫执一字第00074-4号执行裁定书，查封了松原博翔公司所有的博翔大酒店-1层至23层；于2015年9月21日作出（2013）葫执一字第00074-7号执行裁定书，裁定对博翔大酒店-1层至23层进行拍卖，后流拍；该院于2015年11月20日作出（2013）葫执一字第00074-8号执行裁定书，裁定将松原博翔公司名下的博翔大酒店-1层至23层（面积57758.96平方米）房屋交付给东北农业公司，抵偿辽宁高院（2013）辽民二初字第4号民事调解书确定的债务135863274元，抵偿余额87174771元用于偿还辽宁高院（2013）辽民二初字第3号民事调解书确定的债务；2015年12月10日葫芦岛中院作出（2013）葫执一字第00074-10号执行裁定书，裁定终结辽宁高院（2013）辽民二初字第4号民事调解书的执行程序。

华宇广泰公司系博翔大酒店的施工人，其于2015年10月19日以松原博翔公司为被告，向吉林省松原市中级人民法院（以下简称松原中院）提起建设工程施工合同纠纷一案，请求松原博翔公司支付工程款。松原中院于2015年11月26日作出（2015）松民二初字第106号民事判决，判决：一、松原博翔公司于该判决生效后给付华宇广泰公司工程款本金115641081.50元，并自2014年1月1日起至执行完毕时止按照中国人民银行发布的同期同类贷款利率支付利息；二、松原博翔公司于该判决生效后给付华宇广泰公司窝工损失300万元；三、如松原博翔公司未按照该判决主文履行给付工程款本金115641081.50元的义务，华宇广泰公司有权在其承建的博翔大酒店工程范围内行使工程价款优先受偿权。

2015年10月29日，华宇广泰公司向葫芦岛中院提出执行异议，请求：（1）中止对执行标的物博翔大酒店-1层至23层的拍卖，同时裁定中止强制执行程序，待工程竣工交付后，恢复强制执行和拍卖程序；（2）请求在案涉工程执行程序中，确认其对博翔大酒店（C2、C3）工程折价或者拍卖价款享有优先受偿权。葫芦岛中院于2015年11月23日作出（2015）葫执异字第00062号执行裁定书，以华宇广泰公司主张优先受偿权于法无据为由，驳回其异议请求。华宇广泰公司不服，于2015年12月15日向葫芦岛中院提起了本案执行异议之诉。

二、当事人起诉与答辩情况

华宇广泰公司起诉请求：(1) 判令对博翔大酒店工程折价或者拍卖价款优先支付给华宇广泰公司工程款本金115641081.50元，确认华宇广泰公司对案涉工程折价或者拍卖的价款享有优先受偿权；(2) 判令停止对松原博翔公司开发的、华宇广泰公司承建的博翔大酒店工程的强制执行程序。

东北农业公司答辩称：(1) 葫芦岛中院于2014年7月11日查封了博翔大酒店，松原中院 (2015) 松民二初字第106号民事判决书的生效时间在葫芦岛中院查封行为之后。根据《最高人民法院关于人民法院办理执行异议和复议案件若干问题的规定》第二十六条第二款之规定，华宇广泰公司依据执行标的被查封后作出的另案生效法律文书提出排除执行异议的，人民法院应不予支持。(2) 根据《最高人民法院关于执行权合理配置和科学运行的若干意见》，人民法院的查封行为，排除其他法院关于查封物的另案确权。华宇广泰公司不得依松原中院 (2015) 松民二初字第106号民事判决书主张优先受偿权。综上，东北农业公司请求驳回华宇广泰公司的诉讼请求。

三、葫芦岛中院一审认定与判决情况

葫芦岛中院一审认为，本案执行标的为辽宁高院 (2013) 辽民二初字第3号和 (2013) 辽民二初字第4号民事调解书所确定的松原博翔公司给付东北农业公司欠款，执行标的物为博翔大酒店。华宇广泰公司诉松原博翔公司建设工程施工合同纠纷案 [松原中院 (2015) 松民二初字第106号] 生效判决认定，华宇广泰公司在案涉执行标的物博翔大酒店工程价款的范围内享有优先受偿权。据此，该公司对案涉执行标的享有实体权益。东北农业公司与松原博翔公司经辽宁高院达成 (2013) 辽民二初字第3号民事调解书及 (2013) 辽民二初字第4号民事调解书，该案执行中，案涉执行标的物博翔大酒店-1层至23层被葫芦岛中院查封，因此，出现了在同一执行标的物即案涉博翔大酒店-1层至23层之上，华宇广泰公司主张工程价款优先受偿权而东北农业公司主张债权的冲突问题。华宇广泰公司

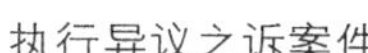

享有的优先受偿权能否排除东北农业公司案的强制执行，是本案需要解决的关键问题，而该问题取决于建设工程价款优先受偿权与债权的关系如何。

《最高人民法院关于建设工程价款优先受偿权问题的批复》（法释〔2002〕16号）第一条规定："人民法院在审理房地产纠纷案件和办理执行案件中，应当依照《中华人民共和国合同法》第二百八十六条的规定，认定建筑工程的承包人的优先受偿权优于抵押权和其他债权。"《中华人民共和国合同法》第二百八十六条规定："发包人未按照约定支付价款的，承包人可以催告发包人在合理期限内支付价款。发包人逾期不支付的，除按照建设工程的性质不宜折价、拍卖的以外，承包人可以与发包人协议将该工程折价，也可以申请人民法院将该工程依法拍卖。建设工程的价款就该工程折价或者拍卖的价款优先受偿。"① 据此，建设工程价款优先受偿权相较之债权而言具有优先性，此即意味着当同一标的物之上同时存在债权人主张债权与建设工程价款优先受偿权人主张优先受偿权相冲突时，建设工程价款优先受偿权优先于债权实现。具体到本案，华宇广泰公司对博翔大酒店-1层至23层享有建设工程价款优先受偿权，而东北农业公司作为松原博翔公司的普通债权人对博翔大酒店-1层至23层享有的仅是一般债权，两种权利虽都是当事人的合法民事权利，但二者相比较，华宇广泰公司享有的建设工程价款优先受偿权应当优先于东北农业公司的普通债权得以实现。因此，可以得出结论，华宇广泰公司对执行标的物即博翔大酒店-1层至23层享有的建设工程价款优先受偿权足以排除东北农业公司案的强制执行。华宇广泰公司该项诉讼请求有事实及法律依据，依法予以支持。

根据《最高人民法院关于适用〈中华人民共和国民事诉讼法〉的解释》第三百一十二条规定："对案外人提起的执行异议之诉，人民法院经审理，按照下列情形分别处理：（一）案外人就执行标的享有足以排除强制执行的民事权益的，判决不得执行该执行标的；（二）案外人就执行标

① 对应《民法典》第八百零七条。

的不享有足以排除强制执行的民事权益的，判决驳回诉讼请求。案外人同时提出确认其权利的诉讼请求的，人民法院可以在判决中一并作出裁判。”① 人民法院在审理案外人执行异议之诉时，只能对能否继续执行案涉执行标的作出裁判，不能直接判决一方当事人向另一方当事人进行相关给付，故华宇广泰公司所提“请求依法判决对博翔大酒店工程折价或者拍卖价款优先支付给华宇广泰公司工程款本金 115641081.50 元”的诉讼请求，葫芦岛中院不予支持。

本案中，华宇广泰公司要求葫芦岛中院确认之权利为建设工程价款优先受偿权，因该权利已经他院另案生效判决所确认，故法院无再次确权之必要。

综上所述，华宇广泰公司的诉讼请求部分成立，一审法院部分予以支持。葫芦岛中院依照《最高人民法院关于适用〈中华人民共和国民事诉讼法〉的解释》第九十条、第三百一十一条、第三百一十二条之规定，判决：一、停止对松原博翔公司开发的、华宇广泰公司承建的坐落于松原市宁江区沿江街的博翔大酒店工程强制执行程序；二、驳回华宇广泰公司的其他诉讼请求。一审案件受理费 620005 元，由华宇广泰公司承担。

四、当事人上诉情况

一审判决作出后，东北农业公司和华宇广泰公司均不服，向辽宁高院提起上诉。

东北农业公司上诉请求：撤销一审判决，改判驳回华宇广泰公司的全部诉讼请求。

华宇广泰公司上诉请求：（1）维持一审判决第一项；（2）撤销一审判决第二项；（3）改判对博翔大酒店工程折价或者拍卖价款优先支付给华宇广泰公司工程款本金 115641081.50 元。

---

① 对应《最高人民法院关于适用〈中华人民共和国民事诉讼法〉的解释》（2022 年修正）第三百一十条。

五、辽宁高院二审认定与判决

辽宁高院认为，华宇广泰公司提出的确认其对案涉工程折价或者拍卖的价款享有优先受偿权的请求属于重复诉请，另案即松原中院（2015）松民二初字第106号案件民事判决对此已予以处理，本案对该请求不能再予处理。而华宇广泰公司提出的“判决对博翔大酒店工程折价或者拍卖价款优先支付给华宇广泰公司工程款本金115641081.50元”的请求，则实质为行使工程价款优先受偿权的具体请求，因工程价款优先受偿权只是保护债权受偿的一种顺位权，故该项请求并不属于排除执行的诉请，同时亦不属于案外人提出的确认其对执行标的享有足以排除强制执行的民事权益的诉请。该项请求不属于案外人执行异议之诉案件的审查范畴，本案不予审理。

关于华宇广泰公司提出的“判决停止对案涉博翔大酒店工程的强制执行程序”的诉请，如前所述，工程价款优先受偿权是以建设工程折价或拍卖所得价款受偿保护的顺位权，其不属于对执行标的享有的足以排除强制执行的民事权益，其不能阻却执行，华宇广泰公司对执行标的并不享有足以排除强制执行的民事权益，一审法院支持华宇广泰公司提出的停止对案涉工程的强制执行程序的请求错误，二审予以改判。

综上所述，东北农业公司的上诉请求成立，予以支持；华宇广泰公司的上诉请求不能成立，应予驳回。辽宁高院依照《中华人民共和国民事诉讼法》第一百七十条①第一款第二项之规定，判决：一、撤销葫芦岛中院（2015）葫民初字第00121号民事判决；二、驳回华宇广泰公司的全部诉讼请求。一审案件受理费620005元，由华宇广泰公司负担；二审案件受理费620005元，由华宇广泰公司负担。

六、当事人申请再审情况

华宇广泰公司不服二审判决，依据《中华人民共和国民事诉讼法》第

---

① 对应《民事诉讼法》（2021年修正）第一百七十七条。

二百条[①]第二项、第十一项规定向最高人民法院申请再审，理由为：（1）本案一审法院违反法定程序，为了剥夺华宇广泰公司的建设工程价款优先受偿权，故意违背法律规定延长执行异议裁定期限，利用其对查封财产的控制和处分优势，将执行标的违法抵顶东北农业公司的普通债权，在案涉执行标的物所有权交付移转后才作出裁定驳回华宇广泰公司的执行异议。当华宇广泰公司以案外人身份提起执行异议之诉时，一审法院又以案外人提起执行异议之诉必须在对执行标的物强制执行终结前提起为由，驳回该公司的诉讼请求。此种违背事实和法律的执行行为，人民法院应当通过再审纠正。（2）一、二审判决遗漏华宇广泰公司的诉讼请求。两审判决既不确认华宇广泰公司的建设工程价款优先受偿权，也不支持工程折价或拍卖价款优先受偿，而是对东北农业公司高利放贷且计算复利的债权给予特殊优先保护，违反了“人民法院在办理执行案件中应当认定工程价款优先受偿权优于一般债权”的规定，显属错判。

七、最高人民法院再审审查认定与裁定

最高人民法院经审查认为：（1）关于华宇广泰公司享有的建设工程价款优先受偿权能否排除东北农业公司借款债权执行的问题。华宇广泰公司诉松原博翔公司建设工程施工合同纠纷一案，松原中院于2015年11月26日作出（2015）松民二初字第106号生效民事判决，确认华宇广泰公司在博翔大酒店工程价款的范围内享有优先受偿权。据此，华宇广泰公司对本案执行标的物博翔大酒店享有实体权益。建设工程价款优先受偿权属于法定优先权，其本质是以建设工程的交换价值担保工程款债权的实现，此种优先受偿权仅是债的实现顺位的优先，不能排除人民法院对执行标的采取的拍卖、变卖、折价等执行行为，不属于“足以排除强制执行”的民事权益。因此，二审法院对建设工程价款优先受偿权人华宇广泰公司停止执行的诉讼请求不予支持，并无不当，华宇广泰公司此项申请再审主张不成立。（2）关于葫芦岛中院的执行行为是否违反法定程序以及案外人华宇广

① 对应《民事诉讼法》（2021年修正）第二百零七条。

泰公司的权利如何救济的问题。华宇广泰公司申请再审主张葫芦岛中院的执行行为存在违法处分执行标的物、逾期审查执行异议的程序问题，该主张系对“执行行为”而非对“执行标的”提出的异议，不属于执行异议之诉的审理内容，华宇广泰公司应依据《中华人民共和国民事诉讼法》第二百二十五条①“当事人、利害关系人认为执行行为违反法律规定的，可以向负责执行的人民法院提出书面异议。当事人、利害关系人提出书面异议的，人民法院应当自收到书面异议之日起十五日内审查，理由成立的，裁定撤销或者改正；理由不成立的，裁定驳回。当事人、利害关系人对裁定不服的，可以自裁定送达之日起十日内向上一级人民法院申请复议”的规定，针对葫芦岛中院的违法执行行为提出异议、申请复议，或者通过执行申诉启动执行监督程序予以解决。(3) 关于二审法院是否遗漏审理华宇广泰公司的确权请求和优先给付请求的问题。本案华宇广泰公司所享有的建设工程价款优先受偿权已经另案松原中院（2015）松民二初字第106号生效民事判决所确认，该公司在本案执行异议之诉中再次请求确认其建设工程价款优先受偿权，属于重复诉讼，本案一、二审法院不予确认并无不当。对于华宇广泰公司提出的“判决对博翔大酒店工程折价或者拍卖价款优先支付给华宇广泰公司工程款本金115641081.50元”的请求，实质为行使工程价款优先受偿权的具体请求，属于给付请求，不属于执行异议之诉的审查范围，一、二审法院不予审查并无不当。

综上，最高人民法院认为，葫芦岛中院的违法执行行为应通过执行监督程序予以解决，华宇广泰公司所享有的建设工程价款优先受偿权不能排除强制执行，本案一、二审判决未遗漏诉讼请求。华宇广泰公司的再审申请不符合《中华人民共和国民事诉讼法》第二百条第二项、第十一项规定的情形，依照《中华人民共和国民事诉讼法》第二百零四条②第一款、《最高人民法院关于适用〈中华人民共和国民事诉讼法〉的解释》第三百九十

① 对应《民事诉讼法》（2021年修正）第二百三十二条。

② 对应《民事诉讼法》（2021年修正）第二百一十一条。

五条[①]第二款规定，裁定：驳回华宇广泰公司的再审申请。

八、对本案的解析

本案涉及的法律问题有两个：一是建设工程价款优先受偿权是否属于能够排除强制执行的民事权益；二是执行异议之诉的审理对象。以上两个问题在审判实践中存在一定争议，有必要予以探讨与明确。

（一）建设工程价款优先受偿权能否排除强制执行

《最高人民法院关于适用〈中华人民共和国民事诉讼法〉的解释》(以下简称《民事诉讼法司法解释》）第三百一十一条规定："案外人或者申请执行人提起执行异议之诉的，案外人应当就其对执行标的享有足以排除强制执行的民事权益承担举证证明责任。"[②] 第三百一十二条规定："对案外人提起的执行异议之诉，人民法院经审理，按照下列情形分别处理：(一）案外人就执行标的享有足以排除强制执行的民事权益的，判决不得执行该执行标的；(二）案外人就执行标的不享有足以排除强制执行的民事权益的，判决驳回诉讼请求。案外人同时提出确认其权利的诉讼请求的，人民法院可以在判决中一并作出裁判。"[③] 根据上述规定，人民法院审理案外人执行异议之诉案件，应当审查案外人就执行标的是否享有"足以排除强制执行"的民事权益。在《民事诉讼法司法解释》颁布之前，2008 年 11 月 3 日颁布的《最高人民法院关于适用〈中华人民共和国民事诉讼法〉执行程序若干问题的解释》第十五条使用了"足以阻止执行标的转让、交付的实体权利"的表述，民事诉讼法司法解释起草过程中，有同志提出"阻止"一词不足以表达案外人异议的内容和目的，应当借用我国台湾地区"强制执行法"的表述，使用"排除"一词。据此，排除强制执

---

① 对应《最高人民法院关于适用〈中华人民共和国民事诉讼法〉的解释》（2022 年修正）第三百九十三条。

② 对应《最高人民法院关于适用〈中华人民共和国民事诉讼法〉的解释》（2022 年修正）第三百零九条。

③ 对应《最高人民法院关于适用〈中华人民共和国民事诉讼法〉的解释》（2022 年修正）第三百一十条。

行的内容，可以是排除执行标的物的转让，也可以是虽不能排除执行标的物的转让，但可以排除执行标的物的交付。依据民事诉讼理论通说和相关司法解释规定，能够产生排除执行效力的民事权益主要包括所有权、用益物权、以占有标的物为权利成立和存续要件的动产质权和留置权、物权期待权以及法律、行政法规特别规定的担保物权或者债权等。

建设工程价款优先受偿权是否属于法律规定的“足以排除强制执行的民事权益”，在审判实践中存在两种不同观点：支持的观点认为，建设工程价款优先受偿权相较之债权而言具有优先性，此即意味着当同一标的物之上同时存在债权人主张债权与建设工程价款优先受偿权人主张优先受偿权相冲突时，建设工程价款优先受偿权优先于一般债权实现。如果不赋予此种优先受偿权排除强制执行的效力，则不利于保护施工人的利益。否定的观点认为，建设工程价款优先受偿权是以建设工程折价或拍卖所得价款受偿保护的顺位权，其不属于对执行标的享有的足以排除强制执行的民事权益，不能排除执行。

最高人民法院执行异议之诉司法解释起草过程中，对建设工程价款优先受偿权能否排除执行的问题仍有一定分歧，司法解释稿目前尚无明确定论，但从征求意见的情况看，绝大多数观点还是倾向于认为建设工程价款优先受偿权不属于足以排除强制执行的民事权益，本文亦采此种观点，理由如下：

与传统的诉讼类型相比，执行异议之诉是一种具有复合性的新类型诉讼。这类纠纷在形式上体现为是否排除强制执行行为的纠纷，在实质上是案外人与被执行人对该执行标的的权属纠纷，以及案外人对执行标的所享有权益与申请执行人在生效裁判文书等执行依据项下请求权的优先效力纠纷。[①] 申请执行人请求人民法院强制执行特定执行标的的行为实际是实现生效裁判文书所确定的债权的行为，而案外人所享有的民事权益能够排除生效裁判文书的强制执行，应同时满足两个条件：一是权利效力优先于申

① 参见最高人民法院修改后民事诉讼法贯彻实施工作领导小组编著：《最高人民法院民事诉讼法司法解释理解与适用（下）》，人民法院出版社2015年版，第814页。

请执行人的债权；二是人民法院对特定执行标的的强制执行妨害了案外人对执行标的享有的实体权益。如果人民法院的强制执行不妨害案外人对执行标的享有的实体权益，则应判决驳回。例如，案外人对执行标的物享有抵押权，人民法院依据申请执行人的申请准备将该执行标的物拍卖，以所得价款清偿申请执行人。此种情况下，因案外人享有的抵押权是对担保财产变现价值的优先受偿权，其只能请求就拍卖价款优先受偿，或者在担保债权的范围内进行提存，人民法院的拍卖行为并不妨害案外人享有的抵押权，故尽管抵押权在效力上优先于普通债权，案外人亦不能排除强制执行。

建设工程价款优先受偿权能否排除强制执行，应基于该权利的法律性质进行判断。对于建设工程价款优先受偿权的法律性质，学理上存在留置权说、法定抵押权说以及法定优先权说等多种观点，三种观点的共同特点均是建设工程价款优先受偿权优先于一般债权甚至抵押权，受法律特别保护。《中华人民共和国合同法》第二百八十六条规定："发包人未按照约定支付价款的，承包人可以催告发包人在合理期限内支付价款。发包人逾期不支付的，除按照建设工程的性质不宜折价、拍卖的以外，承包人可以与发包人协议将该工程折价，也可以申请人民法院将该工程依法拍卖。建设工程的价款就该工程折价或者拍卖的价款优先受偿。"① 依据该条规定，施工人对工程价款享有的优先权是以建设工程折价、拍卖的交换价值担保债权的实现，此种优先受偿权只是一种优先顺位权，人民法院对建设工程采取的折价、拍卖等执行措施并不妨害其优先权的实现，案外人不能以其对该建设工程享有优先受偿权为由要求停止执行，而应当在执行程序中向执行法院提出优先受偿主张。若案外人提出的优先受偿主张未获支持，其可以根据《民事诉讼法司法解释》第五百一十二条的规定，对分配方案提出书面异议以及提出"执行分配方案异议之诉"。若允许建设工程价款优先受偿权人排除生效裁判文书所确认债权的强制执行，则不仅申请执行人的债权不能及时实现，建设工程价款优先受偿权的实现也须另行启动一个执

① 对应《民法典》第八百零七条。

行程序，势必造成审判及执行资源的浪费，拉长各债权人实现债权的时间。

具体到本案，华宇广泰公司于2015年10月29日向葫芦岛中院提出执行异议时，该公司的建设工程价款优先受偿权尚未经松原中院判决确认，葫芦岛中院于2015年11月23日驳回华宇广泰公司的执行异议之后，松原中院于2015年11月26日判决松原博翔公司支付华宇广泰公司工程款及相关费用，华宇广泰公司遂于2015年12月15日向葫芦岛中院提起本案执行异议之诉。因建设工程价款优先受偿权不属于排除强制执行的民事权利，本案辽宁高院二审判决纠正一审判决的错误，改判驳回华宇广泰公司停止执行的诉讼请求是正确的。

（二）有关执行异议之诉审理对象的几个问题

1. 案外人对执行标的物享有的民事权利不能排除强制执行的，人民法院能否针对案外人的确权请求判决确认案外人的民事权利

案外人执行异议之诉的根本目的在于解决能否排除执行的问题，不解决权利归属问题，对于权属争议案外人可以通过另诉解决。但是，鉴于权属问题是认定能否排除执行的前提，诉讼应将当事人之间实体法律关系及阻止执行之问题一并解决，否则既浪费司法资源，也造成案外人讼累，难以避免判决的冲突，也不符合普通民众的法律观念。为此，《民事诉讼法司法解释》第三百一十二条第二款规定，案外人同时提出确认其权利的诉讼请求的，人民法院可以在判决中一并作出裁判，亦即执行异议之诉可以作出确权判项。但是，执行异议之诉毕竟不同于确权之诉，其制度目的是排除对执行标的的强制执行，在执行异议之诉中确权通常是以案外人享有足以排除强制执行的实体权利为前提，确权只是排除执行的附带功能，故若案外人享有的实体权利不足以排除强制执行，人民法院在执行异议之诉中不能单独针对确权请求作出确权判项，而同时又判决准许执行该执行标的。具体到本案，华宇广泰公司所享有的建设工程价款优先受偿权不属于足以排除强制执行的民事权利，人民法院在执行异议之诉的裁判中，不能单独确认华宇广泰公司享有建设工程价款优先受偿权，故本案二审判决对

华宇广泰公司确认其享有建设工程价款优先受偿权的请求不予支持，不属于遗漏诉讼请求。

2. 执行异议之诉能否审理给付请求

本案华宇广泰公司除提出确权请求和排除执行请求外，还请求对执行标的物拍卖、折价的款项优先清偿其工程价款，该项诉讼请求的实质是实现优先受偿权的具体请求，其性质为给付请求。给付请求是否属于执行异议之诉的审理对象，《民事诉讼法》及其司法解释没有明确规定。在民事诉讼理论中，有学说认为执行异议之诉的性质为“给付诉讼”，该说主张“执行异议之诉的诉讼标的是案外人要求申请执行人不作为的给付请求权，当事人要求法院命令债权人不得为强制执行，或者返还执行财产等就是给付请求的内容”。对此，我们认为，“给付诉讼说”所主张的给付是一种消极义务，与为实现优先受偿权的积极给付不能等同，案外人优先受偿权的实现应通过建设工程施工合同纠纷案的执行予以实现，并非案外人执行异议之诉解决的问题，且“给付诉讼说”并非通说，亦未被民事诉讼法所采纳，基于《民事诉讼法》及其司法解释的规定，案外人提出的给付请求不属于执行异议之诉的审理对象。

3. 执行异议之诉应否对“执行行为”的合法性进行审理

本案中，华宇广泰公司申请再审主张葫芦岛中院的执行行为存在违法处分执行标的物以及逾期审查执行异议两项程序错误，据此请求对执行异议之诉的二审判决进行再审改判。华宇广泰公司的该项主张是针对人民法院的“执行行为”而非针对“执行标的”提出的异议。案外人、当事人对法院的执行行为提出的异议，是否属于执行异议之诉的审理对象，有必要予以明确。

首先要明确执行异议与执行异议之诉的区别与联系。执行异议与执行异议之诉同为法定的执行救济方法，前者属于程序救济方法，后者属于实体救济方法，[①] 执行异议之诉以执行异议为前置程序，但只有针对“执行

① 民事诉讼法理论将执行救济分为三类：(1) 程序上的救济：指执行异议和申请变更执行法院；(2) 实体上的救济：指执行异议之诉；(3) 程序与实体双重救济：指执行依据被撤销尤其是通过再审程序改判后引起的执行回转。

标的”的异议被裁定驳回后，才可能引起执行异议之诉，针对“执行行为”的异议被裁定驳回后，当事人应通过向上一级法院申请复议予以救济。谈到这里，就要对执行异议作一个划分。根据执行异议的对象不同，民事诉讼法将执行异议区分为“执行行为”异议与“执行标的”异议，并分别设置了不同的救济程序。《中华人民共和国民事诉讼法》第二百二十五条是关于“执行行为异议”的规定：“当事人、利害关系人认为执行行为违反法律规定的，可以向负责执行的人民法院提出书面异议。当事人、利害关系人提出书面异议的，人民法院应当自收到书面异议之日起十五日内审查，理由成立的，裁定撤销或者改正；理由不成立的，裁定驳回。当事人、利害关系人对裁定不服的，可以自裁定送达之日起10日内向上一级人民法院申请复议。”第二百二十七条[①]则是关于“执行标的异议”的规定：“执行过程中，案外人对执行标的提出书面异议的，人民法院应当自收到书面异议之日起十五日内审查，理由成立的，裁定中止对该标的的执行；理由不成立的，裁定驳回。案外人、当事人对裁定不服，认为原判决、裁定错误的，依照审判监督程序办理；与原判决、裁定无关的，可以自裁定送达之日起十五日内向人民法院提起诉讼。”依据上述规定，“执行行为异议”与“执行标的异议”虽同属执行异议，但存在以下不同：（1）异议主体不同。执行行为异议可以由当事人、利害关系人提出，执行标的异议应由案外人提出。（2）异议的目的不同。执行行为异议的目的在于撤销或更正违法或不当的执行行为；执行标的异议的目的在于排除对执行标的的强制执行。（3）异议的原因不同。执行行为异议的原因在于对执行法院的执行措施方法不服、认为执行程序违法等事由；执行标的异议的原因在于案外人就执行标的物享有足以排除强制执行的民事权利或者有消灭、妨碍债权人请求的事由。（4）救济程序不同。人民法院针对执行行为异议作出的裁定，当事人、利害关系人不服的，可以自裁定送达之日起10日内向上一级人民法院申请复议，该复议程序属于执行监督程序。人民法院针对执行标的异议作出的裁定，案外人、当事人不服的，区分为两种情形：一是认

---

① 对应《民事诉讼法》（2021年修正）第二百三十四条。

为作为执行依据的原判决、裁定错误的，依照审判监督程序办理；二是若与原判决、裁定无关，可以提起执行异议之诉，执行异议之诉系一种实体救济方法，通过正常的民事审判程序予以审理，以判决形式作出裁判。

基于以上分析，执行异议之诉的本质应为执行标的异议之诉，[①] 人民法院应围绕“执行标的”异议进行审理，当事人、利害关系人基于不当“执行行为”提起执行异议之诉的，不符合执行异议之诉的本质特征，人民法院应不予受理；当事人、案外人在已经提起的执行异议之诉中同时主张执行行为、执行程序违法的，不属于执行异议之诉的审理对象，人民法院应不予审理。本案中，华宇广泰公司基于其享有建设工程价款优先受偿权，提起本案执行异议之诉，是针对“执行标的”提出的排除强制执行的异议诉讼，但该公司申请再审主张葫芦岛中院的执行行为违反法定程序的问题，系对执行行为提出的异议，不属于执行异议之诉的审理对象，最高人民法院不予审查。针对葫芦岛中院执行行为违反法定程序的问题，华宇广泰公司应依据《中华人民共和国民事诉讼法》第二百二十五条的规定，通过执行行为异议、申请复议予以解决；超过法定申请复议期间的，可通过执行申诉启动执行监督程序予以解决。

（执笔人：潘杰、汪传海）

① 民事案件案由规定中所规定的执行分配方案异议之诉，不属于执行异议之诉的常态，故本文依据案外人申请执行异议之诉、申请执行人执行异议之诉认为，执行异议之诉的本质为执行标的异议之诉。

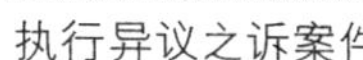

23. 佳宜公司与玉商公司、赵某案外人执行异议之诉案*

▶ 未登记为建设用地使用权人及项目开发建设主体的合作开发一方不属于合法建造人的，无权排除强制执行

【裁判摘要】

依房地产开发建设主体的金钱债权人申请对建成房屋强制执行时，合作开发合同另一方当事人请求排除执行的，不予支持。

一、案情简介

2014年8月，佳宜公司与玉商公司签订合作开发房地产合同，由玉商公司提供开发资金，佳宜公司提供建设用地，玉商公司负责项目开发建设和销售；利润分配：以约定的建筑面积分给佳宜公司若干商品住宅，以及2号楼1至3层商业用房（以下简称涉诉房屋）垂直划分每层各1000平方米分配给玉商公司。按照约定，玉商公司依法取得了建设用地使用权证以及规划建设、预售等证照，实际完成了项目开发建设，但房屋尚未进行所有权初始登记。

案外人赵某与玉商公司民间借贷纠纷而经人民法院作出生效判决后，在法院强制执行环节，因查封案涉房

* 摘自《民事审判指导与参考》2017年第4辑（总第72辑），人民法院出版社2018年版，第195~198页。

屋，案外人佳宜公司以查封的涉诉房屋产权属其所有为由，提出执行异议，被裁定驳回后又提起本案诉讼，认为佳宜公司因与玉商公司的合作开发而原始取得涉诉房屋所有权，故请求排除对案涉土地及房屋的强制执行。

二、法院裁判情况

一审法院认为，本案的争议焦点是佳宜公司是否具有足以排除强制执行的民事权益。虽然玉商公司作为项目开发方，案涉建设用地使用权及房屋权属均登记在其名下，但案涉房屋不能简单以物权登记来确定权属，否则，与本案项目系佳宜公司与玉商公司合作开发这一基础事实以及当事人之间的合作开发协议约定不符。据此，佳宜公司应当享有相应的权益，符合合同权利、义务对等的原则。在当事人之间尚未进行结算、分配的情况下，双方对案涉房屋的权益符合共有的法律特征，故应认定为双方共同共有。故判决停止对合作开发协议约定的应当分配给佳宜公司的房屋的强制执行。

赵某不服，提起上诉。

二审法院认为，佳宜公司作为合作开发主体，并非物权法意义上的建造主体，并不能依照《中华人民共和国物权法》第三十条[①]的规定原始取得涉诉房屋所有权。佳宜公司与玉商公司的合作开发协议中关于涉诉房屋分配的约定，是双方基于合作开发房地产利润分配而进行的变更、设定涉诉房屋物权的合同法律行为，因没有登记而未产生物权效力。因此，佳宜公司对于涉诉房屋的权益并不足以排除强制执行。综上，撤销一审判决，改判驳回佳宜公司的诉讼请求。

三、主要观点及理由

本案的争议焦点在于未登记为建设用地使用权人及项目开发建设主体的合作开发一方对于合作开发建设房屋享有何种权益以及能否排除强制执

---

① 对应《民法典》第二百一十四条。

行。对此，实践中主要存在两种不同观点，一审、二审法院的裁判理由即反映了这两种不同的观点，不再赘述。对此，我们赞同后一种观点。主要理由如下：

《中华人民共和国物权法》第九条[①]规定："不动产物权的设立、变更、转让、消灭，经依法登记发生效力，未经登记不发生效力，法律另有规定的除外。"《中华人民共和国物权法》第三十条[②]规定："因合法建造、拆除房屋等事实行为设立或消灭物权的，自事实行为成就时发生效力。"据此，我国不动产物权变动是以法定登记为原则，以事实行为成就等为例外。本案中，由于涉诉房屋尚未进行所有权初始登记，但系经合法建造，故在其已经竣工验收之后，虽未进行所有权初始登记，但合法建造人亦可依法直接取得房屋所有权，而不必以房屋所有权登记作为取得房屋所有权的生效要件。因此，涉诉房屋所有权应归属于房屋的合法建造人，故在判断其权属时应当首先明确谁是合法建造人。

由于物权是一种对世权，具有排他性和优先力。物权的变动涉及范围大，直接关系财产的归属利用，关乎权利人的保护和市场交易安全，因此，物权变动一般应遵循公示原则，须以法定的公示方式才能产生效力。《中华人民共和国物权法》第十六条[③]规定，不动产登记簿是物权归属和内容的根据。根据物权法确立的不动产物权变动的原则，本案中，就建设用地使用权而言，其登记在玉商公司名下，故玉商公司是建设用地使用权人。

而根据《中华人民共和国物权法》第三十条的规定，建造是物权取得的事实行为，但建造必须符合"合法"的要求。我们认为，这里的"合法"建造，应当是指按照国家有关法律所规定的建设用地使用权取得、规划施工许可等要求进行建造，否则，就不能产生该条所称的物权设定的效力。我国现行立法坚持建设用地使用权与房屋等不动产所有权权利主体一

---

① 对应《民法典》第二百零九条："不动产物权的设立、变更、转让和消灭，经依法登记，发生效力；未经登记，不发生效力，但是法律另有规定的除外。"

② 对应《民法典》第二百一十四条，内容未作变动。

③ 对应《民法典》第二百一十六条，内容未作变动。

致的原则，明确要求商品房建造必须取得相应建设用地使用权和土地规划、建设规划、建设施工等证书。不动产登记部门亦是以建设用地使用权等相应证书登记主体作为房屋所有权初始登记主体。这与上述物权法相关条文所确立的不动产物权登记制度所体现的精神是一脉相承的。因此，合作开发不等同于共同建造，建造行为必须在依法办理建设用地使用权登记和取得相关规划、建设等证书的情况下，才能在建造事实行为完成时产生设立物权的法律效力。没有进行上述登记的合作开发合同当事人，并不当然因合作开发合同约定而享有物权。本案中，建设规划许可、建筑工程施工许可、预售许可等主体均为玉商公司，因此，应认定玉商公司是涉诉房屋的合法建造人，其因此而依法享有涉诉房屋所有权。

就非作为开发建设主体的合作开发合同的一方当事人而言，虽然其与另一方当事人之间形成了合作开发房地产合同关系，当事人的合同约定在法律规定的框架下直接发生法律效力，但对于当事人之间关于房屋所有权最终归属的约定之意思仍需根据合法性解释原则加以理解。根据《中华人民共和国物权法》第九条的规定，我国确立了基于法律行为发生的不动产物权变动的主要模式即债权形式主义模式，原因行为和登记都是不动产物权变动生效的要件。而由于法律并未对合作开发房地产法律关系中的不动产物权变动作出例外规定，故对此所涉及的建设用地使用权归属仍应在基于法律行为发生的物权变动的框架下加以判断，即仍应遵循法定登记原则，未经登记，不发生物权效力。故即使当事人约定建设用地使用权由合作开发共有享有，在不动产登记并未作此登记的情形下，也不能发生共有的物权效力。当然，本案中，当事人并未作出类似约定，故建设用地使用权按照登记应认定由玉商公司单方享有。相应地，一方面，由前所述，佳宜公司也不能基于合法建造人的身份而取得涉诉房屋的所有权；另一方面，当事人虽然在合作开发合同中约定了部分房屋所有权的归属，但该约定并不发生法律所认可的物权效力，而只是在合作开发合同当事人之间产生了以在符合法律规定和合同约定的条件时完成物权变动为主要内容的债权债务关系，即该约定仅具有债权效力。据此，佳宜公司亦不能基于合作开发关系以及合作开发合同的约定而成为涉诉房屋的所有权人。

此外，依照《中华人民共和国物权法》第三十条的规定判定物权取得主体时，还需考虑保障交易安全，依法保护第三人信赖利益的因素。虽然建造不需要通过法定的登记公示方式产生物权效力，但国家对建造行为的法律要求和行政管理，尤其是通过相应的登记、许可等制度，对外会产生相应的权利推定和权利公示效果，第三人可通过这些权利外部表征去推定建造事实行为成就时的物权状态和物权主体，实际上起到保障市场交易安全的目的。如果佳宜公司的主张获得支持，将出现不动产登记人与权利人不一致的情形，对外也会造成物权权属不明晰，权利义务关系不明确，对市场交易安全造成严重影响。

综上所述，佳宜公司仅对涉诉房屋基于合作开发房地产协议享有一般债权，并不足以排除基于玉商公司所负金钱债务而对合作开发房屋的强制执行。

四、最高人民法院民一庭意见

金钱债权执行中，人民法院针对作为开发建设主体的被执行人所开发建设的房屋实施强制执行，与被执行人之间存在合作开发房地产关系、但并未作为开发建设主体的案外人，以其系房屋的实际所有权人为由，提起执行异议之诉，请求排除强制执行的，不予支持。

（执笔人：司伟、刘伟）

24．林庆某与陈某、澄迈天浙房地产开发有限公司案外人执行异议之诉再审纠纷案*

认为作为执行依据的仲裁调解书有错误，不能通过执行异议之诉解决，应当驳回起诉

【裁判摘要】

当事人认为作为执行依据的仲裁调解书有错误，不能通过执行异议之诉解决，而应当申请不予执行仲裁调解书。当事人提起执行异议之诉的，应当驳回起诉。

再审申请人（一审原告、二审上诉人）：林庆某。

委托诉讼代理人：李某，北京市尚衡律师事务所广西分所律师。

被申请人（一审被告、二审被上诉人）：陈某。

委托诉讼代理人：陈某新，系陈某之父。

委托诉讼代理人：曾某，海南威盾律师事务所律师。

一审第三人、二审被上诉人：澄迈天浙房地产开发有限公司，住所地海南省澄迈县老城镇原镇人民政府所在地。

法定代表人：郑胜某，该公司执行董事。

---

* 摘自《民事审判指导与参考》2018 年第 3 辑（总第 75 辑），人民法院出版社 2018 年版，第 218~228 页。

委托诉讼代理人：王某宇，广西万益律师事务所律师。

一、一审法院审理情况

林庆某向海南省海口海事法院（以下简称一审法院）起诉请求，（1）判令停止执行位于老城商业广场1层房号为101A号、102号、105号、108号、109号、110号、111号、112号、113号、115号、116号、117号、117A号、118号、119号、120号、121号、122号、126号、127号、151号、152号、153号、165号共24套商品房给陈某；（2）判令确认林庆某与澄迈天浙房地产开发有限公司（以下简称天浙公司）于2013年9月12日签订的24份《澄迈商品房买卖合同》合法有效；（3）判令确认位于老城商业广场1层24套商品房的所有权及该24套商品房对应的国有土地使用权归林庆某所有。

一审法院认定事实：2013年9月12日，案外人（本案证人）张某为借款需要，以其担任法定代表人的天浙公司名义与林庆某签订24份《澄迈商品房买卖合同》，并在海南省澄迈县房管局信息管理系统网签，约定天浙公司将其开发的老城商业广场1层房号为101A号、102号、105号、108号、109号、110号、111号、112号、113号、115号、116号、117号、117A号、118号、119号、120号、121号、122号、126号、127号、151号、152号、153号、165号共计24套商品房卖给林庆某，总价款为人民币1000万元，签订合同当日内付清。为此，天浙公司出具与上述合同相关的24份《澄迈商品房买卖合同备案确认表》。合同签订后，林庆某并未按合同约定当日支付天浙公司购房款。第二日即9月13日，林庆某与张某签订《借款合同》，约定张某向原告借款1000万元，借款期限自2013年9月13日起至2014年3月12日止，借款利率按月利率2%计算，以银行转账方式支付借款本金至张某指定的海南金富源投资控股有限公司账户。同日，林庆某指定其财务人员黄某鹏将1000万元汇至上述账户。当日，林庆某作为甲方、张某作为乙方、天浙公司作为丙方签订《协议》，约定：（1）丙方同意乙方直接将1000万元的借款作为甲方购买上述24间商铺的全部购房款，于借款到期后向丙方支付，并不追究甲方逾期支付购房款的违约责任。(2)《借款合同》到期后，乙方应直接将1000万元的借款返还至丙方，该1000万元视为甲方向丙方支付上述24间商铺的全部购房款。(3) 如乙方未按时足额向丙方支付1000万元，也应当视为甲方已经按照约定向丙方支付了上述24间商铺的全部购房款，丙方应自行向乙方追索未按时支付的款项，因此产生的任何费用和责任与甲方无关。(4) 不管乙方是否按时向丙方支付1000万元的款项，丙方都应当在《借款合同》到期后7日内向甲方出具全额购房发票，为甲方办理房产证等相关手续，将全部房屋交付甲方使用。三方还就纠纷解决方式作了约定。之后，张某未归还林庆某借款，亦无证据证实张某将所借林庆某款项付给天浙公司。天浙公司至今未将上述24套房屋交付给林庆某。2015年2月13日，林庆某向海南仲裁委员会申请仲裁，提出确认上述商品房买卖合同有效等请求。同年6月18日，林庆某申请撤回仲裁申请。同日，海南仲裁委员会作出(2015)海仲字第243-266号决定书，准许林庆某撤回仲裁申请。本案2015年11月27日开庭审理中，林庆某申请的证人张某出庭作证，证实张某向林庆某借款，并以天浙公司名义与林庆某签订的24套澄迈商品房买卖合同作为借款担保。

另查明，2012年1月19日，陈某与天浙公司签订了《老城商业广场商品房内部认购协议书》，认购天浙公司开发的老城商业广场地下室、一层、二层、三层、四层整层商铺及部分住宅。同日，陈某委托他人转账代付100万元定金，2013年5月8日前又分次将全部购房款共计64184370元付至天浙公司指定账户。天浙公司取得《澄迈县房产预售许可证》后，于2013年7月5日与陈某签订了6份《商品房买卖合同》，约定陈某购买老城商业广场共计235套房产，其中包括与林庆某争议的24套房产，于2013年12月30日前交付，解决争议方式为双方协商解决，协商不成，则提交海南仲裁委员会仲裁。之后，天浙公司未按约定交付房产给陈某并为其办理房产权属证书。2014年7月14日，陈某申请海南仲裁委员会仲裁。仲裁过程中，陈某与天浙公司达成调解协议，海南仲裁委员会于2014年7月23日作出(2014)海仲(湛)第79号《调解书》，确认陈某与天浙公司于2013年7月5日签订的6份《商品房买卖合同》合法有效，确认陈某从天浙公司所购老城商业广场210套房屋（包括与原告争议的24套房产）的所有权及对应的土地使用权归陈某所有，还规定交付房产及办证过户等内容。仲裁调解书生效后，陈某于2015年2月4日向一审法院申请执行，一审法院于同日立案执行。执行过程中，林庆某于同年4月15日提出执行异议，一审法院作出（2015）琼海法执异字第24号执行裁定，驳回其异议。林庆某遂向一审法院提起案外人执行异议之诉。一审法院开庭审理后，向林庆某释明变更诉讼请求，但林庆某拒绝变更。

一审法院认为：

1. 林庆某与天浙公司签订的商品房买卖合同不具有法律约束力。林庆某与案外人张某签订借款合同，建立民间借贷法律关系，系双方真实意思表示，其内容不违反法律、行政法规的强制性规定，具有法律效力。林庆某为保证借款的安全，在考虑到张某时为天浙公司法定代表人的背景下，遂与天浙公司签订澄迈商品房买卖合同，并与张某、天浙公司以协议形式约定借款到期后将借款资金转移至商品房买卖合同中，且约定不管天浙公司是否收到购房款，都视为林庆某已足额支付房款，房产都需交付过户给林庆某的内容，清晰地表明林庆某与天浙公司签订商品房买卖合同的目的实为其与张某的借款合同提供房屋担保。事实上，借款到期后借款人张某不能还款，林庆某便请求天浙公司履行商品房买卖合同。对此，证人张某亦当庭证实其与林庆某及天浙公司之间系以房担保的借款关系。鉴于张某既是与林庆某签订借款合同、协议的当事人，又是天浙公司的时任法定代表人，且系林庆某申请出庭作证的证人，其所作证言对林庆某有利或无利均具有约束力。故林庆某与天浙公司签订的商品房买卖合同非双方真实意思表示，不具有法律约束力；林庆某请求确认其与天浙公司于2013年9月12日签订的24份《澄迈商品房买卖合同》合法有效的理由不能成立，不予支持。

2. 林庆某未取得案涉房屋所有权。根据《中华人民共和国物权法》第二十八条[①]“因人民法院、仲裁委员会的法律文书或者人民政府的征收决定等，导致物权设立、变更、转让或者消灭的，自法律文书或者人民政府的征收决定等生效时发生效力”的规定，自海南仲裁委员会于2014年7月23日作出生效仲裁调解书时起，陈某即享有从天浙公司所购本案争议的24套房产的所有权及对应的土地使用权。又根据《中华人民共和国物权法》第九条[②]“不动产物权的设立、变更、转让和消灭，经依法登记，发生效力；未经登记，不发生效力，但法律另有规定的除外”的规定，房地产主管部门对购房合同备案登记制度系行政管理措施，在未办理房产正式登记或预告登记情况下，备案与否，均不产生物权设定的效力，故林庆某关于其对争议房屋产权优先于陈某的理由不能成立，不予采纳。即便林庆某与天浙公司签订的商品房买卖合同有效，因本案争议房产未经物权登记，亦未交付给林庆某合法占有，故林庆某并未取得本案争议房屋的实际所有权，更不能对抗已经形成的陈某对本案争议房屋的所有权。林庆某请求确认本案争议房屋的所有权及该24套商品房对应的国有土地使用权归其所有的主张不能成立，不予支持。

3. 林庆某主张海南仲裁委员会作出的仲裁调解书存在法律规定不予执行的情形证据不足。本案中，林庆某无有效证据证实海南仲裁委员会作出的仲裁调解书存在法律规定不予执行的情形，林庆某提出天浙公司未参加仲裁调解程序、仲裁虚假的主张无证据证实，故该仲裁调解书应当得到执行，林庆某请求停止执行本案争议房屋的主张不能成立，不予支持。

综上所述，林庆某就本案执行标的不享有足以排除强制执行的民事权益，其提出的确认其权利的诉讼请求亦不能成立。一审法院依照《中华人民共和国物权法》第九条、第二十八条，《中华人民共和国民法通则》第

---

① 对应《民法典》第二百二十九条：“因人民法院、仲裁机构的法律文书或者人民政府的征收决定等，导致物权设立、变更、转让或者消灭的，自法律文书或者征收决定等生效时发生效力。”

② 对应《民法典》第二百零九条：“不动产物权的设立、变更、转让和消灭，经依法登记，发生效力；未经登记，不发生效力，但是法律另有规定的除外。”

五十五条[①]，《最高人民法院关于适用〈中华人民共和国民事诉讼法〉的解释》第三百一十二条[②]第一款第二项、第二款的规定，判决：驳回林庆某的诉讼请求。一审案件受理费81800元，由林庆某负担。

三、二审法院审理情况

林庆某不服一审判决，向海南省高级人民法院（以下简称二审法院）上诉，请求二审法院依法改判。

二审查明的案件事实与一审查明的事实相同。

二审法院认为：

根据《最高人民法院关于适用〈中华人民共和国民事诉讼法〉的解释》第三百零七条[③]"案外人提起执行异议之诉的，以申请执行人为被告。被执行人反对案外人异议的，被执行人为共同被告；被执行人不反对案外人异议的，可以列被执行人为第三人"的规定，在案外人执行异议之诉中，被执行人反对案外人主张的应当列为被告。本案中，根据被执行人天浙公司在一审中陈述的意见可知，天浙公司反对林庆某主张，应当将其列为被告，而一审法院将其列为第三人不当，依法予以纠正，在二审程序中将其列为被上诉人。

根据《中华人民共和国民事诉讼法》第二百二十七条[④]、《最高人民法院关于适用〈中华人民共和国民事诉讼法〉的解释》第三百零五条[⑤]的规定，案外人提起执行异议之诉，其诉讼请求与原判决、裁定无关，如果案外人认为原判决、裁定错误的，依照审判监督程序办理。即案外人执行异

① 对应《民法典》第一百四十三条："具备下列条件的民事法律行为有效：（一）行为人具有相应的民事行为能力；（二）意思表示真实；（三）不违反法律、行政法规的强制性规定，不违背公序良俗。"

② 对应《最高人民法院关于适用〈中华人民共和国民事诉讼法〉的解释》（2022年修正）第三百一十条。

③ 对应《最高人民法院关于适用〈中华人民共和国民事诉讼法〉的解释》（2022年修正）第三百零五条。

④ 对应《民事诉讼法》（2021年修正）第二百三十四条。

⑤ 对应《最高人民法院关于适用〈中华人民共和国民事诉讼法〉的解释》（2022年修正）第三百零三条。

议之诉的诉讼请求应与执行依据无关，亦即案外人不能通过执行异议之诉途径来解决其对执行依据的异议。根据法院审理查明的案件事实，本案中，2014 年 7 月 23 日，经陈某申请，海南仲裁委员会对其与天浙公司签订的 6 份《商品房买卖合同》进行仲裁，并作出（2014）海仲（湛）第 79 号《调解书》，确认陈某与天浙公司于 2013 年 7 月 5 日签订的 6 份《商品房买卖合同》合法有效，将老城商业广场共计 210 套房屋的所有权及对应的土地使用权归陈某所有，限期天浙公司交付房产并办理房屋所有权证及对应的土地使用权证。2015 年 2 月 4 日，陈某就上述仲裁调解书向海口海事法院申请执行，该院于同日立案执行。林庆某提起执行异议之诉请求停止执行的老城商业广场一层 101A 号、102 号、105 号、108 号、109 号、110 号、111 号、112 号、113 号、115 号、116 号、117 号、117A 号、118 号、119 号、120 号、121 号、122 号、126 号、127 号、151 号、152 号、153 号、165 号共计 24 套铺面全部被上述仲裁调解书的内容所涵盖。故林庆某主张排除对执行标的执行的诉讼请求全部与海口海事法院正在执行的上述仲裁调解书直接相关，即林庆某诉讼请求的实质是认为作为执行依据的海南仲裁委员会作出的（2014）海仲（湛）第 79 号《调解书》存在错误，而非针对海口海事法院在执行程序中因执行与执行依据无关的执行标的提出执行异议。故林庆某的起诉不符合《最高人民法院关于适用〈中华人民共和国民事诉讼法〉的解释》第三百零五条所规定的起诉条件。

综上，依照《中华人民共和国民事诉讼法》第一百五十四条[①]第一款第三项、《最高人民法院关于适用〈中华人民共和国民事诉讼法〉的解释》第三百三十条[②]的规定，裁定如下：一、撤销海口海事法院（2015）琼海法执诉字第 11 号民事判决；二、驳回林庆某的起诉。一审案件受理费 81800 元，退还林庆某；林庆某预交的二审案件受理费 81800 元，予以退还。

---

① 对应《民事诉讼法》（2021 年修正）第一百五十七条。

② 对应《最高人民法院关于适用〈中华人民共和国民事诉讼法〉的解释》（2022 年修正）第三百二十八条。

四、当事人申请再审情况

林庆某申请再审请求：（1）撤销海南省高级人民法院（2016）琼民终248号民事裁定、海口海事法院（2015）琼海法执诉字第11号民事判决；（2）停止执行位于海南省澄迈县老城经济开发区澄江北路东南侧老城商业广场铺面号为101A号、102号、105号、108号、109号、110号、111号、112号、113号、115号、116号、117号、117A号、118号、119号、120号、121号、122号、126号、127号、151号、152号、153号、165号共24套商品房；（3）确认林庆某与天浙公司于2013年9月12日签订的24份《澄迈商品房买卖合同》合法有效；（4）确认林庆某享有前述24套商品房的所有权及对应的国有土地使用权。

事实与理由：（1）作为本案执行依据的海南仲裁委员会（2014）海仲（湛）字第79号仲裁调解书侵害了林庆某的合法权益，林庆某有权通过执行异议之诉的方式予以救济。《最高人民法院关于适用〈中华人民共和国民事诉讼法〉的解释》第三百零五条规定的执行异议之诉起诉条件中“诉讼请求与原判决、裁定无关”，并未规定与仲裁裁决书或仲裁调解书无关。现行仲裁法仅将申请撤销仲裁裁决的权利赋予仲裁当事人而未赋予案外人，故案外人不能成为申请撤销仲裁裁决的主体。在现行法律框架下，林庆某除了提起执行异议之诉，已无其他救济途径。（2）林庆某与天浙公司就案涉24套商品房签订的《商品房买卖合同》合法有效，并经备案登记，林庆某已向天浙公司足额支付购房款，林庆某拥有24套商品房的所有权及其相应的国有土地使用权。陈某就案涉24套商品房签订的商品房买卖合同是虚假的，陈某和天浙公司通过虚假仲裁形成的仲裁调解书所确认的民事权益是违法的，不应予以保护，林庆某对案涉24套商品房享有的民事权益足以排除强制执行。综上所述，二审裁定和一审判决在事实认定和法律适用上均存在明显错误，林庆某根据《中华人民共和国民事诉讼法》第二百条第六项规定申请再审。

陈某答辩称：（1）根据《中华人民共和国民事诉讼法》第二百二十七条的规定，林庆某提起执行异议之诉的前提是其诉讼请求与原判决、裁定无关。仲裁裁决和调解书属于前述规定的“判决、裁定”的范围。本案中，林庆某的诉讼请求涉及对执行标的的权属认定问题，属于与仲裁调解书有关，故无权提出执行异议之诉。在涉及仲裁调解书的执行程序中，林庆某作为案外人提出的执行异议被驳回后，应根据2018年3月1日起实施的《最高人民法院关于人民法院办理仲裁裁决执行案件若干问题的规定》依法申请不予执行仲裁裁决进行救济。（2）天浙公司和林庆某之间并无真实的房屋买卖意思表示，案涉24份《澄迈商品房买卖合同》中加盖的天浙公司公章是虚假的，该合同实为林庆某和张某之间1000万元借款关系所作的担保，故24份《澄迈商品房买卖合同》因意思表示不真实和违反法律强制性规定而无效。陈某和天浙公司之间的商品房买卖合同关系是真实有效的，仲裁调解书是合法的。而且，陈某和天浙公司订立的合同和交付房款的时间均早于林庆某和张某签订所谓的购房合同和付款时间，且陈某实际占有使用案涉房屋至今。

天浙公司答辩称，其和林庆某签订的24份《澄迈商品房买卖合同》已经备案，相关房款已用于工程建设。仲裁调解书所确认的调解协议是在陈某新胁迫下，由天浙公司当时的法定代表人张某在办公室签署的，天浙公司的公章当时也由陈某新控制。因此仲裁调解书的内容不是天浙公司的真实意思。

五、最高人民法院认定与裁决情况

最高人民法院认为，本案再审的争议焦点是：林庆某是否具备案外人执行异议之诉的原告主体资格。

《最高人民法院关于适用〈中华人民共和国民事诉讼法〉的解释》第三百零五条第一款规定了案外人提起执行异议之诉的条件，其中第二项条件为“有明确的排除对执行标的执行的诉讼请求，且诉讼请求与原判决、裁定无关”。这里的“原判决、裁定”宜作广义理解，应包括仲裁裁决书和仲裁调解书在内。陈某和天浙公司的仲裁调解书确认，陈某和天浙公司订立的6份《商品房买卖合同》有效，陈某从天浙公司购买的210套商品房（包括案涉24套商品房在内）归陈某所有，天浙公司应履行交付房产

和办理过户等义务。本案林庆某提出的诉讼请求包括请求停止对案涉24套商品房的强制执行，并确认林庆某与天浙公司签订的24份《澄迈商品房买卖合同》合法有效，林庆某享有案涉24套商品房的所有权和土地使用权。由此可见，林庆某诉讼请求的成立是以推翻仲裁调解书所确认的部分内容为前提，其诉讼请求与仲裁调解书发生冲突，故本案应认定林庆某的诉讼请求与原判决、裁定有关。

根据《中华人民共和国仲裁法》第五十八条的规定，只有仲裁当事人才能申请撤销仲裁裁决，案外人不能成为申请撤销仲裁裁决的主体。因此，即便陈某和天浙公司之间的仲裁调解书损害到林庆某的民事权益，林庆某也无权根据《中华人民共和国仲裁法》的规定申请撤销。在最高人民法院裁定提审本案之前，如果仅以林庆某的诉讼请求与原判决、裁定有关而否定其提起执行异议之诉的主体资格，在原有法律框架下可能会使林庆某的合法权益因欠缺其他有效手段而无法得到救济。在最高人民法院裁定提审本案之后，《最高人民法院关于人民法院办理仲裁裁决执行案件若干问题的规定》发布并于2018年3月1日起施行。根据该司法解释第二条的规定，案外人对仲裁裁决执行案件申请不予执行的，负责执行的中级人民法院应当另行立案审查处理。可见，案外人如果对作为执行依据的仲裁裁决或仲裁调解书有异议的，新施行的司法解释赋予了案外人依法申请不予执行的权利。既然现行司法解释已经给予案外人新的救济途径，在林庆某不符合《最高人民法院关于适用〈中华人民共和国民事诉讼法〉的解释》第三百零五条规定的提起执行异议之诉条件的情况下，其提起的执行异议之诉应裁定予以驳回。一审法院受理并对本案经实体审理后作出判决，不符合法律规定，依法应予撤销。二审法院撤销一审判决，并裁定驳回林庆某的起诉是正确的。

需要指出的是，案外人向人民法院申请不予执行仲裁裁决或者仲裁调解书的，人民法院应当严格按照《最高人民法院关于人民法院办理仲裁裁决执行案件若干问题的规定》进行审查。鉴于该司法解释是在法院裁定提审本案之后发布和施行，而林庆某现如果按照该司法解释的规定向人民法院申请不予执行案涉仲裁调解书，已经超过了“自知道或者应当知道人民法院对该标的采取执行措施之日起三十日内提出”的法定期限，而此情况的发生并非全因其自身原因所致。为保护当事人正当权益，林庆某可自本裁定发生法律效力之日起三十日内依法向人民法院申请不予执行案涉仲裁调解书，以对其权益进行救济。

综上所述，林庆某的再审请求不能成立。依照《中华人民共和国民事诉讼法》第二百零七条①、《最高人民法院关于适用〈中华人民共和国民事诉讼法〉的解释》第四百零七条②第一款规定，裁定：维持海南省高级人民法院（2016）琼民终248号民事裁定。林庆某缴交的一、二审案件受理费各81800元，均予退还。

六、对本案的解析

本案诉讼的起因是，海南仲裁委员会针对陈某和天浙公司之间的房屋买卖合同纠纷作出仲裁调解书，海口海事法院根据陈某的申请在执行该仲裁调解书的过程中，林庆某提出执行异议，海口海事法院驳回其异议后，林庆某提起案外人执行异议之诉。因此，本案再审审理的焦点问题是：林庆某是否具备案外人执行异议之诉的起诉资格。

《最高人民法院关于适用〈中华人民共和国民事诉讼法〉的解释》第三百零五条第一款规定的案外人提起执行异议之诉的条件中，第二项的条件为“有明确的排除对执行标的执行的诉讼请求，且诉讼请求与原判决、裁定无关”。这里的“原判决、裁定”宜作广义理解，应包括仲裁裁决书和仲裁调解书在内。陈某和天浙公司的仲裁调解书确认，陈某和天浙公司订立的6份《商品房买卖合同》有效，陈某从天浙公司购买的210套商品房（包括案涉24套商品房）归陈某所有，天浙公司履行交付房产和办理过户等义务。本案林庆某提出的诉讼请求包括请求停止执行案涉24套商品房，确认林庆某与天浙公司签订的24份《澄迈商品房买卖合同》合法有效，确认林庆某享有案涉24套商品房的所有权和土地使用权。由此可见，

---

① 对应《民事诉讼法》（2021年修正）第二百一十四条。

② 对应《最高人民法院关于适用〈中华人民共和国民事诉讼法〉的解释》（2022年修正）第四百零五条。

林庆某所请求的内容是与仲裁调解书相冲突的，其诉讼请求成立的前提是必须推翻仲裁调解书所确认的部分内容，故本案林庆某的诉讼请求是与“原判决、裁定”有关。

执行异议分为执行行为异议、执行标的异议与执行依据异议，三者应适用不同的程序。针对执行行为的异议应适用《中华人民共和国民事诉讼法》第二百二十五条[①]的规定，针对执行标的的异议与执行依据的异议，通常应适用《中华人民共和国民事诉讼法》第二百二十七条的规定，《中华人民共和国民事诉讼法》第二百二十七条规定：执行过程中，案外人对执行标的提出书面异议的，人民法院应当自收到书面异议之日起十五日内审查，理由成立的，裁定中止对该标的的执行；理由不成立的，裁定驳回。案外人、当事人对裁定不服，认为原判决、裁定错误的，依照审判监督程序办理；与原判决、裁定无关的，可以自裁定送达之日起十五日内向人民法院提起诉讼。该表述中没有包括执行依据为调解书的情形，但《最高人民法院关于适用〈中华人民共和国民事诉讼法〉的解释》第四百二十三条[②]之规定，执行依据为调解书的情形同样适用《中华人民共和国民事诉讼法》第二百二十七条[③]之规定，案外人排除执行的请求与执行依据原调解书有关的，对人民法院驳回其执行异议的裁定不服，如果认为原民事调解书中认定错误，应当依照审判监督程序对原调解书申请再审。依据上述规定，针对人民法院作出的调解书本身不服，案外人可以申请再审。对于仲裁机构作出的仲裁调解书不服，案外人如何救济，在《最高人民法院关于人民法院办理仲裁裁决执行案件若干问题的规定》发布前，法律及司法解释均缺乏相应的规定。依据仲裁法的相关规定，能够申请撤销仲裁裁决的只能是案件的当事人，案外人并不享有这项权利，能够申请不予执行仲裁裁决的也只能是案件的当事人。当案外人认为仲裁裁决书与仲裁调解书存在错误，损害其权益时，缺乏相应的救济途径。因此，针对陈某和天

① 对应《民事诉讼法》（2021年修正）第二百三十二条。

② 对应《最高人民法院关于适用〈中华人民共和国民事诉讼法〉的解释》（2022年修正）第四百二十一条。

③ 对应《民事诉讼法》（2021年修正）第二百三十四条。

浙公司之间的仲裁调解书，林庆某无权申请撤销。在最高人民法院裁定提审之前，如果仅以林庆某的诉讼请求与“原判决、裁定”有关而否定其提起执行异议之诉的主体资格，当事人没有任何救济途径。在裁定提审之后，《最高人民法院关于人民法院办理仲裁裁决执行案件若干问题的规定》发布并实施。根据该司法解释第二条的规定，案外人对仲裁裁决执行案件申请不予执行的，负责执行的中级人民法院应当另行立案审查处理。可见，案外人如果对作为执行依据的仲裁裁决和仲裁调解书有异议的，新施行的司法解释赋予案外人有权依法申请不予执行。考虑到现行司法解释已经给予案外人新的救济途径，在林庆某不符合《最高人民法院关于适用〈中华人民共和国民事诉讼法〉的解释》第三百零五条规定的提起执行异议之诉条件的情况下，其提起执行异议之诉应予驳回。本案存在一定的特殊之处，在裁定提审之前，最高人民法院关于仲裁执行的司法解释并未出台。案外人向人民法院申请不予执行仲裁裁决或者仲裁调解书的，人民法院应当严格按照《最高人民法院关于人民法院办理仲裁裁决执行案件若干问题的规定》进行审查。依据该规定，当事人向人民法院申请不予执行案涉仲裁调解书，已经超过了“自知道或者应当知道人民法院对该标的采取执行措施之日起三十日内提出”的法定期限，而此情况的发生并非因其自身原因所致。为保护当事人正当权益，最高人民法院的裁定赋予了当事人在发生法律效力之日起三十日内依法向人民法院申请不予执行案涉仲裁调解书的权利，以对其权益进行救济。

（执笔人：王毓莹、陈亚）

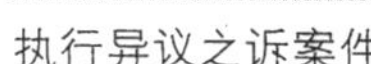

25．上诉人陈某述与被上诉人重庆银坤矿业开发（集团）有限责任公司、重庆市伟映实业（集团）有限公司案外人执行异议之诉纠纷案*

▶ 未完成不动产转移登记前，以物抵债受让人不能排除金钱债权强制执行

【裁判摘要】

以物抵债协议以消灭协议当事人之间存在的金钱债务为目的，不动产的交付仅系以物抵债的履行方式。一般而言，当事人之间并未达成买卖不动产的合意，因而也并未从金钱债权债务关系转化形成以买卖不动产为目的的法律关系。因此，根据债的平等性原则，基于以物抵债而拟受让不动产的“买受人”，在完成不动产权属转移登记之前，仅凭以物抵债协议并不足以形成优先于一般债权的权益，原则上不能据此而排除对该不动产的强制执行。

一、案件基本信息

上诉人（一审原告、案外人）：陈某述。

被上诉人（一审被告、申请执行人）：重庆银坤矿

* 摘自《民事审判指导与参考》2019年第2辑（总第78辑），人民法院出版社2019年版，第157~169页。

业开发（集团）有限责任公司。

被上诉人（一审被告、被执行人）：重庆市伟映实业（集团）有限公司。

上诉人陈某述因与被上诉人重庆银坤矿业开发（集团）有限责任公司（以下简称银坤矿业公司）、重庆市伟映实业（集团）有限公司（以下简称伟映实业公司）案外人执行异议之诉纠纷一案，不服重庆市高级人民法院（2018）渝民初112号民事判决，向最高人民法院提起上诉。

二、重庆市高级人民法院一审认定的事实

银坤矿业公司因与伟映实业公司、赤峰伟映房地产开发公司（以下简称赤峰伟映公司）民间借贷纠纷一案起诉至一审法院。一审法院于2015年12月22日作出（2015）渝高法民初字第00068号民事判决。该民事判决发生法律效力后，伟映实业公司及赤峰伟映公司未按约履行义务，银坤矿业公司遂向一审法院申请对伟映实业公司进行强制执行。一审法院于2016年11月18日作出（2016）渝执44号执行裁定书，查封、扣押、冻结伟映实业公司所有的12000万元存款或相应价值的其他财产，并于2017年5月5日查封了伟映实业公司所有的时代商汇房屋若干套，其中包含网签在陈某述名下的12栋3-1号、3-3号、3-4号、3-5号、2-1号、2-2号、2-3号、1-2（2）号、1-5号、-1-1号。

另查明：陈某述与赤峰伟映公司签订《项目入股书》，约定陈某述以现金500万元入股赤峰伟映公司位于赤峰市新城区支七路“金钰大都会二期”项目，占5%的股份。该《项目入股书》上未载明签订时间。赤峰伟映公司于2013年9月26日出具《投资情况确认》，载明：截至2013年5月2日，收到陈某述投资开发金钰大都会二期项目的资金500万元，该款已实际用于金钰大都会二期项目之开发建设。

2012年11月20日，赤峰伟映公司向陈某述出具《委托》，称因陈某述已与赤峰伟映公司签订《项目入股书》，按该公司的财务安排，要求陈某述直接将入股资金350万元转入吴某丰（伟映实业公司原法定代表人张

某之友）账户。2012 年 11 月 22 日陈某述通过中国工商银行账户向吴某丰账户转账 200 万元，载明用途“借款”；2012 年 11 月 26 日陈某述通过中国工商银行账户向吴某丰账户转账 150 万元，载明用途“借款”。2013 年 4 月 30 日，赤峰伟映公司向陈某述出具《委托》，称因陈某述已与赤峰伟映公司签订《项目入股书》，按赤峰伟映公司的财务安排，要求陈某述直接将入股资金 150 万元转入张小某（赤峰伟映公司法定代表人王某兰和伟映实业公司前法定代表人张某之女）账户。陈某述于 2013 年 5 月 2 日通过中国工商银行转账 150 万元到张小某账户。

2014 年 7 月 28 日，铜仁分公司与陈某光、李某模、陈某述签订了《商品房买卖合同》共 10 份［房号为 12 栋 3-1 号、3-3 号、3-4 号、3-5 号、2-1 号、2-2 号、2-3 号、1-2（2）号、1-5 号、-1-1 号］，约定所购房屋为按份共有，其中陈某光占 50%，李某模占 30%，陈某述占 20%。并于 2014 年 7 月 29 日在铜仁市住房和城乡建设局办理了预售合同登记备案。-1-1 号房屋面积 4663.08 平方米，总房款 17174009 元，单价 3682.98 元/平方米；1-2（2）号房屋面积 516.67 平方米，总房款 3875028 元，单价 7500 元/平方米；1-5 号房屋面积 163.17 平方米，总房款 424242 元，单价 2600 元/平方米；2-1 号房屋面积 1073.53 平方米，总房款 4830884 元，单价 4500 元/平方米；2-2 号房屋面积 992.66 平方米，总房款 3970638 元，单价 4000 元/平方米；2-3 号房屋面积 815.64 平方米，总房款 3262562 元，单价 4000 元/平方米；3-1 号房屋面积 584.85 平方米，总房款 2222432 元，单价 3800 元/平方米；3-3 号房屋面积 1158.24 平方米，总房款 3706363 元，单价 3200 元/平方米；3-4 号房屋面积 579.61 平方米，总房款 2028636 元，单价 3500 元/平方米；3-5 号房屋面积 552.69 平方米，总房款 1934414 元，单价 3500 元/平方米，十套房屋备案登记的付款方式均为“一次性”。

2014 年 8 月 5 日，陈某光作为业主签署了商铺接房单 10 份，建设方及物管公司在接房单上签字盖章。接房单主要载明：业主陈某光特别授权委托开发商铜仁分公司以该公司的名义对本物业（商铺）招商出租，收取租金。10 份商铺接房单中有对月租金最低标准的约定，从 38 元到 60 元不等。陈某述在庭审中陈述，案涉房屋由陈某光代为接收并委托铜仁分公司对外出租，但陈某述至今并未向铜仁分公司收取租金。

2018 年 6 月 1 日铜仁分公司向一审法院出具《情况说明》，载明：（1）该公司以案涉房屋 20%的所有权份额抵偿了陈某述所享有的债权，并已于 2014 年 8 月 5 日将案涉房屋交付给陈某光，同时该公司接受陈某光、李某模、陈某述的委托，将案涉房屋代为对外出租，并代为收取了租金。（2）由于该公司无足够资金缴纳案涉房屋过户登记所需的土地增值税、营业税等各项税费，故未能在交房后及时办理过户登记手续。案涉房屋因李某模个人原因被南京市中级人民法院查封，又因伟映实业公司原因被重庆市第五中级人民法院及一审法院查封，故至今未能完成过户登记手续。该情况说明除加盖铜仁分公司公章外，还有王某兰、张小某签名捺印。铜仁分公司并出具《负责人身份证明》一份，载明：因该公司工商登记的负责人张某下落不明，故自 2014 年起，分公司的实际负责人为伟映实业公司另一股东王某兰。陈某述在庭审中陈述，其并未因铜仁分公司未办理房屋过户手续而未向该分公司主张过权利。

铜仁分公司以伟映实业公司名义、王某兰以赤峰伟映公司名义出具《情况说明》一份，称根据赤峰伟映公司与陈某述签订的金钰大都会二期项目入股书，陈某述占该项目 5%的股份，并按规定交纳了投资款，后因经济业务的需要，将陈某述 5%的股份转为债务，利息从投入资金开始按月息 2 分计算，每月计息，并用铜仁分公司如下资产清偿完毕了陈某述上述债务（网签资产明细表略）。铜仁分公司已于 2014 年 7 月 28 日将案涉十套房屋网签给陈某述，陈某述拥有这十套房产 20%的份额。该《情况说明》上未载明出具时间，且未加盖伟映实业公司及赤峰伟映公司印章。铜仁分公司在该份《情况说明》上加盖公章，王某兰在《情况说明》上签字。

伟映实业公司在本案一审庭审中陈述，铜仁分公司系伟映实业公司分支机构，不具有独立法律人格，陈某光、李某模系铜仁分公司的投资人，

实际控制该分公司公章。伟映实业公司未授权铜仁分公司对案涉房屋进行处分，但案涉房屋实际登记在铜仁分公司名下，并实际由该分公司对外销售。赤峰伟映公司与伟映实业公司系相互独立的民事主体。伟映实业公司于2018年7月24日向一审法院出具《情况说明》，载明：赤峰伟映公司于2007年5月31日注册成立，系伟映实业公司的全资子公司，该公司原法定代表人在2016年7月19日前由张某担任，2016年7月19日变更为王某兰，2017年9月1日前执行董事由张某担任，2017年9月1日变更为王某兰。

还查明：铜仁市时代商汇三期12#楼于2010年4月5日开工，2012年5月31日竣工，2012年10月26日竣工验收，并于2013年8月30日完成竣工验收备案。

2015年10月13日，江苏省南京市中级人民法院作出协助执行通知书（2014）宁执字第396号，查封李昌模名下位于贵州省铜仁市锦江南路12栋-1-1号、1-2号、1-2（2）号、1-5号、2-1号、2-2号、2-3号、2-4号、3-1号、3-3号、3-4号、3-5号［即一审法院（2016）渝执44号执行裁定书查封的12套房屋］。2016年11月2日，重庆市第五中级人民法院作出（2015）渝五中法民执1093号、1094号、1095号、1096号、1097号之七，（2016）渝05执第733号、734号之五协助执行通知书，查封了被执行人伟映实业公司所有的位于贵州省铜仁市锦江南路房屋若干，含12栋1-3号、1-2号、1-4号、2-4号、2-6-1号房屋。

贵州省铜仁市房地产交易管理处于2018年9月19日出具《查询结果》载明：截至2018年9月19日星期三，随机抽样铜仁分公司时代商汇项目2014年商业服务用房（非住宅）销售单价：12栋一层商业服务用房1-1号房每平方米单价30953元；12栋二层商业服务用房2-4（3）号房每平方米单价10000元；12栋二层商业服务用房2-4（4）号房屋每平方米单价13930元；该项目2013年销售单价随机抽样12栋二层商业服务用房2-4（5）号房每平方米单价22105元。

银坤矿业公司于2018年6月26日向一审法院提出申请，要求对情况说明、项目入股书、投资情况确认、委托（二份）及商铺接房单的形成时间进行司法鉴定，以及对情况说明中铜仁分公司印章的真实性、《商品房买卖合同》中陈某述签名的真实性、《商品房预售合同登记备案表》中陈某述签名的真实性进行司法鉴定。因形成时间鉴定方法尚无国家标准，且对检材和比对样本要求较高，鉴定结论存在较大不稳定性，并且前述证据的形成时间与案件事实的认定关系并不密切，故一审法院对银坤矿业公司的该项申请不予准许。因铜仁分公司并未否定其公章真实性，陈某述也未否定其签名的真实性，且陈某述可以通过追认的方式确认《商品房买卖合同》及备案登记的效力，银坤矿业公司的该项申请对案件事实的认定不具意义，故一审法院对银坤矿业公司的该项申请不予准许。

三、当事人一审起诉情况

陈某述向一审法院起诉请求：(1) 撤销（2017）渝执异126号执行裁定书，停止对网签在陈某述名下的位于贵州省铜仁市时代商汇的10套房屋［12栋3-1号、3-3号、3-4号、3-5号、2-1号、2-2号、2-3号、1-2（2）号、1-5号、-1-1号］中陈某述名下份额的强制执行，解除对陈某述名下份额的查封。另外一审法院查封的12幢2-4号、1-2号房屋并非陈某述所有；(2) 确认陈某述持有案涉10套房屋20%的所有权份额。

四、重庆市高级人民法院一审认定与判决

一审法院认为：

1. 关于应否停止对网签在陈某述名下的位于贵州省铜仁市时代商汇的10套房屋中陈某述占有份额的强制执行的问题。本案情况不符合《最高人民法院关于人民法院办理执行异议和复议案件若干问题的规定》（以下简称《执行异议和复议规定》）第二十八条①的规定，不应停止对网签在陈某述名下的位于贵州省铜仁市时代商汇的10套房屋中陈某述占有份额的强

① 该司法解释已于2020年12月29日修正，本条内容未作变动。

制执行。

首先，尽管陈某述在一审法院查封案涉房屋之前已经与铜仁分公司签订了《商品房买卖合同》，且在当地房管部门办理了网签，但该10份《商品房买卖合同》约定购房款的支付方式为“一次性支付”而非“以房抵债”。陈某述也并未举示证据证明其与铜仁分公司在签订《商品房买卖合同》之前已经达成了以房抵债的合意。铜仁分公司及王某兰出具的关于案涉十套房屋系以房抵债的《情况说明》形成时间不详，且未加盖伟映实业公司及赤峰伟映公司公章，不能证明系该二公司于2014年的意思表示。王某兰在该《情况说明》中以赤峰伟映公司法定代表人身份签字，而王某兰系于2016年7月19日成为赤峰伟映公司法定代表人，可印证该《情况说明》形成时间晚于2016年7月19日。故仅凭《情况说明》不能证明陈某述与铜仁分公司签订的《商品房买卖合同》系以房抵债的合同。

其次，陈某述主张用其对赤峰伟映公司所享有的债权抵扣房屋价款，但赤峰伟映公司与伟映实业公司系独立的民事主体，铜仁分公司系伟映实业公司的分支机构，不具有独立法人资格，与赤峰伟映公司之间亦无法律关系，且对赤峰伟映公司不负有债务，伟映实业公司亦不认可铜仁分公司的抵债行为。铜仁分公司与陈某述签订的《商品房买卖合同》中亦未约定用陈某述对赤峰伟映公司的债权来抵扣商品房对价，故不能认定陈某述已经支付全部价款。

再则，按照陈某述所述，陈某光、李某模和陈某述对案涉房屋按份共有，各自享有各自的权利义务，那么在陈某光签署商铺接房单时既未获得陈某述代为接收房屋的委托，也未明确表示代表陈某述履行接房义务，故陈某光的接房行为不能当然视为陈某述的接房行为。另外，陈某光在签署商铺接房单时将房屋授权铜仁分公司以该公司名义对外出租，铜仁分公司并未向陈某述支付房屋租金，陈某述也未向铜仁分公司主张收取租金，故陈某述关于陈某光代为接房并委托铜仁分公司对外出租房屋的说法缺乏事实依据，不能认定陈某述在一审法院查封之前已经合法占有案涉房屋。

最后，陈某述与伟映实业公司铜仁分公司（以下简称铜仁分公司）签订的《商品房买卖合同》已于2014年7月28日办理网签手续，但直到2017年5月5日被一审法院查封之前仍未办理物权变更登记。陈某述抗辩因案涉房屋在2014年8月已被法院查封故无法办理产权过户登记，但根据其举示的证据显示，案涉房屋第一次被查封是2015年10月13日，故其辩解理由不能成立。铜仁分公司向法院出具情况说明，声称案涉房屋未能在法院查封前办理过户手续是因为该公司未缴清相应税费。但在网签后将近一年的时间里，陈某述不向铜仁分公司主张办理过户手续，不接房亦不收取租金，结合案涉商品房销售单价远远低于该楼盘同期销售的其他商业用房的单价，以及陈某述未实际支付购房款的行为，陈某述、赤峰伟映公司及铜仁分公司的行为损害了伟映实业公司其他债权人的合法权益。

2. 关于陈某述是否对案涉10套房屋享有20%所有权的问题。陈某述对案涉10套房屋不享有20%所有权。《中华人民共和国物权法》第九条规定："不动产物权的设立、变更、转让和消灭，经依法登记，发生效力，但法律另有规定的除外。"① 案涉房屋20%的所有权至今未登记在陈某述名下，其将《商品房买卖合同》进行网签的行为不产生物权登记的效力，故陈某述目前并不对案涉10套房屋享有20%的所有权。

综上，陈某述的诉讼请求不能成立，一审法院不予支持。依照《中华人民共和国民事诉讼法》第一百四十二条②、《最高人民法院关于适用〈中华人民共和国民事诉讼法〉的解释》第三百一十二条③第一款第二项、《最高人民法院关于人民法院办理执行异议和复议案件若干问题规定》第二十八条规定，判决驳回陈某述的诉讼请求。

五、当事人上诉与答辩情况

陈某述上诉请求：撤销一审判决，改判支持陈某述的全部诉讼请求。

---

① 对应《民法典》第二百零九条："不动产物权的设立、变更、转让和消灭，经依法登记，发生效力；未经登记，不发生效力，但是法律另有规定的除外。"

② 对应《民事诉讼法》(2021年修正)第一百四十五条。

③ 对应《最高人民法院关于适用〈中华人民共和国民事诉讼法〉的解释》(2022年修正)第三百一十条。

事实和理由：（1）陈某述与铜仁分公司达成了以房抵债的协议，就案涉房屋签订了《商品房买卖合同》，并办理了网签备案登记手续。（2）该买卖合同的付款方式为以陈某述对赤峰伟映公司所享有的500万元债权冲抵，陈某述已经付清房款。（3）在案涉房屋查封以前，陈某述已委托案涉房屋共有人陈某光接房，陈某光已实际接房并对外出租，陈某述已完成对案涉房屋的占有。（4）案涉房屋未能办理过户的原因是铜仁分公司无法足额缴纳办理过户所需的相关税费以及案涉房屋上存在法院查封，导致陈某述在办理网签后未能及时办理房屋过户登记手续，过错不在陈某述。（5）陈某述与铜仁分公司之间以房抵债的行为未损害赤峰伟映公司其他债权人的利益。

银坤矿业公司辩称：（1）陈某述与铜仁分公司未签订合法有效的书面买卖合同，且一审查明抵债的金额远远低于同楼盘同期销售单价，严重侵害债权人利益。（2）陈某述在法院查封前没有占有案涉房产，陈某述称委托陈某光接房没有事实依据。（3）陈某述未支付全部房款。伟映实业公司与赤峰伟映公司系两个独立的民事主体，铜仁分公司是伟映实业公司的分支机构，伟映实业公司、铜仁分公司与赤峰伟映公司没有债权债务关系，不存在以其名下的房产为赤峰伟映公司抵债的理由。（4）陈某述在网签后一年多时间未向铜仁分公司主张办理过户登记，怠于行使权利，对案涉房产没有办理过户登记存在过错。

伟映实业公司辩称，铜仁分公司系伟映实业公司的分公司，伟映实业公司对铜仁分公司以房抵债的行为没有授权，也未予追认，铜仁分公司将房屋抵偿给陈某述损害了伟映实业公司债权人利益。

六、最高人民法院二审认定与判决

本案二审期间，陈某述提交了伟映实业公司与王某兰、重庆聚兴城股权投资基金管理有限公司、重庆一城实业有限公司于2015年1月7日签订的《协议书》复印件，拟证明伟映实业公司因债务繁多，协议由重庆聚兴城股权投资基金管理有限公司托管，伟映实业公司现对外表达的意思不能代表伟映实业公司的真实意思。

银坤矿业公司质证认为，该协议系复印件，不能核实其真实性，且该协议形成时间为2015年1月7日，不属于二审新证据。

伟映实业公司对该《协议书》的真实性、关联性不予认可。

对此，最高人民法院认为，该《协议书》系复印件，真实性无法确认，且该协议并不导致伟映实业公司主体资格变更或消灭，故陈某述主张伟映实业公司的委托诉讼代理人陈述的意见不能代表伟映实业公司的真实意思，不能成立，最高人民法院对该证据不予采信。

最高人民法院对一审法院认定的事实予以确认。

最高人民法院认为，根据当事人的上诉请求、答辩意见以及有关证据，本案二审争议焦点为：（1）陈某述对案涉房屋是否享有20%的所有权；（2）陈某述就案涉房屋是否享有足以排除强制执行的民事权益。具体分析如下：

（一）关于陈某述对案涉房屋是否享有20%所有权的问题

《中华人民共和国物权法》第九条规定："不动产物权的设立、变更、转让和消灭，经依法登记，发生效力；未经登记，不发生效力，但法律另有规定的除外。"本案所涉不动产系商品房，故依法应当办理所有权转移登记，方发生所有权变动的效力，而该房屋现仍登记在铜仁分公司名下，因此，铜仁分公司仍为该房屋的所有权人，故陈某述主张对案涉10套房屋享有20%的所有权，于法无据，最高人民法院不予支持。

（二）关于陈某述就案涉房屋是否享有足以排除强制执行的民事权益的问题

《最高人民法院关于适用〈中华人民共和国民事诉讼法〉的解释》第三百一十一条规定："案外人或者申请执行人提起执行异议之诉的，案外

人应当就其对执行标的享有足以排除强制执行的民事权益承担举证证明责任。”① 本案中，对于陈某述就案涉房屋是否享有足以排除强制执行的民事权益，应当根据法律、司法解释对于民事权益的规定，并可在法律、司法解释对此没有明确规定时参照有关执行程序的司法解释的规定加以认定。陈某述提起本案诉讼主张相应权利所依据的是《执行异议和复议规定》第二十八条，该条规定：“金钱债权执行中，买受人对登记在被执行人名下的不动产提出异议，符合下列情形且其权利能够排除执行的，人民法院应予支持：（一）在人民法院查封之前签订合法有效的书面买卖合同；（二）在人民法院查封之前已合法占有该不动产；（三）已支付全部价款，或者已按照合同约定支付部分价款且将剩余价款按照人民法院的要求交付执行；（四）非因买受人自身原因未办理过户登记。”因此，可参照该条规定的条件审查认定陈某述就案涉房屋是否享有足以排除强制执行的民事权益。

对此，最高人民法院认为，《执行异议和复议规定》第二十八条规定了一般不动产买受人在何种情形下能够排除基于对出卖人的强制执行程序而对买受人所购不动产强制执行的问题，该规定解决的是在强制执行程序中，买受人对所买受的不动产权利保护与普通金钱执行债权人权利保护发生冲突时，基于对正当买受人合法权利的特别保护之目的而设置的特别规则。因此，人民法院在审理案外人执行异议之诉案件参照适用该规定审查认定案外人是否享有足以排除强制执行的民事权益时，应当严格把握该条适用的前提条件，从严审查买受人支付价款、合法占有不动产以及未办理过户的原因等事实。本案中，首先，从陈某述与铜仁分公司签订的 10 份《商品房买卖合同》来看，该系列合同虽具有房屋买卖合同的外在形式，但陈某述与铜仁分公司均认可铜仁分公司系以案涉 10 套房屋中 20% 的份额用于清偿赤峰伟映公司对陈某述的所欠债务，双方的真实意思表示为以房抵债，即陈某述签订该合同的目的并非为购买案涉不动产，而是为了实现债务的清偿。基于债的平等性，陈某述对赤峰伟映公司的债权并不较本

① 对应《最高人民法院关于适用〈中华人民共和国民事诉讼法〉的解释》（2022 年修正）第三百零九条。

案所涉执行债权更具有优先实现的价值利益。其次，陈某光既未获得陈某述代为接收房屋的委托，也未明确表示代表陈某述履行接房义务，故陈某光的接房行为不能当然视为陈某述的接房行为。此外，陈某光在签署商铺接房单时将房屋授权铜仁分公司以该公司名义对外出租，铜仁分公司并未向陈某述支付过房屋租金，陈某述也未向铜仁分公司主张收取租金，故陈某述关于陈某光代为接房并委托铜仁分公司对外出租房屋的说法缺乏事实依据，不能认定陈某述在查封之前已经合法占有案涉房屋。再次，从本案认定的事实看，案涉房屋的合同价格远低于当地同期同类房屋的市场价格，在当事人未能给出合理解释的情况下，亦不应认定符合《执行异议和复议规定》第二十八条第三项规定的支付了全部价款的条件。

因此，陈某述主张其对案涉房屋享有足以排除强制执行的民事权益，没有事实和法律依据。

综上所述，陈某述的上诉理由不能成立，应予驳回；一审法院对陈某述与铜仁分公司之间的以房抵债合意未予认定存有不当，但裁判结果正确，应予维持。依照《中华人民共和国民事诉讼法》第一百七十条第一款第一项规定，判决如下：驳回上诉，维持原判。

七、对本案的解析

本案的焦点问题以物抵债受让人是否能够排除对抵债物的强制执行。以物抵债本质上是合同双方关于以他物代偿债务从而达到债务消灭的合意。从合同的成立要件来看，学界存在两种观点：一种观点认为，以物抵债系实践性合同，以物抵债协议的成立生效与原债关系之消灭同时发生，故在代偿物之权利发生转移、债务得以消灭之前，以物抵债协议尚不成立；另一种观点认为，以物抵债系诺成性合同，即只需合同双方达成以物抵债的合意合同即告成立，对双方具有约束力。目前，两种观点尚未达成统一。笔者认为，如将以物抵债定性为实践性合同，则在物之权利发生转移前抵债行为尚不成立，以物抵债的受让人当然不能对抗人民法院强制执行。如将以物抵债定性为诺成性合同，则该合意也仅在以物抵债双方当事

人之间发生债法上效力，该合意并不直接导致物之所有权的转移和债务的当然消灭。在抵债物被法院查封而不能向债权人转移所有权时，债务人应当以其他方式向债权人继续履行原债务或承担违约责任。

从法律依据上看，现行法律法规及执行异议相关司法解释并未明确规定以物抵债受让人能否排除对地债务的强制执行。审判实践中，不少法院通常援引《执行异议和复议规定》第二十八条对以物抵债能否排除强制执行进行审查判断，认为以物抵债具备不动产买卖合同的形式要件，在不动产买卖合同中虽不含支付价款的内容，但在原债权债务消灭的同时，相应的抵债款也就转化为买卖款，故可将以物抵债视为一种购买不动产的价款支付方式。在满足抵债价款合理、案外人实际占有不动产并且在非因案外人原因未办理过户登记的情况下，就可以排除强制执行。[①] 笔者认为，从案外人执行异议之诉的目的看，其要解决的是案外人是否有权排除对执行标的的强制执行的问题，这其中隐含了针对执行标的物，要判断案外人的权益还是执行债权人的权利更为优先，凸显的是权利对抗思维。案外人异议的主张是否成立，应当根据案件的具体情况，综合相关当事人对执行标的享有权利（益）的来源和性质，与执行标的交易相关的权利行使状况、交易履行情况、资金往来情况，相关当事人对于执行标的权利瑕疵状态的主观过错程度等因素，并结合对相关法律规范之间的层级关系、背后蕴含的价值以及立法目的的分析。而从立法目的的角度看，《执行异议和复议规定》第二十八条似不应包括以物抵债的受让人。理由在于，一般而言，以物抵债协议以消灭协议当事人之间存在的金钱债务为目的，不动产的交付仅系以物抵债的履行方式，并不能改变所谓的“买受人”在本质上系出卖人的普通金钱债权人的地位。这与以购买不动产为目的签订的买卖合同在当事人之间形成买受人对出卖人的物之交付及权属变动这一非金钱债权迥然不同。再者，基于以物抵债而拟受让不动产的“买受人”，在完成不动产权属转移登记之前，仅凭以物抵债协议并不足以形成优先于其他金钱

① 如江苏省高级人民法院在其出台的《执行异议及执行异议之诉案件设立指南（二）》中即持此观点。

债权的权益。如果认为此种情况下的所谓“买受人”可以排除出卖人的其他金钱债权人对抵债物的强制执行，则无异于该“买受人”通过以物抵债的方式即获得了优先于出卖人的其他普通金钱债权的法律地位，使得本应处于平等受偿地位的普通债权仅因以物抵债协议就产生了优先与劣后之别。这一方面将导致对民法上普通金钱债权领域中债权平等基本原则的严重冲击；另一方面也无疑会在某种程度上“暗示”普通债权人通过这种方式获得优先受偿的地位，将会助长对抗强制执行的不诚信乃至违法行为。诚如《最高人民法院关于人民法院办理执行异议和复议案件若干问题的规定理解与适用》一书中所论及，实践中，案外人与被执行人恶意串通倒签抵债时间以排除其他债权人，使得受让人偏颇受偿的问题突出，尚无鉴定合同确切签订时间的有效技术手段，抵债又不需要支付具体的价款，无法通过其他证据来判断抵债合意的真伪。同时，之所以要对买受人物权期待权进行保护，实际上隐含的理念是，物之交付的债权优先于金钱债权，而抵债协议的目的是消灭金钱债，不应优先于另外一个金钱债权的实现。因此，以物抵债的受让人原则上不能排除人民法院的强制执行。

当然，在坚持这一原则的基础上，也应当注意的是，这一原则的基础实际上是建立在对债权人或买受人主观目的认定之上的，而对当事人主观目的的探寻，则应尤为注意从一些客观事实与因素中发现蛛丝马迹，运用穿透性审判思维，探究当事人交易的真实目的。[①] 因此，实践中一概否定通过以物抵债方式购买不动产的案外人排除强制执行，似亦不妥。如果案外人虽始为“出卖人”的金钱债权人，但在其债权已届清偿期后实际上与“出卖人”达成合意，将两者之间的法律关系转化为了不动产买卖合同关系，此时其所处的法律地位与《执行异议和复议规定》第二十八条规定的买受人则不存在本质区别，宜参照该条规定进行审查。当然，对于该种情形，需要结合证据对当事人的真意进行判断，此种情形应主要发生在房屋买卖领域，如建设工程施工人确因发包人无力支付工程价款，而施工人亦

---

① 最高人民法院审判委员会专职委员刘贵祥在2019年全国民商事审判工作会议上的讲话。

有一定的购买房屋的目的，其购买房屋并实际装修、居住于该房屋内，这些事实对于认定当事人之间形成了真实的房屋买卖法律关系非常重要。此外，还要对所抵债务是否与不动产价值相符进行严格审查，既要对不动产在抵债时的市场价值进行审查，还应对抵债的债权的真实性进行审查。不动产价值应当以抵债时评估价值为准；未进行评估的，案外人应当举证证明抵债时当地同类不动产的市场价值；案外人不能举示相应证据，或不能证明其对被执行人所享有债权的真实性的，不能认定其已支付全部价款。

本案中，从查明的事实看，陈某述与铜仁分公司签订的10份《商品房买卖合同》本质上是以房抵债，其目的并非真实转化为购买案涉房屋，而是为了实现债务的清偿。基于债的平等性，陈某述对赤峰伟映公司的债权并不较本案所涉执行债权更具有优先实现的价值利益。而且，案涉房屋的合同价格远低于当地同期同类房屋的市场价格，在当事人未能给出合理解释的情况下，亦不能认定付清了全部房款。此外，陈某述也未办理房屋交接手续，其主张将房屋委托租赁，也未提供收取租金的证据，故不能认定对案涉不动产进行合法占有。因此，陈某述对案涉房屋并不享有排除法院强制执行的民事权益。

（执笔人：陈泫华、司伟）

26. 案外人张某某执行异议之诉案*

在执行异议之诉中提起确权之诉的，确权之诉不受提起执行异议之诉的十五天期限限制

【裁判摘要】

在执行异议之诉中，当事人对执行标的增加确权请求的，可以在法庭辩论结束前提出，不受驳回执行异议裁定送达之日起十五日内提起的限制。对该诉讼请求，人民法院可以在判决中一并作出裁判。

一、案情简介

甲公司与乙公司因拖欠买卖货款发生纠纷，诉讼中，双方达成调解协议，确认了乙公司拖欠货款的金额，并由乙公司法定代表人张某某及其妻谢某某二人对欠付款项承担连带还款责任，法院出具民事调解书对双方调解协议约定事项予以确认。后，乙公司并未履行民事调解书确定的还款义务，甲公司申请强制执行，一审法院执行过程中，查封了张某某、谢某某二人之子张某某名下的房屋一套、存款11余万元。张某某作为案外人，提起执行异议，一审法院于2014年8月11日裁定驳回其异议。张某某不服该裁定，于2014年10月22日

* 摘自《民事审判指导与参考》2019年第4辑（总第80辑），人民法院出版社2020年版，第163~166页。

提起案外人执行异议之诉，请求：（1）判令停止执行该房屋及存款，确认被冻结的银行存款为张某某所有；（2）甲公司承担本案全部诉讼费用。一审庭审中，张某某当庭增加诉讼请求：确认被查封冻结的涉案房产为张某某所有。

二、法院裁判情况

一审法院认为，张某某在庭审中增加的房产确权请求，未在《中华人民共和国民事诉讼法》第二百二十七条规定的驳回执行异议裁定送达之日起15日内向人民法院提起，应不予审理。

张某某不服，提起上诉。

二审法院认为，张某某在其提交的《民事起诉状》中已就停止执行涉案房产提出了诉讼请求，且在认定是否停止执行涉案房产时，亦必然涉及对该财产的权属问题进行审查和判断。张某某在本案原一审中当庭增加"确认涉案房产归其所有"的诉讼请求，该请求属于确权之诉的范畴，符合《最高人民法院关于适用〈中华人民共和国民事诉讼法〉的解释》（以下简称《民事诉讼法司法解释》）第二百三十二条、第三百一十二条第二款①规定，应予审理。

三、主要观点及理由

本案需要讨论的问题是：案外人已就被执行财产依法提起执行异议之诉，能否在该诉讼一审法庭辩论终结前增加确权的诉讼请求，也即对被执行财产确权的诉讼请求是否必须在提起执行异议之诉时一并提出。对此，一、二审法院表现出了两种截然不同的观点，这也是实践中涉及执行异议之诉合并确权诉讼时，比较有代表性的两种观点。我们赞同二审法院的观点。主要理由如下：

---

① 分别对应《最高人民法院关于适用〈中华人民共和国民事诉讼法〉的解释》（2022年修正）第三百三十条、第三百一十条第二款。

(一)十五天起诉期限是由执行异议之诉的制度目的决定的,确权之诉无受此种期限限制的必要

根据《中华人民共和国民事诉讼法》第二百二十七条[①]规定,执行过程中,案外人对执行标的提出书面异议,人民法院经审查理由不成立的,裁定驳回。案外人对裁定不服,须在裁定送达之日起15日内向人民法院提起诉讼。此15日属除斥期间性质。如果当事人起诉时已超过此期间,其针对执行异议裁定提起执行异议之诉的权利即丧失,该期间不适用诉讼时效的中止、中断、延长等规定。执行异议之诉源于执行程序中对执行标的提起的执行异议,因此,执行异议之诉与其他普通民事诉讼存在一定区别,其目的主要是排除强制执行,其中的诉讼请求应当与执行异议有关。从立法本意上看,通过为权利行使设定期限,能够促使权利人及时行使权利,避免因权利的怠于行使,影响执行效率,妨害申请执行人及时实现权利,这与执行保障生效裁判文书确定的权利快速实现的功能密不可分。《中华人民共和国物权法》第三十三条[②]规定,因物权的归属、内容发生争议的,利害关系人可以请求确认权利。此种基于保护物权的确认之诉与上述执行异议之诉的制度设计并无关联。

(二)执行异议之诉和确权之诉为互相独立的、可分之诉

根据《民事诉讼法司法解释》第三百零五条[③]规定,执行异议之诉最直接的功能在于排除对执行标的的强制执行,人民法院主要审查案外人对执行标的享有的民事权益,是否足以排除强制执行。有观点认为,案外人所主张的实体法律关系是异议权的先决问题,案外人执行异议之诉中须对此问题先行解决,否则难以作出是否排除执行的判决。故案外人执行异议

---

① 对应《民事诉讼法》(2021年修正)第二百三十四条。

② 对应《民法典》第二百三十四条:“因物权的归属、内容发生争议的,利害关系人可以请求确认权利。”

③ 对应《最高人民法院关于适用〈中华人民共和国民事诉讼法〉的解释》(2022年修正)第三百零三条。

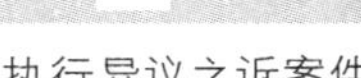

之诉同时具有确认案外人所主张的实体权益的功能，兼具确认之诉的性质。[①] 我们认为，此种观点虽然表述并不准确，但也有一定道理。因判断是否能够排除执行往往需要以确权为前提，故确权之诉与执行异议之诉具有一定的关联性。《民事诉讼法司法解释》第三百一十二条规定：“对案外人提起的执行异议之诉，人民法院经审理，按照下列情形分别处理：（一）案外人就执行标的享有足以排除强制执行的民事权益的，判决不得执行该执行标的；（二）案外人就执行标的不享有足以排除强制执行的民事权益的，判决驳回诉讼请求。案外人同时提出确认其权利的诉讼请求的，人民法院可以在判决中一并作出裁判。”[②] 该条规定确认了执行异议之诉中，当涉及对执行标的的权利确认时，受理执行异议之诉的人民法院可径行审理并裁判。如不进行这种制度设计，当案件进入执行程序，案外人主张其对执行标的享有权利时，权利的确认只能通过另行提起确权之诉予以解决。此时根据《中华人民共和国民事诉讼法》第一百五十条[③]规定，执行异议之诉将处于中止状态，各方当事人之间的权利义务关系随之待确定。这会导致两个问题：其一，多个诉讼导致诉讼整体时间变长，增加当事人诉累、增加司法资源消耗；其二，申请执行人无法参加被执行人与案外人之间的确权之诉，如其对确权之诉的裁判结果不服，可能提起第三人撤销之诉，导致诉讼时间的进一步延长，诉讼成本成倍增加，司法资源重复浪费。亦即，上述司法解释的规定既能够最大限度保护各方当事人权益，又减轻当事人诉累、提高诉讼效率。但不能因此认为，执行异议之诉兼具了确权之诉的性质，执行异议之诉针对的是异议人对执行标的的权利是否可以排除强制执行，确权之诉针对的是通过诉讼手段对执行标的上的权利状态进行确认，两者并非不可分之诉。确权请求并非提起执行异议之诉的前提条

---

① 参见最高人民法院修改后民事诉讼法贯彻实施工作领导小组编著：《最高人民法院民事诉讼法司法解释理解与适用》（下），人民法院出版社2015年版，第817页。

② 对应《最高人民法院关于适用〈中华人民共和国民事诉讼法〉的解释》（2022年修正）第三百一十条。

③ 对应《民事诉讼法》（2021年修正）第一百五十三条。

件，不需要以在执行程序中提起执行异议为前提。只要当事人在执行程序中对被执行的财产提出了执行异议申请，并在驳回异议的裁定送达之日起15日内提起诉讼，即符合执行异议之诉的特殊受理条件。因此，在执行异议之诉中，当事人增加的确权请求，应当适用一般诉讼程序规定，即按照《民事诉讼法司法解释》第二百三十二条规定，原告可以在法庭辩论结束前提，增加诉讼请求。对该请求，可以合并审理的，应当合并审理。本案中，根据张某某一审《民事起诉状》的记载，其对案涉房产请求排除执行的意思表示是明确的。而且，案涉房产登记在张某某名下，其不提出明确的确权请求，亦有其合理性。其当庭增加确认房产归其所有的诉讼请求，符合法律规定，亦不影响执行异议之诉的审理。

四、最高人民法院民一庭意见

在执行异议之诉中，当事人对执行标的增加确权请求的，可以在法庭辩论结束前提出，不受在驳回执行异议裁定送达之日起15日内提起的限制。对该诉讼请求，人民法院可以在判决中一并作出裁判。

（执笔人：王丹、徐上）

27. 案外人徐某执行异议之诉申请再审案*

▶

案外人在执行程序终结前提出执行异议，即未超出应当提出执行异议的法定期限

【裁判摘要】

案外人执行异议之诉中，一般来讲，重点审查案外人是否具有足以排除执行的实体权利，但对是否存在阻碍其诉权实现的程序性问题，亦应一并审查。如果案外人没有依法按照法定程序提出异议，即使其具有足以排除执行的实体权利，也会因丧失了胜诉权而不能得到法律的保护。实践中，既要改变重实体轻程序从而忽略程序性问题审查，也要注意避免简单地对程序性问题加以认定从而侵害当事人诉权的现象。

一、案件基本情况

再审申请人（案外人）：徐某，男，住安徽省六安市金安区。

被申请人（申请执行人）：张某俊，男，住安徽省六安市裕安区。

一审被告（被执行人）：安徽省中平置业有限公司。住所地安徽省六安市经济技术开发区。

---

* 摘自《执行工作指导》2019年第1辑（总第69辑），人民法院出版社2019年版，第1~12页。

再审申请人徐某与被申请人张某俊、一审被告安徽省中平置业有限公司（以下简称中平公司）案外人执行异议之诉纠纷一案，徐某诉请确认中平公司开发的安徽鑫泰钢铁物流园 2 幢 10×室、20×室、30×室商品房为徐某所有，停止对该商品房的相关执行行为。

2013 年 12 月 9 日，张某俊向安徽省六安市中级人民法院提出诉前保全申请，要求查封中平公司在六安市开发区“鑫泰钢铁物流园”122 套房屋，该院于 2013 年 12 月 10 日裁定查封了上述 122 套房屋，案涉“鑫泰钢铁物流园”第二幢 10×室、20×室、30×室房屋在上述查封的 122 套房屋范围内。后张某俊以中平公司为被告向该院提起民间借贷之诉，该院于 2014 年 9 月 10 日作出（2014）六民二初字第 00068 号民事调解书。因中平公司未按期履行调解书义务，张某俊申请执行，该院于 2015 年 5 月 12 日立案执行。执行中，对前述保全查封的中平公司开发的位于六安市开发区“鑫泰钢铁物流园”第 2 栋 30 套、第 3 栋 90 套共计 120 套房屋进行价格评估，评估总价值为 6657.49 万元。根据案件执行实际，该院于 2015 年 7 月 27 日作出（2015）六执字第 00178 号执行裁定，拍卖其中的 112 套房屋。因三次拍卖均无人报名而流拍，根据张某俊书面申请，该院于 2015 年 11 月 16 日作出（2015）六执字第 00178-1 号执行裁定，将上述 112 套房屋及所占土地使用权以第三次拍卖保留价 4775 万元交付申请执行人张某俊以物抵债。

2015 年 12 月 7 日，案外人徐某对该院处置的“鑫泰钢铁物流园”2 幢 10×室、20×室、30×室房屋提出书面异议。其提出执行异议的主要依据为，安徽省六安市金安区人民法院对徐某诉被告中平公司商品房买卖合同纠纷一案，于 2016 年 1 月 11 日作出的（2016）皖 1502 民初 82 号民事判决。该判决查明：2012 年 6 月 10 日，中平公司与徐某签订《商品房买卖合同》，约定：徐某购买中平公司开发的“鑫泰钢铁物流园”第二幢 10×室、20×室、30×室商品房，建筑面积共 130.02 平方米，单价为 3912.74 元每平方米，总金额 508734 元，付款方式为首付房款 254734 元，于 2012 年 6 月 10 日前付清，剩余房款 254000 元采用银行贷款方式支付，交房期限为 2012 年 9 月 30 日前等，双方还约定了违约责任等其他事项。后徐某通过现金、银行转账、他人代付等方式进行了付款，2012 年 9 月 30

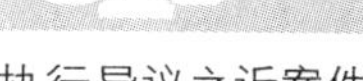

日，中平公司按合同约定向徐某交付所购商品房，2014 年，中平公司出具一份“张总所购商铺明细”，载明案涉《购买意向协议》中约定的“鑫泰钢铁物流园”2（交易二区）幢 11 套商铺实际总价为 5535196.7 元已全部付清。但经徐某多次催促，中平公司至今未按合同约定为徐某房产备案登记，导致徐某所购商品房无法办理产权登记手续。故判决中平公司于判决生效之日起 5 日内协助徐某办理所购安徽鑫泰钢铁物流园 2 幢 10×室、20×室、30×室商品房的房产登记手续并给付徐某违约金 5087 元。该判决已生效。

安徽省六安市中级人民法院对上述执行异议进行了审查，于 2016 年 4 月 25 日作出（2016）皖 15 执异 2 号裁定书，裁定驳回案外人徐某的异议。裁定书送达后，徐某于 2016 年 5 月 13 日提起案外人执行异议之诉。

二、一审法院审理情况

一审法院认为，本案主要争议焦点为：（1）徐某是否系案涉房屋的所有权人；（2）徐某对案涉房屋是否享有足以排除强制执行的民事权益。

关于焦点一：根据《中华人民共和国物权法》的相关规定，不动产物权的设立、变更、转让和消灭，经依法登记，发生效力；未经登记，不发生效力。因此，当事人签订房屋买卖合同转移房屋所有权，买受人在办理房屋过户登记手续后，才能取得该房屋的所有权。本案中，徐某与中平公司签订了商品房买卖合同，已经支付了购房款，并实际占有该诉争房屋，但尚未办理房屋所有权过户登记，买受人依据买卖合同仅享有请求中平公司办理房屋过户登记的债权请求权，但对诉争房屋并不享有所有权，故徐某要求确认诉争房屋归其所有的诉讼请求，于法无据，不予支持。

关于焦点二：《最高人民法院关于人民法院办理执行异议和复议案件若干问题的规定》第二十八条①规定：“金钱债权执行中，买受人对登记在被执行人名下的不动产提出异议，符合下列情形且其权利能够排除执行的，人民法院应予支持：（一）在人民法院查封之前已签订合法有效的书面买卖合同；（二）在人民法院查封之前已合法占有该不动产；（三）已支

① 该司法解释已于 2020 年 12 月 29 日修正，本条内容未作变动。

付全部价款，或者已按照合同约定支付部分价款且将剩余价款按照人民法院的要求交付执行；（四）非因买受人自身原因未办理过户登记。”本案中，案涉房屋被法院查封的时间为2013年12月10日，案涉房屋买卖合同签订时间为2012年6月10日，早于人民法院的查封时间。根据六安市金安区人民法院（2016）皖1502民初82号民事判决查明的事实，2012年9月30日，中平公司已向徐某交付所购商品房，再结合徐某将案涉房屋出租给六安市宝莱汽车销售服务有限公司的事实，可以认定徐某在人民法院查封之前已合法占有案涉房屋，且已支付全部购房款。至于案涉房屋未及时办理过户登记，系因中平公司一直未按合同约定为徐某办理房产备案登记，非徐某自身原因所致，此事实也经生效的民事判决予以确认。据此，徐某的执行异议具备《最高人民法院关于人民法院办理执行异议和复议案件若干问题的规定》第二十八条规定的情形，徐某对案涉房屋享有的民事权益足以排除法院的强制执行，人民法院应当停止与案涉房屋有关的执行行为。虽然张某俊辩称本案应当适用《最高人民法院关于人民法院办理执行异议和复议案件若干问题的规定》第二十九条①的规定，但该条规定的是房屋消费者物权期待权的保护条件，是针对所购商品房用于自住且名下没有其他用于居住的房屋的情形，本案中徐某购买案涉房屋后将其出租，并未用于自住，故本案不具备适用第二十九条规定的条件。

综上所述，徐某的诉讼请求部分成立，应予以支持。依照《中华人民共和国物权法》第九条第一款、第十四条、第十五条②，《最高人民法院关于适用〈中华人民共和国民事诉讼法〉的解释》第三百一十一条、第三百一十二条③，《最高人民法院关于人民法院办理执行异议和复议案件若干问题的规定》第二十八条之规定，判决如下：一、停止对安徽鑫泰钢铁物流园2幢10×室、20×室、30×室商品房的执行；二、驳回原告徐某的其他诉讼请求。张某俊不服，提起上诉。

---

① 该司法解释已于2020年12月29日修正，本条内容未作变动。

② 分别对应《民法典》第二百零九条、第二百一十四条、第二百一十五条。

③ 分别对应《最高人民法院关于适用〈中华人民共和国民事诉讼法〉的解释》（2022年修正）第三百零九条、第三百一十条。

三、二审法院审理情况

二审法院认为，本案争议焦点是：徐某请求排除对案涉房产的强制执行是否有事实和法律依据。根据《最高人民法院关于适用〈中华人民共和国民事诉讼法〉的解释》第四百六十四条①规定，案外人对执行标的提出异议的，应当在该执行标的执行程序终结前提出。案涉“鑫泰钢铁物流园”2幢10×室、20×室、30×室商品房，原审法院于2015年11月16日作出（2015）六执字第00178-1号执行裁定，上述房屋财产权自该裁定送达时起转移给张某俊。同日，原审法院作出的（2015）六执字第00178号《协助执行通知书》也已送达六安市房地产管理局，据此，涉案房屋登记在张某俊名下并在网上备案，涉案执行标的的执行程序已经终结。徐某一审提交的证据不能证明其早于2015年11月16日前向原审法院提出了对涉案标的物的执行异议。二审中，徐某提交的原审法院《材料收取登记单》上记载的日期是2015年12月7日向六安市中级人民法院执行局法官提出执行异议，不能据此认定其在涉案执行标的执行程序终结前提出了执行异议。一审判决支持徐某的部分诉讼请求，即停止对“鑫泰钢铁物流园”2幢10×室、20×室、30×室商品房的执行，不符合《最高人民法院关于人民法院办理执行异议和复议案件若干问题的规定》第二十八条的规定。徐某提起案外人执行异议之诉，请求停止对“鑫泰钢铁物流园”2幢10×室、20×室、30×室商品房的相关执行行为，无事实和法律依据，不予支持。

综上，张某俊的上诉理由成立，二审法院予以支持。依照《中华人民共和国民事诉讼法》第一百七十条第一款第二项、第一百七十五条②，《最高人民法院关于适用〈中华人民共和国民事诉讼法〉的解释》第三百三十条、第四百六十四条③之规定，裁定：一、撤销安徽省六安市中级人民法

---

① 对应《最高人民法院关于适用〈中华人民共和国民事诉讼法〉的解释》（2022年修正）第四百六十二条。

② 分别对应《民事诉讼法》（2021年修正）第一百七十七条第一款第二项、第一百八十二条。

③ 分别对应《最高人民法院关于适用〈中华人民共和国民事诉讼法〉的解释》（2022年修正）第三百二十八条、第四百六十二条。

院（2016）皖15民初71号民事判决；二、驳回徐某的起诉。

四、徐某申请再审理由

徐某不服前述二审裁定，向最高人民法院申请再审。主要事实和理由为：（1）二审法院认定本案的基本事实缺乏证据证明，认定事实错误。①徐杰是在法定期限内对执行标的提出的执行异议，张某俊取得案涉房屋不动产登记不合法。②一审法院对于案涉房屋的查封、执行裁定程序均严重违法，致使徐某的财产权益至今未能实现。③被申请人张某俊在二审时提供的证据并不属于新的证据，不能作为定案依据。（2）二审法院适用法律错误，进而导致裁定错误。二审法院在案件基本事实认定错误的情况下，又错误地依据《最高人民法院关于适用〈中华人民共和国民事诉讼法〉的解释》第四百六十四条的规定，作出了错误的裁定。（3）徐某已取得案涉房屋的物权期待权，具备《最高人民法院关于人民法院办理执行异议和复议案件若干问题的规定》第二十八条规定的情形，足以排除法院的强制执行。

五、最高人民法院审查处理意见

最高人民法院经审查认为，本案再审审查的主要问题为：徐某对案涉房屋提出执行异议是否超出法律规定的期限，即其是否在该执行标的执行程序终结前提出了执行异议。

根据《最高人民法院关于适用〈中华人民共和国民事诉讼法〉的解释》第四百六十四条的规定，案外人根据《中华人民共和国民事诉讼法》第二百二十七条[①]规定对执行标的提出异议的，应当在该执行标的执行程序终结前提出。而对于执行标的执行程序终结，按照《最高人民法院关于人民法院办理执行异议和复议案件若干问题的规定》第六条第二款[②]的规定，又区分了两种情况：一是执行标的由当事人以外的第三人受让的，案

① 对应《民事诉讼法》（2021年修正）第二百三十四条。

② 该司法解释已于2020年12月29日修正，本条内容未作变动。

外人应当在异议指向的执行标的执行终结之前提出；二是执行标的由申请执行人或者被执行人受让的，应当在执行程序终结之前提出。本案中，张某俊以中平公司为被告提起民间借贷之诉，后双方达成调解，一审法院作出民事调解书，因中平公司未按期履行调解书确定的法律义务，张某俊申请强制执行。执行法院裁定拍卖、变卖诉前保全财产中的112套房屋，后因三次拍卖均无人报名而流拍，又根据张某俊书面申请，于2015年11月16日作出（2015）六执字第00178-1号执行裁定，将上述112套房屋及所占土地使用权以第三次拍卖的保留价4775万元交付申请执行人张某俊以物抵债。根据《最高人民法院关于适用〈中华人民共和国民事诉讼法〉的解释》第四百九十三条的规定："拍卖成交或者依法定程序裁定以物抵债的，标的物所有权自拍卖成交裁定或者抵债裁定送达买受人或者接受抵债物的债权人时转移。"① 上述以物抵债裁定一经送达即产生物权变动的效力，但案涉房屋系执行案件的申请执行人张某俊获得，属于《最高人民法院关于人民法院办理执行异议和复议案件若干问题的规定》第六条第二款规定的执行标的由当事人受让的，应当在执行程序终结之前提出情形。作为案外人的徐某只要在该案执行程序终结前提出执行异议，即未超出应当提出执行异议的法定期限。二审法院认定徐某所提执行异议已超出法律规定的期限，缺乏事实和法律依据。至于徐某的执行异议是否足以排除执行，则应根据实体审理情况进行裁判。

六、评析意见

本案系案外人提出的案外人执行异议之诉，主要解决在执行过程中，案外人对执行标的提出书面异议被驳回后，仍具有诉权而获得诉讼程序实体审查的问题。一般来讲，重点审查案外人是否具有足以排除执行的实体权利，但对是否存在阻碍其诉权实现的程序性问题，亦应一并审查。如果案外人没有依法按照法定程序提出异议，即使其具有足以排除执行的实体

① 对应《最高人民法院关于适用〈中华人民共和国民事诉讼法〉的解释》（2022年修正）第四百九十一条。

权利，也会因丧失了胜诉权而不能得到法律的保护。实践中，既要改变重实体轻程序从而忽略程序性问题审查，也要注意避免简单地对程序性问题加以认定从而侵害当事人诉权的现象。因此，本案二审法院在审查案外人是否具有排除执行的实体权利前，对案外人提出执行异议是否逾期进行审查值得肯定，但在适用法律方面未能准确区分不同情形而加以认定，应当重新进行审查。具体问题分析如下：

首先，案外人对执行标的提出异议，应当在该执行标的执行程序终结前提出。效率是民商事案件执行的目标之一，为了避免执行程序因对执行标的权属的争议而过分拖延，对于案外人提出异议的期间，有明确的法律规定，案外人要依法定程序提出异议，才可能获得法律的保护。根据《最高人民法院关于适用〈中华人民共和国民事诉讼法〉的解释》第四百六十四条的规定，案外人根据《中华人民共和国民事诉讼法》第二百二十七条规定对执行标的提出异议的，应当在该执行标的执行程序终结前提出。也就是说，案外人如果主张对执行标的具有实体权利足以排除执行，应当在该执行标的尚未执行终结前提出，否则即为逾期提出执行异议。本案中，案外人徐某就要在其所主张权利的执行标的“鑫泰钢铁物流园”2 幢 10×室、20×室、30×室房屋执行程序终结前提出。

其次，所谓执行标的的执行程序终结，与整个案件的执行程序终结不同，主要是指对执行标的物的处置。一般认为，如果执行标的物已经处置完毕，所有权已经转移则关于执行标的的执行程序终结，而对于案件的执行程序往往滞后于对执行标的的执行程序。之所以要求在执行标的的执行程序终结前提出异议，除了前述执行效率因素外，更重要的是为了交易的稳定和善意第三人的保护。但在执行程序中，司法拍卖、变卖以及以物抵债是对执行标的进行处置的常见方式，通过这些方式处置执行标的的受让人有时不一定为第三人，往往是申请执行人，因此，需要在对案外人及债权人权利保护方面进行一定的平衡，作进一步的规范和审查。

最后，执行标的由申请执行人受让的，提出执行异议的期间转为案件执行程序终结前。根据执行标的受让人的不同情形，《最高人民法院关于人民法院办理执行异议和复议案件若干问题的规定》第六条第二款进行了

区别规定：一是执行标的由当事人以外的第三人受让的，案外人应当在异议指向的执行标的执行终结之前提出；二是执行标的由申请执行人或者被执行人受让的，应当在执行程序终结之前提出。也就是说，如果受让人通过司法拍卖程序已经取得了执行标的的所有权，虽然为了维护司法拍卖的公信力以及执行程序的稳定性，不应允许案外人过分迟延地提出异议，但如果执行标的通过拍卖或者以物抵债由执行案件当事人获得，其应因错误执行而返还执行标的，只要执行程序尚未结束，案外人提出异议的期限就不应截止。因此，执行过程中对案涉房屋作出了以物抵债裁定，则应当以执行程序是否终结来判断案外人提出执行异议的期限。具体到本案，案外人徐某提出执行异议时执行标的“鑫泰钢铁物流园”2 幢 10×室、20×室、30×室房屋虽然已经处置完毕，但因执行标的系以物抵债于申请执行人张某俊，故判断其是否逾期提出执行异议，应按照整个案件是否执行终结来判断。二审法院简单地适用根据《最高人民法院关于适用〈中华人民共和国民事诉讼法〉的解释》第四百六十四条的规定，驳回案外人徐某的起诉，确有不当。至于案外人徐某对执行标的“鑫泰钢铁物流园”2 幢 10×室、20×室、30×室房屋是否具有所有权，是否具有足以排除执行的物权期待权，可以在进入实体审理程序后依法进行审查。

（执笔人：刘慧卓）

28. 案外人青海百通材料公司材料开发有限公司异议之诉案*

对股权强制执行时，法律优先保护信赖公示的与登记股东进行交易的善意第三人及登记股东的债权人的权利

【裁判摘要】

对股权的强制执行，涉及内部关系的，基于当事人的意思自治来解决。涉及外部关系的，根据工商登记来处理。工商登记是对公司股权情况的公示，与登记股东进行交易的善意第三人及登记股东的债权人有权信赖工商机关登记的股权情况，该信赖利益应当得到法律的保护。在案涉股份的实际出资人与公示出来的登记股东不符的情况下，法律优先保护信赖公示的与登记股东进行交易的善意第三人及登记股东的债权人的权利，而将实际投资人的权利保护置于这些人之后。

一、案件基本情况

上诉人（案外人）：青海百通材料公司材料开发有限公司。住所地：青海省西宁市经济技术开发区。

被上诉人（一审被告、申请执行人）：青海交通银行股份有限公司青海省分行。住所地：青海省西宁市城

* 摘自《执行工作指导》2020年第2辑（总第74辑），人民法院出版社2021年版，第80~90页。

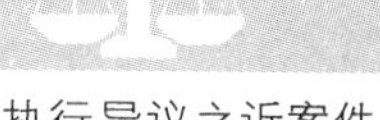

西区。

第三人（案件被执行人）：青海鑫通矿业有限公司。住所地：青海省海西州格尔木盐桥南。

青海交通银行股份有限公司青海省分行（以下简称交通银行青海省分行）与青海鑫通矿业有限公司（以下简称鑫通公司）借款合同纠纷一案，青海省高级人民法院（以下简称青海高院）于 2015 年 9 月 24 日作出（2015）青民二初字第 71 号民事调解书，确认：（1）鑫通公司欠交通银行青海省分行贷款本金 2.3 亿余元，利息、罚息等另外计算；（2）如鑫通公司未按期归还上述欠款，交通银行青海省分行对抵押的新疆裕泰矿业技术服务有限公司的民丰县苏乎拉客金矿 1 号采矿权变价款享有优先受偿权。本案进入执行程序后，因被执行人鑫通公司拒不履行生效法律文书确定的义务，青海高院对登记在鑫通公司名下的百通小贷公司 20%股权（2000 万元）进行冻结。案外人青海百通材料公司材料开发有限公司（以下简称百通材料公司）向青海高院提出执行异议，要求青海高院解除股权冻结，停止执行。青海高院审查后，作出（2016）青执异字第 4 号执行裁定，驳回百通材料公司的异议。百通材料公司不服，提起案外人异议之诉，请求撤销该裁定，停止执行。

二、青海高院审理情况

青海高院在执行申请执行人交通银行青海省分行与被执行人鑫通公司借款合同纠纷一案中，因被执行人鑫通公司拒不履行生效法律文书确定的义务，故作出（2015）青执字第 47 号执行裁定，于 2016 年 2 月 23 日依法对登记在被执行人鑫通公司名下的百通小贷公司 20%股权（2000 万元）进行冻结。案外人百通材料公司提出执行异议称，涉案股权虽登记在鑫通公司名下，但系其实际出资认缴，鑫通公司代其持股，既不享有股东权利，也不承担股东义务，股权所有权归其所有，要求法院解除股权冻结，停止执行。该院审查后认为，法律规定案外人对股权权利提出异议的，法院应当按照工商行政管理机关的登记和企业信用信息公示系统公示的信息判断。由于案涉异议股权均登记在鑫通公司名下，遂裁定驳回百通材料公司案外人异议。百通材料公司不服，提起案外人异议之诉，要求撤销青海高院驳回其异议的（2016）青执异字第4号执行裁定书，停止执行案涉股权。青海高院于2016年11月28日作出（2016）青民初91号民事判决，驳回百通材料公司的诉讼请求。

另查明，青海高院在执行交通银行青海省分行与被执行人鑫通公司借款合同纠纷一案中，依法冻结鑫通公司在百通小贷公司20%的股权后，百通材料公司与鑫通公司就冻结股权向西宁中院提起确权诉讼。西宁中院于2016年8月10日作出（2016）青01民初185号判决，判令鑫通公司将涉案股权变更到百通材料公司名下。该判决已生效。

青海高院认为，一方面，虽然原告与鑫通公司之间是委托持股关系，但是依法进行登记的股权具有对外公示的效力，无论对执行异议的审查还是对异议之诉案件的审理，判断股权的法律依据应当一致。原告与鑫通公司之间的内部约定，不能据此对抗善意第三人或排除法院的强制执行。另一方面，根据《最高人民法院关于人民法院办理执行异议和复议案件若干问题的规定》（以下简称《执行异议和复议规定》）第二十五条第二款①规定，执行标的被查封、扣押后作出的另案生效法律文书不能排除对执行标的的执行，西宁中院作出的185号民事判决不能排除对该股权的执行。综上，该院判决驳回百通材料公司的诉讼请求。

三、上诉理由

百通材料公司不服青海高院判决，向最高人民法院上诉称，一审判决认定事实不清，适用法律不当。首先，一审案件在查明“上诉人与原审第三人之间系委托持股关系，上诉人系案涉股权的实际权利人，且第三人从未行使股东权利，承担股东义务等”事实后，却不作认定，属于认定事实不清。其次，一审判决适用的是《最高人民法院关于适用〈中华人民共和国民事诉讼法〉的解释》第三百一十二条②第一款第二项，而该项与已查

---

① 该司法解释已于2020年12月29日修正，本条内容未作变动。

② 对应《最高人民法院关于适用〈中华人民共和国民事诉讼法〉的解释》（2022年修正）第三百一十条。

明的案件事实不相吻合，属于适用法律错误，本案理应适用该条第一款第一项。最后，一审判决未能准确区分执行异议审查和执行异议之诉的区别，以异议审查方式处理异议之诉涉及的实体问题，显为不当。基于上述理由，上诉人请求从执行异议之诉立法目的出发，对本案进行实质审查后，依据查明的事实，适用《最高人民法院关于适用〈中华人民共和国民事诉讼法〉的解释》第三百一十二条第一款第一项之规定，判决对涉案股权不得执行。

四、最高人民法院审查处理意见

最高人民法院经审理认为，本案的争议焦点是：百通材料公司关于其系案涉股权实际出资人的事实，能否排除人民法院的强制执行。最高人民法院认为，百通材料公司就案涉股权不享有足以排除强制执行的民事权益，不能排除人民法院的强制执行，具体理由如下：

第一，根据公示公信原则，对股权的强制执行，涉及内部关系的，基于当事人的意思自治来解决。涉及外部关系的，根据工商登记来处理。根据《中华人民共和国公司法》第三十二条第三款的规定，工商登记是对公司股权情况的公示，与登记股东进行交易的善意第三人及登记股东的债权人有权信赖工商机关登记的股权情况，该信赖利益应当得到法律的保护。换言之，根据《中华人民共和国公司法》该条款的规定，经过公示体现出来的权利外观，导致第三人对该权利外观产生信赖，即使真实状况与第三人的信赖不符，只要第三人的信赖合理，第三人的信赖利益就应当受到法律的优先保护。这里所说的优先保护，就本案而言，是指在案涉股份的实际出资人与公示出来的登记股东不符的情况下，法律优先保护信赖公示的与登记股东进行交易的善意第三人及登记股东的债权人的权利，而将实际投资人的权利保护置于这些人之后。本案中，百通材料公司虽然是案涉股份的实际出资人，但是鑫通公司却是案涉股份的登记股东，交通银行青海省分行是鑫通公司的债权人，基于上述法律规定，百通材料公司就案涉股份不享有对抗交通银行青海省分行申请强制执行的权利。

第二，百通材料公司在上诉时提到的“一审判决未能准确区分执行异议审查和执行异议之诉的区别，以异议审查方式处理异议之诉涉及的实体问题，显为不当”这一理由也不成立。执行异议之诉所要解决的是依法应该优先保护谁，进行实质审查的目的只是在于将争议事实查得更清楚、更明白，而不是说因为进行了实质审查，所以就要优先保护实际权利人，就本案而言就要优先保护实际投资人。究竟应该保护登记股东的债权人，还是争议股份的实际出资人，那要看法律如何规定。《中华人民共和国公司法》第三十二条第三款对此的规定已经很明确，于此不赘。

第三，实际投资人百通材料公司让登记股东鑫通公司代持股份，其一定获得某种利益。根据风险与利益相一致的原则，百通材料公司在获得利益的同时，也应当承担相应的风险，该风险就包括登记股东代持的股份被登记股东的债权人申请强制执行，本案就属于这种情况。当然，该风险还包括登记股东转让代持的股份或者将该股份出质。综上所述，百通材料公司的上诉请求不能成立，予以驳回。

五、评析意见

人民法院对登记在被执行人名下的股权进行强制执行时，第三人就争议股权提出的执行异议，执行机构一般根据商事外观主义进行审查即可，但第三人随后根据《中华人民共和国民事诉讼法》第二百二十七条[①]的规定，提出的案外人异议之诉，是否仍根据商事外观主义进行审查，存在很大争议。目前主要存在着以下两种观点：一种观点认为，股权的商事登记外观仅是执行机构采取强制措施时的权属判断标准，进入实体权属审查程序后，如果发现登记权属与实际权属不一致时，应当以真实的权属为准；另外一种观点认为，股权的商事登记不仅是执行程序的权属判断标准，也是实际权属的审查判断标准。笔者在目前检索到2015年5月5日之后，由中级以上人民法院作出的执行异议之诉裁定书，得到30起案例。其中，有14份案件法院未确认股权归隐名股东所有；在另外16份案例中，有7份

① 对应《民事诉讼法》（2021年修正）第二百三十四条。

判决停止执行，其余 9 份判决允许继续执行股权。[1] 可以看出，审判实践中有两种观点：一种观点认为，争议的股权登记在被执行人名下，隐名股东不能对抗名义股东的债权人对该股权申请强制执行。另外一种观点认为，隐名股东能够对抗名义股东的债权人对该股权申请强制执行。笔者倾向于同意第一种观点，具体理由如下：

第一，商事外观主义保护第三人基于权利外观而产生的信赖利益，避免因代持股关系的成本转嫁问题。我国《公司法》第三十二条第三款规定："公司应当将股东的姓名或者名称及出资额向公司登记机关登记，登记事项发生变更的，应当变更登记，未经登记或者变更登记的，不得对抗第三人。"因此，依法登记的股东对外具有公示效力，隐名股东在公司对外关系上，不具有股东的法律地位，其不能以其与名义股东之间的约定为由对抗外部债权人对名义股东的正当权利。当名义股东因其未能清偿债务而成为被执行人时，其债权人依据工商登记中记载的股权归属，向人民法院申请对该股权强制执行时，应当予以保护。另外，《最高人民法院关于适用〈中华人民共和国公司法〉若干问题的规定（三）》（以下简称《公

① 如最高人民法院（2016）最高法民申 3132 号民事裁定书认为，因第三人根据商事外观主义产生信赖，只要该信赖合理，则应当优先保护第三人，故隐名股东不得对抗第三人（申请执行人）。而最高人民法院（2015）民申字第 2381 号民事裁定书则认为，商事外观主义仅适用于交易的第三方，不能适用于无交易关系的申请执行人，而关于商事外观主义对抗的"第三人"是否包括申请执行人。最高人民法院在（2015）民申字第 2381 号案件中（中国银行股份有限公司西安南郊支行与上海华冠投资有限公司、陕西西安成城经贸有限公司、西安海舟实业有限公司、西安长安影视制作有限责任公司执行异议案），作出如下裁判："案涉执行案件申请执行人中行南郊支行并非针对成城公司名下的股权从事交易，仅仅因为债务纠纷而寻查成城公司的财产还债，并无信赖利益保护的需要。若适用商事外观主义原则，将实质权利属于华冠公司的股权用以清偿成城公司的债务，将严重侵犯华冠公司的合法权利……中行南郊支行基于商事外观主义原则要求强制执行取得案涉长安银行 1000 万股份的再审申请主张，依法不能成立。"最高人民法院在（2016）最高法民申 3132 号案件中（王某岐与被申请人刘某苹、长春中安房地产开发有限公司、詹某才、陈某菱案外人执行异议之诉案）则主张，《中华人民共和国公司法》第三十二条第三款所称的第三人，并不限于与显名股东存在股权交易关系的债权人。根据商事外观主义原则，有关公示体现出来的权利外观，导致第三人对该权利外观产生信赖，即使真实状况与第三人的信赖不符，只要第三人的信赖合理，第三人的民事法律行为效力即应受到法律的优先保护。基于上述原则，名义股东的非基于股权处分的债权人亦应属于法律保护的第三人范畴。刘某苹作为债权人可以依据工商登记中记载的股权归属证明材料，向人民法院申请对该股权强制执行。

司法解释三》）第二十四条的规定肯定了股权代持协议的法律效力，该条第一款规定："有限责任公司的实际出资人与名义出资人订立合同，约定由实际出资人出资并享有投资权益，以名义出资人为名义股东，实际出资人与名义股东对该合同效力发生争议的，如无合同法第五十二条规定的情形，人民法院应当认定该合同有效。"① 即在实际出资人与名义股东就合同效力产生争议时，法律承认代持股协议的法律效力，但代持股协议受《合同法》约束，性质属于委托代理合同，不能作为认可隐名股东即实际出资人的股东地位的证据。即使基于保护股权实际投资人的考虑，也要看股权的实际投资人是否通过司法程序、仲裁程序或一定范围的公示程序取得了股东地位，成为股权的真正权利人。从域外法规定看，无论是《德国股份公司法》②《德国有限责任公司法》③，还是《英国1985年公司法》④《美国示范商业公司法》《美国统一有限责任公司法》⑤，无论大陆法系国家还是英美法系国家，对于隐名股东的股东资格认定都从实质主义和形式主义出发，兼顾实质出资及对外公示材料等要件。根据《公司法解释三》第二十四条第一款的规定，在有限责任公司成立后，对于第三人以股东身份加入的，属于公司股东的内部行为，对此，可以通过变更公司章程和股东名册、签署出资证明书、变更登记等对股东的身份进行认可。如果隐名股东

---

① 该司法解释已于2020年12月29日修正，本条第一款修改为："有限责任公司的实际出资人与名义出资人订立合同，约定由实际出资人出资并享有投资权益，以名义出资人为名义股东，实际出资人与名义股东对该合同效力发生争议的，如无法律规定的无效情形，人民法院应当认定该合同有效。"

② ［德］格茨·怀克、克里斯蒂娜·温德比西勒：《德国公司法》，殷盛译，法律出版社2010年版，第68页。1965年《德国股份公司法》第67条第2款规定，被登记在股东名册上的人，即可以取得股东资格。公司若知道股东名册上记载的股东与履行出资义务的实际出资人不同，也只能赋予股东名册上登记者股东身份。这一立法是出于稳定团体关系的考虑。

③ 《德国有限责任公司法》第2条规定："公司合同必须由全体股东签字，并且具有公证形式。"即公司只承认公司合同上签字的股东具有股东资格。

④ R.E.G.佩林斯 A.杰弗里斯：《英国公司法》，公司法翻译小组译，上海翻译出版社1984年版，第121页。《英国1985年公司法》第22条第1款规定："在公司章程大纲内签署的股份认购人，须当作已成为公司的成员，并须在公司注册时作为成员计入公司的成员登记册。"

⑤ 《美国统一有限责任公司法》第209条规定："如果本法授权或要求申报的记录所载内容失实，因为信赖该失实记录而遭受损失的人可以从签署该申报记录或者被指使代表其签署记录、并在签署时明知该记录失实的人获得赔偿。"

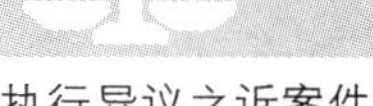

和名义股东之间已经通过司法程序、仲裁程序或者公示程序对隐名股东的股权和股东地位进行了确认，那么隐名股东就不仅是实际投资人，也是股权的实际权利人，享有所投资公司的股东资格。但如果未履行法定手续的，“隐名股东”仅属于公司的内部法律关系，对外承担责任的股东始终是“名义股东”。非经股权确认的法律程序，实际出资人并不能当然取得登记在他人名下股权以及股东资格，被执行人与案外人之间的股权代持协议，不能对抗执行法院的执行行为和第三人通过执行程序以拍卖股权的方式实现对被执行人债权的清偿。另外，由于实践中公司管理不够规范、不置备股东名册的情形较为普遍，第三人无法查询到隐名股东存在与否的实际情况。除非被执行人另有可供执行的财产，人民法院可以对被执行人持有的银行股权予以强制执行。本案的百通材料公司根据转账记录、股东会决议、代持股协议，可以证明其履行了实际出资行为，但是公司章程及股东名册中未记载其姓名，缺乏形式要件。由于股权的实际出资人在对外关系上不具有登记股东的法律地位，所以其不能以其与登记股东之间的内部约定，来对抗与登记股东进行交易的善意第三人及登记股东的债权人。因此，当登记股东因其未能清偿到期债务而成为被执行人时，该股份的实际出资人不得以此对抗登记股东的债权人对该股权申请强制执行。也就是说，登记股东的债权人依据工商登记中记载的股权归属，有权申请对该股权强制执行。《公司法解释三》第二十六条对名义股东擅自处分名下股权，以及第二十八条对股权转让后原股东再次处分股权的处理方式也体现了对第三人的合理信赖保护的理念。

第二，统一适用商事外观主义，可以避免被执行人与他人恶意串通逃避执行。实践中，股权代持类案件在实践中存在多种情形，被执行人持有的名义股权能否强制执行，应综合全案具体证据与因素而定。一方面，执行债权人能否成为受到登记公示公信原则保护的第三人在理论与实践中存在争议，因此，一概否定隐名股东排除执行的权利难以成立。另一方面，如果一概承认隐名股东排除执行的权利，则会让股权代持协议成为实践中规避执行、逃避义务的工具，导致被执行人无论是股权的实际投资人，还是名义持有人时，都无法执行的局面。（如果被执行人是实际投资人，则通过提出案外人异议之诉的方式排除执行；如果被执行人是登记的权利人，根据“只能查封登记在被执行人名下财产”的规则，也能轻易逃避掉执行。）这将严重损害执行债权人的合法权益，因此，对于此类情形，应当区分具体情形予以判断，除非隐名股东具有相当理由，否则不能轻易承认其排除执行的权利。商事登记彰显的权属状态与真实权属状态出现差异的产生原因不同，导致发生的法律效果相应也有所不同。为个人利益而虚假登记所导致的登记是基于权利人自己故意实施的行为而发生，其目的在于对登记机关以及社会公众掩饰其权利人身份，鉴于登记会对第三人产生信赖利益，故在确定真正权利人保护与善意第三人保护之冲突的平衡点时，应当考虑权利人的行为在形成登记错误的过程中所具有的不同作用，虚假登记的真正权利人所处地位与其物权变动未经登记的受让人的地位基本相同，权利人随时可以请求更正登记而避免法律风险，其权利因处于“秘密状态”而不应具有对抗善意第三人的效力。而本案隐名股东未经变更登记，是由于其自身利益规避金融监管而导致，其应当承担规避监管的不利后果，实际投资人百通材料公司让登记股东鑫通公司代持股份，其一定获得某种利益。根据风险与利益相一致的原则，百通材料公司在获得利益的同时，也应当承担相应的风险，该风险就包括登记股东代持的股份被登记股东的债权人申请强制执行，本案就属于这种情况。对其因规避政府监管而作出的委托持股协议的法律后果不能对抗执行。

第三，本案情形不应参照适用善意取得规则。善意取得制度中的受让人与隐名股权执行程序中的债权人虽然均处于第三人的地位，但由于所涉财产权属变动的意思表示及时间阶段不同，不能简单地混为一谈。善意取得仅适用于物权或者股权被无权处分且为有偿转让的情形，其保护交易安全的方式是令善意受让人依法直接取得权利，同时使真正权利人即刻丧失其权利，而善意受让人之取得权利，与真正权利人的权利是否具有对抗效力毫无关系，因此，善意取得主要适用于错误登记的不动产以及股权等。首先，在善意取得制度适用的情境中，名义股东将代持股权向债权人（股权受让方）进行处分，且工商登记已经变更完毕。而执行程序中，债权人基于执行依据确定的一般金钱给付义务要求名义股东履行的行为，并非普

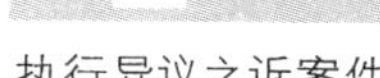

通商事交易行为。其次，隐名股东选择代持股，其主观意图多具有不正当性，而实践中股权代持情形大量存在，若仅选择性地保护处于交易关系中的债权人，即意味着给隐名股东最大限度的保护，从长远来看，不利于隐名股东的显名化，增加商业风险与交易成本。最后，《中华人民共和国公司法》规定的因信赖权利外观而不得对抗制度不适用于错误登记情况下的无权处分，此种无对抗力所及第三人范围较大，除了不得对抗在无权处分情况下的善意购买人之外，还包括其他具有信赖利益的第三人（如善意受赠人、申请强制执行的普通债权人等）。

第四，我国《中华人民共和国公司法》第三十二条第三款中的"第三人"并不限于与名义股东存在股权交易关系的债权人。关于"不得对抗的第三人"中是否应包括申请并已由人民法院对财产采取了强制执行措施的债权人的问题，一直存在争议。德国和日本物权法中的观点认为包括基于标的物所有权的错误外观而发生了物权行为（如善意取得），以及准物权行为（如查封）的人。我妻荣教授提出的"有效交易说"，主张不能对抗之第三人应"处于有效交易关系之中"。我国目前学术上存在两种观点：一种观点同意第三人仅指与被执行人从事物权交易的相对人，主要包括两种人：一是在"一物二卖"中办理了过户登记的买受人；二是对财产已设定质押或抵押并办理登记的抵押权人。另外一种观点是"吃掉或被吃掉说"，主张"第三人限于处于相互争夺物的支配关系，且被认为是信赖登记而展开行动的人"。《德国民事诉讼法》第804条规定，申请执行人因查封行为而取得优先权，即查封质权。法国也有类似规定。法国民法和日本民法上的物权变动主要采用物权公示的"对抗要件主义"，即物权变动以合同生效为准，但未经公示不得对抗善意第三人。根据法国和日本的理论和实务，已经通过法院对财产采用了强制执行扣押措施的债权人，应列入未经公示的物权不得对抗的第三人的范围。① 其理论依据主要是：（1）如同信赖物权登记而为交易的第三人，已申请强制执行的债权人同样具有应予保护的信赖利益；（2）怠于进行物权变动公示的权利人不值得特别保

① 参见［日］铃木禄弥：《物权的变动与对抗》，渠涛译，社会科学文献出版社1999年版。

护，即物权变动时，物权受让人既不申请预告登记，也不及时办理物权变动登记，即使其物权变动登记受阻，亦应及时寻求法律救济，故其应当承担由此导致的法律风险。[①] 对此，我国理论界的研究尚不深入，而强制执行实务界则有两种意见。就应否将申请执行人列为不可对抗的第三人范围的问题，赞成者的主要理由是：（1）申请强制执行的债权人因信赖登记而选择查封了被执行人的财产后，如第三人（取得未经公示的物权的权利人）提出的异议能够成立，则债权人有可能会因丧失对被执行人的其他财产的执行机会而受损；（2）如第三人异议能够成立，有可能促使被执行人在其财产被查封后，与第三人恶意串通，虚构财产交易事实以逃避强制执行。而反对者的主要理由是：购买股权等特殊财产并已经支付价款且实际占有财产的买受人，虽其物权变动未经登记，但较之出卖人的债权人，其利益更值得保护。其中，以“物权优先于债权”的理由支撑其观点[②]的亦为常见。笔者认为，此处“不得对抗的第三人”包括已申请并由法院对财产采取强制执行措施的债权人。强制执行中的司法扣押不仅限制了被执行人对财产的处分权，而且将申请执行人的债权实现与被执行人的特定财产相联系，同时赋予了申请执行人就被执行财产价值上的优先受偿权。此时，如财产被强制执行，则该执行标的真正的物权人（受让人）的利益就会受损，于是，财产受让人（物权人）与申请执行人（债权人）之间发生直接的利益冲突就不可避免。只有在此种情况下，法律才有必要确认受让人所取得的物权对于申请强制执行的转让人的债权人应否具有对抗效力。后者仅对债务人享有单纯的债权请求权，前者则因强制执行措施而对被执行的特定财产享有法定的优先受偿权。而未经公示的物权的对抗力，仅涉及前者，与后者无关。目前立法上也并未明文规定“对于已申请强制执行措施的股权转让人的债权人，如其债权基于买卖等交易行为发生，受让人未经登记的物权对之无对抗力”，故对于第三人是否为“交易第三人”不

---

① 参见尹田、尹伊：《论对未经登记及登记不实财产的强制执行》，载《法律适用》2014年第10期。

② 依照此种观点，受让人所取得的物权应对转让人的债权人具有对抗力，其原因在于该物权应优先于转让人的债权得到保护。

亦作出限缩解释。据此，经申请执行人申请，人民法院对登记在被执行人名下的股权予以查封后，该财产的受让人或者抵押权人依据其未经登记的权利所提出的异议不能支持。概括来说，实际权利人不得对抗与之处于对抗关系的，且是因信赖登记而展开行动的第三人，包括对物权人及对物有直接支配关系的债权人，如查封债权人、申请执行分配债权人、破产债权人。第三人依据错误外观而发生的物权行为（如买受代持股权），或准物权行为（如查封代持股权）可以“吃掉”欠缺公示外观的所有权；一旦其“控制”了标的物，则可以“吃掉”欠缺外观的所有权，就该标的物获得清偿。同时，不判断实际所有权存在与否，直接认定缺少公示的所有权不能对抗公示的准物权，符合强制执行程序、执行异议之诉程序对效率价值的追求。就未经登记的股权等特殊动产的物权，《中华人民共和国物权法》及相关司法解释并未对其不能对抗的第三人的范围作出具体规定，在审理案外人执行异议之诉案件过程中，隐名股东不得以此理由来阻却法院的强制执行。

第五，由于我国目前禁止超标的查封，若债权人已就代持股权采取了保全措施，势必使其丧失对名义股东其他责任财产保全的机会。另外，既然隐名股东选择了这种投资方式，就应当承担因此可能产生的风险。因此，应当优先保护债权人利益。从司法的引导规范功能来看，案涉股权登记在被执行人鑫通公司名下，依法判决实际出资人百通材料公司不能对抗被执行人鑫通公司的债权人对该股权申请强制执行，还有利于净化社会关系，防止实际出资人违法让他人代持股份或者规避法律。

（执笔人：张丽洁）

29. 刘某与浙江森帮铜业有限公司、郑某满、黄某泉案外人执行异议之诉纠纷案*

▶

案外人主张租赁权先于抵押权设定，人民法院应从租金实际支付情况、案外人所租房屋用途、抵押权成立时案外人是否占有房屋等方面进行审查

【裁判摘要】

1. 同一不动产上，若租赁权设立在先，鉴于租赁权易于成立且难辨真伪的特点，应建立租赁权登记制度，防止虚假租赁出现；若抵押权设立在先，则应考虑租赁权对抵押权的实现是否有影响，并不必须涤除租赁权。

2. 案外人主张租赁权先于抵押权设定，人民法院应从租金实际支付情况、案外人所租房屋用途、抵押权成立时案外人是否占有房屋、租赁合同条款是否符合交易习惯等方面进行审查，以判断案外人是否享有房屋租赁权。

再审申请人（一审原告、二审被上诉人）：刘某。

被申请人（一审被告、二审被上诉人）：浙江森邦铜业有限公司。（以下简称森邦公司）

被申请人（一审被告、二审被上诉人）：郑某满。

* 摘自《审判监督指导》2018 年第 1 辑（总第 63 辑），人民法院出版社 2019 年版，第 130~141 页。

被申请人（一审被告、二审被上诉人）：黄某泉。

一、基本案情

衢江区人民法院查明，2012 年 4 月 1 日，刘某父亲吴某民将衢州市柯城区双港开发区霞光路××号××幢的房屋出租给衢州铭歆商贸有限公司（筹）。2012 年 4 月 9 日，刘某与前夫韩某注册成立衢州铭歆商贸有限公司，公司住所地为衢州市柯城区双港开发区霞光路××号××幢。郑某满因经营需要向刘某的父亲吴某民借款。后吴某民向郑某满提出要租用森邦公司的厂房及场地。经吴某民与郑某满洽谈，由刘某与森邦公司签订了《营业场所租赁合同》（合同的落款时间为 2012 年 3 月 28 日）一份，协议约定森邦公司将位于衢州市柯城区东港八路××号 5 幢厂房（厂房面积 4000 平方，土地面积 32 亩）出租给刘某，租期 10 年（2012 年 4 月 1 日至 2022 年 4 月 1 日）；租金十年共计 350 万元，先付后租，一次性交清；水电费等使用期间的一切费用由刘某承担。刘某曾将 20 张银行承兑汇票复印件（共计 350 万元）交予郑某满签字和盖森邦公司的公章，其中有一张银行承兑汇票上记载收票时间为 2012 年 4 月 8 日，有一张号码为 1020××××金额为 10 万元的银行承兑汇票的出票日期为 2012 年 4 月 16 日，有二张江西开泰克压缩空气系统有限公司出票给浙江开山压缩机股份有限公司金额为 15 万元的银行承兑汇票复印件重复。2012 年 6 月 25 日，江某林、吴某民和黄某泉、郑某满签订了四方协议，协议约定江某林和黄某泉各借 50 万元给郑某满，用于归还郑某满欠吴某民的借款；吴某民同意森邦公司将位于衢州市柯城区东港八路××号 5 幢的房地产抵押给江某林和黄某泉。后吴某民、江某林和黄某泉履行了四方协议约定的义务。2012 年 6 月 26 日，江某林和森邦公司、黄某泉向衢州市柯城区房地产管理处申请将位于衢州市柯城区东港八路××号 5 幢的厂房及土地抵押给江某林和黄某泉。同日，衢州铭歆商贸有限公司将住所地由衢州市柯城区双港开发区霞光路××号××幢变更为衢州市柯城区东港八路××号 5 幢。因郑某满未按约向黄某泉履行还款义务。2012 年 12 月 17 日，该院经审理判决黄某泉对森邦公司所抵押的位于衢州市柯城区东港八路××号5幢的房地产［房产证号：衢房权证柯城区字第20103468号、土地证号：衢州国用（2009）第3-44714号］在拍卖或变卖的价款中850.5万元的部分具有优先受偿权。2013年3月21日，黄某泉申请强制执行。该院在执行过程中公告要求森邦公司于2013年5月22日前将坐落浙江省衢州市东港八路××号的房地产腾空，到期如不履行，该院将强制执行。2014年1月20日，刘某向该院提出执行异议，该院于2014年1月28日作出（2014）衢执异字第1号执行裁定书，驳回刘某的异议。为此，刘某提起案外人执行异议之诉。

另查明，2012年3月28日，郑某满尚欠吴某民借款。

衢州市中级人民法院二审查明的事实与一审查明的事实一致。

二、原审法院审理情况

衢江区人民法院审理认为，订立抵押合同前抵押财产已出租的，原租赁关系不受该抵押权的影响。抵押权设立后抵押财产出租的，该租赁关系不得对抗已登记的抵押权。当事人对自己提出的诉讼请求所依据的事实有责任提供证据加以证明。没有证据或者证据不足以证明当事人的事实主张的，由负有举证责任的当事人承担不利后果。本案的关键问题是森邦公司与刘某签订的《营业场所租赁合同》是否是刘某和森邦公司于2012年3月28日的真实意思表示。刘某认为其是为了做有色金属生意而与森邦公司签订《营业场所租赁合同》。森邦公司认为其因法定代表人即郑某满欠刘某父亲吴某民借款而被迫签订的。

首先，从租金支付上分析。（1）森邦公司、郑某满否认收到350万元租金。（2）《最高人民法院关于民事诉讼证据的若干规定》第七十四条[①]规定，诉讼过程中，当事人在起诉状、答辩状、陈述及其委托代理人的代

① 该司法解释已于2019年12月25日修正，本条已修改为第三条："在诉讼过程中，一方当事人陈述的于己不利的事实，或者对于己不利的事实明确表示承认的，另一方当事人无需举证证明。在证据交换、询问、调查过程中，或者在起诉状、答辩状、代理词等书面材料中，当事人明确承认于己不利的事实的，适用前款规定。"

理词中承认的对己方不利的事实和认可的证据，人民法院应当予以确认，但当事人反悔并有相反证据足以推翻的除外。根据刘某在2014年1月20日该院对其询问时所制作的笔录、刘某提交的执行异议申请书以及民事起诉状中均陈述租金系一次性支付，刘某为此提供了20张由郑某满、森邦公司收票的银行承兑汇票复印件，其中一张银行承兑汇票上记载收票时间为2012年4月8日，这说明刘某支付租金的时间为2012年4月8日，但是刘某提交的20张银行承兑汇票中有一张号码为1020××××、金额为10万元的银行承兑汇票的出票日期却为2012年4月16日，这充分说明刘某陈述的租金支付时间、支付方式不属实；即使刘某后来陈述租金一次性支付系记错，是分期支付的，但20张银行承兑汇票中有两张江西开泰克压缩空气系统有限公司出票给浙江开山压缩机股份有限公司金额为15万元的银行承兑汇票复印件，经该院核实，该二张银行承兑汇票复印件实际为同一张银行承兑汇票所复印，故刘某陈述已付租金350万元在金额上也不属实。（3）刘某未向该院提交其曾将提交的20张银行承兑汇票背书给郑某满、森邦公司的证据，也未向该院提交其曾享有提交的20张银行承兑汇票所有权的证据。（4）2012年3月28日，郑某满尚欠吴某民借款，吴某民不可能在刘某与森邦公司签订营业场所租赁合同（该合同系吴某民与郑某满具体洽谈）后，让女儿支付租金给郑某满，然后自己再向郑某满催收还款，刘某陈述其已支付森邦公司租金不符合常理。综上，对刘某陈述的其已付森邦公司租金350万元不予确认。

其次，从涉案房地产的使用上分析。（1）根据《营业场所租赁合同》的落款时间，刘某于2012年3月28日已与森邦公司签订涉案房地产租赁合同，其与前夫韩某于2012年4月9日成立衢州铭歆商贸有限公司无需另外租用房屋，事实上衢州铭歆商贸有限公司（筹）于2012年4月1日从吴某民处租赁了房屋，这与常理不符。（2）根据刘某提交的《营业场所租赁合同》的约定，刘某应从2012年4月1日起负担承租场所的水电费。但从国网浙江省电力公司衢州供电公司客户服务中心和中国农业银行股份有限公司衢州分行调取的材料得知，户号为764006××××的电表在2012年7

月前的电费由森邦公司缴纳。森邦公司虽在2015年4月1日庭审陈述其代刘某交纳了2012年4月、5月、6月份的电费，但在2015年4月14日森邦公司在庭审中已予纠正，即2012年4月、5月、6月份森邦公司是为自己交纳电费，该纠正的陈述能与2012年7月31日吴某民在公安机关的陈述、衢州铭歆商贸有限公司与谢某水签订的生产承包合同和该院调取的森邦公司的用电清单相互印证，故涉案房地产在2012年6月前由森邦公司使用。(3)衢州铭歆商贸有限公司于2012年6月26日将住所地由衢州市柯城区双港开发区霞光路××号××幢变更为衢州市柯城区东港八路××号5幢，可以认定刘某在2012年6月26日占有、使用了涉案房地产。综上，刘某于抵押前占有、使用涉案房地产的证据不足。

最后，从刘某对涉案房地产的需求上分析。刘某虽在庭审中陈述自己承租涉案房地产是为了做生意，但根据吴某民在公安机关的陈述，其是在2012年6月才开始和他人谈合作做阀门生意，故2012年3月28日刘某没有租房需求。

综合前述三点，2012年3月28日的《营业场所租赁合同》不是刘某和森邦公司当时的真实意思表示，即该《营业场所租赁合同》是无效的，刘某以无效的租赁权来对抗黄某泉抵押权的主张于法无据，不予支持。该院于2015年4月14日作出（2015）衢执异重字第1号民事判决：驳回原告刘某的诉讼请求。案件受理费80元，公告费260元，合计340元，由刘某负担。

衢州市中级人民法院经审理认为，本案的争议焦点为：原审法院依职权调取证据是否符合法律规定；刘某与森邦公司之间是否存在真实的厂房租赁关系。

第一，原审法院依职权调取证据是否符合法律规定。《中华人民共和国民事诉讼法》第六十四条①规定，人民法院认为审理案件需要的证据，人民法院应当调查收集。《最高人民法院关于适用〈中华人民共和国民事

① 对应《民事诉讼法》(2021年修正)第六十七条。

诉讼法〉的解释》第九十六条规定，当事人有恶意串通损害他人合法权益可能的，人民法院应当依职权调查收集证据。本案中，争议的焦点为刘某与森邦公司之间是否存在厂房租赁合同关系。若合同关系成立，则租赁权系对执行标的享有足以阻止其转让、交付的实体权利，势必会导致本案执行分配方案的变动，影响抵押权人黄某泉的利益。根据该院对刘某询问时制作的笔录显示，刘某对其父吴某民与江某林、黄某泉、郑某满签订四方协议及涉案厂房抵押等事实是清楚的，结合刘某对于如何支付租金前后陈述不一致，森邦公司、郑某满庭审中一直对租赁一事予以否认、黄某泉对租赁一事不知情等事实，原审法院有理由相信黄某泉在办理涉案厂房抵押登记时，存在刘某与森邦公司、郑某满恶意串通未将签订租赁合同一事告知黄某泉的可能。原审法院为查明案件事实，保障抵押权人的合法权益，依职权调取证据符合法律规定。

第二，刘某与森邦公司之间是否存在真实的厂房租赁关系。刘某为证明与森邦公司之间存在厂房租赁关系，提交了《营业场所租赁合同》及郑某满签字、森邦公司盖章的20张承兑汇票复印件等证据，结合双方当事人陈述及其他证据，上述证据不足以认定双方之间存在厂房租赁关系。具体理由如下：首先，《营业场所租赁合同》的当事人森邦公司否认合同的真实性。本案历次庭审过程中，森邦公司对租赁合同的真实性不予承认，并认为租赁合同是因其法定代表人郑某满欠刘某父亲吴某民借款而被迫签订，签订租赁合同的目的是抵偿借款。其次，现有证据不足以证明刘某向森邦公司支付了350万元的租金。森邦公司、郑某满庭审中一直否认收到350万元租金，虽然刘某提交了郑某满签字、森邦公司盖章的20张承兑汇票复印件，但根据九江银行南昌分行运营管理部出具的说明，2012年3月15日，出票人为江西开泰克压缩空气系统有限公司，付款行为九江银行南昌分行，收款人为浙江开山压缩机股份有限公司，出票金额为15万元的承兑汇票，银行仅开出一张，而刘某提交的复印件中2012年3月15日开出的承兑汇票有两张，结合刘某如何支付租金前后矛盾的陈述及其未提供将汇票背书给森邦公司的证据，现有证据不足以证明刘某向森邦公司支付了

350万元租金。最后，没有证据证明抵押登记前，刘某已占有、使用涉案厂房。厂房租赁既未依法登记，也没有证据证明抵押登记前该厂房已被刘某实际占有使用。根据原审法院依法调取的电费缴费凭证，证明2012年4月、5月、6月涉案厂房的电费由森邦公司支付，这与《营业场所租赁合同》约定的自2012年4月开始水电费由刘某支付的事实不符。

该院于2015年6月30日作出（2015）浙衢执异终字第5号民事判决，驳回上诉，维持原判。二审案件受理费80元，由刘某负担。

三、再审申请人再审请求及被申请人答辩意见

刘某申请再审称：原判否认本案所涉厂房租赁关系错误。（1）森邦公司法定代表人郑某满在2014年12月8日下午庭审中陈述，当时租房是为了刘某父亲吴某民（以衢州铭歆商贸有限公司的名义）和郑某满外甥谢某水合作办厂，郑某满将半成品和设备给外甥作为投资，吴某民以现金投资，故由吴某民出面商谈租房事宜，刘某出面签订租赁合同。可见，森邦公司并未否认租赁合同的真实性。（2）刘某在原审庭审后发现森邦公司借款的借条及部分凭证复印件等“新证据”，可以证明森邦公司在2012年3月28日签订《营业场所租赁合同》之前只向吴某民借款300万元，故郑某满所述在2012年3月28日之前欠款390万元及“以欠款抵房租”不是事实。（3）刘某已经就其提交的汇票复印件中有两张出票日期为2012年3月15日的相同的承兑汇票这一事实作出合理解释；刘某关于租金是一次性支付还是分次支付的陈述前后不一系记忆发生错误导致。原判未采信刘某提交的汇票复印件，以刘某关于如何支付租金的陈述前后矛盾为由否定刘某向森邦公司支付了350万元租金这一事实，明显错误。（4）电费缴纳凭证本身不能证明实际缴费人身份，而森邦公司法定代表人郑某满在之前的庭审中已经陈述其代刘某缴纳了2012年4月、5月、6月份电费的事实，原判不采信该陈述，却采信了郑某满代理人在之后庭审中作出的相反陈述，严重违反了证据采信规则；认定2012年4月、5月、6月涉案厂房的电费仍由森邦公司支付，并否定在抵押登记前刘某已占有使用涉案厂房的

事实，明显错误。综上，依据《中华人民共和国民事诉讼法》第二百条第一项、第二项之规定，请求对本案予以再审。

黄某泉提交书面意见称：原判认定事实清楚，适用法律正确，应驳回刘某的再审申请。（1）2012年6月，黄某泉、江某林、郑某满及吴某民签订“四方协议”及办理房产抵押登记时，吴某民与郑某满未将二人签订厂房租赁协议一事告知黄某泉和江某林，且“四方协议”第3条明确载明吴某民同意将上述厂房抵押登记给黄某泉，应视为吴某民放弃了“买卖不破租赁”的对抗权。（2）森邦公司及其法定代表人郑某满并不认可租赁关系的真实性，反而陈述系受刘某父亲吴某民逼迫才签订虚假的《营业场所租赁合同》，刘某也没有支付过任何租金。（3）刘某提交的借条及转账凭证复印件不属于“新证据”，更不足以推翻原判决。（4）刘某提交的承兑汇票复印件不足以证明其向森帮公司支付了350万元租金这一事实。

郑某满、森邦公司未提交书面意见。

四、浙江省高级人民法院再审情况

浙江省高级人民法院认为，根据法律规定，在合同纠纷案件中，主张合同关系成立并生效的一方当事人对合同订立和生效的事实承担举证责任。本案诉讼中，刘某主张其与森邦公司真实成立厂房租赁关系，但其提交的证据并不足以证明这一主张，依法应承担不利的诉讼后果。（1）郑某满在公安机关接受询问时以及其和森邦公司在原审诉讼过程中，均主张涉案《营业场所租赁合同》并非当事人真实意思表示，而是为了抵债或者是为郑某满向吴某民、刘某的借款提供担保。虽然郑某满在2014年12月8日下午的庭审中承认其先与吴某民协商，后与刘某签订了《营业场所租赁合同》这一事实，但其也就签订《营业场所租赁合同》的背景作了说明，仍然主张因其欠吴某民借款而签订租赁合同，该合同只是形式，且其也未实际收取租金，该陈述与其之前的陈述及抗辩并不矛盾，并非承认双方建立了真实的租赁关系。（2）刘某就其提交的汇票复印件中有两张出票日期为2012年3月15日的相同的承兑汇票这一事实，主张系同一张汇票在其与森邦公司之间二次流转所致，但该主张除其个人陈述外，并无其他证据证明，且与常理相悖，无法采信。刘某在申请再审阶段提交的森邦公司借款的借条及部分凭证复印件，不属于《最高人民法院关于适用〈中华人民共和国民事诉讼法〉审判监督程序若干问题的解释》第十条[①]规定的再审“新的证据”范畴；即使上述证据属于“新的证据”，也可以证明郑某满当时至少尚欠吴某民约300万元借款，在此情况下，吴某民、刘某不用借款抵销租金，反而仍由刘某支付350万元租金给郑某满，明显不合常理。原判综合多方面证据否定刘某主张的支付租金的事实，并无不当。（3）按照刘某主张，吴某民、郑某满与黄某泉、江某林于2012年6月25日签订“四方协议”时，其早已承租森邦公司的厂房，而吴某民作为刘某的父亲对厂房租赁一事完全知情，但其与郑某满却并未将租赁一事告知江某林、黄某泉，这也与常理不符。（4）原判根据原审法院依法调取的电费缴纳凭证，结合郑某满在庭审中所作“2012年4、5、6月份森邦公司自己交纳电费”这一陈述，同时考虑《营业场所租赁合同》关于“承租后由刘某支付水电费”的约定，2012年7月31日吴某民在公安机关的陈述、衢州铭歆商贸有限公司与谢某水签订的生产承包合同等证据，认定涉案厂房在2012年6月前仍由森邦公司使用，有充分依据。而刘某除提交2012年6月1日的转租协议书外，并未提交直接证据证明办理抵押登记前其已经占有使用涉案厂房这一事实；退一步说，在《营业场所租赁合同》真实性存疑的情况下，即使刘某在办理抵押登记前占有使用了涉案厂房，也不能排除其基于其他原因占有使用涉案厂房的可能，该种占有使用行为本身也不足以证明租赁的事实。

综上，由于刘某无法证明其与森邦公司存在真实租赁关系的事实，其以对涉案厂房享有租赁权为由提出的执行异议不能成立，原审驳回其诉讼请求并无不当。裁定驳回刘某的再审申请。

---

① 该司法解释已于2020年12月29日修正，新修正的司法解释已无此条。

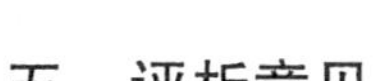

五、评析意见

本案主要涉及两方面问题：一是同一不动产上抵押权和租赁权的关系；二是案外人享有的房屋租赁权如何认定。

（一）同一不动产上抵押权与租赁权的关系

不动产抵押是通过不转移标的物的占有来实现抵押物所有权人对抵押物的使用、收益的目的，而租赁权则是一种所有权人将标的物转由他人占有、使用以实现自己对标的物的收益利用权。因此，在同一不动产上可以同时成立抵押权和租赁权，二者在客观成立方面并不矛盾。同一不动产上并存抵押权和租赁权包括两种情形，即租赁权先于抵押权设立和抵押权先于租赁权设立。

1. 租赁权先于抵押权设立时两者之间的关系。《最高人民法院关于适用〈中华人民共和国担保法〉若干问题的解释》（以下简称《担保法解释》）[①] 第六十五条规定："抵押人将已出租的财产抵押的，抵押权实现后，租赁合同在有效期内对抵押物的受让人继续有效。"《中华人民共和国物权法》第一百九十条[②]承继了上述立法精神，规定"订立抵押合同前抵押财产已出租的，原租赁关系不受该抵押权的影响"。纵观上述规定，在已经出租的财产上设定抵押，不能影响在先的租赁关系。在抵押权实现前，抵押权人固然不能要求终止租赁合同，纵然抵押权实现，抵押物的受让人也必须蒙受租赁权负担。学者们将其归纳为"买卖不破租赁"的原则。从抵押权人的角度看，其设定抵押权时若已知晓该抵押物上存在租赁关系，则抵押权人必然将租赁关系纳入抵押物价值评估考量因素范围之内。即使在抵押权实现时出现先设租赁权对抗后设抵押权的情形，也不会对抵押权人产生不公平的后果。但问题在于，先设租赁权是否在不具备任

---

① 本司法解释已于2021年1月1日废止。

② 对应《民法典》第四百零五条："抵押权设立前，抵押财产已经出租并转移占有的，原租赁关系不受该抵押权的影响。"

何附加条件的情况下就能对抗后设的抵押权呢？从我国立法表述来看，先设租赁权似乎可以无条件地对抗后设抵押权。然而，租赁权本质上毕竟为一种债权，其伴随着租赁合同的生效而成立，并不需要其他特别的成立要件。但租赁权又是物权化的债权，具有对抗第三人的效力，若在租赁合同生效时不仅成立租赁权，而且使该租赁权具备完整的对抗效力，则可能使善意第三人利益和社会交易安全遭遇不测之损害。不仅如此，即便租赁权在抵押权之后设立，抵押人仍可与承租人恶意串通，提前租赁权的设立时间以诈害抵押权人。因此，现行制度并不能有效保护抵押权人的合法权益。

2. 抵押权先于租赁权设立时两者之间的关系。《担保法解释》第六十六条第一款规定："抵押人将已抵押的财产出租的，抵押权实现后，租赁合同对受让人不具有约束力。"《中华人民共和国物权法》第一百九十条规定："订立抵押合同前抵押财产已出租的，原租赁关系不受该抵押权的影响。抵押权设立后抵押财产出租的，该租赁关系不得对抗已登记的抵押权。"有学者认为，上述规定应作相同理解，即如果将办理了抵押登记的财产出租，实现抵押权后，抵押财产的买受人可以解除原租赁合同，承租人不能要求继续承租该房屋。但笔者认为，《中华人民共和国物权法》第一百九十条并不意味着只要租赁权产生于抵押权之后，就必须要突破"买卖不破租赁"原则。所谓"租赁关系不得对抗已登记的抵押权"，是指因租赁关系的存在致使抵押权实现时无人应买抵押财产，或出价降低导致不足以清偿抵押债权时，抵押权人有权要求抵押人与承租人解除租赁合同关系。当然，如果有租赁权负担的抵押财产的变价足额以清偿抵押债权，就表明租赁关系的存在对抵押权的实现没有损害，此时租赁关系应继续存续并由抵押物的受让人承受。易言之，在理解《中华人民共和国物权法》第一百九十条时，不能采取与《担保法解释》第六十六条第一款相同的见解，而应将该句理解为"该租赁关系不得对登记抵押权造成不利影响"。否则，对于抵押权的保护就超越了合理范围，在抵押权人并无损害时，法律直接干涉抵押物上的用益关系，从而对抵押人、承租人甚至抵押物受让人利益造成不当的影响。

（二）案外人房屋租赁权的认定

正如前文所述，在同一不动产上可以同时设定抵押权和租赁权，二者在客观成立方面并不矛盾。然而，在民事强制执行的拍卖中，被抵押拍卖标的物上存有的租赁权涉及债权人、被执行人（标的物所有权人）、承租人三方利益，由于被拍卖标的物上租赁权的存在，很大程度上会影响买受人的购买心理，导致强制拍卖的目的难以实现，进而损害抵押权人的合法权益。本案中，案外人刘某提起案外人执行异议之诉，请求法院确认其对涉案房屋享有租赁权。如前文所述，租赁权伴随着租赁合同的生效而成立，并不需要其他特别的成立要件。由于现行法律对租赁权的对抗力未作任何公示要求，该权易于成立且在外观上难辨真伪，致使众多债务人利用法律的漏洞签订虚假租约规避执行。

那么，在司法实践中又应如何审查案外人是否享有涉案房屋租赁权呢？笔者认为，法院审查时应尽可能考虑到各种因素，如双方当事人签订合同时的真实意思表示、租金的实际支付情况、租赁物的占有使用情况、承租人是否对房屋有实际需求、合同条款的约定是否符合交易习惯等。本案在审理过程中，法院围绕上述因素对相关事实进行查明。首先，关于双方当事人签订租赁合同是否是其真实意思表示。本案在整个庭审阶段，森邦公司及郑某满均表示当时与刘某签订租赁合同，其目的是为偿还郑某满所欠刘某父亲的借款而作担保，租赁房屋并不是双方真实意思表示。债务人对于其签订租赁合同真实目的的陈述是本案被怀疑为虚假租赁的重要因素。其次，租金的实际支付情况。根据租赁合同约定，租金350万元，一次性支付。刘某表示是将350万元的汇票交给郑某满，但对于是一次性交付还是分期交付前后陈述矛盾。针对汇票的问题，法院依职权对相关汇票进行调查后发现，刘某提交的20张承兑汇票复印件中有两张是同一张汇票所复印。再次，涉案房屋的占有使用情况。占有虽不是租赁权成立的必要条件，但占有对于租赁权的成立具有决定性作用。《最高人民法院关于审理城镇房屋租赁合同纠纷案件具体应用法律若干问题的解释》第六条①规定，就同一房屋存在数份有效租赁合同、承租人均主张履行的情况下，人民法院按照占有、登记备案、合同成立在先的顺序确定履行合同的承租人。该条强调了占有对于租赁的重要意义。本案中，根据合同约定，涉案房屋水电费由刘某缴纳，但自2012年3月28日签订租赁合同至6月26日涉案房屋办理抵押登记，水电费均由森邦公司缴纳，且办理抵押登记当天刘某的衢州铭歆商贸有限公司才将住所地变更为涉案房屋所在地址，故刘某声称其自签订租赁合同时就已占有使用房屋令人生疑。最后，租赁合同的相关条款不符合一般交易习惯。合同第六条约定："租赁期间，若遇政府征用，则乙方（森邦公司）全额返还租金。"根据该条约定，无论刘某租用房屋多长时间，如遇到政府征用土地，森邦公司应将350万租金返还给刘某，此种约定不符合租赁的一般交易习惯。综上，法院认为刘某与森邦公司之间并不存在真实的租赁关系。

（三）本案引发的思考

如前文所述，租赁权本质为一种债权，其伴随着租赁合同的生效而成立，并不需要其他特别的成立要件，此特点致使众多债务人利用法律的漏洞签订虚假租赁合同以规避执行，不仅严重侵害了申请执行人的合法权益，浪费了大量司法资源，而且极大损害了司法裁判的公信力和权威性。笔者认为，为有效杜绝虚假租赁的发生，应从以下几方面加以完善。

1. 适当强化法官职权。在有关证据的规定中，我国法律确定了法院依职权调查的范围，原则上是想尽量减少法院依职权调查的范围，体现当事人举证中心主义。但是，这种诉讼模式在强调当事人举证责任和当事人有处分权的同时，也不能过于弱化法官职权，尤其是在涉及当事人存在虚假

---

① 该司法解释已于2020年12月29日修正，本条已修改为第五条："出租人就同一房屋订立数份租赁合同，在合同均有效的情况下，承租人均主张履行合同的，人民法院按照下列顺序确定履行合同的承租人：（一）已经合法占有租赁房屋的；（二）已经办理登记备案手续的；（三）合同成立在先的。不能取得租赁房屋的承租人请求解除合同、赔偿损失的，依照民法典的有关规定处理。"

陈述时，法院应结合《民事诉讼法》以及证据立法中的相关规定适当强化法院的调查权。本案中，承办法官发现存在虚假租赁嫌疑时，主动依职权调取刘某提交汇票的原始凭证、水电费缴费凭证及衢州铭歆商贸有限公司的工商登记情况，从而结合其他证据认定本案合同虚假。

2. 建立租赁权登记制度。为防止被执行人与案外人恶意串通虚构租赁事实，就不动产租赁而言，应建立租赁权登记制度，即在先租赁权办理了登记，则不动产抵押权人可以查询登记簿获悉抵押物已被出租的情况，租赁权应具备对抗抵押权的效力；在先租赁权未办理登记，则抵押权人不能通过查询登记簿以了解抵押物已被出租的事实，租赁权不应对抗抵押权人。

3. 加大惩治打击力度。对虚假租赁合同的主体而言，仅对其科以程序法上的制裁并不足以免除其承担实体法上的侵权责任，但我国侵权责任法目前尚未将虚假诉讼作为一种独立的侵权行为，笔者认为应当将虚假诉讼规定为独立的侵权行为并明确行为人应负的民事责任，建立虚假诉讼民事侵权损害赔偿制度。

（执笔人：姚振忠、方园）

30．王某与A银行、B公司等案外人执行异议之诉案*

案外人执行异议之诉中案外人主体资格的界定

【裁判摘要】

《中华人民共和国民事诉讼法》第二百二十七条①规定的案外人是指对被执行人的执行标的主张实体权益的人。对案外人的理解，应就每一个具体特定的执行标的进行判断，不能因个案中存在多名被执行人和多个执行标的而混同认为所有被执行人均系某一具体特定执行标的的被执行人，并进而否认其提起案外人执行异议之诉的主体资格。

【案例索引】

一审：慈溪市人民法院（2017）浙0282民初8964号民事裁定书

二审：宁波市中级人民法院（2017）浙02民终3691号民事裁定书

* 摘自《审判监督指导》2018年第3辑（总第65辑），人民法院出版社2019年版，第45~46页。

① 对应《民事诉讼法》（2021年修正）第二百三十四条。

【基本案情】

原告（上诉人）：王某

被告（被上诉人）：A银行

一审第三人：B公司、C公司、D公司、E公司、F公司、岑某、华某

2016年12月12日，A银行与王某、B公司、C公司、D公司、E公司、F公司、岑某、华某就金融借款合同纠纷达成调解协议：B公司偿还A银行本金1亿余元及利息；若B公司未履行还款义务，A银行在其债权范围内就E公司、F公司、岑某、王某提供的抵押物在相应担保范围内享有优先受偿权。C公司、D公司、岑某、华某在相应担保范围内承担连带保证责任。后B公司未履行调解协议约定的还款义务。法院根据A银行的申请，查封了岑某名下的房屋并拍卖。王某以其与岑某在房屋抵押登记前签订了租房协议，其已一次性支付十年租金并实际占有上述房屋为由，向法院提出执行异议。被驳回后，王某提起执行异议之诉，请求：确认其与岑某间的房屋租赁协议有效、其对案涉房屋享有租赁权并带租拍卖。

【审理结果】

慈溪法院一审认为，被执行人在案外人执行异议之诉中的法律地位只能是被告或者第三人，其作为被执行的对象，不在执行异议之诉的保护范围内。王某作为被执行人，无权提起案外人执行异议之诉，非本案适格主体。裁定：驳回王某的起诉。

宁波中院二审认为，就金融借款合同纠纷而言，王某、岑某等皆为被执行人，但在具体执行岑某名下的抵押房屋时，岑某为该执行标的的被执行人，其他被执行人并非该执行标的的被执行人，王某以其对该执行标的享有实体权益为由提出异议，其法律地位系案外人。裁定：撤销一审裁定，指令一审法院审理。

【评析意见】

《中华人民共和国民事诉讼法》第二百二十七条规定的案外人应为对

被执行人的执行标的主张享有民事权益的人。通常情况下，被执行人在案外人执行异议之诉中作为被告或者第三人参与诉讼，其作为被执行的对象，不在执行异议之诉的保护范围内。但是在存在多个被执行人的案件中，各被执行人承担义务的基础法律关系、执行标的以及承担的债务金额均有可能不同。因而，在具体执行某一被执行人名下的财产时，其他被执行人并非该执行标的的被执行人。若其他被执行人主张对该执行标的享有民事权益并提出执行异议，且该权益与原判决、裁定无关的，其他被执行人就属于“案外人”。特别是在其他被执行人的民事权益有可能大于该被执行人应当承担的债务时，如不确认其他被执行人的案外人地位，给予其提起案外人执行异议之诉的权利，其他被执行人就会被剥夺针对该执行标的民事权益的救济途径，直接导致其不能及时有效地进行自我权益救济，有违执行异议之诉的立法目的。

31. A银行与B银行、C公司等案外人执行异议之诉案*

房产抵押权实现后，抵押权人对抵押物租金享有的权利可以对抗租金质权人

【裁判摘要】

根据《最高人民法院关于适用〈中华人民共和国担保法〉若干问题的解释》① 第七十九条规定，同一财产上法定登记的抵押权与质权并存时，抵押权人优先于质权人受偿。法院查封抵押财产后，抵押人丧失收取作为孳息的房租的权利，租金质权人亦应当劣后于房屋抵押权人实现其质权。

【案例索引】

一审：义乌市人民法院（2017）浙0782民初5393号民事判决书

二审：金华市中级人民法院（2017）浙07民终4189号民事判决书

---

* 摘自《审判监督指导》2018年第3辑（总第65辑），人民法院出版社2019年版，第47～48页。

① 本司法解释已于2021年1月1日废止。

【基本案情】

原告（上诉人）：A 银行

被告（被上诉人）：B 银行

第三人：C 公司、D 公司、E 银行

2011 年 2 月 18 日，D 公司与 B 银行签订最高额抵押合同，约定以义乌市江滨北路 523 号、525 号房屋为 C 公司自 2011 年 2 月 18 日至 2013 年 2 月 8 日在 B 银行处 11000 万元融资提供最高额抵押担保，并办理了抵押登记。2013 年 1 月 16 日，双方约定将上述抵押主债权期间延长至 2015 年 1 月 13 日，并办理了抵押变更登记。义乌法院依据确定前述最高额抵押担保的生效民事判决，依 B 银行申请，于 2015 年 8 月 17 日查封上述房产并裁定拍卖；同年 4 月 25 日依 B 银行申请，查封冻结上述被查封房产应收的租金，同时通知 E 银行及案外人张某将应付租金交至该院。

2010 年 10 月 29 日，E 银行与 D 公司签订房屋租赁合同，约定 D 公司将义乌市江滨北路 523 号、525 号一至五楼房产出租给 E 银行，租赁期限为 2010 年 11 月 10 日至 2030 年 11 月 9 日，年租金 430 万元。2014 年 2 月 12 日、12 月 18 日，A 银行与 D 公司签订两份最高额应收账款质押合同，约定：D 公司分别以其与 E 银行签订的房屋租赁合同项下自 2014 年 2 月 12 日起五年内形成的应收租金和 2019 年 2 月 12 日至 2030 年 11 月 9 日的应收租金，为 A 银行与 C 公司于 2014 年 2 月 12 日至 2015 年 2 月 12 日和 2014 年 2 月 12 日至 2017 年 2 月 11 日签订的一系列合同及其修订或者补充提供质押担保。上述应收账款质押已在中国人民银行征信中心办理了登记。A 银行有权就 D 公司质押的应收租赁款项（即 D 公司与 E 银行房屋租赁合同项下自 2015 年 5 月 10 日起至 2030 年 11 月 9 日止的租金）在上述债务金额范围内享有优先受偿权。A 银行先后分七次向 C 公司发放贷款共计 8000 万元。

义乌法院决定对上述房屋带租拍卖。A 银行提出书面异议，要求停止对案涉房屋带租拍卖、停止执行 D 公司应收取的 E 银行租金。义乌法院作

出执行裁定，驳回A银行的异议。A银行遂提起执行异议之诉，请求判决不对案涉房屋带租拍卖；若带租拍卖，确认E银行与D公司签订的房屋租赁合同项下自法院裁定房屋所有权转移之日起至2030年11月9日止的租金归其所有。

【审理结果】

义乌法院一审认为，根据《最高人民法院关于适用〈中华人民共和国担保法〉若干问题的解释》[①] 第七十九条“同一财产法定登记的抵押权与质权并存时，抵押权人优先于质权人受偿”的规定，虽然A银行对案涉房屋租金享有质权，但B银行对案涉房屋享有的抵押权优先于A银行的质权受偿。因E银行对案涉房屋的租赁权应予保护，故本案应带租拍卖，A银行要求停止带租拍卖的诉请于法不符，不予支持。B银行对案涉房屋享有的抵押权建立在D公司的所有权基础上，而A银行对案涉房屋租金享有的质权建立在D公司依法享有租金收益的基础上。拍卖成交后，自法院裁定所有权转移之日起，新的买受人即取得了包括收益权在内的完整所有权，享有收取租金的权利，而D公司不再享有所有权，无权继续收取租金。判决：驳回A银行的诉讼请求。

金华中院二审判决：驳回上诉，维持原判。

【评析意见】

房屋抵押权与租金质权分别针对房屋和租金，可以并存。抵押权人并不直接占有、支配被抵押的房屋，设定抵押后，抵押人仍可以对房屋使用、收益和处分，可以就租金设立质权。根据《中华人民共和国物权法》第一百九十七条第一款[②]的规定，抵押权人依法或者依约实现抵押权的，

① 本司法解释已于2021年1月1日废止。

② 对应《民法典》第四百一十二条：“债务人不履行到期债务或者发生当事人约定的实现抵押权的情形，致使抵押财产被人民法院依法扣押的，自扣押之日起，抵押权人有权收取该抵押财产的天然孳息或者法定孳息，但是抵押权人未通知应当清偿法定孳息义务人的除外。前款规定的孳息应当先充抵收取孳息的费用。”

自抵押财产被人民法院扣押之日起，抵押权人在通知应当清偿法定孳息的义务人后，有权收取该抵押财产的天然孳息或者法定孳息。因此在法院查封抵押房屋后，抵押人丧失收益权，抵押权效力及于租金等法定孳息。同时，根据《最高人民法院关于适用〈中华人民共和国担保法〉若干问题的解释》第七十九条的规定，同一财产上依法登记的抵押权优先于质权。因此，在抵押房屋被法院查封、抵押权及于租金的情况下，租金质权亦应当劣后于房屋抵押权。但较之无担保的普通债权人，租金质权人就抵押权实现后的剩余租金仍享有优先受偿权。本案中由于E银行的租赁权早于抵押权，因此法院裁定带租拍卖并认定A银行的租金质权不能对抗B银行的抵押权，于法有据。

32. 钱某与赵某某、郭某案外人执行异议之诉案*

▶ 执行异议之诉案件中对案外人租赁权的认定，应当审查案外人与被执行人在法院查封前是否存在真实合法的租赁关系、案外人是否占有使用租赁物及租金是否合理等情况

【裁判摘要】

法院在审查案外人要求带租拍卖的请求时，参照《最高人民法院关于人民法院办理执行异议和复议案件若干问题的规定》第三十一条①规定，应当审查案外人与被执行人在法院查封前是否存在真实合法的租赁关系、案外人是否占有使用租赁物及租金是否合理等情况。审查租赁关系真实与否时应综合考虑租赁期限、租金价格、租金支付方式等各种因素。

【案例索引】

一审：嘉兴市南湖区人民法院（2017）浙 0402 民初 1714 号民事判决书

二审：嘉兴市中级人民法院（2017）浙 04 民终 1619 号民事判决书

---

* 摘自《审判监督指导》2018 年第 3 辑（总第 65 辑），人民法院出版社 2019 年版，第 49～51 页。

① 该司法解释已于 2020 年 12 月 29 日修正，本条条数及内容均未作变动。

【基本案情】

原告（上诉人）：钱某

被告（被上诉人）：赵某某

第三人：郭某

2009年7月1日，钱某与郭某签订房屋租赁合同，约定：钱某向郭某承租嘉兴市财富广场东区1幢2-21××室房屋，期限20年，自2009年7月1日至2029年6月30日；租金108万元，合同签订后一个月内交纳50万元，其后按月交付不少于5000元至第三人银行卡，并于2018年底前付清全部租金等。2009年7月5日郭某出具收据一份，载明已收到租金首期款50万元。2015年4月23日郭某又出具收据一份，载明提前收取钱某租金10万元。钱某提供了六张郭某的银行卡存款凭证证明其支付租金的事实，分别为：2015年7月存入4400元，8月存入4800元，9月存入4820元，11月存入4400元，12月存入4500元，2016年1月存入4401元。2009年5月18日，钱某银行账户转入40万元，取现40万元；2009年5月20日转入10万元，取现10万元。

钱某另提供了7份房屋租赁合同，租期分别为：2010年7月22日至2011年7月21日；2011年4月10日至2012年4月9日；2012年4月10日至2013年4月9日；2012年7月3日至2013年7月2日；2013年7月3日至2014年7月2日；2014年7月4日至2015年7月2日；2015年7月3日至2016年7月2日；承租人均为案外人，出租人均为郭某，钱某在经手人处签名。案涉房屋于2010年8月19日登记在郭某名下，并于同日登记抵押权人为A银行。法院于2015年5月18日查封该房屋，于2016年8月15日张贴腾退公告。钱某从次承租人处知悉该情况后，提出执行异议，主张对该房屋享有租赁权，要求停止腾退、带租拍卖。

【审理结果】

南湖区人民法院一审认为，钱某主张的租赁关系存在诸多疑点，难以

成立。判决：驳回其全部诉讼请求。

嘉兴市中级人民法院二审认为，钱某提交的证据不足以证明其与郭某就案涉房屋在法院抵押登记前已形成了真实合法的租赁关系。钱某与郭某签订的房屋租赁合同存在诸多不合常理之处，包括租赁期限、租金金额、租金支付方式等。钱某未能举证证明其已在房屋被抵押前合法占有使用该房屋，其与郭某之间只存在一种普通债权债务关系，无需给予特殊保护。判决：驳回上诉，维持原判。

【评析意见】

就租赁权是否可以对抗抵押权问题，参照《最高人民法院关于人民法院办理执行异议和复议案件若干问题的规定》第三十一条规定，应当审查案外人与被执行人在法院查封前是否存在真实合法的租赁关系、案外人是否占有使用租赁物及租金是否合理等情况。具体而言：(1) 租赁合同签署时间。租赁合同在前，抵押登记行为在后，租赁权才可以对抗抵押权。(2) 租赁期限。对与惯常租赁模式存在显著差别的诸如租期 20 年以上的租赁合同，应结合承租人的租赁目的、使用情况等综合判定。(3) 租金支付情况，特别注意租金交付方式。在案外人与被执行人虚构租赁关系的案件中，租金多是一次性付清或者以在先借款抵偿租金。(4) 实际占有使用租赁物状况。《最高人民法院关于审理城镇房屋租赁合同纠纷案件具体应用法律若干问题的解释》第六条①规定，出租人就同一房屋订立数份租赁合同，在合同均有效的情况下，承租人均主张履行合同的，人民法院按照合法占有、登记备案、合同成立在先的顺序确定履行合同的承租人，彰显了“占有”要素的重要性。本案中，钱某虽然提供了租金交付凭证，但交付方式、时间与合同约定及交易习惯不符。且钱某作为承租人可以直接转

① 该司法解释已于 2020 年 12 月 29 日修正，本条已修改为第五条：“出租人就同一房屋订立数份租赁合同，在合同均有效的情况下，承租人均主张履行合同的，人民法院按照下列顺序确定履行合同的承租人：(一) 已经合法占有租赁房屋的；(二) 已经办理登记备案手续的；(三) 合同成立在先的。不能取得租赁房屋的承租人请求解除合同、赔偿损失的，依照民法典的有关规定处理。”

租却仍以原出租人郭某名义出租，房屋一直转租他人，钱某通过次承租人才知晓房屋被查封、腾退情况。因此，综合全案事实，本案不足以证明钱某与郭某在抵押前已形成了真实合法的租赁关系，其要求停止腾退、带租拍卖的请求无法予以支持。

33. A公司与B银行、C公司案外人执行异议之诉案*

▶ 数份租赁合同情况下，案外人仅可以基于抵押权设立前签订的租赁合同排除执行，不得以抵押权设立后建立的租赁关系对抗已登记的抵押权

【裁判摘要】

抵押权执行中，案外人就执行标的与被执行人签订数份租赁合同，且其中一份租赁合同约定的租赁期限跨越抵押权设立时间的，案外人仅可以基于抵押权设立前签订的租赁合同所建立的租赁关系排除执行，不得以抵押权设立后建立的租赁关系对抗已登记的抵押权。

【案例索引】

一审：温州市中级人民法院（2017）浙03民初527号民事判决书

二审：浙江省高级人民法院（2018）浙民终125号民事判决书

【基本案情】

原告（被上诉人）：A公司

被告（上诉人）：B银行

* 摘自《审判监督指导》2018年第3辑（总第65辑），人民法院出版社2019年版，第52～53页。

第三人：C公司

2009年4月1日，A公司前身D鞋厂与C公司签订房屋租赁合同，约定C公司将厂房及宿舍出租给D鞋厂使用；租赁期限自2009年4月1日至2012年3月31日。合同签订后，C公司将上述房屋交付D鞋厂使用。2010年3月30日，D鞋厂注销，A公司成立。A公司与C公司就同一房屋再次签订租赁合同，租赁期限自2012年4月1日至2020年3月31日，其他条款与前一份租赁合同基本相同。

2010年5月27日，C公司与B银行签订最高额抵押合同，约定以厂房及土地使用权作为抵押物提供最高额抵押担保，同日办理了抵押登记。生效判决认定B银行有权就抵押物优先受偿。执行法院依B银行申请于2016年8月4日作出拍卖预告并张贴于厂房现场，责令厂房占有人限期搬迁。A公司提出执行异议，执行法院裁定驳回异议，A公司不服提起本案诉讼。

【审理结果】

温州市中级人民法院一审认为，租赁关系能否对抗抵押权关键在于租赁关系是否成立于抵押权设立前。在第一份租赁合同到期后，A公司与C公司又签订了第二份租赁合同，延续了第一份租赁合同所约定的期限，可以认定A公司在抵押权设立前事实上已承租了案涉房屋，该租赁关系不受抵押权的影响。判决：不得除去A公司在C公司厂房及宿舍至2020年3月31日止的租赁权。

浙江省高级人民法院二审认为，A公司与C公司签订第二份租赁合同系在B银行抵押权设立之后，A公司不能依据基于该合同建立的租赁关系对抗B银行的抵押权。A公司2010年3月30日成立时事实上按照第一份租赁合同履行相关义务，并对案涉房屋享有租赁权。其得以对抗抵押权的租赁关系应以第一份租赁合同约定的内容为准，该租赁关系存续至2012年3月31日，而非2020年3月31日。执行法院发布拍卖预告并责令厂房占有人限期搬迁之日，A公司就已不享有对抗抵押权的租赁权。判决：撤销一审判决，驳回A公司的诉讼请求。

【评析意见】

在案外人以租赁权对抗抵押权的执行异议之诉案件中，任一单独租赁合同所设立的租赁关系及租赁期限均应以租赁合同的约定为准。当存在租赁期限跨越抵押权设立日期的多份租赁合同时，案外人仅可以依据抵押权成立前签订的特定租赁合同所设立的租赁权主张排除执行，而无权以租赁关系延续为由基于数份租赁合同所设立的数个租赁权笼统主张排除执行。A公司2010年3月30日登记成立时享有的租赁权来源于第一份租赁合同，在该租赁合同约定的租期届满之日2012年3月31日终止。此后双方签订第二份租赁合同，建立新的租赁关系。A公司要求排除的执行行为发生在2016年，其与C公司基于第一份租赁合同设立的租赁关系早已终止。A公司仅可以基于第一份租赁合同对抗B银行的抵押权。由于B银行的抵押权设立于2010年5月27日，早于第二份租赁合同设立的租赁权，因此根据《中华人民共和国物权法》第一百九十条[①]以及《最高人民法院关于适用〈中华人民共和国担保法〉若干问题的解释》[②]第六十五条的规定，A公司要求对案涉房屋带租拍卖的请求，无法予以支持。

---

① 对应《民法典》第四百零五条："抵押权设立前，抵押财产已经出租并转移占有的，原租赁关系不受该抵押权的影响。"

② 该司法解释已于2021年1月1日废止。

34. 郑某与周某、A公司案外人执行异议之诉案*

▶ 案外人购买登记在被执行人名下的注册商标，若人民法院查封、扣押、冻结前案外人已付清全款并实际占有且非因其自身原因导致未办理商标过户登记的，人民法院不得查封、扣押、冻结

【裁判摘要】

审理案外人执行异议之诉案件应贯彻实质审查原则，严格审查执行标的的真实权利状态，公平保护各方合法权益。案外人购买登记在被执行人名下的注册商标，若人民法院查封、扣押、冻结前，案外人已付清全款并实际占有且非因其自身原因导致未办理商标过户登记手续的，人民法院不得查封、扣押、冻结。

【案例索引】

一审：江山市人民法院（2015）衢江执异初字第4号民事判决书

【基本案情】

原告：郑某

被告：周某

第三人：A公司

2014年1月19日，郑某与A公司签订转让协议，

* 摘自《审判监督指导》2018年第3辑（总第65辑），人民法院出版社2019年版，第54页。

约定A公司将某商标等作价60万元转让给郑某。郑某支付了对价款并办理声明公证。同年3月4日，郑某委托商标事务所向国家商标局提交转让登记申请。同年3月21日，国家商标局作出了转让申请受理通知书。同年5月26日，因A公司未依约履行另案调解书确定的给付义务，周某向法院申请执行。法院查封了注册登记在A公司名下的某商标。同年12月8日，国家商标局以商标被法院查封为由作出不予核准通知书。郑某提出执行异议。法院以某商标查封时登记的权利人为A公司为由，裁定驳回郑某的执行异议。郑某不服，提起执行异议之诉，要求停止执行、解除查封措施。

【审理结果】

江山市人民法院审理认为，案涉注册商标转让协议真实合法有效，受法律保护。现有证据证明郑某付清了全部转让款，A公司已将商标交付郑某，郑某实际占有了商标。协议签订后郑某已积极办理过户手续，得到国家商标局受理审查，由于国家商标局系统原因导致商标未能及时办理过户手续，郑某对此不存在过错。因此，郑某所提交的证据证明其已就执行标的享有足以排除强制执行的民事权益。判决：停止对某商标的执行。

【评析意见】

根据《商标法》的规定，商标专用权的取得及转让登记都要向商标主管机关申请注册、登记，商标主管机关经受理、核准注册、发给商标注册证并予以公告。因此，一般情况下，注册商标专用权作为有登记机构登记的财产，应按照登记机构的登记作为判断权利人的依据。但实践中也经常发生登记与实际权利状况不一致的情形，一律以登记信息判断权利归属并予以执行，将损害案外人的合法权益。基于此，《最高人民法院关于人民法院民事执行中查封、扣押、冻结财产的规定》第十七条①作出了例外规定。该条规定，被执行人将其所有的需要办理过户登记的财产出卖给第三人，第三人已经支付全部价款并实际占有，但未办理过户登记手续的，如

① 该司法解释已于2020年12月29日修正，本条已变更为第十五条，但内容未作变动。

果第三人对此没有过错，人民法院不得查封、扣押、冻结。因此，参照该规定，在案外人执行异议之诉案件中，若涉及需要办理过户登记的财产，法院不应单纯依据登记机构的登记信息判断权利归属，而应根据案外人提交的证据，严格审查执行标的实体权利状态，包括执行标的的取得方式、占有状况、对价支付情况及案外人未办理过户登记手续的可归责性等因素，以判定案外人是否已证明其对执行标的享有足以排除强制执行的民事权益。综合全案事实，郑某对案涉商标享有足以排除强制执行的民事权益，法院应停止对该商标的执行。

35. A公司与B银行、C公司案外人执行异议之诉案*

▶ 案外人基于相邻关系提起案外人执行异议之诉，不具有诉的利益，法院应裁定驳回起诉

【裁判摘要】

相邻权作为不动产的所有人或者使用人在处理相邻关系时所享有的权利，不因相邻土地被法院强制执行而受到损害。案外人基于相邻关系提起案外人执行异议之诉，不具有诉的利益，法院应裁定驳回起诉。

【案例索引】

一审：绍兴市上虞区人民法院（2017）浙0604民初8461号民事裁定书

二审：绍兴市中级人民法院（2017）浙06民终4285号民事裁定书

【基本案情】

原告（上诉人）：A公司

被告（被上诉人）：B银行、C公司

2016年10月10日，A公司与C公司签订租赁合

---

* 摘自《审判监督指导》2018年第3辑（总第65辑），人民法院出版社2019年版，第55~56页。

同，承租C公司厂房与土地，租期2016年10月10日至2018年10月9日。A公司支付全部租金后，对C公司土地上的唯一出入口享有自由通行权。上虞法院在（2016）浙0604执3311号执行案件中，根据B银行的执行申请对上述土地进行司法处置。A公司根据物权法关于相邻关系和地役权的规定，基于通行权提出执行异议，被驳回后，提起执行异议之诉，请求确认其对C公司名下土地享有通行权，并在上述土地司法处置时予以带通行权拍卖。

【审理结果】

上虞法院一审认为，本案不属于案外人执行异议之诉审理范围，裁定驳回起诉。

绍兴中院二审认为，民事诉讼中，原告提起诉讼必须有诉的利益。相邻权是指不动产的所有人或者使用人在处理相邻关系时所享有的权利。通行权属于相邻权，不因毗邻方不动产的转移而受影响，即使人民法院对案涉土地司法处置后，原有的合法通行权仍受保护。故A公司在法院对C公司土地执行过程中，无排除执行的利益存在，对其起诉应予驳回。裁定：驳回上诉，维持原裁定。

【评析意见】

根据《中华人民共和国物权法》第八十四条[①]和第八十七条[②]规定，不动产的相邻权利人应当按照有利生产、方便生活、团结互助、公平合理的原则，正确处理相邻关系；不动产权利人对相邻权利人因通行等必须利用其土地的，应当提供必要的便利。因此相邻权是指在相互毗邻的不动产的所有人或者使用人之间，任何一方为了合理行使其所有权或者使用权，享有要求其他相邻方提供便利或者是接受一定限制的权利。相邻关系的实质是对所有权的限制和延伸。相邻权属于从属权利，附属于不动产所有权

---

① 对应《民法典》第二百八十八条，内容未作变动。

② 对应《民法典》第二百九十一条，内容未作变动。

或者使用权。而案外人执行异议之诉的审查重点是案外人对执行标的是否享有足以排除强制执行的民事权益。因此，A 公司作为案外人主张对执行标的享有相邻权而提起执行异议之诉时，因其所享有的权益并不因土地被法院强制执行而受到损害，其提起案外人执行异议之诉不具有诉的利益，应裁定驳回其起诉。

36. A公司与梁某某等案外人执行异议之诉案*

▶ 违法建筑不能排除强制执行

【裁判摘要】

房屋合法扩建属于动产与不动产的附合，附合后不动产所有权人取得该动产所有权，扩建人对扩建材料丧失所有权，可以依不当得利请求所有权人返还扩建费用。而违法扩建因缺乏合法基础，扩建人对其不享有民事权益，对不动产所有权人也不享有债权，更不能排除对不动产的强制执行。

【案例索引】

一审：瑞安市人民法院（2015）温瑞执异初字第12号民事判决书

二审：温州市中级人民法院（2015）浙温执异终字第54号民事判决书

【基本案情】

原告（被上诉人）：A公司

被告（上诉人）：梁某某

* 摘自《审判监督指导》2018年第3辑（总第65辑），人民法院出版社2019年版，第59～60页。

被告：B公司、C公司

梁某某与C公司分别于2008年12月、2009年3月签订厂房出租合同各一份，承租C公司名下房屋东首一半和西首一半，分别于2013年12月31日和2014年3月31日到期。租赁期间，梁某某对房屋进行扩建，在通道上搭建钢构，将各幢房屋连成整体，作为家具展厅。2013年10月，前述2份租赁合同均延期五年。2012年5月28日，C公司将案涉房屋作为抵押物，为B公司向银行借款提供抵押担保并办理抵押登记。后银行将对B公司的债权及担保物权转让给A公司。因B公司未偿还借款，瑞安法院判决B公司偿还A公司借款本息，A公司对案涉房屋在2352万元内享有优先受偿权。经评估，案涉房屋土地市场价值1767万元、合法建筑市场价值277万元、违法建筑市场价值37万元，合计2081万元。案涉房屋最终以2285万元拍卖成交。梁某某向瑞安法院提出执行异议，认为其搭建的违法建筑拍卖所得应归其所有。该院作出执行裁定，返还梁某某违法建筑拍卖所得40.627万元。A公司遂提起执行异议之诉，请求准许执行拍卖案涉房屋违法建筑所得40.627万元。

【审理结果】

瑞安市人民法院一审认为，梁某某对案涉房屋的扩建部分与房屋结合在一起成为整体，非经毁损不能分离，构成附合。建筑材料附合在不动产上以后，不动产所有权人取得该动产的所有权。梁某某未经C公司同意擅自对案涉房屋扩建，构成侵权，增加了C公司负担，应当承担扩建费用，C公司有权请求梁某某恢复原状或者赔偿损失，梁某某对C公司不享有请求权。梁某某未经审批对案涉房屋扩建属于违法建筑。根据《中华人民共和国城乡规划法》第六十四条规定，违法建筑依法应予改正、拆除、没收，不具有合法利益。梁某某无权要求给付违法建筑拍卖款。判决：准许执行拍卖案涉房屋所得2285万元中的40.627万元。

温州市中级人民法院二审判决：驳回上诉，维持原判。

【评析意见】

根据《中华人民共和国城乡规划法》第六十四条规定，未取得建设工程规划许可证或者未按照建设工程规划许可证的规定进行建设的，由县级以上地方人民政府城乡规划主管部门责令停止建设；尚可采取改正措施消除对规划实施的影响的，限期改正，处建设工程造价5%以上10%以下的罚款；无法采取改正措施消除影响的，限期拆除，不能拆除的，没收实物或者违法收入，可以并处建设工程造价10%以下的罚款。因此违法建筑应予改正、拆除、没收，不具有合法利益。本案中，虽然违法建筑由梁某某建造，但因违法扩建没有形成独立的物，本案既不存在违法建筑拍卖所得，也不存在梁某某对违法建筑享有民事权益的问题，更不存在能够对抗A公司担保物权的民事权益。A公司要求继续执行的请求应予支持。

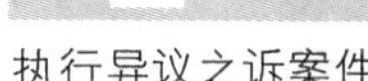

37．江某平与农行等案外人执行异议之诉案*

▶
执行异议之诉与第三人撤销之诉的区分

【裁判摘要】

涉案房屋存在多个权利并不矛盾，但存在因一个权利存在而阻却另一权利行使的情况，不应以一个权利的存在而否定另一权利。

【案件基本信息】

1. 裁判文书

广东省广州市白云区人民法院（2012）穗云法民二初字第1253号

广东省广州市中级人民法院（2014）穗中法民二终字第961号

广东省广州市中级人民法院（2018）粤01民再40号

2. 案由：案外人执行异议之诉

3. 当事人

原告（二审上诉人）：江某平

被告（二审被上诉人）：中国农业银行股份有限公

---

* 摘自《审判监督指导》2018年第4辑（总第66辑），人民法院出版社2019年版，第119~121页。

司广州白云支行（以下简称农行）

第三人：广州新船房地产开发有限公司（以下简称新船公司）、李某诚

【基本案情】

前案：1999年11月18日，李某诚与新船公司签订《商品房预售合同》，向新船公司购买涉案房屋。同月24日，贷款人农行与借款人李某诚签订《购房担保贷款合同》，保证人为新船公司，合同约定：李某诚因购买房屋，同意把其与保证人签订的《购房合同》项下的房产及其权益抵押予贷款人，赋予贷款人以第一优先受偿权；贷款金额为123万元，贷款期限为20年（自1999年11月起至2019年11月止）。当天，贷款人农行与借款人李某诚在广州市国土房管局办理了预购商品房抵押登记，抵押权人为农行。合同签订后，贷款人依约将款项划入借款人账户。广州市房地产交易登记中心出具《依申请公开信息复函》，证实涉案房屋预购人为李某诚。2003年，因李某诚未按合同约定的期限履行还款义务，农行就其与李某诚、新船公司的借款合同纠纷诉至法院。一审法院作出（2003）云法民二初字第1078号民事调解书，双方就还款事宜自愿达成协议，调解协议内容包括农行对涉案抵押房屋享有优先受偿权。李某诚未按协议履行相关义务，后农行依据上述民事调解书向一审法院申请强制执行。

本案：在前案的执行过程中，一审法院查封了涉案房产。江某平提出案外人执行异议，该申请被驳回后，江某平提起本案诉讼，请求判令：（1）确认江某平是涉案房屋的买受人，对房屋的物权优先于农行的债权；（2）新船公司在收到江某平补交的购房款差额后，办理将涉案房屋过户至江某平名下的手续；（3）解除涉案房产的查封措施，停止执行涉案房产。

相关事实：2003年3月28日，江某平与新船公司签订了《新理想华庭认购书》，认购涉案1804房，认购价为1802305元。2002年3月15日、2002年4月10日、2002年4月18日，新船公司向江某平出具收款凭证，确认收到江某平购买1804房的房款25万元、40万元、40万元，共计105万元。江某平还提交了2005年8月11日、2006年7月3日李某诚出具的

收据2张，拟证实除之前支付的105万元外，江某平还另外支付了108万元房款，共计支付213万元，提交涉案房屋计费时段为2005年、2006年、2007年、2009年的水费、管理费发票，客户名称为江某平等。一审中，江某平还提交了2005年8月23日向李某诚账号现金存款的无折存款回单(金额为60万元)。

【案件焦点】

本案应定性为执行异议之诉还是第三人撤销之诉；江某平是否享有优先于农行在该房屋上所享有的权利。

【法院裁判要旨】

一审法院认为：江某平提交的《新理想华庭认购书》、预收款凭证仅仅是新船公司签订及出具的，未能提交相关购房款发票，亦无办理任何备案登记手续。同时，江某平提交的水费及管理费发票仅仅是2005年至2007年、2009年部分时段的收费凭证，亦无法证明实际占用情况。涉案房屋登记的预购人为李某诚，农行已就涉案房产办理了抵押备案，就涉案房产享有的抵押权设定在先且已经公示，其抵押权理应得到保护。江某平主张其为涉案房产的产权人且其物权优先于农行的债权无据。判决驳回江某平的诉讼请求。

二审法院认为：本案二审的主要争议焦点为：(1)江某平对涉案房产是否享有所有权；(2)江某平对涉案房产享有的实体权利是否能阻止农行就该房产所提起的执行申请。

关于江某平对涉案房产是否享有所有权问题。根据《中华人民共和国物权法》第九条[①]的规定，不动产物权的设立经依法登记发生效力，未经登记，不发生效力。本案中，江某平虽与新船公司签订了《新理想华庭认购书》，但该房产至今仍未登记至江某平名下，江某平主张其对涉案房产享有所有权，缺乏事实依据。相应地，江某平要求确认其对涉案房产的物

① 对应《民法典》第二百零九条，内容未作变动。

权优先于农行的债权，理由不成立。

关于江某平对涉案房产享有的实体权利是否能阻止农行就该房产所提起的执行申请问题。根据《最高人民法院关于建设工程价款优先受偿权问题的批复》① 所确定的原则，已交付大部分购房款的消费者对其所购商品房享有的权益应优先于抵押权人所享有的抵押权。本案中，江某平已与新船公司签订了《新理想华庭认购书》，新船公司亦已确认收到了购房款1802305元中的105万元，故江某平已支付了大部分的购房款。江某平能够提供涉案房屋水费、电费及管理费发票原件，在农行未能提交相反证据的情况下，可以证明江某平已实际占有和使用了涉案房产。故江某平要求解除涉案房产的查封措施并停止执行，符合法律规定。

至于江某平要求新船公司办理过户手续问题。由于本案是江某平提起的案外人执行异议之诉，办理过户手续与本案并非同一法律关系，故不予调处，江某平可另循法律途径解决。二审改判解除对涉案房屋的查封，停止对涉案房屋的执行。

再审认为，江某平向新船公司购买涉案房屋前，房屋已由前手买受人李某诚抵押给农行，江某平未查询该房屋的他项权利情况，且江某平未付清房款；江某平提交的水费及管理费发票仅仅是2005年至2007年、2009年部分时段的收费凭证，亦无法证明对涉案房屋的实际占用情况，故江某平主张享有法定优先权缺乏事实依据，不予支持。再审撤销二审判决，改判维持一审判决。

【法官后语】

关于本案的定性在再审审理过程中有两种不同意见：第一种意见认为前案作出的民事调解书确认银行享有优先受偿权，法院在执行该调解书过程中，江某平提起诉讼的目的在于阻却涉案房屋执行，依据是其享有优于抵押权的法定权利，是一种实体权利，但因抵押权是生效民事调解书确定的权利，江某平主张的法定优先权与生效裁判确定的抵押权优先相冲突，

① 本司法解释已于2021年1月1日废止。

实质是认为调解书确定的抵押权优先错误，损害其合法权益，依法应通过第三人撤销之诉申请对调解书再审，故本案实质为第三人撤销之诉。第二种意见认为，江某平作为房屋的买受人是对执行标的物提出异议，主张对标的物享有对抗抵押权的权利，属于执行异议之诉。

我们同意第二种意见，本案不是对确定银行享有抵押权的生效裁判文书进入再审程序进行救济，而是执行异议之诉。理由在于，本案中，江某平对农行享有抵押权的依据并不持异议，也没有主张撤销生效的民事调解书，其主张是所享有的实体权利在法律上享有优先顺序，即根据《最高人民法院关于建设工程价款优先受偿权问题的批复》规定，消费者的房屋买受权优先于工程价款优先权，工程价款优先权又优先于抵押权。我们认为，涉案房屋存在多个权利并不矛盾，但存在因一个权利存在而阻却另一权利行使的情况，不应以一个权利的存在而否定另一权利。根据执行异议之诉制度设计目的，执行异议之诉应审查标的物权归属以及对相关权利位阶进行比较，这正是本案应当解决的问题。至于查明相关情况后如何处理，则应根据当事人的诉讼请求进行。

38. 廊坊市澳凯商贸有限责任公司与江苏银行股份有限公司北京分行、廊坊市汇通房地产开发有限公司案外人执行异议之诉纠纷案*

▶ 一般账户中的货币应以账户名称为权属判断的基本标准，特定专用账户中的货币，应根据账户当事人对该货币的特殊约定以及相关法律规定来判断资金权属

【裁判摘要】

货币为种类物，虽然权利人对货币的占有可以认定为所有，但在特定条件下，不能简单根据占有即认定为所有。对于一般账户中的货币，应以账户名称为权属判断的基本标准。对于特定专用账户中的货币，应根据账户当事人对该货币的特殊约定以及相关法律规定来判断资金权属，并确定能否对该账户里的资金强制执行。

【案号】

一审：(2015) 廊民三初字第 74 号

二审：(2015) 冀民一终字第 430 号

再审审查：(2016) 最高法民申 2528 号

---

* 摘自《人民司法·案例》2017 年第 5 期。

【案情】

再审申请人：河北省廊坊市澳凯商贸有限责任公司（以下简称澳凯公司）。

被申请人：江苏银行股份有限公司北京分行（以下简称江苏银行北京分行）。

一审被告：河北省廊坊市汇通房地产开发有限公司（以下简称汇通公司）。

澳凯公司诉称，河北省廊坊市中级人民法院在执行江苏银行北京分行与汇通公司一案中，将其以汇通公司名义在中国工商银行股份有限公司永清支行（以下简称工商银行永清支行）开设的账户、在中国农业银行股份有限公司永清县支行（以下简称农业银行永清县支行）开设的账户予以冻结。澳凯公司认为，被冻结的银行账户内资金不属于汇通公司所有，且该案保全的财产明显高于诉讼标的额，该冻结给澳凯公司带来了巨大的经济损失。为此，澳凯公司曾向廊坊中院提出书面异议，请求解除对上述账户的冻结。2015 年 3 月 25 日，澳凯公司收到廊坊中院送达的（2015）廊执异字第 11 号民事裁定书，该裁定事项缺乏事实和法律依据。请求判令：确认以汇通公司名义在工商银行永清支行账户资金 2927034. 25 元、在农业银行永清县支行账户资金 4908813. 53 元为澳凯公司所有，并停止对账户资金的执行。

一审法院查明，江苏银行北京分行申请执行汇通公司公证债权文书一案，廊坊中院于 2015 年 1 月 22 日立案执行，并于 2015 年 1 月 26 日作出 0015）廊民执字第 13 号民事裁定书，后向农业银行永清县支行作出协助冻结存款通知书，要求协助冻结被告汇通公司在该行账户存款 2740 万元；向工商银行永清支行作出冻结存款通知书，要求协助冻结被告汇通公司在该行账户存款 2740 万元。执行过程中，澳凯公司向该院提出执行异议称：依据河北省永清县人民法院于 2015 年 1 月 21 日作出的（2014）永民初字第 1747 号民事调解书，执行法院冻结上述账户内的资金不属于被告汇通公司所有，请求裁定解除对上述账户的冻结。廊坊中院于 2015 年 3 月 23 日作出（2015）廊执异字第11号执行裁定，驳回澳凯公司的异议。

另查明，2010年11月15日，澳凯公司与汇通公司的前身廊坊市力通伟业房地产开发有限公司签订了房地产项目合作开发合同，约定双方合作开发永清县永清镇朱家坟村凯悦花苑小区项目。合同第二条约定：小区项目以甲方（汇通公司）名义进行开发，乙方（澳凯公司）提供项目开发所需要的全部资金。合同第三条第一款约定：双方一致同意以甲方（汇通公司）名义办理上述合作项目开发用地征地手续，所需要的全部征地资金由乙方（澳凯公司）全部承担。合同第三条第五款约定：房地产开发建设过程中，甲方（汇通公司）负责日常的工程施工管理工作，因工程质量、安全生产造成的纠纷由甲方（汇通公司）负责处理。甲方（汇通公司）派驻全部工程技术管理人员，并负责监督工程质量及工程期限。确保在本合同约定的竣工日期完成工程建设。合同第四条约定：房地产开发项目自合同签订之日启动，自2014年5月14日竣工，合作开发终止。合同终止后，甲方（汇通公司）须将乙方（澳凯公司）应得的收益无条件全部返还乙方。合同第六条约定：双方合作期间，由双方各自派驻会计负责项目开发的财务管理，项目开发完毕，甲方（汇通公司）分得3%利润，乙方（澳凯公司）分得97%的利润。如出现亏损，双方按上述比例承担亏损。合同签订后，澳凯公司按照合同约定履行了出资义务，汇通公司按照合同约定以自身名义办理了合作项目开发用地征地手续。2012年4月13日，永清县凯悦花苑小区项目在商品房销售过程中为办理买受人购房按揭贷款，以汇通公司名义在农业银行永清县支行开设一般账户，账号为：50×××28，截至2015年3月30日账户余额为400357.46元。2012年6月4日，永清县凯悦花苑小区项目以汇通公司名义在农业银行永清县支行开设按揭贷款保证金专用账户，账号为：50×××18，截至2015年3月30日账户余额为1581421.82元。2012年6月26日，永清县凯悦花苑小区项目以汇通公司名义在工商银行永清支行开设按揭贷款保证金专用账户，账号为：04×××96，截至2015年3月30日，账户余额为2927034.25元。

2014年12月5日，永清县人民法院受理了澳凯公司对汇通公司提起的民事诉讼。在该诉讼中，澳凯公司诉称：汇通公司在合作过程中没有尽

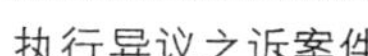

到对工程质量及工程期限的监督管理职责，导致双方合作项目出现工程质量问题无法按时交接房屋，给澳凯公司造成了巨大的经济损失，双方已无法继续合作，请求判令：（1）解除澳凯公司与汇通公司于2010年11月15日签订的房地产项目合作开发合同；（2）永清县永清镇朱家坟村凯悦花苑小区项目变更由澳凯公司开发经营，汇通公司为澳凯公司办理土地使用权及商品房产权变更登记手续；（3）本案诉讼费由汇通公司承担。汇通公司辩称：澳凯公司所陈述的内容属实，汇通公司同意与澳凯公司解除双方于2010年11月15日签订的房地产项目合作开发合同，其他解除事宜愿同澳凯公司协商解决。2015年1月21日，经永清县人民法院主持调解，双方当事人自愿达成如下协议：（1）解除原告澳凯公司与被告汇通公司于2010年11月15日签订的永清县凯悦花苑小区房地产项目合作开发合同。（2）原告澳凯公司以被告汇通公司的名义销售凯悦花苑小区未售出的住宅210套、地下室173间、储藏室1间、车库22个、商业门面房33套，被告协助原告办理销售过程中的具体手续，以上房产的全部销售款项归原告所有，因销售产生的相关税费由原告承担。（3）因开发永清县凯悦花苑小区项目所产生的债权或债务全部由原告澳凯公司享有或承担；对于凯悦花苑小区项目，汇通公司不参与利润分成也不承担亏损；在凯悦花苑小区所涉房屋的建设、销售过程中引发的房屋质量纠纷、建设工程合同纠纷、房屋买卖合同纠纷及其他一切合同纠纷均由澳凯公司负责处理并承担相关责任，汇通公司对以上纠纷的处理予以协助。（4）澳凯公司放弃要求变更凯悦花苑小区项目由澳凯公司开发经营及要求汇通公司为其办理凯悦花苑小区土地使用权和商品房产权变更登记手续的诉讼请求。

【审判】

廊坊中院认为：该院冻结的永清县凯悦花苑小区项目在商品房销售过程中为办理买受人购房按揭贷款以汇通公司名义在农业银行永清支行开设的50×××28账户，在农业银行永清县支行开设的50×××18的按揭贷款保证金专用账户，及在工商银行永清支行开设04×××96按揭贷款保证金专用账户，账户内的资金性质为永清县凯悦花苑小区项目所得收益及保证金。

根据（2014）永民初字第1747号民事调解书内容第三项，因开发永清县凯悦花苑小区项目所产生的债权或债务全部由原告澳凯公司享有或负担；对凯悦花苑小区项目，汇通公司不参与利润分成也不负担亏损，故三个账户内的资金实际权利人应为原告澳凯公司，被告江苏银行北京分行所主张的民事调解书的内容没有一项涉及本案的诉讼请求和冻结账号的主张，该院不予支持。

廊坊中院依据《最高人民法院关于适用〈中华人民共和国民事诉讼法〉的解释》（以下简称《民事诉讼法解释》）第三百一十二条①规定，判决：一、永清县凯悦花苑小区项目以被告汇通公司名义在农业银行股份有限公司永清县支行开设的50×××28账户、在农业银行永清县支行开设的50×××18按揭贷款保证金专用账户，及在工商银行永清支行开设的04×××96按揭贷款保证金专用账户，账户内资金为原告澳凯公司所有；二、不得将上述三个账户内的资金作为被告汇通公司的财产予以执行。

江苏银行北京分行不服上述判决，向河北省高级人民法院提起上诉。

河北高院认为：（1）关于澳凯公司与汇通公司签订的房地产项目合作开发合同的效力问题。从开发合同内容看，双方明确约定了由澳凯公司提供开发所需全部资金、以汇通公司名义办理上述合作项目开发用地、征地手续，同时，汇通公司负责日常的工程施工、管理工作并派驻全部工程技术管理人员，监督工程质量及工程期限等，双方还约定了利润的分配及风险负担等事宜，符合合作开发合同的法律要件。虽然房地产开发存在市场准入的要求，但《最高人民法院关于审理涉及国有土地使用权合同纠纷案件适用法律问题的解释》第十五条②规定："合作开发房地产合同的当事人一方具备房地产开发经营资质的，应当认定合同有效。当事人双方均不具备房地产开发经营资质的，应当认定合同无效。但起诉前当事人一方已经取得房地产开发经营资质或者已依法合作成立具有房地产开发经营资质的房地产开发企业的，应当认定合同有效。"故澳凯公司与汇通公司签订的

① 对应《最高人民法院关于适用〈中华人民共和国民事诉讼法〉的解释》（2022年修正）第三百一十条。

② 该司法解释已于2020年12月29日修正，本条已变更为第十三条，但内容未作变动。

房地产项目合作开发合同，是双方真实意思表示，不违反法律、行政法规的强制性规定，其效力应予认定，上诉人主张合作开发合同无效，缺乏事实和法律依据。

（2）关于永清县人民法院作出的（2014）永民初字第1747号民事调解书的效力问题。根据《民事诉讼法解释》第三十三条规定，已为人民法院发生法律效力的裁判所确认的事实，当事人无需举证。因该1747号民事调解书是在本案上诉人提出执行异议之前作出，依据《最高人民法院关于人民法院办理执行异议和复议案件若干问题的规定》（以下简称《执行异议复议规定》）第二十六条规定："金钱债权执行中，案外人依据执行标的被查封、扣押、冻结前作出的另案生效法律文书提出排除执行异议，人民法院应当按照下列情形，分别处理：（一）该法律文书系就案外人与被执行人之间的权属纠纷以及租赁、借用、保管等不以转移财产权属为目的的合同纠纷，判决、裁决执行标的归属于案外人或者向其返还执行标的且其权利能够排除执行的，应予支持。"故该1747号民事调解书作为本案判决的依据，符合法律规定。

（3）关于本案所涉的三个账户内的资金权属问题。依据澳凯公司与汇通公司之间的合作开发协议、澳凯公司打给汇通公司的款项证明，以及（2014）永民初字第1747号生效的民事调解书，可以认定本案争议的凯悦花苑小区项目的实际投资人和实际权利人为澳凯公司。本案所涉的三个银行账户，是为开发凯悦花苑小区项目设立，由于凯悦花苑小区项目一直使用的是汇通房地产公司名义开发，故涉案三个账户均在汇通公司名下开设。在三个银行账户中，账号为50×××18的账户以及账号为04×××96的账户均为按揭贷款的保证金专用账户；账号为50×××28的账户为一般账户。对于三个账户内的资金权属问题，该院认为，货币作为民法上一种具有高度替代性的种类物和消费物，其特性为占有即所有。故在本案所涉的开设在汇通公司名下的一般账户内的资金，汇通公司基于占有即所有原则，享有该账户内货币所有权，故江苏银行北京分行因对汇通公司享有合法债权从而执行该账户内资金，理据充分，该院予以支持。

对于本案所涉的两个按揭贷款保证金专用账户，系澳凯公司为履行担保义务以汇通公司名义在贷款银行开设的专用账户，账户内资金具有专用保证金的担保性能，该账户内的款项因已被特定化，故其不仅丧失了货币的流通和消费功能，澳凯公司与汇通公司亦丧失对该账户内资金实际控制和自由使用的权利。故江苏银行北京分行作为普通债权的申请执行人，对于上述两个按揭贷款保证金专用账户内的资金申请执行，理据不足，对其上诉理由不予支持。

一审判决认定事实清楚，适用法律不当，该院予以纠正。依据《最高人民法院关于适用〈中华人民共和国担保法〉若干问题的解释》①（以下简称《担保法解释》）第八十五条、《中华人民共和国民事诉讼法》第一百七十条②第一款第二项之规定，判决：一、撤销廊坊中院（2015）廊民三初字第74号民事判决；二、停止对以汇通公司名义在农业银行永清县支行开设的按揭贷款保证金专用账户以及在工商银行永清支行开设按揭贷款的保证金专用账户内资金的执行；三、许可江苏银行北京分行对汇通公司在农业银行永清县支行开设的50×××28账户内资金的执行。

澳凯公司不服上述判决，向最高人民法院申请再审。

最高人民法院审查认为：货币为种类物，虽然权利人对货币的占有可以认定为所有，但在特定条件下，不能简单根据占有即认定为所有。对于一般账户中的货币，应以账户名称为权属判断的基本标准。对于特定专用账户中的货币，应根据账户当事人对该货币的特殊约定以及相关法律规定来判断资金权属，并确定能否对该账户资金强制执行，如信用证开证保证金、证券期货交易保证金、银行承兑汇票保证金、质押保证金、基金托管专户资金、社会保险基金等。对特定账户中的货币主张权利，符合法定专用账户构成要件及阻止执行条件的，可以排除对该账户的执行。就本案而言，50×××28账户系以被执行人汇通公司名义开立的一般账户，而非保证金专用账户或其他专用账户，故该账户中的款项应作为汇通公司的责任财产清偿民事债务。澳凯公司所提河北省永清县人民法院（2014）永民初字

① 该司法解释已于2021年1月1日废止。

② 对应《民事诉讼法》（2021年修正）第一百七十七条。

第 1747 号民事调解书中“因开发永清县凯悦花苑小区项目所产生的债权或债务全部由原告澳凯公司享有或负担”的内容，系关于债权债务的安排，仅具有债权性质的效力，并未直接确定上述账户中款项的归属。澳凯公司未提供其他充分证据证明上述账户中的款项属于其所有。因此，澳凯公司对该账户中款项的权利不能排除执行，其再审请求和理由不能成立，裁定驳回澳凯公司的再审申请。

【本案解析】

一、案外人执行异议之诉中金钱财产权属判断的一般规则及例外

货币是充当一般等价物的特殊商品，属于民法上的种类物，具有很高的替代性。货币在民事法律关系中既可以充当物权的客体，如民事主体可以对货币行使占有、使用、收益和处分的权利，也可以充当债权的标的物，如货币可以作为买卖之债中的价款、劳务之债中的酬金。由于货币是一般等价物，在民法上属于一类较为特殊的种类物。其特殊之处在于：

第一，货币所有权的归属。在物权法上，货币占有权与所有权合二为一，货币的占有人视为货币所有人。货币所有权的转移以交付为要件，即使在借款合同中，转移的也是货币所有权，而非货币的使用权。无行为能力人交付的货币也发生所有权的转移。货币不能发生返还请求权与占有回复之诉，仅能基于合同关系、不当得利或侵权行为提出相应的请求。这种物权法上的特殊之处，是由货币流通手段的属性决定的。

第二，货币具有特殊的法律地位。在债权法上，货币之债是一种特殊的种类债，货币的使用价值寓于交换价值之中，作为一般等价物，货币可以交换其他物品、劳务等。所以，较之其他实物，货币具有更大的流通性。在其他类型的债发生履行不能时，可以转化为货币之债履行，而货币之债本身原则上只发生履行迟延，不发生履行不能，债务人不得以履行不能为由免除付款义务。

一般情况下，对货币的占有即视为所有，但在某些特殊情况下，也存

在对这一原则的例外，不能简单根据对货币的占有就认定为所有。原则上，对于一般账户中的货币，应以账户名称为权属判断的基本标准。案外人在执行异议之诉中提出充分证据证实一般账户中的货币为其合法财产并足以排除执行的除外。对于某些特定专用账户中的货币，应根据账户当事人对该账户中货币的特殊约定和法律规定等相关条件判断资金权属，以及能否对该账户中的资金强制执行。例如，民事主体在金钱上设定质权，符合《担保法解释》第八十五条规定的特定化和移交债权人占有两个条件的，可以成立金钱质权，从而构成上述原则的例外。案外人对作为执行标的的金钱财产主张系其质押保证金的，如果符合上述质押保证金的构成要件，可以排除执行。再如，信用证开证保证金、证券期货交易保证金、银行承兑汇票保证金、社会保险基金等实践中存在的其他例外情形，需要根据案件具体事实和相关法律规定判断是否构成专用账户，以及对该账户中的资金能否强制执行。

就本案而言，案涉50×××28账户系以被执行人汇通公司名义开立的一般账户，而非保证金专用账户或其他专用账户。在没有充分证据证实账户资金权属另有其人的情况下，对该一般账户中的款项，根据占有即所有的原则，应按照账户名称判断权属，可作为汇通公司的责任财产清偿民事债务，执行法院可以对该账户中的金钱财产强制执行。

二、另案生效民事调解书对金钱财产权属判断的影响

金钱债权执行中，案外人依据另案生效的法律文书提出案外人异议的，《执行异议复议规定》第二十六条规定了针对此类情形的案外人异议审查规则。严格来讲，该规定主要适用于执行程序中案外人异议的处理，对案外人执行异议之诉的审理有一定的参考意义，但案外人执行异议之诉属于民事审判程序，并非一定按照该条对于案外人异议审查的规定处理执行异议之诉案件。案外人执行异议之诉中，如何对待另案作出的涉及执行标的的生效法律文书，应根据该生效法律文书的具体内容和案件自身情况而定。

澳凯公司提出，永清县人民法院（2014）永民初字第1747号民事调

解书中已经确定“因开发永清县凯悦花苑小区项目所产生的债权或债务全部由原告澳凯公司享有或负担”，本案所涉账户中的资金应属该公司所有。

对于这一问题，应从该调解书确定的内容是否赋予澳凯公司对执行标的享有足以排除执行的实体权利角度分析。该调解书中的上述内容系关于当事人之间债权债务的安排，仅具有债权性质的效力，并未直接确定案涉50×××28账户中款项的归属，对于该账户中资金的权属问题，不能直接产生确定物权的法律效力。澳凯公司也未提供其他充分证据证明账户中的款项归其所有。该公司依据永清县人民法院（2014）永民初字第1747号民事调解书主张排除执行的请求不能成立。

39．菏泽市兴农百盛农资有限公司与宋某案外人执行异议之诉纠纷案*

▶
案外人执行异议之诉中质押保证金的成立需同时满足“特定化”和“移交债权人占有”两个条件

【裁判摘要】

案外人对执行标的以成立质押保证金为由，请求确认其权利并排除对该标的强制执行的，应当符合担保法司法解释规定的将金钱特定化和移交债权人占有两个条件。不满足上述条件的，法院对案外人的诉讼请求不予支持。

【案情】

再审申请人：山东省菏泽市兴农百盛农资有限公司（以下简称百盛公司）。

再审被申请人：宋某。

被执行人：山东银昱投资担保有限公司（以下简称银昱公司）。

山东省菏泽市中级人民法院查明：2013 年 3 月 22 日，银昱公司作为甲方，与中国建设银行股份有限公司菏泽分行（以下简称建行菏泽分行）作为乙方，签订担保合作协议。协议约定，银昱公司在建行菏泽分行开立

* 摘自《人民司法·案例》2017 年第 14 期。

保证金账户，并存入该账户不低于500万元作为风险保证金，在贷款发放前3个工作日内将单笔业务保证金按担保金额的4%存入保证金账户。在担保期间，银昱公司支取保证金账户款项应事先征得建行书面同意。

2013年6月27日，百盛公司与中国建设银行股份有限公司菏泽市中支行（以下简称建行市中支行）签订贷款合同一份，约定由百盛公司向建行市中支行贷款200万元，借款期限自2013年6月27日至2014年6月26日。同日，银昱公司与建行市中支行签订保证合同，约定由银昱公司为百盛公司在建行市中支行的200万元贷款承担连带担保责任。

2013年6月27日，百盛公司作为出质人，银昱公司作为质权人签订保证金质押合同一份，约定为了履行借款担保合同，双方约定以质押合同的保证金专户中的保证金提供质押担保。合同第二条约定：百盛公司将28万元存入保证金专户。非经银昱公司同意，百盛公司不得对保证金专户内资金进行支用、划转或作其他任何处分。保证金专用户名称为银昱公司，保证金账户为37××3175，开户银行为建行菏泽分行营业部，保证金无利息。合同第三条约定的质押担保范围为：主合同本金200万元及利息、违约金等。百盛公司提交了银昱公司同日出具的收据存根，显示收到百盛公司贷款保证金28万元，收款方式为现金。

2013年8月13日，百盛公司与建行市中支行签订贷款合同一份，约定由百盛公司向建行市中支行贷款300万元，借款期限自2013年8月13日至2014年8月12日。同日，银昱公司与建行市中支行签订保证合同，约定由银昱公司为百盛公司在建行市中支行的300万元贷款承担连带担保责任。

2013年8月13日，百盛公司作为出质人，银昱公司作为质权人，签订保证金质押合同一份，约定为了履行借款担保合同，双方约定以质押合同的保证金专户中的保证金提供质押担保。百盛公司将42万元存入保证金专户。百盛公司提交了银昱公司同日出具的收据存根，显示收到百盛公司贷款保证金42万元，收款方式为现金。

菏泽中院在执行宋某诉菏泽鹏翔文具有限公司、银昱公司、菏泽市清源化工有限公司、邬某珍借款担保合同纠纷一案过程中，于2014年7月

11日以（2013）菏非执字第34-6号执行裁定书和（2013）菏非执字第34-1号、34-2号协助划拨存款通知书，划拨了银昱公司在中国建设银行股份有限公司菏泽开发支行账户37××1563、37××1563（二者系关联账户）的存款260万元和建行菏泽分行账户37××3175、37××3175（二者系关联账户）的存款62万元，共计322万元。

百盛公司向该院提出执行异议，认为37××3175账户中的保证金28万元、42万元属于质押保证金，应归其所有。2014年10月29日，银昱公司出具证明，内容为：百盛公司于2013年6月27日至2014年6月26日和2013年8月23日至2014年8月23日在建行市中支行贷款200万元和300万元，由银昱公司提供担保，按规定百盛公司拿出贷款本金的14%作为建行贷款保证金，共计70万元，以银昱公司名义存入建行保证金账户。菏泽中院于2015年1月26日作出（2014）菏执异议字第51-1号执行裁定书，裁定驳回百盛公司的异议。

另查明，建行菏泽分行的工作人员姚某出庭作证，证明菏泽中院（2013）菏非执字第34-1、34-2法律文书所扣划的账户是银昱公司的保证金账户。2013年3月22日，银昱公司与建行菏泽分行签订担保合作协议，开展担保及配套业务的全面合作。银昱公司担保对象是在建行菏泽分行办理信贷业务的法人客户，担保方式为全额连带责任担保、最高额保证金担保、保证金质押等担保。合同第七条约定由银昱公司在建行菏泽分行开立保证金账户，并存入相应保证金。保证金账户的用途是：在银昱公司担保的被担保信贷客户发生违约时，用于清偿建行菏泽分行的贷款本息、保证垫款及其他相关费用。在该协议签订后3个工作日内，银昱公司将存入保证金账户不低于500万元的风险保证金，并与建行菏泽分行签署最高额保证金质押合同。在贷款发放3个工作日内，银昱公司将单笔业务保证金按担保金额的4%存入建行菏泽分行指定的保证金账户中，并与建行菏泽分行签订保证金质押合同。

【审判】

山东省菏泽中院认为，本案的焦点问题为：一、百盛公司是否有权提

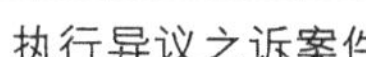

起执行异议之诉；二案涉70万元是否构成质押保证金。

关于焦点问题一，百盛公司是否有权提起执行异议之诉的问题。百盛公司认为执行扣划的款项系其所有，在该款项被扣划后向执行法院提出执行异议，菏泽中院作出（2014）菏执异议字第51-1号执行裁定书，驳回了百盛公司的异议。百盛公司有权依照《中华人民共和国民事诉讼法》第二百二十七条的规定提起案外人执行异议之诉。

关于焦点问题二，2013年6月27日、8月13日，银昱公司向百盛公司出具收据中的28万元、42万元是否构成质押保证金。根据《最高人民法院关于适用担保法若干问题的解释》[①]（以下简称《担保法解释》）第八十五条规定，在将金钱以特户、封金、保证金等形式特定后，作为特定化的金钱可以作为质押标的物，债权人可以以该金钱优先受偿。

百盛公司未将保证金以专户专款的方式交给银昱公司，没有将70万元特定化，不具有特定化货币的意义。案涉的70万元并未以特户、封金、保证金等形式特定化，系非特定化的金钱。就百盛公司所举的证据而言，无法认定案涉70万元构成质押保证金，百盛公司应当对此承担不利的法律后果。百盛公司就执行标的不享有足以排除强制执行的民事权益，应依法驳回百盛公司的诉讼请求。

菏泽中院依照最高人民法院《担保法解释》第八十五条、《最高人民法院关于适用民事诉讼法的解释》（以下简称《民事诉讼法解释》）第三百一十一条和第三百一十二条[②]的规定，判决驳回百盛公司的诉讼请求。

百盛公司不服一审判决，向山东省高级人民法院提起上诉。山东省高级人民法院判决驳回上诉，维持原判。百盛公司不服二审判决，向最高人民法院申请再审。最高人民法院审查后裁定驳回该公司的再审申请。

【本案解析】

本案属于再审审查案件，法院审查范围限于再审申请人的请求和理

① 该司法解释已于2021年1月1日废止。

② 对应《最高人民法院关于适用〈中华人民共和国民事诉讼法〉的解释》（2022年修正）第三百零九条、第三百一十条。

由，不对案件作全面评判。与本案相关的法律问题主要有以下几项：

一、案外人以成立质押保证金为由对执行标的主张权利的救济程序

案外第三人对作为执行标的的金钱以成立质押保证金为由，请求排除对该部分金钱强制执行的，应当通过案外人异议程序审查，还是通过利害关系人异议程序审查，在执行程序中存在争议。主要有以下两种观点：

（一）利害关系人异议

主张通过利害关系人异议程序处理的观点认为，《中华人民共和国民事诉讼法》第二百二十五条①规定的利害关系人异议，是指因执行行为违反程序性规定，侵害执行案件当事人以外第三人的合法权益，由利益受损的第三人以法院违反执行程序为由提出的程序异议。案外第三人对执行法院冻结或划拨的金钱以成立质押保证金为由提出执行异议的，在法律性质上可以识别为一种程序性异议，可以通过利害关系人异议、复议程序处理。理由如下：

我国目前强制执行制度中，执行标的负担的担保物权不能阻止法院对该标的采取执行措施。根据《最高人民法院关于人民法院执行工作若干问题的规定（试行）》第四十条②规定，人民法院对被执行人所有的其他人享有抵押权、质押权或留置权的财产，可以采取查封、扣押措施。财产拍卖、变卖后所得价款，应当在抵押权人、质押权人或留置权人优先受偿后，其余额部分用于清偿申请执行人的债权。也就是说，执行标的上负担的担保物权不能阻止法院对该标的采取查封、扣押、冻结、拍卖、变卖等执行措施，法院只需将财产变现后，保障担保物权人对变价款优先受偿的顺位即可。对于质押保证金来说，案外第三人对特定金钱主张成立质押担保，可以转化成执行顺序或者受偿顺序的先后问题，根据《最高人民法院

① 对应《民事诉讼法》（2021 年修正）第二百三十二条。

② 该司法解释已于 2020 年 12 月 29 日修正，本条已变更为第三十一条，但内容未作变动。

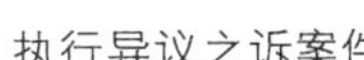

关于人民法院办理执行异议和复议案件若干问题的规定》第七条第一款第二项[①]规定，执行的顺序问题也属于程序问题，可以提出利害关系人异议。

另外，质押保证金属于保证金的一种，最高人民法院曾以司法解释、通知、复函等多种形式，对信用证开证保证金、证券期货交易保证金、银行承兑汇票保证金、旅行社质量保证金、股民保证金等多种类型保证金的冻结或者划拨作了限制，并规定了相应的执行条件。这些限制可以从执行程序角度看作将保证金作为不得冻结、划拨的特殊财产对待。对于质押保证金也可以参照上述保证金执行的限制，将其归入不得强制执行的财产，从程序的角度赋予当事人、案外第三人权利救济途径。故案外第三人以构成质押保证金为由提出的异议，可以作为程序异议处理，按利害关系人异议处理，并可以赋予其向上一级法院申请复议的权利。

（二）案外人异议

主张通过案外人异议程序处理的观点认为，《中华人民共和国民事诉讼法》第二百二十七条[②]规定的案外人异议，是指执行案件当事人以外的第三人对执行标的主张阻止执行的实体权利，请求对该标的停止执行的实体异议。案外第三人对法院强制执行的金钱以属于质押保证金为由提出的异议，系基于实体权利提出的排除对特定标的执行的异议，应通过案外人异议及执行异议之诉处理。理由如下：

首先，案外人对特定金钱主张成立质押保证金，在法律性质上属于实体争议，能否成立质押保证金涉及质权相关的民事实体法的适用，案外人对质押保证金的权利性质也属于实体权利的范畴，因此该类情形属于案外人对执行标的主张实体权利。

其次，质押保证金如果成立，则具有排除执行的效力。质押保证金的成立需满足特定化和移交债权人占有两个条件。质权人对质押保证金的占有本身具有排他性，质权人的占有是质押保证金成立的前提之一，在法律

① 该司法解释已于2017年6月27日修正，本条内容未作变动。

② 对应《民事诉讼法》（2021年修正）第二百三十四条。

效力上完全可以排除执行。如果允许对质押保证金强制执行，必然破坏质权人对保证金的占有状态，质押法律关系也将不复存在。

再次，质押保证金的标的本身即为金钱，不需要采取拍卖、变卖措施予以变现，质权人对该特定金钱的占有，使质押保证金问题不同于需要通过拍卖、变卖进行变现的财产，质权人对质押保证金的占有，使得其权利主张具有对抗申请执行人的效力。

因此其得出的结论是，案外人对特定金钱主张成立质押保证金的，属于对执行标的基于实体权利提出排除执行的实体异议，且权利性质足以排除执行，完全符合案外人异议的条件，应按照案外人异议程序处理。相关主体对异议裁定审查结论不服的，可以依法提起执行异议之诉。

上文所列举的两种理由各有其合理性，也均是基于我国目前执行程序的制度规定得出各自不同的结论。目前，尚未有法律、司法解释直接作出取舍，还不能从法律规范层面得出支持其中一种做法而否定另外一种做法的结论。从司法实践情况来看，法院按照利害关系人异议审查和按照案外人异议审查的做法，都存在于我国现行的司法实践中。据笔者观察，随着司法实践的深入，按照案外人异议程序处理质押保证金争议的做法，较利害关系人异议而言，逐渐占据上风。毕竟，案外人对特定金钱主张成立质押保证金的权利基础和法律依据，在根源上均为实体性的，本质上属于实体争议。而对于实体争议，通过诉讼程序，赋予各方当事人依法举证、质证、进行法庭辩论等更加充分的程序权利，更有利于程序正义在解决实体法纠纷中的实现，保障纠纷通过正当法律程序得以解决，维护各方当事人实体权利和程序权利。笔者赞同在执行过程中，案外第三人以成立质押保证金为由对执行标的提出异议的，应通过案外人异议程序处理。

二、执行异议之诉的裁判范围

关于执行异议之诉的审理范围问题，需要按照当事人诉讼请求的范围

而定。根据《民事诉讼法解释》第三百一十二条[①]规定，案外人就执行标的享有足以排除强制执行的民事权益的，法院应判决不得执行该标的，案外人就执行标的不享有足以排除强制执行的民事权益的，法院应判决驳回诉讼请求；对于案外人同时提出确认其权利的诉讼请求的，法院可以在判决中一并作出裁判。对这一规定的理论解读，学术界和实务界有不同观点。

一种具有代表性的观点认为，当事人之间实体法律关系的确定及排除对特定标的强制执行，均为案外人执行异议之诉的诉讼标的，应在执行异议之诉中一并审理。执行异议之诉的诉讼标的并非仅为基于当事人之间实体法律关系所产生的执行程序上的异议权，当事人主张的实体法律关系也是执行异议之诉的诉讼标的，法院对当事人之间的实体法律关系也应在执行异议之诉判决主文中一并作出裁判。

另一种观点认为，案外人执行异议之诉系案外人基于实体法上的权利，对强制执行提出异议，请求法院宣告不许对执行标的为强制执行，其诉讼标的系诉讼法上的异议权。产生该异议权的实体权利仅为判决的原因事实，并非执行异议之诉判决既判力所及。当事人仍可就该实体法律关系另行起诉。如果案外人在提起执行异议之诉的同时向法院主张对实体权利义务关系作出明确裁判，例如请求法院确认其实体权利成立，或者提出其他实体请求的，则属于诉的合并，即案外人执行异议之诉与普通民事诉讼的合并，受案法院应当对是否排除对特定标的的执行和当事人主张的实体权利是否成立均作出判决。这种一并裁判的情况，属于诉的合并的当然结果，并不表示当事人之间的实体权利义务关系属于案外人执行异议之诉的诉讼标的。

上述第一种观点为我国很多学者所提倡，第二种观点为德日及我国台湾地区案外人执行异议之诉诉讼标的的通说。笔者赞同第二种观点。案外人执行异议之诉的诉讼标的应为诉讼法上的异议权，提起执行异议之诉的

---

① 对应《最高人民法院关于适用〈中华人民共和国民事诉讼法〉的解释》（2022年修正）第三百一十条。

目的，应为排除对特定执行标的的强制执行程序，当事人之间的实体法律关系虽为该异议权存否的先决问题，但并非案外人执行异议之诉的诉讼标的，案外人执行异议之诉只需解决对当事人主张的特定执行标的是否强制执行的问题，无须对当事人之间的实体权利义务关系作出裁判。如果案外人仅向执行法院主张排除对特定标的强制执行，并未请求法院对其实体权利成立作出裁判的，则为纯粹的案外人执行异议之诉，法院应依照《民事诉讼法解释》第三百一十二条第一款规定，对是否执行该标的作出判决；如果当事人在提起执行异议之诉的同时，提出诉讼请求主张法院对实体法律关系一并作出裁决的，则属于执行异议之诉与普通民事诉讼的合并，而非单纯的执行异议之诉，法院应依照《民事诉讼法解释》第三百一十二条第二款规定，根据当事人的诉讼请求一并作出裁判。

就本案的裁判范围而言，百盛公司的诉讼请求既包括确认其对案涉款项的实体权利成立，又包括请求对案涉款项停止执行，故其实体权利是否成立和法院是否应对案涉款项强制执行，均在本案的裁判范围之内，在理论上可以解释为案外人执行异议之诉与普通民事诉讼的合并，依据《民事诉讼法解释》第三百一十二条规定，法院应对百盛公司的上述请求一并裁判。

三、质押保证金成立的法律条件

（一）金钱质押和账户质押的一般原理

根据《担保法解释》第八十五条规定，质押保证金的成立要件需同时满足特定化和移交债权人占有两个条件。金钱作为一般等价物，其所有权随占有转移，因此在金钱上设定质权，必须对金钱进行特定化，以保证交付的金钱与质权人的财产相区分。该条司法解释列举的特户和封金即符合金钱特定化的要求，以特户中的金钱和封金作为债权担保的，属于质押担保形式，成立金钱质权。其中，特户是金融机构为出质金钱所开设的专用账户，该账户被特定化以区别于普通账户。特户一般须开在质权人处才符合交付的要求，如果开在第三人处，须有债权人与出质人的约定以明确特户的担保性质，并由出质人向第三人为书面通知，第三人收到通知后未经债权人同意不得处置特户中的金钱。保证金作为担保物交付债权人后，如果符合特户的要求，也可以成立金钱质权。如果保证金被混同于一般资金账户，未按照特户管理的，不成立质权。另外，关于账户质押，是指账户的权利人以账户向银行出质，承诺将账户中的资金作为偿还贷款担保的融资方式。由于账户本身没有交换价值，故账户质押的本质是以账户中的资金作为担保财产，构成金钱质押。具体而言，债务人以账户向开户行质押，账户符合特户要求的，开户行在账户里的资金上成立质权。质押账户必须符合特定化的要求，账户出质后不能再由出质人自由使用，作为债权人的开户行取得对账户的实际控制权；如果账户不符合特定化的要求，债务人仍然可以使用出质后的账户，账户中的资金也处于浮动状态的话，此种账户质押不符合质权成立要件，不能成立质权。

（二）本案百盛公司关于质押保证金的权利主张是否成立

首先，关于案涉账户是否特定的问题。虽然百盛公司与银昱公司签订的保证金质押合同约定，账号为 37××3175 的案涉账号为双方的保证金专户，但本案有其他证据显示该账户系银昱公司和建行菏泽分行签订的担保合作协议项下的保证金账户，并非银昱公司与百盛公司之间用于设立质押保证金的专用账户。根据银昱公司与建行菏泽分行签订的担保合作协议书约定，在担保期间，银昱公司对该账户款项的支取，应事先征得建行菏泽分行的同意。该账户不构成百盛公司与银昱公司之间特定的担保账户，也没有区别于其他账户的外在特征。该账户中的款项也非特定用于百盛公司与银昱公司之间质押关系，不符合特定化要件。

其次，关于案涉 70 万元是否特定的问题。由于 37××3175 账户对百盛公司和银昱公司而言并未形成具有质押关系的专用账户，百盛公司向银昱公司支付该 70 万元款项时，是用现金支付，非直接转账进入该账户。百盛公司并未提交证据证明该 70 万元进入双方约定的保证金账户，亦未提交证据证明该账户中有 70 万元资金对于本案而言可以与账户中其他款项明确区分而被特定化。因此，案涉 70 万元没有被特定化，不构成质押保证金。百盛公司关于质押保证金和排除对特定款项执行的主张均不能成立。

40．江西省高安市中兴小额贷款有限责任公司与廖某案外人执行异议之诉案*

▶ 案外人与被执行人在查封前签订合法有效的转让合同，支付全部转让款，并于查封前实际占有案涉林地林木的，其就已经享有林地使用权及林木所有权

【裁判摘要】

已经登记造册的林地使用权及附着林木所有权的物权变动采登记对抗主义。案外人与被执行人在查封前签订合法有效的转让合同，支付全部转让款，并于查封前实际占有案涉林地林木的，其就已经享有林地使用权及林木所有权。过户登记仅为对抗第三人的要件，而非案外人取得林地林木物权的依据。案外人据此在提起执行异议之诉并提出确权请求的，法院应合并审理并作出裁判。

【案号】

一审：(2015) 宜中民四初字第26号

二审：(2016) 赣民终103号

再审审查：(2016) 最高法民申2660号

* 摘自《人民司法·案例》2018年第2期。

【案情】

再审申请人：江西省高安市中兴小额贷款有限责任公司（以下简称中兴公司）。

被申请人：廖某。

一审第三人：邱某。

江西省宜春市中级人民法院查明：2014 年 1 月 15 日，廖某与邱某签订了一份黄坑林场林地使用权、林木所有权、林木使用权转让协议书，约定邱某将其拥有林地使用权、林木所有权和使用权的林地及附属苗木、花卉转让给廖某。协议主要内容：(1) 林地的位置和面积为江西省赣州市大余县南安镇黄坑林场（1~7 号）7878 亩，林权证 11 本，黄坑林场附属山场苗木、鱼塘、花卉若干亩；(2) 转让期限为 2014 年 1 月 15 日至 2070 年 3 月 1 日；(3) 转让价格为 3300 万元；(4) 付款方式和期限为协议签订后 10 个工作日内付 600 万元，余款于 2014 年 6 月 30 日付清。协议还约定，邱某以该林地抵押在大余农村信用社贷款 1500 万元的利息从 2014 年 2 月 1 日起由廖某支付。同日，廖某、邱某、袁某、彭某又签订了一份协议书，邱某的原合伙人袁某、彭某在林场 10% 的股权继续保留，廖某从应支付给邱某的 3300 万元转让款中扣除 330 万元，实际只需支付 2970 万元。以上两份协议签订后的第二天，廖某（乙方）又和大余县南安镇企业办公室（甲方）签订了一份租赁合同，合同约定：因黄坑林场已变更承包人（原由谢某转包给邓某再转让给邱某现转包给乙方），乙方需使用甲方办公场所、生活设施及农田水塘等，经甲乙双方协商签订此合同。以上三份合同签订后，廖某于 2014 年 1 月 17 日向邱某转账支付 260 万元、向刘某转账 100 万元、向钟某转账 60 万元（两张票据上都注明“代邱某付钟某借款，付大余黄坑林场购买款”）；廖某于 2014 年 1 月 20 日和 1 月 22 日通过钟某（与廖某同为上犹县威恒矿业有限公司的股东）向赖某转账 70 万元、向邱某转账 110 万元；2014 年 1 月 27 日，廖某还向赖某转账 100 万元，以上共计 700 万元。邱某于 2014 年 1 月 28 日向廖某出具了一张 700 万元的领条，对以上款项予以确认。廖某支付以上转让款后，自同年 2 月开始聘请工人对林木进行养护管理。

2014 年 3 月 10 日，廖某开始申请办理 11 宗林地的林权转移登记。正在办理林地的产权转移登记过程中，2014 年 4 月 16 日，因王某诉邱某林地承包经营权转让纠纷一案，赣州市中级人民法院根据王某的财产保全申请，向大余县林业局林权管理服务中心送达协助执行通知书，查封了本案所涉的 36××38 号林权证，致使该中心停止办理廖某的申请转移登记。为此，2014 年 8 月 8 日，王某、廖某、邱某签订了一份代偿协议，约定由廖某代邱某向王某偿还所欠的林地经营权转让款 74 万元；王某收到该款后向赣州中院申请解除对林权证的查封。同日，钟某代廖某转款 74 万元至王某的账户。8 月 11 日，王某收到廖某支付的代偿款后，申请法院解除了对林权证的查封。

2014 年 8 月 5 日，中兴公司作为原告，分别就赣州艾格菲牧业有限公司和大余县南安镇黄坑林场对其的 1000 万元和 440 万元借款，向宜春中院提起诉讼，并要求邱某对以上借款承担连带责任。根据中兴公司的申请，宜春中院于 8 月 11 日对本案登记在邱某名下的 11 本林权证所涉及的林地使用权和林木所有权、使用权进行了查封，通知大余县林业局林权管理服务中心不得办理产权过户登记。以上案件判决后，因当事人未履行判决而进入执行程序。2015 年 3 月 5 日，宜春中院裁定拍卖邱某在赣州市大余县黄坑林场的 11 宗林地承包经营权。对此，廖某提出了执行异议，请求中止拍卖并解除对林权证的查封。2015 年 6 月 8 日，宜春中院裁定驳回了廖某的执行异议。为此，廖某以其在人民法院查封前占有和管理了转让标的物，转让款也已经支付完毕，未办理产权转让登记的责任是因邱某的债务问题等为由，向宜春中院提起案外人执行异议之诉，提出了前述诉讼请求。另查明，廖某共支付转让款 2975 万元。

【审判】

宜春中院认为，首先，邱某拥有大余县林业局颁发的涉案林地林权证，作为林木、林地的所有权人和使用权人，其有权将所有权和使用权转让给廖某，双方在协议中注明的内容对协议内容和协议效力并无影响，因此，本案的转让协议不违反法律规定，应当认定为合法有效。林权登记机关也受理了廖某的转让申请，只是由于法院的查封而未办理转移登记。其次，在查封本案所涉林权证之前，廖某已经向邱某支付了全部的转让款，除了55万元现金和196万元的欠条之外，支付的款项均有银行凭证等相关证据佐证，且相关证据相互印证。再次，在宜春中院查封本案所涉林权证之前，廖某已经向林权登记机关申请了变更登记。并且，无论是聘请工人对有关林地进行养护管理，还是租赁房屋、鱼塘等，都说明廖某已经实际占有了本案所涉林地，开展了经营活动。未办理林权证的变更登记，也是因邱某的债务原因，林权证被赣州市中级人民法院查封。《最高人民法院关于人民法院民事执行中查封、扣押、冻结财产的规定》（以下简称《查封、扣押、冻结规定》）第十七条①规定，被执行人将其所有的需要办理过户登记的财产出卖给第三人，第三人已经支付部分或者全部价款并实际占有该财产，但尚未办理产权过户登记手续的，人民法院可以查封、扣押、冻结；第三人已经支付全部价款并实际占有，但未办理过户登记手续的，如果第三人对此没有过错，人民法院不得查封、扣押、冻结。因此，应当解除对本案所涉林木、林地的所有权和使用权的查封。另外，根据《最高人民法院关于适用〈中华人民共和国民事诉讼法〉的解释》（以下简称《民事诉讼法解释》）第三百零七条②的规定，案外人提起执行异议之诉的，以申请执行人为被告。被执行人反对案外人异议的，被执行人为共同被告；被执行人不反对案外人异议的，可以列被执行人为第三人。因此，中兴公司是本案适格的被告。廖某的诉讼请求符合法律规定，法院予以支持。宜春中院判决：一、不得执行赣州市大余县黄坑林场11宗林地使用权、林木所有权和使用权；二、确认以上林地使用权、林木所有权和使用权归廖某所有。

中兴公司不服，向江西省高级人民法院提起上诉。

江西高院认为，廖某提交的证据足以证明其物权期待权成立，符合

---

① 该司法解释已于2020年12月29日修正，修正后对应第十五条。

② 对应《最高人民法院关于适用〈中华人民共和国民事诉讼法〉的解释》（2022年修正）第三百零五条。

《最高人民法院关于人民法院办理执行异议和复议案件若干问题的规定》（以下简称《异议复议规定》）第二十八条[①]规定的情形，可以排除宜春中院执行案涉标的物。根据《民事诉讼法解释》第三百零四条[②]的规定，执行异议之诉应由执行法院管辖，且案外人提起执行异议之诉时，也可以同时提出对执行标的进行确权或者给付的诉讼请求。根据该解释第三百一十二条[③]第二款的规定，案外人同时提出确认其权利的诉讼请求的，可以在判决中一并作出裁判。宜春中院将两案合并审理符合法定程序。

江西高院判决驳回上诉，维持原判。

中兴公司不服，向最高人民法院申请再审，被裁定驳回。

【本案解析】

一、本案是否属于案外人享有不动产物权期待权而排除执行的情形

本案执行标的系林地使用权（即林地承包经营权）和林木所有权。严格地讲，案外人对执行标的享有林地使用权、林木所有权而排除执行的情形，与成立不动产物权期待权而排除执行的情形并不相同。林地使用权、林木所有权与不动产物权期待权，属于不同法律性质的权利。

（一）林地使用权和林木所有权

林地使用权和附着于林地之上的林木所有权，属于不动产物权。林地使用权，是指民事主体依法取得的，对特定林地享有的占有、使用、收益以及该特定条件下对林地使用权予以处分的权利。林地使用权可以通过承包的方式取得，也可以通过转包或转让的方式取得，通常具有明确的期

---

① 该司法解释已于2020年12月29日修正，本条内容未作变动。

② 对应《最高人民法院关于适用〈中华人民共和国民事诉讼法〉的解释》（2022年修正）第三百零二条。

③ 对应《最高人民法院关于适用〈中华人民共和国民事诉讼法〉的解释》（2022年修正）第三百一十条。

限，属于他物权（用益物权）的范畴。林木所有权，是指权利人依法律规定或依合同约定，对林地上的林木享有的占有、使用、收益和处分的权利，属于自物权（所有权）的范畴。

（二）不动产物权期待权

物权期待权这一概念在学理上存有争议。《异议复议规定》的解读文章对该规定第二十八条至第三十条使用了“物权期待权”这一概念进行学理解释，即《异议复议规定》第二十八条至第三十条分别对案外人异议审查中一般买受人物权期待权、消费者物权期待权、预告登记物权期待权的保护作了规定。物权期待权的性质究竟是具有物权排他效力的特殊债权还是本身就属于物权？对此也存有争议。所谓买受人物权期待权，是指对于已经签订买卖合同的买受人，在已经履行合同部分义务的情况下，虽然尚未取得合同标的物的物权，但赋予其类似物权人的地位，其对物权的期待权具有排除执行的效力。买受人物权期待权属于期待权范畴。所谓期待权，是指将来可能取得与实现的权利，即期待权是当事人尚未取得，必须有一定的事实发生才能取得的权利。故物权期待权并非物权本身，物权期待权人还没有真正取得执行标的的物权。

（三）案外人取得林地使用权、附着林木所有权排除执行的情形与不动产物权期待权的差异

在物质形态上，林地和地上附着的林木是一个自然综合体，在权利流转时，林地使用权与所附着林木的所有权同时转移。附着林木所有权不宜脱离林地使用权而单独流转，应随林地使用权的流转而同时流转。尽管法律并无明文规定林木所有权登记效力，但既然林随地走，两者在未实现分离时，其登记效力应同样对待。根据《中华人民共和国森林法》第三条[①]，

① 该法已于2019年修订，修订后对应第十四条、第十五条。

《中华人民共和国物权法》第一百二十七条[①]、第一百二十九条[②]规定，林地使用权和附着林木所有权的设立、变动，不以登记为生效要件，登记造册只是对林地林木物权予以确认的程序，而确认的前提是物权已经客观存在。可见，林地使用权、附着林木所有权登记并非物权生效要件，在林地林木物权发生流转时，登记公示仅具有对抗效力，而非判断物权真正权属的生效要件。

案外人取得林地使用权、附着林木所有权从而排除执行的情形，明显不属于不动产物权期待权排除执行的情形。此时，案外人已经取得了不动产物权，属于物权权利人，其权利性质不再是一种物权的期待权，过户登记也只具有对抗效力，而非不动产物权变动的生效要件。换言之，前者是遵循登记对抗主义规则，在物权权属已经发生变动、登记只具有对抗效力的情况下排除执行；后者则是遵循登记要件主义规则，在不动产物权变动尚未发生符合登记生效要件事实的情况下排除执行。两者关于不动产过户登记的效力规则不同，故物权期待权概念不能合理解释奉行登记对抗主义规则的不动产物权变动从而排除执行的问题。

（四）用物权期待权概念解释《异议复议规定》第二十八条的局限性

买受人物权期待权最早滥觞于德国，经德国帝国法院确认并逐渐被其他大陆法国家所接受。德国不动产物权的设立、变动采登记要件主义，故物权期待权的概念用于解释登记要件主义前提下不动产物权变动从而排除执行的情形具有合理性，也与德国登记要件主义不动产物权变动规则相适应。但这一概念在解释采登记对抗主义规则的不动产物权变动排除执行的情况下，就显得不合理。因为在登记对抗主义制度框架下，如果在执行法

---

① 对应《民法典》第三百三十三条："土地承包经营权自土地承包经营权合同生效时设立。登记机构应当向土地承包经营权人发放土地承包经营权证、林权证等证书，并登记造册，确认土地承包经营权。"

② 对应《民法典》第三百三十五条："土地承包经营权互换、转让的，当事人可以向登记机构申请登记；未经登记，不得对抗善意第三人。"

院查封不动产之前，买受人就与被执行人形成合法有效的买卖关系，合法占有该不动产，并已支付全部价款或者将剩余价款交付执行的话，此时，该不动产物权已经转移给买受人，过户登记仅具有对抗第三人的效力，而非该不动产物权变动的生效要件，买受人对该不动产已经享有现实的物权，其权利性质不再是一种物权期待权。

《异议复议规定》第二十八条规定的不动产，并未区分登记要件主义和登记对抗主义的具体情形，从文义解释的方法看，该条规定也可以包括土地承包经营权这类物权设立、变动采登记对抗主义规则的不动产。不能依据《异议复议规定》第二十八条只能用物权期待权理论解释的思维定式，来否定该条也可以适用于登记对抗主义的不动产物权变动，否则无异于本末倒置。应当从条文表述的通常语义，解释其中不动产的含义。因此，该条规定应包括物权变动采登记对抗主义的不动产，用物权期待权概念解释《异议复议规定》第二十八条，在理论上是不周延的。虽然在我国登记要件主义是大多数不动产物权设立、变动所奉行的主要规则，但是我国同时也存在部分不动产物权设立、变动采登记对抗主义的情形，典型的如农村土地承包经营权。对于《查封、扣押、冻结规定》第十七条来说，也存在同样的问题。所以，对于本案来说，不宜再用物权期待权理论解释适用《异议复议规定》第二十八条和《查封、扣押、冻结规定》第十七条的问题。况且，理论上对物权期待权这一概念本身的争议就从未间断。

二、本案适用《异议复议规定》第二十八条和《查封、扣押、冻结规定》第十七条是否妥当

执行异议之诉审判程序中，法院能否直接适用《异议复议规定》第二十八条、《查封、扣押、冻结规定》第十七条规定审理诉讼案件，实践中存在不同观点，主要存在肯定说与否定说。肯定说认为，法院可以在案外人异议之诉审判程序中，适用上述执行实施程序和案外人异议审查程序中的司法解释规定。否定说认为，上述规定系执行实施程序和案外人异议审查程序适用的司法解释，并不当然适用于案外人执行异议之诉的审理。

笔者认为，当前尚无直接针对执行异议之诉中，法院审理不动产一般

买受人权利能否排除执行的具体规则，司法实践虽然在适用法律方面做法不一，但也基本遵循与上述执行程序司法解释相似的思路进行审理。就目前而言，执行异议之诉的裁判文书是否援引《查封、扣押、冻结规定》第十七条或《异议复议规定》第二十八条，更多具有形式层面的意义，在实际裁判规则中，法院亦可运用上述执行程序司法解释的基本精神进行审理。执行异议之诉并非一定要适用案外人异议实质审查的有关规定，是否直接引用上述执行程序司法解释规定，尚不能单独作为评判适用法律正确与否的理由。《查封、扣押、冻结规定》第十七条或《异议复议规定》第二十八条，对执行异议之诉的审理具有一定的参考意义，在执行异议之诉法律适用规则正式出台前，暂时适用这些司法解释规定也无不妥。上述两条司法解释规定的不动产一般买受人权利可以排除执行的构成要件，概括起来主要包括以下几项：

1. 在法院查封执行标的前，被执行人与案外人之间是否形成合法有效的不动产买卖合同关系。至于被执行人与案外人是否必须签订书面买卖合同，实务中存在不同观点。

2. 在法院查封执行标的前，案外人是否已合法占有该标的。对实际占有执行标的的认定，实务中需要根据当事人提交的相关证据具体判断。

3. 案外人是否支付全款。案外人支付全款的情形包括实际支付全款和将剩余价款交付法院执行。至于款项完成全部交付的时间，目前尚无规定明确予以限制。笔者倾向于最晚不能迟于一审法庭辩论终结前，但也有观点认为，最晚不能迟于执行程序案外人异议审查结论作出前。

4. 不动产未办理过户登记是否因案外人自身原因，或者案外人对未办理过户登记是否存在过错。对于前 3 项要件，实践中一般认为需要同时具备才能对抗申请执行人，但对于第 4 项是否也应同时作为排除执行的构成要件则存在分歧。

本案林地使用权及附着林木所有权属于不动产，单从文义解释看，亦可适用上述构成要件。除此以外，适用上述要件还包括以下理由：

首先，案外人对执行标的享有的实体权利成立，与该权利能否排除执行，是两个层面的概念。实践中，有些案件的案外人虽然对执行标的享有

实体权利，但其权利在法律性质上不能排除对该标的的执行。因此，权利成立要件与排除执行的要件，未必是完全吻合的。排除执行的要件还需要考虑申请执行人对该执行标的享有的法律利益。在有申请执行人参加的执行程序中，案外人对执行标的主张排除执行的权利，与申请执行人、被执行人形成三方法律关系，案外人执行异议之诉的被告是申请执行人。故排除执行法律要件的设定，不能仅考虑案外人对执行标的的权利是否成立，在很多情况下，还要进行申请执行人对某些特定标的信赖利益的考量。在有些案件中，案外人对执行标的主张排除执行的请求，除了实体权利成立以外，还需要具备一定的权利公示方法，并满足相应的法律要件才能达到排除执行的目的。

其次，是登记对抗主义不动产物权的法律特征使然。物权变动采登记对抗主义的不动产，受让人取得物权并可对抗申请执行人应当符合一定的法律条件。根据《最高人民法院关于适用〈中华人民共和国物权法〉若干问题的解释（一）》[①]［以下简称《物权法解释（一）》］第六条规定，转让人转移船舶、航空器和机动车等所有权，受让人已经支付对价并取得占有，虽未经登记，但可以对抗转让人的债权人。这里的债权人主要是指普通债权人或一般债权人，包括强制执行程序中的债权人。据此，采登记对抗主义的特殊动产物权变动，需满足转让关系成立、受让人已经支付对价并取得占有等要件时，才能对抗执行债权人。相比之下，同样采登记对抗主义的不动产物权变动受让人权利要想对抗执行债权人，至少也应符合转让关系成立、受让人支付价款并取得合法占有这些构成要件，即物权变动需要通过一定的方式对外公示，才能产生对抗执行债权人的效力。存有争议的是，采登记对抗主义的不动产物权变动中，如何看待未完成变更登记的问题。对于未完成过户登记的，究竟是按照《物权法解释（一）》第六条规定，不作为对抗执行债权人的构成要件考虑，还是按照《查封、扣押、冻结规定》第十七条或者《异议复议规定》第二十八条规定，将其作为一项对抗执行债权人的构成要件加以衡量呢？笔者认为，《物权法解释

---

① 该司法解释已于2021年1月1日废止。

(一)》第六条只是对特殊动产的规定，采登记对抗主义的不动产物权变动，不在该条规定范围之内，而应适用不动产物权变动排除执行的情形。《异议复议规定》第二十八条专门对不动产物权变动排除执行的问题作了规定，所以，采登记对抗主义的不动产物权变动能否排除执行，与《异议复议规定》第二十八条在法律关系上更加接近，适用该条规定的构成要件更为合理。

综上，对本案案外人的林地使用权、林木所有权能否排除执行的问题，一、二审法院适用《查封、扣押、冻结规定》第十七条、《异议复议规定》第二十八条规定审理，并无不妥。

三、排除执行潜在的要件事实——申请执行人金钱债权的性质

有观点认为，不动产一般买受人的权利在符合《查封、扣押、冻结规定》第十七条或者《异议复议规定》第二十八条规定的情况下，能否对抗申请执行人的金钱债权，还需考虑该金钱债权的性质。如果申请执行人的金钱债权系对执行标的变现价值享有优先受偿权的话，那么案外人对该标的的物权或者物权期待权能否对抗优先受偿权的执行，则需根据民事实体法的有关规定判断。依据物权法、担保法、合同法等法律及相关司法解释的规定，执行标的受让人权利不能对抗申请执行人优先受偿权的，对案外人排除执行的请求不予支持；反之，则不得对该标的强制执行。

相反观点认为，不动产一般买受人的权利只要符合《查封、扣押、冻结规定》第十七条或者《异议复议规定》第二十八条规定的，不仅可以对抗申请执行人的普通金钱债权，也可以对抗申请执行人对该标的的优先受偿权。不论申请执行人的金钱债权是普通金钱债权，还是对执行标的变现价值享有优先受偿权的金钱债权，均不能对抗案外人对该标的的物权或者物权期待权。故在这种情况下，无须考虑申请执行人金钱债权的性质，案外人对该不动产的物权或者物权期待权均应优先保护。

上述两种观点在司法实践中均不同程度存在。就本案而言，申请执行人享有的是普通金钱债权，案外人对执行标的主张的是林地使用权和林木所有权。本案需要解决的是申请执行人的普通金钱债权能否就案涉林地使

用权、林木所有权得以实现的问题。因此，就本案而言，案外人林地使用权、林木所有权只要符合《异议复议规定》第二十八条，即可对抗申请执行人的普通金钱债权。

四、本案案外人排除执行的请求能否成立

关于案外人与被执行人签订合同的问题，廖某与邱某于 2014 年 1 月 15 日签订的转让协议合法有效，且签订时间在执行法院查封之前。本案证据显示，廖某已按协议支付全部价款。从案件事实看，案外人在执行法院查封案涉不动产之前就已实际占有该标的，进行经营管理，并设定租赁关系。案外人未将案涉不动产过户登记至其名下，系因被执行人牵涉其他债权债务纠纷，法院因另案查封了案涉不动产，致使其无法办理过户登记。案外人已向相关登记机关申请办理过户登记，但因另案查封效力的存在而无法实现，不属于因案外人自身原因导致案涉不动产未办理过户登记，也不能认定案外人对未办理过户登记存在过错。综合上述分析，案外人廖某请求对执行标的排除执行的主张符合法律规定，应予支持。

五、法院对执行标的的确权裁判是否违反专属管辖规定

根据《民事诉讼法解释》第三百零四条规定，案外人执行异议之诉由执行法院专属管辖，另据《民事诉讼法解释》第三百一十二条第二款规定，案外人提起执行异议之诉，同时提出确认其权利的诉讼请求的，人民法院可以在判决中一并作出裁判。一、二审判决根据当事人的诉讼请求，在本案中对执行标的确权问题一并审理，有法律依据，不违反法定程序。

对于《民事诉讼法解释》第三百一十二条的理论解读，笔者认为，案外人执行异议之诉的诉讼标的应为程序上的异议权，提起执行异议之诉的目的，应为排除对特定执行标的的强制执行程序，当事人之间的实体法律关系虽为该异议权存在与否的先决问题，但并非案外人执行异议之诉的诉讼标的，案外人执行异议之诉只需解决对当事人主张的特定执行标的是否强制执行的问题，无需对当事人之间的实体权利义务关系作出裁判。如果案外人仅向执行法院主张排除对特定标的的强制执行，并未请求法院对其实

体权利成立作出裁判的，则为纯粹的案外人执行异议之诉，法院应依照《民事诉讼法解释》第三百一十二条第一款规定，对是否执行该标的作出判决；如果当事人在对执行程序是否进行提起执行异议之诉的同时，又提出诉讼请求主张法院对实体法律关系一并作出裁决的，则属于执行异议之诉与普通民事诉讼的合并，而非单纯的执行异议之诉，法院应依照《民事诉讼法解释》第三百一十二条第二款规定，根据当事人的诉讼请求一并作出裁判。

六、本案执行标的的确权问题

廖某是否为案涉林地林木的物权权利人？法院在判决主文中，能否根据其诉讼请求作出确权裁判？根据《中华人民共和国物权法》第一百二十九条规定，土地承包经营权转让采登记对抗主义，未经登记不得对抗善意第三人。登记只具有对抗效力，不是认定林地使用权、林木所有权权属的生效要件。在签订转让协议后，廖某支付了全部款项，并聘请工人对林地进行养护管理，还与黄坑林场签订租赁合同，说明其已经实际占有案涉林地，开展了经营活动。在一审法院查封之前，廖某已经向登记机关申请变更登记，填写了林权转移登记申请表，未办理林权证变更登记，是因执行标的被赣州中院查封所致。廖某已经受让案涉林地林木物权，并完成不动产交付，实现了对不动产的占有，未办理变更登记只是欠缺形式上的对抗要件，其实际上已经享有案涉林地林木的物权，法院可以据此作出确权裁判。

二、申请执行人执行异议之诉

▶

当事人对已经生效仲裁裁决或法院裁判驳回的诉讼请求，以执行异议之诉的方式再行主张的属于重复诉讼

41. 中铁物上海有限公司与济南润和机车车辆物流有限公司、中车山东机车车辆有限公司申请执行人执行异议之诉案*

【裁判摘要】

生效仲裁裁决或人民法院判决已经驳回当事人的部分请求，当事人在执行过程中又以相同的请求和理由提出执行异议之诉的，属于重复诉讼，应当裁定驳回起诉。

最高人民法院民事裁定书

（2021）最高法民申42号

再审申请人（一审原告、二审上诉人）：中铁物上海有限公司，住所地上海市静安区会文路50号1603室。

---

* 摘自《最高人民法院公报》2021年第11期。

法定代表人：孔某兵，该公司总经理兼执行董事。

委托诉讼代理人：王某杰，山东博睿律师事务所律师。

委托诉讼代理人：刘某双，山东博睿律师事务所律师。

被申请人（一审被告、二审被上诉人）：济南润和机车车辆物流有限责任公司，住所地山东省济南市槐荫区槐村街73号。

法定代表人：徐某，该公司执行董事。

委托诉讼代理人：张某华，该公司员工。

被申请人（一审被告、二审被上诉人）：中车山东机车车辆有限公司，住所地山东省济南市槐荫区槐村街73号。

法定代表人：王某长，该公司董事长。

委托诉讼代理人：丁某军，该公司员工。

再审申请人中铁物上海有限公司（以下简称中铁物公司）因与被申请人济南润和机车车辆物流有限公司（以下简称润和公司）、中车山东机车车辆有限公司（以下简称中车山东公司）申请执行人执行异议之诉一案，不服山东省高级人民法院（2020）鲁民终1438号民事判决，向本院申请再审。本院依法组成合议庭进行了审查，现已审查终结。

中铁物公司申请再审称：（一）中铁物公司申请再审新提交的两组证据可以推翻原审判决认定的事实。一是在另案（2020）鲁01民再173号案中，润和公司提交的其向公司执行董事兼总经理徐某、监事曹某峰、监事崔某亮的工资发放记录，而这三名高管人员的社会保险系由中车山东公司缴纳，这足以证明润和公司与其股东中车山东公司存在管理人员混同。二是润和公司在另案中提交的2013~2019年的涉税信息查询结果告知书，从告知书可以看出润和公司2017年的纳税数额明显减少，2018年、2019年的纳税额为0，已不具备经营能力，但其2017年、2018年、2019年的审计报告却是在公司可持续经营的基础上进行编制，证明润和公司的审计报告明显具有财务数据造假的嫌疑。以上两组证据足以证明原审法院关于润和公司与中车山东公司的审计报告和财务报表证明两公司无财产混同情况的事实认定错误。（二）润和公司系中车山东公司的全资子公司，双方之间存在管理人员、经营场所、财产混同情形，中车山东公司不能证明自

己的财产独立于润和公司，应追加其为被执行人。（三）中铁物公司在一审中以书面形式申请人民法院对润和公司、中车山东公司财务进行司法审计，但一审法院未予准许。（四）在仲裁程序中，中铁物公司系依据《中华人民共和国公司法》第六十三条规定申请仲裁，而在本案中中铁物公司系依据《最高人民法院关于民事执行中变更、追加当事人若干问题的规定》第二十条规定提起执行异议之诉。二者法律关系不同，救济程序不同，故本案不属于重复审理。综上，中铁物公司依据《中华人民共和国民事诉讼法》第二百条[①]第一项、第二项、第五项、第六项的规定申请再审。

润和公司、中车山东公司提交书面答辩意见称，原审法院认定事实清楚，适用法律正确，请求依法驳回中铁物公司的再审申请。

本院经审查认为：诉讼与仲裁均是当事人解决矛盾纠纷的法律途径，当事人可以根据法律规定和协商约定自主选择采用何种途径维护自身合法权益，并在行使权利过程中遵从相关法律的规定和约束。《中华人民共和国仲裁法》第九条规定："仲裁实行一裁终局的制度。裁决作出后，当事人就同一纠纷再申请仲裁或者向人民法院起诉的，仲裁委员会或者人民法院不予受理。裁决被人民法院依法裁定撤销或者不予执行的，当事人就该纠纷可以根据双方重新达成的仲裁协议申请仲裁，也可以向人民法院起诉。"据此，当事人选择以仲裁程序解决矛盾纠纷时需遵从一裁终局制，仲裁庭作出裁决后应视为对矛盾纠纷作出了终局处理，当事人不得就同一纠纷再次申请仲裁或向人民法院提起诉讼。

本案中，中铁物公司在提起本案诉讼前已经在仲裁程序中以润和公司是济南轨道交通装备有限公司（以下简称轨道公司，2016 年 8 月更名为中车山东公司）的全资子公司、两公司工作人员混同等为由，请求中车山东公司对润和公司的案涉债务承担连带责任，济南仲裁委作出（2016）济仲裁字第 0280 号裁决书，认为从润和公司与轨道公司各自独立的法人性质看，润和公司虽系轨道公司独资设立，但两公司各自依法具有独立法人资格，依法独立对自己的民事行为享有权利、承担义务和责任，中铁物公司

① 对应《民事诉讼法》（2021 年修正）第二百零七条。

以两公司工作人员混同等为由，要求轨道公司共同承担欠款及利息、律师费、仲裁费等责任，缺少事实和法律依据，裁决对中铁物公司的上述请求不予支持。该仲裁裁决作出后，中铁物公司向人民法院申请执行。在执行过程中，中铁物公司申请追加中车山东公司为被执行人，对润和公司的债务承担连带清偿责任。一审法院裁定驳回中铁物公司的申请后，其提起本案执行异议之诉。虽然中铁物公司提出其提起本案执行异议之诉所依据的法律关系、救济程序、法律条文与其在仲裁案件中所依据的均不相同，本案不属于重复审理，但本院认为其主张不能成立。第一，从执行异议之诉的设立目的来看，该诉讼类型是在经过执行异议审查后，为了保障申请执行人的债权实现、被执行人的合法权益及第三人充分参与诉讼程序的权利而设立，当第三人与当事人间的纠纷已在其他仲裁或者诉讼程序中被实质性解决时，提起执行异议之诉即缺乏正当性。本案中，中铁物公司在执行程序中申请追加中车山东公司承担连带清偿责任的请求和理由与其在仲裁程序中提出的请求和理由具有一致性，其在仲裁庭已就上述请求作出裁决的情况下，仍然以申请追加被执行人的方式再次主张同样的请求，并在被驳回后提起执行异议之诉，不具有正当性。第二，从仲裁程序的救济途径来看，在仲裁庭裁决驳回中铁物公司关于中车山东公司对润和公司的案涉债务承担连带清偿责任的请求后，依据一裁终局规则，除非该裁决被依法撤销，否则裁决结果具有法律效力，中铁物公司在执行程序中申请追加中车山东公司承担连带清偿责任的行为，其实质是对仲裁裁决结果不服并提出异议，这不符合仲裁程序的救济规则。第三，从或裁或审原则来看，尽管中铁物公司未在仲裁裁决作出后直接就同一纠纷提起诉讼，但由于其在执行异议、执行异议之诉中的请求与仲裁程序中的请求相同，如果人民法院再次予以审理，实质上属于重复审理，违反了或裁或审原则。因此，中铁物公司提起执行异议之诉在本质上属于重复诉讼，本案应当驳回中铁物公司的起诉。但考虑到原审法院驳回了中铁物公司的诉讼请求，尽管在处理结果上与驳回起诉不同，但也未对当事人的权益及仲裁裁决的效力产生实质性影响，故为减轻当事人讼累，节约司法资源，本案可驳回中铁物公司的再审申请。中铁物公司申请再审新提交的润和公司高级管理人徐某、

崔某亮、曹某峰工资发放流水，润和公司 2013 年至 2019 年涉税信息查询结果告知书等不属于《中华人民共和国民事诉讼法》第二百条第一项规定的足以推翻原判决的新的证据。

综上，中铁物公司的再审申请不符合《中华人民共和国民事诉讼法》第二百条第一项、第二项、第五项、第六项规定的情形。依照《中华人民共和国民事诉讼法》第二百零四条①第一款、《最高人民法院关于适用〈中华人民共和国民事诉讼法〉的解释》第三百九十五条②第二款规定，裁定如下：

驳回中铁物上海有限公司的再审申请。

审 判 长　张　纯
审 判 员　汪　军
审 判 员　谢爱梅

二〇二一年四月十二日

法官助理　马　冉
书 记 员　宋　健

---

① 对应《民事诉讼法》（2021 年修正）第二百一十一条。

② 对应《最高人民法院关于适用〈中华人民共和国民事诉讼法〉的解释》（2022 年修正）第三百九十三条。

42．某银行与某区管委会申请执行人执行异议之诉纠纷案*

被拆迁人对拆迁安置房产的优先取得权能够阻却其后设定抵押权的强制执行

【裁判摘要】

被拆迁人与拆迁人按照产权调换方式签订拆迁补偿安置协议，明确了拆迁安置房产的位置和用途，此后该拆迁安置房产设定抵押权，被拆迁人请求排除抵押权人申请的强制执行，应予支持。

一、案情简介

某区管委会的办公场所被征收，其与拆迁人甲公司签订《房屋拆迁补偿安置协议（产权调换）》，调换房屋位置为拆迁原地再建的甲公司工业大厦，调换面积1365.93平方米。此后，某区管委会与甲公司签订《商品房买卖合同》购买工业大厦第四层商品房。甲公司认可某区管委会已经全部付清案涉购房款，未办理过户登记手续的原因在甲公司。甲公司已向某区管委会交付上述商品房，某区管委会对案涉商品房已进行装修。

上述商品房买卖协议签订之后，甲公司以工业大厦的所有权及土地使用权为乙公司向某银行贷款提供抵押

---

* 摘自《民事审判指导与参考》2018年第2辑（总第74辑），人民法院出版社2018年版，第161~164页。

担保。因乙公司未能按约定还贷，某银行提起诉讼。在某银行诉甲公司、乙公司借款合同纠纷案中，法院查封了甲公司所有的工业大厦，并判决甲公司在工业大厦所有权以及相应土地使用权的价值范围内承担担保责任。判决生效后，某银行向法院申请强制执行。某区管委会作为案外人提出执行异议，请求解除对工业大厦第四层楼的查封，法院裁定中止执行，某银行向法院提起申请执行人执行异议之诉，请求准许执行。

二、法院裁判情况

一审法院认为，某区管委会虽与甲公司签订《商品房买卖合同》，已支付购房款，且已合法占有涉案房产，但其至今未取得涉案房产的所有权，其仅为合同债权人，所享有的民事权益不足以对抗生效法律文书的强制执行力。

二审法院认为，《最高人民法院关于审理商品房买卖合同纠纷案件适用法律若干问题的解释》（以下简称《商品房买卖合同司法解释》）第七条[①]第一款规定："拆迁人与被拆迁人按照所有权调换形式订立拆迁补偿安置协议，明确约定拆迁人以位置、用途特定的房屋对被拆迁人予以补偿安置，如果拆迁人将该补偿安置房屋另行出卖给第三人，被拆迁人请求优先取得补偿安置房屋的，应予支持。"涉案房屋用于安置拆迁回迁户，某区管委会享有的优先取得补偿安置房屋的权益优先于某银行所享有的抵押权。某区管委会与甲公司签订《商品房买卖合同》的时间早于甲公司与某银行签订抵押合同的时间，某区管委会已向甲公司支付完毕全部购房款，并已实际占有案涉房屋，且某区管委会对至今未办理涉案房屋产权登记手续并无过错。依据《最高人民法院关于人民法院办理执行异议和复议案件若干问题的规定》（以下简称《执行异议和复议规定司法解释》）第二十八条[②]、《商品房买卖合同司法解释》第七条第一款规定，某区管委会享有的权益足以阻却执行。

---

① 该司法解释已于2020年12月29日修正，修正后本条已被删除。

② 该司法解释已于2020年12月29日修正，本条内容未作变动。

某银行申请再审，主张本案不应适用《商品房买卖合同司法解释》第七条第一款规定，某区管委会享有的权利仅为普通债权，不能阻却抵押权的强制执行。

三、主要观点及理由

关于某区管委会对拆迁安置房产的权利能否阻却抵押权人某银行申请的强制执行，形成两种意见：

第一种意见认为，某区管委会对补偿安置房屋的权益仅为普通债权，并不优先于某银行的抵押权，不能阻却执行。主要理由是：首先，本案不适用《商品房买卖合同司法解释》第七条第一款的规定，该规定仅适用于第三人为买受人的情形，并不适用于第三人为抵押权人的情形。其次，《执行异议和复议规定司法解释》第二十七条规定："申请执行人对执行标的依法享有对抗案外人的担保物权等优先受偿权，人民法院对案外人的执行异议不予支持，法律、司法解释另有规定的除外。"在法律、司法解释未明确规定被拆迁人的权利优先于抵押权的前提下，某区管委会对拆迁安置房屋享有的权利不足以阻却某银行申请的执行。

第二种意见认为，某区管委会作为被拆迁人的权利应优先受到保护，足以阻却强制执行。主要理由是：首先，涉案房屋用于安置拆迁回迁户，某区管委会对案涉房屋享有特殊债权，优先于某银行享有的抵押权。其次，某区管委会与甲公司签订《商品房买卖合同》的时间早于甲公司与某银行签订抵押合同的时间，某区管委会已向甲公司支付完毕全部购房款，并已实际占有案涉房产，某区管委会对至今未办理涉案房屋产权登记手续并无过错。

本书倾向于赞同第二种观点。根据《执行异议和复议规定司法解释》第二十七条规定，通常情况下，抵押权具有优先受偿效力，所有权及普通债权均不能对抗抵押权的优先受偿效力，但是在法律、司法解释另有规定情况下，特殊债权可优先于担保物权。被拆迁人对拆迁安置房屋的优先取得权即为特殊债权。主要理由是：

第一，被拆迁人对拆迁安置房屋享有的权利具有优先效力。《商品房

买卖合同司法解释》第七条第一款规定被拆迁人享有优先取得安置房屋的权利，其享有的债权系特种债权，能够对抗其他购买人。主要是因为：拆迁关系中，被拆迁人丧失的是现存房屋的所有权，取得尚未建成房屋的期待权，被拆迁人处于弱势地位，其期待权能否实现直接影响其基本的生存居住、使用权，故应受到特殊保护。此外，拆迁安置房屋特定化之后具有物权客体特定性的特征，被拆迁人对拆迁安置房屋享有类似物权的优先效力。本案中，甲公司与某区管委会签订商品房买卖合同，确定拆迁安置用房的位置和用途，某区管委会作为被拆迁人对涉案房屋享有的债权具有优先效力。尽管案涉房产并非另行出售给第三人，而是抵押给第三人，但是其亦属于处分行为，并且抵押权的设定在拆迁安置协议签订之后，抵押权的行使亦妨碍被拆迁人合法权益的实现。因此，可以参照适用《商品房买卖合同司法解释》第七条第一款的精神，对被拆迁人予以特殊保护。

第二，《商品房买卖合同司法解释》第七条第一款虽未明确规定被拆迁人对拆迁安置房产的优先取得权优先于抵押权，但对相关法律进行解释，可以得出该结论。《最高人民法院关于建设工程价款优先受偿权问题的批复》[①] 规定："一、人民法院在审理房地产纠纷案件和办理执行案件中，应当依照《中华人民共和国合同法》第二百八十六条的规定，认定建筑工程的承包人的优先受偿权优于抵押权和其他债权。二、消费者交付购买商品房的全部或者大部分款项后，承包人就该商品房享有的工程价款优先受偿权不得对抗买受人……"根据上述司法解释规定，在权利发生冲突时，建设工程价款优先受偿权优先于抵押权，但是不能对抗已经交付购买商品房的全部或者大部分款项的消费者。因此，抵押权的行使也不能对抗消费者的上述权利。如果被拆迁人的权利与一般购房消费者的权利发生冲突，根据《商品房买卖合同司法解释》第七条第一款规定，被拆迁人对拆迁安置房产有优先取得权，据此可以认定被拆迁人对拆迁安置房屋的优先取得权能够优先于抵押权。

① 已失效。

四、最高人民法院民一庭意见

被拆迁人与拆迁人按照产权调换方式签订拆迁补偿安置协议，明确了拆迁安置房产的位置和用途，此后该拆迁安置房产设定抵押权，被拆迁人请求排除抵押权人申请的强制执行，应予支持。

（执笔人：谢爱梅、翟会杰）

43. 郭某与蒋某等申请执行人执行异议之诉案[*]

▶ 人民法院执行实际施工人对发包人的到期债权的，转包人、违法分包人等债务人有权作为被执行债权的债务人提出异议

【裁判摘要】

在人民法院执行作为实际施工人的被执行人对发包人享有的到期债权的情况下，各转包人、违法分包人亦有权作为被执行债权的债务人提出异议，属于《民事诉讼法司法解释》第五百零一条①规定的“该他人”，而非“利害关系人”。申请执行人对转包人、违法分包人的异议有异议的，应当提起代位权诉讼而非执行异议之诉。

一、案情简介

甲公司系涉案工程发包人，与乙公司签订建设工程施工合同，将涉案工程发包给乙公司。于某与乙公司系挂靠关系。于某从乙公司承接涉案工程后又转包给蒋某施工。蒋某将涉案工程施工完毕。郭某与蒋某存在民间借贷关系。2016 年 12 月 6 日，郭某就蒋某欠付借款向

---

* 摘自《民事审判指导与参考》2021 年第 3 辑（总第 87 辑），人民法院出版社 2022 年版，第 195～202 页。

① 对应《最高人民法院关于适用〈中华人民共和国民事诉讼法〉的解释》（2022 年修正）第四百九十九条。

某市仲裁委员会申请仲裁。该仲裁委员会于2017年1月17日作出南仲裁字（2016）第104号仲裁调解书，确认：蒋某于2017年1月18日前一次性偿还郭某借款88.4万元及利息35360元。仲裁期间，人民法院于2016年12月9日向甲公司发出协助执行通知：冻结涉案工程项目应付工程款88.4万元。该仲裁调解书生效后，因蒋某未按时履行还款义务，郭某向一审法院申请强制执行。执行过程中，一审法院于2017年7月19日扣划甲公司处的涉案项目工程款88.4万元。乙公司向执行法院提出执行异议，该院审查后作出（2017）豫13执异309号执行裁定，裁定：中止对蒋某在乙公司中标工程项目范围内的88.4万元工程款的执行。郭某不服，向一审法院提起诉讼。蒋某系涉案工程实际施工人。

二、法院裁判情况

一审法院认为，本案系申请执行人提出的执行异议之诉纠纷，争议焦点是申请执行人郭某是否对执行标的享有继续执行的权利。从本案已经查明的事实看，执行标的系涉案工程款，一审法院以蒋某为涉案工程实际施工人，扣划涉案工程款88.4万元。但扣划标的的指向系乙公司工程款专户资金。涉案工程施工合同的签订方为甲公司和乙公司；双方按照合同施工、验收并结算；现有证据不足以证实蒋某享有直接向甲公司主张工程款的权利，且合同双方均对蒋某向甲公司主张权利的资格不予认可，无法证明蒋某对争议款项享有债权，根据合同相对性的原则和《最高人民法院关于人民法院办理执行异议和复议案件若干问题规定》第二十五条第五项规定，执行中直接执行乙公司工程款专户资金不妥，缺乏证据支持。故对郭某主张对执行标的继续执行的请求，不予支持，故判决：驳回郭某的诉讼请求。

二审法院认为，本案争议的焦点是乙公司对涉案工程款是否享有足以排除强制执行的民事权益。根据《最高人民法院关于适用〈中华人民共和国民事诉讼法〉的解释》（以下简称《民事诉讼法司法解释》）第三百一

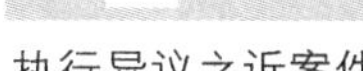

十一条①规定，案外人或者申请执行人提起执行异议之诉的，案外人应当就其对执行标的享有足以排除强制执行的民事权益承担举证证明责任。本案中，申请执行人是郭某，被执行人是蒋某，案外人是乙公司，虽然本案系申请执行人执行异议之诉，但举证责任依法应由乙公司承担。乙公司提供结算单、结算明细、转款凭证及银行流水，欲证明其与蒋某已经结清工程款，但其提供的转款凭证及银行流水的交易双方户名均不是乙公司和蒋某，现有证据达不到其证明目的，不足以证明其在执行法院扣划前已经将蒋某的工程款结算完毕。根据已生效法律文书查明的事实，涉案工程的发包人为甲公司。甲公司负有按照合同及时支付工程款的义务。蒋某作为实际施工人对涉案工程的工程款享有请求甲公司支付的权利。乙公司在甲公司处的专用资金账户工程款的实际权利人系蒋某。甲公司没有否认涉案工程款，对涉案工程款没有提出异议。一审法院依法执行属于被执行人蒋某的涉案工程款，符合《民事诉讼法司法解释》第五百零一条②的规定。乙公司不是负有履行到期债务的协助执行义务人，对涉案工程款不享有足以排除执行的民事权益，其主张对涉案工程款享有所有权没有事实和法律依据。综上，郭某的上诉理由成立，故判决：撤销一审判决，准许执行蒋某在乙公司中标工程项目范围内的工程款88.4万元。

再审法院认为，《民事诉讼法司法解释》第五百零一条规定："人民法院执行被执行人对他人的到期债权，可以作出冻结债权的裁定，并通知该他人向申请执行人履行。该他人对到期债权有异议，申请执行人请求对异议部分强制执行的，人民法院不予支持。利害关系人对到期债权有异议的，人民法院应当按照《民事诉讼法》第二百二十七条规定处理。对生效法律文书确定的到期债权，该他人予以否认的，人民法院不予支持。"根据本条规定，人民法院执行被执行人对他人即被执行人的债务人享有的到期债权，如果被执行人的债务人提出异议，申请执行人请求对异议部分强

① 对应《最高人民法院关于适用〈中华人民共和国民事诉讼法〉的解释》（2022年修正）第三百零九条。

② 对应《最高人民法院关于适用〈中华人民共和国民事诉讼法〉的解释》（2022年修正）第四百九十九条。

制执行的，人民法院不予支持。这种情况下，各方当事人的争议是被执行人对其债务人是否享有到期债权，而不是被执行人的债务人对执行标的是否享有足以排除强制执行的民事权益，因此，申请执行人不能提起执行异议之诉，只能提起代位权诉讼，即向人民法院请求以自己的名义代位行使被执行人的债权。在郭某与蒋某另案纠纷仲裁程序中，人民法院于2016年12月9日向甲公司发出协助执行通知：冻结涉案工程项目应付工程款88.4万元。该案仲裁调解书生效后，因蒋某未履行还款义务，郭某向一审法院申请强制执行。在该案执行过程中，一审法院于2017年7月19日扣划乙公司在甲公司处的涉案工程款88.4万元。一审法院执行涉案工程款的实体法律依据应是《最高人民法院关于审理建设工程施工合同纠纷案件适用法律问题的解释》（以下简称《建工解释》）第二十六条第二款关于“实际施工人以发包人为被告主张权利的，人民法院可以追加转包人或者违法分包人为本案当事人。发包人只在欠付工程价款范围内对实际施工人承担责任”的规定。[①] 根据该条规定，实际施工人对发包人所享有的债权，以其对转包人或者违法分包人享有建设工程价款债权，以及转包人或者违法分包人对发包人享有建设工程价款债权为前提。发包人在欠付工程款范围内向实际施工人履行债务后，实际施工人对转包人或者违法分包人享有的建设工程价款债权以及转包人或者违法分包人对发包人享有的建设工程价款债权在相应的范围内消灭。因此，如果人民法院执行作为实际施工人的被执行人对发包人的到期债权，实际执行了实际施工人对转包人或者违法分包人享有的建设工程价款债权以及转包人或者违法分包人对发包人享有的建设工程价款债权。在多层转包、违法分包的情况下，如果人民法院执行作为实际施工人的被执行人对发包人的到期债权，实际执行了各建设工程施工合同、转包合同或者违法分包合同项下承包人对发包人享有的建设工

① 《建工解释》已失效。2020年12月29日公布的《最高人民法院关于审理建设工程施工合同纠纷案件适用法律问题的解释（一）》第四十三条第二款规定：实际施工人以发包人为被告主张权利的，人民法院应当追加转包人或者违法分包人为本案第三人，在查明发包人欠付转包人或者违法分包人建设工程价款的数额后，判决发包人在欠付建设工程价款范围内对实际施工人承担责任。

程价款债权。如果这些债权未经生效法律文书确认，各个债务人对各到期债权的真实性、合法性提出异议的，人民法院就不能执行这些到期债权。相关当事人对债务人的异议有异议的，应当就相应的债权债务纠纷提起诉讼。综上，在人民法院执行作为实际施工人的被执行人对发包人享有的到期债权的情况下，各转包人、违法分包人亦有权作为被执行债权的债务人提出异议，属于《民事诉讼法司法解释》第五百零一条规定的“该他人”，而非“利害关系人”。申请执行人对转包人、违法分包人的异议有异议的，应当提起代位权诉讼而非执行异议之诉。因此，本案中，对于郭某提起的申请执行人异议之诉，人民法院不应受理；已经受理的，应当驳回起诉。

三、主要观点及理由

关于人民法院执行作为被执行人的实际施工人对发包人的债权时，转包人、违法分包人等中间人是否有权作为被执行债权的债务人提出异议的问题，实践中存在两种不同的观点：

一种观点认为，人民法院执行作为被执行人的实际施工人对发包人的债权时，转包人、违法分包人等中间人有权作为被执行债权的债务人提出异议。转包人、违法分包人属于《民事诉讼法司法解释》第五百零一条第二款规定的有权提出异议的“该他人”，“该他人”对到期债权提出异议，申请执行人请求对异议部分强制执行的，人民法院不予支持。申请人执行人只能另行提起代位权诉讼，不能提起执行异议之诉。主要理由如下：第一，从《民事诉讼司法解释》第五百零一条理解与适用的角度看。由于被执行人对他人的到期债权未经生效裁判文书、仲裁裁决或者公证债权文书确认，该条第一款规定人民法院作出冻结债权的裁定，并通知该他人向申请执行人履行，缺乏法理依据。因为该执行行为是建立在假定被执行人与该他人之间存在合法有效的到期债权，且申请执行人有权以自己的名义代位行使被执行人的债权为条件的。在未经审判的情况下，执行法院在执行程序中不能对被执行人与该他人之间的债权债务关系作出认定，并强制执行。但考虑到执行被执行人的到期债权在实践中已经实施了较长时间，为提高执行质效，《民事诉讼司法解释》保留了这一规定。为了平衡被执行人的债务人的利益，该条解释第二款赋予了被执行人的债务人以异议权。只要债务人提出异议，执行法院就不能够再执行被执行人对其债务人的到期债权。对于被执行人的债务人提出的异议，执行法院只作形式审查。该异议是否成立，不属于执行法院的审查范围，而应当通过另诉解决。申请执行人请求对异议部分强制执行的，人民法院不予支持，其只能通过提起代位权诉讼，向被执行人的债务人主张权利，无权提起执行异议之诉。第二，执行法院依据《建工解释》第二十六条规定执行被执行人蒋某对甲公司享有的债权。该债权本质上是一个代位债权。依合同相对性原则，蒋某只能请求于某支付工程款，于某只能请求乙公司支付工程款，乙公司才有权请求甲公司支付工程款。《建工解释》第二十六条为保护农民工等建筑工人的利益，规定实际施工人有权请求发包人在欠付工程款范围内承担责任。发包人承担责任的前提是前述每一个债权债务环节中，前手都欠后手建设工程价款。发包人承担责任的后果是，相应建设工程价款债权债务在各个当事人之间消灭。因此，执行法院执行被执行人蒋某对甲公司享有的债权，必然导致蒋某对于某、于某对乙公司以及乙公司对甲公司的债权在88.4万元的范围内消灭。本案中，甲公司、乙公司、于某实际都是蒋某的“债务人”，都属于《民事诉讼司法解释》第五百零一条第二款规定的“该他人”，都有权提出异议。一旦其中一个人提出异议，人民法院就不能再执行蒋某对甲公司的债权。申请执行人郭某只能提起代位权诉讼。如果申请执行人郭某不符合提起代位权诉讼的条件，则其只能请求被执行人蒋某向甲公司、乙公司、于某主张债权。如果乙公司对甲公司享有的债权超过88万元，而乙公司对于某的债务和于某对蒋某的债务低于88万元或者乙公司和于某对蒋某不承担债务的情况下，就会损害于某和蒋某的权利。第三，执行异议之诉与申请执行人另行提起代位权诉讼的诉讼标的不同。执行异议之诉的诉讼标的是案外人对执行标的是否享有民事权益以及其所享有的民事权益是否足以排除强制执行。而申请执行人另行提起代位权诉讼的诉讼标的是被执行人对他人是否享有到期债权，该债权是否属于专属于被执行人自身的债权。本案中，一审法院认为争议焦点是申请执行人郭某是否对执行标的享有继续执行的权利，但二审法院认为争议焦点是案外

人乙公司对涉案工程款是否享有足以排除强制执行的民事权益，二审法院混淆了两个诉讼的标的。第四，执行异议之诉与申请执行人另行提起代位权诉讼的举证责任分配不同。执行异议之诉的制度功能是对民事权益因强制执行行为受到损害的救济程序，本质上是一种侵权之诉。因此，《民事诉讼法司法解释》第三百一十一条规定："案外人或者申请执行人提起执行异议之诉的，案外人应当就其对执行标的享有足以排除强制执行的民事权益承担举证证明责任。"但在申请执行人另行提起的代位权诉讼中，申请执行人应当对被执行人对他人享有到期债权承担举证责任。即使在普通的建设工程施工合同纠纷案件中，也应当由实际施工人对应付工程款承担举证责任。本案中，二审法院错误分配举证责任，认为应当由案外人乙公司就其对涉案工程款享有足以排除强制执行的民事权益承担举证证明责任。即使乙公司证明其对甲公司享有请求支付涉案工程款的债权。由于债权具有平等性，其所享有的权利亦不能排除强制执行。在人民法院执行被执行人到期债权的情况下，债务人无法通过执行异议之诉获得救济。第五，执行异议之诉与申请执行人另行提起代位权诉讼必须参加诉讼的当事人不同。执行异议之诉中，根据《民事诉讼法司法解释》第三百零八条①规定，申请执行人提起执行异议之诉的，以案外人为被告。被执行人反对申请执行人主张的，以案外人和被执行人为共同被告；被执行人不反对申请执行人主张的，可以列被执行人为第三人。申请执行人另行提起代位权诉讼中，需要审查的是作为被执行人的实际施工人蒋某是否对发包人甲公司享有到期债权。《最高人民法院关于审理建设工程施工合同纠纷案件适用法律问题的解释（一）》第四十三条规定，实际施工人以发包人为被告主张权利的，人民法院应当追加转包人或者违法分包人为本案第三人，在查明发包人欠付转包人或者违法分包人建设工程价款的数额后，判决发包人在欠付建设工程价款范围内对实际施工人承担责任。即人民法院应当追加甲公司、于某为被告，并在查明甲公司欠乙公司、乙公司欠于某以及于

---

① 对应《最高人民法院关于适用〈中华人民共和国民事诉讼法〉的解释》（2022 年修正）第三百零六条。

某欠蒋某工程款的基础上，才能作出甲公司是否应当在欠付工程款以及欠付多少工程款范围内向蒋某承担责任。

另一种观点认为，人民法院执行作为被执行人的实际施工人对发包人的债权时，转包人、违法分包人等中间人属于《民事诉讼法司法解释》第五百零一条第二款规定的有权提出异议的“利害关系人”。转包人、违法分包人等中间人作为案外人对到期债权提出异议的，人民法院应当按照《民事诉讼法》第二百二十七条[①]规定处理，即人民法院经审查认为异议理由成立的，应当裁定中止对该标的的执行，申请执行人对此不服的，有权提起执行异议之诉。主要理由有：第一，《民事诉讼法司法解释》第五百零一条没有限制申请执行人提起执行异议之诉的权利。第二，乙公司作为案外人，依据《民事诉讼法司法解释》第三百一十一条规定，案外人乙公司应当就其对执行标的享有足以排除强制执行的民事权益承担举证证明责任，但案外人乙公司没有就对执行标的享有足以排除强制执行的民事权益完成举证证明责任。第三，乙公司作为案外人，也不能证明其不欠被执行人蒋某的债务。第四，如果涉案还有其他实际施工人，应当由其他实际施工人提出执行异议和执行异议之诉。第五，乙公司系对执行标的而非执行行为提出异议，依据《民事诉讼法》第二百二十七条规定，申请执行人有权提出执行异议之诉。

四、最高人民法院民一庭意见

实际施工人依据人民法院依据《最高人民法院关于审理建设工程施工合同纠纷案件适用法律问题的解释（一）》第四十三条规定请求发包人在欠付工程款范围内承担责任，以发包人欠转包人、违法分包人工程款及转包人、违法分包人欠实际施工人工程款为前提。发包人直接向实际施工人履行工程款债务后，转包人、违法分包人对发包人享有的建设工程价款债权及实际施工人对转包人、违法分包人享有的建设工程价款债权在相应范围内消灭。《民事诉讼法司法解释》第五百零一条第一款和《建工解释》

① 对应《民事诉讼法》（2021年修正）第二百三十四条。

第二十六条规定，强制执行作为被执行人的实际施工人对发包人的债权的，会直接影响转包人、违法分包人等中间债务人的权利。因此，转包人、违法分包人等中间债务人有权作为被执行债权的债务人提出异议。转包人、违法分包人等中间人属于《民事诉讼法司法解释》第五百零一条第二款规定的有权提出异议的“该他人”。转包人、违法分包人对人民法院执行作为被执行人的实际施工人对发包人的债权提出异议，申请执行人请求对异议部分强制执行的，人民法院不予支持。申请人执行人对此不服的，应当另行提起代位权诉讼，不能提起执行异议之诉。

（执笔人：谢勇、郭培培）

44．甲与乙、丙申请执行人执行异议之诉案*

他人就执行对其到期债权提出异议的，申请执行人不能提起执行异议之诉，可另行提起代位权诉讼

【裁判摘要】

人民法院执行被执行人对他人的到期债权，该他人对到期债权有异议，申请执行人请求对异议部分强制执行的，人民法院不予支持。申请执行人可另行提起代位权诉讼。

一、案情简介

甲与乙存在民间借贷关系，经仲裁调解确认，乙欠甲借款88万元。甲申请强制执行，主张乙对丙享有到期债权。执行法院作出冻结债权的裁定，并通知丙向甲履行。丙以其不欠乙款项为由对到期债权提出异议，执行法院裁定中止执行。甲不服中止执行裁定，以乙、丙为被告向执行法院提起执行异议之诉。

二、法院裁判情况

一审法院认为，本案争议焦点是申请执行人甲是否对执行标的享有继续执行的权利。丙不认可乙享有向丙

* 摘自《民事审判指导与参考》2022年第2辑（总第90辑），人民法院出版社2022年版，第240~244页。

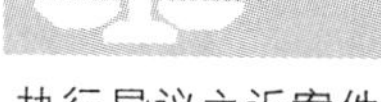

主张权利的资格，现有证据不能证明乙对丙享有到期债权。根据合同相对性原则和《最高人民法院关于人民法院办理执行异议和复议案件若干问题的规定》（2020 年修正）第二十五条第一款第五项的规定，不能扣划丙的银行存款，故驳回甲的诉讼请求。

甲不服，提起上诉。二审法院认为，本案争议焦点是案外人丙对案涉债权是否享有足以排除强制执行的民事权益。根据《最高人民法院关于适用〈中华人民共和国民事诉讼法〉的解释》（2022 年修正，以下简称《民事诉讼法解释》）第三百零九条规定，案外人或者申请执行人提起执行异议之诉的，案外人应当就其对执行标的享有足以排除强制执行的民事权益承担举证证明责任。丙作为案外人，提供结算单、结算明细、转款凭证及银行流水，欲证明其与乙已经结清债权，但其提供的转款凭证及银行流水的交易双方户名均不是丙和乙，达不到其证明目的，不足以证明其在执行法院冻结案涉债权前已经对乙清偿完毕。故判决撤销一审判决，准许执行案涉债权。

丙不服二审判决，申请再审，主要理由是本案不属于执行异议之诉的受案范围。根据《民事诉讼法解释》第四百九十九条的规定，丙作为“该他人”对案涉债权提出异议后，就应当终止执行程序。申请执行人甲只能另行提起代位权诉讼或者请求乙向丙主张权利，而不能提起执行异议之诉。本案应当驳回甲的起诉。

再审法院经审查认为，丙的再审申请理由成立，裁定提审本案。提审后再审撤销二审判决，驳回甲的起诉。理由如下：《民事诉讼法解释》第四百九十九条规定：“人民法院执行被执行人对他人的到期债权，可以作出冻结债权的裁定，并通知该他人向申请执行人履行。该他人对到期债权有异议，申请执行人请求对异议部分强制执行的，人民法院不予支持。利害关系人对到期债权有异议的，人民法院应当按照民事诉讼法第二百三十四条规定处理。对生效法律文书确定的到期债权，该他人予以否认的，人民法院不予支持。”根据该规定，人民法院执行被执行人对他人享有的到期债权，如果该他人提出异议，申请执行人请求对异议部分强制执行的，人民法院不予支持。这种情况下，各方当事人的争议是被执行人对他人是否享有到期债权，而不是他人对执行标的是否享有足以排除强制执行的民事权益，因此，申请执行人不能提起执行异议之诉，只能提起代位权诉讼，即向人民法院请求以自己的名义代位行使被执行人的债权，或者请求被执行人向他人主张债权。申请执行人提起执行异议之诉的，应当驳回起诉。

三、主要观点及理由

人民法院执行被执行人对他人的到期债权，作出冻结债权的裁定，通知该他人向申请执行人履行，该他人对到期债权提出异议后，关于申请执行人是否有权提起执行异议之诉的问题，存在两种不同的观点。

第一种观点认为，人民法院执行被执行人对他人的到期债权，如果该他人对到期债权提出异议，申请执行人请求对异议部分强制执行的，人民法院不予支持。申请执行人只能另行提起代位权诉讼，不能提起执行异议之诉。本案应驳回甲的起诉。理由如下：

第一，从《民事诉讼法解释》第四百九十九条理解与适用的角度看。由于被执行人对他人的到期债权未经生效裁判文书、仲裁裁决或者公证债权文书确认，该条第一款规定人民法院作出冻结债权的裁定，并通知该他人向申请执行人履行，可能损害他人合法权益，因为该执行行为是建立在假定被执行人享有对他人的合法有效的到期债权，且申请执行人有权以自己的名义代位行使被执行人债权的基础上的。原则上，在未经审判的情况下，执行法院在执行程序中不能对被执行人与他人之间的债权债务关系作出认定，并强制执行。但考虑到执行被执行人的到期债权在实践中已经实施了较长时间，为提高执行质效，《民事诉讼法解释》保留了这一规定。为了平衡各方当事人的利益，该条第二款赋予该他人以异议权。只要该他人提出异议，执行法院就不能够再执行被执行人对他人的到期债权。对于该他人提出的异议，执行法院只作形式审查。该异议是否成立不属于执行法院的审查范围，而应当通过另诉解决。申请执行人请求对异议部分强制执行的，人民法院不予支持，其只能通过提起代位权诉讼向被执行人的债务人主张权利，无权提起执行异议之诉。

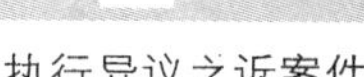

第二，执行异议之诉与申请执行人另行提起代位权诉讼的诉讼标的不同。执行异议之诉的诉讼标的是案外人是否对执行标的享有足以排除强制执行的权利，而申请执行人另行提起代位权诉讼的诉讼标的是申请执行人是否有权代被执行人之位请求他人履行债务。

第三，执行异议之诉与申请执行人另行提起代位权诉讼的举证责任分配不同。执行异议之诉是对民事权益因强制执行行为受到损害的救济程序，本质上是一种“侵权”之诉。原则上，案外人作为被“侵权”人应当对其对执行标的享有权利、该权利受到“侵害”，以及其有权请求“排除妨害”“停止侵害”承担举证责任，因此，《民事诉讼法解释》第三百零九条规定：“案外人或者申请执行人提起执行异议之诉的，案外人应当就其对执行标的享有足以排除强制执行的民事权益承担举证证明责任。”而但在申请执行人另行提起的代位权诉讼中，申请执行人应当对被执行人对他人享有到期债权承担举证责任。在本案中，一审、二审法院处理结果相反，根本原因在于分配举证责任不同。分配举证责任不同源于对本案是否属于执行异议之诉存在不同认识。人民法院执行被执行人对他人的债权时，他人对债权提出异议，如果允许申请执行人提起执行异议之诉，该他人很难完成对“其对执行标的享有足以排除强制执行的民事权益”的举证责任。这种情况下，执行标的是被执行人对他人的债权还是该债权所指向的标的物的问题也容易混淆，且对这一问题的不同认识会影响案件处理结果。

第四，执行异议之诉与申请执行人另行提起代位权诉讼中必须参加诉讼的当事人不同。执行异议之诉中，根据《民事诉讼法解释》第三百零六条的规定：“申请执行人提起执行异议之诉的，以案外人为被告。被执行人反对申请执行人主张的，以案外人和被执行人为共同被告；被执行人不反对申请执行人主张的，可以列被执行人为第三人。”申请执行人另行提起代位权诉讼中，需要审查的是被执行人是否对案外人享有到期债权，申请执行人未将被执行人列为第三人的，人民法院可以追加被执行人为第三人。

第二种观点认为，申请执行人甲有权提起执行异议之诉，本案应驳回丙的再审申请。主要理由有：第一，《民事诉讼法解释》第四百九十九条没有限制申请执行人提起执行异议之诉的权利。第二，丙作为案外人，依据《民事诉讼法解释》第三百零九条规定，应当就其对执行标的享有足以排除强制执行的民事权益承担举证责任，但案外人丙没有就其对执行标的享有足以排除强制执行的民事权益完成举证证明责任。第三，丙作为案外人，也不能证明其不存在对被执行人乙的债务，未完成举证责任。第四，丙系对执行标的而非执行行为提出异议，依据《民事诉讼法》第二百三十四条的规定，申请执行人有权提出执行异议之诉。

四、最高人民法院民一庭意见

人民法院执行被执行人对他人的到期债权，该他人对到期债权有异议，申请执行人请求对异议部分强制执行的，人民法院不予支持。申请执行人可另行提起代位权诉讼，即向人民法院请求以自己的名义代位行使被执行人对他人的债权，或者请求被执行人向他人主张债权。对于申请执行人提起的异议之诉，人民法院不应受理；已经受理的，应当驳回起诉。

（执笔人：谢勇、张静思）

45．乙与甲公司、丙公司申请执行人执行异议之诉案*

人民法院基于房屋买卖合同作出的物之给付生效判决不能当然排除强制执行

【裁判摘要】

人民法院基于房屋买卖合同作出的物之给付生效判决不是房屋买受人享有房屋所有权的确权判决，不直接产生所有权转移之法律效果，房屋买受人并不直接获得房屋所有权，故该生效判决不能当然排除对案涉房屋的强制执行。审查房屋买受人能否依据物之给付生效判决请求排除强制执行，仍应依据《最高人民法院关于人民法院办理执行异议和复议案件若干问题的规定》第二十八条或者第二十九条规定的房屋买受人的法定优先保护条件作出认定。

一、案情简介

甲公司与乙签订《融资合同》，约定甲向乙借款2000万元用于项目开发。甲公司与丙公司签订《商品房买卖合同》，约定将案涉房屋出售给丙公司。2015年，因甲公司未按时还款，乙起诉甲公司请求其偿还借款，并申请查封案涉房屋。2016年，因甲公司未按期交付房

* 摘自《民事审判指导与参考》2022年第3辑（总第91辑），人民法院出版社2022年版，第151~155页。

屋，丙公司起诉请求甲公司交付房屋，人民法院据此作出另案生效判决，判令甲公司向丙公司交付房屋。2017 年，因甲公司未履行与乙之间的生效判决所确认的还款义务，乙向人民法院申请强制执行。执行期间，丙公司以另案生效判决已确认甲公司向其交付案涉房屋为由提出异议，执行法院裁定中止执行。乙不服中止执行裁定，以甲公司、丙公司为被告向执行法院提起执行异议之诉。

二、法院裁判情况

一审法院认为，本案争议的焦点为乙请求继续执行案涉房屋是否成立。在乙作为原告起诉被告甲公司借款合同纠纷一案中，经乙申请，人民法院于 2015 年 5 月了查封案涉房屋。在丙公司作为原告起诉被告甲公司房屋买卖合同纠纷一案中，人民法院作出的判令甲公司向丙公司交付案涉房屋的生效判决是在案涉房屋被查封之后，且该生效判决确认的是丙公司的债权并非房屋所有权。根据《最高人民法院关于人民法院办理执行异议和复议案件若干问题的规定》第二十六条第二款关于“金钱债权执行中，案外人依据执行标的被查封、扣押、冻结后作出的另案生效法律文书提出排除强制执行异议的，人民法院不予支持”之规定，丙公司就执行标的不享有足以排除强制执行的民事权益，故判令准许继续执行案涉房屋。丙公司不服，提起上诉。

二审法院认为，乙申请查封案涉房屋在先，丙公司占有该房屋在后。且人民法院就丙公司起诉甲公司作出的生效判决属于给付性判决，并非形成性的确权判决。《最高人民法院关于人民法院办理执行异议和复议案件若干问题的规定》第二十八条规定：“金钱债权执行中，买受人对登记在被执行人名下的不动产提出异议，符合下列情形且其权利能够排除执行的，人民法院应予支持：（一）在人民法院查封之前已签订合法有效的书面买卖合同；（二）在人民法院查封之前已合法占有该不动产；（三）已支付全部价款，或者已按照合同约定支付部分价款且将剩余价款按照人民法院的要求交付执行；（四）非因买受人自身原因未办理过户登记。”丙公司的情形不符合上述司法解释第二十八条第二项的规定，故驳回上诉，维持

原判。

丙公司不服二审判决，申请再审，主要理由是生效判决已确认甲公司向其限期交付案涉房屋，该生效判决确认的是丙公司拥有案涉房屋的所有权，而非债权。

再审法院经审查认为，丙公司的再审申请理由不能成立。理由如下：人民法院就丙公司起诉甲公司作出的生效判决的主文并无关于丙公司对案涉房产享有所有权的判项，不属于对案涉房屋所有权的确权判决。根据《最高人民法院关于人民法院办理执行异议和复议案件若干问题的规定》第二十八条之规定，对于第三人在人民法院查封之前已合法占有争议不动产的要求，法律和司法解释未作例外规定，丙公司亦无证据证明其在案涉房屋查封前已合法占有案涉房屋，故其不符合该条规定的法定优先保护条件。《最高人民法院关于人民法院办理执行异议和复议案件若干问题的规定》第二十九条规定保护的是商品房买受人的生存权益，丙公司购买案涉房屋并非用于居住，其亦不符合该条规定的优先保护条件。综上，丙公司对案涉房屋不享有足以排除强制执行的民事权益。

三、主要观点及理由

对于人民法院基于房屋买卖合同作出的物之给付生效判决能否排除强制执行，实践中有两种不同的观点。

第一种观点认为，人民法院基于房屋买卖合同作出的物之给付生效判决不能当然排除强制执行。理由有如下几点。

第一，人民法院基于房屋买卖合同作出的生效判决确认的物之给付请求权本质上属于债权。我国不动产物权变动采登记生效主义，《民法典》第二百一十四条规定："不动产物权的设立、变更、转让和消灭，依照法律规定应当登记的，自记载于不动产登记簿时发生效力。"根据该规定，不动产物权自登记之日起发生物权变动的效力。人民法院基于房屋买卖合同作出的物之给付生效判决，虽判令开发商向案外人交付房屋，但在出卖人将房屋过户给案外人之前，案涉房屋仍归出卖人所有。案外人依据该生效判决享有的物之给付请求权仍是债权；基于债权平等性原则，该债权不具有优先于其他金钱债权的效力。

第二，人民法院基于买卖合同作出的物之给付判决不是房屋所有权的确权判决。虽然《民法典》第二百二十九条规定：“因人民法院、仲裁机构的法律文书或者人民政府的征收决定等，导致物权设立、变更、转让或者消灭的，自法律文书或者征收决定等生效时发生效力。”但人民法院基于房屋买卖合同作出的物之给付判决只是要求出卖人履行交付义务的给付判决，并非房屋所有权变动的确认判决，不能直接产生物权变动的法律效力。

第三，如果案外人不符合《最高人民法院关于人民法院办理执行异议和复议案件若干问题的规定》第二十八条及第二十九条规定的商品房买受人法定优先保护条件，就不能排除强制执行。《最高人民法院关于人民法院办理执行异议和复议案件若干问题的规定》第二十八条规定：“金钱债权执行中，买受人对登记在被执行人名下的不动产提出异议，符合下列情形且其权利能够排除执行的，人民法院应予支持：（一）在人民法院查封之前已签订合法有效的书面买卖合同；（二）在人民法院查封之前已合法占有该不动产；（三）已支付全部价款，或者已按照合同约定支付部分价款且将剩余价款按照人民法院的要求交付执行；（四）非因买受人自身原因未办理过户登记。”第二十九条规定：“金钱债权执行中，案外人对登记在被执行的房地产开发企业名下的商品房提出异议，符合下列情形且其权利能够排除执行的，人民法院应予支持：（一）在人民法院查封之前已签订合法有效的书面买卖合同；（二）所购商品房系用于居住且买受人名下无其他用于居住的房屋；（三）已支付的价款超过合同约定总价款的百分之五十。”上述两条规定了金钱债权执行中房屋买受人债权请求权的法定优先保护条件。案外人对于人民法院基于房屋买卖合同作出的物之给付生效判决所享有的权利本质上仍属于债权；而该债权需要获得优先保护，就需要满足上述第二十八条或者第二十九条规定的法定优先保护条件，即同时满足第二十八所规定的四项法定条件或者第二十九条规定的三项法定条件，否则，将不能排除强制执行。

第二种观点认为，人民法院基于房屋买卖合同作出的物之给付生效判决已经确认出卖人要向案外人交付房屋。根据该生效判决，案外人可以取得房屋所有权。根据物权优先债权的基本法理，案外人对房屋享有的所有权足以排除强制执行。

四、最高人民法院民一庭意见

人民法院基于房屋买卖合同作出的物之给付生效判决不是房屋买受人享有房屋所有权的确权判决，不直接产生所有权转移之法律效果，房屋买受人并不直接获得房屋所有权，故该生效判决不能当然排除对案涉房屋的强制执行。审查房屋买受人能否依据物之给付生效判决请求排除强制执行，仍应依据《最高人民法院关于人民法院办理执行异议和复议案件若干问题的规定》第二十八条或者第二十九条规定的房屋买受人的法定优先保护条件作出认定；如不符合上述条件，则不能排除强制执行。

（执笔人：谢勇、郭培培）

46．于某某与内蒙古润普钢铁有限公司执行异议之诉案*

执行担保强调的是当事人或第三人向人民法院提供担保，当事人约定的担保条款不构成执行担保

【裁判摘要】

执行担保强调的是当事人或第三人向人民法院提供担保。在第三人为被执行人债务提供保证时，必须向人民法院作出明确的意思表示才能认定为执行担保，而不能仅仅以和解协议中约定了保证条款，以及协议的签订地点在人民法院，就视为第三人向人民法院承诺接受强制执行。

一、基本案情

申诉人（申请执行人）：于某某。

被申诉人：内蒙古润普钢铁有限公司（以下简称润普公司）。

被执行人：宁城鑫马铸业有限公司（以下简称鑫马公司）。

被执行人：李某甲。

被执行人：李某乙。

于某某诉鑫马公司、李某甲、李某乙民间借贷纠纷

* 摘自《执行工作指导》2020年第3辑（总第75辑），人民法院出版社2021年版，第47~54页。

一案，河北省唐山市中级人民法院（以下简称唐山中院）于2014年7月20日作出（2014）唐民初字第365号民事调解书，主要内容是：（1）鑫马公司偿还于某某借款1240万元及利息；（2）鑫马公司偿还于某某借款3804.5万元及利息；（3）李某甲偿还于某某借款500万元及利息，鑫马公司、李某乙对该笔债务承担连带偿还责任。

因鑫马公司、李某甲、李某乙未履行上述义务，于某某向唐山中院申请执行。唐山中院立案执行后，于2018年7月16日，作出（2014）唐执字第218-10号执行裁定书，冻结润普公司名下银行存款5500万元；查封润普公司名下450立方米高炉设备、84平方米烧结设备。

润普公司不服，提出执行异议称：（1）执行过程中，各方当事人于2017年12月5日达成《执行和解协议》，该和解协议第二条中规定，“如果被执行人不能付款，由保证人（润普公司）承担连带给付责任”。执行法院在没有任何证据证明被执行人不能付款的情况下裁定查封冻结异议人的财产没有事实依据。（2）根据《执行和解协议》第一条规定，截至2018年7月16日，被执行人应履行的给付义务是1400万元。即使润普公司承担补充给付责任，也仅仅是1400万元，执行法院查封、冻结异议人5500万元财产没有任何法律依据，属于违法超标的查封冻结。（3）根据《执行和解协议》第四条规定，如果被执行人未按上述约定给付执行款，申请人和被执行人恢复原生效法律文书的执行。现在执行法院认定被执行人未履行和解协议，恢复执行5500万元，那么该执行款给付的义务主体是被执行人，润普公司不承担原生效文书的保证责任。

二、异议审查情况

唐山中院在异议审查中查明，该院2014年7月20日作出的（2014）唐民初字第365号民事调解书中，润普公司并非为当事人，对调解书涉及的调解内容也不承担担保责任。2017年12月5日，申请执行人于某某与被执行人鑫马公司、李某甲、李某乙、保证人润普公司达成执行和解协议，内容为：（1）被执行人自本协议签字之日起12个月内，从2018年1月开始每个月10日前给付申请人执行款200万元汇入唐山中院账户，累计给付2400万元。执行费用及与本案相关的各种费用由申请人承担。(2)如果被执行人不能付款，由保证人承担连带给付责任。(3)被执行人付清款项后，申请人与被执行人之间关于(2014)唐民初字365号民事调解书执行完毕，申请人向法院申请解除对被执行人的保全措施。(4)如果被执行人未按上述约定给付执行款，申请人和被执行人恢复原生效法律文书的执行……该执行和解协议并未履行，申请执行人申请恢复原法律文书的执行。

唐山中院认为，润普公司作为执行保证人在被执行人不履行执行和解协议后并未向该院承诺在被执行人不履行执行和解协议时自愿接受直接强制执行，则恢复执行后保证责任即告终结，执行主体仍为被执行人，保证人不再承担执行和解协议中的保证责任。故该院继续查封、冻结润普公司的财产显然不妥。综上，唐山中院于2018年8月15日作出(2018)冀02执异612号执行裁定，撤销对润普公司的执行。

三、复议审查情况

于某某不服，向河北省高级人民法院(以下简称河北高院)提出复议称：(1)双方签订的和解协议是执行和解协议；(2)润普公司在和解协议中提供的担保构成执行担保，依据相关法律规定，可直接执行保证人的财产；(3)恢复执行原调解书后，保证人仍应承担保证责任。

河北高院认为，本案争议焦点是润普公司在和解协议中承诺的保证责任是否构成执行担保、能否直接执行该公司财产。《中华人民共和国民事诉讼法》《最高人民法院关于适用〈中华人民共和国民事诉讼法〉的解释》(以下简称《民诉法解释》)及《最高人民法院关于执行和解若干问题的规定》均对执行担保作出了明确的规定。《民诉法解释》第四百七十条①规定，他人提供保证的，应当向执行法院出具保证书。《最高人民法院关于执行和解若干问题的规定》第十八条②规定："执行和解协议中约定担

① 对应《最高人民法院关于适用〈中华人民共和国民事诉讼法〉的解释》(2022年修正)第四百六十八条。

② 该司法解释已于2020年12月29日修正，本条内容未作变动。

保条款，且担保人向人民法院承诺在被执行人不履行执行和解协议时自愿接受直接强制执行的，恢复执行原生效法律文书后，人民法院可以依申请执行人申请及担保条款的约定，直接裁定执行担保财产或者保证人的财产。”因此，第三人必须向人民法院出具保证书、向人民法院承诺在被执行人不履行和解协议时自愿接受直接强制执行的立法本意是要求第三人明确放弃程序上的抗辩权，并自愿接受人民法院的强制执行。而执行和解是双方当事人基于意思自治对生效法律文书确定的债务进行处分的行为，具有民事合同性质。和解协议中第三人所作的承诺，是向执行申请人而不是向人民法院作出的，不属于执行担保，不具有强制执行效力。因此，润普公司在执行和解协议中作出保证，是向申请人而非向执行法院作出，不符合《中华人民共和国民事诉讼法》第四百七十条及《最高人民法院关于执行和解若干问题的规定》第十八条规定。综上，河北高院于2018年9月17日作出河北高院（2018）冀执复377号执行裁定，驳回于某某的复议请求。

四、于某某的申诉理由

于某某不服河北高院复议裁定，向最高人民法院申诉，主要理由有：（1）和解协议的签订地点在唐山中院，由法院主持和解，和解协议交唐山中院入卷备案。因此，当事人达成的和解协议是执行和解协议。（2）润普公司提供的担保构成执行担保。根据《中华人民共和国民事诉讼法》及相关司法解释规定，执行担保构成的形式要件包括：一是执行担保是向法院提供的保证书，保证被执行人按期履行义务，否则承担保证责任；二是必须经申请执行人同意；三是担保人有代为履行债务的能力。本案中的协议虽名为执行和解协议，但兼具执行和解与执行担保的双重内容，属于执行和解与执行担保的竞合，协议中润普公司的身份明确为担保人，而且明确约定，如被执行人不按时付款，由保证人承担连带给付责任。该担保条款的实质是执行过程中润普公司为被执行人鑫马公司、李某甲、李某乙履行还款义务提供的执行担保，该担保条款应当视为担保人向唐山中院提供的担保书，并经唐山中院批准。和解协议第二条明确约定，如果被执行人不能付款，由保证人承担连带给付责任，并没有将担保责任局限于和解协议中，反而是对被执行人的全部债务承担担保责任，也并没有恢复执行原裁定就不承担担保责任的意思表示。当时签约各方真实的意思表示是：如果被执行人、保证人能够依约履行还款责任，则只需支付每月200万元的钱款（即累计2400万元）即可。如果被执行人、保证人未能依约履行还款责任，则被执行人、保证人需要按照原执行标的5500万元承担还款责任。(3) 恢复执行原生效调解书后，润普公司仍应承担保证责任；唐山中院依法可以直接执行该公司财产，担保范围系生效调解书确定的5500万元的还款义务。根据和解协议第二条、第四条的内容，如被执行人不按时付款，由保证人承担连带给付责任，如果被执行人未按上述约定给付执行款，申请人和被执行人恢复原生效法律文书的执行。可以认定，润普公司的担保范围及于和解协议全部条款，即生效调解书确定的5500万元。综上，请求撤销河北高院、唐山中院执行裁定。

五、最高人民法院审查意见

最高人民法院认为，本案的焦点问题是，当事人在执行和解协议中约定的担保条款是否构成执行中的担保。

执行和解协议是当事人自愿协商达成的依法变更生效法律文书确定内容的民事合同。根据《民诉法解释》第四百六十七条①的规定，一方当事人不履行执行和解协议时，对方当事人可以申请恢复对原生效法律文书的执行；根据《中华人民共和国民事诉讼法》第二百三十一条②、《民诉法解释》第四百七十条的规定，在执行中，被执行人或第三人可以向人民法院提供执行担保，也可以由第三人提供保证，第三人提供保证的，应当向执行法院出具保证书。由此可知，人民法院强制执行的是生效法律文书，而不是当事人之间达成的执行和解协议，法律和司法解释所规定的被执行人或第三人可以向人民法院提供担保或保证，也只能理解为是对生效法律文

① 对应《最高人民法院关于适用〈中华人民共和国民事诉讼法〉的解释》(2022年修正)第四百六十五条。

② 对应《民事诉讼法》(2021年修正)第二百三十八条。

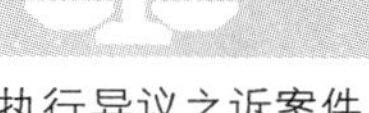

书确定的义务提供担保或保证。第三人向执行法院提供执行担保或保证，是在生效法律文书确定的权利义务之外，自愿加入强制执行程序中，在第三人并非生效法律文书确定的当事人的情况下，其接受强制执行，必须向人民法院作出明确的意思表示。因此，执行担保强调的是向人民法院承诺自愿接受直接强制执行，而不仅仅是担保人向申请执行人提供担保。

本案中，执行和解协议虽然约定了由润普公司为鑫马公司等被执行人提供保证的条款，但该公司没有向执行法院出具保证书，不符合法律及司法解释规定的“向人民法院提供担保”这一执行担保成立的前提条件。不能仅仅以当事人在法院主持下达成和解或者执行和解协议的签订地点在法院为由，推定执行和解协议中的保证条款构成执行程序中的担保。当然，不构成执行程序中的担保，并不当然意味着不承担担保责任。对是否承担担保责任的认定处理属于审判权力，本案中的执行和解协议是否构成民事债务加入或民事担保法律关系并产生相应实体法上的后果，应当通过审判程序解决，而不适合在执行程序中直接认定处理。

六、评析意见

本案裁判的是对当事人签订的执行和解协议中约定由第三人对被执行人的义务提供保证，能否认定为执行担保的确认。对于实践中经常发生的各方当事人签订执行和解协议的地点在人民法院，第三人在和解协议中约定了保证条款，能否视为第三人向人民法院进行保证，进而承担被执行人应负债务的情形，以下从执行和解与生效裁判的关系，执行担保的法律属性和成立要件对裁判理由作进一步说明。同时，引申对执行和解担保问题进行分析，以求多角度理解执行担保。

（一）执行和解与生效裁判的关系

执行和解是我国特有的执行制度，基于当事人是自身利益的最佳判断者，我国执行制度鼓励当事人通过自行协商，并自动履行，以终结强制执行程序。执行和解强调的是自动履行，由于执行程序的首要职责是维护生效裁判的权威，在执行程序中，人民法院即使参与促成当事人之间达成和解，也不能够像在诉讼调解中那样，使执行和解协议具备调解书的强制执行效力，执行和解协议仍然是当事人自愿达成，是否履行，依靠当事人意愿，执行机构并不赋予执行和解协议更多的法律效力，更不能直接按照执行和解协议进行执行，否则将与生效裁判发生冲突，面临审判与执行分离的基本司法体制崩溃的危险。[①] 同时，由于执行和解是对生效裁判进行的实质性改变，对于执行程序的进行会产生重大影响，执行机构有权亦有义务对执行和解协议的合法性进行审查。因此，是否有执行人员参加，签订地点是否在法院，都不改变执行和解协议当事人意思自治的基础。

本案中，申诉人即申请执行人以执行和解协议签订地点在法院为由，认为人民法院应当直接依照和解协议的内容强制执行。这种理解违背了执行和解不产生强制执行效力的属性，其本质是将和解协议混同于生效裁判，将未经判决确认承担义务的第三人强行拉入执行程序。从执行机构的角度来说，如果将此种请求落实在执行程序中，则是在执行程序中对原生效裁判进行了实质变更，显然违背立法本意。

（二）执行担保的法律属性和成立要件

执行担保发生在执行程序中，而执行程序必然有公权力介入，因此相对于民事担保行为，执行担保更多体现保障生效裁判得以顺利执结，保障执行程序得以顺利完成。而执行担保又兼具民事担保之义务人以自身财产或他人财产、他人保证为将来可能发生的义务不履行提供保全的基本功能，因此执行担保既是案件当事人与第三人协商一致的结果，也是当事人、第三人向人民法院作出承诺后，经人民法院审查与认可的结果。

在一般民事担保中，决定担保人承担义务的根本是契约，但是当当事人对此发生争议时，未经生效裁判确认，执行程序也不得径行执行。而执行担保制度最为显著的特点是，法定的担保事由发生后，执行机构可直接裁定按照协议约定的方式和范围执行担保财产或者保证人财产，即执行担保人的责任可由执行机关依担保协议直接认定，无须另案处理，而直接通

① 参见江必新主编：《执行规范理解与适用》，中国法制出版社2015年版，第173页。

过执行程序实现债权人的权益。这一方面，为人民法院的执行工作带来极大便利，提高了执行效率，节省了司法资源。另一方面，在第三人加入原债务关系中，承诺与被执行人共同承担债务，而未经生效裁判确认的情况下，直接接受人民法院强制执行，是对执行依据确定的义务主体的一项突破。基于审执分离原则，执行机构直接按照协议执行第三人财产，要有严格的条件限制，即第三人具有向人民法院进行承诺的明确意思表示。也就是第三人明确表示在没有通过审判程序获得程序保障前提下接受强制执行，这是第三人对自己程序权利的处分。由于关系到第三人程序权利保障，这种程序权利的处分必须基于真实意愿并且不违反法律强制性规定。司法解释规定第三人必须向执行法院书面承诺，就是为了方便法院直接审查第三人承诺的真实性、合法性、明确性，避免损害当事人利益。因此，第三人表达自愿接受强制执行的意思表示必须是明确以书面形式作出，且必须向人民法院作出，其他形式的意思表示，均不能推断为向人民法院作出。

本案中，当事人签订的执行和解协议中约定了第三人提供保证的条款，可以认为第三人作出了债务加入的意思表示，但是第三人未向人民法院作出接受强制执行的承诺，也未向人民法院出具书面意见，因此不能认定第三人作出的保证属于执行担保。执行和解协议的签订地点在人民法院，各方当事人在人民法院“主持下”达成协议，以及协议约定了保证条款，均不能认定符合执行担保的成立条件。

（三）执行和解担保中担保人的责任

执行和解担保，即执行和解协议中约定担保条款，其中，比较极端的情形是，和解协议的担保条款被表述为向人民法院提供担保。执行担保的成立和其他生效裁判一样，具有强制执行的法律效力，那么执行和解担保中表述为向人民法院提供担保的情形，是否具有强制执行的法律效力，能否直接执行担保人？通说认为，执行和解协议属于“附生效条件”（即履行完毕才生效）的特殊合同，在一方不履行或不适当履行或不完全履行时，申请执行人申请恢复执行的是原生效判决，和解协议本身不具有强制执行效力，当然也不能及于其中的担保条款直接执行担保人。①

《最高人民法院关于执行和解若干问题的规定》第十八条规定："执行和解协议中约定担保条款，且担保人向人民法院承诺在被执行人不履行执行和解协议时自愿接受直接强制执行的，恢复执行原生效法律文书后，人民法院可以依申请执行人申请及担保条款的约定，直接裁定执行担保财产或者保证人的财产。"该条文是对执行和解担保作出的进一步明确，在严格符合一定条件的情况下，人民法院可以直接执行担保人的财产，其理论根源是出于对当事人意思自治的尊重。执行担保中虽然有公权力介入审查，但最终的执行范围以及担保人承担的责任，仍然源于当事人之间的契约，与民事担保责任并无明显差异。在担保人向人民法院明确表示在被执行人不履行执行和解协议时自愿接受直接强制执行的情况下，由于人民法院是对原生效裁判恢复执行，而不是强制执行和解协议，因此执行担保人财产范围不应超过原生效裁判确定的义务。一旦担保人向人民法院明确作出此类承诺，在申请执行人选择恢复执行的情况下，人民法院应当根据当事人的意思表示进行执行。在担保人作出承诺时，基于执行担保后果的严厉性考虑，人民法院应当向担保人明确说明其可能承担的担保责任。当然，也不排除第三人提供担保的意思既包括担保原生效法律文书执行，又包括担保和解协议履行两种情况，申请执行人可以选择放弃恢复执行原生效法律文书，而选择就履行和解协议提起诉讼，并要求第三人按照和解协议履行担保义务。申请执行人就履行执行和解协议提起诉讼，执行法院受理后，可以裁定终结原生效法律文书的执行。执行中的查封、扣押、冻结措施，自动转为诉讼中的保全措施。

（执笔人：向国慧、魏丹）

① 肖建国、赵晋山：《民事执行若干疑难问题探讨》，载《法律适用》2005年第6期。

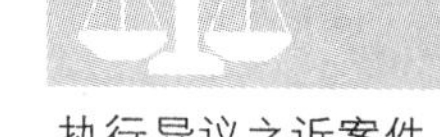

抵押登记簿上记载的抵押财产不具体、特定、明确，人民法院依法认定该抵押登记不足以对抗善意第三人

47. 再审申请人新疆聚鼎典当有限责任公司与被申请人丁某生、新疆普瑞铭房地产开发有限公司克拉玛依分公司申请执行人执行异议之诉纠纷案*

【裁判摘要】

抵押登记的不动产要在法律上产生抵押权设立的效力，必须具体、特定、明确，以社会上通常的第三人如何理解不动产登记簿上的记载内容为标准。

最高人民法院民事裁定书

（2017）最高法民申2274号

再审申请人（一审原告、二审上诉人）：新疆聚鼎典当有限责任公司。住所地：新疆维吾尔自治区乌鲁木齐市天山区解放南路264号。

法定代表人：王某民，该公司负责人。

* 摘自《商事审判指导》2018年第1辑（总第46辑），人民法院出版社2019年版，第161~166页。

委托诉讼代理人：杨某钰，乌鲁木齐市天山区幸福法律服务所法律工作者。

被申请人（一审被告、二审被上诉人）：丁某生，男。

被申请人（一审被告、二审被上诉人）：新疆普瑞铭房地产开发有限公司克拉玛依分公司。住所地：新疆维吾尔自治区克拉玛依市林园路副16号。

法定代表人：苏某，该公司董事长。

再审申请人新疆聚鼎典当有限责任公司（以下简称聚鼎公司）因与被申请人丁某生、新疆普瑞铭房地产开发有限公司克拉玛依分公司（以下简称普瑞铭克分公司）申请执行人执行异议之诉纠纷一案，不服新疆维吾尔自治区高级人民法院（2016）新民终590号民事判决，向本院申请再审。本院依法组成合议庭对本案进行了审查，现已审查终结。

聚鼎公司申请再审称，一、一审法院在庭审结束后与普瑞铭克分公司代理人谈话，该谈话未经再审申请人质证，二审法院对该问题未纠正，程序不当。二、《典当抵押合同》《续当抵押合同》合法有效，即使房地产管理部门当时对该在建工程仅登记无编号，亦不能否定抵押登记的效力，故再审申请人依法应享有优先受偿权。三、丁某生对本案执行标的不享有排除强制执行的民事权益。不动产物权的变动必须经依法登记，始能发生效力。现讼争房屋的抵押权已经登记，但丁某生买受讼争房屋未办理过户登记，故不得对抗抵押权人。普瑞铭克分公司始终未将与丁某生签订《商品房买卖合同》的情况告知作为抵押权人的再审申请人。《中华人民共和国物权法》（以下简称物权法）第一百九十一条①规定，抵押期间，抵押人未经抵押权人同意，不得转让抵押财产，但受让人代为清偿债务消灭抵押权的除外。本案中，不应适用《最高人民法院关于人民法院民事执行中查封、扣押、冻结财产的规定》第十七条②以及《最高人民法院关于人民法

---

① 对应《民法典》第四百零六条。

② 对应《最高人民法院关于人民法院民事执行中查封、扣押、冻结财产的规定》（2020年修正）第十五条。

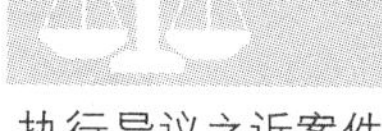

院办理执行异议和复议案件若干问题的规定》第二十七条的规定，而应适用《最高人民法院关于人民法院办理执行异议和复议案件若干问题的规定》第二十九条。丁某生对本案执行标的不享有排除强制执行的民事权益，原因如下：首先，二被申请人签订的商品房买卖合同，损害了再审申请人的合法权益，并非合法有效；其次，丁某生购买的并非居住房屋；最后，2010 年 3 月 25 日，讼争房屋办理了抵押登记，丁某生于 2011 年 8 月 31 日签订《商品房买卖合同》，应当有条件知悉讼争房屋已抵押的事实，长时间不能办理过户登记，丁某生对此应当明知，故其主观上存在过错，所谓的物权期待权不应受到法律保护。聚鼎公司依据《中华人民共和国民事诉讼法》第二百条①第六项，向本院申请再审。

被申请人丁某生提交意见称，丁某生于 2011 年 8 月 31 日从普瑞铭克分公司购买案涉房屋。案涉房屋抵押无公示，丁某生并不知情。

被申请人普瑞铭克分公司提交意见称，聚鼎公司每一次典当及续当，两次办理抵押登记前都派员来实地查看案涉房屋的情况，聚鼎公司对普瑞铭克分公司已经出售案涉房屋是明知的。

本院再审审查时另查明：克拉玛依市白碱滩区芙蓉花园小区的商品房预售许可证载明，芙蓉花园 1 号楼，总建筑面积 8324.3 平方米；芙蓉花园 2 号楼，总建筑面积 8156.4 平方米。案涉小区房屋的抵押登记有两次，第一次抵押登记的时间是 2010 年 3 月 25 日，第二次抵押登记的时间是 2013 年 3 月 12 日。第一次抵押登记的情况，克拉玛依市房地产抵押登记簿载明：第一栏“序号 0622；抵押人新疆普瑞铭房地产开发有限公司克分公司；抵押权人新疆聚鼎典当有限责任公司；房地产面积 3257.28m^2；房地产用途车库；房地产位置白区芙蓉 1-2 栋车库（69 套）；贷款期限 6 个月；房地产价值 11400040；贷款金额 7500000；房地产证号空白；办理时间 2010.3.25。”第二栏“序号 0622；抵押人新疆普瑞铭房地产开发有限公司克分公司；抵押权人新疆聚鼎典当有限责任公司；房地产面积 2220.01m^2；房地产用途商铺；房地产位置白区芙蓉 1-2 栋（30 间）；贷款期限 6 个月；

① 对应《民事诉讼法》（2021 年修正）第二百零七条。

房地产价值 9990000；贷款金额 7500000；房地产证号空白；办理时间 2010. 3. 25。”关于第二次抵押登记的情况，克拉玛依市房地产抵押登记簿载明：“序号 0469；抵押人普瑞铭房产公司分公司；抵押权人新疆聚鼎典当有限责任公司；房地产面积 5477. 29m^2；房地产用途商业；房地产位置克拉玛依白碱滩区芙蓉小区；贷款期限半年；房地产价值空白；贷款金额 800 万元；房地产证号空白；办理时间 2013. 3. 12。”

本院经审查认为，聚鼎公司的申请再审事由不成立，理由如下。

第一，依据物权法第六条①的规定，不动产物权的设立，应当依照法律规定登记。依据物权法第十四条②的规定，不动产物权的设立，依照法律规定应当登记的，自记载于不动产登记簿时发生效力。依据物权法第一百八十七条③的规定，正在建造的建筑物抵押的，应当办理抵押登记。物权法第十六条④第一款规定：“不动产登记簿是物权归属和内容的根据。”据此，因为丁某生 2011 年 8 月购买并实际占有的芙蓉花园第 58-1 号商铺到目前为止还没有办理产权证，属于物权法第一百八十七条规定的正在建造的建筑物，所以聚鼎公司申请再审的理由是否成立，关键是看该房屋在 2010 年 3 月 25 日第一次抵押登记时是否已经登记为抵押财产，购房人能否查阅不动产登记簿。如果登记为抵押财产，购房人又能够查阅，那么聚鼎公司的申请再审理由就成立。相反，就不成立。经查，克拉玛依市房地产抵押登记簿记载：“序号 0622；抵押人新疆普瑞铭房地产开发有限公司克分公司；抵押权人新疆聚鼎典当有限责任公司；房地产面积 2220. 01 平方米；房地产用途商铺；房地产位置白区芙蓉 1-2 栋（30 间）；贷款期限 6 个月；房地产价值 9990000；贷款金额 7500000；房地产证号空白；办理时间 2010. 3. 25。”从抵押登记簿记载的内容来看，对丁某生而言，其购买的芙蓉花园第 58-1 号商铺并没有明确登记为抵押财产。既然如此，其购买的案涉商铺在法律上就应当认为没有被抵押登记，聚鼎公司就不是该商

---

① 对应《民法典》第二百零八条。

② 对应《民法典》第二百一十四条。

③ 对应《民法典》第四百零二条。

④ 对应《民法典》第二百一十六条。

铺的抵押权人。既然聚鼎公司不是该商铺的抵押权人，其就不享有优先于丁某生对该商铺享有的权利。聚鼎公司申请再审时提出，案涉商铺属于抵押登记簿记载的2220.01平方米中的一部分。本院认为，根据物权法第六条规定的公示原则和第十六条规定的公信原则，某项不动产上是否设立了抵押权，应当以是否在不动产登记簿上登记公示为准，而不能有其他标准。对不动产登记簿上记载的内容理解有歧义时，应当以社会上通常的第三人如何理解为标准，而不能以抵押权人如何理解为标准。这是因为，由于抵押权是就抵押财产优先受偿的物权，任何当事人设立抵押权时，都会涉及第三人的利益，因此，该标准只能以社会上通常的第三人如何理解为标准。本案中，不动产登记簿上记载的抵押财产是克拉玛依市白碱滩区芙蓉花园的2220.01平方米商铺，但芙蓉花园第58-1号商铺是否包括其中，由于登记簿上对此没有记载，社会上通常的第三人只能认为不包括。即使事实真的如聚鼎公司所称，登记簿记载的2220.01平方米商铺的确包括案涉商铺，但是，因为登记簿上没有明确记载，没有向社会公示，社会上通常的第三人都会认为案涉商铺没有进行抵押登记，由此产生的风险也只能由聚鼎公司承担，而不能由第三人承担。就本案而言，由于登记簿上没有明确将芙蓉花园第58-1号商铺登记为抵押财产，因此，丁某生即使查看了不动产登记簿，也不负有弄清楚该商铺是否属于登记记载的2220.01平方米商铺中的一部分的义务，否则，不动产抵押登记制度的功能会大打折扣，危及交易安全，影响交易效率。因此，抵押登记的不动产要在法律上产生抵押权设立的效力，必须符合物权法第六条关于公示的要求，必须具体、特定、明确。至于实践中怎么把握，就是上述所说的以社会上通常的第三人如何理解不动产登记簿上的记载内容为标准。特别需要注意的是，整栋楼都抵押的，也要让社会上通常的第三人都认为从不动产登记簿上就能看出来整栋楼都已经抵押了，否则，不发生整栋楼都已经抵押的法律效果。

之所以要求抵押登记的不动产必须具体、特定、明确，其法理基础还在于不动产抵押登记有三项主要功能：其一，实现社会活动中的“动的安全”即交易安全。通过登记簿展现抵押物上的权利状态及其内容，便于第三人与抵押人进行与抵押物有关的法律交易时，作出合理的预期，避免遭受突如其来的损害，同时也极大地节省了交易成本，能够有效地实现鼓励交易、融通资金的市场经济目标。其二，强化抵押权的担保效力。在不动产抵押权经过登记而成立的前提下，法律就认为当事人已经知晓抵押权的存在。第三，预防纠纷。通过不动产抵押权登记，在第三人能够查阅的情况下，能够合理地规范同一抵押物上多项抵押权以及抵押权与其他权利之间的关系，减少纠纷并在发生纠纷之后提供强有力的证据。本案中，由于抵押登记簿上记载的抵押财产不具体、特定、明确，对丁某生而言，就不能产生其购买的商铺在其购买之前已经被抵押给了聚鼎公司的效果，丁某生就案涉商铺享有足以排除强制执行的民事权益。

需要特别指出的是，从本院到新疆维吾尔自治区克拉玛依市中级人民法院询问丁某生了解的情况看，实际上丁某生购买案涉商铺前后，都没有到当地房地产管理部门查看案涉商铺的抵押登记情况。如果当地房地产管理部门的抵押登记簿明确记载克拉玛依市白碱滩区芙蓉花园第58-1号商铺为抵押财产，该抵押登记簿又能够被丁某生查阅，那么丁某生就不享有足以排除强制执行的民事权益。因此，作为普通公民而言，一定要切记：购买房屋，无论是在建房屋，还是已经颁发过产权证的房屋，都应当到本地房地产管理部门查阅抵押登记簿，确认自己准备购买的房屋无抵押登记之后再行购买，否则很容易引发纠纷。就抵押权人而言，也要切记：其要成为法律上认可的抵押权人，必须要求房地产主管部门负责抵押登记的工作人员将抵押的财产在不动产登记簿上登记得具体、特定、明确。如果登记得不具体、特定、明确，就应当要求登记的工作人员修改，使登记的抵押财产具体、特定、明确。如果没有提出这个要求，登记得不特定，即使在登记簿上已经登记为抵押权人，对讼争不动产也不享有抵押权。对负责在抵押登记簿上登记的工作人员而言，也要切记：对抵押登记的财产，应当按照申请人的要求，登记得具体、特定、明确。房地产管理部门应当让准备购房的普通公民能够查阅抵押登记簿。

第二，丁某生与普瑞铭克分公司签订《商品房买卖合同》后当即支付了总房款的95.7%（188000元）及全部税费，普瑞铭克分公司亦向其交付了商铺，后由丁某生占有使用至今。该商铺未办理过户登记不是丁某生自身的原因，案涉芙蓉花园小区商铺均未办理大产权证，所以丁某生不可能办理小产权证。因丁某生是以取得案涉商铺所有权为目的订立合同和支付相应价款，对案涉不动产已经实际占有使用至今，且非因自身原因未办理过户登记；加之案涉商铺在法律上应当认定为没有在抵押登记簿上登记公示，该商铺不是抵押财产，故丁某生就案涉商铺享有足以排除强制执行的民事权益，二审判决理由虽然不充分，但结果正确。

第三，再审申请人提出的其他申请再审事由，均不影响二审法院的判决结果。再审申请人提出，一审法院在庭审结束后与普瑞铭克分公司代理人谈话，该谈话笔录未经质证，二审法院对该程序问题未予纠正。对此问题，经查，二审法院并没有将该谈话笔录作为认定案件基本事实的依据，再审申请人的该项申请再审理由不能成立。关于再审申请人提出的根据物权法第一百九十一条的规定，丁某生和普瑞铭克分公司签订的《商品房买卖合同》无效的问题。本院认为，物权法第一百九十一条第二款并非针对抵押财产转让合同的效力性强制性规定，且对丁某生而言，案涉商铺并非已经抵押登记的财产，因此，该合同不能认定无效，再审申请人的该项再审申请理由不能成立。关于再审申请人提出的本案不应适用《最高人民法院关于人民法院民事执行中查封、扣押、冻结财产的规定》第十七条和《最高人民法院关于人民法院办理执行异议和复议案件若干问题的规定》第二十七条的问题。本院认为，由于本案的抵押登记并不产生抵押权设立的效果，再审申请人以其抵押权能够对抗丁某生的权利为主要理由申请再审，其理由不能成立。因此，不论二审法院是否适用上述司法解释处理本案，二审法院的判决都应当依法予以维持。

综上，聚鼎公司的再审申请不符合《中华人民共和国民事诉讼法》第二百条第六项规定的情形。本院依照《中华人民共和国民事诉讼法》第二百零四条①第一款、《最高人民法院关于适用〈中华人民共和国民事诉讼法〉的解释》第三百九十五条②第二款之规定，裁定如下：

驳回新疆聚鼎典当有限责任公司的再审申请。

审判长　杨永清
审判员　汪国献
审判员　李　涛

二〇一七年九月二十八日

法官助理　钟丽丹
书记员　陈小雯

---

① 对应《民事诉讼法》(2021年修正) 第二百一十一条。

② 对应《最高人民法院关于适用〈中华人民共和国民事诉讼法〉的解释》(2022年修正) 第三百九十三条。

48. 丁某与A公司、B公司等申请执行人执行异议之诉案*

▶
买受人对登记在被执行人名下的不动产享有权益的认定

【裁判摘要】

金钱债权执行中，买受人是否对登记在被执行人名下的不动产享有排除执行的民事权益，应严格参照《最高人民法院关于人民法院办理执行异议和复议案件若干问题的规定》第二十八条规定的构成要件予以审查。

【案例索引】

一审：天台县人民法院（2015）台天执异初字第4号民事判决书

二审：台州市中级人民法院（2016）浙10民终1676号民事判决书

【基本案情】

原告（上诉人）：丁某

被告（被上诉人）：A公司

第三人：B公司、C公司、陈某

* 摘自《审判监督指导》2018年第3辑（总第65辑），人民法院出版社2019年版，第61~62页。

2013年3月30日，B公司与A公司签订厂房转让协议，将厂房整体转让给A公司，总价款700万元，2013年3月31日前、4月10日前、4月30日前分别支付150万元、300万元、250万元。B公司应于4月25日前腾空、搬离厂房；协议生效后10日内协助办理厂房过户变更登记手续；变更登记完成视为交付厂房完成。截至4月2日，A公司合计付款560.7万元并要求办理过户手续，B公司不予同意，并于当日退回20万元。A公司法定代表人的姐姐出具收到20万元的收条。经案外人许某调解，A公司再支付135万元转让款给许某，待过户成功后由许某再交给B公司。4月8日天台法院依陈某申请，查封了案涉厂房。4月9日A公司将135万元支付给许某，因厂房被查封无法办理过户手续，许某退还了135万元。执行异议听证过程中，A公司同意将尾款交法院处理。A公司在4月6日前将部分机器设备搬入案涉厂房一楼、三楼及二楼西侧部分办公室。案外人葛某5月10日搬离租赁的部分厂房后A公司搬入使用。12月29日A公司将案涉厂房二楼东侧关锁的样品间自行打开，搬入财物，B公司报案；案涉厂房二楼西侧原财务室和办公室仍由B公司自己使用。

根据另案生效民事判决，徐某需归还陈某借款230万元。B公司系徐某的个人独资企业。根据另案生效民事调解书，C公司需支付丁某132万余元，B公司承担连带责任。因B公司、C公司未还款，法院根据丁某申请查封了案涉厂房。A公司提出执行异议，法院裁定中止对案涉厂房的执行。丁某不服，提起执行异议之诉，要求准许执行案涉厂房及土地。

【审理结果】

天台县人民法院一审认为，本案符合《最高人民法院关于人民法院办理执行异议和复议案件若干问题的规定》第二十八条①的规定。判决：驳回丁某的诉讼请求。

台州市中级人民法院二审认为，A公司与B公司存在厂房买卖合同关系而非租赁合同关系。虽然A公司先后三次搬入案涉厂房，但相关证据证

---

① 该司法解释已于2020年12月29日修正，本条条数及内容均未作变动。

明A公司4月6日前首次搬入案涉厂房已经达到高度盖然性的证明标准，可以确认。本案符合《最高人民法院关于人民法院办理执行异议和复议案件若干问题的规定》第二十八条的规定。判决：驳回上诉，维持原判。

【评析意见】

案外人根据《最高人民法院关于人民法院办理执行异议和复议案件若干问题的规定》第二十八条规定要求排除执行时，法院应严格审查案外人是否符合该条规定的四个构成要件。本案中双方对A公司第二次和第三次搬入厂房的时间均晚于查封时间，并无争议，但一个工厂所要搬迁财物数量较多，分次搬入合乎常理和情理。因此，本案关键是A公司首次搬入（合法占有）厂房的时间。A公司主张首次搬入时间为法院查封前2天的2013年4月6日。就该事实，有门卫的证明、另一债权人陈某的财产保全情况说明、陈某聘请看管厂房的工人的陈述，应予认定。A公司基于其对案涉厂房享有的民事权益可以排除法院执行。

执行异议复议案件

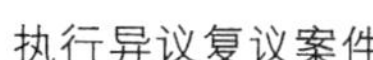

49. 李某玲、李某裕申请执行厦门海洋实业（集团）股份有限公司、厦门海洋实业总公司执行复议案*

（最高人民法院审判委员会讨论通过　2014 年 12 月 18 日发布）

生效法律文书确定的权利人在进入执行程序前合法转让债权的，债权受让人即权利承受人可以作为申请执行人直接申请执行

【关键词】

民事诉讼　执行复议　权利承受人　申请执行

【裁判要点】

生效法律文书确定的权利人在进入执行程序前合法转让债权的，债权受让人即权利承受人可以作为申请执行人直接申请执行，无需执行法院作出变更申请执行人的裁定。

【相关法条】

《中华人民共和国民事诉讼法》第二百三十六条第一款①

* 摘自 2014 年 12 月 18 日最高人民法院发布的第八批指导案例（指导案例 34 号）。

① 对应《民事诉讼法》（2021 年修正）第二百四十三条第一款。

【基本案情】

原告投资2234中国第一号基金公司（Investments 2234 China Fund Ⅰ B. V.，以下简称2234公司）与被告厦门海洋实业（集团）股份有限公司（以下简称海洋股份公司）、厦门海洋实业总公司（以下简称海洋实业公司）借款合同纠纷一案，2012年1月11日由最高人民法院作出终审判决，判令：海洋实业公司应于判决生效之日起偿还2234公司借款本金2274万元及相应利息；2234公司对蜂巢山路3号的土地使用权享有抵押权。在该判决作出之前的2011年6月8日，2234公司将其对于海洋股份公司和海洋实业公司的2274万元本金债权转让给李某玲、李某裕，并签订《债权转让协议》。2012年4月19日，李某玲、李某裕依据上述判决和《债权转让协议》向福建省高级人民法院（以下简称福建高院）申请执行。4月24日，福建高院向海洋股份公司、海洋实业公司发出（2012）闽执行字第8号执行通知。海洋股份公司不服该执行通知，以执行通知中直接变更执行主体缺乏法律依据，申请执行人李某裕系公务员，其受让不良债权行为无效，因此债权转让合同无效为主要理由，向福建高院提出执行异议。福建高院在异议审查中查明：李某裕系国家公务员，其本人称，在债权转让中，未实际出资，并已于2011年9月退出受让的债权份额。

福建高院认为：（1）关于债权转让合同效力问题。根据《最高人民法院关于审理涉及金融不良债权转让案件工作座谈会纪要》（以下简称《纪要》）第六条关于金融资产管理公司转让不良债权存在“受让人为国家公务员、金融监管机构工作人员”的情形无效和《中华人民共和国公务员法》第五十三条第十四项明确禁止国家公务员从事或者参与营利性活动等相关规定，作为债权受让人之一的李某裕为国家公务员，其本人购买债权受身份适格的限制。李某裕称已退出所受让债权的份额，该院受理的执行案件未做审查仍将李某裕列为申请执行人显属不当。（2）关于执行通知中直接变更申请执行主体的问题。最高人民法院（2009）执他字第1号《关于判决确定的金融不良债权多次转让人民法院能否裁定变更申请执行主体请示的答复》（以下简称1号答复）认为：“《最高人民法院关于人民法院

执行工作若干问题的规定（试行）》[①]（以下简称《执行规定》），已经对申请执行人的资格予以明确。其中第十八条第一款规定：‘人民法院受理执行案件应当符合下列条件：……（2）申请执行人是生效法律文书确定的权利人或其继承人、权利承受人。’该条中的‘权利承受人’，包含通过债权转让的方式承受债权的人。依法从金融资产管理公司受让债权的受让人将债权再行转让给其他普通受让人的，执行法院可以依据上述规定，依债权转让协议以及受让人或者转让人的申请，裁定变更申请执行主体。”据此，该院在执行通知中直接将本案受让人作为申请执行主体，未作出裁定变更，程序不当，遂于2012年8月6日作出（2012）闽执异字第1号执行裁定，撤销（2012）闽执行字第8号执行通知。

李某玲不服，向最高人民法院申请复议，其主要理由如下：（1）李某裕的公务员身份不影响其作为债权受让主体的适格性。（2）申请执行前，两申请人已同2234公司完成债权转让，并通知了债务人（即被执行人），是合法的债权人；根据《执行规定》有关规定，申请人只要提交生效法律文书、承受权利的证明等，即具备申请执行人资格，这一资格在立案阶段已予审查，并向申请人送达了案件受理通知书；1号答复适用于执行程序中依受让人申请变更的情形，而本案申请人并非在执行过程中申请变更执行主体，因此不需要裁定变更申请执行主体。

【裁判结果】

最高人民法院于2012年12月11日作出（2012）执复字第26号执行裁定：撤销福建高院（2012）闽执异字第1号执行裁定书，由福建高院向两被执行人重新发出执行通知书。

【裁判理由】

最高人民法院认为：本案申请复议中争议焦点问题是，生效法律文书确定的权利人在进入执行程序前合法转让债权的，债权受让人即权利承受

① 该规定已于2020年修正。

人可否作为申请执行人直接申请执行，是否需要裁定变更申请执行主体，以及执行中如何处理债权转让合同效力争议问题。

1. 关于是否需要裁定变更申请执行主体的问题。变更申请执行主体是在根据原申请执行人的申请已经开始了的执行程序中，变更新的权利人为申请执行人。根据《执行规定》第十八条、第二十条①的规定，权利承受人有权以自己的名义申请执行，只要向人民法院提交承受权利的证明文件，证明自己是生效法律文书确定的权利承受人的，即符合受理执行案件的条件。这种情况不属于严格意义上的变更申请执行主体，但二者的法律基础相同，故也可以理解为广义上的申请执行主体变更，即通过立案阶段解决主体变更问题。1号答复的意见是，《执行规定》第十八条可以作为变更申请执行主体的法律依据，并且认为债权受让人可以视为该条规定中的权利承受人。本案中，生效判决确定的原权利人2234公司在执行开始之前已经转让债权，并未作为申请执行人参加执行程序，而是权利受让人李某玲、李某裕依据《执行规定》第十八条的规定直接申请执行。因其申请已经法院立案受理，受理的方式不是通过裁定而是发出受理通知，债权受让人已经成为申请执行人，故并不需要执行法院再作出变更主体的裁定，然后发出执行通知，而应当直接发出执行通知。实践中有的法院在这种情况下先以原权利人作为申请执行人，待执行开始后再作出变更主体裁定，因其只是增加了工作量，而并无实质性影响，故并不被认为程序上存在问题。但不能由此反过来认为没有作出变更主体裁定是程序错误。

2. 关于债权转让合同效力争议问题，原则上应当通过另行提起诉讼解决，执行程序不是审查判断和解决该问题的适当程序。被执行人主张转让合同无效所援引的《纪要》第五条也规定：在受让人向债务人主张债权的诉讼中，债务人提出不良债权转让合同无效抗辩的，人民法院应告知其向同一人民法院另行提起不良债权转让合同无效的诉讼；债务人不另行起诉的，人民法院对其抗辩不予支持。关于李某裕的申请执行人资格问题。因

---

① 分别对应《最高人民法院关于人民法院执行工作若干问题的规定（试行）》（2020年修正）第十六条、第十八条。

本案在异议审查中查明，李某裕明确表示其已经退出债权受让，不再参与本案执行，故后续执行中应不再将李某裕列为申请执行人。但如果没有其他因素，该事实不影响另一债权受让人李某玲的受让和申请执行资格。李某玲要求继续执行的，福建高院应以李某玲为申请执行人继续执行。

理解与参照

《李某玲、李某裕申请执行厦门海洋实业股份有限公司、厦门海洋实业总公司执行复议案》的理解与参照*

——权利承受人可作为申请执行人直接申请执行

2014年12月18日，最高人民法院发布了指导案例34号《李某玲、李某裕申请执行厦门海洋实业股份有限公司、厦门海洋实业总公司执行复议案》。为了深入理解和准确参照适用该指导案例，现对其推选经过、裁判要点等有关情况予以解释、论证和说明。

一、推选经过及指导意义

李某玲、李某裕申请执行厦门海洋实业股份有限公司、厦门海洋实业总公司借款纠纷一案，由福建省高级人民法院（以下简称福建高院）立案执行。在执行过程中，厦门海洋实业股份有限公司向福建高院提出执行异

* 摘自《最高人民法院司法解释与指导性案例理解与适用》（第四卷），人民法院出版社2016年版，第651~657页。

议，福建高院审查后作出执行异议裁定，李某玲、李某裕不服，向最高人民法院申请复议。最高人民法院执行局认为，该案例符合《关于案例指导工作的规定》第二条的有关规定条件，作为指导性案例予以推荐。最高人民法院案例指导工作办公室经研究、征求民二庭意见和修改完善，按照规定程序报院领导同意提请最高人民法院审判委员会讨论。2014 年 11 月 28 日，最高人民法院审委会经讨论同意将该案例确定为指导性案例。12 月 18 日，最高人民法院以法〔2014〕327 号文件将该案例作为第八批指导性案例予以发布。

该案例旨在明确，生效法律文书确定的权利人在进入执行程序前合法转让债权的，债权受让人即权利承受人可以作为申请执行人直接申请执行，无需法院作出变更申请执行人的裁定。该案例涉及执行程序开始之前，申请执行主体发生变更，由权利承受人申请执行时，以何种方式解决申请执行主体的变更问题，区分了民事诉讼不同时段申请执行主体变更的不同方式，对于解决司法实践中的认识争议，统一裁判标准，避免纠缠执行程序问题，提高执行效率，维护当事人合法权益，具有典型指导意义。

二、裁判要点的理解和说明

指导案例 34 号裁判要点确认：生效法律文书确定的权利人在进入执行程序前合法转让债权的，债权受让人即权利承受人可以作为申请执行人直接申请执行，无需执行法院作出变更申请执行人的裁定。下面结合有关法律和司法解释等规定，围绕裁判要点中有关问题予以论证和说明。

（一）关于变更申请执行主体的情形

在民事诉讼执行程序中，生效法律文书确定的原告和被告一般就是申请执行人和被执行人，申请执行人通常是指在被告在法律文书指定的期限内不履行或者不完全履行义务时，根据已经发生法律效力的判决书、裁定书及其他法律文书，向人民法院要求执行的人。变更申请执行主体一般是指在根据原申请执行人的申请已进入执行程序后，变更新的权利人为申请执行人。但是，在司法实践中，由于一些法定事由的出现，使得生效法律

文书确定的权利或义务发生转移，表现在执行程序中，就是申请执行人的变更与被执行人的变更及追加。在《最高人民法院关于人民法院执行工作若干问题的规定（试行）》中，对被执行人的变更与追加作了较为详尽的规定，但对于申请执行人的变更及程序未作明确规定，仅在第十八条第二款中规定，申请执行人是生效法律文书确定的权利人或其继承人、权利承受人。这条规定中的“继承人”和“权利承受人”即是申请执行权利主体的扩张，分别针对自然人和法人。司法实践中，申请执行人变更主要有以下情形：

1. 作为申请执行人的公民死亡，由其继承人继承其在执行程序中的权利（追索赡养费的案件除外）。

2. 作为申请执行人的法人或其他组织在执行程序中发生了合并或分立，合并或分立后的法人或其他组织为申请执行人。

3. 作为申请执行人的法人或其他组织被解散、撤销或宣告破产的，由主管机关和人民法院组织成立的清算组织为申请执行人。

4. 作为申请执行人的法人或其他组织名称变更的，由变更名称后的法人或其他组织为执行申请人。

5. 法律文书确定的债权合法转让的。《合同法》第八十条规定：债权人转让权利的，应当通知债务人，未经通知，该转让对债务人不发生效力。第八十一条规定：债权人转让权利的，受让人取得与债权有关的从权利，但该权利专属于债权人自身的除外。① 上述规定所指债权系指未经法院裁判所确认的债权，即自然债权。关于依据生效法律文书产生的胜诉债权的转让，在法学界和执行实践中存在着争论，认为胜诉债权不得转让的主要理由有：一是强制执行请求权是基于被执行人不履行生效法律文书，国家为维护公益而赋予法律文书所确定的债权人基本的请求保护的权利，属于国家公权利，不因当事人的约定而丧失。根据民事诉讼既判力原则，该权利在一定期限内专属于权利人所有，属于不可转让的权利。如果该权利可以转让，一份生效法律文书可能出现若干个申请执行人，有损于生效

① 分别对应《民法典》第五百四十六条、第五百四十七条。

法律文书的确定力和公信力。二是执行主体的变更，是对执行依据所确定的权利义务关系的改变，不单纯是程序问题，更重要的是实体问题，属于民事审判程序，交由执行程序办理，有违程序法的规定，而且动摇了已生效的裁判文书的稳定性、确定性和权威性。我国对实体问题处理实行的是两审终审制，人民法院不能以剥夺一方当事人的诉讼权利为代价来保护另一方的利益，这可能使债务人丧失救济机会，有违公平公正原则。我们认为，根据合同法有关规定，经法院裁判所确认的胜诉债权，除专属于债权人人身的债权外，也可以依法转让；转让后，受让人取得债权人的地位，在义务人不履行义务的情况下，依法可以作为申请执行人向执行法院申请强制执行。

(二) 关于金融不良债权转让案件变更申请执行主体的程序

根据大陆法系民事诉讼法学的既判力理论，执行根据的效力只能及于执行依据上的权利和义务主体。因此，申请执行人是依据所执行的有效法律文书来确定的。人民法院在受理执行案件时，首先应当对申请执行人是否适格进行形式审查，确认作为申请执行人的就是法律文书效力所及之人。只有在例外的情况下，生效法律文书的既判力扩张至当事人以外的人。

关于执行法院审查后采取何种方式变更申请执行主体，我国目前法律法规和有关司法解释无明确规定，仅有以下关于金融不良债权转让的特别规定涉及此内容：

1.《最高人民法院关于审理涉及金融不良债权转让案件工作座谈会纪要》第十条“关于诉讼或执行主体的变更”指出：“金融资产管理公司转让已经涉及诉讼、执行或者破产等程序的不良债权的，人民法院应当根据债权转让合同以及受让人或者转让人的申请，裁定变更诉讼主体或者执行主体。”

2.《最高人民法院关于金融资产管理公司收购、处置银行不良资产有关问题的补充通知》第3条指出：“金融资产管理公司转让、处置已经涉及诉讼、执行或者破产等程序的不良债权时，人民法院应当根据债权转让协议和转让人或者受让人的申请，裁定变更诉讼或者执行主体。”

3.〔2009〕执他字第1号《最高人民法院关于判决确定的金融不良债权多次转让人民法院能否裁定变更申请执行主体请示的答复》（以下简称〔2009〕执他字第1号答复）指出：“《最高人民法院关于人民法院执行工作若干问题的规定（试行）》，已经对申请执行人的资格予以明确。其中第18条第1款规定：‘人民法院受理执行案件应当符合下列条件：……（2）申请执行人是生效法律文书确定的权利人或其继承人、权利承受人。’该条中的‘权利承受人’，包含通过债权转让的方式承受债权的人。依法从金融资产管理公司受让债权的受让人将债权再行转让给其他普通受让人的，执行法院可以依据上述规定，依债权转让协议以及受让人或者转让人的申请，裁定变更申请执行主体。”

根据以上规定，从执行实践看，一般第三人提出变更申请执行主体并提供证据的，由人民法院审查。如审查合格，则裁定变更第三人为申请执行主体；如审查不合格，则裁定驳回申请。因此，对于进入执行程序变更申请执行人的确认，通常采用作出裁定形式。但以上所指的变更一般是执行程序中的变更，没有涉及尚未进入执行程序而在立案阶段的变更。

（三）关于进入执行程序前申请执行主体的变更程序

由于《民事诉讼法》和司法解释缺乏关于变更申请执行主体的相关规定，尤其是针对诉讼结束后执行立案前发生债权转让的，原债权人未加入到执行程序中，而是由权利承受人直接向法院申请执行的情形，司法实践中各地法院做法不一。有的法院进行形式审查后，直接将权利承受人作为申请执行人，不做变更申请执行人的裁定，只是按照一般程序向被执行人发出执行通知书；有的法院则要求，申请立案阶段，只能由裁判文书上载明的权利人申请，移交给执行部门后，再由执行部门裁定变更。

变更申请执行主体通常是指，在根据原申请执行人的申请已经开始了的执行程序中，变更新的权利人为申请执行人。从这个角度而言，执行立案前债权转让，且原债权人一直未参与执行程序，自始由权利承受人以自己名义申请执行的，虽然与严格意义上“变更申请执行主体”有着相同的法律基础，但并不完全符合“变更”的概念界定。本指导案例中，双方当事人争议的焦点程序问题是，债权转让后权利承受人直接申请执行的，执行法院未作出变更申请执行主体的裁定，仅发出执行通知书是否合法。

针对此争论，本指导案例统一了裁判方式，确认了权利承受人有权以自己的名义申请执行，只要向人民法院提交承受权利的证明文件，证明自己是生效法律文书确定的权利的承受人，符合受理执行案件条件的，法院经立案审查后，发出立案受理通知，表明法院确认了新的权利受让人可以作为申请执行人，无需再作出变更裁定。这样统一裁判方式后，可以简化程序，方便权利承受人申请执行，减轻人民法院工作量，也符合执行程序的效率追求。因为执行程序的主要目的是迅速实现债权人经过生效法律文书确定的债权，不同于审判程序，效率是执行程序基本价值取向。即使作为救济程序的执行异议和复议程序，其目的也是解决执行过程中衍生的程序和实体争议，所作的是非诉审查，其价值取向毫无疑问仍是效率。因此，效率原则贯穿于整个执行程序，如果经过立案登记审查后，还须执行部门作出变更主体的裁定，则显得多余，也有违执行程序的效率原则。

三、需要说明问题

（一）关于进入执行程序前变更申请执行人程序的适用范围

变更申请执行人是直接关系到案外人能否成为案件权利主体的重大问题，对充分保护权利人利益，维护法院裁判权威，建立与发展诚实守信的市场交易秩序具有重要意义。但是，在申请执行人变更问题上，由于法律没有明确将确定债权转让纳入申请执行人变更的范围内，确定债权转让后，申请执行人的变更问题变得更为突出。从目前的规定看，最高人民法院对于金融资产管理公司收购、处置国有银行不良资产的情形，明确表示金融资产管理公司、债权受让人可以成为申请执行主体。但这一情形是在特定情况和范围内实施的，是配合国家金融政策的执行而作出的，不具有普适性。因此，本指导案例作为变更申请执行人程序的有效补充，在司法实践中具有普遍指导意义，但同时也应当赋予债务人即被执行人对于变更

申请主体的异议救济渠道。

本指导案例中涉及的债权转让合同，虽然属于金融资产管理公司转让不良债权的性质，但关于如何处理申请主体变更的结论，不仅适用于金融不良债权案件，而且普遍适用于普通执行案件。司法实践中，在进入执行程序前的立案阶段应当认真审查受让人提交相关权证证明材料是否符合形式要求。被执行人针对变更申请执行主体提出异议的，如果不涉及债权转让合同效力的，可以依照《民事诉讼法》第二百二十五条①作为执行异议进行审查，并赋予当事人申请复议的权利。如果被执行人异议理由主要涉及债权转让合同效力的，应当提示被执行人提起诉讼。

（二）关于进入执行程序后变更申请执行人的程序

对进入执行程序后如何变更申请执行人问题，民事诉讼法和及其司法解释没有作出规定。《最高人民法院关于审理涉及金融不良债权转让案件工作座谈会纪要》第十部分“关于诉讼或执行主体的变更”中指出，金融资产管理公司转让已经涉及诉讼、执行或者破产等程序的不良债权的，人民法院应当根据债权转让合同以及受让人或者转让人的申请，裁定变更诉讼主体或者执行主体。如前所述，最高人民法院（2009）执他字第1号答复指出，依法从金融资产管理公司受让债权的受让人再行转让债权的，执行法院可以裁定变更执行主体。尽管这是针对金融债权转让的，但是对其他执行案件具有普遍参照意义。司法实践中，对于进入执行程序后变更权利人的，一般参照变更被申请执行人的有关司法解释规定，采取裁定方式来变更。

（三）关于债权转让合同效力争议问题

本指导性案例中，还涉及债权转让合同效力争议问题。对此，《最高人民法院关于审理涉及金融不良债权转让案件工作座谈会纪要》第五部分指出，在受让人向国有企业债务人主张债权的诉讼中，国有企业债务人提

① 对应《民事诉讼法》（2021年修正）第二百三十二条。

出不良债权转让合同无效抗辩的，人民法院应告知其向同一人民法院另行提起不良债权转让合同无效的诉讼。债务人不另行起诉的，人民法院对其抗辩不予支持。这是因为，合同是否有效属于审判程序解决的问题，执行程序不是审查判断合同效力的适当程序，被执行人主张债权转让合同无效的，应当另行提起诉讼。

（执笔人：马岚、吴光侠）

▶
买受人与拍卖行恶意串通成交的拍卖无效

50. 广东龙正投资发展有限公司与广东景茂拍卖行有限公司委托拍卖执行复议案*

（最高人民法院审判委员会讨论通过　2014 年 12 月 18 日发布）

【关键词】

民事诉讼　执行复议　委托拍卖　恶意串通　拍卖无效

【裁判要点】

拍卖行与买受人有关联关系，拍卖行为存在以下情形，损害与标的物相关权利人合法权益的，人民法院可以视为拍卖行与买受人恶意串通，依法裁定该拍卖无效：(1) 拍卖过程中没有其他无关联关系的竞买人参与竞买，或者虽有其他竞买人参与竞买，但未进行充分竞价的；(2) 拍卖标的物的评估价明显低于实际价格，仍以该评估价成交的。

---

* 摘自 2014 年 12 月 18 日最高人民法院发布的第八批指导案例（指导案例 35 号）。

【相关法条】

《中华人民共和国民法通则》[①] 第五十八条

《中华人民共和国拍卖法》第六十五条

【基本案情】

广州白云荔发实业公司（以下简称荔发公司）与广州广丰房产建设有限公司（以下简称广丰公司）、广州银丰房地产有限公司（以下简称银丰公司）、广州金汇房产建设有限公司（以下简称金汇公司）非法借贷纠纷一案，广东省高级人民法院（以下简称广东高院）于 1997 年 5 月 20 日作出（1996）粤法经一初字第 4 号民事判决，判令广丰公司、银丰公司共同清偿荔发公司借款 160647776. 07 元及利息，金汇公司承担连带赔偿责任。

广东高院在执行前述判决过程中，于 1998 年 2 月 11 日裁定查封了广丰公司名下的广丰大厦未售出部分，面积 18851. 86 平方米。次日，委托广东景茂拍卖行有限公司（以下简称景茂拍卖行）进行拍卖。同年 6 月，该院委托的广东粤财房地产评估所出具评估报告，结论为：广丰大厦该部分物业在 1998 年 6 月 12 日的拍卖价格为 102493594 元。后该案因故暂停处置。

2001 年初，广东高院重新启动处置程序，于同年 4 月 4 日委托景茂拍卖行对广丰大厦整栋进行拍卖。同年 11 月初，广东高院在报纸上刊登拟拍卖整栋广丰大厦的公告，要求涉及广丰大厦的所有权利人或购房业主，于 2001 年 11 月 30 日前向景茂拍卖行申报权利和登记，待广东高院处理。根据公告要求，向景茂拍卖行申报的权利有申请交付广丰大厦预售房屋、回迁房屋和申请返还购房款、工程款、银行借款等，金额高达 15 亿多元，其中，购房人缴纳的购房款逾 2 亿元。

2003 年 8 月 26 日，广东高院委托广东财兴资产评估有限公司（即原

---

① 已失效。

广东粤财房地产评估所）对广丰大厦整栋进行评估。同年 9 月 10 日，该所出具评估报告，结论为：整栋广丰大厦（用地面积 3009m^2，建筑面积 34840m^2）市值为 3445 万元，建议拍卖保留价为市值的 70% 即 2412 万元。同年 10 月 17 日，景茂拍卖行以 2412 万元将广丰大厦整栋拍卖给广东龙正投资发展有限公司（以下简称龙正公司）。广东高院于同年 10 月 28 日作出（1997）粤高法执字第 7 号民事裁定：确认将广丰大厦整栋以 2412 万元转给龙正公司所有。2004 年 1 月 5 日，该院向广州市国土房管部门发出协助执行通知书，要求将广丰大厦整栋产权过户给买受人龙正公司，并声明原广丰大厦的所有权利人，包括购房人、受让人、抵押权人、被拆迁人或拆迁户等的权益，由该院依法处理。龙正公司取得广丰大厦后，在原主体框架结构基础上继续投入资金进行续建，续建完成后更名为“时代国际大厦”。

2011 年 6 月 2 日，广东高院根据有关部门的意见对该案复查后，作出（1997）粤高法执字第 7-1 号执行裁定，认定景茂拍卖行和买受人龙正公司的股东系亲属，存在关联关系。广丰大厦两次评估价格差额巨大，第一次评估了广丰大厦约一半面积的房产，第二次评估了该大厦整栋房产，但第二次评估价格仅为第一次评估价格的 35%，即使考虑市场变化因素，其价格变化也明显不正常。根据景茂拍卖行报告，拍卖时有三个竞买人参加竞买，另外两个竞买人均未举牌竞价，龙正公司因而一次举牌即以起拍价 2412 万元竞买成功。但经该院协调有关司法机关无法找到该二人，后书面通知景茂拍卖行提供该二人的竞买资料，景茂拍卖行未能按要求提供；景茂拍卖行也未按照《拍卖监督管理暂行办法》第四条“拍卖企业举办拍卖活动，应当于拍卖日前七天内到拍卖活动所在地工商行政管理局备案……拍卖企业应当在拍卖活动结束后 7 天内，将竞买人名单、身份证明复印件送拍卖活动所在地工商行政管理局备案”的规定，向工商管理部门备案。现有证据不能证实另外两个竞买人参加了竞买。综上，可以认定拍卖人景茂拍卖行和竞买人龙正公司在拍卖广丰大厦中存在恶意串通行为，导致广丰大厦拍卖不能公平竞价、损害了购房人和其他债权人的利益。根据《中华人民共和国民法通则》第五十八条、《中华人民共和国拍卖法》第六十五条的规定，裁定拍卖无效，撤销该院2003年10月28日作出的（1997）粤高法执字第7号民事裁定。对此，买受人龙正公司和景茂拍卖行分别向广东高院提出异议。

龙正公司和景茂拍卖行异议被驳回后，又向最高人民法院申请复议。主要复议理由为：对广丰大厦前后两次评估的价值相差巨大的原因存在合理性，评估结果与拍卖行和买受人无关；拍卖保留价也是根据当时实际情况决定的，拍卖成交价是当时市场客观因素造成的；景茂拍卖行不能提供另外两名竞买人的资料，不违反《中华人民共和国拍卖法》第五十四条第二款关于“拍卖资料保管期限自委托拍卖合同终止之日起计算，不得少于五年”的规定；拍卖广丰大厦的拍卖过程公开、合法，拍卖前曾4次在报纸上刊出拍卖公告，法律没有禁止拍卖行股东亲属的公司参与竞买。故不存在拍卖行与买受人恶意串通、损害购房人和其他债权人利益的事实。广东高院推定竞买人与拍卖行存在恶意串通行为是错误的。

【裁判结果】

广东高院于2011年10月9日作出（2011）粤高法执异字第1号执行裁定：维持（1997）粤高法执字第7-1号执行裁定意见，驳回异议。裁定送达后，龙正公司和景茂拍卖行向最高人民法院申请复议。最高人民法院于2012年6月15日作出（2012）执复字第6号执行裁定：驳回龙正公司和景茂拍卖行的复议请求。

【裁判理由】

最高人民法院认为：受人民法院委托进行的拍卖属于司法强制拍卖，其与公民、法人和其他组织自行委托拍卖机构进行的拍卖不同，人民法院有权对拍卖程序及拍卖结果的合法性进行审查。因此，即使拍卖已经成交，人民法院发现其所委托的拍卖行为违法，仍可以根据《中华人民共和国民法通则》第五十八条、《中华人民共和国拍卖法》第六十五条等法律

规定，对在拍卖过程中恶意串通，导致拍卖不能公平竞价、损害他人合法权益的，裁定该拍卖无效。

买受人在拍卖过程中与拍卖机构是否存在恶意串通，应从拍卖过程、拍卖结果等方面综合考察。如果买受人与拍卖机构存在关联关系，拍卖过程没有进行充分竞价，而买受人和拍卖机构明知标的物评估价和成交价明显过低，仍以该低价成交，损害标的物相关权利人合法权益的，可以认定双方存在恶意串通。

本案中，在景茂拍卖行与买受人之间因股东的亲属关系而存在关联关系的情况下，除非能够证明拍卖过程中有其他无关联关系的竞买人参与竞买，且进行了充分的竞价，否则可以推定景茂拍卖行与买受人之间存在串通。该竞价充分的举证责任应由景茂拍卖行和与其有关联关系的买受人承担。2003 年拍卖结束后，景茂拍卖行给广东高院的拍卖报告中指出，还有另外两个自然人参加竞买，现场没有举牌竞价，拍卖中仅一次叫价即以保留价成交，并无竞价。而买受人龙正公司和景茂拍卖行不能提供其他两个竞买人的情况。经审核，其复议中提供的向工商管理部门备案的材料中，并无另外两个竞买人参加竞买的资料。拍卖资料经过了保存期，不是其不能提供竞买人情况的理由。据此，不能认定有其他竞买人参加了竞买，可以认定景茂拍卖行与买受人龙正公司之间存在串通行为。

鉴于本案拍卖系直接以评估机构确定的市场价的 70%之保留价成交的，故评估价是否合理对于拍卖结果是否公正合理有直接关系。之前对一半房产的评估价已达一亿多元，但是本次对全部房产的评估价格却只有原来一半房产评估价格的 35%。拍卖行明知价格过低，却通过亲属来购买房产，未经多轮竞价，严重侵犯了他人的利益。拍卖整个楼的价格与评估部分房产时的价格相差悬殊，拍卖行和买受人的解释不能让人信服，可以认定两者间存在恶意串通。同时，与广丰大厦相关的权利有申请交付广丰大厦预售房屋、回迁房屋和申请返还购房款、工程款、银行借款等，总额达 15 亿多元，仅购房人登记所交购房款即超过 2 亿元。而本案拍卖价款仅为 2412 万元，对于没有优先受偿权的本案申请执行人毫无利益可言，明显属于无益拍卖。鉴于景茂拍卖行负责接受与广丰大厦相关的权利的申报工作，且买受人与其存在关联关系，可认定景茂拍卖行与买受人对上述问题也应属明知。因此，对于此案拍卖导致与广丰大厦相关的权利人的权益受侵害，景茂拍卖行与买受人龙正公司之间构成恶意串通。

综上，广东高院认定拍卖人景茂拍卖行和买受人龙正公司在拍卖广丰大厦中存在恶意串通行为，导致广丰大厦拍卖不能公平竞价、损害了购房人和其他债权人的利益，是正确的。故（1997）粤高法执字第7-1号及（2011）粤高法执异字第1号执行裁定并无不当，景茂拍卖行与龙正公司申请复议的理由不能成立。

理解与参照

《广东龙正投资发展有限公司与广东景茂拍卖行有限公司委托拍卖执行复议案》的理解与参照*

——恶意串通的拍卖无效

2014年12月18日，最高人民法院发布了指导性案例《广东龙正投资发展有限公司与广东景茂拍卖行有限公司委托拍卖执行复议案》（指导案例35）。为了正确理解和准确参照适用该指导性案例，现对其推选经过、裁判要点、需要说明问题等情况予以解释、论证和说明。

---

* 摘自《最高人民法院司法解释与指导性案例理解与适用》（第四卷），人民法院出版社2016年版，第658~664页。

一、推选过程及其指导意义

广东龙正投资发展有限公司与广东景茂拍卖行有限公司委托拍卖执行复议案，由最高人民法院执行局向案例指导工作办公室推荐。执行局认为，该案例适用法律正确，对审理同类案件具有指导作用，可以作为指导性案例。案例指导工作办公室讨论后，同意该案例作为指导性案例。2014年10月21日，最高人民法院审委会讨论认为，该案例符合最高人民法院《关于案例指导工作的规定》第二条的有关规定，同意将该案例确定为指导性案例。同年12月18日，最高人民法院以法〔2014〕327号文件将该案例作为第八批指导性案例予以发布。

该案例旨在明确，受人民法院委托进行的强制拍卖，执行法院有权对拍卖的过程和结果进行监督，如果拍卖过程中发生恶意串通或有其他非法因素，即使已经成交，人民法院仍然可以依法宣布拍卖无效或撤销拍卖结果。该案例具体确定了恶意串通损害相关权利人权益的认定标准。

二、裁判要点的理解与说明

该指导案例的裁判要点确认：拍卖行与买受人有关联关系，拍卖行为存在以下情形，损害与标的物相关权利人合法权益的，人民法院可以视为拍卖行与买受人恶意串通，依法裁定该拍卖无效：(1) 拍卖过程中没有其他无关联关系的竞买人参与竞买，或者虽有其他竞买人参与竞买，但未进行充分竞价的；(2) 拍卖标的物的评估价明显低于实际价格，仍以该评估价成交的。以下围绕与该裁判要点相关的问题逐一说明。

（一）法院对其委托的司法拍卖监督问题

本案例隐含的一个前提是，人民法院对其委托进行的司法拍卖具有监督权，经审查拍卖存在宣布无效或可撤销情形的，人民法院有权直接宣布拍卖无效或裁定撤销拍卖结果。

人民法院在强制执行过程中委托拍卖机构实施的拍卖，即司法拍卖，与公民、法人和其他组织基于自主民事行为自行委托拍卖机构进行的任意拍卖不同，它是一种强制拍卖，是法院作为执行机关，基于国家强制力，将被执行人的财产按照拍卖的方式出卖给最高应价者，以取得价金用于向债权人清偿的执行措施。尽管法院对拍卖机构的授权是以委托的形式表现出来的，但实际上拍卖机构所实施的拍卖仍然是司法强制执行措施的延伸，本质上是司法行为的一部分，执行法院需要就拍卖的结果对当事人和利害关系人直接负责。拍卖行和竞买人除了应当遵守民事主体参加民事活动的基本法律原则和行业管理规范以外，还应当遵守法律和司法解释关于司法拍卖的专门规定，遵守执行法院就拍卖作出的特定指示。执行法院有权对拍卖程序、拍卖结果的合法性进行监督审查。因此，即便是已经履行完毕的司法拍卖，法院经司法审查后认为拍卖行为违法的，仍有权宣布该拍卖无效。

(二) 认定拍卖无效的法律依据

本案例涉及认定拍卖无效这种法律后果的法律依据问题，确定可以将拍卖法的相关规定，作为审查认定司法拍卖无效的依据。

我国《民法通则》第五十八条规定："下列民事行为无效：……(四) 恶意串通，损害国家、集体或者第三人利益的；……"我国《拍卖法》第三十七条规定："竞买人之间、竞买人与拍卖人之间不得恶意串通，损害他人利益。"第六十五条规定："违反本法第三十七条的规定，竞买人之间、竞买人与拍卖人之间恶意串通，给他人造成损害的，拍卖无效，应当依法承担赔偿责任。"根据上述法律规定，在拍卖过程中恶意串通，导致拍卖不能公平竞价、损害其他人合法权益的，该拍卖行为无效。

对于在执行拍卖程序中能否引用拍卖法的规定撤销拍卖，实践中存在争议。有观点认为，《拍卖法》是调整市场主体自主交易中的拍卖行为的法律规范。而人民法院系依照《民事诉讼法》及有关强制执行的法律规定，进行强制拍卖。法院在强制拍卖关系中，并非普通的民事主体，而是以公法主体身份，履行公法行为。因此，拍卖法不是法院强制拍卖的法律

依据，法院委托拍卖机构进行的拍卖行为不能直接适用《拍卖法》，而只能适用《民事诉讼法》及《最高人民法院关于人民法院民事执行中拍卖、变卖财产的规定》（以下简称《拍卖规定》）。《拍卖规定》只规定在拍卖开始前，如果发生拍卖机构与竞买人恶意串通的情形，法院应当撤回拍卖委托。而对拍卖开始后发现的竞买人妨害拍卖的情况如何处理，司法解释没有规定，故不存在拍卖后宣布拍卖无效或撤销拍卖结果的问题。

本案例裁判要点认为，在执行案件审查过程中，对于程序法中尚无具体专门规定的事项，可以运用实体法的精神来处理执行程序中出现的问题。虽然执行中的委托拍卖应当主要遵守专门调整司法拍卖的法律规范（目前主要是最高人民法院制定的专门司法解释），但拍卖法作为规范拍卖机构拍卖行为的一般性法律，拍卖机构在受法院委托的拍卖活动中，也应当遵守。对于尚无司法解释专门规定的一些司法拍卖事项和问题，则应当适用普通拍卖的一般原则及具体规则。在这个意义上说，《拍卖法》的相关规定，在与有关执行程序的法律和司法解释规定的目的和原则不相冲突的前提下，也构成司法拍卖的补充性法律规范。对于宣布拍卖无效的问题，目前司法解释尚无具体规定，但不等于司法拍卖不存在无效的问题，对于确实具有无效因素的司法拍卖，应当引用《民法通则》和《拍卖法》的相关规定予以处理。《拍卖法》第六十五条关于“竞买人之间、竞买人与拍卖人之间恶意串通给他人造成损害的，拍卖无效”的规定，对于司法拍卖也同样适用。

（三）认定恶意串通损害相关权利人权益的具体情形或要件

本案例裁判意见是围绕《拍卖法》中“竞买人与拍卖人之间恶意串通，给他人造成损害”这一条件展开的。将本案例裁判要点进行分析，可以确定该裁判要点实际上涉及认定“竞买人与拍卖人之间恶意串通，给他人造成损害”的四个要件：(1) 拍卖机构与买受人存在关联关系；(2) 拍卖过程中无其他竞买人参与竞买或者没有充分竞价；(3) 拍卖标的物的评估价明显低于实际价格，仍以该评估价成交；(4) 损害与标的物相关权利人的合法权益。其中前两个要件结合在一起，构成认定竞买人与拍卖行之间的串通标准；后两个条件，是构成对相关权利人合法权益的恶意损害，其中第三个是损害及恶意的表现形式，即以过低的价格成交，第四个则是损害的后果。

1. 竞买人与拍卖机构存在关联关系。强制拍卖的过程是通过充分竞价的方式，确保标的物拍卖价格的最大化，因此需引入尽可能多的符合条件的主体参与竞价。故与拍卖人有利益关联的竞买人，如果符合法定条件参与拍卖，其参与拍卖的行为本身并不为现行法律所禁止。但此种关联关系的存在，为恶意串通提供了方便的条件，很容易导致对市场公平交易秩序的破坏，很难进行真实充分竞价。故买受人与拍卖机构之间存在关联关系，是一个重大瑕疵，可以作为认定恶意串通的要件之一，如果其他应当考虑的因素也同时具备，则可以认定恶意串通。

2. 无其他竞买人参与竞买或者没有充分竞价。拍卖过程中是否有其他无关联关系的竞买人参加以及是否进行了充分的竞价，是认定在拍卖过程中买受人是否与拍卖机构存在恶意串通的重要依据。拍卖的本质要求是充分的竞价，即通过各参与拍卖的主体之间公平的竞争，合理的竞价，实现拍卖价格最优。有关联关系的竞买人参与竞买虽不必禁止，但有一点必须明确，即这种情况下，对竞价过程的充分、透明和公开的要求应当更高。如果经过了充分竞价，则拍卖行与买受人之间存在关联关系的瑕疵可以得到弥补。而在拍卖机构与买受人存在关联关系的前提下，竞价充分的举证责任应由拍卖行和与其有关联关系的买受人承担。但是本案例中拍卖行和买受人并没有提供相关证据来证明拍卖过程中进行了充分竞价。2003 年拍卖结束后，拍卖行给广东高院的拍卖报告中指出，还有另外两个自然人参加竞买，现场没有举牌竞价，拍卖是一次竞价，即以评估机构确定的市场价的 70% 即 2412 万元成交。但买受人和拍卖行不能提供其他两个竞买人的情况。经审核，其复议中提供的向工商管理部门备案的材料中，并无另外两个竞买人参加竞买的资料。因此，不能认定有其他竞买人参加了竞买，可以推定没有形成充分竞价。因此，结合拍卖行与买受人存在关联关系的因素考虑，可以认定双方存在串通行为。

3. 拍卖标的物的评估价明显低于实际价格，仍以该评估价成交，侵害标的物相关权利人的合法权益。在存在串通行为的前提下，该种串通对于相关权利人是否构成恶意，则要看串通形成的拍卖结果是否损害相关权利人的权益。拍卖标的物的评估价明显低于实际价格，仍以该评估价成交，是损害后果的表现形式。

认定拍卖价格是否合理，要审查最终成交价格与评估价格差价如何，以及评估价格是否显著低于正常的市场价格。受各种因素的影响，拍卖成交价格与市场价格或评估价格存在一定的差价是合理的。但如两者差距悬殊，不能排除合理的怀疑，则可认定成交价格明显过低。鉴于本案例拍卖系直接以评估机构确定的市场价的70%之保留价成交的，故评估价是否合理对于拍卖结果是否公正合理有直接关系。而在此之前对拍卖标的的一半房产进行评估，其价格已经逾一亿元，但是此次对全部的房产进行评估，价格却只有原来一半房产评估价格的35%，拍卖整个楼的价格与评估部分房产时的价格相差悬殊。即使考虑市场变化因素，其价格变化也明显不正常。对拍卖标的的两次评估价格相差悬殊的问题，复议申请人不能提供合理解释，故最高人民法院认可广东高院关于拍卖所依据的第二次评估结论明显过低的认定。

4. 侵害当事人和利害关系人合法权益。对执行标的物通过拍卖的形式进行变价，制度设计的目标应当达到充分实现财产价值，既有利于债权的实现，又兼顾债务人合法权益的目的。而本案例拍卖则背离这一目标。

首先，侵害执行案件当事人的合法权益。强制拍卖又必然意味着被执行人财产的减少，并耗费一定的司法资源。如果强制拍卖所得价款，在扣除拍卖费用及清偿优先债权之后不能有剩余，即对申请执行人债权的实现没有实益，这种对执行目的实现毫无实益的强制拍卖，已经为拍卖司法解释所禁止。本案例中，生效判决判令被执行人清偿申请执行人借款约1.61亿元及利息，同时，申报的与拍卖标的广丰大厦相关的权利高达15亿元，其中应优先受偿的债权数额很高，而广丰大厦的拍卖款仅为2412万元。因此，对于申请执行人来说，已构成无益拍卖，申请执行人实际上无法从中受偿。因财产被低价处分，对被执行人的损害自不待言。

其次，侵害利害关系人权益。本案例中，与拍卖标的广丰大厦相关的权利，有申请交付广丰大厦预售房屋、回迁房屋和申请返还购房款、工程款、银行借款等，总额达15亿多元，仅购房人登记所交购房款即超过2亿元。拍卖后，广东高院将与广丰大厦有关的所有权利负担一概除去，将广丰大厦整栋房产移转给买受人，导致与广丰大厦相关的权利无法得到依法有效保护，严重侵害了与广丰大厦相关的权利人的合法权益。

三、其他需要说明的问题

本案的指导意义在于明确了人民法院对强制拍卖的司法审查，以及确认拍卖无效或撤销拍卖的法律依据和法律适用标准。需要注意的是，本案例认定恶意串通导致拍卖无效，是因为本案例的拍卖行为同时具备了以下几个要件：拍卖机构与买受人存在关联关系；无其他竞买人或竞价不充分；成交价格过低；损害标的物相关方的合法权益。因此，参照本案例处理案件，应当上述四个要件同时具备。当然，也不排除根据个案拍卖过程中存在的具体问题，对认定构成恶意串通的要件做出进一步分析，限缩构成要件的因素。同时，也不排除因拍卖存在其他问题，而以恶意串通以外的因素，而认定拍卖无效。至于单独具备某一项条件的情况下，是否也可能据以否定拍卖的效力，仍需进一步研究。如本案例并没有解决仅因一人竞买而成交是否无效的问题。

关于在竞买人为一人的情况下，执行标的物拍卖程序是否有效的问题，实践中一直存有争议。一种观点认为，根据拍卖的定义，拍卖就是以竞价的方法将财产或者财产权利卖给出价最高者，因此，只有两个以上的竞买人方能形成有效竞价，如果仅有一人参加竞买，则违反了《拍卖法》第三条关于拍卖应当公开竞价的规定，拍卖程序无效。另一种观点认为：(1)《拍卖法》并没有对竞买人的人数进行规定。(2) 更为重要的是，拍卖作为一种典型的市场交易方式，其核心应该是“充分公开”，而不是完

全依据参与竞争人数的多少来判断其市场配置的特性。信息充分公开后，所有市场主体都能根据公开信息做出合乎自身利益的市场行为，即使只有一个竞买人参加竞买，这种竞买行为也是充分市场化的。反之，如果出让信息不充分公开或设定了种种条件限制竞买人参加拍卖活动，即使一宗地或者其他物品有多个竞买人参加，也是非市场化的。(3)《拍卖法》第三条规定拍卖应公开竞价，但对竞价发生的时间段并没有具体的规定。竞价可以发生在拍卖会上，也可以发生在拍卖机构发布公告以后至交纳保证金期间。拍卖公告发布后，有的人觉得拍卖标的价格高而不交纳保证金，有的人觉得价格合适愿意购买因而缴纳保证金，这时实际上发生了竞价现象。(4) 法院强制拍卖不同于一般的拍卖，强制拍卖的目的是变现被执行人的财产，实现债权人的债权，其立足点是保障债权人的利益。拍卖标的物向社会大众公开拍卖后，仅有一个人竞买，比没有人竞买更符合债权人的利益，更有利于执行工作的顺利进行。总之，目前实践中，多数人观点尚不支持一人竞买情况下认定拍卖无效。

51. 中投信用担保有限公司与海通证券股份有限公司等证券权益纠纷执行复议案*

▶
执行法院不能将被执行人收到执行通知之前已清偿另案执行法院确认的债务纳入执行范围

（最高人民法院审判委员会讨论通过　2014 年 12 月 18 日发布）

【关键词】

民事诉讼　执行复议　到期债权　协助履行

【裁判要点】

被执行人在收到执行法院执行通知之前，收到另案执行法院要求其向申请执行人的债权人直接清偿已经法院生效法律文书确认的债务的通知，并清偿债务的，执行法院不能将该部分已清偿债务纳入执行范围。

【相关法条】

《中华人民共和国民事诉讼法》第二百二十四条第一款①

* 摘自 2014 年 12 月 18 日最高人民法院发布的第八批指导案例（指导案例 36 号）。
① 对应《民事诉讼法》（2021 年修正）第二百三十一条第一款。

【基本案情】

中投信用担保有限公司（以下简称中投公司）与海通证券股份有限公司（以下简称海通证券）、海通证券股份有限公司福州广达路证券营业部（以下简称海通证券营业部）证券权益纠纷一案，福建省高级人民法院（以下简称福建高院）于2009年6月11日作出（2009）闽民初字第3号民事调解书，已经发生法律效力。中投公司于2009年6月25日向福建高院申请执行。福建高院于同年7月3日立案执行，并于当月15日向被执行人海通证券营业部、海通证券发出（2009）闽执行字第99号执行通知书，责令其履行法律文书确定的义务。

被执行人海通证券及海通证券营业部不服福建高院（2009）闽执行字第99号执行通知书，向该院提出书面异议。异议称：被执行人已于2009年6月12日根据北京市东城区人民法院（以下简称北京东城法院）的履行到期债务通知书，向中投公司的执行债权人潘鼎履行其对中投公司所负的到期债务11222761.55元，该款汇入了北京东城法院账户；上海市第二中级人民法院（以下简称上海二中院）为执行上海中维资产管理有限公司与中投公司纠纷案，向其发出协助执行通知书，并于2009年6月22日扣划了海通证券的银行存款8777238.45元。以上共计向中投公司的债权人支付了2000万元，故其与中投公司之间已经不存在未履行（2009）闽民初字第3号民事调解书确定的付款义务的事实，福建高院向其发出的执行通知书应当撤销。为此，福建高院作出（2009）闽执异字第1号裁定书，认定被执行人异议成立，撤销（2009）闽执行字第99号执行通知书。申请执行人中投公司不服，向最高人民法院提出了复议申请。申请执行人的主要理由是：北京东城法院的履行到期债务通知书和上海二中院的协助执行通知书，均违反了最高人民法院给江苏省高级人民法院的（2000）执监字第304号关于法院判决的债权不适用《关于适用〈中华人民共和国民事诉讼法〉若干问题的意见》[①] 第三百条规定（以下简称意见第三百条）的复

① 已失效。

函精神，福建高院的裁定错误。

【裁判结果】

最高人民法院于2010年4月13日作出（2010）执复字第2号执行裁定，驳回中投信用担保有限公司的复议请求，维持福建高院（2009）闽执异字第1号裁定。

【裁判理由】

最高人民法院认为：最高人民法院（2000）执监字第304号复函是针对个案的答复，不具有普遍效力。随着《中华人民共和国民事诉讼法》关于执行管辖权的调整，该函中基于执行只能由一审法院管辖，认为经法院判决确定的到期债权不适用意见第三百条的观点已不再具有合理性。对此问题正确的解释应当是：对经法院判决（或调解书，以下通称判决）确定的债权，也可以由非判决法院按照意见第三百条规定的程序执行。因该到期债权已经法院判决确定，故第三人（被执行人的债务人）不能提出债权不存在的异议（否认生效判决的定论）。本案中，北京东城法院和上海二中院正是按照上述精神对福建高院（2009）闽民初字第3号民事调解书确定的债权进行执行的。被执行人海通证券无权对生效调解书确定的债权提出异议，不能对抗上海二中院强制扣划行为，其自动按照北京东城法院的通知要求履行，也是合法的。

被执行人海通证券营业部、海通证券收到有关法院通知的时间及其协助有关法院执行，是在福建高院向其发出执行通知之前。在其协助有关法院执行后，其因（2009）闽民初字第3号民事调解书而对于申请执行人中投公司负有的2000万元债务已经消灭，被执行人有权请求福建高院不得再依据该调解书强制执行。

综上，福建高院（2009）闽执异字第1号裁定书认定事实清楚，适用法律正确。故驳回中投公司的复议请求，维持福建高院（2009）闽执异字第1号裁定。

理解与参照

《中投信用担保有限公司与海通证券股份有限公司等证券权益纠纷执行复议案》的理解与参照*

——到期债权包含生效法律文书确认的债权

2014年12月18日，最高人民法院发布了指导性案例《中投信用担保有限公司与海通证券股份有限公司等证券权益纠纷执行复议案》（指导案例36号）。为了正确理解和准确参照适用该指导性案例，现对其推选经过、裁判要点、需要说明问题等情况予以解释、论证和说明。

一、推选过程及其意义

中投信用担保有限公司与海通证券股份有限公司等证券权益纠纷执行复议案，由最高人民法院执行局向案例指导工作办公室推荐。执行局认为，该案例进一步明确了《最高人民法院关于适用〈中华人民共和国民事诉讼法〉若干问题的意见》第三百条①（以下简称《意见》第三百条）适

* 摘自《最高人民法院司法解释与指导性案例理解与适用》（第四卷），人民法院出版社2016年版，第665~670页。

① 《最高人民法院关于适用〈中华人民共和国民事诉讼法〉若干问题的意见》第三百条规定：被执行人不能清偿债务，但对第三人享有到期债权的，人民法院可依申请执行人的申请，通知该第三人向申请执行人履行债务。该第三人对债务没有异议但又在通知指定的期限内不履行的，人民法院可以强制执行。

用中的有关问题，对类似案件的执行工作具有指导意义，建议作为指导性案例发布。案例指导工作办公室讨论后认为，该案例对于正确理解适用法律和司法解释的相关规定，提高执行效率，解决经济活动领域中涉及较普遍的“三角债”等问题都具有积极意义。2014 年 11 月 28 日，最高人民法院审判委员会讨论认为，该案例符合最高人民法院《关于案例指导工作的规定》第二条的有关规定，同意将该案例确定为指导性案例。同年 12 月 18 日，最高人民法院以法〔2014〕327 号文件将该案例作为第八批指导性案例予以发布。

该案例旨在明确，对经法院判决或者调解书确认的债权，也可以由非判决法院按照《意见》第三百条关于到期债权的规定予以执行。对于《意见》第三百条所规定的到期债权是否包含法院生效法律文书确认的债权的问题，执行实践中一直存在不同的观点和做法。本案例确立了经法院生效法律文书确认的到期债权也同样适用《意见》第三百条规定的执行工作规则，并对何种情形下可以适用《意见》第三百条的条件作了明确设定，有利于维护执行工作秩序的统一，最大限度发挥到期债权执行制度的功能。

二、裁判要点的理解与说明

该指导案例的裁判要点确认：被执行人在收到执行法院执行通知之前，收到另案执行法院要求其向申请执行人的债权人直接清偿已经法院生效法律文书确认的债务的通知，并清偿债务的，执行法院不能将该部分已清偿债务纳入执行范围。以下围绕与该裁判要点相关的问题进行具体说明。

（一）关于《意见》第三百条是否适用于经生效裁判确认的到期债权之争

就被执行人对他人所享有的到期债权，作为一种财产进行执行，是《意见》第三百条确立的制度，是基于对《民事诉讼法》中所说的作为强制执行对象的财产的有效解释。该条是以被执行人对他人所享有的债权未经生效裁判确认的情况为基础进行规定的。随着被执行人对他人所享有的

债权经生效裁判确认的情况的增多，实践中产生了对这种债权进行执行的需求。但关于《意见》第三百条所规定的到期债权是否包含生效法律文书所确认的债权，实践中一直存有争议。肯定观点认为，到期债权执行制度的基本价值取向是效率，从而赋予执行法院对执行依据所确定的当事人以外的第三人进行执行的权力。既然未经裁判的一般到期债权可以执行，经法律文书确认的债权自是题中应有之义。而反对观点则认为，《意见》第三百条规定的到期债权是指未经裁判确认的自然债权，而经生效法律文书确认的债权不属于一般到期债权，不适用该条规定。如果把已由裁判确认的债权视为《意见》第三百条规定的到期债权予以执行，就会使当事人所享有的申请执行权、执行和解权和法院的执行管辖权产生冲突。此外，还有一种观点认为，当申请执行人申请对被执行人的经裁判确定的债权执行后，该债权如已由另一有管辖权的法院据以立案执行，原则上另一法院应将执行案件移交给执行法院合并执行。当申请执行人的债权数额小于被执行人的债权数额而不便合并执行时，申请执行人可通过执行法院向另一法院提出申请，请求在其债权数额范围内，协助扣留执行所得财产，并转交给执行法院以便交付申请执行人，充分保护其债权的实现。当被执行人未就该法定债权向另一有管辖权的法院申请执行，申请执行人向执行法院提出执行被执行人到期债权的申请，如果尚在申请执行的法定期限内，该申请则具有申请执行人代位向其他法院申请执行的效力，执行法院和另一法院可以根据申请人的意愿互相移送案件合并执行。①

因法律和司法解释对此未作明确规定，基于不同的观点，法院在适用《意见》第三百条时出现了不同的处理结论。此前，最高人民法院对个案所作的处理上也表现出了矛盾的态度。最高人民法院曾在（2000）执监字第304号复函（以下简称304号复函）中答复江苏省高级人民法院，认为法院判决的债权不适用《意见》第三百条的规定，《意见》第三百条规定的到期债权是指未经法院判决的自然债权。然而，在2001年6月19日作出的《关于北京华油石油公司申请执行辽宁营口华油实业公司对第三人沈

① 李军林：《代位执行的若干实务问题》，载《人民法院报》2005年7月20日。

阳龙源石油化工有限公司到期债权案的复函中》，最高人民法院又肯定了执行法院对于已经仲裁确认存在，并已曾在其他法院申请执行的债务人的债权，在其他法院不再继续执行的情况下享有直接执行的权力。为此，对上述问题亟待形成一致意见和操作程序，以更好地维护执行工作的秩序，充分保障申请执行人合法权益的实现。

考虑到经生效法律文书确认的债权可以被视为债务人所拥有的财产之一，如果债务人没有其他财产可供执行，债权人在该经裁判确认的债权上也应当享有受偿的实益。经过裁判确定的到期债权和未经裁判确定的到期债权，都是一种债权，申请执行的债权人对二者申请强制执行，在制度的进路上是完全一致的，而且经过裁判确定的到期债权，比仅仅因为第三债务人没有异议的情况下才可以执行的未判定债权，更具有合理性基础，更应该得到更有效执行。倘若将到期债权执行制度中的债权仅仅理解为一般债权，则不利于全面发挥到期债权执行制度的功能，影响强制执行的效率与经济，不利于保障债权人债权的实现。因此，该案例对《意见》第三百条是否适用于经生效法律文书确认的债权之问题，给出了肯定性意见。至于前述的最高人民法院304号复函，仅是针对个案的答复，不具有普遍指导意义。随着民事诉讼法关于执行管辖权的调整，304号复函中基于执行只能由一审法院管辖，认为经法院判决确定的到期债权不适用《意见》第三百条的观点已不再具有合理性。

需要注意的是，在其他法院可以将本案判决确定的债权作为到期债权执行的情况下，因有存在两个案件——确定所争议的债权债务关系的本案和将本案生效判决确定的债权作为到期债权执行的案件，涉及处理两个案件之间的关系，因而存在以不同案件为基础的不同表达方式，尤其在各方当事人的称谓表述上，需要注意其交错关系。在本案例中，当事人为申请执行人和被执行人；而在执行到期债权的其他法院之另案中，申请执行人是本案申请执行人的债权人，被执行人是本案的申请执行人，本案的被执行人（债务人）是另案的第三债务人或次债务人（合同法解释用语）。本案例的裁判要点是从确定债权债务关系的本案角度表述的，而作为其依据和论述基础的第三百条规定等，则是从另案的角度表述的。

（二）《意见》第三百条适用于生效法律文书确认债权的具体要件

为避免执行冲突以及可能产生的重复履行问题，该案例对《意见》第三百条适用的具体要件从程序上加以了梳理。

1. 另案执行法院适用《意见》第三百条，要求被执行人向申请执行人的债权人（即另案申请执行人）履行经生效法律文书确认的债务，前提条件是该被执行人尚未收到其自身所涉案件执行法院的执行通知。在该前提条件下，被执行人才可向另案申请执行人作出履行行为，否则，其履行行为不能对抗执行法院的执行行为，视为被执行人违背法定义务擅自对债务进行清偿，并承担由此带来的风险及后果。在申请执行人已向法院申请执行，且执行法院已向被执行人送达执行通知的情况下，则应当由另案执行法院与执行法院进行协调，采取执行法院协助执行的方式，或者经执行法院同意，采取到期债权的方式予以执行。

2. 被执行人不能提出否认该到期债权的异议。依《意见》第三百条，法院执行到期债权的，债务人有权就到期债权提出异议。《最高人民法院关于人民法院执行工作若干问题的规定（试行）》第六十三条①进一步规定，第三人在履行通知指定的期间内提出异议的，人民法院不得对第三人强制执行，对提出的异议不进行审查。但是，上述规定所针对的到期债权一般是指未经裁判确认的普通债权，债权人与债务人之间可能对该到期债权是否存在、债权具体数额的多少以及是否已届履行期存有争议。因此，法律规定第三人对履行到期债权有异议的，法院不得采取强制措施，以维护当事人通过诉讼等途径对债权予以确认的合法诉权。而本案例中，该到期债权已经生效法律文书确认，并非一般债权，故本案被执行人作为另案被执行人（即本案申请执行人）的债务人（即第三或次债务人），不能再提出债权不存在的异议，以否认生效法律文书所作定论，并对抗另案执行

① 对应《最高人民法院关于人民法院执行工作若干问题的规定（试行）》（2020年修正）第四十七条。

法院的执行行为。需要注意的是，被执行人只是不能否认生效法律文书确定的债权，如果被执行人已经履行了清偿义务，则有权提出异议。

3. 被执行人向另案执行法院履行债务后，执行法院不能将该部分已清偿债务纳入执行范围。被执行人向另案执行法院作出履行行为后，其因另案生效法律文书而对申请执行人负有的该部分债务已经消灭，因此被执行人有权要求执行法院不得执行该部分已履行的债务。如被执行人已履行的债务数额已经达到或等于申请执行人对其享有的债权数额，执行法院则应终结执行。

三、其他需要说明问题

值得注意的是，2015 年 2 月 4 日公布的《最高人民法院关于适用〈中华人民共和国民事诉讼法〉的解释》第五百零一条①已经对该指导案例所涉法律问题予以了明确。该条第一款规定："人民法院执行被执行人对他人的到期债权，可以作出冻结债权的裁定，并通知该他人向申请执行人履行。"第三款规定："对生效法律文书确定的到期债权，该他人予以否认的，人民法院不予支持。"根据上述规定，到期债权包含经生效法律文书确定的债权，且债务人不能对该到期债权予以否认。此外，该条款中用"该他人"取代了《意见》第三百条中的"第三人"，避免与民事诉讼中的第三人制度发生混淆，更为严谨。

① 对应《最高人民法院关于适用〈中华人民共和国民事诉讼法〉的解释》（2022 年修正）第四百九十九条。

52. 上海金纬机械制造有限公司与瑞士瑞泰克公司仲裁裁决执行复议案*

（最高人民法院审判委员会讨论通过 2014年12月18日发布）

涉外仲裁裁决的执行管辖确定后才开始计算申请执行期间

【关键词】

民事诉讼 执行复议 涉外仲裁裁决 执行管辖 申请执行期间起算

【裁判要点】

当事人向我国法院申请执行发生法律效力的涉外仲裁裁决，发现被申请执行人或者其财产在我国领域内的，我国法院即对该案具有执行管辖权。当事人申请法院强制执行的时效期间，应当自发现被申请执行人或者其财产在我国领域内之日起算。

【相关法条】

《中华人民共和国民事诉讼法》第二百三十九条、第二百七十三条①

* 摘自2014年12月18日最高人民法院发布的第八批指导案例（指导案例37号）。

① 分别《民事诉讼法》（2021年修正）第二百四十六条、第二百八十条。

【基本案情】

上海金纬机械制造有限公司（以下简称金纬公司）与瑞士瑞泰克公司（RETECH Aktiengesellschaft，以下简称瑞泰克公司）买卖合同纠纷一案，由中国国际经济贸易仲裁委员会于2006年9月18日作出仲裁裁决。2007年8月27日，金纬公司向瑞士联邦兰茨堡（Lenzburg）法院（以下简称兰茨堡法院）申请承认和执行该仲裁裁决，并提交了由中国中央翻译社翻译、经上海市外事办公室及瑞士驻上海总领事认证的仲裁裁决书翻译件。同年10月25日，兰茨堡法院以金纬公司所提交的仲裁裁决书翻译件不能满足《承认及执行外国仲裁裁决公约》（以下简称《纽约公约》）第4条第2点关于“译文由公设或宣誓之翻译员或外交或领事人员认证”的规定为由，驳回金纬公司申请。其后，金纬公司又先后两次向兰茨堡法院递交了分别由瑞士当地翻译机构翻译的仲裁裁决书译件和由上海上外翻译公司翻译、上海市外事办公室、瑞士驻上海总领事认证的仲裁裁决书翻译件以申请执行，仍被该法院分别于2009年3月17日和2010年8月31日，以仲裁裁决书翻译文件没有严格意义上符合《纽约公约》第4条第2点的规定为由，驳回申请。

2008年7月30日，金纬公司发现瑞泰克公司有一批机器设备正在上海市浦东新区展览，遂于当日向上海市第一中级人民法院（以下简称上海一中院）申请执行。上海一中院于同日立案执行并查封、扣押了瑞泰克公司参展机器设备。瑞泰克公司遂以金纬公司申请执行已超过《中华人民共和国民事诉讼法》规定的期限为由提出异议，要求上海一中院不受理该案，并解除查封，停止执行。

【裁判结果】

上海市第一中级人民法院于2008年11月17日作出（2008）沪一中执字第640-1民事裁定，驳回瑞泰克公司的异议。裁定送达后，瑞泰克公司向上海市高级人民法院申请执行复议。2011年12月20日，上海市高级人民法院作出（2009）沪高执复议字第2号执行裁定，驳回复议申请。

【裁判理由】

法院生效裁判认为：本案争议焦点是我国法院对该案是否具有管辖权以及申请执行期间应当从何时开始起算。

一、关于我国法院的执行管辖权问题

根据《中华人民共和国民事诉讼法》的规定，我国涉外仲裁机构作出的仲裁裁决，如果被执行人或者其财产不在中华人民共和国领域内的，应当由当事人直接向有管辖权的外国法院申请承认和执行。鉴于本案所涉仲裁裁决生效时，被执行人瑞泰克公司及其财产均不在我国领域内，因此，人民法院在该仲裁裁决生效当时，对裁决的执行没有管辖权。

2008 年 7 月 30 日，金纬公司发现被执行人瑞泰克公司有财产正在上海市参展。此时，被申请执行人瑞泰克公司有财产在中华人民共和国领域内的事实，使我国法院产生了对本案的执行管辖权。申请执行人依据《中华人民共和国民事诉讼法》“一方当事人不履行仲裁裁决的，对方当事人可以向被申请人住所地或者财产所在地的中级人民法院申请执行”的规定，基于被执行人不履行仲裁裁决义务的事实，行使民事强制执行请求权，向上海一中院申请执行。这符合我国《中华人民共和国民事诉讼法》有关人民法院管辖涉外仲裁裁决执行案件所应当具备的要求，上海一中院对该执行申请有管辖权。

考虑到《纽约公约》规定的原则是，只要仲裁裁决符合公约规定的基本条件，就允许在任何缔约国得到承认和执行。《纽约公约》的目的在于便利仲裁裁决在各缔约国得到顺利执行，因此并不禁止当事人向多个公约成员国申请相关仲裁裁决的承认与执行。被执行人一方可以通过举证已经履行了仲裁裁决义务进行抗辩，向执行地法院提交已经清偿债务数额的证据，这样即可防止被执行人被强制重复履行或者超标的履行的问题。因此，人民法院对该案行使执行管辖权，符合《纽约公约》规定的精神，也不会造成被执行人重复履行生效仲裁裁决义务的问题。

二、关于本案申请执行期间起算问题

依照《中华人民共和国民事诉讼法》(2007年修正)第二百一十五条的规定,"申请执行的期间为二年"。"前款规定的期间,从法律文书规定履行期间的最后一日起计算;法律文书规定分期履行的,从规定的每次履行期间的最后一日起计算;法律文书未规定履行期间的,从法律文书生效之日起计算。"鉴于我国法律有关申请执行期间起算,是针对生效法律文书作出时,被执行人或者其财产在我国领域内的一般情况作出的规定;而本案的具体情况是,仲裁裁决生效当时,我国法院对该案并没有执行管辖权,当事人依法向外国法院申请承认和执行该裁决而未能得到执行,不存在怠于行使申请执行权的问题;被执行人一直拒绝履行裁决所确定的法律义务;申请执行人在发现被执行人有财产在我国领域内之后,即向人民法院申请执行。考虑到这类情况下,外国被执行人或者其财产何时会再次进入我国领域内,具有较大的不确定性,因此,应当合理确定申请执行期间起算点,才能公平保护申请执行人的合法权益。

鉴于债权人取得有给付内容的生效法律文书后,如债务人未履行生效文书所确定的义务,债权人即可申请法院行使强制执行权,实现其实体法上的请求权,此项权利即为民事强制执行请求权。民事强制执行请求权的存在依赖于实体权利,取得依赖于执行根据,行使依赖于执行管辖权。执行管辖权是民事强制执行请求权的基础和前提。在司法实践中,人民法院的执行管辖权与当事人的民事强制执行请求权不能是抽象或不确定的,而应是具体且可操作的。义务人瑞泰克公司未履行裁决所确定的义务时,权利人金纬公司即拥有了民事强制执行请求权,但是,根据《中华人民共和国民事诉讼法》的规定,对于涉外仲裁机构作出的仲裁申请执行,如果被执行人或者其财产不在中华人民共和国领域内,应当由当事人直接向有管辖权的外国法院申请承认和执行。此时,因被执行人或者其财产不在我国领域内,我国法院对该案没有执行管辖权,申请执行人金纬公司并非其主观上不愿或怠于行使权利,而是由于客观上纠纷本身没有产生人民法院执行管辖连接点,导致其无法向人民法院申请执行。人民法院在受理强制执

行申请后，应当审查申请是否在法律规定的时效期间内提出。具有执行管辖权是人民法院审查申请执行人相关申请的必要前提，因此应当自执行管辖确定之日，即发现被执行人可供执行财产之日，开始计算申请执行人的申请执行期限。

理解与参照

《上海金纬机械制造有限公司与瑞士瑞泰克公司仲裁裁决执行复议案》的理解与参照*

——涉外仲裁裁决的执行管辖确定后才开始计算申请执行期间

2014年12月18日，最高人民法院发布了指导案例37号《上海金纬机械制造有限公司与瑞士瑞泰克公司仲裁裁决执行复议案》。为了正确理解和准确参照适用该指导案例，现对其推选经过、裁判要点等有关情况予以解释、论证和说明。

一、推选经过及指导意义

本案例由上海市第一中级人民法院执行管辖。执行过程中，瑞士瑞泰克公司提出书面异议，上海市第一中级人民法院依法受理并审查。执行异议裁定作出后，被执行人不服，向上一级人民法院申请复议。上海市高级

---

* 摘自《最高人民法院司法解释与指导性案例理解与适用》（第四卷），人民法院出版社2016年版，第671~675页。

人民法院复议审查中，经审判委员会讨论，决定就法律适用问题向最高人民法院请示。最高人民法院执行局在办理执行请示案件过程中，征求了民四庭、研究室意见，书面答复上海市高级人民法院。上海市高级人民法院遂依照《民事诉讼法》相关规定，作出裁定。执行争议解决后，本案执行终结。最高人民法院执行局认为本案在涉外执行领域确立了具有普遍指导意义的立案受理规则，遂向最高人民法院案例指导工作办公室推荐。案例指导工作办公室经审查，并再次征求民四庭意见后，按照规定程序报院领导同意提请审判委员会讨论。2014 年 11 月 28 日，最高人民法院审判委员会经讨论一致同意将该案例确定为指导案例。12 月 18 日，最高人民法院以法〔2014〕327 号文件将该案例作为第八批指导案例予以公开发布。

该指导案例旨在明确涉外执行案件唯执行管辖确定后，始得计算申请执行人的申请执行期间。根据《民事诉讼法》，只有当被执行人住所地或者可供执行的财产在我国领域内，人民法院对案件的执行管辖权才能得以具体化；执行法院确定后，方可适用《民事诉讼法》关于申请执行期间的规定，计算债权人申请强制执行的时效期间。当法律文书规定履行期间的最后一日届期，因被执行人系外国法人或自然人，经调查未发现被执行人在我国领域内有住所地或可供执行财产的，我国法院不具有执行管辖权，人民法院不能在执行管辖尚未确定的情况下，就开始计算申请执行期间，并审查申请执行人是否积极主张权利的情况；更不能仅因申请执行人曾向域外法院申请强制执行，即认为我国法院不能受理当事人的强制执行申请。当申请执行人发现被执行人在我国领域内有可供执行财产时，我国法院始取得执行管辖权，自此时点申请执行期间开始计算，仲裁权利人可在《民事诉讼法》规定的期间内，向财产所在地的人民法院申请强制执行。这样不仅符合《民事诉讼法》立法目的和有关国际公约的规定精神，而且有利于维护胜诉当事人的合法权益。

二、裁判要点的理解与说明

指导案例 37 号裁判要点确认：当事人向我国法院申请执行发生法律效力的涉外仲裁裁决，发现被申请执行人或者其财产在我国领域内的，我国

法院即对该案具有执行管辖权。当事人申请法院强制执行的时效期间，应当自发现被申请执行人或者其财产在我国领域内之日起算。该裁判要点依据《仲裁法》第六十二条，《民事诉讼法》第二百三十九条、第二百七十三条，《最高人民法院关于适用〈中华人民共和国仲裁法〉若干问题的解释》第二十九条的规定，明确了民事诉讼法体系下执行管辖确定与申请执行期间计算之间的逻辑关系，解决了涉外仲裁裁决确定的履行期间届满后，仲裁义务人系外国法人或自然人且在我国领域内无住所地，也无可供执行财产，但后发现可供执行财产的情况下，如何计算申请执行期间的法律问题。下面结合有关法律和司法解释等规定，围绕裁判要点中有关问题予以论证和说明。

（一）关于执行管辖权确定的问题

《民事诉讼法》（2007年修正）第二百五十七条规定："经中华人民共和国涉外仲裁机构裁决的，当事人不得向人民法院起诉。一方当事人不履行仲裁裁决的，对方当事人可以向被申请人住所地或者财产所在地的中级人民法院申请执行。"《仲裁法》第六十二条和《最高人民法院关于适用〈中华人民共和国仲裁法〉若干问题的解释》第二十九条将仲裁裁决的执行级别管辖确定为中级人民法院。因此，只要被执行人可供执行的财产在我国领域内，产生我国国内人民法院的管辖连接点，人民法院即对该纠纷享有执行管辖权。此外，《民事诉讼法》（2007年修正）第二百六十四条第二款规定："中华人民共和国涉外仲裁机构作出的发生法律效力的仲裁裁决，当事人请求执行的，如果被执行人或者其财产不在中华人民共和国领域内，应当由当事人直接向有管辖权的外国法院申请承认和执行。"法条内容规范的是被执行人或其财产这两个管辖连接点在我国领域外时的管辖确定，属司法协助范畴。这样规定不影响当外国法人财产在我国领域内时，人民法院可以依法要求该外国法人履行我国仲裁机构作出的仲裁裁决确定的义务，这是司法管辖权作为一国司法制度重要组成部分在其本国领域内的体现，也是司法主权原则在执行工作中的体现。综上，根据相关法律和司法解释规定，仲裁权利人向域外法院申请对我国涉外仲裁机构仲裁裁决的承认与执行，并不排除我国法院的执行管辖；外国法人或自然人在我国领域内能够确定住所地或有可供执行财产的，住所地或财产所在地人民法院有执行管辖权。

（二）关于申请执行期间计算的问题

依照民事执行理论，债权人取得有给付内容的生效法律文书后，如债务人未履行生效文书所确定的义务，债权人即可申请法院行使强制执行权，实现其实体法上的请求权，此项权利即为民事强制执行请求权。民事强制执行请求权隶属于民事诉讼法体系，因而具有公法性质，其存在，依赖于实体权利；其取得，依赖于执行根据（即可申请强制执行的生效法律文书）；其行使，依赖于诉讼管辖权的确定。可以说，诉讼管辖权是民事强制执行请求权的基础和前提。在司法实践中，人民法院的诉讼管辖权与当事人民事强制执行请求权不能是抽象或不确定的，而应是具体且可操作的。

当仲裁裁决生效后，仲裁义务人未履行裁决所确定的义务时，仲裁权利人即拥有了民事强制执行请求权，但是，根据《民事诉讼法》，涉外仲裁机构作出的仲裁裁决申请执行，如果被执行人或者其财产不在中华人民共和国领域内，应当由当事人直接向有管辖权的外国法院申请承认和执行。此时，因没有发现被执行人在我国领域内有住所地或可供执行财产，人民法院对该案没有执行管辖权，申请执行人并非其主观上不愿或怠于行使诉讼权利，而是由于客观上没有发现被执行人及其财产在我国领域内，案件没有产生人民法院执行管辖连接点，导致其无法向人民法院申请执行。在这种情况下，人民法院不能计算当事人申请执行期间，否则，将产生“没有管辖权的人民法院在不能受理当事人的执行申请，更不能对被执行人采取强制执行措施的情况下，却计算在当事人申请执行期间”的悖论。从司法行为的严格性和规范性可知，人民法院具有执行管辖权，是当事人取得强制执行请求权的前提；执行管辖没有确定，当事人也就没有取得向我国法院申请强制执行的权利。因此，人民法院具有执行管辖权，受理强制执行申请后，亦应在当事人取得强制执行请求权后，审查其是否在

法律规定的期间内提出；而不能计算不存在权利的行使期间。

申请执行期限制度的立法本意与制度目的是督促权利人关注并及时行使自己的权利，从而维护社会关系的确定性和稳定性。本案申请执行人一直积极主张权利，多次向外国法院申请执行，却都因翻译主体与《承认及执行外国仲裁裁决公约》（以下简称《纽约公约》）的要求不符而未得到承认，其不存在怠于行使自身权利的情况。事实上，申请执行人始终没有放弃要求外国法院对案涉仲裁裁决的承认与执行，三次提交由不同权威机构翻译（包括申请承认地本国翻译人员或机构）的仲裁裁决翻译件，但均被外国法院以相同理由驳回，体现出外国法院对其本国国民倾向性保护。基于司法对等原则，我国法院关于案件处理也应当考虑案件的执行现状，积极予以审查，依法立案受理。

（三）其他需要说明问题

本指导案例中，当事人还提出可能重复执行和向外国法院申请执行超过民事诉讼法规定期间的问题。针对以上问题，说明如下：

《纽约公约》解决的是“在一个国家的领土内作成的仲裁裁决，而在另一个国家请求承认和执行”的问题，原则上只要仲裁裁决符合公约约定的基本条件，都可以在任何缔约国得到承认和强制执行；且不禁止当事人向多个公约缔约国申请相关仲裁裁决的承认与执行。《中华人民共和国民事诉讼法》第四条规定：“凡在中华人民共和国领域内进行民事诉讼，必须遵守本法。”因此，人民法院在执行实施与裁决程序中，适用我国国内法并无不当。《纽约公约》尊重当事人意思自治原则，被执行人可以通过的举证进行抗辩，向执行地法院提交已经清偿债务数额的证据，防止重复执行或超标的执行的问题。

瑞士作为《纽约公约》的缔约国，应当遵守条约。《纽约公约》第3条约定：“在以下各条所规定的条件下，每一个缔约国应该承认仲裁裁决有约束力，并且依照裁决需其承认或执行的地方程序规则予以执行。”换言之，公约规定关于执行裁决的未尽事宜以及程序性问题，均由执行地的程序法进行规范。因此，本案在瑞士法院的承认与执行，包括申请执行期间在内的程序性法律问题，均应适用该国法律，而非我国《民事诉讼法》有关规定。

我们认为，根据《民事诉讼法》的相关规定，对于我国领域内涉外仲裁机构作出的仲裁裁决，人民法院有管辖权。不能认为，仲裁权利人向域外法院申请了对我国涉外仲裁机构仲裁裁决的承认与执行，就具有排除我国人民法院执行管辖的效力。当仲裁义务人的财产处于我国领域内时，仲裁权利人向人民法院申请强制执行，人民法院可以立案受理。

（执笔人：刘少阳、吴光侠）

53. 中国农业发展银行安徽省分行诉张某标、安徽长江融资担保集团有限公司执行异议之诉纠纷案*

（最高人民法院审判委员会讨论通过　2015年11月19日发布）

当事人为出质的金钱开立保证金专门账户，且质权人取得对该专门账户的占有控制权，账户内资金余额发生浮动不影响该金钱质权的设立

【关键词】

民事　执行异议之诉　金钱质押　特定化　移交占有

【裁判要点】

当事人依约为出质的金钱开立保证金专门账户，且质权人取得对该专门账户的占有控制权，符合金钱特定化和移交占有的要求，即使该账户内资金余额发生浮动，也不影响该金钱质权的设立。

【相关法条】

《中华人民共和国物权法》第二百一十二条①

---

* 摘自2015年11月19日最高人民法院发布的第11批指导案例（指导案例54号）。

① 对应《民法典》第四百二十九条。

【基本案情】

原告中国农业发展银行安徽省分行（以下简称农发行安徽分行）诉称：其与第三人安徽长江融资担保集团有限公司（以下简称长江担保公司）按照签订的《信贷担保业务合作协议》，就信贷担保业务按约进行了合作。长江担保公司在农发行安徽分行处开设的担保保证金专户内的资金实际是长江担保公司向其提供的质押担保，请求判令其对该账户内的资金享有质权。

被告张某标辩称：农发行安徽分行与第三人长江担保公司之间的《贷款担保业务合作协议》没有质押的意思表示；案涉账户资金本身是浮动的，不符合金钱特定化要求，农发行安徽分行对案涉保证金账户内的资金不享有质权。

第三人长江担保公司认可农发行安徽分行对账户资金享有质权的意见。

法院经审理查明：2009 年 4 月 7 日，农发行安徽分行与长江担保公司签订一份《贷款担保业务合作协议》。其中第三条“担保方式及担保责任”约定：甲方（长江担保公司）向乙方（农发行安徽分行）提供的保证担保为连带责任保证；保证担保的范围包括主债权及利息、违约金和实现债权的费用等。第四条“担保保证金（担保存款）”约定：甲方在乙方开立担保保证金专户，担保保证金专户行为农发行安徽分行营业部，账号尾号为 9511；甲方需将具体担保业务约定的保证金在保证合同签订前存入担保保证金专户，甲方需缴存的保证金不低于贷款额度的 10%；未经乙方同意，甲方不得动用担保保证金专户内的资金。第六条“贷款的催收、展期及担保责任的承担”约定：借款人逾期未能足额还款的，甲方在接到乙方书面通知后五日内按照第三条约定向乙方承担担保责任，并将相应款项划入乙方指定账户。第八条“违约责任”约定：甲方在乙方开立的担保专户的余额无论因何原因而小于约定的额度时，甲方应在接到乙方通知后三个工作日内补足，补足前乙方可以中止本协议项下业务。甲方违反本协议第六条的约定，没有按时履行保证责任的，乙方有权从甲方在其开立的担保基金

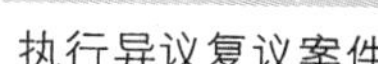

专户或其他任一账户中扣划相应的款项。2009 年 10 月 30 日、2010 年 10 月 30 日，农发行安徽分行与长江担保公司还分别签订与上述合作协议内容相似的两份《信贷担保业务合作协议》。

上述协议签订后，农发行安徽分行与长江担保公司就贷款担保业务进行合作，长江担保公司在农发行安徽分行处开立担保保证金账户，账号尾号为 9511。长江担保公司按照协议约定缴存规定比例的担保保证金，并据此为相应额度的贷款提供了连带保证责任担保。自 2009 年 4 月 3 日至 2012 年 12 月 31 日，该账户共发生了 107 笔业务，其中贷方业务为长江担保公司缴存的保证金；借方业务主要涉及两大类一类是贷款归还后长江担保公司申请农发行安徽分行退还的保证金，部分退至债务人的账户；另一类是贷款逾期后农发行安徽分行从该账户内扣划的保证金。

2011 年 12 月 19 日，安徽省合肥市中级人民法院在审理张某标诉安徽省六本食品有限责任公司、长江担保公司等民间借贷纠纷一案过程中，根据张某标的申请，对长江担保公司上述保证金账户内的资金 14957852 元进行保全。该案判决生效后，合肥市中级人民法院将上述保证金账户内的资金 1338313257 元划至该院账户。农发行安徽分行作为案外人提出执行异议，2012 年 11 月 2 日被合肥市中级人民法院裁定驳回异议。随后，农发行安徽分行因与被告张某标、第三人长江担保公司发生执行异议纠纷，提起本案诉讼。

【裁判结果】

安徽省合肥市中级人民法院于 2013 年 3 月 28 日作出（2012）合民一初字第 00505 号民事判决：驳回农发行安徽分行的诉讼请求。宣判后，农发行安徽分行提出上诉。安徽省高级人民法院于 2013 年 11 月 19 日作出（2013）皖民二终字第 00261 号民事判决：一、撤销安徽省合肥市中级人民法院（2012）合民一初字第 00505 号民事判决；二、农发行安徽分行对长江担保公司账户（账号尾号 9511）内的 13383132. 57 元资金享有质权。

【裁判理由】

法院生效裁判认为：本案二审的争议焦点为农发行安徽分行对案涉账户内的资金是否享有质权。对此应当从农发行安徽分行与长江担保公司之间是否存在质押关系以及质权是否设立两个方面进行审查。

一、农发行安徽分行与长江担保公司是否存在质押关系

《中华人民共和国物权法》第二百一十条①规定："设立质权，当事人应当采取书面形式订立质权合同。质权合同一般包括下列条款：（一）被担保债权的种类和数额；（二）债务人履行债务的期限；（三）质押财产的名称、数量、质量、状况；（四）担保的范围；（五）质押财产交付的时间。"本案中，农发行安徽分行与长江担保公司之间虽没有单独订立带有"质押"字样的合同，但依据该协议第四条、第六条、第八条约定的条款内容，农发行安徽分行与长江担保公司之间协商一致，对以下事项达成合意：长江担保公司为担保业务所缴存的保证金设立担保保证金专户，长江担保公司按照贷款额度的一定比例缴存保证金；农发行安徽分行作为开户行对长江担保公司存入该账户的保证金取得控制权，未经同意，长江担保公司不能自由使用该账户内的资金；长江担保公司未履行保证责任，农发行安徽分行有权从该账户中扣划相应的款项。该合意明确约定了所担保债权的种类和数量、债务履行期限、质物数量和移交时间、担保范围、质权行使条件，具备《具中华人民共和国物权法》第二百一十条规定的质押合同的一般条款，故应认定农发行安徽分行与长江担保公司之间订立了书面质押合同。

二、案涉质权是否设立

《中华人民共和国物权法》第二百一十二条②规定："质权自出质人交

---

① 对应《民法典》第四百二十七条。
② 对应《民法典》第四百二十九条。

付质押财产时设立。”《最高人民法院关于适用〈中华人民共和国担保法〉若干问题的解释》① 第八十五条规定，债务人或者第三人将其金钱以特户、封金、保证金等形式特定化后，移交债权人占有作为债权的担保，债务人不履行债务时，债权人可以以该金钱优先受偿。依照上述法律和司法解释规定，金钱作为一种特殊的动产，可以用于质押。金钱质押作为特殊的动产质押，不同于不动产抵押和权利质押，还应当符合金钱特定化和移交债权人占有两个要件，以使金钱既不与出质人其他财产相混同，又能独立于质权人的财产。

本案中，首先金钱以保证金形式特定化。长江担保公司于2009年4月3日在农发行安徽分行开户，且与《贷款担保业务合作协议》约定的账号一致，即双方当事人已经按照协议约定为出质金钱开立了担保保证金专户。保证金专户开立后，账户内转入的资金为长江担保公司根据每次担保贷款额度的一定比例向该账户缴存保证金；账户内转出的资金为农发行安徽分行对保证金的退还和扣划，该账户未作日常结算使用，故符合《最高人民法院关于适用〈中华人民共和国担保法〉若干问题的解释》第八十五条规定的金钱以特户等形式特定化的要求。其次，特定化金钱已移交债权人占有。占有是指对物进行控制和管理的事实状态。案涉保证金账户开立在农发行安徽分行，长江担保公司作为担保保证金专户内资金的所有权人，本应享有自由支取的权利，但《贷款担保业务合作协议》约定未经农发行安徽分行同意，长江担保公司不得动用担保保证金专户内的资金。同时，《贷款担保业务合作协议》约定在担保的贷款到期未获清偿时，农发行安徽分行有权直接扣划担保保证金专户内的资金，农发行安徽分行作为债权人取得了案涉保证金账户的控制权，实际控制和管理该账户，此种控制权移交符合出质金钱移交债权人占有的要求。据此，应当认定双方当事人已就案涉保证金账户内的资金设立质权。

关于账户资金浮动是否影响金钱特定化的问题。保证金以专门账户形式特定化并不等于固定化。案涉账户在使用过程中，随着担保业务的开

① 已失效。

展，保证金账户的资金余额是浮动的。担保公司开展新的贷款担保业务时，需要按照约定存入一定比例的保证金，必然导致账户资金的增加；在担保公司担保的贷款到期未获清偿时，扣划保证金账户内的资金，必然导致账户资金的减少。虽然账户内资金根据业务发生情况处于浮动状态，但均与保证金业务相对应，除缴存的保证金外，支出的款项均用于保证金的退还和扣划，未用于非保证金业务的日常结算。即农发行安徽分行可以控制该账户，长江担保公司对该账户内的资金使用受到限制，故该账户资金浮动仍符合金钱作为质权的特定化和移交占有的要求，不影响该金钱质权的设立。

（生效裁判审判人员：霍楠、徐旭红、卢玉河）

理解与参照

《中国农业发展银行安徽省分行诉张某标、安徽长江融资担保集团有限公司执行异议之诉纠纷案》的理解与参照*

——在专户存入约定比例保证金属于金钱特定化

2015年11月19日，最高人民法院发布了指导案例54号《中国农业发展银行安徽省分行诉张某标、安徽长江融资担保集团有限公司执行异议

* 摘自《最高人民法院司法解释与指导性案例理解与适用》（第六卷），人民法院出版社2018年版，第769~772页。

之诉纠纷案》。为了正确理解和准确参照适用该指导性案例，现对其推选经过、裁判要点等有关情况予以解释、论证和说明。

一、推选经过及指导意义

本案由安徽省合肥市中级人民法院于2013年3月28日作出一审民事判决，11月19日由安徽省高院二审生效。安徽高院向我院案例指导工作办公室推荐了该案例，我院案例指导工作办公室审查同意后，将该案例送民二庭审查。2015年4月30日，民二庭经审查认为，法律效果和社会效果好，同意将该案例作为指导性案例。7月10日，研究室室务会讨论认为，案例有指导价值，同意将此案例作为指导案例报院领导审核后提请审委会讨论。2015年11月17日，最高人民法院审判委员会经讨论一致同意将该案例确定为指导案例。11月19日，最高人民法院以法〔2015〕320号文件将该案例作为第11批指导案例予以公开发布。

近年来，银行与融资担保公司为解决中小企业融资难的问题，合作开展银担合作金融创新模式。如审理该案的合肥中级法院2013年受理此类案件近30件，安徽高院受理9件。此类案件涉及金钱质押生效的条件、保证金账户内的资金浮动是否符合金钱特定化要求等问题。该指导性案例旨在明确担保公司在与银行合作开展贷款担保业务中，开立担保保证金专户并存入约定比例保证金，属于设立金钱质押。这就明确了保证金专户内的资金浮动符合金钱特定化的要求，对如何具体理解和适用《物权法》第二百一十二条、《最高人民法院关于适用〈中华人民共和国担保法〉若干问题的解释》第八十五条进行了明确，有利于法院统一此类案件的裁判标准，有利于引导金融资本支持企业发展，促进中小企业融资环境的改善。

二、裁判要点的理解与说明

指导案例54号裁判要点确认：当事人依约为出质的金钱开立保证金专门账户，且质权人取得对该专门账户的占有控制权，符合金钱特定化和移交占有的要求，即使该账户资金余额发生浮动，也不影响该金钱质权的设立。下面结合有关法律和司法解释规定，围绕裁判要点中有关问题予以论证和说明。

（一）关于金钱质权的设立问题

质权是指债权人因担保其债权而占有债务人或第三人提供的动产或权利，并在债务人不履行债务或出现当事人约定的实现权利的条件时，债权人就该财产或权利所得价金优先受偿的权利。我国《物权法》第二百一十二条规定："质权自出质人交付质押财产时设立。"《最高人民法院关于适用〈中华人民共和国担保法〉若干问题的解释》第八十五条规定："债务人或者第三人将其金钱以特户、封金、保证金等形式特定化后，移交债权人占有作为债权的担保，债务人不履行债务时，债权人可以以该金钱优先受偿。"因此，依照上述法律和司法解释规定，金钱作为一种特殊的动产，可以用于质押。金钱质押作为特殊的动产质押，不同于不动产抵押和权利质押，还应当符合金钱特定化和移交债权人占有两个要件，以使金钱既不与出质人其他财产相混同，又能独立于质权人的财产。

本案例中，可以认定双方当事人已就案涉保证金账户内的资金设立质权。首先，金钱以保证金形式予以特定化。安徽长江融资担保集团有限公司（以下简称长江担保公司）于2009年4月3日在中国农业银行安徽省分行（以下简称农发行安徽分行）开户，且与《贷款担保业务合作协议》约定的账号一致，即双方当事人已经按照协议约定为出质金钱开立了担保保证金专户。保证金专户开立后，账户内转入的资金为长江担保公司根据每次担保贷款额度的一定比例向该账户缴存保证金；账户内转出的资金为农发行安徽分行对保证金的退还和扣划，该账户未作日常结算使用，故符合《最高人民法院关于适用〈中华人民共和国担保法〉若干问题的解释》第八十五条规定的金钱以特户等形式特定化的要求。

其次，特定化金钱已移交债权人占有。占有是指对物进行控制和管理的事实状态。案涉保证金账户开立在农发行安徽分行，长江担保公司作为担保保证金专户内资金的所有权人，本应享有自由支取的权利，但《贷款担保业务合作协议》约定未经农发行安徽分行同意，长江担保公司不得动用担保保证金专户内的资金。同时，《贷款担保业务合作协议》约定在担保的贷款到期未获清偿时，农发行安徽分行有权直接扣划担保保证金专户内的资金。由此可见，农发行安徽分行作为债权人取得了案涉保证金账户的控制权，实际控制和管理该账户，此种控制权移交符合出质金钱移交债权人占有的要求。

（二）关于专户资金浮动是否影响金钱特定化的问题

对于金钱特定化，专户内资金浮动是否符合金钱特定化要求，当事人存有争议。本指导性案例裁判要点指出，为出质金钱开立保证金专户并存入约定比例保证金，且未作日常结算使用的，符合金钱以特户形式特定化的要求。保证金以专门账户形式特定化并不等于固定化，因业务开展需要按照约定比例存入保证金，由此发生资金余额浮动不影响金钱特定化。

本案例中，案涉账户在使用过程中，随着担保业务的开展，保证金账户的资金余额是浮动的。担保公司开展新的贷款担保业务时，需要按照约定存入一定比例的保证金，必然导致账户资金的增加；在担保公司担保的贷款到期未获清偿时，扣划保证金账户内的资金，必然导致账户资金的减少。虽然账户内资金根据业务发生情况处于浮动状态，但均与保证金业务相对应，除缴存的保证金外，支出的款项均用于保证金的退还和扣划，未用于非保证金业务的日常结算。同时，农发行安徽分行可以控制该账户，长江担保公司对该账户内的资金使用受到限制。故该账户资金浮动仍符合金钱作为质权的特定化和移交占有的要求，不影响该金钱质权的设立。

三、其他需要说明问题

本案例中，还有一个当事人争议的问题，即农发行安徽分行与长江担保公司是否订立了书面质押合同。本案例裁判文书认为，当事人之间虽未单独订立带有“质押”字样的合同，但书面约定了所担保债权的种类和数量、债务履行期限、质物数量和移交时间、担保范围、质权行使条件等一般条款，应认定双方之间订立了书面质押合同。

《物权法》第二百一十条规定：“设立质权，当事人应当采取书面形式订立质权合同。质权合同一般包括下列条款：（一）被担保债权的种类和数额；（二）债务人履行债务的期限；（三）质押财产的名称、数量、质量、状况；（四）担保的范围；（五）质押财产交付的时间。”《合同法》第十一条[①]规定：“书面形式是指合同书、信件和数据电文（包括电报、电传、传真、电子数据交换和电子邮件）等可以有形地表现所载内容的形式。”由此可见，设立质权只要采取书面形式即可，并非只能单独订立质权书面合同。本案例中，农发行安徽分行与长江担保公司之间虽没有单独订立带有“质押”字样的合同，但依据双方协议第四条、第六条、第八条约定的条款内容，农发行安徽分行与长江担保公司之间协商一致，对以下事项达成合意：长江担保公司为担保业务所缴存的保证金设立担保保证金专户，长江担保公司按照贷款额度的一定比例缴存保证金；农发行安徽分行作为开户行对长江担保公司存入该账户的保证金取得控制权，未经同意，长江担保公司不能自由使用该账户内的资金；长江担保公司未履行保证责任，农发行安徽分行有权从该账户中扣划相应的款项。该协议明确约定了所担保债权的种类和数量、债务履行期限、质物数量和移交时间、担保范围、质权行使条件，具备《物权法》第二百一十条规定的质押合同的一般条款和《合同法》第十一条要求的书面形式，故应认定农发行安徽分行与长江担保公司之间订立了书面质押合同。

（执笔人：吴光侠）

---

① 对应《民法典》第四百六十九条。

▶

根据民事调解书和调解笔录，第三人以债务承担方式加入债权债务关系的，执行法院可以在该第三人债务承担范围内对其强制执行

54．中建三局第一建设工程有限责任公司与澳中财富（合肥）投资置业有限公司、安徽文峰置业有限公司执行复议案*

（最高人民法院审判委员会讨论通过　2019年12月24日发布）

【关键词】

执行　执行复议　商业承兑汇票　实际履行

【裁判要点】

根据民事调解书和调解笔录，第三人以债务承担方式加入债权债务关系的，执行法院可以在该第三人债务承担范围内对其强制执行。债务人用商业承兑汇票来履行执行依据确定的债务，虽然开具并向债权人交付了商业承兑汇票，但因汇票付款账户资金不足、被冻结等不能兑付的，不能认定实际履行了债务，债权人可以请求对债务人继续强制执行。

---

* 摘自2019年12月24日最高人民法院发布的第23批指导案例（指导案例117号）。

【相关法条】

《中华人民共和国民事诉讼法》第二百二十五条

【基本案情】

中建三局第一建设工程有限责任公司（以下简称中建三局一公司）与澳中财富（合肥）投资置业有限公司（以下简称澳中公司）建设工程施工合同纠纷一案，经安徽省高级人民法院（以下简称安徽高院）调解结案，安徽高院作出的民事调解书，确认各方权利义务。调解协议中确认的调解协议第1条第6款第2项、第3项约定本协议签订后为偿还澳中公司欠付中建三局一公司的工程款，向中建三局一公司交付付款人为安徽文峰置业有限公司（以下简称文峰公司）、收款人为中建三局一公司（或收款人为澳中公司并背书给中建三局一公司），金额总计为人民币6000万元的商业承兑汇票。同日，安徽高院组织中建三局一公司、澳中公司、文峰公司调解的笔录载明，文峰公司明确表示自己作为债务承担者加入调解协议，并表示知晓相关的义务及后果。之后，文峰公司分两次向中建三局一公司交付了金额总计为人民币6000万元的商业承兑汇票，但该汇票因文峰公司相关账户余额不足、被冻结而无法兑现，也即中建三局一公司实际未能收到6000万元工程款。

中建三局一公司以澳中公司、文峰公司未履行调解书确定的义务为由，向安徽高院申请强制执行。案件进入执行程序后，执行法院冻结了文峰公司的银行账户。文峰公司不服，向安徽高院提出异议称，文峰公司不是本案被执行人，其已经出具了商业承兑汇票；另外，即使其应该对商业承兑汇票承担代付款责任，也应先执行债务人澳中公司，而不能直接冻结文峰公司的账户。

【裁判结果】

安徽省高级人民法院于2017年9月12日作出（2017）皖执异1号执行裁定：一、变更安徽省高级人民法院（2015）皖执字第00036号执行案件被执行人为澳中财富（合肥）投资置业有限公司。二、变更合肥高新技术产业开发区人民（2016）皖0191执10号执行裁定被执行人为澳中财富

(合肥) 投资置业有限公司。中建三局第一建设工程有限责任公司不服，向最高人民法院申请复议。最高人民法院于2017年12月28日作出(2017)最高法执复68号执行裁定：撤销安徽省高级人民法院(2017)皖执异1号执行裁定。

【裁判理由】

最高人民法院认为，涉及票据的法律关系，一般包括原因关系（系当事人间授受票据的原因）、资金关系（系指当事人间在资金供给或资金补偿方面的关系）、票据预约关系（系当事人间有了原因关系之后，在发出票据之前，就票据种类、金额、到期日、付款地等票据内容及票据授受行为订立的合同）和票据关系（系当事人间基于票据行为而直接发生的债权债务关系）。其中，原因关系、资金关系、票据预约关系属于票据的基础关系，是一般民法上的法律关系。在分析具体案件时，要具体区分原因关系和票据关系。

本案中，调解书作出于2015年6月9日，其确认的调解协议第1条第6款第2项约定：本协议签订后7个工作日内向中建三局一公司交付付款人为文峰公司、收款人为中建三局一公司（或收款人为澳中公司并背书给中建三局一公司）、金额为人民币叁仟万元整、到期日不迟于2015年9月25日的商业承兑汇票；第3项约定：于本协议签订后7个工作日内向中建三局一公司交付付款人为文峰公司、收款人为中建三局一公司（或收款人为澳中公司并背书给中建三局一公司）、金额为人民币叁仟万元整、到期日不迟于2015年12月25日的商业承兑汇票。同日，安徽高院组织中建三局一公司、澳中公司、文峰公司调解的笔录载明：承办法官询问文峰公司："你方作为债务承担者，对于加入本案和解协议的义务及后果是否知晓?"文峰公司代理人邵红卫答："我方知晓。"承办法官询问中建三局一公司："你方对于安徽文峰置业有限公司加入本案和解协议承担债务是否同意?"中建三局一公司代理人付琦答："我方同意。"综合上述情况，可以看出，三方当事人在签订调解协议时，有关文峰公司出具汇票的意思表示不仅对文峰公司出票及当事人之间授受票据等问题作出了票据预约关系范畴的约定，也对文峰公司加入中建三局一公司与澳中公司债务关系、与澳中公司一起向中建三局一公司承担债务问题作出了原因关系范畴的约定。因此，根据调解协议，文峰公司在票据预约关系层面有出票和交付票据的义务，在原因关系层面有就6000万元的债务承担向中建三局一公司清偿的义务。文峰公司如期开具真实、足额、合法的商业承兑汇票，仅是履行了其票据预约关系层面的义务，而对于其债务承担义务，因其票据付款账户余额不足、被冻结而不能兑付案涉汇票，其并未实际履行，中建三局一公司申请法院对文峰公司强制执行，并无不当。

（生效裁判审判人员：毛宜全、朱燕、邱鹏）

理解与参照

《中建三局第一建设工程有限责任公司与澳中财富（合肥）投资置业有限公司、安徽文峰置业有限公司执行复议案》的理解与参照*

——以开具、交付商业承兑汇票方式履行执行依据确定的债务，汇票不能兑付的，不能认定为已经实际履行了债务

2019年12月24日，最高人民法院发布了第23批指导性案例，包括第117号至第126号共10件指导性案例，这批案例为执行专题指导性案

* 摘自《最高人民法院司法解释与指导性案例理解与适用》（第十一卷），人民法院出版社2023年版，第904~911页。

例，总结了近些年执行领域中某些普遍的疑难复杂法律适用问题，有利于进一步明确裁判规则，统一司法尺度。其中，第171号指导案例为《中建三局第一建设工程有限责任公司与澳中财富（合肥）投资置业有限公司、安徽文峰置业有限公司执行复议案》。为了正确理解和准确参照适用该指导案例，现对该指导案例的选编过程、裁判要点、参照适用等有关情况予以解释和说明。

一、案例选编过程及指导意义

2019年最高人民法院执行局向案例指导工作办公室推荐该案例作为备选指导性案例。最高人民法院案例指导工作办公室经过初审认为，该案例基本符合指导性案例要求，并提交最高人民法院研究室室务会讨论。2019年9月16日，最高人民法院研究室室务会讨论同意，建议提交审委会讨论。12月17日，该案例经最高人民法院民专会第330次会议讨论，同意作为指导性案例。12月24日，最高人民法院以法〔2019〕294号文件将该案例编入第23批指导性案例予以发布。

二、关于本案例的相关情况

（一）案件基本情况及裁判结果

中建三局第一建设工程有限责任公司（以下简称中建三局一公司）与澳中财富（合肥）投资置业有限公司（以下简称澳中公司）建设工程施工合同纠纷一案经安徽省高级人民法院（以下简称安徽高院）调解结案，安徽高院作出的民事调解书，确认各方权利义务。调解书确认的调解协议第一条第六款第二项、第三项约定本协议签订后为偿还澳中公司欠付中建三局一公司的工程款，向中建三局一公司交付付款人为安徽文峰置业有限公司（以下简称文峰公司）、收款人为中建三局一公司（或收款人为澳中公司并背书给中建三局一公司），金额总计为人民币6000万元的商业承兑汇票。同日，安徽高院组织中建三局一公司、澳中公司、文峰公司调解的笔录载明，文峰公司明确表示自己作为债务承担者加入调解协议，并表示知晓相关的义务及后果。之后，文峰公司分两次向中建三局一公司交付了金额总计为6000万元的商业承兑汇票，但该汇票因文峰公司相关账户余额不足、被冻结而无法兑现，也即中建三局一公司实际未能收到6000万元工程款。

中建三局一公司以澳中公司、文峰公司未能履行调解书确定的义务为由，向安徽高院申请强制执行。案件进入执行程序后，执行法院冻结了文峰公司的银行账户。文峰公司不服，向安徽高院提出异议称，文峰公司不是本案被执行人，其已经出具了商业承兑汇票。另外，即使其应该对商业承兑汇票承担代付款责任，也应先执行债务人澳中公司，而不能直接冻结文峰公司的账户。

安徽高院于2017年9月12日作出（2017）皖执异1号执行裁定，支持了文峰公司关于自己不是被执行人的请求：变更该院（2015）皖执字第00036号执行案件被执行人为澳中公司；变更合肥开发区法院（2016）皖0191执10号执行裁定被执行人为澳中公司。中建三局一公司不服，向最高人民法院申请复议。最高人民法院于2017年12月28日作出（2017）最高法执复68号执行裁定，认为中建三局一公司申请法院对文峰公司强制执行并无不当，裁定撤销安徽高院（2017）皖执异1号执行裁定。

（二）案例涉及的主要法律问题

本案主要涉及两大法律问题：第一，文峰公司是否应为本案的被执行人；第二，如果应为本案的被执行人，那么，文峰公司签发并交付商业承兑汇票的行为，是否等于其已经履行完毕了义务。

关于第一个问题，涉及对债务承担的认识。债务承担一般分为两类，一是免责的债务承担，通俗地说就是债务人的替换，指不改变债务的同一性而依合同将债务转移的现象，原债务人因此而免负债务，仅承担人（新债务人）作为债务人；二是并存的债务承担，承担人（新债务人）加入债权债务关系后，并不发生债务的转移，承担人与原债务人一起承担债务。[①]

① 参见韩世远：《合同法总论》，法律出版社2011年版，第485页。

《合同法》第八十四条规定："债务人将合同的义务全部或部分转移给第三人的，应当经债权人同意。"这是关于债务承担的总括性规定。《民法典》则用了第五百五十一条、第五百五十二条两个条文对债务承担进行了总括性规定。① 本案中，因为文峰公司在调解笔录中明确表示自己作为债务承担人加入调解协议，故结合调解协议、调解笔录和调解书，应认定其为案涉债务的债务承担人，其对案涉债务负有清偿责任，执行法院可以在其债务承担范围内对其强制执行。

关于第二个问题，涉及对票据相关法律关系的分析。与票据有关的法律关系，一般包括原因关系（系当事人间授受票据的原因）、资金关系（系指当事人间在资金供给或资金补偿方面的关系）、票据预约关系（系当事人间有了原因关系之后，在发出票据之前，就票据种类、金额、到期日、付款地等票据内容及票据授受行为订立的合同）和票据关系（系当事人间基于票据行为而直接发生的债权债务关系）。其中，原因关系、资金关系、票据预约关系属于票据的基础关系，是一般民法上的法律关系。② 在分析具体案件时，要具体区分前述四种关系，不能混为一谈。本案中，调解协议关于文峰公司应开具和交付票据的约定，属于票据预约关系范畴，而文峰公司作为债务承担人加入债权债务关系，则属于原因关系范畴。文峰公司如期开具真实、足额、合法的商业承兑汇票，仅是履行了其票据预约关系层面的义务。但在原因关系层面，因票据付款账户余额不足、被冻结而不能兑付案涉汇票，文峰公司并未实际履行，故执行法院对其强制执行、冻结其银行账户并无不当。

（三）案例的指导价值

第三人在民事调解过程中，以债务承担人身份加入债权债务关系的，

---

① 《民法典》第五百五十一条规定："债务人将债务的全部或者部分转移给第三人的，应当经债权人同意。债务人或者第三人可以催告债权人在合理期限内予以同意，债权人未作表示的，视为不同意。"第五百五十二条规定："第三人与债务人约定加入债务并通知债权人，或者第三人向债权人明确表示愿意加入债务，债权人未在合理期限内明确拒绝的，债权人可以请求第三人在其愿意承担的债务范围内和债务人承担连带责任。"

② 参见谢怀栻：《票据法概论》，法律出版社2006年版，第38~43页。

能否对其在债务承担范围内强制执行，因没有明确的法律规定，执行实务中存在一定的模糊认识。而在涉票据执行实务中，有关债务人已经出具并交付了票据本身是否即已履行了债务的问题，经常存在争论，亟须从理论高度予以清晰分析与阐释，以明确办案理念，统一裁判尺度。

三、裁判要点的理解与说明

该指导案例的裁判要点确认：根据民事调解书和调解笔录，第三人以债务承担方式加入债权债务关系的，执行法院可以在该第三人债务承担范围内对其强制执行。债务人用商业承兑汇票来履行执行依据的债务，虽然开具并向债权人交付了商业承兑汇票，但因汇票付款账户资金不足、被冻结等不能兑付的，不能认定实际履行了债务，债权人可以请求对债务人继续强制执行。现围绕与该裁判要点相关的问题逐一解释和说明如下。

（一）文峰公司的债务承担性质

本案中，文峰公司在调解笔录中明确表示自己作为债务承担者加入调解协议，并表示知晓相关的义务及后果，故文峰公司是债务承担人。但问题在于文峰公司具体应承担的清偿责任是什么呢？要确定该问题，首先要明确文峰公司加入债权债务的行为，是属于免责的债务承担还是并存的债务承担。

关于两种债务承担的概念，上文已经作了介绍。二者的主要区别在于，原债务人是否脱离债的关系而由新债务人承担全部责任。[①] 文峰公司表示自己作为债务承担者加入债权债务，并不涉及免除原债务人澳中公司履行债务的问题，澳中公司仍然在债权债务关系之中，仍然要负履行债务的责任，故文峰公司的债务承担行为属于并存的债务承担。但是，关于并存的债务承担情况下，债务承担者具体应承担的清偿责任范围问题，《合同法》并未作出明确规定。依我国学者通说，在并存的债务承担场合，债

---

① 参见王利明：《民法》，中国人民大学出版社2007年版，第496页。

务人与作为承担者的第三人之间成立连带关系，他们共为连带债务人。①更加准确地说，应该是债务承担者在其表示的愿意承担的债务范围内，与原来的债务人一起承担连带责任。《民法典》第五百五十二条就此作出了更加明确的规定："第三人与债务人约定加入债务并通知债权人，或者第三人向债权人明确表示愿意加入债务，债权人未在合理期限内明确拒绝的，债权人可以请求第三人在其愿意承担的债务范围内和债务人承担连带责任。"综合本案的民事调解书、调解笔录来看，文峰公司作为债务承担者加入中建三局一公司与澳中公司债权债务关系，所表示愿意承担的债务总额为6000万元，故其应就该6000万元的债务与澳中公司一起承担连带清偿责任。故执行程序在此范围内执行文峰公司，冻结其银行账户，并无不当。文峰公司关于应先执行债务人澳中公司，而不能直接冻结文峰公司账户的主张于法无据，不能成立。

（二）文峰公司应履行的义务及法理分析

1. 涉票据法律关系的分类

有关票据的法律关系，基本上可以分为两类：票据关系和非票据关系。而非票据关系又可基本分为两类：票据法上的非票据关系和民法上的非票据关系，其中，民法上的非票据关系也被称为票据基础关系。办理本案，最需了解和掌握的就是票据关系和票据基础关系。

所谓票据关系，是指当事人间基于票据行为而发生的债权债务关系，质言之，就是由发票人发出票据、受款人取得票据等票据授受行为而直接形成的债权债务关系。这种关系仅因票据授受这种形式而发生，而对于票据授受的真实原因及前提在所不问，因此，票据关系被认为是一种形式关系或抽象关系。

所谓票据基础关系（又称票据的实质关系），是指作为票据授受的原因和前提而存在的关系，包括原因关系、资金关系、预约关系等三种。原因关系，又名票据原因，是指当事人间授受票据的原因。凡事皆有因果，

① 参见韩世远：《合同法总论》，法律出版社2011年版，第494页。

发票人之所以发出票据并将之交付给受款人，而受款人之所以接受票据，在经济上和法律上必有一定的原因，例如，买方为支付货款而向卖方出具本票，买方与卖方之间的买卖关系即为原因关系。资金关系，是存在于汇票的发票人与付款人之间、支票的发票人与付款人之间的基础关系，又称为票据资金关系。汇票或支票的发票人之所以委托付款人付款，而付款人之所以甘作资金义务人，愿意付款（或承兑），一般是因为他们之间有资金关系，即有关于资金的约定或安排（例如，发票人在付款人处存有资金等）。预约关系，是由当事人在授受票据之前，就票据的种类、金额、到期日、付款地等事项达成合意而形成的合同关系。票据预约合同的目的是对即将发生的票据授受行为进行准备和安排。

一般而言，当事人间先有了原因关系，再有预约关系，然后根据票据预约签发票据，产生票据关系。①

2. 文峰公司应履行的两项义务及其相互关系

调解书确认的调解协议第一条第六款第二项、第三项约定本协议签订后为偿还澳中公司欠付中建三局一公司的工程款，向中建三局一公司交付付款人为文峰公司、收款人为中建三局一公司（或收款人为澳中公司并背书给中建三局一公司），金额总计为人民币6000万元的商业承兑汇票。该约定正是“对即将发生的票据授受行为进行准备和安排”，给文峰公司明确了票据预约范畴的开具和交付票据的义务。

同时，如前所述，文峰公司作为债务承担者加入中建三局一公司与澳中公司债权债务关系，在6000万元的范围内与澳中公司承担连带责任，故文峰公司负有向中建三局一公司连带清偿该6000万元款项的义务。这是文峰公司承担开具、交付票据义务的原因，也即文峰公司之所以承诺开具和交付金额为6000万元的票据，正是为了履行该6000万元的连带清偿义务，故文峰公司承担的连带清偿6000万元的义务，是其开具、交付金额为6000万元票据的原因行为。二者一个属于票据预约层面的法律关系，一个属于原因层面的法律关系，并行不悖，是文峰公司根据民事调解书和调解

① 参见谢怀栻:《票据法概论》，法律出版社2006年版，第38~43页。

笔录均应履行的义务。

于此须特别注意的就是，有人或许会认为，文峰公司之所以开具、交付票据，目的就是要履行其承担的连带清偿6000万元的责任，现在，文峰公司既然已经履行了开具和交付票据的义务，其就不应再承担连带清偿6000万元的责任，否则，无异于让文峰公司重复承担了法律责任。真实的情况是这样的吗？这就需要用到民法的新债清偿理论来予以分析。

文峰公司根据票据预约合同履行开具、交付票据的义务，目的是形成新的票据之债，并以此来清偿旧的原因之债，是一种举新债偿旧债的方法，在民法上被称为“新债清偿”或“间接给付”，即“因清偿债务而为异于原定给付之给付”[①]，通俗地说，就是“以负担新债务清偿旧债务的间接给付，又称为新债清偿”[②]。因为新债清偿仅使债权人获得了一种新的清偿债权的方法，旧债务并未实际得到清偿，故旧债务并不消灭，“新旧两债同时并存，必须使债权人就新债务受满足后，旧债务始行消灭。”[③] 由上可知，文峰公司履行出票、交票义务的法律效果是产生了新的票据债权债务关系，但并没有消灭旧的原因债权债务关系。原因债务将与票据债务同时并存，只要票据债务没有得到实际清偿，文峰公司就仍须履行连带清偿6000万元的义务。

因此，安徽高院关于文峰公司已经以开具并交付票据方式履行完毕义务，不再是被执行人的观点错误。最高人民法院（2017）最高法执复68号执行裁定明确指出，文峰公司如期开具并交付商业承兑汇票，仅是履行了票据预约关系层面的义务，而对于其债务承担义务，因其票据付款账户余额不足、被冻结而不能兑付案涉汇票，其并未实际履行，故中建三局一公司申请法院对文峰公司强制执行，并无不当。

---

① 史尚宽：《债法总论》，中国政法大学出版社2000年版，第819页。

② 王泽鉴：《民法概要》，北京大学出版社2009年版，第237页。另外，王先生在该页指出，签发票据作为清偿租金、价金等债务的方式，是实务上常见的间接给付类型。

③ 史尚宽：《债法总论》，中国政法大学出版社2000年版，第819~820页。

四、参照适用时应注意的问题

在参照适用本案例时，还要注意一个问题，即执行法院可否直接执行票据权利。以本案为例，即执行法院可否根据已经开具的商业承兑汇票，要求相关的票据义务人（如银行）承担清偿责任？答案是否定的。

基于票据本身而产生的各种权利义务关系，是票据关系。票据关系中票据债权，是一种具有二次性或二重性的请求权，表现在：付款请求权为第一次请求权，追索权为第二次请求权。[①] 所谓付款请求权（第一次请求权），是持票人（受款人或最后持票人）向票据主债务人（汇票上的承兑人、本票的发票人、保付支票的付款人）或其他付款义务人请求按票据所记载的金额付款的权利。所谓追索权（第二次请求权），是持票人行使付款请求权而被拒绝或有其他法定原因时，请求发票人、背书人等法定的担保义务人以及他们的保证人，履行他们的担保责任，偿还票据金额以及其他费用的权利。但不管是付款请求权还是追索权，在本案及类似案例中，均未经过执行依据所确认，其是否确定产生以及应如何行使，以及是否存在有效的票据抗辩权等问题，涉及的法律主体众多且性质复杂，应通过诉讼程序进行实体审理。在未经诉讼程序审理并取得执行依据的情况下，执行程序不宜直接对该票据权利（票据债务）强制执行。

（执笔人：最高人民法院执行局　邱　鹏　林　莹
编审人：最高人民法院研究室　马蓓蓓）

① 参见王保树：《中国商法》，人民法院出版社2010年版，第524~525页。

55. 东北电气发展股份有限公司与国家开发银行股份有限公司、沈阳高压开关有限责任公司等执行复议案*

（最高人民法院审判委员会讨论通过　2019 年 12 月 24 日发布）

▶ 债权人撤销权诉讼的生效判决撤销了债务人与受让人的财产转让合同，并判令受让人向债务人返还财产，受让人未履行返还义务的，债权人可以债务人、受让人为被执行人申请强制执行

【关键词】

执行　执行复议　撤销权　强制执行

【裁判要点】

1. 债权人撤销权诉讼的生效判决撤销了债务人与受让人的财产转让合同，并判令受让人向债务人返还财产，受让人未履行返还义务的，债权人可以债务人、受让人为被执行人申请强制执行。

2. 受让人未通知债权人，自行向债务人返还财产，债务人将返还的财产立即转移，致使债权人丧失申请法院采取查封、冻结等措施的机会，撤销权诉讼目的无法实现的，不能认定生效判决已经得到有效履行。债权人申请对受让人执行生效判决确定的财产返还义务的，人民法院应予支持。

* 摘自 2019 年 12 月 24 日最高人民法院发布的第 23 批指导案例（指导案例 118 号）。

【相关法条】

《中华人民共和国民事诉讼法》第二百二十五条①

【基本案情】

国家开发银行股份有限公司（以下简称国开行）与沈阳高压开关有限责任公司（以下简称沈阳高开）、东北电气发展股份有限公司（以下简称东北电气）、沈阳变压器有限责任公司、东北建筑安装工程总公司、新东北电气（沈阳）高压开关有限公司（现已更名为沈阳兆利高压电器设备有限公司，以下简称新东北高开）、新东北电气（沈阳）高压隔离开关有限公司（原沈阳新泰高压电气有限公司，以下简称新东北隔离）、沈阳北富机械制造有限公司（原沈阳诚泰能源动力有限公司，以下简称北富机械）、沈阳东利物流有限公司（原沈阳新泰仓储物流有限公司，以下简称东利物流）借款合同、撤销权纠纷一案，经北京市高级人民法院（以下简称北京高院）一审、最高人民法院二审，最高人民法院于 2008 年 9 月 5 日作出（2008）民二终字第 23 号民事判决，最终判决结果为：一、沈阳高开偿还国开行借款本金人民币 15000 万元及利息、罚息等，沈阳变压器有限责任公司对债务中的 14000 万元及利息、罚息承担连带保证责任，东北建筑安装工程总公司对债务中的 1000 万元及利息、罚息承担连带保证责任。二、撤销东北电气以其对外享有的 7666 万元对外债权及利息与沈阳高开持有的在北富机械 95%的股权和在东利物流 95%的股权进行股权置换的合同；东北电气与沈阳高开相互返还股权和债权，如不能相互返还，东北电气在 24711.65 万元范围内赔偿沈阳高开的损失，沈阳高开在 7666 万元范围内赔偿东北电气的损失。三、撤销沈阳高开以其在新东北隔离 74.4%的股权与东北电气持有的在沈阳添升通讯设备有限公司（以下简称沈阳添升）98.5%的股权进行置换的合同。双方相互返还股权，如果不能相互返还，东北电气应在 13000 万元扣除 2787.88 万元的范围内赔偿沈阳高开的损失。

---

① 对应《民事诉讼法》（2021 年修正）第二百三十二条。

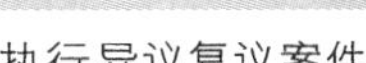

依据上述判决内容，东北电气需要向沈阳高开返还下列三项股权：在北富机械的95%股权、在东利物流的95%股权、在新东北隔离的74.4%股权，如不能返还，扣除沈阳高开应返还东北电气的债权和股权，东北电气需要向沈阳高开支付的款项总额为27000万余元。判决生效后，经国开行申请，北京高院立案执行，并于2009年3月24日，向东北电气送达了执行通知，责令其履行法律文书确定的义务。

2009年4月16日，被执行人东北电气向北京高院提交了《关于履行最高人民法院（2008）民二终字第23号民事判决的情况说明》（以下简称说明一），表明该公司已通过支付股权对价款的方式履行完毕生效判决确定的义务。北京高院经调查认定，根据中信银行沈阳分行铁西支行的有关票据记载，2007年12月20日，东北电气支付的17046万元分为5800万元、5746万元、5500万元，通过转账付给沈阳高开；当日，沈阳高开向辽宁新泰电气设备经销有限公司（沈阳添升98.5%股权的实际持有人，以下简称辽宁新泰），辽宁新泰向新东北高开，新东北高开向新东北隔离，新东北隔离向东北电气通过转账支付了5800万元、5746万元、5500万元。故北京高院对东北电气已经支付完毕款项的说法未予认可。此后，北京高院裁定终结本次执行程序。

2013年7月1日，国开行向北京高院申请执行东北电气因不能返还股权而按照判决应履行的赔偿义务，请求控制东北电气相关财产，并为此提供保证。2013年7月12日，北京高院向工商管理机关发出协助执行通知书，冻结了东北电气持有的沈阳高东加干燥设备有限公司67.887%的股权及沈阳凯毅电气有限公司10%（10万元）的股权。

对此，东北电气于2013年7月18日向北京高院提出执行异议，理由是：一、北京高院在查封财产前未作出裁定；二、履行判决义务的主体为沈阳高开与东北电气，国开行无申请强制执行的主体资格；三、东北电气已经按本案生效判决之规定履行完毕向沈阳高开返还股权的义务，不应当再向国开行支付17000万元。同年9月2日，东北电气向北京高院出具《关于最高人民法院（2008）民二终字第23号判决书履行情况的说明》（以下简称说明二），具体说明本案终审判决生效后的履行情况：1. 关于在北富机械95%股权和东利物流95%股权返还的判项。2008年9月18日，东北电气、沈阳高开、新东北高开（当时北富机械95%股权的实际持有人)、沈阳恒宇机械设备有限公司（当时东利物流95%股权的实际持有人，以下简称恒宇机械）签订四方协议，约定由新东北高开、恒宇机械代东北电气向沈阳高开分别返还北富机械95%股权和东利物流95%股权；2. 关于新东北隔离74.4%的股权返还的判项。东北电气与沈阳高开、阜新封闭母线有限责任公司（当时新东北隔离74.4%股权的实际持有人，以下简称阜新母线)、辽宁新泰于2008年9月18日签订四方协议，约定由阜新母线代替东北电气向沈阳高开返还新东北隔离74.4%的股权。2008年9月22日，各方按照上述协议交割了股权，并完成了股权变更工商登记。相关协议中约定，股权代返还后，东北电气对代返还的三个公司承担对应义务。

2008年9月23日，沈阳高开将新东北隔离的股权、北富机械的股权、东利物流的股权转让给沈阳德佳经贸有限公司，并在工商管理机关办理完毕变更登记手续。

【裁判结果】

北京市高级人民法院审查后，于2016年12月30日作出（2015）高执异字第52号执行裁定，驳回了东北电气发展股份有限公司的异议。东北电气发展股份有限公司不服，向最高人民法院申请复议。最高人民法院于2017年8月31日作出（2017）最高法执复27号执行裁定，驳回东北电气发展股份有限公司的复议请求，维持北京市高级人民法院（2015）高执异字第52号执行裁定。

【裁判理由】

最高人民法院认为：

一、关于国开行是否具备申请执行人的主体资格问题

经查，北京高院2016年12月20日的谈话笔录中显示，东北电气的委托代理人雷某民明确表示放弃执行程序违法、国开行不具备主体资格两个

异议请求。从雷某民的委托代理权限看，其权限为：代为申请执行异议、应诉、答辩，代为承认、放弃、变更执行异议请求，代为接收法律文书。因此，雷某民在异议审查程序中所作的意思表示，依法由委托人东北电气承担。故，东北电气在异议审查中放弃了关于国开行不具备申请执行人的主体资格的主张，在复议审查程序再次提出该项主张，本院依法可不予审查。即使东北电气未放弃该主张，国开行申请执行的主体资格也无疑问。本案诉讼案由是借款合同、撤销权纠纷，法院经审理，判决支持了国开行的请求，判令东北电气偿还借款，并撤销了东北电气与沈阳高开股权置换的行为，判令东北电气和沈阳高开之间相互返还股权，东北电气如不能返还股权，则承担相应的赔偿责任。相互返还这一判决结果不是基于东北电气与沈阳高开双方之间的争议，而是基于国开行的诉讼请求。东北电气向沈阳高开返还股权，不仅是对沈阳高开的义务，而且实质上主要是对胜诉债权人国开行的义务。故国开行完全有权利向人民法院申请强制有关义务人履行该判决确定的义务。

二、关于东北电气是否履行了判决确定的义务问题

（一）不能认可本案返还行为的正当性

法律设置债权人撤销权制度的目的，在于纠正债务人损害债权的不当处分财产行为，恢复债务人责任财产以向债权人清偿债务。东北电气返还股权、恢复沈阳高开的偿债能力的目的，是向国开行偿还其债务。只有在通知胜诉债权人，以使其有机会申请法院采取冻结措施，从而能够以返还的财产实现债权的情况下，完成财产返还行为，才是符合本案诉讼目的的履行行为。任何使国开行诉讼目的落空的所谓返还行为，都是严重背离该判决实质要求的行为。因此，认定东北电气所主张的履行是否构成符合判决要求的履行，都应以该判决的目的为基本指引。尽管在本案诉讼期间及判决生效后，东北电气与沈阳高开之间确实有运作股权返还的行为，但其事前不向人民法院和债权人作出任何通知，且股权变更登记到沈阳高开名下的次日即被转移给其他公司，在此情况下，该种行为实质上应认定为规

避判决义务的行为。

(二)不能确定东北电气协调各方履行无偿返还义务的真实性

东北电气主张因为案涉股权已实际分别转由新东北高开、恒宇机械、阜新母线等三家公司持有，无法由东北电气直接从自己名下返还给沈阳高开，故由东北电气协调新东北高开、恒宇机械、阜新母线等三家公司将案涉股权无偿返还给沈阳高开。如其所主张的该事实成立，则也可以视为其履行了判决确定的返还义务。但依据本案证据不能认定该事实。

1. 东北电气的证据前后矛盾，不能做合理解释。本案在执行过程中，东北电气向北京高院提交过两次说明，即2009年4月16日提交的说明一和2013年9月2日提交的说明二。其中，说明一显示，东北电气与沈阳高开于2007年12月18日签订协议，鉴于双方无法按判决要求相互返还股权和债权，约定东北电气向沈阳高开支付股权转让对价款，东北电气已于2007年12月20日（二审期间）向沈阳高开支付了17046万元，并以2007年12月18日东北电气与沈阳高开签订的《协议书》、2007年12月20日中信银行沈阳分行铁西支行的三张银行进账单作为证据。说明二则称，2008年9月18日，东北电气与沈阳高开、新东北高开、恒宇机械签订四方协议，约定由新东北高开、恒宇机械代东北电气向沈阳高开返还北富机械95%股权、东利物流95%股权；同日，东北电气与沈阳高开、阜新母线、辽宁新泰亦签订四方协议，约定由阜新母线代东北电气向沈阳高开返还新东北隔离74.4%的股权；2008年9月22日，各方按照上述协议交割了股权，并完成了股权变更工商登记。

对于其所称的履行究竟是返还上述股权还是以现金赔偿，东北电气的前后两个说明自相矛盾。第一，说明一表明，东北电气在二审期间已履行了支付股权对价款义务，而对于该支付行为，经过北京高院调查，该款项经封闭循环，又返回到东北电气，属虚假给付。第二，在执行程序中，东北电气2009年4月16日提交说明一时，案涉股权的交割已经完成，但东北电气并未提及2008年9月18日东北电气与沈阳高开、新东北高开、恒宇机械签订的四方协议。第三，既然2007年12月20日东北电气与沈阳高开已就股权对价款进行了交付，那么 2008 年 9 月 22 日又通过四方协议，将案涉股权返还给沈阳高开，明显不符合常理。第四，东北电气的《重大诉讼公告》于 2008 年 9 月 26 日发布，其中提到接受本院判决结果，但并未提到其已经于 9 月 22 日履行了判决，且称其收到诉讼代理律师转交的本案判决书的日期是 9 月 24 日，现在又坚持其在 9 月 22 日履行了判决，难以自圆其说。由此只能判断其在执行过程中所谓履行最高人民法院判决的说法，可能是将过去不同时期已经发生了的某种与涉案股权相关的转让行为，自行解释为是对本案判决的履行行为。故对四方协议的真实性及东北电气的不同阶段的解释的可信度高度存疑。

2. 经东北电气协调无偿返还涉案股权的事实不能认定。工商管理机关有关登记备案的材料载明，2008 年 9 月 22 日，恒宇机械持有的东利物流的股权、新东北高开持有的北富机械的股权、阜新母线持有的新东北隔离的股权已过户至沈阳高开名下。但登记资料显示，沈阳高开与新东北高开、沈阳高开与恒宇机械、沈阳高开与阜新母线签订的《股权转让协议书》中约定有沈阳高开应分别向三公司支付相应的股权转让对价款。东北电气称，《股权转让协议书》系按照工商管理部门的要求而制作，实际上没有也无须支付股权转让对价款。对此，东北电气不能提供充分的证据予以证明，北京高院到沈阳市有关工商管理部门调查，亦未发现足以证明提交《股权转让协议书》确系为了满足工商备案登记要求的证据。且北京高院经查询案涉股权变更登记的工商登记档案，其中除了有《股权转让协议书》，还有主管部门同意股权转让的批复、相关公司同意转让、受让或接收股权的股东会决议、董事会决议等材料，这些材料均未提及作为本案执行依据的生效判决以及两份四方协议。在四方协议本身存在重大疑问的情况下，人民法院判断相关事实应当以经工商备案的资料为准，认定本案相关股权转让和变更登记是以备案的相关协议为基础的，即案涉股权于 2008 年 9 月 22 日登记到沈阳高开名下，属于沈阳高开依据转让协议有偿取得，与四方协议无关。沈阳高开自取得案涉股权至今是否实际上未支付对价，以及东北电气在异议复议过程中所提出的恒宇机械已经注销的事实，新东北高开、阜新母线关于放弃向沈阳高开要求支付股权对价的承诺等，并不具有最终意义，因其不能排除新东北高开、恒宇机械、阜新母线的债权人依据经工商登记备案的有偿《股权转让协议》，向沈阳高开主张权利，故不能改变《股权转让协议》的有偿性质。因此，依据现有证据无法认定案涉股权曾经变更登记到沈阳高开名下系经东北电气协调履行四方协议的结果，无法认定系东北电气履行了生效判决确定的返还股权义务。

理解与参照

《东北电气发展股份有限公司与国家开发银行股份有限公司、沈阳高压开关有限责任公司等执行复议案》的理解与参照*

——债权人撤销权诉讼的执行问题

2019 年 12 月 24 日，最高人民法院发布了第 23 批指导性案例，包括第 117 号至第 126 号共 10 件执行领域的指导性案例。其中，第 118 号指导性案例为《东北电气发展股份有限公司与国家开发银行股份有限公司、沈阳高压开关有限责任公司等执行复议案》。为了正确理解和准确参照适用该指导性案例，现对该指导性案例的选编过程、裁判要点、参照适用等有关情况予以解释、论证和说明。

一、案例选编过程

2019 年最高人民法院执行局向最高人民法院案例指导工作办公室推荐

* 摘自《最高人民法院司法解释与指导性案例理解与适用》（第十一卷），人民法院出版社 2023 年版，第 912~920 页。

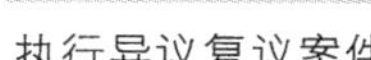

该案例作为备选指导性案例。最高人民法院案例指导工作办公室经过初审认为，该案例基本符合指导性案例要求，并提交最高人民法院研究室室务会讨论。2019 年 9 月 16 日，最高人民法院研究室室务会讨论同意，建议提交审委会讨论。12 月 17 日，该案例经最高人民法院民专会第 330 次会议讨论，同意作为指导性案例。12 月 24 日，最高人民法院以法〔2019〕294 号文件将该案例编入第 23 批指导性案例予以发布。

二、关于本案例的相关情况

（一）基本案情

国家开发银行股份有限公司（以下简称国开行）与沈阳高压开关有限责任公司（以下简称沈阳高开）、东北电气发展股份有限公司（以下简称东北电气）、沈阳变压器有限责任公司、东北建筑安装工程总公司、新东北电气（沈阳）高压开关有限公司（现已更名为沈阳兆利高压电器设备有限公司，以下简称新东北高开）、新东北电气（沈阳）高压隔离开关有限公司（原沈阳新泰高压电气有限公司，以下简称新东北隔离）、沈阳北富机械制造有限公司（原沈阳诚泰能源动力有限公司，以下简称北富机械）、沈阳东利物流有限公司（原沈阳新泰仓储物流有限公司，以下简称东利物流）借款合同、撤销权纠纷一案，经北京市高级人民法院（以下简称北京高院）一审、最高人民法院二审，最高人民法院于 2008 年 9 月 5 日作出（2008）民二终字第 23 号民事判决，最终判决结果为：（1）沈阳高开偿还国开行借款本金人民币 15000 万元及利息、罚息等，沈阳变压器有限责任公司对债务中的 14000 万元及利息、罚息承担连带保证责任，东北建筑安装工程总公司对债务中的 1000 万元及利息、罚息承担连带保证责任。（2）撤销东北电气以其对外享有的 7666 万元对外债权及利息与沈阳高开持有的在北富机械 95%的股权和在东利物流 95%的股权进行股权置换的合同；东北电气与沈阳高开相互返还股权和债权，如不能相互返还，东北电气在 24711.65 万元范围内赔偿沈阳高开的损失，沈阳高开在 7666 万元范围内赔偿东北电气的损失。（3）撤销沈阳高开以其在新东北隔离 74.4%的股权与东北电气持有的在沈阳添升通讯设备有限公司(以下简称沈阳添升)98.5%的股权进行置换的合同。双方相互返还股权，如果不能相互返还，东北电气应在13000万元扣除2787.88万元的范围内赔偿沈阳高开的损失。依据上述判决内容，东北电气需要向沈阳高开返还下列三项股权：在北富机械的95%股权、在东利物流的95%股权、在新东北隔离的74.4%股权，如不能返还，扣除沈阳高开应返还东北电气的债权和股权，东北电气需要向沈阳高开支付的款项总额为27000万余元。判决生效后，经国开行申请，北京高院立案执行，并于2009年3月24日，向东北电气送达了执行通知，责令其履行法律文书确定的义务。

2009年4月16日，被执行人东北电气向北京市高级人民法院(以下简称北京高院)提交了《关于履行最高人民法院(2008)民二终字第23号民事判决的情况说明》(以下简称说明一)，表明该公司已通过支付股权对价款的方式履行完毕生效判决确定的义务。北京高院经调查认定，根据中信银行沈阳分行铁西支行的有关票据记载，2007年12月20日，东北电气支付的17046万元分为5800万元、5746万元、5500万元，通过转账付给沈阳高开；当日，沈阳高开向辽宁新泰电气设备经销有限公司(沈阳添升98.5%股权的实际持有人，以下简称辽宁新泰)，辽宁新泰向新东北高开，新东北高开向新东北隔离，新东北隔离向东北电气通过转账支付了5800万元、5746万元、5500万元。故北京高院对东北电气已经支付完毕款项的说法未予认可。此后，北京高院裁定终结本次执行程序。

2013年7月1日，国开行向北京高院申请执行东北电气因不能返还股权而按照判决应履行的赔偿义务，请求控制东北电气相关财产，并为此提供保证。2013年7月12日，北京高院向工商管理机关发出协助执行通知书，冻结了东北电气持有的沈阳高东加干燥设备有限公司67.887%的股权及沈阳凯毅电气有限公司10%(10万元)的股权。

对此，东北电气于2013年7月18日向北京高院提出执行异议，理由是：北京高院在查封财产前未作出裁定；履行判决义务的主体为沈阳高开与东北电气，国开行无申请强制执行的主体资格；东北电气已经按本案生效判决之规定履行完毕向沈阳高开返还股权的义务，不应当再向国开行支

付17000万元。同年9月2日，东北电气向北京高院出具《关于最高人民法院（2008）民二终字第23号判决书履行情况的说明》（以下简称说明二），具体说明本案终审判决生效后的履行情况：（1）关于在北富机械95%股权和东利物流95%股权返还的判项。2008年9月18日，东北电气、沈阳高开、新东北高开（当时北富机械95%股权的实际持有人）、沈阳恒宇机械设备有限公司（当时东利物流95%股权的实际持有人，以下简称恒宇机械）签订四方协议，约定由新东北高开、恒宇机械代东北电气向沈阳高开分别返还北富机械95%股权和东利物流95%股权。（2）关于新东北隔离74.4%的股权返还的判项。东北电气与沈阳高开、阜新封闭母线有限责任公司（当时新东北隔离74.4%股权的实际持有人，以下简称阜新母线）、辽宁新泰于2008年9月18日签订四方协议，约定由阜新母线代替东北电气向沈阳高开返还新东北隔离74.4%的股权。2008年9月22日，各方按照上述协议交割了股权，并完成了股权变更工商登记。相关协议中约定，股权代返还后，东北电气对代返还的三个公司承担对应义务。

2008年9月23日，沈阳高开将新东北隔离的股权、北富机械的股权、东利物流的股权转让给沈阳德佳经贸有限公司，并在工商管理机关办理完毕变更登记手续。

（二）裁判结果

北京高院审查后，于2016年12月30日作出（2015）高执异字第52号执行裁定，驳回了东北电气的异议。东北电气不服，向最高人民法院申请复议。最高人民法院于2017年8月31日作出（2017）最高法执复27号执行裁定，驳回东北电气的复议请求，维持北京高院（2015）高执异字第52号执行裁定。

（三）争议问题

1. 关于国开行是否具备申请执行人的主体资格问题

本案诉讼案由是借款合同、撤销权纠纷，法院经审理，判决支持了国开行的请求，判令东北电气偿还借款，并撤销了东北电气与沈阳高开股权置换的行为，判令东北电气和沈阳高开之间相互返还股权，东北电气如不能返还股权，则承担相应的赔偿责任。相互返还这一判决结果不是基于东北电气与沈阳高开双方之间的争议，而是基于国开行的诉讼请求。东北电气向沈阳高开返还股权，不仅是对沈阳高开的义务，而且实质上主要是对胜诉债权人国开行的义务。故国开行完全有权利向人民法院申请强制有关义务人履行该判决确定的义务。

2. 关于东北电气是否履行了判决确定的义务问题

法律设置债权人撤销权制度的目的，在于纠正债务人损害债权的不当处分财产行为，恢复债务人责任财产以向债权人清偿债务。东北电气返还股权、恢复沈阳高开的偿债能力的目的，是向国开行偿还其债务。只有在通知胜诉债权人，以使其有机会申请法院采取冻结措施，从而能够以返还的财产实现债权的情况下，完成财产返还行为，才是符合本案诉讼目的的履行行为。任何使国开行诉讼目的落空的所谓返还行为，都是严重背离该判决实质要求的行为。因此，认定东北电气所主张的履行是否构成符合判决要求的履行，都应以该判决的目的为基本指引。

（四）指导意义

关于债权人行使撤销权的实体法律效果，一般认为原则上适用“入库规则”，即通过撤销行为返还的财产并非直接用于对行使撤销权的债权人清偿，而是仍应向债务人返还，并作为所有债权人的债权的担保。但在撤销权诉讼案件的执行实践中，因涉及受让人返还财产行为及债务人清偿行为，容易发生受让人与债务人恶意串通，损害债权人利益的情形，如何限制债务人通过不予受领、受领后再次处分或其他方式来规避执行，实现债权人保全债权的目的，成为此类案件的难点。本案执行复议裁定强调了受让人返还财产，不仅是对债务人的义务，实质上是对胜诉债权人的义务，只有在通知胜诉债权人，使其有机会申请法院对受让人返还的财产采取查封、冻结措施，从而能够以返还的财产实现债权的情况下，受让人完成的财产返还行为，才是符合撤销权诉讼目的的履行行为，否则其返还行为不能对抗债权人。本案对债权人通过撤销权的强制执行程序确保其债权受

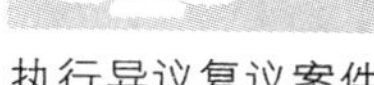

偿，以及通过实体法和程序法的衔接，撤销权诉讼和强制执行的配合，来实现撤销权制度的规范目的，均具有较为重要的理论和实践价值，对执行实践也具有一定的指导意义，故作为指导案例予以发布。

三、裁判要点的理解与说明

该指导案例的裁判要点确认：(1) 债权人撤销权诉讼的生效判决撤销了债务人与受让人的财产转让合同，并判令受让人向债务人返还财产，受让人未履行返还义务的，债权人可以债务人、受让人为被执行人申请强制执行。(2) 受让人未通知债权人，自行向债务人返还财产，债务人将返还的财产立即转移，致使债权人丧失申请法院采取查封、冻结等措施的机会，撤销权诉讼目的无法实现的，不能认定生效判决已经得到有效履行。债权人申请对受让人执行生效判决确定的财产返还义务的，人民法院应予支持。现围绕与该裁判要点相关的问题解释和说明如下。

（一）关于债权人撤销权的性质问题

债权人撤销权，是指债权人对于债务人所为的危害债权的行为，可请求法院予以撤销以维持债务人责任财产的权利。债权人撤销权制度的规范目的在于撤销债务人实施的危害债权的行为，恢复债务人的责任财产，保全一般债权人的共同担保。

对于债权人撤销权的性质，学界见解不一，存在形成权说、请求权说、折中说、诉权说等学说。形成权说认为，债权人的撤销权是形成权，撤销权在性质上是根据债权人的意思表示，使债务人与第三人之间的法律行为的效力溯及既往地消灭，此种诉讼称为形成之诉。请求权说认为，撤销权为债法上的请求权，撤销权的本质是一种返还请求权，即债权人得请求因债务人的行为受有利益的人返还所得利益。依据该说，债权人行使撤销权仅仅享有一项债权，而不是直接取得标的物的所有权，提起撤销的诉讼为给付之诉。折中说又称请求权和形成权兼具说，此种观点认为债权人撤销权具有请求权和形成权的多重性质，债权人请求撤销债务人的诈害行为，使诈害法律行为的效力消灭，这具有形成权性质；债权人在撤销以后又请求回复债务人财产原状，并享有请求回复债务人财产的权利，这具有请求权性质。诉权说认为，债权人的撤销权是实体法所规定的诉权，撤销权人要行使撤销权，不能直接针对债务人或第三人提出请求，而必须要通过提起诉讼的方法才能行使，且胜诉债权人得以该判决为执行名义，直接向受益人为强制执行。①

我国学者通说采取折中说，即债权人撤销权兼具撤销和财产返还请求的性质，是撤销诈害行为、请求归还脱逸财产的权利。② 具体来说，就债权人撤销债务人与第三人之间的行为而言，为形成权，具有形成之诉的性质；就其得请求第三人将财产返还于债务人而言，则为请求权，具有给付之诉的性质。③ 本案亦采折中说观点，即债权人国开行不仅有权撤销债务人沈阳高开与受让人东北电气之间的置换合同，也有权请求东北电气将案涉股权返还于沈阳高开。

（二）关于撤销权诉讼中的债权人申请执行问题

针对债权人的撤销权，《合同法》第七十四条第一款规定："因债务人放弃其到期债权或者无偿转让财产，对债权人造成损害的，债权人可以请求人民法院撤销债务人的行为。债务人以明显不合理的低价转让财产，对债权人造成损害，并且受让人知道该情形的，债权人也可以请求人民法院撤销债务人的行为。"④

在债权人撤销权诉讼中，债务人与受让人的合同被撤销后，如果受让人未向债务人返还受让的财产，债权人能否申请强制执行，即债权人是否撤销权诉讼中的适格申请执行人，司法实务中存在不同理解。一种观点认为，债权人不是适格申请执行人，因为债权人撤销权诉讼只是撤销了债务人与受让人之间的合同，债权人没有请求受让人返还财产的权利，是否请

---

① 参见王利明：《合同法研究（第二卷）》，中国人民大学出版社2015年版，第125页。

② 参见韩世远：《合同法总论》，法律出版社2018年版，第458页；崔建远：《合同法》，法律出版社2000年版，第131页；王利明：《民商法研究》，法律出版社2001年版，第644页。

③ 参见万鄂湘主编：《债法理论与适用Ⅰ（总论及合同之债）》，人民法院出版社2005年版。

④ 对应《民法典》第五百三十八条、第五百三十九条。

求受让人返还财产，应由债务人决定。另一种观点认为，债权人是适格申请执行人，因为债权人撤销权包含了请求受让人返还财产的权利。我们认为，第二种观点更为可采，也符合债权人撤销权制度的规范意旨。

《民事诉讼法》第二百三十六条第一款规定："发生法律效力的民事判决、裁定，当事人必须履行。一方拒绝履行的，对方当事人可以向人民法院申请执行，也可以由审判员移送执行员执行。"①《最高人民法院关于人民法院执行工作若干问题的规定（试行）》第十八条②规定："人民法院受理执行案件应当符合下列条件：……（2）申请执行人是生效法律文书确定的权利人或其继承人、权利承受人……"据此，生效法律文书的适格申请执行人应当是生效法律文书确定的权利人或其继承人、权利承受人。本案中，案涉生效判决已经确认国开行享有撤销权，并依法撤销了沈阳高开与东北电气之间的置换合同，判令双方相互返还股权和债权。而东北电气和沈阳高开之间相互返还股权和债权是对国开行的义务。如前所述，债权人撤销权兼具撤销和财产返还请求的性质，国开行作为借款合同、撤销权纠纷一案的胜诉方，依据生效判决，向人民法院申请强制有关义务人履行该判决确定的义务，主体适格，亦符合法律规定。

从债权人撤销权制度的规范意旨也能得出这一结论，债权人行使撤销权是为了保全债务人的责任财产，而债权人行使撤销权的前提是债务人存在放弃其到期债权、无偿转让财产或者以明显不合理的低价转让财产的行为，实践中，债务人实施这些行为往往是为了逃避债务，若债务人而非债权人才是申请执行的适格主体，则会产生反向激励的效果，引发道德风险，即债务人不会积极地请求受让人返还财产，如此，债权人提起撤销之诉的目的就无法实现，债权人撤销权制度就会成为一纸具文。

（三）关于撤销权诉讼中的受让人履行义务的方式问题

债权人撤销权制度的规范意旨在于保全债务人的责任财产，作为债务

---

① 对应《民事诉讼法》（2021 年修正）第二百四十三条。

② 对应《最高人民法院关于人民法院执行工作若干问题的规定（试行）》第十六条。

人财产的受让人，应当以符合债权人撤销权制度规范意旨的方式履行生效判决确定的义务，即受让人返还财产应当达到恢复债务人责任财产的效果。

本案中，法院判令东北电气向沈阳高开返还股权，是为了恢复沈阳高开的偿债能力，进而达到沈阳高开向国开行清偿债务的目的。因此，受让人东北电气在返还财产时应当及时通知胜诉债权人国开行，以使其有机会申请法院采取冻结措施，真正实现保全债权人责任财产的效果。这一通知义务在性质上属于随附义务。《合同法》第六十条规定："当事人应当按照约定全面履行自己的义务。当事人应当遵循诚实信用原则，根据合同的性质、目的和交易习惯履行通知、协助、保密等义务。"① 该条第二款是对债务人随附义务的规定，尽管该义务规定在《合同法》中，但是通说认为随附义务也是整个债法的重要规则。② 在债权人撤销权诉讼中，受让人的返还义务虽不是合同义务，但是法定义务，因而受让人在履行主给付义务——返还财产时，也应当遵循诚信原则，依据债权人撤销权制度的规范意旨履行通知的义务，及时通知债权人采取必要措施，以保全债务人的责任财产。

有观点认为，债权人撤销权诉讼中，受让人只需要向债务人返还财产即可，无须通知债权人，对受让人强加通知义务，会增加受让人负担，有违公平正义原则；同时，即便受让人没有履行通知义务，返还的财产再次被债务人处分，如果存在债务人通过转让财产损害债权人债权的行为，债权人仍然可以通过债权人撤销诉讼达到保全债务人责任财产的目的。笔者认为，一方面，受让人的通知义务并不重大，不会明显增加受让人的负担；另一方面，虽然债权人还可以通过撤销权诉讼维护权利，但这并不符合诉讼经济的原则，只会增加债权人的诉累，也会浪费紧张的司法资源。因此，认定受让人负有通知义务，符合债权人撤销权制度的规范意旨和诉讼经济原则，也不会违背公平正义原则。

---

① 对应《民法典》第五百零九条。

② 参见陈界融：《中国民法学·债法学源论》，人民法院出版社 2006 年版。

本案中，受让人东北电气没有真实地支付股权对价款；尽管东北电气与沈阳高开之间确实有运作股权返还的行为，但其事前不向人民法院和债权人作出任何通知，致使股权变更登记到沈阳高开名下的次日即被转移给其他公司，债权人国开行的诉讼目的不能实现，且东北电气在整个运作过程中的行为有规避履行判决义务之嫌，因而不能认定生效判决已经得到有效履行。

四、参照适用时应注意的问题

在参照适用该案例时应注意两个问题。

一是债权人撤销权兼具撤销（形成权）和财产返还请求（请求权）的性质，形成权和请求权分属债权人撤销权的不同权能，债权人可以选择行使，也可以一并行使。实践中，债权人常常只诉请撤销债务人与受让人订立的合同，而不请求返还财产，这是债权人只选择行使债权人撤销权的形成权能，属于对自身权利的处分，应当予以尊重。但是如果债权人仅选择撤销合同，这属于形成之诉，由于生效判决主文没有给付内容，债权人无法就受让人返还财产申请强制执行。

《最高人民法院关于适用〈中华人民共和国民事诉讼法〉的解释》第四百六十三条第一款规定："当事人申请人民法院执行的生效法律文书应当具备下列条件：……（二）给付内容明确。"①《最高人民法院关于人民法院执行工作若干问题的规定（试行）》第十八条规定："人民法院受理执行案件应当符合下列条件：……（4）申请执行的法律文书有给付内容，且执行标的和被执行人明确……"可见，当事人据以向人民法院申请强制执行的生效法律文书必须符合给付内容明确的条件，而在债权人撤销权诉讼中，若债权人仅诉请撤销合同，则生效判决并无明确给付内容，债权人就受让人返还财产申请强制执行，不符合申请强制执行的条件，应当裁定不予受理。

① 对应《最高人民法院关于适用〈中华人民共和国民事诉讼法〉的解释》（2022年修正）第四百六十一条第一款。

二是受让人返还财产未履行通知义务，只是违反了随附义务，并不必然导致主给付义务——返还财产未能实现，实践中应当根据案件具体情况，考虑受让人对财产被再次转移等不符合撤销权规范意旨的情况，是否具有故意或重大过失，不能仅依据受让人未履行通知义务就认定其未有效履行生效判决确定的义务，而要求受让人再次履行，否则有违公平原则。

（执笔人：最高人民法院执行局　杨　春
编审人：最高人民法院研究室　李予霞）

56. 安徽省滁州市建筑安装工程有限公司与湖北追日电气股份有限公司执行复议案*

（最高人民法院审判委员会讨论通过　2019年12月24日发布）

执行程序开始前，双方当事人自行达成和解协议并履行，一方当事人申请强制执行原生效法律文书的，人民法院应予受理

【关键词】

执行　执行复议　执行外和解　执行异议　审查依据

【裁判要点】

执行程序开始前，双方当事人自行达成和解协议并履行，一方当事人申请强制执行原生效法律文书的，人民法院应予受理。被执行人以已履行和解协议为由提出执行异议的，可以参照《最高人民法院关于执行和解若干问题的规定》第十九条①的规定审查处理。

---

* 摘自2019年12月24日最高人民法院发布的第23批指导案例（指导案例119号）。

① 该司法解释已于2020年12月29日修正，修正后的本条规定："执行过程中，被执行人根据当事人自行达成但未提交人民法院的和解协议，或者一方当事人提交人民法院但其他当事人不予认可的和解协议，依照民事诉讼法第二百二十五条规定提出异议的，人民法院按照下列情形，分别处理：（一）和解协议履行完毕的，裁定终结原生效法律文书的执行；（二）和解协议约定的履行期限尚未届至或者履行条件尚未成就的，裁定中止执行，但符合民法典第五百七十八条规定情形的除外；（三）被执行人一方正在按照和解协议约定履行义务的，裁定中止执行；（四）被执行人不履行和解协议的，裁定驳回异议；（五）和解协议不成立、未生效或者无效的，裁定驳回异议。"

【相关法条】

《中华人民共和国民事诉讼法》第二百二十五条

【基本案情】

安徽省滁州市建筑安装工程有限公司（以下简称滁州建安公司）与湖北追日电气股份有限公司（以下简称追日电气公司）建设工程施工合同纠纷一案，青海省高级人民法院（以下简称青海高院）于2016年4月18日作出（2015）青民一初字第36号民事判决，主要内容为：一、追日电气公司于本判决生效后十日内给付滁州建安公司工程款1405.02533万元及相应利息；二、追日电气公司于本判决生效后十日内给付滁州建安公司律师代理费24万元。此外，还对案件受理费、鉴定费、保全费的承担作出了判定。后追日电气公司不服，向最高人民法院提起上诉。

二审期间，追日电气公司与滁州建安公司于2016年9月27日签订了《和解协议书》，约定："1. 追日电气公司在青海高院一审判决书范围内承担总金额463.3万元，其中1）合同内本金413万元；2）受理费11.4万元；3）鉴定费14.9万元；4）律师费24万元。……3. 滁州建安公司同意在本协议签订后七个工作日内申请青海高院解除对追日电气公司全部银行账户的查封，解冻后三日内由追日电气公司支付上述约定的463.3万元，至此追日电气公司与滁州建安公司所有账务结清，双方至此不再有任何经济纠纷。"和解协议签订后，追日电气公司依约向最高人民法院申请撤回上诉，滁州建安公司也依约向青海高院申请解除了对追日电气公司的保全措施。追日电气公司于2016年10月28日向滁州建安青海分公司支付了412.880667万元，滁州建安青海分公司开具了一张413万元的收据。2016年10月24日，滁州建安青海分公司出具了一份《情况说明》，要求追日电气公司将诉讼费、鉴定费、律师费共计50.3万元支付至程某男名下。后为开具发票，追日电气公司与程某男、王某刚、何某倒签了一份标的额为50万元的工程施工合同，追日电气公司于2016年11月23日向王某刚支付40万元、2017年7月18日向王某刚支付了10万元，青海省共和县国家税务总局代开了一张50万元的发票。

后滁州建安公司于2017年12月25日向青海高院申请强制执行。青海高院于2018年1月4日作出（2017）青执108号执行裁定：查封、扣押、冻结被执行人追日电气公司所有的人民币1000万元或相应价值的财产。实际冻结了追日电气公司3个银行账户内的存款共计126.605118万元，并向追日电气公司送达了（2017）青执108号执行通知书及（2017）青执108号执行裁定。

追日电气公司不服青海高院上述执行裁定，向该院提出书面异议。异议称：双方于2016年9月27日协商签订《和解协议书》，现追日电气公司已完全履行了上述协议约定的全部义务。现滁州建安公司以协议的签字人王某刚没有代理权而否定《和解协议书》的效力，提出强制执行申请的理由明显不能成立，并违反诚信原则，青海高院作出的执行裁定应当撤销。为此，青海高院作出（2017）青执异18号执行裁定，撤销该院（2017）青执108号执行裁定。申请执行人滁州建安公司不服，向最高人民法院提出了复议申请。主要理由是：案涉《和解协议书》的签字人为“王某刚”，其无权代理滁州建安公司签订该协议，该协议应为无效；追日电气公司亦未按《和解协议书》履行付款义务；追日电气公司提出的《和解协议书》亦不是在执行阶段达成的，若其认为《和解协议书》有效，一审判决不应再履行，应申请再审或另案起诉处理。

【裁判结果】

青海省高级人民法院于2018年5月24日作出（2017）青执异18号执行裁定，撤销该院（2017）青执108号执行裁定。安徽省滁州市建筑安装工程有限公司不服，向最高人民法院申请复议。最高人民法院于2019年3月7日作出（2018）最高法执复88号执行裁定，驳回安徽省滁州市建筑安装工程有限公司的复议请求，维持青海省高级人民法院（2017）青执异18号执行裁定。

【裁判理由】

最高人民法院认为：

一、关于案涉《和解协议书》的性质

案涉《和解协议书》系当事人在执行程序开始前自行达成的和解协议，属于执行外和解。与执行和解协议相比，执行外和解协议不能自动对人民法院的强制执行产生影响，当事人仍然有权向人民法院申请强制执行。追日电气公司以当事人自行达成的《和解协议书》已履行完毕为由提出执行异议的，人民法院可以参照《最高人民法院关于执行和解若干问题的规定》第十九条的规定对和解协议的效力及履行情况进行审查，进而确定是否终结执行。

二、关于案涉《和解协议书》的效力

虽然滁州建安公司主张代表其在案涉《和解协议书》上签字的王某刚未经其授权，其亦未在《和解协议书》上加盖公章，《和解协议书》对其不发生效力，但是《和解协议书》签订后，滁州建安公司根据约定向青海高院申请解除了对追日电气公司财产的保全查封，并就《和解协议书》项下款项的支付及开具收据发票等事宜与追日电气公司进行多次协商，接收《和解协议书》项下款项、开具收据、发票，故滁州建安公司以实际履行行为表明其对王某刚的代理权及《和解协议书》的效力是完全认可的，《和解协议书》有效。

三、关于案涉《和解协议书》是否已履行完毕

追日电气公司依据《和解协议书》的约定以及滁州建安公司的要求，分别向滁州建安公司和王某刚等支付了412.880667万元、50万元款项，虽然与《和解协议书》约定的463.3万元尚差4000余元，但是滁州建安公司予以接受并为追日电气公司分别开具了413万元的收据及50万元的发票，根据《最高人民法院关于贯彻执行〈中华人民共和国民法通则〉若干

问题的意见（试行）》第六十六条①的规定，结合滁州建安公司在接受付款后较长时间未对付款金额提出异议的事实，可以认定双方以行为对《和解协议书》约定的付款金额进行了变更，构成合同的默示变更，故案涉《和解协议书》约定的付款义务已经履行完毕。关于付款期限问题，根据《最高人民法院关于执行和解若干问题的规定》第十五条②的规定，若滁州建安公司认为追日电气公司延期付款对其造成损害，可另行提起诉讼解决，而不能仅以此为由申请执行一审判决。

（生效裁判审判人员：于明、朱燕、杨春）

理解与参照

《安徽省滁州市建筑安装工程有限公司与湖北追日电气股份有限公司执行复议案》的理解与参照*

——当事人在申请强制执行前达成的和解协议对执行程序的影响及救济程序

2019 年 12 月 24 日，最高人民法院发布了第 23 批指导性案例，包括

① 该司法解释已于 2021 年 1 月 1 日废止，本条参见《中华人民共和国民法典》第一百四十条："行为人可以明示或者默示作出意思表示。沉默只有在有法律规定、当事人约定或者符合当事人之间的交易习惯时，才可以视为意思表示。"

② 该司法解释已于 2020 年 12 月 29 日修正，本条内容未作变动。

* 摘自《最高人民法院司法解释与指导性案例理解与适用》（第十一卷），人民法院出版社 2023 年版，第 921~929 页。

第117号至第126号共10件执行领域的指导性案例。本次集中发布的10个执行指导性案例，具有实体与程序交织，公法与私法融合的共同特点，体现出正确的价值取向和规范重点。其中，第119号指导性案例为《安徽省滁州市建筑安装工程有限公司与湖北追日电气股份有限公司执行复议案》。为了正确理解和准确参照适用该指导性案例，现对该指导性案例的选编过程、裁判要点、参照适用等有关情况予以解释、论证和说明。

一、案例选编过程

2019年最高人民法院执行局向最高人民法院案例指导工作办公室推荐该案例作为备选指导性案例。最高人民法院案例指导工作办公室经过初审认为，该案例基本符合指导性案例要求，并提交最高人民法院研究室室务会讨论。2019年10月22日，最高人民法院研究室室务会讨论同意，建议提交审委会讨论。12月17日，该案例经最高人民法院民事专业审判委员会第330次会议讨论，同意作为指导性案例。12月24日，最高人民法院以法〔2019〕294号文件将该案例编入第23批指导性案例予以发布。

二、关于本案例的相关情况

安徽省滁州市建筑安装工程有限公司（以下简称滁州建安公司）与湖北追日电气股份有限公司（以下简称追日电气公司）建设工程施工合同纠纷一案，青海省高级人民法院（以下简称青海高院）于2016年4月18日作出（2015）青民一初字第36号民事判决，判令追日电气公司于本判决生效后十日内给付滁州建安公司工程款1405.02533万元及相应利息等，后追日电气公司不服，向最高人民法院提起上诉。二审期间，追日电气公司与滁州建安公司于2016年9月27日签订了《和解协议书》，约定：“1.追日电气公司在青海高院一审判决书范围内承担总金额463.3万元，其中（1）合同内本金413万元；（2）受理费11.4万元；（3）鉴定费14.9万元；（4）律师费24万元……3.滁州建安公司同意在本协议签订后七个工作日内申请青海高院解除对追日电气公司全部银行账户的查封，解冻后三日内由追日电气公司支付上述约定的463.3万元，至此追日电气公司与滁州建安公司所有账务结清，双方至此不再有任何经济纠纷。”和解协议签订后，追日电气公司依约向最高人民法院申请撤回上诉，滁州建安公司也依约向青海高院申请解除了对追日电气公司的保全措施。追日电气公司于2016年10月28日向滁州建安青海分公司支付了412.880667万元，滁州建安青海分公司开具了一张413万元的收据。2016年10月24日，滁州建安青海分公司出具了一份《情况说明》，要求追日电气公司将诉讼费、鉴定费、律师费共计50.3万元支付至程某男名下。后为开具发票，追日电气公司与程某男、王某刚、何某倒签了一份标的额为50万元的工程施工合同，追日电气公司于2016年11月23日向王某刚支付40万元、2017年7月18日向王某刚支付了10万元，青海省共和县国家税务局代开了一张50万元的发票。

后滁州建安公司于2017年12月25日向青海高院申请强制执行。青海高院于2018年1月4日作出（2017）青执108号执行裁定并实际冻结了追日电气公司存款共计126.605118万元，还向追日电气公司送达了（2017）青执108号执行通知书及（2017）青执108号执行裁定。追日电气公司不服青海高院上述执行裁定，向该院提出书面异议，主要理由是双方于2016年9月27日协商签订《和解协议书》，且追日电气公司已完全履行了上述协议约定的全部义务。现滁州建安公司以协议的签字人王某刚没有代理权而否定《和解协议书》的效力，提出强制执行申请的理由明显不能成立，并违反诚实信用原则，青海高院作出的执行裁定应当撤销。后青海高院作出（2017）青执异18号执行裁定，撤销该院（2017）青执108号执行裁定。滁州建安公司不服，向最高人民法院提出了复议申请，主要理由是：案涉《和解协议书》的签字人为“王某刚”，其无权代理滁州建安公司签订该协议，该协议应为无效；追日电气公司亦未按《和解协议书》履行付款义务；追日电气公司提出的《和解协议书》亦不是在执行阶段达成的，若其认为《和解协议书》有效，一审判决不应再履行，应申请再审或另案起诉处理。最高人民法院经审查作出（2018）最高法执复88号执行裁定，驳回其复议请求，维持青海高院（2017）青执异18号执行裁定。

本案主要争议焦点是当事人在强制执行程序启动前达成的《和解协议

书》的性质和效力应如何认定，其履行情况对执行程序应产生何种影响等。《民事诉讼法》第二百三十条[①]规定了执行和解的形式要件和法律效力，《最高人民法院关于适用〈中华人民共和国民事诉讼法〉的解释》第四百六十六条、第四百六十七条[②]以及《最高人民法院关于执行和解若干问题的规定》（以下简称《执行和解规定》）第二条、第九条等予以进一步细化[③]。但对于当事人在申请强制执行前达成的和解协议，或执行过程中当事人自行达成且事后未提交法院的和解协议，将对法院执行程序产生何种影响，当事人应通过何种程序主张排除执行依据的执行力，以及法院对该和解协议的效力及履行情况进行审查的边界和限度等问题，理论界和实务中还存在一定争议。有观点认为应将当事人在执行外达成的和解当作执行和解对待，对当事人的争议直接在执行异议中解决；另有观点认为此类和解应通过另行起诉的方式解决，且不属于重复起诉。[④]

为统一裁判尺度，《执行和解规定》第一条第一款规定，当事人可以自愿协商达成和解协议，依法变更生效法律文书确定的权利义务主体、履行标的、期限、地点和方式等内容。实际上明确了“执行外”当事人也可达成和解协议，扩大了和解协议的范围，并在第十九条补充规定了执行过程中当事人自行达成但未提交法院的执行外和解协议的效力及异议程序。[⑤]本案的特殊之处在于当事人系在申请执行前而非在执行过程中自愿达成了《和解协议书》，但其与《执行和解规定》第十九条规定的执行外和解在本质上相同，均因未共同向执行法院提交而不能由执行法院直接裁定中止执

---

① 对应《民事诉讼法》(2021 年修正) 第二百三十七条。

② 分别对应《最高人民法院关于适用〈中华人民共和国民事诉讼法〉的解释》(2022 年修正) 第四百六十四条、第四百六十五条。

③ 根据《执行和解规定》第二条的规定，执行和解包括各方当事人共同向人民法院提交书面和解协议的；一方当事人向人民法院提交书面和解协议，其他当事人予以认可的；当事人达成口头和解协议，执行人员将和解协议内容记入笔录，由各方当事人签名或者盖章的。执行和解的法律效果是执行法院可以依当事人申请或依职权直接裁定中止执行。

④ 参见王柏东、程立：《生效法律文书执行力的阻却与回归——以执行外和解对执行程序的影响为视角》，载《法律适用》2020 年第 2 期。

⑤ 参见最高人民法院执行局编著：《最高人民法院执行司法解释条文适用编注》，人民法院出版社 2019 年版，第 239 页。

行，同时考虑到该两类执行外和解均涉及变更原生效法律文书确定的权利义务等，其全部履行或部分履行也应对原生效法律文书的执行力产生一定影响，否则可能构成双重给付并有违公平和诚信原则。本案一方面明确了执行程序开始前，即使双方当事人自行达成和解协议并实际履行，执行法院也应受理一方的执行申请，即该和解协议不能自动阻却生效裁判进入执行程序；另一方面，在进入执行程序后，当事人可参照《执行和解规定》第十九条的规定，通过执行异议程序来解决执行外和解对生效裁判执行力的阻却等问题。此外，当事人在本案中还对《和解协议书》的效力、履行等问题产生争议，法院综合当事人提交的证据材料并适用民事实体法规则及证据规则等，进行实体审查和判断，虽然与执行异议的形式审查原则不符，但是在法律尚未规定债务人异议之诉的情况下，这种处理具有现实妥当性，也是更好平衡各方当事人利益的合理选择。故本案系较为典型的处理执行外和解审查程序、适用规则及法律效果的案例，对实践中处理此类案件具有一定的指导意义，故作为指导案例予以发布。

三、裁判要点的理解与说明

该指导案例的裁判要点确认：执行程序开始前，双方当事人自行达成和解协议并履行，一方当事人申请强制执行原生效法律文书的，人民法院应予受理。被执行人以已履行和解协议为由提出执行异议的，可以参照《执行和解规定》第十九条的规定审查处理。现围绕与该裁判要点相关的问题逐一解释和说明如下。

（一）执行外和解协议的法律性质

如上所述，在我国现行法律框架内，与执行程序相关的和解协议可划分为执行和解与执行外和解，后者又可根据和解协议形成的时间进行进一步细分。两者的根本区别在于是否共同向执行法院提交，或者在执行法院通过签字或盖章的形式进行了共同确认。执行和解协议因有双方共同向法院表示确认的意思表示，故执行法院进行形式审查后即可中止执行，其对执行程序的影响是直接和主动的。正因执行和解在形式和效力上的特殊性，理论上对其性质产生较大争议，有私法行为说、诉讼行为说及一行为两性质说等不同的观点。[①] 而执行外和解的法律性质则较为单纯，其虽然也是建立在生效法律文书所确定的实体权利义务基础上，对已有的权利义务在当事人之间进行的重新分配，但因不直接与执行程序产生关联，故仍应界定为私法上的法律行为，属于处分执行依据所确定权利义务的一类特殊民事合同。一方面，其达成具有实体法上的效力，有关成立、生效、无效、可撤销都可以依照民事实体法来加以判断；另一方面，因为执行外和解体现了债权人处分债权的意思，只要和解协议真实合法，就应承认其合同效力，且该类和解协议与原生效法律文书之间不是完全对立的，是债权人对原生效法律文书中的执行债权予以部分放弃或处分的产物，并没有替代原生效法律文书。[②] 如此在当事人达成执行外和解后，其实体权利义务的分配即呈现出和解协议与生效法律文书（执行依据）共同规范、双轨调整的局面，为避免被执行人双重给付等不公平的情形，就有必要通过妥当的程序设计来落实执行外和解的法律效力。

（二）执行外和解协议对生效法律文书执行力的影响

首先，在将执行外和解协议界定为一类特殊的民事合同的基础上，可以认定其仅对双方当事人具有约束力，并不直接约束法院或对执行程序的进行产生影响。具体来说，当事人达成该类和解协议后，既不使原生效裁判丧失既判力，也不能直接消灭原生效裁判的执行力，或者自动地排除或中止其执行力。若该和解协议是在进入执行程序前达成的，权利人仍可依据原生效法律文书向法院申请强制执行，执行法院不能以义务人主张已达成和履行和解协议或和解协议已履行完毕为由拒绝受理；若该和解协议是

---

① 参见汤维建、许尚豪：《论民事执行程序的契约化——以执行和解为分析中心》，载《政治与法律》2006年第1期；张卫平：《执行和解制度的再认识》，载《法学论坛》2016年第4期；韩波：《执行和解争议的法理分析》，载《法学》2002年第9期。

② 参见肖建国、赵晋山：《民事执行若干疑难问题探讨》，载《法律适用》2005年第6期。

在执行过程中达成的，执行法院亦不能主动停止执行。[①] 这是因为执行程序最为强调迅速、及时和连续的效率原则，这就要求执行法院应严格依照执行依据确定的内容执行，倘若因为当事人在实体法层面达成和解协议就不再执行原生效法律文书，事后又因为一方当事人不履行或者不完全履行和解协议而重新启动原生效法律文书的执行程序，显然有违执行程序的效率原则，既不利于维护生效裁判的权威，也模糊了审判和执行的界限。且生效裁判系经过较为严格的诉讼程序作出，本身具有较强的证明力和公信力，这决定了应首先执行其确定的权利义务，而将提起异议或诉讼的责任分配给被执行人。故本案裁判要旨首先明确了二审期间当事人达成和解协议，人民法院准许撤回上诉的，一审判决已生效并产生执行力，权利人有权申请执行一审判决。

其次，执行外和解与强制执行作为实现当事人实体权利的两种途径，产生了实质上的竞合关系。因为当事人达成协议的目的即为变更原生效法律文书确定的权利义务，所以和解协议达成后，当事人的实体层面上的权利义务应该优先受和解协议的调整和规范，这也是尊重当事人真实意思及避免双重给付的必然要求。当然，如上所述，考虑到执行程序以效率作为第一原则，实体上的和解协议并不能自动阻断生效法律文书的执行力，只不过义务人可以依据和解协议提出异议或抗辩来排除执行力。在义务人提出此类异议或抗辩后，执行法院应经过特定程序审查及认定和解协议的效力和履行情况，并据此确认是否应该排除执行。具体而言，若和解协议依法成立并生效，且当事人已完全履行和解协议，则当事人的实体权利已经实现，生效法律文书确定的权利义务应认为已经消灭，执行程序应该终结；若当事人拒绝履行和解协议，或者存在迟延履行、不完全履行等行为导致和解协议的目的不能实现的，另一方可行使合同解除权，双方的实体权利义务关系将回归到生效裁判，执行程序也继续进行；若和解协议因违

① 关于包括执行外和解在内的诉讼外和解不能自动阻碍生效判决的执行，可参见王亚新：《一审判决效力与二审中的诉讼外和解协议》，载《法学研究》2012年第4期；还有观点进一步从程序上认为诉讼外和解即使履行完毕，原生效判决也可以申请执行。参见吴泽勇：《“吴梅案”与判决后和解的处理机制》，载《法学研究》2013年第1期。

反强制性规范而无效或因欺诈、胁迫等被撤销，同样当事人不能以和解协议排除执行。实践中较有争议的是虽然和解协议在履行上存在瑕疵，但尚未构成根本违约的程度，是否执行原执行依据。笔者认为对此应该参照适用《执行和解规定》第十五条的规定，即和解协议履行完毕，申请执行人因被执行人迟延履行、瑕疵履行遭受损害的，可以向执行法院另行提起诉讼，而不宜再执行原生效法律文书。

（三）当事人主张排除生效法律文书执行力的程序

如上所述，当事人在判决发生既判力后仍可以从实体法上处分诉讼标的，即处分判决中确定的法律后果，只要当事人对此享有处分权即可，此时的和解协议不影响原生效裁判的法律效力，但可能影响其执行力。① 这种影响是通过当事人提出异议或抗辩的特定程序实现的。关于具体程序路径的选择，应综合考虑异议的性质和目的，当事人程序保障以及现行法律规定等多个因素。从理论和比较法上而言，当事人以生效法律文书作出后又达成和解协议且履行完毕为由，主张应撤销或终止执行的，系以既判力基准时点之后发生的实体抗辩理由为依据，认为原生效文书确定的实体债权已经消灭，属于实体法律关系的争议，应通过诉讼承担解决，又考虑到该诉讼的目的在于排除执行依据的执行力，因此属于典型的债务人执行异议之诉。

因种种原因，我国尚未建立起完整的和体系化的债务人异议之诉制度。为实现该类诉讼的制度功能，目前司法解释采取了参照适用的规范模式，在《最高人民法院关于人民法院办理执行异议和复议案件若干问题的规定》第七条第二款规定，被执行人以债权消灭、丧失强制执行效力等执行依据生效之后的实体事由提出排除执行异议的，人民法院应当参照《民事诉讼法》第二百二十五条②规定进行审查。即以执行异议复议程序暂时替代债务人异议之诉这种救济途径。关于执行外和解如何对执行程序产生

① 参见赵秀举：《论民事和解协议的纠纷解决机制》，载《现代法学》2017 年第 1 期。

② 对应《民事诉讼法》（2021 年修正）第二百三十二条。

影响，《执行和解规定》第十九条进一步作出细化规定，即执行过程中，被执行人根据当事人自行达成但未提交人民法院的和解协议，或者一方当事人提交人民法院但其他当事人不予认可的和解协议，应通过《民事诉讼法》第二百二十五条的规定向执行法院提出异议，在执行异议复议程序中解决。可以说上述两条规定无论在体系还是规范目的上都是一脉相承的。本案中，当事人系在申请执行前达成的和解协议，与《执行和解规定》第十九条规定的和解协议具有同质性，因此可以参照该条规定的程序和规则处理，其中包括该条第一项关于“和解协议履行完毕的，裁定终结原生效法律文书的执行”的规定，申请执行人主张应通过再审或者另诉解决，缺乏法律依据，也与被执行人排除执行的目的相违背。

关于执行法院在异议复议程序中审查的边界和限度问题。本案中，当事人还对和解协议的效力和是否履行完毕等实体问题产生争议。一般而言，执行异议复议属于非诉纠纷解决机制，重点在于纠正执行程序中的错误执行行为，属于程序性而非实体性的救济途径，一般无须也不能审查实体争议。但如上所述，目前因缺乏债务人异议之诉制度，只能以执行异议复议程序予以替代，若在该程序上回避审查实体争议，则上述司法解释的规范目的将会落空，被执行人也会丧失实体权利的救济途径。因此考虑到我国现行执行救济规范体系的特殊性，法院在债务人以债权消灭、丧失强制执行效力等执行依据生效之后的实体事由提出排除执行异议的异议审查程序中，应例外地对债权是否消灭或是否受到妨碍等实体事由进行审查。当然，毕竟执行异议复议的审查程序较为简单，无法给予当事人最为充分的程序保障，在立法论上还是应当正本清源，尽快建立符合审执分离原则及实体救济与程序救济合理区分的债务人异议之诉制度。①

四、参照适用时应注意的问题

首先，本指导案例与最高人民法院指导案例 2 号相比，在案情上具有相似之处。当事人均是在一审判决生效后二审审理阶段达成和解协议，并

① 参见张卫平：《执行救济制度的体系化》，载《中外法学》2019 年第 4 期。

根据和解协议的约定撤回上诉，指导案例2号的裁判要旨为一方当事人不履行和解协议，另一方当事人申请执行一审判决的，人民法院应予支持。主要是明确在一方不履行和解协议时，一审判决即为生效判决，法院应执行该判决，而当事人达成的和解协议因未经法院依法确认制作调解书，不具有强制执行力。本案则侧重于在程序层面明确和解协议本身不能直接消除一审的执行力，不影响法院受理当事人对一审生效判决的执行申请，法院也无须在立案时审查和解协议的履行情况；此外还明确了执行立案后，被执行人可通过执行异议程序，以和解协议已履行完毕为由主张排除一审判决的执行力。两个指导案例互为补充，对申请执行前达成的诉讼外或执行外和解协议的效力进行了全面规范。

其次，本指导案例强调人民法院生效裁判作出后，当事人在申请执行前达成并履行完毕和解协议，被执行人可通过执行异议程序主张排除生效裁判的执行力，这是在债务人异议诉讼制度尚未系统建立的情况下所采取的替代性解决措施。但如果执行依据系赋予强制执行力的公证债权文书，根据《最高人民法院关于公证债权文书执行若干问题的规定》第二十二条第一款关于“有下列情形之一的，债务人可以在执行程序终结前，以债权人为被告，向执行法院提起诉讼，请求不予执行公证债权文书：（一）公证债权文书载明的民事权利义务关系与事实不符（二）经公证的债权文书具有法律规定的无效、可撤销等情形；（三）公证债权文书载明的债权因清偿、提存、抵销、免除等原因全部或者部分消灭”的规定，若当事人在公证债权文书之外另行签订和解协议并实际履行完毕的，将出现公证债权文书载明的民事权利义务关系与事实不符或者公证文书载明的债权因当事人清偿而消灭的情况，债务人可依据本条规定向执行法院提起诉讼，请求不予执行该公证债权文书。该诉讼的性质仍为债务人异议之诉，系最高人民法院在赋强公证文书执行中对债务人救济途径作出的探索性规定，符合此类纠纷解决的本质。

（执笔人：最高人民法院执行局　杨　春　孙　超

编审人：最高人民法院研究室　李予霞）

57. 青海金泰融资担保有限公司与上海金桥工程建设发展有限公司、青海三工置业有限公司执行复议案*

（最高人民法院审判委员会讨论通过　2019年12月24日发布）

诉讼保全的执行担保中关于“无财产可供执行或其财产不足清偿债务”的规定，应当适用一般保证的执行规则

【关键词】

执行　执行复议　一般保证　严重不方便执行

【裁判要点】

在案件审理期间保证人为被执行人提供保证，承诺在被执行人无财产可供执行或者财产不足清偿债务时承担保证责任的，执行法院对保证人应当适用一般保证的执行规则。在被执行人虽有财产但严重不方便执行时，可以执行保证人在保证责任范围内的财产。

【相关法条】

《中华人民共和国民事诉讼法》第二百二十五条

《中华人民共和国担保法》第十七条第一款、第二款

---

* 摘自2019年12月24日最高人民法院发布的第23批指导案例（指导案例120号）。

【基本案情】

青海省高级人民法院（以下简称青海高院）在审理上海金桥工程建设发展有限公司（以下简称金桥公司）与青海海西家禾酒店管理有限公司（后更名为青海三工置业有限公司，以下简称家禾公司）建设工程施工合同纠纷一案期间，依金桥公司申请采取财产保全措施，冻结家禾公司账户存款1500万元（账户实有存款余额23万余元），并查封该公司32438.8平方米土地使用权。之后，家禾公司以需要办理银行贷款为由，申请对账户予以解封，并由担保人宋某玲以银行存款1500万元提供担保。青海高院冻结宋某玲存款1500万元后，解除对家禾公司账户的冻结措施。2014年5月22日，青海金泰融资担保有限公司（以下简称金泰公司）向青海高院提供担保书，承诺家禾公司无力承担责任时，愿承担家禾公司应承担的责任，担保最高限额1500万元，并申请解除对宋某玲担保存款的冻结措施。青海高院据此解除对宋某玲1500万元担保存款的冻结措施。案件进入执行程序后，经青海高院调查，被执行人青海三工置业有限公司（原青海海西家禾酒店管理有限公司）除已经抵押的土地使用权及在建工程外（在建工程价值4亿余元），无其他可供执行财产。保全阶段冻结的账户，因提供担保解除冻结后，进出款8900余万元。执行中，青海高院作出执行裁定，要求金泰公司在三日内清偿金桥公司债务1500万元，并扣划担保人金泰公司银行存款820万元。金泰公司对此提出异议称，被执行人青海三工置业有限公司尚有在建工程及相应的土地使用权，请求返还已扣划的资金。

【裁判结果】

青海省高级人民法院于2017年5月11日作出（2017）青执异12号执行裁定：驳回青海金泰融资担保有限公司的异议。青海金泰融资担保有限公司不服，向最高人民法院提出复议申请。最高人民法院于2017年12月21日作出（2017）最高法执复38号执行裁定：驳回青海金泰融资担保有限公司的复议申请，维持青海省高级人民法院（2017）青执异12号执行裁定。

【裁判理由】

最高人民法院认为，《最高人民法院关于人民法院执行工作若干问题的规定（试行）》第八十五条[①]规定："人民法院在审理案件期间，保证人为被执行人提供保证，人民法院据此未对被执行人的财产采取保全措施或解除保全措施的，案件审结后如果被执行人无财产可供执行或其财产不足清偿债务时，即使生效法律文书中未确定保证人承担责任，人民法院有权裁定执行保证人在保证责任范围内的财产。"上述规定中的保证责任及金泰公司所做承诺，类似于《担保法》规定的一般保证责任。《担保法》第十七条第一款及第二款[②]规定："当事人在保证合同中约定，债务人不能履行债务时，由保证人承担保证责任的，为一般保证。一般保证的保证人在主合同纠纷未经审判或者仲裁，并就债务人财产依法强制执行仍不能履行债务前，对债权人可以拒绝承担保证责任。"《最高人民法院关于适用〈中华人民共和国担保法〉若干问题的解释》第一百三十一条[③]规定："本解释所称'不能清偿'指对债务人的存款、现金、有价证券、成品、半成品、原材料、交通工具等可以执行的动产和其他方便执行的财产执行完毕后，债务仍未能得到清偿的状态。"依据上述规定，在一般保证情形，并非只有在债务人没有任何财产可供执行的情形下，才可以要求一般保证人承担责任，即债务人虽有财产，但其财产严重不方便执行时，可以执行一般保证人的财产。参照上述规定精神，由于青海三工置业有限公司仅有在

---

① 该司法解释已于2020年12月29日修正，本条已被修改为第五十四条，但内容未作变动。

② 对应《民法典》第六百八十七条第一款、第二款。其中第二款修改为："一般保证的保证人在主合同纠纷未经审判或者仲裁，并就债务人财产依法强制执行仍不能履行债务前，有权拒绝向债权人承担保证责任，但是有下列情形之一的除外：（一）债务人下落不明，且无财产可供执行；（二）人民法院已经受理债务人破产案件；（三）债权人有证据证明债务人的财产不足以履行全部债务或者丧失履行债务能力；（四）保证人书面表示放弃本款规定的权利。"

③ 该司法解释已于2021年1月1日废止，本条已被删除。

建工程及相应的土地使用权可供执行，既不经济也不方便，在这种情况下，人民法院可以直接执行金泰公司的财产。

（生效裁判审判人员：赵晋山、葛洪涛、邵长茂）

理解与参照

《青海金泰融资担保有限公司与上海金桥工程建设发展有限公司、青海三工置业有限公司执行复议案》的理解与参照*

——诉讼保全的执行担保中关于“无财产可供执行或其财产不足清偿债务”的规定，应当适用一般保证的执行规则

2019年12月24日，最高人民法院发布了第23批指导性案例，包括第117号至第126号共10件指导性案例，这批案例为执行专题指导性案例，总结了近些年执行领域中某些普遍的疑难复杂法律适用问题，有利于进一步明确裁判规则，统一司法尺度。其中，第120号指导案例为《青海金泰融资担保有限公司与上海金桥工程建设发展有限公司、青海三工置业有限公司执行复议案》。为了正确理解和准确参照适用该指导案例，现对该指导案例的选编过程、裁判要点、参照适用等有关情况予以解释和

* 摘自《最高人民法院司法解释与指导性案例理解与适用》（第十一卷），人民法院出版社2023年版，第930~937页。

说明。

一、案例选编过程及指导意义

2019年最高人民法院执行局向最高人民法院案例指导工作办公室推荐该案例作为备选指导性案例。最高人民法院案例指导工作办公室经过初审认为，该案例基本符合指导性案例要求，并提交最高人民法院研究室室务会讨论。2019年10月22日，最高人民法院研究室室务会讨论同意，建议提交审委会讨论。12月17日，该案例经最高人民法院民专会第330次会议讨论，同意作为指导性案例。12月24日，最高人民法院以法〔2019〕294号文件将该案例编入第23批指导性案例予以发布。

二、关于本案例的相关情况

（一）基本案情

青海省高级人民法院（以下简称青海高院）在审理上海金桥工程建设发展有限公司（以下简称金桥公司）与青海海西家禾酒店管理有限公司（后更名为青海三工置业有限公司，以下简称家禾公司）建设工程施工合同纠纷一案期间，依金桥公司申请采取财产保全措施，冻结家禾公司账户存款1500万元（账户实有存款余额23万余元），并查封该公司32438.8平方米土地使用权。之后，家禾公司以需要办理银行贷款为由，申请对账户予以解封，并由担保人宋某玲以银行存款1500万元提供担保。青海高院冻结宋某玲存款1500万元后，解除对家禾公司账户的冻结措施。2014年5月22日，青海金泰融资担保有限公司（以下简称金泰公司）向青海高院提供担保书，承诺家禾公司无力承担责任时，愿承担家禾公司应承担的责任，担保最高限额1500万元，并申请解除对宋某玲担保存款的冻结措施。青海高院据此解除对宋某玲1500万元担保存款的冻结措施。案件进入执行程序后，经青海高院调查，被执行人青海三工置业有限公司（原青海海西家禾酒店管理有限公司）除已经抵押的土地使用权及在建工程外（在建工程价值4亿余元），无其他可供执行财产。保全阶段冻结的账户，因提供担保解除冻结后，进出款8900余万元。执行中，青海高院作出执行裁定，要求金泰公司在三日内清偿金桥公司债务1500万元，并扣划担保人金泰公司银行存款820万元。金泰公司对此提出异议称，被执行人青海三工置业有限公司尚有在建工程及相应的土地使用权，请求返还已扣划的资金。

青海高院于2017年5月11日作出（2017）青执异12号执行裁定：驳回金泰公司的异议。金泰公司不服，向最高人民法院提出复议申请。最高人民法院于2017年12月21日作出（2017）最高法执复38号执行裁定：驳回金泰公司的复议申请，维持青海高院（2017）青执异12号执行裁定。

（二）争议观点

《最高人民法院关于人民法院执行工作若干问题的规定（试行）》第八十五条[①]规定了诉讼保全中的执行保证，即“人民法院在审理案件期间，保证人为被执行人提供保证，人民法院据此未对被执行人的财产采取保全措施或解除保全措施的，案件审结后如果被执行人无财产可供执行或其财产不足清偿债务时，即使生效法律文书中未确定保证人承担责任，人民法院有权裁定执行保证人在保证责任范围内的财产”。对其中“无财产可供执行或其财产不足清偿债务”如何理解，存在不同认识。

一种观点认为，本案情况可参照《担保法》关于一般保证相关规定的精神处理。《最高人民法院关于人民法院执行工作若干问题的规定（试行）》制定于1998年，距今已有二十二年，其中第八十五条的规定与担保法原理以及司法实践都已不相适应，应当作出相应调整。《最高人民法院关于人民法院执行工作若干问题的规定（试行）》第八十五条规定的担保，类似于《担保法》规定的一般保证。《担保法》[②] 第十七条第一款及第二款规定：“当事人在保证合同中约定，债务人不能履行债务时，由保证人承担保证责任的，为一般保证。一般保证的保证人在主合同纠纷未经审判或者仲裁，并就债务人财产依法强制执行仍不能履行债务前，对债权

---

① 2020年修正后为第五十四条。

② 已失效。

人可以拒绝承担保证责任。"《最高人民法院关于适用〈中华人民共和国担保法〉若干问题的解释》[①]第一百三十一条规定："本解释所称'不能清偿'指对债务人的存款、现金、有价证券、成品、半成品、原材料、交通工具等可以执行的动产和其他方便执行的财产执行完毕后，债务仍未能得到清偿的状态。"该规定确定了方便执行的原则，即在被执行人有财产但不方便执行的情况下，可执行一般保证人的财产。参照该精神，《最高人民法院关于人民法院执行工作若干问题的规定（试行）》第八十五条规定的"无财产可供执行或其财产不足清偿债务"，应解释为《最高人民法院关于适用〈中华人民共和国担保法〉若干问题的解释》第一百三十一条中的"不能清偿"，可以适用一般保证的执行规则，即"可以执行的动产和其他方便执行的财产执行完毕后，债务仍未能得到清偿的"，即可执行保证人的财产。

另一种意见认为，将《最高人民法院关于人民法院执行工作若干问题的规定（试行）》第八十五条规定的"无财产可供执行或其财产不足清偿债务"解释为一般保证中的"不能清偿"，既无法律依据，亦有违担保人对人民法院的信赖。第一，"无财产可供执行或其财产不足清偿债务"与"不能清偿"的内涵不同。"无财产可供执行"不能等同于"不能清偿"，"财产不足清偿债务"的判断标准相较"不能清偿"也更为严格。"财产不足清偿债务"是客观标准，财产不足以清偿"是一种比较客观的标准，要求被执行人的财产无法变现或者经过变价确实不足以清偿债务。而"不能清偿"较为主观，只要方便执行的财产执行完毕即可认为不能清偿。《最高人民法院关于民事执行中变更、追加当事人若干问题的规定》即对"不足以清偿"和"不能清偿"进行了严格的区分，故二者不能等同。[②]第二，将"无财产可供执行或其财产不足清偿债务"解释为"不能清偿"，

① 已失效。

② 在《最高人民法院关于民事执行中变更、追加当事人若干问题的规定》中，对被执行人为法人的情形，变更追加的标准采用了较为严格的"财产不足以清偿"，相应的救济途径为变更追加异议之诉；对被执行人为其他组织的情形，则采用了较为宽松的"不能清偿"标准，相应的救济途径为向上一级法院申请复议。

有违担保人对法院的信赖。担保人提出在被执行人无力承担时由其承担相应责任，法院对此确认，担保人由此具有对法院的信赖利益。在执行环节如果不按照法院确定的顺序进行执行，将会出现法院前后意见不一的情况，有损司法公信力。

（三）推荐理由

《最高人民法院关于人民法院执行工作若干问题的规定（试行）》第八十五条规定保证人在审理案件期间为被执行人提供保证，人民法院据此未对被执行人的财产采取保全措施或解除保全措施的，如果被执行人无财产可供执行或其财产不足清偿债务时，可以执行保证人在保证责任范围内的财产。在具体适用上，如何把握“无财产可供执行或其财产不足清偿债务”的标准，保证人提供的此种保证是否属于一般保证，能否适用《担保法》和《最高人民法院关于适用〈中华人民共和国担保法〉若干问题的解释》关于一般保证的执行规则，存在一定争议。案例明确了案件审理期间的该保证类似于《担保法》规定的一般保证责任，如果保证人承诺在被执行人无财产可供执行或其财产不足清偿债务时承担保证责任，应当适用一般保证的执行规则，在方便执行的财产执行完毕后债务仍未能清偿的，即可执行保证人在保证责任范围内的财产。本案例对此类案件的执行和法律适用，具有较强的指导意义。

本案中，执行法院认为虽然被执行人有可供执行的财产，但财产价值巨大，远远超过执行标的，处分起来既不经济，且可能对被执行人生产经营产生巨大不利影响。直接执行保证人的存款，使其保证追偿权抵押权与本身享有的抵押权统一行使，有利于推进房地产项目，有利于实现、平衡各方的经济利益。最高人民法院作出执行复议裁定认可了这一观点，并且明确以下法律问题：一是《最高人民法院关于人民法院执行工作若干问题的规定（试行）》第八十五条规定的案件审理期间保证人提供的保证类似于《担保法》规定的一般保证责任，可以适用一般保证的执行规则。二是根据《最高人民法院关于适用〈中华人民共和国担保法〉若干问题的解释》第一百三十一条的规定，一般保证执行中，并非只有在债务人没有任

何财产可供执行的情形下，才可以要求一般保证人承担责任，即使债务人有财产，但只要其财产不方便执行，即可执行一般保证人的财产。《最高人民法院关于人民法院执行工作若干问题的规定（试行）》第八十五条规定的“无财产可供执行或其财产不足清偿债务”的判断标准，亦应根据上述标准把握。三是方便执行的财产一般是指可以执行的动产和其他方便执行的财产，对于不动产是否方便执行，应当根据案件具体情况作出判断。

三、裁判要点的理解与说明

该指导案例的裁判要点确认：在案件审理期间保证人为被执行人提供保证，承诺在被执行人无财产可供执行或者财产不足清偿债务时承担保证责任的，执行法院对保证人应当适用一般保证的执行规则。在被执行人虽有财产但严重不方便执行时，可以执行保证人在保证责任范围内的财产。现围绕与该裁判要点相关的问题逐一解释和说明如下。

第一，《最高人民法院关于人民法院执行工作若干问题的规定（试行）》第八十五条规定的担保属于执行担保的特殊形式，担保人承担责任的条件应当与执行担保基本一致。所谓执行担保，是指通过将被执行人的部分责任财产特定地用于清偿执行债权或者增加被执行人的责任财产范围等手段保障执行债权获得清偿的制度。[①]《民事诉讼法》第二百三十一条[②]规定了执行担保制度，即“在执行中，被执行人向人民法院提供担保，并经申请执行人同意的，人民法院可以决定暂缓执行及暂缓执行的期限。被执行人逾期仍不履行的，人民法院有权执行被执行人的担保财产或者担保人的财产”。《最高人民法院关于人民法院执行工作若干问题的规定（试行）》第八十五条规定了诉讼保全中因被保全人提供担保而解除查封，执行依据生效后被执行人未履行义务时，担保人的责任承担问题。从《最高人民法院关于人民法院执行工作若干问题的规定（试行）》的体例上看，第八十五条规定在“执行担保和执行和解”部分，是对《民事诉讼法》第

① 参见肖建国主编：《民事执行法》，中国人民大学出版社 2014 年版，第 175 页。

② 对应《民事诉讼法》（2021 年修正）第二百三十八条。

二百三十一条执行担保制度的解释。之所以这样规定，其观念上的前提是，财产保全也是一种执行措施，而且无论是保全本身还是保证人的保证都是直接为了将来执行的目的。故《最高人民法院关于人民法院执行工作若干问题的规定（试行）》第八十五条规定的担保，属于执行担保的一种特殊形式。在执行担保制度中，并未要求首先执行被执行人的财产，故在诉讼保全阶段被保全人提供担保的情况下，要求对主债务人执行穷尽时才可执行担保人的财产，显然是不合理的。从制度合理化和逻辑一致性的角度看，有必要适用相对宽松的一般保证的规则，无须对被执行人执行穷尽时才能执行担保人。

第二，《最高人民法院关于人民法院执行工作若干问题的规定（试行）》第八十五条规定的担保是建立在民商事担保制度基础之上，应当适用民商事担保的规则。执行担保是民商事担保制度在执行过程中适用的结果，从制度范畴来看，执行担保应属广义上的担保制度的一种，实质是由一般民事担保制度与民事执行程序相结合而产生的一种特殊担保制度。执行担保与民商事担保的基本原理是一致的，皆为义务人以自身或他人的财产为将来可能发生的义务不履行作担保，都属于“债”的保全，二者在性质、功能和目的上均有诸多相通之处，因此，关于担保关系的一般规定同样适用于执行担保的情形，即负责执行的人民法院可以依当事人在提供执行担保时的约定来决定如何执行担保人的财产。故《最高人民法院关于人民法院执行工作若干问题的规定（试行）》第八十五条虽然没有提到，但执行时还是应当区分保证人的责任是一般保证责任还是连带保证责任。如果当事人没有特别约定为连带保证责任，根据《最高人民法院关于人民法院执行工作若干问题的规定（试行）》第八十五条中“被执行人无财产可供执行或其财产不足清偿债务时”的条件，应当将该保证理解为一般保证。一般保证是保证人责任最轻的一种担保方式，即使是这种方式，亦未要求对被执行人穷尽执行后才能执行保证人。因此，《最高人民法院关于人民法院执行工作若干问题的规定（试行）》第八十五条中的“无财产可供执行或其财产不足清偿债务”，应当按照一般保证中“不能清偿”的标准理解，即只要被执行人方便执行的财产经执行不足以清偿，即可执行保

证人。

第三，《最高人民法院关于人民法院执行工作若干问题的规定（试行）》第八十五条规定了因担保而解除查封，为避免损害债权人的利益，提供担保的效果不应低于查封。相较执行担保中的暂缓执行，诉讼保全中执行保证的效力是解除（或放弃）对保全查封的查封，对债权人的权益影响更大，从公平的角度考虑，担保人提供保证的效果不应低于查封。在查封财产的情况下，债权人胜诉后即可要求变价财产偿还债务，如果担保人提供保证解除查封，反而要对被执行人穷尽执行后才能要求担保人承担责任，对债权人来说有失公平。担保的制度目的是保证债权实现，将《最高人民法院关于人民法院执行工作若干问题的规定（试行）》第八十五条规定“无财产可供执行或其财产不足清偿债务”理解为一般保证中的“不能清偿”，保证人承担保证责任时不再要求穷尽对被执行人的执行，更有利于实现保证的制度价值，体现了担保的目的以及对各方当事人的权利平衡。

四、参照适用时应注意的问题

参照适用该案例时应注意正确把握一般担保中的先诉抗辩权问题。《担保法》第十七条第一款及第二款规定了一般保证及先诉抗辩权，即“当事人在保证合同中约定，债务人不能履行债务时，由保证人承担保证责任的，为一般保证。一般保证的保证人在主合同纠纷未经审判或者仲裁，并就债务人财产依法强制执行仍不能履行债务前，对债权人可以拒绝承担保证责任。”这里的先诉抗辩权采用的是“不能履行”的标准。质言之，在债务人能够清偿债务时，担保人有先诉抗辩权，执行中不能执行担保人的财产。因此，判断债务人是否达到“不能履行”的状态对担保人是否承担责任至关重要。《最高人民法院关于适用〈中华人民共和国担保法〉若干问题的解释》第一百三十一条指出，“本解释所称‘不能清偿’指对债务人的存款、现金、有价证券、成品、半成品、原材料、交通工具等可以执行的动产和其他方便执行的财产执行完毕后，债务仍未能得到清偿的状态。”这里的“不能清偿”对应了《担保法》第十七条规定的“不能履行”,对主债务人“不能履行”的情形作了限定,尤其是在执行阶段的标准作了限定,其核心是方便执行的财产。所谓“方便执行财产”,是指清偿直接、变现容易、回收便捷的财产,一般指司法解释中列举的存款、现金、有价证券、成品、半成品、原材料、交通工具等动产,但不限于动产(不能一概而论)。具体而言,土地、建筑物、企业设备、对外债权等变现周期长,一般不属于“方便执行财产”,但仍须以法院根据财产实际状态判断是否方便执行为准。① 如果债务人的“方便执行财产”已执行完毕,即使债务人还有其他难以回收或变现的财产没有被执行,仍则构成“不能清偿”。②

(执笔人:最高人民法院执行局　邵长茂
编审人:最高人民法院研究室　马蓓蓓)

① 参见曹士兵:《中国担保制度与担保方法》,中国法制出版社 2007 年版,第 95 页。

② 参见曹士兵:《中国担保制度与担保方法》,中国法制出版社 2007 年版,第 95 页。

▶ 保全执行中协助执行义务的确定

58．株洲海川实业有限责任公司与中国银行股份有限公司长沙市蔡锷支行、湖南省德奕鸿金属材料有限公司财产保全执行复议案*

（最高人民法院审判委员会讨论通过　2019 年 12 月 24 日发布）

【关键词】

执行　执行复议　协助执行义务　保管费用承担

【裁判要点】

财产保全执行案件的保全标的物系非金钱动产且被他人保管，该保管人依人民法院通知应当协助执行。当保管合同或者租赁合同到期后未续签，且被保全人不支付保管、租赁费用的，协助执行人无继续无偿保管的义务。保全标的物价值足以支付保管费用的，人民法院可以维持查封直至案件作出生效法律文书，执行保全标的物所得价款应当优先支付保管人的保管费用；保全标的物价值不足以支付保管费用，申请保全人支付保管费用的，可以继续采取查封措施，不支付保管费用的，可以处置保全标的物并继续保全变价款。

* 摘自 2019 年 12 月 24 日最高人民法院发布的第 23 批指导案例（指导案例 121 号）。

【相关法条】

《中华人民共和国民事诉讼法》第二百二十五条[①]

【基本案情】

湖南省高级人民法院（以下简称湖南高院）在审理中国银行股份有限公司长沙市蔡锷支行（以下简称中行蔡锷支行）与湖南省德奕鸿金属材料有限公司（以下简称德奕鸿公司）等金融借款合同纠纷案中，依中行蔡锷支行申请，作出民事诉讼财产保全裁定，冻结德奕鸿公司银行存款4800万元，或查封、扣押其等值的其他财产。德奕鸿公司因生产经营租用株洲海川实业有限责任公司（以下简称海川公司）厂房，租期至2015年3月1日；将该公司所有并质押给中行蔡锷支行的铅精矿存放于此。2015年6月4日，湖南高院作出协助执行通知书及公告称，人民法院查封德奕鸿公司所有的堆放于海川公司仓库的铅精矿期间，未经准许，任何单位和个人不得对上述被查封资产进行转移、隐匿、损毁、变卖、抵押、赠送等，否则，将依法追究其法律责任。2015年3月1日，德奕鸿公司与海川公司租赁合同期满后，德奕鸿公司既未续约，也没有向海川公司交还租用厂房，更没有交纳房租、水电费。海川公司遂以租赁合同纠纷为由，将德奕鸿公司诉至湖南省株洲市石峰区人民法院。后湖南省株洲市石峰区人民法院作出判决，判令案涉租赁合同解除，德奕鸿公司于该判决生效之日起十五日内向海川公司返还租赁厂房，将囤放于租赁厂房内的货物搬走；德奕鸿公司于该判决生效之日起十五日内支付欠缴租金及利息。海川公司根据判决，就德奕鸿公司清场问题申请强制执行。同时，海川公司作为利害关系人对湖南高院作出的协助执行通知书及公告提出执行异议，并要求保全申请人中行蔡锷支行将上述铅精矿搬离仓库，并赔偿其租金损失。

---

① 对应《民事诉讼法》（2021年修正）第二百三十二条。

【裁判结果】

湖南省高级人民法院于2016年11月23日作出（2016）湘执异15号执行裁定：驳回株洲海川实业有限责任公司的异议。株洲海川实业有限责任公司不服，向最高人民法院申请复议。最高人民法院于2017年9月2日作出（2017）最高法执复2号执行裁定：一、撤销湖南省高级人民法院（2016）湘执异15号执行裁定。二、湖南省高级人民法院应查明案涉查封财产状况，依法确定查封财产保管人并明确其权利义务。

【裁判理由】

最高人民法院认为，湖南高院在中行蔡锷支行与德奕鸿公司等借款合同纠纷诉讼财产保全裁定执行案中，依据该院相关民事裁定中"冻结德奕鸿公司银行存款4800万元，或查封、扣押其等值的其他财产"的内容，对德奕鸿公司所有的存放于海川公司仓库的铅精矿采取查封措施，并无不当。但在执行实施中，虽然不能否定海川公司对保全执行法院负有协助义务，但被保全人与场地业主之间的租赁合同已经到期未续租，且有生效法律文书责令被保全人将存放货物搬出；此种情况下，要求海川公司完全无条件负担事实上的协助义务，并不合理。协助执行人海川公司的异议，实质上是主张在场地租赁到期的情况下，人民法院查封的财产继续占用场地，导致其产生相当于租金的损失难以得到补偿。湖南高院在发现该情况后，不应回避实际保管人的租金损失或保管费用的问题，应进一步完善查封物的保管手续，明确相关权利义务关系。如果查封的质押物确有较高的足以弥补租金损失的价值，则维持查封直至生效判决作出后，在执行程序中以处置查封物所得价款，优先补偿保管人的租金损失。但海川公司委托质量监督检验机构所做检验报告显示，案涉铅精矿系无价值的废渣，湖南高院在执行中，亦应对此事实予以核实。如情况属实，则应采取适当方式处理查封物，不宜要求协助执行人继续无偿保管无价值财产。保全标的物价值不足以支付保管费用，申请保全人支付保管费用的，可以继续采取查封措施，不支付保管费用的，可以处置保全标的物并继续保全变价款。执行法院仅以对德奕鸿公司财产采取保全措施合法，海川公司与德奕鸿公司之间的租赁合同纠纷是另一法律关系为由，驳回海川公司的异议不当，应予纠正。

理解与参照

《株洲海川实业有限责任公司与中国银行股份有限公司长沙市蔡锷支行、湖南省德奕鸿金属材料有限公司财产保全执行复议案》的理解与参照*

——保全执行中协助执行义务的确定

2019年12月24日，最高人民法院发布了第23批指导性案例，包括第117号至第126号共10件指导性案例，这批案例为执行专题，总结了近些年执行领域中一些普遍的疑难复杂法律适用及执行规范问题，有利于进一步明确裁判规则，统一执法尺度。其中，第121号指导案例为《株洲海川实业有限责任公司与中国银行股份有限公司长沙市蔡锷支行、湖南省德奕鸿金属材料有限公司财产保全执行复议案》。为了正确理解和准确参照适用该指导案例，现对该指导案例的选编过程、裁判要点、参照适用等有关情况予以解释和说明。

---

* 摘自《最高人民法院司法解释与指导性案例理解与适用》（第十一卷），人民法院出版社2023年版，第938~945页。

一、推选过程及其指导意义

2019年最高人民法院执行局向最高人民法院案例指导工作办公室推荐该案例作为备选指导性案例。最高人民法院案例指导工作办公室经过初审认为，该案例基本符合指导性案例要求，并提交最高人民法院研究室室务会讨论。2019年9月16日，最高人民法院研究室室务会讨论同意，建议提交审判委员会讨论。同年12月17日，该案例经最高人民法院民事专业审判委员会第330次会议讨论，同意作为指导性案例。2020年12月24日，最高人民法院以法〔2019〕294号文件将该案例编入第23批指导性案例予以发布。

该案例旨在填补、丰富保全执行案件的办理方法与审查规则。明确保全执行中，保管人的“协助执行义务”并非当然、无偿之义务。一般认为，保全执行主要是完成对保全标的物的查封、扣押和冻结（以下合称查扣冻措施），以担保债务履行。此类执行实施案件并不涉及财产处置问题，通常较少产生争议。本案通过执行复议程序，纠正了执行法院不当执行行为，并明确办理保全执行案件应秉持善意执行理念；结合具体案情，一方面，可及时变价处置保全标的物，将保全标的物转化为价金后继续采取查扣冻措施；另一方面，应注意保管人租金损失或者保管费用的问题，保管人费用可从保全标的物变价款中优先支付，或者由申请保全人负担。

二、关于本案例的相关情况

湖南省高级人民法院（以下简称湖南高院）在审理中国银行股份有限公司长沙市蔡锷支行（以下简称中行蔡锷支行）与湖南省德奕鸿金属材料有限公司（以下简称德奕鸿公司）等金融借款合同纠纷案中，依中行蔡锷支行申请，作出民事诉讼财产保全裁定，冻结德奕鸿公司银行存款4800万元，或查封、扣押其等值的其他财产。德奕鸿公司因生产经营租用株洲海川实业有限责任公司（以下简称海川公司）厂房，租期至2015年3月1日；该公司将质押给中行蔡锷支行的铅精矿存放于此。2015年6月4日，湖南高院作出协助执行通知书及公告称，人民法院查封德奕鸿公司所有的堆放于海川公司仓库的铅精矿期间，未经准许，任何单位和个人不得对上述被查封资产进行转移、隐匿、损毁、变卖、抵押、赠送等，否则，将依法追究其法律责任。2015年3月1日，德奕鸿公司与海川公司租赁合同期满后，德奕鸿公司既未续约，也没有向海川公司交还租用厂房，更没有交纳房租、水电费。海川公司遂以租赁合同纠纷为由，将德奕鸿公司诉至湖南省株洲市石峰区人民法院（以下简称石峰区法院）。石峰区法院经审理作出判决，判令案涉租赁合同解除，德奕鸿公司于判决生效之日起十五日内向海川公司返还租赁厂房，将囤放于租赁厂房内的货物搬走；德奕鸿公司于判决生效之日起十五日内支付欠缴租金及利息。海川公司据此就德奕鸿公司清场问题申请强制执行；并作为利害关系人对湖南高院作出的协助执行通知书及公告提出执行异议，要求申请保全人中行蔡锷支行将上述铅精矿搬离仓库，赔偿其租金损失。

湖南高院于2016年11月23日作出（2016）湘执异15号执行裁定：驳回海川公司的异议。海川公司不服，向最高人民法院申请复议。最高人民法院于2017年9月2日作出（2017）最高法执复2号执行裁定：撤销湖南高院（2016）湘执异15号执行裁定；湖南高院应查明案涉查封财产状况，依法确定查封财产保管人并明确其权利义务。

本案经执行局专业法官会议讨论并投票，推荐结案法律文书作为优秀裁判文书。为促进执行规范化建设，执行局开展案例指导工作中，再次对裁判意见具有典型意义和指导性的案件予以筛选。综合考虑本案相关法律适用意见较为成熟，且可解决实践中的具体问题等多个因素，遂将本案推荐至案例指导工作办公室作为备选案例。

三、裁判要点的理解与说明

指导案例121号的裁判要点确认：财产保全执行案件的保全标的物系非金钱动产且被他人保管，该保管人依人民法院通知应当协助执行。当保管合同或者租赁合同到期后未续签，且被保全人不支付保管、租赁费用的，协助执行人无继续无偿保管的义务。保全标的物价值足以支付保管费用的，人民法院可以维持查封直至案件作出生效法律文书，执行保全标的的

物所得价款应当优先支付保管人的保管费用；保全标的物价值不足以支付保管费用，申请保全人支付保管费用的，可以继续采取查封措施；不支付保管费用的，执行法院可以处置保全标的物并继续保全变价款。现围绕与该裁判要点相关的问题逐一解释和说明如下。

（一）关于协助执行义务的性质问题

所谓协助执行义务，是指根据人民法院裁定和协助执行通知书，协助执行人负有的协助实施执行措施的义务。协助执行义务是法定义务，其法律依据包括《民事诉讼法》第二百四十二条、第二百四十三条、第二百四十四条、第二百五十一条[①]等。根据人民法院法律文书载明的执行措施的不同，协助执行义务的内容又可包括财产线索查询、查扣冻措施协助、资金划拨、登记变更、配合提存等。因此，同一法律主体，基于不同的法律关系，可能同时负担不同的义务，享有不同的权利。既可能是复数的公法义务（权利），也可能是复数的私法权利（义务），还可能二者兼具，在现实中呈现出复杂的权利义务状态。原则上，因不同法律关系基础所产生的不同权利义务，遵循各自的规范逻辑运行。私法权利不得改变公法义务，公法义务不得消灭私法权利，反之亦同。

（二）关于协助执行人的范围问题

本案裁判要点中：保全执行案件的保全标的物系非金钱动产且被他人保管，该保管人依人民法院通知应当协助执行。这涉及协助执行人的范围问题。在我国实证法中，并未明确协助执行人的范围，通常只在规定执行措施时，概括要求“有关单位”应当协助执行。[②] 根据其与执行财产在法律上或者事实上存在的关联，可将前述“有关单位”作如下类型化归纳：

---

① 对应《民事诉讼法》（2021 年修正）第二百四十九条、第二百五十条、第二百五十一条、第二百五十七条。

② 《民事诉讼法》第二百四十二条第二款［对应《民事诉讼法》（2021 年修正）第二百四十九条第二款］规定：“人民法院决定扣押、冻结、划拨、变价财产，应当作出裁定，并发出协助执行通知书，有关单位必须办理。”

其一，是对财产享有处分权限或者能够控制财产权属变动者，例如应当向被执行人支付工资的单位[①]、被执行人名下不动产的登记机构[②]等；其二，是财产的实际占有者，例如被执行人财产的保管人[③]；其三，掌握可供执行财产线索（被执行人不到案时掌握其下落）的主体等。需要指出的是，属于前述情况，仅是成为协助执行人的必要条件，而协助执行义务的实际产生，还需要人民法院作出具体裁定或者相关法律文书。

就本案而言，其特殊性在于：湖南高院虽然已经作出保全裁定，且在协助执行公告中载明未经准许，任何单位和个人不得对德奕鸿公司财产进行转移、损毁、变卖等，但其作出的协助执行通知书却未将德奕鸿公司财产的实际占有者，即海川公司列为协助执行人。如此一来，便产生海川公司是否负有协助执行义务的问题。

首先应当明确的是，湖南高院作出的保全裁定、执行公告和协助执行通知书，均已发生法律效力。据此，德奕鸿公司所有的存放于海川公司仓库的铅精矿，在法律性质上属于查封财产，应无疑义。若海川公司隐藏、转移、变卖、毁损该财产，将构成妨害民事诉讼，亦有法律依据。[④] 在此种情况下，不能仅以协助执行通知书未列明海川公司，即否定海川公司对保全执行法院负有的协助义务。一方面，虽然海川公司与德奕鸿公司间的租赁合同已被解除，但铅精矿仍由海川公司实际占有，海川公司具备负担

---

① 《民事诉讼法》（2012 年）第二百四十三条第二款规定：“人民法院扣留、提取收入时，应当作出裁定，并发出协助执行通知书，被执行人所在单位、银行、信用合作社和其他有储蓄业务的单位必须办理。”

② 《最高人民法院关于人民法院办理财产保全案件若干问题的规定》第十六条规定：“人民法院在财产保全中采取查封、扣押、冻结措施，需要有关单位协助办理登记手续的，有关单位应当在裁定书和协助执行通知书送达后立即办理。针对同一财产有多个裁定书和协助执行通知书的，应当按照送达的时间先后办理登记手续。”

③ 《最高人民法院关于人民法院民事执行中查封、扣押、冻结财产的规定》第十五条第一款（2020 年修正后为第十三条第一款）规定：“对第三人为被执行人的利益占有的被执行人的财产，人民法院可以查封、扣押、冻结；该财产被指定给第三人继续保管的，第三人不得将其交付给被执行人。”

④ 《民事诉讼法》（2012 年）第一百一十一条规定：“诉讼参与人或者其他人有下列行为之一的，人民法院可以根据情节轻重予以罚款、拘留；构成犯罪的，依法追究刑事责任：……（三）隐藏、转移、变卖、毁损已被查封、扣押的财产，或者已被清点并责令其保管的财产，转移已被冻结的财产的……”

协助执行义务的必要条件；另一方面，法律要求人民法院发出协助执行通知书，目的在于保障协助执行人知晓义务与提出异议的权利。而就本案而言，海川公司已然知晓义务内容，且实际行使了提出执行异议的权利，此时若仍以协助执行通知书未列明海川公司为由否定其负有协助义务，将出现海川公司虽无协助执行义务却又不得搬离铅精矿且无权提出异议的吊诡局面，实乃陷入形式窠臼而背离法律目的，并不可取。

综上所述，应当认定海川公司对保全执行法院负有协助义务。湖南高院未在协助执行通知书中列明海川公司并向其送达，属于程序瑕疵，应予注意。

（三）关于保全标的物保管费用的负担问题

本案裁判要点为：当保管合同或者租赁合同到期后未续签，且被保全人不支付保管、租赁费用的，协助执行人无继续无偿保管的义务。保全标的物价值足以支付保管费用的，人民法院可以维持查封直至案件作出生效法律文书，执行保全标的物所得价款应当优先支付保管人的保管费用；保全标的物价值不足以支付保管费用，申请保全人支付保管费用的，可以继续采取查封措施，不支付保管费用的，可以处置保全标的物并继续保全变价款。这涉及保全标的物保管费用的负担问题。

我国法律上对保全标的物的保管费用如何负担，并无明确规定。实务操作中，一般可由申请执行人预交垫付，之后用执行保全标的物所得价款退还，费用最终应由被执行人负担。就本案而言，海川公司与德奕鸿公司之间事先存在租赁合同关系，若无保全执行的相关情事，德奕鸿公司在租赁合同到期后继续使用案涉厂房，海川公司可以主张租赁合同继续有效、租金继续计算。易言之，海川公司有权就其厂房被占用获得对价。此种权利，不因海川公司负担协助执行义务而消灭。虽然人民法院的保全执行让铅精矿成为查封财产，但并未改变该财产继续占用海川公司厂房的事实，认为海川公司应当负担无偿保管义务的主张与理由，难以成立。此外，即便认为在原租赁合同到期后，海川公司与德奕鸿公司间成立保管关系，也不能改变前述结论。因为在保管关系下，海川公司难以向德奕鸿公司返还铅精矿的，可以将之拍卖或者变卖后提存价款，仍不负担无偿保管的义务。

在肯定协助执行人有权获得保管或者租赁费用之后，需要进一步明确该费用的负担问题。在保全标的物价值足以支付费用的情况下，标的物本身即可担保协助执行人的费用债权的实现。因此，人民法院可以维持查封直至案件作出生效法律文书，执行保全标的物变价款应当优先支付协助执行人的保管费用。在保全标的物价值不足以支付费用的情况下，原本应当及时处置标的物；但若申请保全人支付费用的，协助执行人合理支出或者损失的费用债权得以实现，人民法院可以继续对标的物采取保全措施。

（四）关于不宜长期保管物品的保全执行问题

本案裁判要点明确：保全标的物价值不足以支付保管费用，申请保全人不支付保管费用的，可以处置保全标的物并继续保全变价款。这涉及不宜长期保管物品的保全执行问题。

在保全标的物价值不足以支付保管费用的情况下，协助执行人的费用债权无法由标的物担保实现，若申请保全人亦不支付，则协助执行人财产权益将遭受损害。此时仍继续以查封方式保全标的物，实乃放任协助执行人的损害扩大，难谓善意执法，处理结果亦不合理。此时，执行法院应将标的物及时处置并继续保全变价款，至少让协助执行人尽快止损，这种做法显然更为妥当。

《最高人民法院关于适用〈中华人民共和国民事诉讼法〉的解释》（以下简称《民事诉讼法解释》）第一百五十三条规定：“人民法院对季节性商品、鲜活、易腐烂变质以及其他不宜长期保存的物品采取保全措施时，可以责令当事人及时处理，由人民法院保存价款；必要时，人民法院可予以变卖，保存价款。”在方法论上，一个法条的概括规定之前若有例示规定，则概括规定在性质上必须具备例示规定之法律特征，否则该例示将毫无意义。就上述条文而言，应当归纳“季节性商品、鲜活、易腐烂变质”的法律特征，作为界定“其他不宜长期保存的物品”的依据。自“季节性商品、鲜活、易腐烂变质”与诉讼保全有关的方面观察，其法律特征在于：自身价值会随时间经过而显著减损，导致担保当事人权益实现的可能性亦随时间经过而降低，因而产生及时处置的必要。

本案中，因保管铅精矿所产生的费用随时间经过而增加，若铅精矿的价值不足以支付且申请保全人亦不支付该费用，则海川公司的费用债权尚且难以实现，执行债权方（即申请执行人）的利益更不待言。据此，应当认为本案保全标的物属于“其他不宜长期保存的物品”，人民法院可依据《民事诉讼法解释》第一百五十三条予以及时处置。

三、参照适用时应注意的问题

需指出，民事保全制度是保障权利人进行民事诉讼的结果，能够得以实现的一种应急性的临时救济制度，其目的在于保护利害关系人不致遭受无法弥补的损失。① 因此，相较于执行依据具有明确财产或者行为给付内容的终局执行，保全执行行为应体现善意执行理念，实现强制性与协调性的统一，特别是保全财产由案外第三人保管的案件。而协助执行作为人民法院执行工作的“一种辅助性制度”，② 是指由人民法院以外的单位或者个人，按照执行法院的要求，协助执行发生法律效力的法律文书所确定内容的法律行为。该制度无论在寻找被执行人、查找被执行财产，还是控制可供执行财产等方面都发挥着巨大的作用。根据《民事诉讼法》第二百四十九条规定，被执行人未按执行通知履行法律文书确定的义务，人民法院有权根据不同情形扣押、冻结、划拨、变价被执行人的财产。人民法院决定扣押、冻结、划拨、变价财产，应当作出裁定，并发出协助执行通知书，有关单位必须办理。拒不履行协助执行义务的，人民法院可以根据《民事诉讼法》第一百一十四条和《民事诉讼法解释》第一百九十二条规定，采取罚款、拘留、发出司法建议等强制措施，督促其履行。此外，保全财产的查控，不仅需要公安、税务、工商、国土、金融机构、被执行人所在单位、持有被执行人财产的法人或自然人帮助查找和控制保全财产，还会需

---

① 参见江伟主编：《民事诉讼法学》，复旦大学出版社 2005 年版，第 227 页。

② 参见田平安主编：《民事诉讼法》，法律出版社 2005 年版，第 416 页。

要协助执行人帮助维持矿石、煤炭、钢铁等仓储现场的秩序；而前述主体承担协助执行义务的能力存有较大差别。因此，保全执行除了执行工作本就具有的强制性外，还表现出复杂性与协调性的特点。执行法院不仅应保障诉讼财产保全裁定的内容及时得到实现，而且执行中还应贯彻善意执行理念，公平保护当事人及协助执行人的合法权益。协助执行作为执行工作中的重要一环，协助执行的单位或个人在履行协助执行义务的同时，也享有一定的权利。执行法院发出协助执行通知书后，保管人有权要求执行法院工作人员出具相关手续、有权要求法院提供协助执行通知书，以确保协助执行申请的合法性。而其在协助执行过程中所产生的费用，协助执行主体可以要求执行法院按照执行实际支出费用予以处理。

（执笔人：最高人民法院执行局　刘少阳
编审人：最高人民法院研究室　马蓓蓓)

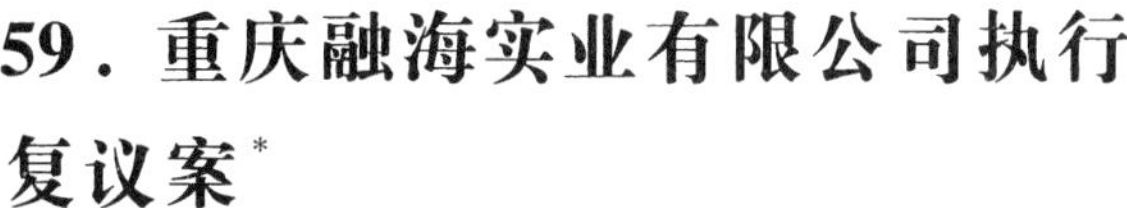

59. 重庆融海实业有限公司执行复议案*

▶ 未登记担保人赔偿责任的强制执行问题

【裁判摘要】

以登记作为设立要件的担保物权虽未办理登记，但担保合同依法成立的，法院可判决担保人在担保物价值范围内承担违约损害赔偿责任。因该项责任并非物的担保责任，属于一般金钱债务，法院在强制执行时可对担保人的所有责任财产查封和变价，而不限于担保物，但同时又因担保人的赔偿范围原则上以担保物变价款为限，若执行法院首先查封担保物且无其他优先权人，再执行其他财产就可能构成超标的执行；相反，若担保物已被其他债权人首先查封或其他债权人享有优先受偿权，则担保物变价款将不能全部用来承担赔偿责任，执行法院可再执行其他财产。

一、基本案情

复议申请人（被执行人）：重庆融海实业有限公司（以下简称融海公司）。

申请执行人：中国长城资产管理股份有限公司重庆

---

* 摘自《执行工作指导》2020年第3辑（总第75辑），人民法院出版社2021年版，第35~46页。

市分公司（以下简称长城资产公司）。

被执行人：重庆重大高科技股份有限公司（以下简称重大高科公司）。

被执行人：重庆合成化工厂有限公司（以下简称合成化工公司）。

被执行人：重庆重大高科物业发展有限公司（以下简称高科物业）。

长城资产公司与重大高科公司、合成化工公司、融海公司、高科物业欠款纠纷一案，经重庆市高级人民法院一审、再审和最高人民法院二审，最高人民法院于2017年12月27日作出（2017）最高法民终934号民事判决，维持重庆高院（2016）渝民再157号民事判决，即判令：（1）由重大高科公司偿付长城资产公司转让款4410万元，违约金1187.5万元；（2）高科物业对重大高科公司上述付款义务承担连带清偿责任；（3）由合成化工公司在抵押房产、质押股权价值范围内，融海公司在质押股权价值范围内对重大高科公司上述付款义务不能清偿部分承担赔偿责任；（4）驳回长城资产公司的其他诉讼请求。案件受理费、保全费共计285165元，由重大高科公司承担。

上述判决查明，2003年4月22日，长城资产公司（甲方）与重庆毛氏实业集团公司（以下简称毛氏集团）、重庆毛氏鞋业有限公司（以下简称毛氏鞋业）、重庆毛氏集团啤酒有限公司（以下简称毛氏啤酒）（三家企业共为乙方）、合成化工公司（丙方）、重大高科公司（丁方）签订《债权重组协议》一份。主要约定：（1）关于股权抵偿债权，即丙方以其持有的丁方的法人股250万股权转让给长城资产公司，以抵偿乙方欠甲方250万元的债务。（2）甲方在丙方以股权抵偿乙方的部分债务后，甲方将其依法享有的对乙方的全部剩余主债权即借款62笔本息17691.437665万元及其从债权自2003年4月21日起，以4750万元（债权折扣率为26.85%）的价格转让给丁方，并对付款方式作了安排。对于支付的款项，丁方以其持有的重庆重大高科技数码信息有限公司（以下简称高科数码公司）的全部股权作为质押担保，并在第一次付款后，按照相关程序办妥抵押登记手续使该项担保有效。约定违约责任为：任何一方不履行合同或者不按照合同的约定履行，应当向未违约方支付违约金，违约金为本合同债权转让总价款的25%。协议签订后，长城资产公司履行了合同义务。2003年6月3

日，长城资产公司与重大高科公司签订补充协议，主要约定：重大高科公司在2003年7月1日前向长城资产公司支付首期债权转让款2000万元，若其到期不付，则偿付《债权重组协议》项下债权本金及利息17700万元。重大高科未按约定履行义务。2005年4月8日，长城资产公司与高科物业、合成化工公司、融海公司、重大高科公司签订补充协议（二），约定高科物业、合成化工公司、融海公司同意对重大高科公司应负长城资产公司的付款义务承担各自相应的担保责任。其中：（1）高科物业应快速变现其资产，其资产变现的款项按法律规定优先清偿抵押担保物权后的剩余部分优先偿付给长城资产公司；（2）合成化工公司以其自有的重庆市沙坪坝区汉渝路斌鑫大厦房产5500平方米的产权及其所持有的重大高科公司的股权665.68万股向长城资产公司提供担保；（3）融海公司以其持有的重大高科公司全部股权1832.97万股向长城资产公司提供担保。担保的范围是本金、利息、违约金及实现债权的费用，担保的时效为主债务诉讼时效届满后二年内，本协议签订后即完善相关担保及公证手续。同月14日，长城资产公司分别与重大高科公司、合成化工公司、融海公司签订股权质押协议并在公证机关办理了质押公证手续，但均未将股份出质记载于股东名册。合成化工公司也未办理抵押登记。后重大高科公司支付给长城资产公司转让款340万元，现尚欠转让款4410万元未支付。

最高人民法院（2017）最高法民终934号民事判决生效后，重庆市高级人民法院于2018年9月18日作出（2011）渝高法执恢复字第5-14号执行裁定：（1）继续查封被执行人合成化工公司位于重庆市沙坪坝汉渝路斌鑫大厦乙幢2958.11平方米；（2）继续冻结被执行人合成化工公司持有的重大高科公司665.68万股股权；（3）继续冻结被执行人融海公司持有的重大高科公司1832.97万股股权；（4）继续冻结被执行人融海公司持有的重庆大方合成化工有限公司65%的股权；（5）继续冻结被执行人融海公司持有的重庆跨越合成化工有限责任公司55.6%的股权；房屋和股权的查封期限为三年。查封、冻结期间，不得转移、隐匿、处分被查封、冻结财产，不得对被查封、冻结财产设定权利负担，不得有妨碍执行的其他行为。

对此，融海公司向重庆高院提出执行异议，要求解除对其持有的重庆大方合成化工有限公司股权的查封。融通公司认为，按照最高人民法院（2017）最高法民终934号民事判决，该公司只在本应质押的股权价值范围内承担责任，即应在其持有的重大高科公司股权价值范围内执行。

重庆市高级人民法院审查认为，本案执行依据最高人民法院（2017）最高法民终934号民事判决确认了被执行人融海公司在质押股权价值范围内对重大高科公司不能清偿部分承担赔偿责任。因此，融海公司在本案中承担的责任是赔偿责任，而不是担保责任，其承担赔偿责任的金额以质押股权价值为限。在执行过程中可以执行融海公司的该质押股权，也可以执行融海公司的其他财产，执行标的并不限于该质押股权。因融海公司应承担的赔偿责任金额即质押股权的价值尚未确定，融海公司亦无证据证明存在超标的查封冻结的情形，故该院依据申请执行人长城资产公司的申请，对原已冻结的融海公司财产继续采取冻结措施，并无不当。2018年12月4日，重庆市高级人民法院作出（2018）渝执异72号执行裁定，驳回融海公司的异议请求。

二、融海公司的申请复议意见

融海公司不服，向最高人民法院申请复议，请求撤销重庆市高级人民法院（2018）渝执异72号执行裁定。理由是：最高人民法院（2017）最高法民终934号民事判决确认，融海公司只承担在重大高科公司质押的股权价值范围内的责任，重庆市高级人民法院只能对特定的质押物进行评估拍卖才是其正当的执行行为，而不是继续冻结融海公司与本案无关的其他财产。

三、最高人民法院审查意见

最高人民法院认为，本案争议焦点在于重庆市高级人民法院冻结融海公司质押股权及其他财产是否构成超标的查封。

首先，关于融海公司承担赔偿责任的金额问题。在物的担保合同中，债权人的目的是让担保人提供担保物并以担保物的价值保证其债权的实现，其订立担保合同时预见到或者应当预见到担保人违反担保合同可能给其造成的损失最多为担保物的全部价值。《中华人民共和国合同法》第一

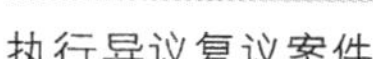

百一十三条第一款[①]规定："当事人一方不履行合同义务或者履行合同义务不符合约定，给对方造成损失的，损失赔偿额应当相当于因违约所造成的损失，包括合同履行后可以获得的利益，但不得超过违反合同一方订立合同时预见到或者应当预见到的因违反合同可能造成的损失。"《最高人民法院关于〈适用中华人民共和国担保法〉若干问题的解释》第七十三条[②]规定："抵押物折价或者拍卖、变卖该抵押物的价款低于抵押权设定时约定价值的，应当按照抵押物实现的价值进行清偿。"可见，在担保物权有效设立的情况下，债权人在担保物实现的价值范围内优先受偿，而在担保物权未有效设立的情况下，担保人承担赔偿责任的范围亦不应超过担保成立时债权人可优先受偿的价值范围，即担保物实现的价值范围。本案中，长城资产公司与融海公司签订股权质押协议时，即已对未来对相应股权的优先受偿权的实现有了明确的预见。融海公司未办理股权质押登记，依法应对给长城资产公司造成的损失予以赔偿，但赔偿的金额应当限于本应质押的股权在质权实现时的价值范围内。

其次，关于融海公司承担赔偿责任的财产范围问题。设定担保物权的功能在于以担保物的价值保障债权人债权的实现。在担保物办理了登记的情况下，债权人可以以其享有的担保物权就担保物直接行使优先受偿权，在担保物未办理登记的情况下，因担保人在担保合同中已经作出提供担保物以担保债权人债权实现的明确意思表示，未办理担保物登记之事实并不导致该合同义务的消灭，担保人因其违约行为致使债权人受到损失，应承担赔偿责任。因此，如果担保合同中约定的担保财产仍为担保人全部持有，执行过程中查封并仅查封该全部担保财产，既符合当事人应有的预期，也具有法律依据。由于生效判决判令担保人承担的是赔偿责任，而非物的担保责任，故人民法院对于担保人的一般责任财产进行查封，既不超

① 对应《民法典》第五百八十四条："当事人一方不履行合同义务或者履行合同义务不符合约定，造成对方损失的，损失赔偿额应当相当于因违约所造成的损失，包括合同履行后可以获得的利益；但是，不得超过违约一方订立合同时预见到或者应当预见到的因违约可能造成的损失。"

② 该司法解释已于2021年1月1日废止。

过担保财产价值范围，也不违反法律的禁止性规定。就本案而言，融海公司依合同约定设定质押的全部股权仍由融海公司持有，重庆市高级人民法院执行过程中，在未对质押股权价值进行评估及案涉质押股权是否方便执行作出判断的情况下，既查封案涉质押股权，又查封融海公司的其他财产，已突破了判决所确定的“质押股权价值范围内”的赔偿责任范围，构成超标的查封。重庆市高级人民法院仅以融海公司应承担的赔偿责任金额即质押股权的价值尚未确定，融海公司亦无证据证明存在超标的查封冻结的情形为由，驳回融海公司的异议主张，没有事实和法律依据。重庆市高级人民法院应在核实本案拟质押股权价值的基础上，综合考量案件的实际情况，解除对相关财产的查封。

综上，最高人民法院认为融海公司的复议理由部分成立，裁定：一、撤销重庆市高级人民法院（2018）渝执异72号执行裁定；二、本案由重庆市高级人民法院重新审查。

四、评析意见

（一）问题的提出

关于以登记作为设立要件的担保物权，如不动产抵押权、股权质权等，在未办理登记时抵押人或质押人是否仍承担责任，该项责任的性质及具体范围如何界定，在理论和实践中一直存在较大争议。为统一裁判尺度，《全国法院民商事审判工作会议纪要》（以下简称《九民会纪要》）第六十条规定：“不动产抵押合同依法成立，但未办理抵押登记手续，债权人请求抵押人办理抵押登记手续的，人民法院依法予以支持。因抵押物灭失以及抵押物转让他人等原因不能办理抵押登记，债权人请求抵押人以抵押物的价值为限承担责任的，人民法院依法予以支持，但其范围不得超过抵押权有效设立时抵押人所应当承担的责任。”该条在适用《中华人民共和国民法典》第二百一十五条规定的区分原则的基础上，一方面，肯定未登记不动产抵押合同的效力，赋予债权人请求抵押人办理抵押登记的权利；另一方面，规定在抵押人不能履行登记义务时应向债权人承担有限赔

偿责任，对此以登记为设立要件的担保物权均应参照适用。

在裁判规则逐步明晰的同时，如何在强制执行程序中保障上述责任精准落实，尤其是有限赔偿责任如何执行的问题，也在实践中凸显出来，本案即为典型案例。本案中，二审判决判令合成化工公司在抵押房产、质押股权价值范围内，融海公司在质押股权价值范围内对主债务人重大高科公司付款义务不能清偿部分承担赔偿责任，在执行程序中重庆市高级人民法院冻结了融海公司质押股权之外的财产，由此产生以下争议问题：第一，执行标的层面，执行法院能否不执行担保物而直接执行其他财产；第二，执行范围层面，担保人的责任范围即担保物的价值如何判断，尤其在时间节点上是以担保合同订立时为准还是以担保物变现时为准，这也决定了上述案例中的查封是否构成超标的查封；第三，执行顺位层面，担保人对不能清偿部分承担赔偿责任，是否需要经强制执行主债务人仍然不能清偿后才能执行担保人，这涉及其是否享有先执行抗辩权的问题。

以上三个层面的问题，表面上是执行程序中产生的问题，但究其实质，仍源于执行依据究竟是如何认定未登记担保人的责任性质和范围，其解决路径也只能重新回到实体法层面，进一步探究其承担有限赔偿责任的确切含义。

（二）未登记抵押权人的责任性质

在物权法采取区分原则后，主流观点即认为登记并非不动产抵押合同及股权质押合同的生效要件，由此，在担保合同有效的基础上，实务中对未登记担保人的责任性质形成违约责任和担保责任两种观点。因责任性质的不同将对担保人责任范围以及后续执行程序产生实质影响，故有首先澄清的必要。

1. 违约责任的构成。违约责任说认为，仅签订担保合同未办理抵押或股权质押登记的，抵押权或权利质权并未设立，债权人主张担保权缺乏法律依据，但仍可根据担保合同请求担保人承担违约责任。[①] 因违约责任主

① 贺小荣主编：《最高人民法院民事审判第二庭法官会议纪要》，人民法院出版社 2018 年版，第 240 页。

要是指当事人不履行合同义务或者履行合同义务不符合约定时，依法产生的民事责任，故其构成要件为抵押人负有办理抵押登记的合同义务及存在违反该义务的行为。

首先，关于登记义务的设立。实践中，若当事人在抵押或质押合同中对担保人办理抵押登记手续的义务有明确约定，自无争议。即使未有明确约定，考虑到当事人签订担保合同的主要目的之一即在于为债权人设立抵押权或质权，保障其对担保物的优先受偿地位，而实现该目的的唯一法定途径即为办理担保物权登记手续，对此《中华人民共和国民法典》第四百零二条及第四百四十三条也明确规定以不动产抵押或股权质押的，应当办理登记。故办理登记的义务可视为当事人应然的义务或双方默认的义务，不以明确约定为前提。

其次，关于登记义务的主体。《中华人民共和国物权法》及《中华人民共和国民法典》中均未明确应当办理抵押登记的义务人，《不动产登记暂行条例》第六十六条则规定设立抵押权登记需要抵押合同的双方共同申请办理。但共同申请仅系债权人与抵押人在登记程序层面的强制性要求，主要是为防止虚假或错误登记损害真正权利人的利益，而非意味着双方在实体上均承担对等的登记义务。这就如同在不动产买卖合同中，买受人享有不动产所有权转移请求权，出卖人应承担办理过户登记及交付不动产的义务，但登记时仍需共同申请一样，在抵押合同中，债权人也享有抵押权设立请求权，债务人则应承担设立抵押权即办理抵押登记的主给付义务。至于登记程序中的共同申请原则仅表明抵押权人在抵押登记中亦应配合（协力)，即所谓的受领给付，仅为不真正义务，其因不配合申请登记而构成受领迟延的，不构成违约，只是产生减轻或免除抵押人责任的法律后果。①

最后，关于登记义务的违反。一般的违约行为主要包括拒绝履行、不能履行、不完全履行、迟延履行等，实践中担保人违反登记义务也表现为这几种类型。例如，抵押人无正当理由拒绝办理登记手续构成拒绝履行；

---

① 参见高圣平:《未登记不动产抵押权的法律后果——基于裁判分歧的展开与分析》，载《政法论坛》2019 年第 6 期。

担保物因毁损、灭失或转让他人或被其他债权人查封等原因不能办理抵押登记，构成不能履行；担保人虽已申请登记，但因材料不全未能登记成功的，构成不完全履行；等等。关于迟延履行，若担保合同关于办理登记的期限有明确约定，担保人未在约定期限届满前办理登记的即构成迟延履行；若未有明确约定，债权人应当催告担保人在合理期间内申请抵押或质押登记，如果担保人逾期未启动登记申请程序，即构成迟延履行；反之，如果债权人从未催告，则担保人并不构成迟延履行。[①]

综上，在担保人因过错未办理抵押登记，且不存在免责事由时，法院根据债权人请求判令其承担相应的违约责任，具有合同和法律依据。基于此，《九民会纪要》第六十条虽未明确将未登记抵押人的责任表述为违约责任，但从抵押人应承担办理抵押登记的义务及不能办理登记时应承担赔偿责任来看，仍基本系以违约责任为基础和框架。[②] 本案中，二审法院在“本院认为”部分明确因担保人违约行为致使债权人受到损失而应承担赔偿责任，也是属于违约责任的典型案例。

2. 担保责任的构成。担保责任说认为，无论担保人是否违反办理抵押或质押登记的义务，根据区分原则，债权人即可依据有效之担保合同要求担保人承担抵押合同上的担保义务。此种担保在性质上属于债权，是介于保证与抵押权之间的非典型担保。[③] 实务中，判决主文一般表述为抵押人在抵押物价值范围内对主债务承担连带清偿责任，[④] 也有少数判决以无效行为转换理论为基础，直接将其转化为连带责任保证。[⑤] 相较于违约责任，

---

① 杨代雄：《抵押合同作为负担行为的双重效果》，载《中外法学》2019 年第 3 期。

② 在最高人民法院民二庭编著的《〈全国法院民商事审判工作会议纪要〉理解和适用》一书中，明确了其主张未办理登记的抵押人承担的是违约责任。参见最高人民法院民事审判第二庭编著：《〈全国法院民商事审判工作会议纪要〉理解和适用》，人民法院出版社 2019 年版，第 387~388 页。

③ 贺小荣主编：《最高人民法院民事审判第二庭法官会议纪要》，人民法院出版社 2018 年版，第 240 页。

④ 参见最高人民法院（2019）最高法民终 222 号、最高人民法院（2018）最高法民申 5965 号、最高人民法院（2015）民申字第 3299 号。

⑤ 参见最高人民法院（2015）民申字第 2345 号。

担保责任能否成立在理论和实务上都面临更多争议。[①] 本文认为，法院根据债权人的请求判令抵押人承担一定范围内的担保责任，具有合同和法律依据，但该责任应限于以特定担保物的变现价值清偿债务，而不能将担保人其他责任财产纳入清偿范围。

首先，在合同依据方面，当事人订立担保合同的主要内容即是以特定抵押物或质押物担保主债权实现，其中承诺担保的意思表示既可以通过请求担保人通过办理登记来设立具有优先受偿性的担保物权实现，也可通过直接请求担保人以担保物的价值来替债权人清偿债务实现。在债权人自愿选择后者的情况下，其虽然可请求抵押人在抵押物范围内承担担保责任，即就抵押物进行变价并以变价款清偿债权，但该项权利为债权，既不能对抗第三人，在强制执行和破产程序中也不具有优先受偿的地位。因这种选择本身属于债权人意思自治的范畴，且未超出抵押人在订立合同时可以预见的责任范围，也未超出双方的缔约目的，应予肯定和尊重。但是，如果直接将上述担保责任转化为保证责任，则意味着抵押人的其他财产也可用来清偿债务，且抵押物毁损灭失时仍要担责，就不适当地加重了抵押人的责任，超出了其意思表示的范围，并不足取。

其次，在法律依据方面，《最高人民法院关于审理民间借贷案件适用法律若干问题的规定》第二十四条[②]规定，当事人以签订买卖合同作为民间借贷合同的担保，借款人不履行生效判决确定的金钱债务，出借人可以申请拍卖买卖合同标的物，以偿还债务。《九民会纪要》第六十六条规定，

---

① 有学者认为无论是从合同解释路径，还是无效行为转换路径，均不能得出抵押人应承担担保责任的结论。参见倪龙燕：《不动产抵押合同的效力探析——以实务中法律救济裁判路径为出发点》，载《法治研究》2019 年第 1 期。在最高人民法院（2017）最高法民终 718 号案中，二审法院认为，一审判决将未登记抵押人的责任转换为连带清偿责任，与合同约定不符，适用法律有误，予以纠正。

② 该司法解释已于 2020 年 12 月 29 日第二次修正，本条已修改为第二十三条："当事人以订立买卖合同作为民间借贷合同的担保，借款到期后借款人不能还款，出借人请求履行买卖合同的，人民法院应当按照民间借贷法律关系审理。当事人根据法庭审理情况变更诉讼请求的，人民法院应当准许。按照民间借贷法律关系审理作出的判决生效后，借款人不履行生效判决确定的金钱债务，出借人可以申请拍卖买卖合同标的物，以偿还债务。就拍卖所得的价款与应偿还借款本息之间的差额，借款人或者出借人有权主张返还或者补偿。"

债权人与担保人订立非典型担保合同，因无法定的登记机构而未能进行登记的，不具有物权效力。当事人请求按照担保合同的约定就该财产折价、变卖或者拍卖所得价款等方式清偿债务的，人民法院依法予以支持，但对其他权利人不具有对抗效力和优先性。《九民会纪要》第七十一条还规定了未完成公示的让与担保权人可就担保物拍卖、变卖、折价偿还债权。上述规定明确了未公示的担保人仍要以担保物承担责任，其虽非直接针对未登记的抵押权，但规范目的也均在于解决担保权未公示时如何保障债权人利益的问题，故相关规则可类推适用，即未登记的抵押权人也可就抵押物变价款受偿，但不具有对抗效力和优先性。

综上，在主债务人未履行债务时，债权人也可请求未登记担保人以担保物承担担保责任。相较于违约责任，该担保责任在构成要件方面不需要以抵押人存在过错违约行为为前提，但在责任后果上只能以担保物变价款受偿，两者构成责任竞合，并分别对应债权人的担保物权设立请求权与物的担保请求权。当事人可根据实际情况择一实行，法院则应结合当事人的诉讼请求，对责任性质和范围作出明确认定。若债权人只是笼统地请求担保人承担责任，法院应向其释明，并在其明确请求权基础的前提下，再进行审理和裁判。

（三）两类责任的具体范围及强制执行

1. 违约损害赔偿责任的具体范围及强制执行。如上所述，办理担保物权登记系担保人应承担的主给付义务，并对应债权人的担保物权设立请求权，债权人既可诉请担保人继续履行登记义务，也可请求担保人承担违约损害赔偿责任，本案则主要涉及后者的强制执行问题。

首先，关于违约赔偿责任的范围。《中华人民共和国合同法》第一百一十三条①规定了可得利益赔偿规则与可预见性规则，担保人赔偿责任的

---

① 对应《民法典》第五百八十四条："当事人一方不履行合同义务或者履行合同义务不符合约定，造成对方损失的，损失赔偿额应当相当于因违约所造成的损失，包括合同履行后可以获得的利益；但是，不得超过违约一方订立合同时预见到或者应当预见到的因违约可能造成的损失。"

范围亦应受此规范和限制。因抵押人等未履行登记义务导致债权人丧失就抵押物等变价款优先受偿的机会，此即为债权人所受履行利益的损失，担保人应予赔偿。具体而言，第一，根据可预见性规则，担保人订立担保合同时系以特定担保物而非一般责任财产作为担保，其可预见的损失当然也应以担保物的价值为限。第二，关于确定抵押物价值的时间节点，《最高人民法院关于适用〈中华人民共和国担保法〉若干问题的解释》[①] 第七十三条规定："抵押物折价或者拍卖、变卖该抵押物的价款低于抵押权设定时约定价值的，应当按照抵押物实现的价值进行清偿。"可见，在抵押权有效设立的情况下，债权人优先受偿的范围仅限于抵押物变价款，抵押物在抵押权设立后的贬值风险应由债权人负担，而在抵押权未有效设立的情况下，抵押人承担赔偿责任的范围亦不应超过抵押权可以实现时而非抵押合同订立时的价值。第三，考虑到担保合同作为从合同，担保人承担违约责任的范围还应以担保合同明确约定的或者《中华人民共和国民法典》第三百八十九条规定的担保范围为限。

其次，关于责任顺位问题，对此实务中有连带清偿责任与补充清偿责任两种观点。前者认为，在抵押人履行义务设立抵押权的情况下，主债务人逾期不履行债务的，债权人即可以实现抵押权，无须先就主债务人之财产为强制执行，那么在抵押人不履行登记义务时，其违约损害赔偿责任也应当与主债务人的清偿责任处于同一顺位，不能仅定性为处于第二位的补充清偿责任。[②] 本观点从抵押权的实现条件出发，认为物上保证人与连带保证人一样不享有先诉抗辩权，其违约责任也应作相同对待，具有相当的说服力。但是，因在主债务人未清偿债务时，债权人的损失并未实际发生，仅存在发生的可能性，只有主债务人经强制执行仍不能清偿时，不能清偿的部分方能确定为债权人的实际损失，故最高人民法院目前也认为抵押人享有先诉抗辩权，即只有在对债务人财产依法强制执行后仍不能履行

---

① 已失效。

② 杨代雄：《抵押合同作为负担行为的双重效果》，载《中外法学》2019 年第 3 期。

债务时，才由抵押人承担责任。[①] 考虑到目前生效判决均未在判令抵押人承担违约责任的同时，肯定其向债务人的追偿权，且其能否另诉追偿也不明晰，这种情况下采取补充责任说应能更好地平衡各方利益。在这种解释路径下，抵押人违约损害赔偿的范围要受到抵押物价值、担保范围以及主债务人不能清偿部分的三重限制。

最后，关于违约赔偿责任的强制执行。在明确了违约赔偿责任的性质和范围后，大部分执行问题也能迎刃而解。以本案为例，第一，在执行标的上，因违约损害赔偿责任并非物的担保责任，属于金钱债务，债务人应当以其现在及将来的一切责任财产来承担偿还责任。[②] 因此，其虽然在范围上要受到担保物价值的限制，但该限制只是抽象价值的限制而非特定物的限制，故融海公司等全部责任财产均可作为执行标的，但从方便执行的角度，若担保物仍由融海公司持有，则可在征求债权人意见的基础上，直接执行担保物并就其变价款清偿。第二，在执行范围上，因融海公司的赔偿范围原则上以担保物变价款为限，若执行法院首先查封担保物且无其他优先权人，债权人对担保物变价款在执行程序中将享有优先受偿的地位，若法院再执行其他财产，应构成超标的执行；相反，若担保物已被其他债权人首先查封或其他债权人享有优先受偿权，则担保物变价款将不能全部用来承担赔偿责任，执行法院可再执行其他财产。第三，在执行顺位上，在采取补充责任的解释路径的前提下，应在对主债务人财产依法强制执行后仍不能履行债务时，再执行融海公司。

2. 担保责任的范围及强制执行。如上所述，债权人可请求抵押人承担担保责任，但只能以特定担保物的变价款受偿。担保责任与违约责任均系有限责任，但前者属于物的有限责任，即债务人仅以其责任财产中的特定财产负责任，而后者属于量的有限责任，即债务人对其债务仅于一定限额

---

① 最高人民法院民事审判第二庭编著：《〈全国法院民商事审判工作会议纪要〉理解和适用》，人民法院出版社 2019 年版，第 387~388 页。

② 参见史尚宽：《债法总论》，中国政法大学出版社 2000 年版，第 378 页。

内负责任。[1] 该项责任对应债权人对担保物的变价清偿请求权，但该权利因未登记不具有优先受偿效力，不属于担保物权，故不能通过《民事诉讼法》规定的实现担保物权程序来取得执行依据，[2] 而只能由债权人提起给付之诉或依据合同约定申请仲裁，或者就抵押合同办理赋予强制执行效力的公证，取得有效的执行依据后方能进入执行程序。

根据担保责任的性质和特点，执行法院只能就特定担保物进行查封和变价，无权执行抵押人等的其他财产，否则即构成超标的执行。可见，即使生效裁判都表述为“在抵押物价值范围内”承担责任，不同责任形态下“抵押物价值”的含义也存在重大差别，该差别在执行程序中体现得最为明显。最后，在责任顺位上，未登记担保人应属于真正的“物上保证人”，与已登记的担保人一样，并不享有先诉抗辩权，根据《中华人民共和国物权法》第一百九十五条[3]的规定，在债务人不履行到期债务或发生当事人约定的实现抵押权的情形时，债权人即可请求抵押人承担担保责任。

（执笔人：孙超）

---

① 关于有限责任及其分类，可参见崔建远主编：《合同法》，法律出版社 2016 年版，第 234 页。

② 这一点决定了未登记不动产抵押权人与未登记动产抵押权人的权利性质及实现程序上具有重大差别，后者根据物权法相关规定，即使未登记，也能设立抵押权，只是不得对抗善意第三人，故可以通过实现担保物权的程序取得执行依据。

③ 对应《民法典》第四百一十条：“债务人不履行到期债务或者发生当事人约定的实现抵押权的情形，抵押权人可以与抵押人协议以抵押财产折价或者以拍卖、变卖该抵押财产所得的价款优先受偿。协议损害其他债权人利益的，其他债权人可以请求人民法院撤销该协议。抵押权人与抵押人未就抵押权实现方式达成协议的，抵押权人可以请求人民法院拍卖、变卖抵押财产。抵押财产折价或者变卖的，应当参照市场价格。”

执行监督案件

60. 河南神泉之源实业发展有限公司与赵某军、汝州博易观光医疗主题园区开发有限公司等执行监督案*

执行法院将同一被执行人的几个案件合并执行的，应当按照申请执行人的各个债权的受偿顺序进行清偿

（最高人民法院审判委员会讨论通过　2019 年 12 月 24 日发布）

【关键词】

执行　执行监督　合并执行　受偿顺序

【裁判要点】

执行法院将同一被执行人的几个案件合并执行的，应当按照申请执行人的各个债权的受偿顺序进行清偿，避免侵害顺位在先的其他债权人的利益。

【相关法条】

《中华人民共和国民事诉讼法》第二百零四条①

【基本案情】

河南省平顶山市中级人民法院（以下简称平顶山中

* 摘自 2019 年 12 月 24 日最高人民法院发布的第 23 批指导案例（指导案例 122 号）。

① 对应《民事诉讼法》（2021 年修正）第二百一十一条。

院）在执行陈某利、郭某宾、春某峰、贾某强申请执行汝州博易观光医疗主题园区开发有限公司（以下简称博易公司）、闫某萍、孙某英民间借贷纠纷四案中，原申请执行人陈某利、郭某宾、春某峰、贾某强分别将其依据生效法律文书拥有的对博易公司、闫某萍、孙某英的债权转让给了河南神泉之源实业发展有限公司（以下简称神泉之源公司）。依据神泉之源公司的申请，平顶山中院于2017年4月4日作出（2016）豫04执57-4号执行裁定，变更神泉之源公司为上述四案的申请执行人，债权总额为129605303.59元（包括本金、利息及其他费用），并将四案合并执行。

案涉国有土地使用权证号为汝国用（2013）第0069号，证载该宗土地总面积为258455.39平方米。平顶山中院评估、拍卖土地为该宗土地的一部分，即公司园区内东西道路中心线以南的土地，面积为160720.03平方米，委托评估、拍卖的土地面积未分割，未办理单独的土地使用证。

涉案土地及地上建筑物被多家法院查封，本案所涉当事人轮候顺序为：(1) 陈某利一案。(2) 郭某宾一案。(3) 郭某娟、蔡某环、金某丽、张某琪、杨某棉、赵某军等案。(4) 贾某强一案。(5) 春某峰一案。

平顶山中院于2017年4月4日作出（2016）豫04执57-5号执行裁定："将扣除温泉酒店及1号住宅楼后的流拍财产，以保留价153073614.00元以物抵债给神泉之源公司。对于博易公司所欠施工单位的工程款，在施工单位决算后，由神泉之源公司及其股东陈某利、郭某宾、春某峰、贾某强予以退还。"

赵某军提出异议，请求法院实现查封在前的债权人债权以后，严格按照查封顺位对申请人的债权予以保护、清偿。

【裁判结果】

河南省平顶山市中级人民法院于2017年5月2日作出（2017）豫04执异27号执行裁定，裁定驳回赵某军的异议。赵某军向河南省高级人民法院申请复议。河南省高级人民法院作出（2017）豫执复158号等执行裁定，裁定撤销河南省平顶山市中级人民法院（2017）豫04执异27号等执行裁定及（2016）豫04执57-5号执行裁定。河南神泉之源实业发展有限

公司向最高人民法院申诉。2019 年 3 月 19 日，最高人民法院作出（2018）最高法执监 848 号、847 号、845 号裁定，驳回河南神泉之源实业发展有限公司的申诉请求。

【裁判理由】

最高人民法院认为，赵某军以以物抵债裁定损害查封顺位在先的其他债权人利益提出异议的问题是本案的争议焦点问题。平顶山中院在陈某利、郭某宾、春某峰、贾某强将债权转让给神泉之源公司后将四案合并执行，但该四案查封土地、房产的顺位情况不一，也并非全部首封案涉土地或房产。贾某强虽申请执行法院对案涉土地 B29 地块运营商总部办公楼采取了查封措施，但该建筑占用范围内的土地使用权此前已被查封。根据《最高人民法院关于人民法院民事执行中查封、扣押、冻结财产的规定》第二十三条第一款[①]有关查封土地使用权的效力及于地上建筑物的规定精神，贾某强对该建筑物及该建筑物占用范围内的土地使用权均系轮候查封。执行法院虽将春某峰、贾某强的案件与陈某利、郭某宾的案件合并执行，但仍应按照春某峰、贾某强、陈某利、郭某宾依据相应债权申请查封的顺序确定受偿顺序。平顶山中院裁定将全部涉案财产抵债给神泉之源公司，实质上是将查封顺位在后的原贾某强、春某峰债权受偿顺序提前，影响了在先轮候的债权人的合法权益。

（生效裁判审判人员：向国慧、毛宜全、朱燕）

---

① 该司法解释已于 2020 年 12 月 29 日修正，本条第一款已被修改为第二十一条第一款，但内容未作变动。

理解与参照

《河南神泉之源实业发展有限公司与赵某军、汝州博易观光医疗主题园区开发有限公司等执行监督案》的理解与参照*

——合并执行不改变受偿顺位

2019 年 12 月 24 日，最高人民法院发布了第 23 批指导性案例，包括第 117 号至第 126 号共 10 件执行领域的指导性案例。其中，第 122 号指导性案例为《河南神泉之源实业发展有限公司与赵某军、汝州博易观光医疗主题园区开发有限公司等执行监督案》。为了正确理解和准确参照适用该指导性案例，现对该指导性案例的选编过程、裁判要点、参照适用等有关情况予以解释、论证和说明。

一、案例选编过程

2019 年最高人民法院执行局向最高人民法院案例指导工作办公室推荐该案例作为备选指导性案例。最高人民法院案例指导工作办公室经过初审认为，该案例基本符合指导性案例要求，并提交最高人民法院研究室室务会讨论。2019 年 10 月 22 日，最高人民法院研究室室务会讨论同意，建议

---

* 摘自《最高人民法院司法解释与指导性案例理解与适用》（第十一卷），人民法院出版社 2023 年版，第 946~953 页。

提交审委会讨论。12月17日，该案例经最高人民法院民专会第330次会议讨论，同意作为指导性案例。12月24日，最高人民法院以法〔2019〕294号文件将该案例编入第23批指导性案例予以发布。

二、关于本案例的相关情况

河南省平顶山市中级人民法院（以下简称平顶山中院）在执行陈某利、郭某宾、春某峰、贾某强申请执行汝州博易观光医疗主题园区开发有限公司（以下简称博易公司）、闫某萍、孙某英民间借贷纠纷四案中，原申请执行人陈某利、郭某宾、春某峰、贾某强分别将其依据生效法律文书拥有的对博易公司、闫某萍、孙某英的债权转让给了河南神泉之源实业发展有限公司（以下简称神泉之源公司）。依据神泉之源公司的申请，该院于2017年4月4日作出（2016）豫04执57-4号执行裁定，变更神泉之源公司为上述四案的申请执行人，债权总额为129605303.59元（包括本金、利息及其他费用），并将四案合并执行。

2017年4月1日10时至4月2日10时，平顶山中院在淘宝网对博易公司部分土地使用权（汝国用〔2013〕第0069号中的部分）及部分地上建筑物进行拍卖，拍卖保留价为177922700元，因无人竞买而流拍，后神泉之源公司申请将流拍财产（B14-03地块内的温泉酒店除外）以物抵债。对于博易公司破产管理人所欠施工单位的工程款，神泉之源公司及其股东陈某利、郭某宾、春某峰、贾某强向平顶山中院出具承诺书，承诺在施工单位决算后，由其予以退还。因案外人汝州及时雨经济管理服务有限公司（以下简称及时雨公司）对流拍财产中的1号住宅楼提出执行异议，平顶山中院于2017年4月4日作出（2016）豫04执57-5号执行裁定，“将扣除温泉酒店及1号住宅楼后的流拍财产，以保留价153073614元以物抵债给神泉之源公司。对于博易公司所欠施工单位的工程款，在施工单位决算后，由神泉之源公司及其股东陈某利、郭某宾、春某峰、贾某强予以退还”。

赵某军、刘某珠、王某东等提出异议。平顶山中院作出（2017）豫04执异27、29、30号执行裁定，裁定驳回异议。赵某军等向河南省高级人民法院（以下简称河南高院）申请复议。河南高院作出（2017）豫执复

148、149、158号执行裁定，裁定撤销平顶山中院（2017）豫04执异27、29、30号执行裁定及（2016）豫04执57-5号执行裁定。神泉之源公司向最高人民法院申诉，请求撤销异议及复议裁定，维持平顶山中院作出的（2016）豫04执57-5号执行裁定。

最高人民法院经审查认为，本案争议焦点为：针对以物抵债裁定提出异议是否超过法定期限；以物抵债裁定是否损害查封顺位在先的其他债权人利益；以物抵债裁定是否会导致土地与房产权属不一致。

（一）关于针对以物抵债裁定提出异议是否超过法定期限的问题

通常将在结案通知书之前发出以物抵债裁定理解为一般执行行为，对该以物抵债裁定提出异议应在执行程序终结之前。但在以物抵债裁定送达之日即终结全案执行程序的特殊情形下，在审查当事人、利害关系人对以物抵债裁定提出异议是否超过期限时，参照适用《最高人民法院关于对人民法院终结执行行为提出执行异议期限问题的批复》对终结执行行为提出异议的期限规定更为公正。从本案查明情况看，执行法院收到赵某军执行异议材料的时间为2017年4月13日，收到刘某珠、王某东等人执行异议材料的时间为2017年4月25日。而以物抵债裁定落款时间为2017年4月4日，提出异议时明显没有超过六十日期限，平顶山中院受理异议并无不当。

（二）关于以物抵债裁定是否损害查封顺位在先的其他债权人利益的问题

执行法院虽将春某峰、贾某强的案件与陈某利、郭某宾的案件合并执行，但仍应按照春某峰、贾某强、陈某利、郭某宾依据相应债权申请查封的顺序确定受偿顺序。因神泉之源公司受让了贾某强、春某峰及陈某利、郭某宾债权，平顶山中院裁定将全部涉案财产抵债给神泉之源公司，实质上是将查封顺位在后的原贾某强、春某峰债权受偿顺序提前，影响了在先轮候查封的债权人的合法权益。

（三）关于以物抵债裁定是否会导致土地与房产权属不一致的问题

《物权法》确立了土地使用权与地上建筑物、构筑物及附属设施一体化处理原则，人民法院在执行程序中处置相关财产时，也应遵循这一原则，将土地使用权与地上建筑物、构筑物一并处分。河南高院认为平顶山中院所作以物抵债裁定将导致未抵债给神泉之源公司的部分建筑物的产权人与该建筑物所占用范围内的土地使用权人不一致的情况并无不当。

（四）在整体拍卖流拍后以整体抵债，才符合以物抵债规定的精神

若以其中部分财产抵债，则会导致所抵债部分财产与原拍卖标的物不同。本案执行法院对案涉财产进行了整体拍卖，神泉之源公司关于就不存在撤销理由的部分财产抵债的意见，不予采纳。

执行程序具有实体与程序交织，公法与私法融合的特点，执行程序在保障及时执行生效法律文书，追求执行效率的同时，也要注意公平保护当事人、利害关系人合法权益，实现效率与公正的有机统一。采取查封措施是执行中常规的控制性措施，同时也与当事人实体权利密切相关，影响当事人在分配款项时的受偿顺位。一般情况下，执行程序中以查封先后确定受偿顺位。由于实践中通常会出现若干债权人依据不同执行依据申请执行同一债务人的情况，如果案件分散在不同执行法院，则在同一执行法院的若干案件，有时会发生执行措施“借用”情况，也就是将在先采取的查封效果，推及其后受理的其他执行案件，让后来的债权人享有与在先债权人同等待遇，从而让同一执行法院的若干申请执行人顺位优先于其他执行法院受理案件的债权人。还有的法院仅对其中一个案件采取了查封措施，却以几个案件的标的总额来确定是否超标的查封，实际上也是将一个案件的查封效力扩张到了其他案件，也会对债务人或者其他轮候查封债权人产生不利影响。

本案例针对上述问题，明确了查封效力仅限于一案，不能因几个执行

案件被执行人相同或者申请执行人相同，执行法院采取将几个执行案件合并执行方式，而将一案的查封效力扩张及于其他执行案件。在根据查封顺位确定清偿顺位的情况下，仍应按照申请执行人的各个债权的查封、受偿顺序进行清偿，即使裁定以物抵债，也应严格在申请执行人应受清偿的债权范围内抵偿债务，避免侵害顺位在先的其他债权人的利益。

三、裁判要点的理解与说明

该指导案例的裁判要点确认：执行法院将同一被执行人的几个案件合并执行的，应当按照申请执行人的各个债权的受偿顺序进行清偿，避免侵害顺位在先的其他债权人的利益。现围绕与该裁判要点相关的问题解释和说明如下。

（一）执行竞合时受偿顺位确立原则

关于受偿顺位，解决的是执行程序中产生的竞合问题。在几个金钱给付债权人对同一被执行人申请执行，或者对同一财产申请执行时会产生执行竞合，需要明确债权人之间的受偿顺位，是债权人平等受偿还是按其他规则确定受偿先后顺序。在金钱给付债权人与物的交付等非金钱给付权利人或者几个非金钱给付权利人都要求执行同一财产的情形下，都会产生执行竞合问题。

在执行竞合情形下，各国对受偿顺位的规定不尽相同。就金钱给付债权竞合而言，不论被执行人是自然人还是法人，一般用参与分配程序解决受偿问题。针对确定受偿顺位的方式不同，大体分为平等主义、优先主义及折中主义。德国采取优先主义。其理论基础是认为债权人在扣押物上取得质权，扣押在先所生的质权优先于扣押在后所生的质权。日本和法国采用平等主义，债权人根据其债权数额所占全部债权的比例，平均受偿。其理论基础是认为债务人的财产是其全体债权人的共同担保。折中主义是指债务人的财产不足以清偿债权时，申请执行的债权人与一定期限内参与分配的债权人，成为一个团体，以债权的数额比例平均受偿，并优先于该期限后申请参与分配的债权人。[①]

我国法律和司法解释对执行竞合的处理方式主要有两种。一般情况下，采取优先主义。《最高人民法院关于人民法院执行工作若干问题的规定（试行）》第八十八条[②]第一款规定，多个债权人对同一被执行人申请执行，各债权人对执行标的物均无担保物权的，按照执行法院采取执行措施的先后顺序受偿。优先主义的优点之一在于促使当事人积极主动行使权利，而不是坐等分享他人维权的结果，优点之二在于有利于快速推动执行程序，不会因不断有人主张参与分配而拖延执行程序。优先主义的前提一般是被执行人的财产足以清偿债权人的债权，但被执行人财产是其债务的总担保，当财产不足时，如果仍然一律采取优先主义，就与债权平等原则相违背。因此，在法人财产不足以清偿债务时，有破产制度确保债权平等受偿。而在被执行人为非法人且其财产不足以清偿的情形下，由于没有破产制度确保当事人平等受偿，因此，债权人可以通过参与分配程序获得平等受偿。

（二）确定不动产查封、受偿顺序的具体方法

由于一般情况下按照执行法院采取执行措施的先后顺序确定受偿顺序，因此，确定执行措施采取的顺序尤为重要，其中争议较多的是不动产查封顺序问题。有人认为，土地和房屋的查封顺序要分别确定。其依据为《最高人民法院关于人民法院民事执行中查封、扣押、冻结财产的规定》第九条第二款[③]“查封、扣押、冻结已登记的不动产、特定动产及其他财产权，应当通知有关登记机关办理登记手续。未办理登记手续的，不得对抗其他已经办理了登记手续的查封、扣押、冻结行为”的规定，和第二十三条第二款“地上建筑物和土地使用权的登记机关不是同一机关的，应当

① 参见肖建国主编：《民事执行法》，中国人民大学出版社2014年版，第304页。

② 该司法解释2020年修正后，本条对应第五十五条。

③ 对应《最高人民法院关于人民法院民事执行中查封、扣押、冻结财产的规定》（2020年修正）第七条第二款。

分别办理查封登记”的规定。[1] 本案申诉人也是这种观点，其认为陈某利、郭某宾是第一顺位、第二顺位的查封申请人，春某峰、贾某强对建筑物、构筑物的查封属第一顺位、第二顺位。本案事实是，贾某强虽申请执行法院对案涉土地B29地块运营商总部办公楼采取了查封措施，但该建筑占用范围内的土地使用权此前已被其他案件执行法院查封。

最高人民法院此前在相关案件中，对查封顺序确定原则也有过明确意见。最高人民法院（2016）最高法执监204号执行裁定书中表述道：《最高人民法院关于人民法院民事执行中查封、扣押、冻结财产的规定》第二十三条第一款规定：“查封地上建筑物的效力及于该地上建筑物使用范围内的土地使用权，查封土地使用权的效力及于地上建筑物，但土地使用权与地上建筑物的所有权分属被执行人和他人除外。”[2] 虽然该条第二款同时规定，“地上建筑物和土地使用权的登记机关不是同一机关的，应当分别办理查封登记”，但其目的是要求执行法院完善执行措施，进行充分公示，未分别办理查封登记并不影响其查封效力。该生效裁判遵循了未分别办理房、地查封手续时的房地一体的查封生效规则。

最高人民法院在（2018）最高法执他10号给宁夏回族自治区高级人民法院的函中重申，《最高人民法院关于人民法院民事执行中查封、扣押、冻结财产的规定》第二十三条第一款规定，“查封地上建筑物的效力及于该地上建筑物使用范围内的土地使用权，查封土地使用权的效力及于地上建筑物，但土地使用权与地上建筑物的所有权分属被执行人与他人的除外”，这是“房地一体”原则在执行程序查封、扣押、冻结措施中的体现。虽然该条第二款同时规定，“地上建筑物和土地使用权的登记机关不是同一机关的，应当分别办理查封登记”，但其目的是要求执行法院完善执行措施，进行充分公示，避免执行争议，但因为该条第一款已对查封的效力范围作了明确规定，即使未分别办理查封登记也不影响查封效力。《最高

---

[1] 对应《最高人民法院关于人民法院民事执行中查封、扣押、冻结财产的规定》（2020年修正）第二十一条第二款。

[2] 对应《最高人民法院关于人民法院民事执行中查封、扣押、冻结财产的规定》（2020年修正）第二十一条第一款。

人民法院关于人民法院民事执行中查封、扣押、冻结财产的规定》第二十三条与第九条第二款规定的“未办理登记手续的，不得对抗其他已经办理了登记手续的查封、扣押、冻结行为”，并不存在矛盾之处。在法院仅对土地使用权进行了查封登记未对地上建筑物进行查封登记，或者仅对地上建筑物进行了查封登记未对地上建筑物使用范围内的土地使用权进行查封登记的情况下，其后其他法院即使对未进行查封登记的地上建筑物或土地使用权进行了查封登记，也只能认定为轮候查封。

根据上述精神，贾某强对相关建筑物及该建筑物占用范围内的土地使用权均系轮候查封。陈某利、郭某宾虽仅对土地使用权采取查封措施，根据查封土地使用权的效力及于地上建筑物的规定精神，陈某利、郭某宾对本案所涉建筑物的查封顺序亦同于对土地使用权查封顺序。

（三）合并执行不能改变受偿顺位

一般情况下，对被执行人财产按照执行法院采取执行措施的先后顺序受偿，但在合并执行情况下，如何确定采取执行措施先后顺序却容易产生混乱。合并执行并不是严格的法律概念，是实践中一种通常的做法，一般将不同承办法院、承办法官办理的同一被执行人的案件交由承办法院、同一承办法官办理，统一开展财产调查、评估、处置及分配。合并执行在强化执行管理、集中执行资源方面具有意义。有的当事人认为，一旦合并执行，则其中一个案件中的查封效力及其同一执行法院执行的其他案件。尤其在多个债权人债权均转让给同一债权人的情况下，更容易认为债权转让前其中某一案件采取的首封的效力及于债权转让后的其他债权，也就是让受让债权的主体可以就受让的债权全部金额优先受偿。这种观点的错误在于，以因各种原因形成的合并执行否定不同债权之间的相对独立性。即使发生合并执行，甚至像本案一样，数个债权主体最终归于一个主体，由一个法院执行，但不能因为执行法院或者债权主体的同一，否定数个债权债务关系的相对独立性。由于数个债权债务关系相对独立，则基于其中一个债权债务关系采取的强制措施的效力仅能及于由该债权债务关系形成的执行案件，并据此确定受偿顺位，不能因为合并执行改变当事人的法律地位及受偿顺序，否则就可能损害其他债权人的合法利益。

执行法院虽将春某峰、贾某强的案件与陈某利、郭某宾的案件合并执行，但仍应按照春某峰、贾某强、陈某利、郭某宾依据相应债权申请查封的顺序确定受偿顺序。因神泉之源公司受让了贾某强、春某峰及陈某利、郭某宾债权，平顶山中院裁定将全部涉案财产抵债给神泉之源公司，实质上是将查封顺位在后的原贾某强、春某峰债权受偿顺序提前，影响了在先轮候查封的债权人的合法权益。平顶山中院在陈某利、郭某宾、春某峰、贾某强将债权转让给神泉之源公司后将四案合并执行，但该四案查封土地、房产的顺位情况不一，也并非全部首封案涉土地或房产。平顶山中院未按照法律规定据采取执行措施的先后顺序确定受偿顺序，将博易公司的部分土地使用权及地上部分建筑物裁定以物抵债给神泉之源公司，该执行行为违反法律规定，侵害了顺位在先的其他债权人利益。

（执笔人：最高人民法院执行局　向国慧
编审人：最高人民法院研究室　李予霞）

61. 于某岩与锡林郭勒盟隆兴矿业有限责任公司执行监督案*

（最高人民法院审判委员会讨论通过　2019年12月24日发布）

▶ 生效判决认定采矿权转让合同依法成立但尚未生效，判令转让方按照合同约定办理采矿权转让手续，采矿权能否转让应由相关主管机关依法决定

【关键词】

执行　执行监督　采矿权转让　协助执行　行政审批

【裁判要点】

生效判决认定采矿权转让合同依法成立但尚未生效，判令转让方按照合同约定办理采矿权转让手续，并非对采矿权归属的确定，执行法院依此向相关主管机关发出协助办理采矿权转让手续通知书，只具有启动主管机关审批采矿权转让手续的作用，采矿权能否转让应由相关主管机关依法决定。申请执行人请求变更采矿权受让人的，也应由相关主管机关依法判断。

---

* 摘自2019年12月24日最高人民法院发布的第23批指导案例（指导案例123号）。

【相关法条】

《中华人民共和国民事诉讼法》第二百零四条①

《探矿权采矿权转让管理办法》第十条

【基本案情】

2008年8月1日，锡林郭勒盟隆兴矿业有限责任公司（以下简称隆兴矿业）作为甲方与乙方于某岩签订《矿权转让合同》，约定隆兴矿业将阿巴嘎旗巴彦图嘎三队李瑛萤石矿的采矿权有偿转让给于某岩。于某岩依约支付了采矿权转让费150万元，并在接收采矿区后对矿区进行了初步设计并进行了采矿工作。而隆兴矿业未按照《矿权转让合同》的约定，为于某岩办理矿权转让手续。2012年10月，双方当事人发生纠纷诉至内蒙古自治区锡林郭勒盟中级人民法院（以下简称锡盟中院）。锡盟中院认为，隆兴矿业与于某岩签订的《矿权转让合同》，系双方当事人真实意思表示，该合同已经依法成立，但根据相关法律规定，该合同系行政机关履行行政审批手续后生效的合同，对于矿权受让人的资格审查，属行政机关的审批权力，非法院职权范围，故隆兴矿业主张于某岩不符合法律规定的采矿权人的申请条件，请求法院确认《矿权转让合同》无效并给付违约金的诉讼请求，该院不予支持。对于于某岩反诉请求判令隆兴矿业继续履行办理采矿权转让的各种批准手续的请求，因双方在《矿权转让合同》中明确约定，矿权转让手续由隆兴矿业负责办理，故该院予以支持。对于于某岩主张由隆兴矿业承担给付违约金的请求，因《矿权转让合同》虽然依法成立，但处于待审批尚未生效的状态，而违约责任以合同有效成立为前提，故不予支持。锡盟中院作出民事判决，主要内容为隆兴矿业于判决生效后十五日内，按照《矿权转让合同》的约定为于某岩办理矿权转让手续。

隆兴矿业不服提起上诉。内蒙古自治区高级人民法院（以下简称内蒙高院）认为，《矿权转让合同》系隆兴矿业与于某岩的真实意思表示，该

① 对应《民事诉讼法》（2021年修正）第二百一十一条。

合同自双方签字盖章时成立。根据《中华人民共和国合同法》第四十四条[①]规定，依法成立的合同，自成立时生效。法律、行政法规规定应当办理批准、登记等手续生效的，依照其规定。《探矿权采矿权转让管理办法》第十条规定，申请转让探矿权、采矿权的，审批管理机关应当自收到转让申请之日起40日内，作出准予转让或者不准转让的决定，并通知转让人和受让人；批准转让的，转让合同自批准之日起生效；不准转让的，审批管理机关应当说明理由。《最高人民法院关于适用〈中华人民共和国合同法〉若干问题的解释（一）》[②]第九条第一款规定，依照《合同法》第四十四条第二款的规定，法律、行政法规规定合同应当办理批准手续，或者办理批准、登记手续才生效，在一审法庭辩论终结前当事人仍未办理登记手续的，或者仍未办理批准、登记等手续的，人民法院应当认定该合同未生效。双方签订的《矿权转让合同》尚未办理批准、登记手续，故《矿权转让合同》依法成立，但未生效，该合同的效力属效力待定。于某岩是否符合采矿权受让人条件，《矿权转让合同》能否经相关部门批准，并非法院审理范围。原审法院认定《矿权转让合同》成立，隆兴矿业应按照合同继续履行办理矿权转让手续并无不当。如《矿权转让合同》审批管理机关不予批准，双方当事人可依据合同法的相关规定另行主张权利。内蒙高院作出民事判决，维持原判。

锡盟中院根据于某岩的申请，立案执行，向被执行人隆兴矿业发出执行通知，要求其自动履行生效法律文书确定的义务。因隆兴矿业未自动履行，故向锡林郭勒盟国土资源局发出协助执行通知书，请其根据生效判决的内容，协助为本案申请执行人于某岩按照《矿权转让合同》的约定办理矿权过户转让手续。锡林郭勒盟国土资源局答复称，隆兴矿业与于某岩签订《矿权转让合同》后，未向其提交转让申请，且该合同是一个企业法人与自然人之间签订的矿权转让合同。依据法律、行政法规及地方法规的规定，对锡盟中院要求其协助执行的内容，按实际情况属协助不能，无法完成该协助通知书中的内容。

---

① 对应《民法典》第五百零二条。

② 已失效。

于某岩于2014年5月19日成立自然人独资的锡林郭勒盟辉澜萤石销售有限公司，并向锡盟中院申请将申请执行人变更为该公司。

【裁判结果】

内蒙古自治区锡林郭勒盟中级人民法院于2016年12月14日作出（2014）锡中法执字第11号执行裁定，驳回于某岩申请将申请执行人变更为锡林郭勒盟辉澜萤石销售有限公司的请求。于某岩不服，向内蒙古自治区高级人民法院申请复议。内蒙古自治区高级人民法院于2017年3月15日作出（2017）内执复4号执行裁定，裁定驳回于某岩的复议申请。于某岩不服内蒙古自治区高级人民法院复议裁定，向最高人民法院申诉。最高人民法院于2017年12月26日作出（2017）最高法执监136号执行裁定书，驳回于某岩的申诉请求。

【裁判理由】

最高人民法院认为，本案执行依据的判项为隆兴矿业按照《矿权转让合同》的约定为于某岩办理矿权转让手续。根据现行法律法规的规定，申请转让探矿权、采矿权的，须经审批管理机关审批，其批准转让的，转让合同自批准之日起生效。本案中，一、二审法院均认为对于矿权受让人的资格审查，属审批管理机关的审批权力，于某岩是否符合采矿权受让人条件、《矿权转让合同》能否经相关部门批准，并非法院审理范围，因该合同尚未经审批管理机关批准，因此认定该合同依法成立，但尚未生效。二审判决也认定，如审批管理机关对该合同不予批准，双方当事人对于合同的法律后果、权利义务，可另循救济途径主张权利。鉴于转让合同因未经批准而未生效的，不影响合同中关于履行报批义务的条款的效力，结合判决理由部分，本案生效判决所称的隆兴矿业按照《矿权转让合同》的约定为于某岩办理矿权转让手续，并非对矿业权权属的认定，而首先应是指履行促成合同生效的合同报批义务，合同经过审批管理机关批准后，才涉及办理矿权转让过户登记。因此，锡盟中院向锡林郭勒盟国土资源局发出协助办理矿权转让手续的通知，只是相当于完成了隆兴矿业向审批管理机关申请办理矿权转让手续的行为，启动了行政机关审批的程序，且在当前阶

段，只能理解为要求锡林郭勒盟国土资源局依法履行转让合同审批的职能。

矿业权因涉及行政机关的审批和许可问题，不同于一般的民事权利，未经审批的矿权转让合同的权利承受问题，与普通的民事裁判中的权利承受及债权转让问题有较大差别，通过执行程序中的申请执行主体变更的方式，并不能最终解决。本案于某岩主张以其所成立的锡林郭勒盟辉澜萤石销售有限公司名义办理矿业权转让手续问题，本质上仍属于矿业权受让人主体资格是否符合法定条件的行政审批范围，应由审批管理机关根据矿权管理的相关规定作出判断。于某岩认为，其在履行生效判决确定的权利义务过程中，成立锡林郭勒盟辉澜萤石销售有限公司，是在按照行政机关的行政管理性规定完善办理矿权转让的相关手续，并非将《矿权转让合同》的权利向第三方转让，亦未损害国家利益和任何当事人的利益，其申请将采矿权转让手续办至锡林郭勒盟辉澜萤石销售有限公司名下，完全符合《中华人民共和国矿产资源法》《矿业权出让转让管理暂行规定》《矿产资源开采登记管理办法》，及内蒙古自治区国土资源厅《关于规范探矿权采矿权管理有关问题的补充通知》等行政机关在自然人签署矿权转让合同情况下办理矿权转让手续的行政管理规定，此观点应向相关审批管理机关主张。锡盟中院和内蒙高院裁定驳回于某岩变更主体的申请，符合本案生效判决就矿业权转让合同审批问题所表达的意见，亦不违反执行程序的相关法律和司法解释的规定。

理解与参照

《于某岩与锡林郭勒盟隆兴矿业有限责任公司执行监督案》的理解与参照*

——因未经批准而未生效的矿权转让合同纠纷判决的准确理解及执行的边界

2019年12月24日，最高人民法院发布了第23批指导性案例，包括第117号至第126号共10件指导性案例，这批案例为执行专题指导性案例，总结了近些年执行领域中某些普遍的疑难复杂法律适用问题，有利于进一步明确裁判规则，统一司法尺度。其中，第123号指导案例为《于某岩与锡林郭勒盟隆兴矿业有限责任公司执行监督案》。为了正确理解和准确参照适用该指导案例，现对该指导案例的选编过程、裁判要点、参照适用等有关情况予以解释和说明。

一、案例选编过程及指导意义

2019年最高人民法院执行局向最高人民法院案例指导工作办公室推荐该案例作为备选指导性案例。最高人民法院案例指导工作办公室经过初审认为，该案例基本符合指导性案例要求，并提交最高人民法院研究室室务会讨论。2019年9月16日，最高人民法院研究室室务会讨论同意，建议

* 摘自《最高人民法院司法解释与指导性案例理解与适用》（第十一卷），人民法院出版社2023年版，第954~961页。

提交审委会讨论。12月17日，该案例经最高人民法院民专会第330次会议讨论，同意作为指导性案例。12月24日，最高人民法院以法〔2019〕294号文件将该案例编入第23批指导性案例予以发布。

该案例明确了对于确定采矿权转让合同尚未生效、应当履行审批手续类判决的准确理解和执行边界。此类判决的履行，涉及行政审批和行政许可问题，应如何理解、执行此类判决，实际中存在不同认识。一方面，执行机构对执行此类案件的工作思路和处理方式存在误解，有越权执行的现象；另一方面，当事人亦寄希望于以司法权替代行政审批。该案例对于澄清处理这类问题的思路与方式，解决实践问题，具有典型意义和普遍指导意义。同时，对于涉及行政审批和行政许可的其他类型执行案件，也具有一定参考价值。

二、关于本案例的相关情况

2008年8月1日，锡林郭勒盟隆兴矿业有限责任公司（以下简称隆兴矿业）作为甲方与乙方于某岩签订《矿权转让合同》，约定隆兴矿业将阿巴嘎旗巴彦图嘎三队李瑛萤石矿的采矿权有偿转让给于某岩。于某岩依约支付了采矿权转让费150万元，并在接收采矿区后对矿区进行了初步设计并进行了采矿工作。而隆兴矿业未按照《矿权转让合同》的约定为于某岩办理矿权转让手续。2012年10月，双方当事人发生纠纷，并诉至内蒙古自治区锡林郭勒盟中级人民法院（以下简称锡盟中院）。锡盟中院认为，隆兴矿业与于某岩签订的《矿权转让合同》，系双方当事人真实意思表示，该合同已经依法成立，但根据相关法律规定，该合同系行政机关履行行政审批手续后生效的合同。对于矿权受让人的资格审查，属行政机关的审批权力，非法院职权范围，故隆兴矿业主张于某岩不符合法律规定的采矿权人的申请条件，请求法院确认《矿权转让合同》无效并给付违约金的诉讼请求，该院不予支持。对于于某岩反诉请求判令隆兴矿业继续履行办理采矿权转让的各种批准手续的请求，因双方在《矿权转让合同》中明确约定，矿权转让手续由隆兴矿业负责办理，故该院予以支持。对于于某岩主张由隆兴矿业承担给付违约金的请求，因《矿权转让合同》虽然依法成立，但处于待审批尚未生效的状态，而违约责任以合同有效成立为前提，故不予支持。锡盟中院作出民事判决，主要内容为隆兴矿业于判决生效后十五日内，按照《矿权转让合同》的约定为于某岩办理矿权转让手续。

隆兴矿业不服提起上诉。内蒙古自治区高级人民法院（以下简称内蒙古高院）认为，《矿权转让合同》系隆兴矿业与于某岩的真实意思表示，该合同自双方签字盖章时成立。根据《合同法》第四十四条规定，依法成立的合同，自成立时生效。法律、行政法规规定应当办理批准、登记等手续生效的，依照其规定。根据《探矿权采矿权转让管理办法》第十条规定，申请转让探矿权、采矿权的，审批管理机关应当自收到转让申请之日起四十日内，作出准予转让或者不准转让的决定，并通知转让人和受让人。批准转让的，转让合同自批准之日起生效。不准转让的，审批管理机关应当说明理由。《最高人民法院关于适用〈中华人民共和国合同法〉若干问题的解释（一）》第九条第一款规定，依照《合同法》第四十四条第二款的规定，法律、行政法规规定合同应当办理批准手续，或者办理批准、登记手续才生效，在一审法庭辩论终结前当事人仍未办理登记手续的，或者仍未办理批准、登记等手续的，人民法院应当认定该合同未生效。双方签订的《矿权转让合同》尚未办理批准、登记手续，故《矿权转让合同》依法成立，但未生效，该合同的效力属效力待定。于某岩是否符合采矿权受让人条件，《矿权转让合同》能否获得相关部门批准，并非法院审理范围。原审法院认定《矿权转让合同》成立，隆兴矿业应按照合同继续履行办理矿权转让手续并无不当。如《矿权转让合同》审批管理机关不予批准，双方当事人可依据合同法的相关规定另行主张权利。内蒙古高院作出民事判决，维持原判。

锡盟中院根据于某岩的申请，立案执行，向被执行人隆兴矿业发出执行通知，要求其自动履行生效法律文书确定的义务。因隆兴矿业未自动履行，故向锡林郭勒盟国土资源局发出协助执行通知书，请其根据生效判决的内容，协助为本案申请执行人于某岩按照《矿权转让合同》的约定办理矿权过户转让手续。锡林郭勒盟国土资源局答复称，隆兴矿业与于某岩签订《矿权转让合同》后，未向其提交转让申请，且该合同是一个企业法人

与自然人之间签订的矿权转让合同。依据法律、行政法规及地方法规的规定，对锡盟中院要求其协助执行的内容，按实际情况属协助不能，无法完成该协助通知书中的内容。于某岩于2014年5月19日成立自然人独资的锡林郭勒盟辉澜萤石销售有限公司，并向锡盟中院申请将申请执行人变更为该公司。

内蒙古自治区锡林郭勒盟中级人民法院于2016年12月14日作出（2014）锡中法执字第11号执行裁定，驳回于某岩申请将申请执行人变更为锡林郭勒盟辉澜萤石销售有限公司的请求。于某岩不服，向内蒙古自治区高级人民法院申请复议。内蒙古自治区高级人民法院于2017年3月15日作出（2017）内执复4号执行裁定，裁定驳回于某岩的复议申请。于某岩不服内蒙古自治区高级人民法院复议裁定，向最高人民法院申诉。最高人民法院于2017年12月26日作出（2017）最高法执监136号执行裁定书，驳回于某岩的申诉请求。

最高人民法院认为，本案执行依据的判项为隆兴矿业按照《矿权转让合同》的约定为于某岩办理矿权转让手续。根据现行法律法规的规定，申请转让探矿权、采矿权的，须经审批管理机关审批，其批准转让的，转让合同自批准之日起生效。本案中，一审、二审法院均认为对于矿权受让人的资格审查，属审批管理机关的审批权力，于某岩是否符合采矿权受让人条件、《矿权转让合同》能否获得相关部门批准，并非法院审理范围，因该合同尚未经审批管理机关批准，因此认定该合同依法成立，但尚未生效。二审判决也认定，如审批管理机关对该合同不予批准，双方当事人对于合同的法律后果、权利义务，可另循救济途径主张权利。鉴于转让合同因未经批准而未生效的，不影响合同中关于履行报批义务的条款的效力，结合判决理由部分，本案生效判决所称的隆兴矿业按照《矿权转让合同》的约定为于某岩办理矿权转让手续，并非对矿业权权属的认定，而首先应是指履行促成合同生效的合同报批义务，合同经过审批管理机关批准后，才涉及办理矿权转让过户登记。因此，锡盟中院向锡林郭勒盟国土资源局发出协助办理矿权转让手续的通知，只是相当于完成了隆兴矿业向审批管理机关申请办理矿权转让手续的行为，启动了行政机关审批的程序，且在当前阶段，只能理解为要求锡林郭勒盟国土资源局依法履行转让合同审批的职能。

矿业权因涉及行政机关的审批和许可问题，不同于一般的民事权利，未经审批的矿权转让合同的权利承受问题，与普通的民事裁判中的权利承受及债权转让问题有较大差别，通过执行程序中的申请执行主体变更的方式，并不能最终解决。本案于某岩主张以其所成立的锡林郭勒盟辉澜萤石销售有限公司名义办理矿业权转让手续问题，本质上仍属于矿业权受让人主体资格是否符合法定条件的行政审批范围，应由审批管理机关根据矿权管理的相关规定作出判断。于某岩认为，其在履行生效判决确定的权利义务过程中，成立锡林郭勒盟辉澜萤石销售有限公司，是在按照行政机关的行政管理规定完善办理矿权转让的相关手续，并非将《矿权转让合同》的权利向第三方转让，亦未损害国家利益和任何当事人的利益，其申请将采矿权转让手续办至锡林郭勒盟辉澜萤石销售有限公司名下，完全符合《矿产资源法》《矿业权出让转让管理暂行规定》《矿产资源开采登记管理办法》，以及《内蒙古自治区国土资源厅关于规范探矿权采矿权管理有关问题的补充通知》等行政机关在自然人签署矿权转让合同情况下办理矿权转让手续的行政管理规定，此观点应向相关审批管理机关主张。锡盟中院和内蒙古高院裁定驳回于某岩变更主体的申请，符合本案生效判决就矿业权转让合同审批问题所表达的意见，亦不违反执行程序的相关法律和司法解释的规定。

三、裁判要点的理解与说明

该指导案例的裁判要点确认：生效判决认定采矿权转让合同依法成立但尚未生效，判令转让方按照合同约定办理采矿权转让手续，并非对采矿权归属的确定，执行法院依此向相关主管机关发出协助办理采矿权转让手续通知书，只具有启动主管机关审批采矿权转让手续的作用，采矿权能否转让应由相关主管机关依法决定。申请执行人请求变更采矿权受让人的，也应由相关主管机关依法判断。现围绕与该裁判要点相关的问题解释和说明如下。

1. 办理矿权转让手续的判项需结合相关法律和判决理由作出准确理解

本案执行依据的判项为“隆兴矿业按照《矿权转让合同》的约定为于某岩办理矿权转让手续”。该判项复述了合同条款的约定内容。该段文字的字面含义，可以包含将涉案矿权转移手续办理过户登记到于某岩名下的意思。这也应当是双方合同所要达到的最终效果。但矿业权转让合同具有特殊性。根据现行法律法规的规定，申请转让探矿权、采矿权的，须经审批管理机关审批，其批准转让的，转让合同自批准之日起生效。因此，该判项是否表示要求转让方立即将矿业权转移登记到于某岩名下，需要根据判决理由作出解释。本案中，一审、二审法院均认为对于矿权受让人的资格审查，属审批管理机关的审批权力，于某岩是否符合采矿权受让人条件、《矿权转让合同》能否获得相关部门批准，并非法院审理范围，因该合同尚未经审批管理机关批准，因此认定该合同依法成立，但尚未生效。判决实质上是支持了“于某岩请求判令隆兴矿业继续履行办理采矿权转让的各种批准手续的请求”。二审判决也指出，如审批管理机关对该合同不予批准，双方当事人对于合同的法律后果、权利义务，可另循救济途径主张权利。

针对须经审批生效的合同问题，《最高人民法院关于适用〈中华人民共和国合同法〉若干问题的解释（二）》① 第八条规定：“……经批准或者登记才能生效的合同成立后，有义务办理申请批准手续的一方当事人未按照法律规定或者合同约定办理申请批准的，属于合同法第四十二条第（三）项规定的‘其他违背诚实信用原则的行为’，人民法院可以根据案件的具体情况和相对人的请求，判决相对人自己办理有关手续；对方当事人对由此产生的费用和给相对人造成的实际损失，应当承担损害赔偿责任。”《最高人民法院关于审理外商投资企业纠纷案件若干问题的规定（一）》也提出，合同因未经批准而未生效的，不影响合同中关于履行报批义务的

① 已失效。

条款的效力。[①]《最高人民法院关于审理矿业权纠纷案件适用法律若干问题的解释》第七条明确:“矿业权转让合同依法成立后,在不具有法定无效情形下,受让人请求转让人履行报批义务或者转让人请求受让人履行协助报批义务的,人民法院应予支持,但法律上或者事实上不具备履行条件的除外。人民法院可以依据案件事实和受让人的请求,判决受让人代为办理报批手续,转让人应当履行协助义务,并承担由此产生的费用。”

本案判决判项内容系针对设定采矿权基础的民事合同纠纷作出的,其处理与上述司法解释的精神是一致的。结合判决理由部分,本案生效判决所称的隆兴矿业按照《矿权转让合同》的约定为于某岩办理矿权转让手续,并非对矿业权权属的认定,而是要求隆兴矿业履行一系列行政手续,其中首先应是指履行促成合同生效的合同报批义务,即负有采矿权转让报批义务的隆兴矿业公司履行报批义务。合同经过审批管理机关批准后,才涉及办理矿权转让过户登记。对于该采矿权是否符合转让条件、受让人是否符合采矿权受让条件、采矿权转让是否获得批准等均应由国土资源主管部门依据涉矿法律法规甚至国家相关政策审核决定。

2. 执行法院向行政机关发出协助执行通知书的作用

判决确定败诉方履行行政审批等有关手续的,在强制执行法原理上属于行为义务的执行,具体可归结为意思表示请求权的执行。域外执行法对意思表示请求权的执行,实际上采取法律拟制的方式实现,判决一经作出生效,即视为义务人已经提出或已经向行政机关提出办理行政手续的意思表示,由此债权人可以自己直接向行政机关申请办理相关手续。意思表示请求权执行的方式,需要把登记机关理解为辅助执行机关,其应依法自动予以办理。但因在法律层面上并无明文,目前实践中,只能以法院出具协助执行通知书的方式落实,相当于由法院代替义务人向行政机关提出请

① 《最高人民法院关于审理外商投资企业纠纷案件若干问题的规定(一)》第一条规定:“当事人在外商投资企业设立、变更等过程中订立的合同,依法律、行政法规的规定应当经外商投资企业审批机关批准后才生效的,自批准之日起生效;未经批准的,人民法院应当认定该合同未生效。当事人请求确认该合同无效的,人民法院不予支持。前款所述合同因未经批准而被认定未生效的,不影响合同中当事人履行报批义务条款及因该报批义务而设定的相关条款的效力。”

求。在不动产登记领域，国土资源部发布的《不动产登记暂行条例实施细则》第十九条第一款规定："当事人可以持人民法院、仲裁委员会的生效法律文书或者人民政府的生效决定单方申请不动产登记。"这个规定体现了意思表示请求权拟制实现的具体方式。但即使这个领域，因各地登记机关未能完全践行相关规定要求，一般也仍是由法院发出协助执行通知书后才启动办理程序。对此，可以参照的法律依据为《民事诉讼法》第二百五十一条①的规定即"在执行中，需要办理有关财产权证照转移手续的，人民法院可以向有关单位发出协助执行通知书，有关单位必须办理"。但在涉及矿业权转让合同审批手续办理问题上，只能是参照基本程序框架，通过发出协助执行通知书而由行政机关启动审批程序，不能代替行政机关的具体的自主审批权限。

本案在隆兴矿业公司未主动履行生效裁判的情况下，于某岩向人民法院申请强制执行，人民法院通知国土资源主管部门协助执行，实际上依然是代替隆兴矿业公司启动行政程序，只能理解为要求锡林郭勒盟国土资源局依法履行转让合同审批的职能。

国土资源主管部门接到人民法院协助执行通知书后有权对采矿权转让是否符合矿产资源法等涉矿法律法规规定的条件进行合法合规审核，人民法院不宜以其执行民事判决的司法权干涉国土资源主管部门行政权的依法行使。人民法院判决报批义务人办理采矿权转让过户手续，以及人民法院向国土资源部门发出协助执行通知书，并不意味着必然产生采矿权实际过户的法律后果，采矿权的权利能否转移还依赖国土资源主管部门的行政审批是否通过。

当然，本案中国土资源部门以当事人未向其提交申请为由，表示不能协助，实际上混淆了当事人自主申请审批与法院依据生效判决要求协助审批，并不妥当。对此，当事人可以继续向行政机关提出请求，人民法院也应与行政机关沟通协调，请其履行基于法院协助执行请求而启动的审批职责。

---

① 对应《民事诉讼法》(2021年修正) 第二百五十八条。

3. 申请执行人请求变更采矿权受让人为其独资设立的公司问题

矿业权因涉及行政机关的审批和许可问题，不同于一般的民事权利，未经审批的矿权转让合同的权利承受问题，与普通的民事裁判中的权利承受及债权转让问题有较大差别。普通民事合同胜诉权利人的权利转让，主要取决于该权利转让方的意志。而矿权转让的原合同及新的受让主体均需经过行政审批。对此，通过执行程序中的申请执行主体变更的方式，并不能最终解决。且本案于某岩主张以其所成立的独资公司名义办理矿业权转让手续问题，还涉及是否违反合同约定的禁止向第三方转让的实体问题，在原矿权转让合同未经审批的情况下，也不适合由人民法院直接作出相关裁定。这些问题本质上仍属于矿业权受让人主体资格是否符合法定条件的行政审批范围，应由审批管理机关根据矿权管理的相关规定作出判断。于某岩认为，其在履行生效判决确定的权利义务过程中成立公司，是在按照行政机关的行政管理规定完善办理矿权转让的相关手续，并非将《矿权转让合同》的权利向第三方转让，亦未损害国家利益和任何当事人的利益，其申请将采矿权转让手续办至公司名下，完全符合《矿产资源法》《矿业权出让转让管理暂行规定》《矿产资源开采登记管理办法》，以及《内蒙古自治区国土资源厅关于规范探矿权采矿权管理有关问题的补充通知》等行政机关在自然人签署矿权转让合同情况下办理矿权转让手续的行政管理规定，此观点应向相关审批管理机关主张。

4. 行政机关不批准情况下受让人的救济途径

《最高人民法院关于审理矿业权纠纷案件适用法律若干问题的解释》第十条专门对报批后未获批准的法律后果作了规定："国土资源主管部门不予批准矿业权转让申请致使矿业权转让合同被解除，受让人请求返还已付转让款及利息，采矿权人请求受让人返还获得的矿产品及收益，或者探矿权人请求受让人返还勘查资料和勘查中回收的矿产品及收益的，人民法院应予支持，但受让人可请求扣除相关的成本费用。当事人一方对矿业权转让申请未获批准有过错的，应赔偿对方因此受到的损失；双方均有过错的，应当各自承担相应的责任。”[①] 据此，若当地国土资源主管部门明确于某岩以及其设立的独资公司不符合采矿权受让条件，不予批准，则属于履行不能，于某岩只能行使合同解除权，并要求隆兴矿业公司承担相应的法律责任。

（执笔人：最高人民法院执行局　魏　丹等
编审人：最高人民法院研究室　马蓓蓓）

① 该司法解释已于2020年修正，将本条中的“国土资源主管部门”修改为“自然资源主管部门”。

62. 中国防卫科技学院与联合资源教育发展(燕郊)有限公司执行监督案*

▶ 执行和解协议履行不能时可继续执行原生效裁判

(最高人民法院审判委员会讨论通过 2019年12月24日发布)

【关键词】

执行 执行监督 和解协议 执行原生效法律文书

【裁判要点】

申请执行人与被执行人对执行和解协议的内容产生争议,客观上已无法继续履行的,可以执行原生效法律文书。对执行和解协议中原执行依据未涉及的内容,以及履行过程中产生的争议,当事人可以通过其他救济程序解决。

【相关法条】

《中华人民共和国民事诉讼法》第二百零四条①

---

* 摘自2019年12月24日最高人民法院发布的第23批指导案例(指导案例124号)。

① 对应《民事诉讼法》(2021年修正)第二百一十一条。

【基本案情】

联合资源教育发展（燕郊）有限公司（以下简称联合资源公司）与中国防卫科技学院（以下简称中防院）合作办学合同纠纷案，经北京仲裁委员会审理，于2004年7月29日作出（2004）京仲裁字第0492号裁决书（以下简称0492号裁决书），裁决：一、终止本案合同；二、被申请人（中防院）停止其燕郊校园内的一切施工活动；三、被申请人（中防院）撤出燕郊校园；四、驳回申请人（联合资源公司）其他仲裁请求和被申请人（中防院）仲裁反请求；五、本案仲裁费363364.91元，由申请人（联合资源公司）承担50%，以上裁决第二、三项被申请人（中防院）的义务，应于本裁决书送达之日起30日内履行完毕。

联合资源公司依据0492号裁决书申请执行，三河市人民法院立案执行。2005年12月8日双方签订《联合资源教育发展（燕郊）有限公司申请执行中国防卫科技学院撤出校园和解执行协议》（以下简称《协议》）。《协议》序言部分载明："为履行裁决，在法院主持下经过调解，双方同意按下述方案执行。本执行方案由人民法院监督执行，本方案分三个步骤完成。"具体内容如下：一、评估阶段：（一）资产的评估。联合资源公司资产部分：1. 双方同意在人民法院主持下对联合资源公司资产进行评估。2. 评估的内容包括联合资源公司所建房产、道路及设施等投入的整体评估，土地所有权的评估。3. 评估由双方共同选定评估单位，评估价作为双方交易的基本参考价。中防院部分：1. 双方同意在人民法院主持下对中防院投入联合资源公司校园中的资产进行评估。2. 评估的内容包括：（1）双方《合作办学合同》执行期间联合资源公司同意中防院投资的固定资产；（2）双方《合作办学合同》执行期间联合资源公司未同意中防院投资的固定资产；（3）双方《合作办学合同》裁定终止后中防院投资的固定资产。具体情况由中防院和联合资源公司共同向人民法院提供相关证据。（二）校园占用费由双方共同商定。（三）关于教学楼施工，鉴于在北京仲裁委员会仲裁时教学楼基础土方工作已完成，如不进行施工和填平，将会影响周边建筑及学生安全，同时为有利于中防院的招生，联合资源公司同意中防院继续施工。(四)违约损失费用评估。1. 鉴于中防卫技术服务中心1000万元的实际支付人是中防院,同时校园的实际使用人也是中防院,为此联合资源公司依据过去各方达成的意向协议,同意该1000万元在方案履行过程中进行考虑。2. 由中防卫技术服务中心违约给联合资源公司造成的实际损失,应由中防卫技术服务中心承担。3. 该部分费用双方协商解决,解决不成双方同意在法院主持下进行执行听证会,法院依听证结果进行裁决。二、交割阶段:1. 联合资源公司同意在双方达成一致的情况下,转让其所有的房产和土地使用权,中防院收购上述财产。2. 在中防院不同意收购联合资源公司资产情况下,联合资源公司收购中防院资产。3. 当1、2均无法实现时,双方同意由人民法院委托拍卖。4. 拍卖方案如下:A. 起拍价,按评估后全部资产价格总和为起拍价。B. 如出现流拍,则下次拍卖起拍价下浮15%,但流拍不超过两次。C. 如拍卖价高于首次起拍价,则按下列顺序清偿,首先清偿联合资源公司同意中防院投资的固定资产和联合资源公司原资产,不足清偿则按比例清偿。当不足以清偿时联合资源公司同意将教学楼所占土地部分(含周边土地部分)出让给中防院,其资产由中防院独立享有。拍卖过程中双方均有购买权。

上述协议签订后,执行法院委托华信资产评估公司对联合资源公司位于燕郊开发区地块及地面附属物进行价值评估,评估报告送达当事人后联合资源公司对评估报告提出异议,此后在执行法院的主持下,双方多次磋商,一直未能就如何履行上述和解协议达成一致。双方当事人分别对本案在执行过程中所达成的和解协议的效力问题,向执行法院提出书面意见。

【裁判结果】

三河市人民法院于2016年5月30日作出(2005)三执字第445号执行裁定:一、申请执行人联合资源教育发展(燕郊)有限公司与被执行人中国防卫科技学院于2005年12月8日达成的和解协议有效。二、申请执行人联合资源教育发展(燕郊)有限公司与被执行人中国防卫科技学院在校园内的资产应按双方于2005年12月8日达成的和解协议约定的方式处

置。联合资源教育发展（燕郊）有限公司不服，向廊坊市中级人民法院申请复议。廊坊市中级人民法院于2016年7月22日作出（2016）冀10执复46号执行裁定：撤销（2005）三执字第445号执行裁定。三河市人民法院于2016年8月26日作出（2005）三执字第445号之一执行裁定：一、申请执行人联合资源教育发展（燕郊）有限公司与被执行人中国防卫科技学院于2005年12月8日达成的和解协议有效。二、申请执行人联合资源教育发展（燕郊）有限公司与被执行人中国防卫科技学院在校园内的资产应按双方于2005年12月8日达成的和解协议约定的方式处置。联合资源教育发展（燕郊）有限公司不服，向河北省高级人民法院提起执行申诉。河北省高级人民法院于2017年3月21日作出（2017）冀执监130号执行裁定：一、撤销三河市人民法院作出的（2005）三执字第445号执行裁定书、（2005）三执字第445号之一执行裁定书及河北省廊坊市中级人民法院作出的（2016）冀10执复46号执行裁定书。二、继续执行北京仲裁委员会作出的（2004）京仲裁字第0492号裁决书中的第三、五项内容（即被申请人中国防卫科技学院撤出燕郊校园、被申请人中国防卫科技学院应向申请人联合资源教育发展（燕郊）有限公司支付代其垫付的仲裁费用173407.45元）。三、驳回申诉人联合资源教育发展（燕郊）有限公司的其他申诉请求。中国防卫科技学院不服，向最高人民法院申诉。最高人民法院于2018年10月18日作出（2017）最高法执监344号执行裁定：一、维持河北省高级人民法院（2017）冀执监130号执行裁定第一、三项。二、变更河北省高级人民法院（2017）冀执监130号执行裁定第二项为继续执行北京仲裁委员会作出的（2004）京仲裁字第0492号裁决书中的第三项内容，即“被申请人中国防卫科技学院撤出燕郊校园”。三、驳回中国防卫科技学院的其他申诉请求。

【裁判理由】

最高人民法院认为：

第一，本案和解执行协议并不构成民法理论上的债的更改。所谓债的更改，即设定新债务以代替旧债务，并使旧债务归于消灭的民事法律行为。构成债的更改，应当以当事人之间有明确的以新债务的成立完全取代并消灭旧债务的意思表示。但在本案中，中防院与联合资源公司并未约定《协议》成立后0492号裁决书中的裁决内容即告消灭，而是明确约定双方当事人达成执行和解的目的，是为了履行0492号裁决书。该种约定实质上只是以成立新债务作为履行旧债务的手段，新债务未得到履行的，旧债务并不消灭。因此，本案和解协议并不构成债的更改。而按照一般执行和解与原执行依据之间关系的处理原则，只有通过和解协议的完全履行，才能使得原生效法律文书确定的债权债务关系得以消灭，执行程序得以终结。若和解协议约定的权利义务得不到履行，则原生效法律文书确定的债权仍然不能消灭。申请执行人仍然得以申请继续执行原生效法律文书。从本案的和解执行协议履行情况来看，该协议中关于资产处置部分的约定，由于未能得以完全履行，故其并未使原生效法律文书确定的债权债务关系得以消灭，即中防院撤出燕郊校园这一裁决内容仍需执行。中防院主张和解执行协议中的资产处置方案是对0492号裁决书中撤出校园一项的有效更改的申诉理由理据不足，不能成立。

第二，涉案和解协议的部分内容缺乏最终确定性，导致无法确定该协议的给付内容及违约责任承担，客观上已无法继续履行。在执行程序中，双方当事人达成的执行和解，具有合同的性质。由于合同是当事人享有权利承担义务的依据，这就要求权利义务的具体给付内容必须是确定的。本案和解执行协议约定了0492号裁决书未涵盖的双方资产处置的内容，同时，协议未约定双方如不能缔结特定的某一买卖法律关系，则应由何某承担违约责任之内容。整体来看，涉案和解协议客观上已经不能履行。中防院将该和解协议理解为有强制执行效力的协议，并认为法院在执行中应当按照和解协议的约定落实，属于对法律的误解。

鉴于本案和解协议在实际履行中陷入僵局，双方各执己见，一直不能达成关于资产收购的一致意见，导致本案长达十几年不能执行完毕。如以存在和解协议约定为由无限期僵持下去，本案继续长期不能了结，将严重损害生效裁判文书债权人的合法权益，人民法院无理由无限期等待双方自行落实和解协议，而不采取强制执行措施。

第三，从整个案件进展情况看，双方实际上均未严格按照和解协议约定履行，执行法院也一直是在按照0492号裁决书的裁决推进案件执行。一方面，从2006年资产评估开始，联合资源公司即提出异议，要求继续执行，此后虽协商在一定价格基础上由中防院收购资产，但双方均未实际履行。并不存在中防院所述其一直严格遵守和解协议，联合资源公司不断违约的情况。此外双方还提出了政府置换地块安置方案等，上述这些内容，实际上均已超出原和解协议约定的内容，改变了原和解协议约定的内容和条件。不能得出和解执行协议一直在被严格履行的结论。另一方面，执行法院在执行过程中，自2006年双方在履行涉案和解协议发生分歧时，一直是以0492号裁决书为基础，采取各项执行措施，包括多次协调、组织双方调解、说服教育、现场调查、责令中防院保管财产、限期迁出等，上级法院亦持续督办此案，要求尽快执行。在执行程序中，执行法院组织双方当事人进行协商、促成双方落实和解协议等，只是实务中的一种工作方式，本质上仍属于对生效裁判的执行，不能被理解为对和解协议的强制执行。中防院认为执行法院的上述执行行为不属于执行0492号裁决书的申诉理由，没有法律依据且与事实不符。

此外，关于本案属于继续执行还是恢复执行的问题。从程序上看，本案执行过程中，执行法院并未下发中止裁定，中止过对0492号裁决书的执行；从案件实际进程上看，根据前述分析和梳理，自双方对和解执行协议履行产生争议后，执行法院实际上也一直没有停止过对0492号裁决书的执行。

因此，本案并不存在对此前已经中止执行的裁决书恢复执行的问题，而是对执行依据的继续执行，故中防院认为本案属于恢复执行而不是继续执行的申诉理由理据不足，河北省高级人民法院（2017）冀执监130号裁定认定本案争议焦点是对0492号裁决书是否继续执行，与本案事实相符，并无不当。

第四，和解执行协议中约定的原执行依据未涉及的内容，以及履行过程中产生争议的部分，相关当事人可以通过另行诉讼等其他程序解决。从履行执行依据内容出发，本案明确执行内容即为中防院撤出燕郊校园，而不在本案执行依据所包含的争议及纠纷，双方当事人可通过另行诉讼等其他法律途径解决。

理解与参照

《中国防卫科技学院与联合资源教育发展（燕郊）有限公司执行监督案》的理解与参照*

——执行和解协议履行不能时可继续执行原生效裁判

2019 年 12 月 24 日，最高人民法院发布了第 23 批指导性案例，包括第 117 号至第 126 号共 10 件指导性案例，这批案例为执行专题指导性案例，总结了近些年执行领域中某些普遍的疑难复杂法律适用问题，有利于进一步明确裁判规则，统一司法尺度。其中，第 124 号指导案例为《中国防卫科技学院与联合资源教育发展（燕郊）有限公司执行监督案》。为了正确理解和准确参照适用该指导案例，现对该指导案例的选编过程、裁判要点、参照适用等有关情况予以解释和说明。

一、案例选编过程及指导意义

2019 年最高人民法院执行局向最高人民法院案例指导工作办公室推荐该案例作为备选指导性案例。最高人民法院案例指导工作办公室经过初审认为，该案例基本符合指导性案例要求，并提交最高人民法院研究室室务会讨论。2019 年 9 月 16 日，最高人民法院研究室室务会讨论同意，建议

---

* 摘自《最高人民法院司法解释与指导性案例理解与适用》（第十一卷），人民法院出版社 2023 年版，第 962~971 页。

提交审委会讨论。12月17日，该案例经最高人民法院民专会第330次会议讨论，同意作为指导性案例。12月24日，最高人民法院以法〔2019〕294号文件将该案例编入第23批指导性案例予以发布。

对于执行实践中执行和解协议与原生效法律文书的关系问题，《最高人民法院关于执行和解若干问题的规定》（以下简称《执行和解规定》）第九条予以了明确，即被执行人一方不履行执行和解协议的，申请执行人可以申请恢复执行原生效法律文书，也可以就履行执行和解协议向执行法院提起诉讼。但该司法解释对于当因和解协议约定的具体给付内容不确定，导致无法判断合同当事人承担的权利和义务，当事人法律地位不固定，亦无法判断违约责任承担时，申请执行人一方是否可申请继续执行或者恢复执行原生效法律文书并未予以明确。本案涉及的执行和解协议，正是由于其约定缺乏最终确定性，导致无法确定该协议的给付内容及违约责任承担，客观上已无法继续履行，此时对于原生效裁判文书与执行和解协议的关系处理，则需要明确规则指引。通过这一案件的审查，第一次明确了：当和解协议因其自身缺陷导致客观上无法履行时，人民法院可根据申请执行人的申请，继续执行或恢复执行生效法律文书。和解执行协议中约定的原执行依据未涉及的内容，以及履行过程中产生争议的部分，相关当事人可以通过另行诉讼等其他程序解决。此案的裁判，填补了司法解释规定的空白，对执行实践有较大的指导意义。

二、关于本案例的相关情况

联合资源教育发展（燕郊）有限公司（以下简称联合资源公司）与中国防卫科技学院（以下简称中防院）合作办学合同纠纷案，经北京仲裁委员会审理后作出（2004）京仲裁字第0492号裁决书（以下简称0492号裁决书），裁决：（1）终止本案合同；（2）被申请人（中防院）停止其燕郊校园内的一切施工活动；（3）被申请人（中防院）撤出燕郊校园；……以上裁决第二项、第三项被申请人（中防院）的义务，应于本裁决书送达之日起三十日内履行完毕。

联合资源公司依据0492号裁决书申请执行，三河市人民法院立案执行。2005年12月8日双方签订《联合资源教育发展（燕郊）有限公司申请执行中国防卫科技学院撤出校园和解执行协议》（以下简称《协议》）。《协议》载明："为履行裁决，在法院主持下经过调解，双方同意按下述方案执行。本执行方案由人民法院监督执行，本方案分三个步骤完成。具体内容如下：一、评估阶段：（一）资产的评估。联合资源公司资产部分：1. 双方同意在人民法院主持下对联合资源公司资产进行评估。2. 评估的内容包括联合资源公司所建房产、道路及设施等投入的整体评估，土地所有权的评估。3. 评估由双方共同选定评估单位，评估价作为双方交易的基本参考价。中防院部分：1. 双方同意在人民法院主持下对中防院投入联合资源公司校园中的资产进行评估。2. 评估的内容包括：（1）双方《合作办学合同》执行期间联合资源公司同意中防院投资的固定资产；（2）双方《合作办学合同》执行期间联合资源公司未同意中防院投资的固定资产；（3）双方《合作办学合同》裁定终止后中防院投资的固定资产。具体情况由中防院和联合资源公司共同向人民法院提供相关证据。（二）校园占用费由双方共同商定。（三）关于教学楼施工，鉴于在北京仲裁委员会仲裁时教学楼基础土方工作已完成，如不进行施工和填平，将会影响周边建筑及学生安全，同时为有利于中防院的招生，联合资源公司同意中防院继续施工。（四）违约损失费用评估。1. 鉴于中防卫技术服务中心1000万元的实际支付人是中防院，同时校园的实际使用人也是中防院，为此联合资源公司依据过去各方达成的意向协议，同意该1000万元在方案履行过程中进行考虑。2. 由中防卫技术服务中心违约给联合资源公司造成的实际损失，应由中防卫技术服务中心承担。3. 该部分费用双方协商解决，解决不成双方同意在法院主持下进行执行听证会，法院依听证结果进行裁决。二、交割阶段：1. 联合资源公司同意在双方达成一致的情况下，转让其所有的房产和土地使用权，中防院收购上述财产。2. 在中防院不同意收购联合资源公司资产情况下，联合资源公司收购中防院资产。3. 当第1点、第2点均无法实现时，双方同意由人民法院委托拍卖。4. 拍卖方案如下：A. 起拍价，按评估后全部资产价格总和为起拍价。B. 如出现流拍，则下次拍卖起拍价下浮15%，但流拍不超过两次。C. 如拍卖价高于首次起拍价，则按下

列顺序清偿，首先清偿联合资源公司同意中防院投资的固定资产和联合资源公司原资产，不足清偿则按比例清偿。当不足以清偿时联合资源公司同意将教学楼所占土地部分（含周边土地部分）出让给中防院，其资产由中防院独立享有。拍卖过程中双方均有购买权。”

上述协议签订后，执行法院委托华信资产评估公司对联合资源公司位于燕郊开发区地块及地面附属物进行价值评估，评估报告送达当事人后联合资源公司对评估报告提出异议，此后在执行法院的主持下，双方多次磋商，一直未能就如何履行上述和解协议达成一致。双方当事人分别对本案在执行过程中所达成的和解协议的效力问题，向执行法院提出书面意见。

三河市人民法院于2016年8月26日作出（2005）三执字第445号之一执行裁定：(1) 联合资源公司与中防院于2005年12月8日达成的和解协议有效。(2) 联合资源公司与中防院在校园内的资产应按双方于2005年12月8日达成的和解协议约定的方式处置。联合资源公司不服，向河北省高级人民法院提起执行申诉。河北省高级人民法院于2017年3月21日作出（2017）冀执监130号执行裁定：（1）撤销三河市人民法院作出的（2005）三执字第445号执行裁定、(2005）三执字第445号之一执行裁定书及河北省廊坊市中级人民法院作出的（2016）冀10执复46号执行裁定。(2) 继续执行0492号裁决书中的第三项、第五项内容（中防院撤出燕郊校园、中防院应向联合资源公司支付代其垫付的仲裁费用173407.45元）。(3) 驳回联合资源公司的其他申诉请求。中防院不服，向最高人民法院申诉。最高人民法院于2018年10月18日作出（2017）最高法执监344号执行裁定：(1) 维持河北省高级人民法院（2017）冀执监130号执行裁定第一项、第三项。(2) 变更河北省高级人民法院（2017）冀执监130号执行裁定第二项为继续执行北京仲裁委员会作出的0492号裁决书中的第三项内容，即“被申请人中国防卫科技学院撤出燕郊校园”。(3) 驳回中防院的其他申诉请求。

本案系在《执行和解规定》刚刚出台的背景下，在执行和解中遇到的新型典型案例，相关法律适用问题在该司法解释中并未明确规定，经合议庭数次讨论，并组织资深法官研讨，考虑到该案例确立的对执行和解协议本身的审查原则，可以有效解决实践中执行和解与原执行依据之间关系的处理问题等因素，遂推荐为备选的指导性案例。

三、裁判要点的理解与说明

该指导案例的裁判要点确认：申请执行人与被执行人对执行和解协议的内容产生争议，客观上已无法继续履行的，可以执行原生效法律文书。对执行和解协议中原执行依据未涉及的内容，以及履行过程中产生的争议，当事人可以通过其他救济程序解决。现围绕与该裁判要点相关的问题逐一解释和说明如下。

（一）执行和解协议的性质

从执行理论及立法实践出发，执行和解协议可以被定义执行程序中，当事人（或与案外人）通过实体处分权的方式就执行事项或债务履行予以调整的协议。其形式可以表现为对执行依据所确认的债权的减少或免除、权利义务主体、债务履行的时间、方式的变更、执行财产标的的限定等。①

关于执行和解协议的性质，学者先后提出了私法行为说（其中又分为诺成合同说、实践合同说、附条件合同说等）、诉讼行为说、两行为并存说、一行为两性质说等观点。一行为两性质说（又作二行为合体说、竞合说、两面说）认为诉讼和解是具有双重属性的特殊行为，是同一行为同时具有两种行为的性质。诉讼和解一方面是当事人双方间存在的私法上的和解契约，同时，又是在当事人之间以及当事人和法院之间存在的诉讼行为。这种学说照顾了诉讼上和解的两种属性，又避免了两行为并存说的不足之处，故为德国、日本民事诉讼理论界的通说。从我国关于执行和解制度的立法沿革来看，不论是最高人民法院关于执行和解协议的另诉问题先后作出过部分复函和批复，及至《民事诉讼法》第二百三十条②、《最高人

---

① 从《执行和解规定》第一条第一款“当事人可以自愿协商达成和解协议，依法变更生效法律文书确定的权利义务主体、履行标的、期限、地点和方式等内容”的规定，亦可推知执行和解协议的基本内涵与外延。

② 对应《民事诉讼法》（2021 年修正）第二百三十七条。

民法院关于适用〈中华人民共和国民事诉讼法〉的解释》（以下简称《民事诉讼法解释》）第四百六十七条①、《执行和解规定》第九条等条文规定看，目前司法实践中对执行和解协议的性质，倾向于一行为两性质说，既充分尊重了和解协议作为合同的私法效力，又赋予其在特定司法程序下代替生效法律文书的公法效力。

（二）执行和解协议与原执行依据债权的关系

1. 现有立法模式——附条件的替代

既然承认执行和解协议的一行为两性质说，势必不能回避一个问题，即执行和解协议与生效法律文书确定的债权之间究竟应当为何种关系。和解协议基于原执行依据确定的债权而订立，根据和解协议形成的当事人之间的新的债权债务关系与原执行债权基于相同的原因事实，如果申请执行人就该部分要求债务人同时履行原执行依据及和解协议，则构成重复受偿。故申请执行人执行选择实现和解协议形成的债权或者执行依据确认的债权。据此，执行理论中对于和解协议形成的债权与执行依据确认的债权之间的关系模式也主要有以下三种：(1) 替代模式，即和解协议形成的债权优于执行依据确认的债权，用前者替代后者，申请执行人只能实现和解协议形成的债权；(2) 抗辩模式，即执行依据确认的债权优于和解协议形成的债权，在双方达成执行和解协议的情形下，债权人仍然有权申请实现执行依据确认的债权，和解债权仅构成对抗执行行为的抗辩事由；(3) 平行模式，即执行依据确认的债权与和解协议形成的债权处于并列关系，具有同等实体法效力，债权人可以行使选择权，任意择一行使权利。而从我国现有法律规定看，二者关系大体遵循附条件的替代模式，细节的变化则是，对于替代模式例外情形的扩大或限缩——表现在：《民事诉讼法》第二百三十条中规定了当事人不履行和解协议的，人民法院可以根据当事人的申请，恢复对原生效法律文书的执行。此处并未限定是申请执行人抑或

① 对应《最高人民法院关于适用〈中华人民共和国民事诉讼法〉的解释》（2022 年修正）第四百六十五条。

是被执行人不履行和解协议;《民事诉讼法解释》第四百六十七条则规定,当“一方当事人”不履行或不完全履行和解协议时,“对方当事人”可以申请恢复执行原生效法律文书;《执行和解规定》第九条则规定,将和解协议替代原执行依据的情形限缩为了仅当“被执行人”不履行和解协议时,申请执行人才得申请恢复原生效法律文书的执行。可以看出,这一立法模式的变化初衷是在执行和解中基于申请执行人放弃权利甚至被迫和解,而被执行人利用执行和解制度拖延执行的情形时有发生,其将选择恢复执行原生效裁判的权利单方赋予申请执行人亦是基于此种目的考虑。然而这一立法模式不可避免产生的缺陷即是,“绝对优于”的立法例无法涵括执行实践中和解债权与执行债权之间丰富、多样的关系状态。[①] 本案出现的在执行和解协议本身因客观履行不能时,申请执行人要求继续执行原生效裁判,而被执行人则坚持要求继续履行执行和解协议,此时应何去何从,即出现了法律适用上的空白。

2. 新债清偿与债的更改

不可否认的是执行和解协议具有合同的性质,在此情形下,回归民法理论体系中,对和解协议与生效裁判分别确立的债权之间的关系进行分析,从而在形成“合同僵局”情形时,解决当事人救济路径选择之困,不失为一种良性突破。有学者采用类型化分析的方法,将执行和解协议中的债权视为一种新的债权,即“和解债权”,认为这种新的债权不是替代原生效法律文书所确定的债权,而是两个债权并存,当和解债权履行之后,原生效法律文书所确定的债权才归于消灭。一旦和解债权得不到履行,则原生效法律文书确认的债权依然可以强制执行。[②] 这一理论对应的即为“新债清偿”理论。新债清偿,也称为新债抵偿、间接给付或为清偿之给付,经由此种契约,当事人将原债务关系消灭,而以新的债务关系替代之,其行为意思被称为更替意思,其所欲之效果被称为债务更新。是指因清偿债务而为异于原定给付之给付,因债权人就新给付之实行受满足,而

---

① 参见肖建国、黄忠顺:《执行和解协议的类型化分析》,载《法律适用》2014年第5期。

② 参见肖建国、黄忠顺:《执行和解协议的类型化分析》,载《法律适用》2014年第5期。

使旧债务消灭。[1]

与新债清偿概念对应，且有着诸多相似之处的，则是债的更改理论。所谓债的更改，也称债务更新、债务更替，经由此种契约，当事人将原债务关系消灭，而以新的债务关系替代之，其行为意思被称为更替意思，其所欲之效果被称为债务更新。[2] 债务更新与新债清偿不同之处在于当事人是否有“更改之意思”，即以新债务代替旧债务以消灭旧债务的意思表示。

回归到本案中的和解协议来看，该协议并不构成债的更改。本案中，中防院与联合资源公司并未约定协议成立后0492号裁决书中的裁决内容即告消灭，而是明确约定双方当事人达成执行和解的目的，是为了履行0492号裁决书。该种约定实质上只是以成立新债务作为履行旧债务的手段，新债务未得到履行的，旧债务并不消灭。而按照一般执行和解与原执行依据之间关系的处理原则，只有通过和解协议的完全履行，才能使得原生效法律文书确定的债权债务关系得以消灭，执行程序得以终结。若和解协议约定的权利义务得不到履行，则原生效法律文书确定的债权仍然不能消灭。可以看出，新债清偿理论，更符合本案执行和解协议设定的权利义务与原执行依据项下权利义务之间的关系本质。从本案的和解执行协议履行情况来看，该协议中关于资产处置部分的约定，由于未能得以完全履行，故其并未使原生效法律文书确定的债权债务关系得以消灭，即中防院撤出燕郊校园这一裁决内容仍需执行。申请执行人仍然得以申请继续执行原生效法律文书。

（三）执行和解协议约定不明造成客观履行不能时当事人救济路径的选择

从《民事诉讼法》第二百三十条的规定可以看出，当和解协议存在效力瑕疵时，即申请执行人因受欺诈、胁迫与被执行人达成和解协议的，申请执行人得向法院申请恢复对原生效法律文书的执行。但是对于因执行和

---

① 参见林诚二：《民法债编总论讲义》，我国台湾地区瑞兴图书股份有限公司1992年版，第111页。

② 参见黄立：《民法债编总论》，中国政法大学出版社2002年版，第674页。

解协议自身约定出现障碍，导致协议本身无法履行时，申请执行人能否申请恢复原生效法律文书的执行，包括《执行和解规定》在内的法律、司法解释等则并未规定。本案执行和解协议中约定了0492号裁决书未涵盖的双方资产处置的内容，在交割阶段设置了三种方案：方案1：联合资源公司在双方达成一致的情况下，转让其所有的房产所有权和土地使用权，由中防院收购。方案2：中防院不同意收购联合资源公司资产的情况下，由联合资源公司收购中防院财产。方案3：当方案1、方案2均无法实现时，双方同意由人民法院委托拍卖，并就拍卖方案、清偿范围和顺序、双方购买权进行了约定。上述方案是对未来资产若干处置方式的一种框架性安排，对双方的权利义务关系约定并不确定，联合资源公司和中防院并不存在固定的出售和购买的法律地位和权利义务，而是在特定条件成就时，双方的买卖关系及角色可以互换。由此导致特定当事人无法依据该协议请求一定给付。方案1设定了前提条件，即是在“双方达成一致的情况下”，联合资源公司才将所有房产所有权和土地使用权转让给中防院。在双方未能达成一致的情况下，联合资源公司并不负有在将来与中防院成立特定买卖关系的义务，即根据该条的约定，在双方无法协商一致的情况下，不能强制联合资源公司缔约，故实际上，方案1无法达到中防院所追求的效果。从双方长达十余年未能协商一致的客观现实来看，也印证了这一点。并且，该协议亦未约定双方如不能缔结特定的某一买卖法律关系，则应由何某承担违约责任之内容。相反，该协议设置的方案是，方案1不可行时，如中防院不同意收购资产，则以方案2解决，如1、2均不可行，则按照方案3处置。但事实是，按照中防院的诉求，其一直主张按照方案1收购联合资源公司在燕郊校区的房产所有权和土地使用权，方案2自始并未进入实质磋商阶段。方案3则是交由法院拍卖相关资产。在一般执行案件中，这种约定属于当事人之间对执行措施的合意，法院可以按照合意处理，但前提必须是在法院采取措施前双方之间始终意见一致。但本案的实际情况是，0492号裁决书对于资产处置并未作出裁决，双方当事人对所约定处置的资产最基础的评估范围都存在重大争议，在此情况下，由执行法院不经审判程序，直接在执行程序中对和解执行协议涉及的资产进行强制处置，无法

律依据。由此，归结于执行和解协议的部分内容约定缺乏最终确定性，导致无法确定该协议的给付内容及违约责任承担，客观上该执行和解协议已无法继续履行。

如前所析，既然本案执行和解协议符合新债清偿的性质，即当新债未履行完毕之时，旧债并不消灭，则原执行依据所确定的债权亦未消灭，此时，允许申请执行人转而选择申请继续执行原生效法律文书，既是从本案执行和解协议与原生效裁决的关系分析得出的合理结论，也是本案和解协议在实际履行中陷入僵局，导致本案长达十几年不能执行完毕时，为避免严重损害生效裁判文书债权人合法权益的必然选择。而和解执行协议中约定的原执行依据未涉及的内容，以及履行过程中产生争议的部分，相关当事人可以通过另行诉讼等其他程序解决，对此，现有法律均已设置了救济路径，并不存在障碍，于此不再赘述。

（四）执行权对执行和解协议的审查范围

由于我国现有法律将执行和解定位为兼有公法和私法上的双重效力，执行和解协议在特定情形下具有替代原执行依据，决定执行程序走向的功能，一经人民法院执行人员确认并实际得以履行，它又是当事人为消灭与人民法院之间业已存在的诉讼法律关系从而结束执行程序的诉讼行为，[①]这就势必引发执行权对执行和解协议实质审查的问题。现有法律规范对此设计了如下模式：对执行和解本身存在的无效或者可撤销的效力瑕疵问题，赋予当事人、利害关系人向执行法院提起诉讼的权利；[②]对于执行和解协议是否履行完毕，进而能否导致原生效裁判不再执行，则由执行机构

① 参见金俊银：《对执行和解若干问题的探讨》，载《法律适用》2005年第9期。

② 《执行和解规定》第十六条规定：“当事人、利害关系人认为执行和解协议无效或者应予撤销的，可以向执行法院提起诉讼。执行和解协议被确认无效或者撤销后，申请执行人可以据此申请恢复执行。被执行人以执行和解协议无效或者应予撤销为由提起诉讼的，不影响申请执行人申请恢复执行。”

作出判断。[1] 执行权不同于审判权，不能对一项新产生的实体法律关系进行全面的审查判断，受权力边界所限，根据现行法律及司法解释的规定，执行权只对和解协议是否履行进行审查，并决定是否恢复执行，但是，既然关系执行程序是否应当继续，执行案件是否就此终结，则执行和解协议的约定是否具有最终确定性，双方权利义务协议的给付内容及违约责任承担是否确定，是否存在客观上的履行障碍，均应属于执行权予以审查的范围，法院在执行和解制度运行过程中的“引导者”与“监督者”的角色不能缺位。这也是平衡当事人私权处分，保障程序便利与效率，以更充分保护当事人合法权益的最佳选择。

四、参照适用时应注意的问题

从程序上看，本案执行过程中，执行法院并未下发中止裁定以中止对0492号裁决书的执行，故本案自双方对执行和解协议履行产生争议继而无法继续履行后，并不存在对此前已经中止执行的裁决书恢复执行的问题，而是对执行依据的继续执行。但这一细节并不影响本案例确立的裁判要旨，无论执行案件是否已中止执行，当执行和解协议因约定缺乏最终确定性而陷入客观无法履行之僵局时，执行法院可以作出判断，转而继续执行或根据申请执行人的申请恢复执行原生效法律文书。

（执笔人：最高人民法院执行局　朱　燕
编审人：最高人民法院研究室　马蓓蓓）

① 《执行和解规定》第十一条规定：“申请执行人以被执行人一方不履行执行和解协议为由申请恢复执行，人民法院经审查，理由成立的，裁定恢复执行；有下列情形之一的，裁定不予恢复执行：（一）执行和解协议履行完毕后申请恢复执行的；（二）执行和解协议约定的履行期限尚未届至或者履行条件尚未成就的，但符合合同法第一百零八条规定情形的除外；（三）被执行人一方正在按照执行和解协议约定履行义务的；（四）其他不符合恢复执行条件的情形。”《执行和解规定》已于2020年修正，第十一条第二项中的“合同法第一百零八条”修改为“民法典第五百七十八条”。

63. 陈某果与刘某坤、广东省汕头渔业用品进出口公司等申请撤销拍卖执行监督案*

(最高人民法院审判委员会讨论通过 2019 年 12 月 24 日发布)

▶ 网络司法拍卖属于强制执行措施，应适用《民事诉讼法》及相关司法解释

【关键词】

执行 执行监督 司法拍卖 网络司法拍卖 强制执行措施

【裁判要点】

网络司法拍卖是人民法院通过互联网拍卖平台进行的司法拍卖，属于强制执行措施。人民法院对网络司法拍卖中产生的争议，应当适用《民事诉讼法》及相关司法解释的规定处理。

【相关法条】

《中华人民共和国民事诉讼法》第二百零四条①

---

* 摘自 2019 年 12 月 24 日最高人民法院发布的第 23 批指导案例（指导案例 125 号）。

① 对应《民事诉讼法》（2021 年修正）第二百一十一条。

【基本案情】

广东省汕头市中级人民法院（以下简称汕头中院）在执行申请执行人刘某坤与被执行人广东省汕头渔业用品进出口公司等借款合同纠纷一案中，于2016年4月25日通过淘宝网司法拍卖网络平台拍卖被执行人所有的位于汕头市升平区永泰路145号13—1地号地块的土地使用权，申诉人陈某果先后出价5次，最后一次于2016年4月26日10时17分26秒出价5282360.00元确认成交，成交后陈某果未缴交尚欠拍卖款。

2016年8月3日，陈某果向汕头中院提出执行异议，认为拍卖过程一些环节未适用拍卖法等相关法律规定，请求撤销拍卖，退还保证金23万元。

【裁判结果】

广东省汕头市中级人民法院于2016年9月18日作出（2016）粤05执异38号执行裁定，驳回陈某果的异议。陈某果不服，向广东省高级人民法院申请复议。广东省高级人民法院于2016年12月12日作出（2016）粤执复字243号执行裁定，驳回陈某果的复议申请，维持汕头市中级人民法院（2016）粤05执异38号执行裁定。申诉人陈某果不服，向最高人民法院申诉。最高人民法院于2017年9月2日作出（2017）最高法执监250号，驳回申诉人陈某果的申诉请求。

【裁判理由】

最高人民法院认为：

一、关于对网络司法拍卖的法律调整问题

根据《中华人民共和国拍卖法》（以下简称《拍卖法》）规定，《拍卖法》适用于中华人民共和国境内拍卖企业进行的拍卖活动，调整的是拍卖人、委托人、竞买人、买受人等平等主体之间的权利义务关系。拍卖人接受委托人委托对拍卖标的进行拍卖，是拍卖人和委托人之间“合意”的结果，该委托拍卖系合同关系，属于私法范畴。人民法院司法拍卖是人民法院依法行使强制执行权，就查封、扣押、冻结的财产强制进行拍卖变价进而清偿债务的强制执行行为，其本质上属于司法行为，具有公法性质。该强制执行权并非来自当事人的授权，无须征得当事人的同意，也不以当事人的意志为转移，而是基于法律赋予的人民法院的强制执行权，即来源于《民事诉讼法》及相关司法解释的规定。即便是在传统的司法拍卖中，人民法院委托拍卖企业进行拍卖活动，该拍卖企业与人民法院之间也不是平等关系，该拍卖企业的拍卖活动只能在人民法院的授权范围内进行。因此，人民法院在司法拍卖中应适用《民事诉讼法》及相关司法解释对人民法院强制执行的规定。网络司法拍卖是人民法院司法拍卖的一种优选方式，亦应适用《民事诉讼法》及相关司法解释对人民法院强制执行的规定。

二、关于本项网络司法拍卖行为是否存在违法违规情形问题

在网络司法拍卖中，竞价过程、竞买号、竞价时间、是否成交等均在交易平台展示，该展示具有一定的公示效力，对竞买人具有拘束力。该项内容从申诉人提供的竞买记录也可得到证实。且在本项网络司法拍卖时，《民事诉讼法》及相关司法解释均没有规定网络司法拍卖成交后必须签订成交确认书。因此，申诉人称未签订成交确认书、不能确定权利义务关系的主张不能得到支持。

关于申诉人提出的竞买号牌 A78××与 J88××蓄谋潜人竞买场合恶意串通，该标的物从底价 230 万元抬至 530 万元，事后经过查证号牌 A78××竞买人是该标的物委托拍卖人刘某坤等问题。网络司法拍卖是人民法院依法通过互联网拍卖平台，以网络电子竞价方式公开处置财产，本质上属于人民法院“自主拍卖”，不存在委托拍卖人的问题。《最高人民法院关于人民法院民事执行中拍卖、变卖财产的规定》第十五条第二款①明确规定申请执行人、被执行人可以参加竞买，作为申请执行人刘某坤只要满足网络司

① 该司法解释已于 2020 年 12 月 29 日修正，本条第二款已被修改为第十二条第二款，但内容未作变动。

法拍卖的资格条件即可以参加竞买。在网络司法拍卖中，即竞买人是否加价竞买、是否放弃竞买、何时加价竞买、何时放弃竞买完全取决于竞买人对拍卖标的物的价值认识。从申诉人提供的竞买记录看，申诉人在2016年4月26日9时40分53秒出价2377360元后，在竞买人叫价达到5182360元时，分别在2016年4月26日10时01分16秒、10时05分10秒、10时08分29秒、10时17分26秒加价竞买，足以认定申诉人对于自身的加价竞买行为有清醒的判断。以竞买号牌A78××与J88××连续多次加价竞买就认定该两位竞买人系蓄谋潜入竞买场合恶意串通理据不足，不予支持。

（生效裁判审判人员：赵晋山、万会峰、邵长茂）

理解与参照

《陈某果与刘某坤、广东省汕头渔业用品进出口公司等申请撤销拍卖执行监督案》的理解与参照*

——网络司法拍卖属于强制执行措施，应适用《民事诉讼法》及司法解释

2019年12月24日，最高人民法院发布了第23批指导性案例，包括第117号至第126号共10件指导性案例，这批案例为执行专题指导性案

---

* 摘自《最高人民法院司法解释与指导性案例理解与适用》（第十一卷），人民法院出版社2023年版，第972~979页。

例，总结了近些年执行领域中某些普遍的疑难复杂法律适用问题，有利于进一步明确裁判规则，统一司法尺度。其中，第125号指导案例为《陈某果与刘某坤、广东省汕头渔业用品进出口公司等申请撤销拍卖执行监督案》。为了正确理解和准确参照适用该指导案例，现对该指导案例的选编过程、裁判要点、参照适用等有关情况予以解释和说明。

一、案例选编过程及指导意义

2019年最高人民法院执行局向最高人民法院案例指导工作办公室推荐该案例作为备选指导性案例。最高人民法院案例指导工作办公室经过初审认为，该案例基本符合指导性案例要求，并提交最高人民法院研究室室务会讨论。2019年9月16日，最高人民法院研究室室务会讨论同意，建议提交审委会讨论。12月17日，该案例经最高人民法院民专会第330次会议讨论，同意作为指导性案例。12月24日，最高人民法院以法〔2019〕294号文件将该案例编入第23批指导性案例予以发布。

二、关于本案例的相关情况

广东省汕头市中级人民法院在执行申请执行人刘某坤与被执行人广东省汕头渔业用品进出口公司等借款合同纠纷一案中，于2016年4月25日通过淘宝网司法拍卖网络平台拍卖被执行人所有的位于汕头市升平区永泰路145号13—1地号地块的土地使用权，申诉人陈某果先后出价5次，最后一次于2016年4月26日10时17分26秒出价5282360.00元确认成交，成交后陈某果未缴尚欠拍卖款。2016年8月3日，陈某果向广东省汕头市中级人民法院提出执行异议，认为拍卖过程一些环节违反拍卖法等相关法律规定，请求撤销拍卖，退还保证金23万元。

广东省汕头市中级人民法院于2016年9月18日作出（2016）粤05执异38号执行裁定，驳回陈某果的异议。陈某果不服，向广东省高级人民法院申请复议。广东省高级人民法院于2016年12月12日作出（2016）粤执复字243号执行裁定，驳回陈某果的复议申请，维持汕头市中级人民法院（2016）粤05执异38号执行裁定。申诉人陈某果不服，向最高人民法院申诉。最高人民法院于2017年9月2日作出（2017）最高法执监250号，驳回申诉人陈某果的申诉请求。

本案的网络拍卖行为发生于2016年4月，此时《最高人民法院关于人民法院网络司法拍卖若干问题的规定》尚未施行。此时相关法律规定主要有2012年《民事诉讼法》《拍卖法》《最高人民法院关于人民法院民事执行中拍卖、变卖财产的规定》《最高人民法院关于人民法院委托评估、拍卖和变卖工作的若干规定》等，但这些法律、司法解释之间存在不一致的地方，有些已不能适应司法实践的发展。在本案当事人提出应援引、适用《拍卖法》相关拍卖规则从而认为应撤销本次网络司法拍卖的情况下，网络司法拍卖行为究竟是何种性质的行为，应该适用何种法律予以评判成为本案亟待明确的问题。

本案开宗明义，对人民法院司法拍卖行为的性质和适用的法律规范予以明确，即人民法院司法拍卖是人民法院依法行使强制执行权，就查封、扣押、冻结的财产强制进行拍卖变价进而清偿债务的强制执行行为，其本质上属于司法行为，具有公法性质。人民法院在司法拍卖中应适用《民事诉讼法》及相关司法解释对人民法院强制执行的规定。网络司法拍卖是人民法院司法拍卖的一种优选方式，亦应适用《民事诉讼法》及相关司法解释对人民法院强制执行的规定。如上所述，本案网络拍卖行为发生时间早于《最高人民法院关于人民法院网络司法拍卖若干问题的规定》，当时生效的法律法规对此网络司法拍卖的规定针对性不强，相互间存在不一致的地方。在这种背景下，本案针对实践中的问题，对人民法院网络司法拍卖行为性质和适用法律进一步予以明确，对这段时期的司法实践有较强的示范效应和指导作用，从一定层面维护了网络司法拍卖的司法权威。

三、裁判要点的理解与说明

该指导案例的裁判要点确认：网络司法拍卖是人民法院通过互联网拍卖平台进行的司法拍卖，属于强制执行措施。人民法院对网络司法拍卖中产生的争议，应当适用《民事诉讼法》及相关司法解释的规定处理。现围绕与该裁判要点相关的问题逐一解释和说明如下。

(一) 司法拍卖的性质理解

根据《拍卖法》第三条规定:“拍卖是指以公开竞价的形式,将特定物品或者财产权利转让给最高应价者的买卖方式。”可见,拍卖是通过组织多人公开对某一物品进行竞价,获得物品最高市场价格,以期实现价格与物品本身的价值相一致的一种有效方式和商品流通的一种重要形式。拍卖,按照拍卖人或者拍卖程序作为标准,可以分为任意拍卖与强制拍卖。任意拍卖是公民或者法人基于自由意志,将特定的物品或者财产权利转让给最高应价者的行为,亦称为私法上的拍卖。而强制拍卖是由权力机关基于国家强制力对特定当事人的财产实施的拍卖,① 也称为公法上的拍卖,或司法拍卖。

虽然拍卖本身作为一种市场行为属于私法管辖的范围,但是司法拍卖作为一种强制执行措施,对其规定多见于公法性质的强制执行法律和司法解释中,其性质究竟为何,众说纷纭,大体可概括为以下三种学说。

持私法说的学者认为,司法拍卖的实质就相当于民法上的买卖关系,两者并无明显差别。有学者认为“在早期民事诉讼法学成立之初,其学理构架具有浓厚的私法色彩,影响所致,认为强制执行行为是私权的行使,强制拍卖是强制执行中的一种变价措施,其性质自然也是私法行为,属于司法买卖的一种”。② 私法说强调整个司法拍卖实质上就是一个要约邀请、要约和承诺的过程。按照私法说的逻辑,在司法拍卖过程中,虽然有国家公权力机关——人民法院的介入,其也仅仅处于出卖人的地位,与买受人形成的拍卖关系和民法中的买卖契约关系并无二致。

持公法说的学者认为,司法拍卖是由债权人因无法实现债权而向法院申请启动的,人民法院一旦介入此债权关系,无论是在司法拍卖之前对涉案财产的查封、扣押等强制措施,还是司法拍卖之后的财产分配,整个程序都是由法院主导,事实上形成了国家机关与民事主体之间的关系。德国

① 参见江必新、刘贵祥:《最高人民法院关于人民法院网络司法拍卖若干问题的规定理解与适用》,中国法制出版社 2017 年版,第 55 页。

② 陈荣宗:《民事程序法与诉讼标的理论》,人民法院出版社 1997 年版,第 73 页。

学者通常采公法说，他们认为买受人取得拍卖物的所有权是原始取得。被拍卖的物品，不是基于债务人的自愿而进行的，而是执行机关利用法律赋予的公权力，剥夺债务人的所有权再通过拍卖这一形式转让给买受人，实际上与公用征收的性质类似。①

折中说的学者认为，司法拍卖兼有公法上的处分和私法买卖的性质和效果。② 该学说认为司法拍卖虽然是法院强制拍卖债务人所拥有的物品以抵偿其债务，具有强制性，但是在拍卖过程中却是完全按照自由买受规则进行的，买受人有充分的自主性来决定是否购买以及以多少金额购买。折中说将司法拍卖分为两个阶段：第一阶段，法院凭借法律赋予的强权力在无须考虑债务人意愿的基础上以类似征收的程序剥夺债务人对物品的所有权；第二阶段，按照市场拍卖的规则，在自由、平等基础上进行交换。

本案对司法拍卖的性质予以明确：司法拍卖就是一种强制拍卖，是人民法院作为执行机关，就查封的执行标的物按照拍卖的方式出卖给最高应价者，以取得价金的执行措施。就司法拍卖的性质而言，司法拍卖程序是始于债权人申请，法院受理强制执行之后，由法院作为执行机关进行主导，通过司法拍卖方式最大限度提高执行效果，实现债权人的利益的一种程序。在这种程序中，国家强制力起决定性作用。因此，司法拍卖本质上仍然是以法院强制力为基础的公法行为，拍卖阶段法院作为出卖人与买受人达成买卖契约并不影响司法拍卖的本质属性。对司法拍卖的性质予以界定和明确，有助于对本案适用法律问题的理解。

(二) 司法拍卖模式的发展及网络司法拍卖的特点

1991 年《民事诉讼法》第二百二十三条规定，被执行人未按执行通知履行法律文书确定的义务，人民法院有权查封、扣押、冻结、拍卖、变卖被执行人应当履行义务部分的财产。第二百二十六条规定，财产被查封、扣押后，执行员应当责令被执行人在指定期间履行法律文书确定的义务。

① 参见史尚宽：《物权法论》，中国政法大学出版社 2000 年版，第 296 页。

② 参见邵明：《民事诉讼法学》，中国人民大学出版社 2007 年版，第 596 页。

被执行人逾期不履行的，人民法院可以按照规定交有关单位拍卖或者变卖被查封、扣押的财产。自此，从法律层面明确赋予了人民法院司法强制拍卖权。这段时期，司法拍卖基本是在法院主导下进行。但因为相关法律法规很不健全，各种程序规范严重缺失，人民法院自主拍卖的权力没有受到应有的制约，司法拍卖在实际操作过程中出现诸多问题。

1998 年《最高人民法院关于人民法院执行工作若干问题的规定（试行）》第四十六条第一款规定："人民法院对查封、扣押的被执行人财产进行变价时，应当委托拍卖机构进行拍卖。"2004 年《最高人民法院关于人民法院民事执行中拍卖、变卖财产的规定》第三条规定："人民法院拍卖被执行人财产应当委托具有相应资质的拍卖机构进行，并对拍卖机构的拍卖进行监督，但法律、司法解释另有规定的除外。"上述规定在确立人民法院处置被执行人财产时拍卖方式优先的同时，在拍卖方式的选择上，实际对 1991 年民事诉讼法的相关规定作了限缩解释，确立了应当委托拍卖机构拍卖的制度。[①] 其后，为进一步规范司法拍卖、变卖环节，最高人民法院遵循委托拍卖优先原则先后出台《最高人民法院关于人民法院委托评估、拍卖和变卖工作的若干规定》《最高人民法院关于执行权合理配置和科学运行的若干意见》等一系列规定，形成一整套司法拍卖规范，对法院委托拍卖行为进行约束。司法强制拍卖进入委托拍卖模式优先时代。与法院自主拍卖相比，委托拍卖公司拍卖能够形成一定的分工和制约，在一定程度上防范拍卖环节中的违法违纪甚至司法腐败问题。但在实际运行中，也产生了拍卖佣金过高、被委托的拍卖公司良莠不齐、出现围标串标以及职业控场等问题。

随着网络信息技术的发展，网络司法拍卖应运而生。自 2010 年出现之日起，网络司法拍卖就体现出不同于传统拍卖模式的诸多特性：一是市场超地域化，只要有条件上网，人人都可参与，均可能成为司法拍卖的买家，打破了传统拍卖中参拍人必须到场的规则；二是拍卖快捷化，计算机

---

① 参见江必新、刘贵祥：《最高人民法院关于人民法院网络司法拍卖若干问题的规定理解与适用》，中国法制出版社 2017 年，第 59 页。

程序和网络技术能够自动处理网络拍卖中的信息传递，无须人为操作，加快了交易速度；三是拍卖虚拟化，参拍人观察拍品、参与竞拍过程、拍卖支付等，均无须当面进行，可通过互联网完成；四是交易成本低廉化，网络司法拍卖大大降低了拍卖中介服务成本、信息公开成本、参与竞拍成本及拍卖过程中的场地费等实际支出；五是拍卖信息透明化，拍品展示、竞拍过程均通过网络向社会最大范围的公开，参拍人无须通过纸质媒体即可获知完全相同的信息。网络司法拍卖因其上述特性，迅猛发展起来，成为不可忽视的一种司法拍卖方式。本案中的拍卖行为亦采取了此种方式。

（三）本案法律适用问题

本案的网络司法拍卖行为发生于2016年4月26日，在《最高人民法院关于人民法院网络司法拍卖若干问题的规定》公布和施行之前。当时国内的形势是：网络司法拍卖已经迅速发展，全国已经有1000多家法院自主开展网络拍卖。仅2015年一年，拍卖就达12.4万余次，处置标的物5.7万余件，成交率84%，平均溢价率36.7%。但另一方面，网络司法拍卖作为一种新的事物，实践中不可避免地遇到一些问题。首先是拍卖模式多样、拍卖主体多元问题突出：包括公共网络拍卖平台，由专业的网络运营商设计并经营；私人的网络拍卖平台，由单位或个人拍卖特定的商品；传统拍卖模式，规则照旧，只是转移到网络上进行等。其次是操作规程不一问题，相关法律规定的适用问题亦不明确。当时规范司法拍卖行为的法律规范大致有2012年《民事诉讼法》《拍卖法》《最高人民法院关于适用〈中华人民共和国民事诉讼法〉的解释》《最高人民法院关于人民法院执行工作若干问题的规定（试行）》《最高人民法院关于人民法院民事执行中拍卖、变卖财产的规定》《最高人民法院关于人民法院委托评估、拍卖工作的若干规定》等，由于部分规定出台时间较早，主要规范的是委托拍卖方式，已经不能满足实践发展需要。同时上述法律法规之间部分规定存在一定冲突和不一致的地方，对司法拍卖的性质问题长期存有一定争议，在新的网络拍卖规定尚未出台前，如何在案件审理中适用以上法律法规成为本案亟须解决的一个问题。尤其当《拍卖法》确立的具体规则与网络司法

拍卖操作规则不一致时，能否以该法律规定否定网络司法拍卖的效力是本案的一个重要问题。

2012年《民事诉讼法》第二百四十七条规定："财产被查封、扣押后，执行员应当责令被执行人在指定期间履行法律文书确定的义务。被执行人逾期不履行的，人民法院应当拍卖被查封、扣押的财产……"2015年《最高人民法院关于适用〈中华人民共和国民事诉讼法〉的解释》第四百八十八条规定："依照民事诉讼法第二百四十七条规定，人民法院在执行中需要拍卖被执行人财产的，可以由人民法院自行组织拍卖，也可以交由具备相应资质的拍卖机构拍卖。交拍卖机构拍卖的，人民法院应当对拍卖活动进行监督。"从以上规定可以看出，此时拍卖可以分为两种形式：一是由人民法院自行组织拍卖；二是交由具备相应资质的拍卖机构拍卖。而且，对交由拍卖机构拍卖的，人民法院应当进行监督。以上规定再次强调了人民法院自行拍卖的形式，同时在委托拍卖中进一步强化了人民法院的监督职责。一定程度上反映出司法拍卖与拍卖法规范的拍卖企业进行的拍卖活动适用范围并不相同。

本案申诉人依据《拍卖法》第三十条、第五十二条等规定，认为本案的网络司法拍卖不符合《拍卖法》确立的规则从而是违法的，例如，未签订成交确认书、在拍卖过程中拍卖标的物的委托人同时又是竞买人等情形。而能否用《拍卖法》的相关规定作为评判网络司法拍卖行为合法的依据是本案首先要解决的问题。鉴于之前对司法拍卖性质的分析和判断，笔者认为，总体而言，网络司法拍卖是人民法院通过互联网拍卖平台进行的司法拍卖，属于强制执行措施。人民法院对网络司法拍卖中产生的争议，应当适用《民事诉讼法》及相关司法解释的规定处理。而《拍卖法》规范的是拍卖企业进行的拍卖活动，与司法拍卖存在明显不同，因此，不能以拍卖法确立的一些具体细则否定本案网络司法拍卖行为的效力。

具体来说，关于申诉人提出的未签订成交确认书的问题。所谓拍卖成交确认书是国内拍卖界的习惯做法，在域外拍卖活动中几乎没有见到，拍卖成交书的出现可以追溯到1987年，当时拍卖市场操作中，拍卖以落槌来宣告交易成功，一诺千金并没有一纸文书作证明，万一拍卖某方反悔，证据难觅，因此就设计了一个拍卖成交确认书以作为拍卖成交证据。[①] 然而对于新兴的网络司法拍卖，竞价过程、竞买号、竞价时间、是否成交等均在交易平台展示，该展示具有一定的公示效力，对竞买人具有拘束力。该项内容从申诉人提供的竞买记录也可得到证实。且在本案网络司法拍卖时，《民事诉讼法》及相关司法解释均没有规定网络司法拍卖成交后必须签订成交确认书。因此，申诉人称未签订成交确认书、不能确定权利义务关系的主张不能得到支持。当然，之后出台的《最高人民法院关于人民法院网络司法拍卖若干问题的规定》第二十二条，为防止特定人员参与拍卖，方便社会监督的角度，还是明确了由网络司法拍卖平台以买受人的真实身份自动生成确认书并公示的规则，这点应引起注意。

对于申诉人提出的申请执行人作为委托人不能参与竞买的问题。我们认为，网络司法拍卖是人民法院依法通过互联网拍卖平台，以网络电子竞价方式公开处置财产，本质上属于人民法院“自主拍卖”，不存在委托拍卖人的问题。本案的申请执行人不能视为拍卖的委托人。而且《最高人民法院关于人民法院民事执行中拍卖、变卖财产的规定》第十五条第二款明确规定申请执行人、被执行人可以参加竞买，作为申请执行人只要满足网络司法拍卖的资格条件即可以参加竞买。因此，申诉人的这一理由同样是不能成立的。同时，本案进一步明确，在网络司法拍卖中，即竞买人是否加价竞买、是否放弃竞买、何时加价竞买、何时放弃竞买完全取决于竞买人对拍卖标的物的价值认识。从申诉人提供的竞买记录看，申诉人在2016年4月26日9时40分53秒出价2377360元后，在竞买人叫价达到5182360元时，分别在2016年4月26日10时01分16秒、10时05分10秒、10时08分29秒、10时17分26秒加价竞买，足以认定申诉人对于自身的加价竞买行为有清醒的判断。

（执笔人：最高人民法院执行局　万会峰　邵夏虹
编审人：最高人民法院研究室　马蓓蓓）

---

① 参见江必新、刘贵祥：《最高人民法院关于人民法院网络司法拍卖若干问题的规定理解与适用》，中国法制出版社2017年版，第307页。

64. 江苏天宇建设集团有限公司与无锡时代盛业房地产开发有限公司执行监督案*

（最高人民法院审判委员会讨论通过 2019 年 12 月 24 日发布）

被执行人在规定期限内未履行和解协议且在和解协议约定义务履行完毕前申请执行人申请恢复执行的，根据案件具体情形并非当然应当恢复执行

【关键词】

执行 执行监督 和解协议 迟延履行 履行完毕

【裁判要点】

在履行和解协议的过程中，申请执行人因被执行人迟延履行申请恢复执行的同时，又继续接受并积极配合被执行人的后续履行，直至和解协议全部履行完毕的，属于《中华人民共和国民事诉讼法》及相关司法解释规定的和解协议已经履行完毕不再恢复执行原生效法律文书的情形。

* 摘自 2019 年 12 月 24 日最高人民法院发布的第 23 批指导案例（指导案例 126 号）。

【相关法条】

《中华人民共和国民事诉讼法》第二百零四条①

【基本案情】

江苏天宇建设集团有限公司(以下简称天宇公司)与无锡时代盛业房地产开发有限公司(以下简称时代公司)建设工程施工合同纠纷一案,江苏省无锡市中级人民法院(以下简称无锡中院)于2015年3月3日作出(2014)锡民初字第00103号民事判决,时代公司应于本判决发生法律效力之日起五日内支付天宇公司工程款14454411.83元以及相应的违约金。时代公司不服,提起上诉,江苏省高级人民法院(以下简称江苏高院)二审维持原判。因时代公司未履行义务,天宇公司向无锡中院申请强制执行。

在执行过程中,天宇公司与时代公司于2015年12月1日签订《执行和解协议》,约定:(1)时代公司同意以其名下三套房产(云港佳园53-106、53-107、53-108商铺,非本案涉及房产)就本案所涉金额抵全部债权;(2)时代公司在15个工作日内,协助天宇公司将抵债房产办理到天宇公司名下或该公司指定人员名下,并将三套商铺的租赁合同关系的出租人变更为天宇公司名下或该公司指定人员名下;(3)本案目前涉案拍卖房产中止15个工作日拍卖(已经成交的除外)。待上述事项履行完毕后,涉案房产将不再拍卖,如未按上述协议处理完毕,申请人可以重新申请拍卖;(4)如果上述协议履行完毕,本案目前执行阶段执行已到位的财产,返还时代公司指定账户;(5)本协议履行完毕后,双方再无其他经济纠葛。

和解协议签订后,2015年12月21日(和解协议约定的最后一个工作日),时代公司分别与天宇公司签订两份商品房买卖合同,与李某奇签订一份商品房买卖合同,并完成三套房产的网签手续。2015年12月25日,

① 对应《民事诉讼法》(2021年修正)第二百一十一条。

天宇公司向时代公司出具两份转账证明，载明：兹有本公司购买云港佳园53-108、53-106、53-107商铺，购房款冲抵本公司在空港一号承建工程中所欠工程余款，金额以法院最终裁决为准。2015年12月30日，时代公司、天宇公司在无锡中院主持下，就和解协议履行情况及查封房产解封问题进行沟通。无锡中院同意对查封的39套房产中的30套予以解封，并于2016年1月5日向无锡市不动产登记中心新区分中心送达协助解除通知书，解除了对时代公司30套房产的查封。因上述三套商铺此前已由时代公司于2014年6月出租给江苏银行股份有限公司无锡分行（以下简称江苏银行）。2016年1月，时代公司（甲方）、天宇公司（乙方）、李某奇（丙方）签订了一份《补充协议》，明确自该补充协议签订之日起时代公司完全退出原《房屋租赁合同》，天宇公司与李某奇应依照原《房屋租赁合同》中约定的条款，直接向江苏银行主张租金。同时三方确认，2015年12月31日前房屋租金已付清，租金收款单位为时代公司。2016年1月26日，时代公司向江苏银行发函告知。租赁关系变更后，天宇公司和李某奇已实际收取自2016年1月1日起的租金。2016年1月14日，天宇公司弓奎林接收三套商铺初始登记证和土地分割证。2016年2月25日，时代公司就上述三套商铺向天宇公司、李某奇开具共计三张《销售不动产统一发票（电子）》，三张发票金额总计11999999元。发票开具后，天宇公司以时代公司违约为由拒收，时代公司遂邮寄至无锡中院，请求无锡中院转交。无锡中院于2016年4月1日将发票转交给天宇公司，天宇公司接受。2016年11月，天宇公司、李某奇办理了三套商铺的所有权登记手续，李某奇又将其名下的商铺转让给案外人罗某明、陈某。经查，登记在天宇公司名下的两套商铺于2016年12月2日被甘肃省兰州市七里河区人民法院查封，并被该院其他案件轮候查封。

2016年1月27日及2016年3月1日，天宇公司两次向无锡中院提交书面申请，以时代公司违反和解协议，未办妥房产证及租赁合同变更事宜为由，请求恢复本案执行，对时代公司名下已被查封的9套房产进行拍卖，扣减三张发票载明的11999999元之后，继续清偿生效判决确定的债权数额。2016年4月1日，无锡中院通知天宇公司、时代公司：时代公司未能按照双方和解协议履行，由于之前查封的财产中已经解封30套，故对于剩余9套房产继续进行拍卖，对于和解协议中三套房产价值按照双方合同及发票确定金额，可直接按照已经执行到位金额认定，从应当执行总金额中扣除。同日即2016年4月1日，无锡中院在淘宝网上发布拍卖公告，对查封的被执行人的9套房产进行拍卖。时代公司向无锡中院提出异议，请求撤销对时代公司财产的拍卖，按照双方和解协议确认本执行案件执行完毕。

【裁判结果】

江苏省无锡市中级人民法院于2016年7月27日作出（2016）苏02执异26号执行裁定：驳回无锡时代盛业房地产开发有限公司的异议申请。无锡时代盛业房地产开发有限公司不服，向江苏省高级人民法院申请复议。江苏省高级人民法院于2017年9月4日作出（2016）苏执复160号执行裁定：一、撤销江苏省无锡市中级人民法院（2016）苏02执异26号执行裁定。二、撤销江苏省无锡市中级人民法院于2016年4月1日作出的对剩余9套房产继续拍卖且按合同及发票确定金额扣减执行标的的通知。三、撤销江苏省无锡市中级人民法院于2016年4月1日发布的对被执行人无锡时代盛业房地产开发有限公司所有的云港佳园39-1203、21-1203、11-202、17-102、17-202、36-1402、36-1403、36-1404、37-1401室九套房产的拍卖。江苏天宇建设集团有限公司不服江苏省高级人民法院复议裁定，向最高人民法院提出申诉。最高人民法院于2018年12月29日作出（2018）最高法执监34号执行裁定：驳回申诉人江苏天宇建设集团有限公司的申诉。

【裁判理由】

最高人民法院认为，根据《最高人民法院关于适用〈中华人民共和国民事诉讼法〉的解释》第四百六十七条①的规定，一方当事人不履行或者

① 对应《最高人民法院关于适用〈中华人民共和国民事诉讼法〉的解释》（2022年修正）第四百六十五条。

不完全履行在执行中双方自愿达成的和解协议，对方当事人申请执行原生效法律文书的，人民法院应当恢复执行，但和解协议已履行的部分应当扣除。和解协议已经履行完毕的，人民法院不予恢复执行。本案中，按照和解协议，时代公司违反了关于协助办理抵债房产转移登记等义务的时间约定。天宇公司在时代公司完成全部协助义务之前曾先后两次向人民法院申请恢复执行。但综合而言，本案仍宜认定和解协议已经履行完毕，不应恢复执行。主要理由如下：

第一，和解协议签订于2015年12月1日，约定15个工作日即完成抵债房产的所有权转移登记并将三套商铺租赁合同关系中的出租人变更为天宇公司或其指定人，这本身具有一定的难度，天宇公司应该有所预知。第二，在约定期限的最后一日即2015年12月21日，时代公司分别与天宇公司及其指定人李某奇签订商品房买卖合同并完成三套抵债房产的网签手续。从实际效果看，天宇公司取得该抵债房产已经有了较充分的保障。而且时代公司又于2016年1月与天宇公司及其指定人李某奇签订《补充协议》，就抵债房产变更租赁合同关系及时代公司退出租赁合同关系作出约定；并于2016年1月26日向江苏银行发函，告知租赁标的出售的事实并函请江苏银行尽快与新的买受人办理出租人变更手续。租赁关系变更后，天宇公司和李某奇已实际收取自2016年1月1日起的租金。同时，2016年1月14日，时代公司交付了三套商铺的初始登记证和土地分割证。由此可见，在较短时间内时代公司又先后履行了变更抵债房产租赁关系、转移抵债房产收益权、交付初始登记证和土地分割证等义务，即时代公司一直在积极地履行义务。第三，对于时代公司上述一系列积极履行义务的行为，天宇公司在明知该履行已经超过约定期限的情况下仍一一予以接受，并且还积极配合时代公司向人民法院申请解封已被查封的财产。天宇公司的上述行为已充分反映其认可超期履行，并在继续履行和解协议上与时代公司形成较强的信赖关系，在没有新的明确约定的情况下，应当允许时代公司在合理期限内完成全部义务的履行。第四，在时代公司履行完一系列主要义务，并于1月26日函告抵债房产的承租方该房产产权变更情况，使得天宇公司及其指定人能实际取得租金收益后，天宇公司在1月27日即首次提出恢复执行，并在时代公司开出发票后拒收，有违诚信。第五，天宇公司并没有提供充分的证据证明本案中的迟延履行行为会导致签订和解协议的目的落空，严重损害其利益。相反从天宇公司积极接受履行且未及时申请恢复执行的情况看，迟延履行并未导致和解协议签订的目的落空。第六，在时代公司因天宇公司拒收发票而将发票邮寄法院请予转交时，其全部协助义务即应认为已履行完毕，此时法院尚未实际恢复执行，此后再恢复执行亦不适当。综上，本案宜认定和解协议已经履行完毕，不予恢复执行。

理解与参照

《江苏天宇建设集团有限公司与无锡时代盛业房地产开发有限公司执行监督案》的理解与参照*

——被执行人在规定期限内未履行和解协议且在和解协议约定义务履行完毕前申请执行人申请恢复执行的，根据案件具体情形并非当然应当恢复执行

2019年12月24日，最高人民法院发布了第23批指导性案例，包括第117号至第126号共10件指导性案例，这批案例为执行专题指导性案例，总结了近些年执行领域中某些普遍的疑难复杂法律适用问题，有利于进一步明确裁判规则，统一司法尺度。其中，第126号指导案例为《江苏

* 摘自《最高人民法院司法解释与指导性案例理解与适用》（第十一卷），人民法院出版社2023年版，第972~979页。

天宇建设集团有限公司与无锡时代盛业房地产开发有限公司执行监督案》。为了正确理解和准确参照适用该指导案例，现对该指导案例的选编过程、裁判要点、参照适用等有关情况予以解释和说明。

一、案例选编过程及指导意义

2019年最高人民法院执行局向最高人民法院案例指导工作办公室推荐该案例作为备选指导性案例。最高人民法院案例指导工作办公室经过初审认为，该案例基本符合指导性案例要求，并提交最高人民法院研究室室务会讨论。2019年10月21日，最高人民法院研究室室务会讨论同意，建议提交审委会讨论。12月17日，该案例经最高人民法院民专会第330次会议讨论，同意作为指导性案例。12月24日，最高人民法院以法〔2019〕294号文件将该案例编入第23批指导性案例予以发布。

该案例是关于被执行人不履行或者不完全履行和解协议时恢复原生效法律文书执行的相关规则适用问题。2015年《最高人民法院关于适用〈中华人民共和国民事诉讼法〉的解释》（以下简称《民事诉讼法解释》）第四百六十七条①规定，一方当事人不履行或者不完全履行在执行中双方自愿达成的和解协议，对方当事人申请执行原生效法律文书的，人民法院应当恢复执行。实践中，是否只要一方当事人在约定期限内未履行和解协议，经另一方当事人申请就应当恢复执行，于具体案件中存在争议。总体说来，是否恢复执行还是应当综合考虑各方因素作具体判断。本案合议庭即是在综合判断的基础上，认定不予恢复执行。其裁判思路对于类似案件具有一定的参考价值。

二、关于本案例的相关情况

江苏天宇建设集团有限公司（以下简称天宇公司）与无锡时代盛业房地产开发有限公司（以下简称时代公司）建设工程施工合同纠纷一案，江

① 对应《最高人民法院关于适用〈中华人民共和国民事诉讼法〉的解释》（2022年修正）第四百六十五条。

苏省无锡市中级人民法院（以下简称无锡中院）于2015年3月3日作出（2014）锡民初字第00103号民事判决，时代公司应于本判决发生法律效力之日起五日内支付天宇公司工程款14454411.83元以及相应的违约金。时代公司不服，提起上诉，江苏省高级人民法院（以下简称江苏高院）二审维持原判。因时代公司未履行义务，天宇公司向无锡中院申请强制执行。

在执行过程中，天宇公司与时代公司于2015年12月1日签订《执行和解协议》，约定：(1）时代公司同意以其名下3套房产（云港佳园53-106、53-107、53-108商铺，非本案涉及房产）就本案所涉金额抵全部债权；(2）时代公司在十五个工作日内，协助天宇公司将抵债房产办理到天宇公司名下或该公司指定人员名下，并将3套商铺的租赁合同关系的出租人变更为天宇公司名下或该公司指定人员名下；(3）本案目前涉案拍卖房产中止十五个工作日拍卖（已经成交的除外)。待上述事项履行完毕后，涉案房产将不再拍卖，如未按上述协议处理完毕，申请人可以重新申请拍卖；(4）如果上述协议履行完毕，本案目前执行阶段执行已到位的财产，返还时代公司指定账户；(5）本协议履行完毕后，双方再无其他经济纠葛。

和解协议签订后，2015年12月21日（和解协议约定的最后一个工作日)，时代公司分别与天宇公司签订2份商品房买卖合同，与李某奇签订1份商品房买卖合同，并完成3套房产的网签手续。2015年12月25日，天宇公司向时代公司出具两份转账证明，载明：兹有本公司购买硕放云港佳园53-108、53-106、53-107商铺，购房款冲抵本公司在空港一号承建工程中所欠工程余款，金额以法院最终裁决为准。2015年12月30日，时代公司、天宇公司在无锡中院主持下，就和解协议履行情况及查封房产解封问题进行沟通。无锡中院同意对查封的39套房产中的30套予以解封，并于2016年1月5日向无锡市不动产登记中心新区分中心送达协助解除通知书，解除了对时代公司30套房产的查封。因上述3套商铺此前已由时代公司于2014年6月出租给江苏银行股份有限公司无锡分行（以下简称江苏银行)。2016年1月，时代公司（甲方)、天宇公司（乙方)、李某奇（丙方）签订了一份《补充协议》，明确自该补充协议签订之日起时代公司完

全退出原《房屋租赁合同》，天宇公司与李某奇应依照原《房屋租赁合同》中约定的条款，直接向江苏银行主张租金。同时三方确认，2015年12月31日前房屋租金已付清，租金收款单位为时代公司。2016年1月26日，时代公司向江苏银行发函告知。租赁关系变更后，天宇公司和李某奇已实际收取自2016年1月1日起的租金。2016年1月14日，天宇公司弓奎林接收3套商铺初始登记证和土地分割证。2016年2月25日，时代公司就上述3套商铺向天宇公司、李某奇开具共计3张《销售不动产统一发票（电子）》，3张发票金额总计11999999元。发票开具后，天宇公司以时代公司违约为由拒收，时代公司遂邮寄至无锡中院，请求无锡中院转交。无锡中院于2016年4月1日将发票转交给天宇公司，天宇公司接受。2016年11月，天宇公司、李某奇办理了3套商铺的所有权登记手续，李某奇又将其名下的商铺转让给案外人罗某明、陈某。经查，登记在天宇公司名下的2套商铺于2016年12月2日被甘肃省兰州市七里河区人民法院查封，并被该院其他案件轮候查封。

2016年1月27日及2016年3月1日，天宇公司两次向无锡中院提交书面申请，以时代公司违反和解协议，未办妥房产证及租赁合同变更事宜为由，请求恢复本案执行，对时代公司名下已被查封的9套房产进行拍卖，扣减3张发票载明的11999999元之后，继续清偿生效判决确定的债权数额。2016年4月1日，无锡中院通知天宇公司、时代公司：时代公司未能按照双方和解协议履行，由于之前查封的财产中已经解封30套，故对于剩余9套房产继续进行拍卖，对于和解协议中3套房产价值按照双方合同及发票确定金额，可直接按照已经执行到位金额认定，从应当执行总金额中扣除。同日即2016年4月1日，无锡中院在淘宝网上发布拍卖公告，对查封的被执行人的9套房产进行拍卖。时代公司向无锡中院提出异议，请求撤销对时代公司财产的拍卖，按照双方和解协议确认本执行案件执行完毕。

无锡中院于2016年7月27日作出（2016）苏02执异26号执行裁定：驳回时代公司的异议申请。时代公司不服，向江苏高院申请复议。江苏高院于2017年9月4日作出（2016）苏执复160号执行裁定：（1）撤销无锡中院（2016）苏02执异26号执行裁定。(2) 撤销无锡中院于2016年4月1日作出的对剩余9套房产继续拍卖且按合同及发票确定金额扣减执行标的的通知。(3) 撤销无锡中院于2016年4月1日发布的对被执行人无锡时代盛业房地产开发有限公司所有的云港佳园39-1203、21-1203、11-202、17-102、17-202、36-1402、36-1403、36-1404、37-1401室9套房产的拍卖。天宇公司不服江苏高院复议裁定，向最高人民法院提出申诉。最高人民法院于2018年12月29日作出（2018）最高法执监34号执行裁定：驳回申诉人天宇公司的申诉。

本案被执行人时代公司根据和解协议应履行的义务主要为提供必要手续协助将抵债房产过户到申请执行人天宇公司一方名下。时代公司确实没有在执行和解协议约定的期限2015年12月21日之前履行和解协议，直至2016年2月25日时代公司才开出并提交办理过户必要的房产销售发票，而在此之前天宇公司已经于2016年1月27日申请恢复执行。《民事诉讼法解释》第四百六十七条规定："一方当事人不履行或者不完全履行在执行中双方自愿达成的和解协议，对方当事人申请执行原生效法律文书的，人民法院应当恢复执行，但和解协议已履行的部分应当扣除。和解协议已经履行完毕的，人民法院不予恢复执行。"根据一般观点，只要一方当事人不履行和解协议，且在和解协议履行完毕前对方当事人已经申请恢复执行的，就应当恢复执行。本案似乎应当恢复执行。但最高人民法院最终支持了本案不恢复执行的意见并作出裁判，这是根据案件的具体情况进行综合评判的结果。主要考虑了以下因素：一是尽管被执行人没有在规定期限内履行和解协议约定的义务，但其已经开始履行义务，如协助办理抵债房产的网签手续、处理抵债房产租赁合同权利的移转、办理初始登记证和土地分割证等。其履行行为虽已迟延，但仍属于积极履行。二是申请执行人明知被执行人的履行行为超过约定期限，仍然对该履行行为积极配合，予以接受，在继续履行和解协议上与被执行人形成较强的信赖关系。三是没有证据证明被执行人迟延履行导致签订和解协议的目的落空，申请执行人的利益受到严重损害。四是尽管申请执行人在对方履行完毕之前已经申请恢复执行，但执行法院实际上并未恢复执行。在法院实际恢复执行前被执行

人已经履行完毕，再恢复执行已不适当。该种情形可以认定为《民事诉讼法解释》规定的和解协议已经履行完毕不再恢复执行的情形。上述裁判理由虽然与本案的具体情况紧密相扣，但其中涉及对司法解释相关规定的理解，也可为类似案件的处理提供思路与参照。

三、裁判要点的理解与说明

该指导案例的裁判要点确认：在履行和解协议的过程中，申请执行人因被执行人迟延履行申请恢复执行的同时，又继续接受并积极配合被执行人的后续履行，直至和解协议全部履行完毕的，属于《民事诉讼法》及相关司法解释规定的和解协议已经履行完毕不再恢复执行原生效法律文书的情形。现围绕与该裁判要点相关的问题逐一解释和说明如下。

（一）关于不履行、不完全履行、迟延履行的辨析

根据《民事诉讼法解释》第四百六十七条规定，一方当事人不履行或者不完全履行和解协议的，即可根据对方当事人的申请恢复执行。对于不履行和不完全履行的认定决定了是否应恢复执行的判断。同时，迟延履行也是一个相关联的概念。不履行、不完全履行、迟延履行均是未按照协议约定履行的状态。不履行指基于主客观原因没有履行协议约定的义务，包括主观上的拒绝履行，因客观原因不能履行等各种不履行协议的状态。不完全履行指虽然履行了义务，但履行不符合义务本旨的状态，也可称为瑕疵履行。迟延履行指能够履行，但在履行期限届满时却未履行的状态。如果将不履行作广义理解，不完全履行和迟延履行均可以归入不履行之中。由于《民事诉讼法解释》第四百六十七条将不履行和不完全履行并列，因此将两者区分理解为宜。迟延履行属于在履行期限届满时未履行的状态，就履行期限届满的时点判断，可以归入该条规定的不履行之中。因此，和解协议签订之后，一方当事人拒绝履行或因客观原因不能履行，在履行期限届满时仍未履行，以及虽履行但不符合约定的，均可认为符合《民事诉讼法解释》第四百六十七条规定的“不履行或者不完全履行”的情形，对方当事人申请恢复执行的，原则上可以恢复执行。

（二）是否恢复执行仍然需要考虑的因素

同样是《民事诉讼法解释》第四百六十七条规定，和解协议已经履行完毕的，人民法院不予恢复执行。《最高人民法院关于执行和解若干问题的规定》第十五条规定："执行和解协议履行完毕，申请执行人因被执行人迟延履行、瑕疵履行遭受损害的，可以向执行法院另行提起诉讼。"因此，出现不履行、不完全履行以及迟延履行和解协议情形的，并非必然就要恢复执行。其中最为重要的一点就是，如果和解协议已经履行完毕，再申请恢复执行则人民法院不应支持。问题是，如果当事人已经开始履行协议且已经构成迟延履行，在协议履行完毕之前对方当事人申请恢复执行的是否应当恢复执行？本案即是出现了此种情形。时代公司已经构成迟延履行，但其已经开始履行协议，天宇公司正是在时代公司履行完毕全部义务之前申请恢复执行。对此，应当综合考虑各方因素予以判定。

首先，即便当事人一方已经开始履行，但对方当事人申请恢复执行的，一般仍应恢复执行。当事人在迟延履行的情况下开始履行，仍然属于未按协议约定履行义务，属于《民事诉讼法解释》第四百六十七条规定的不履行和解协议。此时对方当事人及时提出恢复执行申请，应当维护其合法权益，及时恢复执行。但对方当事人对于该履行行为予以接受和积极配合，则另当别论。此种接受和积极配合行为体现出对方当事人对继续履行和解协议的认可，在双方当事人之间就继续履行和解协议形成了一定的信赖和预期。在没有新的充分理由时，仅根据对方当事人的申请即恢复执行，与诚信原则不符，对履行和解协议一方保护不力。本案中时代公司在迟延的情况下，积极履行义务，天宇公司积极配合并一一接受履行，即是该种情形，不能简单地因天宇公司又申请了恢复执行即恢复执行。

其次，在迟延履行和解协议的过程中，需要考虑迟延履行的行为是否导致对方当事人利益受到重大损害。迟延履行往往需要经历一定的过程，即便在对方当事人接受履行的情况下，如果该迟延履行行为导致对方当事人重大损害，甚至使其签订和解协议的目的落空，则仍然应当支持其恢复执行。恢复执行原生效法律文书类似于解除和解协议，《合同法》或者

《民法典》关于解除合同的条件部分可以参照。上述法律均规定，当事人一方迟延履行致使不能实现合同目的的，另一方当事人可以解除合同。在和解协议履行中，如果迟延履行导致一方当事人重大损失或者不能实现签订和解协议的目的的，可以要求不再继续履行和解协议，恢复原生效法律文书执行。因此，虽然本案中时代公司在迟延的情况下继续履行协议，天宇公司也予以接受，但天宇公司仍然可以在履行过程中主张恢复执行，关键就是要衡量该迟延履行的具体情形及其对申请执行人天宇公司利益的影响。合议庭经审查，认为没有证据证明时代公司的迟延履行给天宇公司造成重大损失或者签订和解协议目的落空，相反，天宇公司积极接受履行及其利益，也反映出该履行行为为天宇公司认可，符合其签订和解协议的目的。因此，虽然天宇公司在时代公司履行完全部义务之前已经申请恢复执行，执行法院未予及时恢复执行是适当的。

第三，和解协议是否履行完毕是决定是否恢复执行的重要因素。从《民事诉讼法解释》第四百六十七条的规定看，和解协议已经履行完毕的不再恢复执行，似乎规定得很明确，不应该有争议。但本案却有一定的特殊性。即天宇公司申请恢复执行时时代公司并未履行完毕，只是因执行法院没有及时恢复执行，在天宇公司再次要求恢复执行时和解协议已经履行完毕。本案判断是否应当恢复执行时，关于执行完毕与否的考虑因素是应当以第一次申请恢复执行时间点为准还是以第二次申请时甚至是之后的时间点为准，值得考虑。根据《民事诉讼法解释》第四百六十七条的规定，恢复执行一般应当具备以下要件：一是一方当事人不履行或者不完全履行和解协议；二是对方当事人申请恢复执行；三是和解协议并未履行完毕。该三个要件也是人民法院判断是否应当恢复执行的标准。故此处和解协议是否履行完毕的判断时间点应当是当事人申请恢复执行时。因此，本案首先应当判断在天宇公司第一次申请恢复执行和解协议时和解协议是否执行完毕。鉴于当时并未履行完毕，当时执行法院首先应当考虑恢复执行。但基于前述时代公司积极履行以及天宇公司予以接受并积极配合等原因综合考虑，执行法院不予恢复执行是适当的。在天宇公司再次申请恢复执行时，由于和解协议已经履行完毕，对于其第二次恢复执行申请，已经不具备《民事诉讼法解释》第四百六十七条规定的基本要件，则更不应该恢复执行。

本案人民法院正是综合考虑上述因素，最终判定本案不宜恢复执行。对于时代公司迟延履行和解协议给天宇公司造成的损失，天宇公司通过另行诉讼的方式主张权利。

(执笔人：最高人民法院执行局　熊劲松
编审人：最高人民法院研究室　马蓓蓓)

65．湖南华厦建筑有限责任公司与常德工艺美术学校不服执行裁定申诉案*

当事人之间的补充协议是对主合同内容的补充，主合同中约定争议解决方式为仲裁的条款适用于补充协议，当事人以补充协议无仲裁条款为由申请不予执行的，法院不予支持

【裁判摘要】

1. 当事人自愿达成合法有效协议或仲裁条款选定仲裁机构解决其争议纠纷，是采用仲裁方式解决争议纠纷的前提。如果当事人没有约定其争议纠纷由仲裁机构解决，通常情况下，仲裁机构无权对该争议纠纷予以仲裁。

2. 当事人在主合同中约定其争议纠纷由仲裁机构解决，对于没有约定争议纠纷解决方式的补充协议可否适用该约定，其关键在于主合同与补充协议之间是否具有可分性。如果主合同与补充协议之间相互独立且可分，在没有特别约定的情况下，对于两个完全独立且可分的合同或协议，其争议解决方式应按合同或补充协议约定处理。如果补充协议是对主合同内容的补充，必须依附于主合同而不能独立存在，则主合同所约定的争议解决条款也适用于补充协议。

* 摘自《最高人民法院公报》2016年第8期。

最高人民法院执行裁定书

（2015）执申字第33号

申诉人（申请执行人）：湖南华厦建筑有限责任公司。住所地：湖南省常德市桃源县漳江镇洞庭宫社区建设东路057号。

法定代表人：余某华，该公司董事长。

委托代理人：李某友，湖南经卫律师事务所律师。

被申诉人（被执行人）：常德工艺美术学校。住所地：湖南省常德市武陵区滨湖西路2876号。

法定代表人：余某，该校董事长。

委托代理人：张某光，湖南昌祥律师事务所律师。

委托代理人：龚某勇，湖南昌祥律师事务所律师。

申诉人湖南华厦建筑有限责任公司不服湖南省高级人民法院（2013）湘高法执监字第14号执行裁定，向本院申诉。本院受理后，依法组成合议庭审查。本案现已审查终结。

本院经审查查明：2011年7月7日，湖南华厦建筑有限责任公司因其与常德工艺美术学校发生工程欠款纠纷到常德市仲裁委员会申请仲裁，要求裁令常德工艺美术学校支付工程款2902107.5元及工程款利息156713.81元。常德工艺美术学校向常德仲裁委员会提出仲裁反申请，要求湖南华厦建筑有限责任公司赔偿因其延误工期、施工质量低劣致使常德工艺美术学校遭受的损失。应常德工艺美术学校申请，常德仲裁委员会委托湖南宏源中柱工程项目管理有限公司对学生宿舍楼由湖南华厦建筑有限责任公司所做的水电工程和装饰工程的工程造价依合同约定的结算标准进行了司法鉴定，鉴定这两部分的工程造价为1471605元。2012年1月6日，常德仲裁委员会作出（2011）常仲裁字第163号裁决，确认：常德工艺美术学校已向湖南华厦建筑有限责任公司给付工程款2367067元，余款未付。裁令：（1）常德工艺美术学校在收到裁决书之日起十日内向湖南华厦建筑有限责任公司支付工程欠款 2442792.16 元。（2）常德工艺美术学校在收到裁决书之日起十日内向湖南华厦建筑有限责任公司支付常德工艺美术学校学生宿舍楼主体建筑工程款利息（该利息以 971187.16 元为基数，自 2009 年 12 月 4 日开始至实际给付之日，按人民银行规定的同期贷款利率计算）。（3）常德工艺美术学校请求湖南华厦建筑有限责任公司赔偿工期延误以及质量不合格等造成的各项损失 60 万元的请求不予支持。

常德工艺美术学校向常德市中级人民法院申请不予执行常德仲裁委员会作出的（2011）常仲裁字第 163 号仲裁裁决，理由是：（1）仲裁裁决适用法律错误；（2）仲裁裁决认定事实的证据不足；（3）仲裁裁决违背社会公共利益。常德市中级人民法院于 2012 年 7 月 19 日作出（2012）常执不字第 8 号执行裁定。

常德市中级人民法院认为，仲裁庭在认定事实和法律方面，有一定的自由裁量权，当事人选择了仲裁途径，就应当承担相应的后果。人民法院在执行程序中对不予执行仲裁裁决请求的审查，不同于案件的重新审理，除具有《中华人民共和国民事诉讼法》第二百一十三条[①]所规定的情形外，不应轻易否定。本案中，常德工艺美术学校在收到湖南华厦建筑有限责任公司提供的工程结算文件后逾期没有答复，且在工程还未验收情况下就投入使用，仲裁庭据此对合同的结算条款作出常德工艺美术学校逾期不答复即视为认可结算文件的解释，在事实认定和适用法律方面并无明显的错误。从本案情况看，仲裁裁决的执行并不存在违背社会公共利益的情节，以违背社会公共利益为由不予执行仲裁裁决缺乏依据。遂裁定驳回常德工艺美术学校的申请。

常德工艺美术学校不服常德市中级人民法院（2012）常执不字第 8 号执行裁定，向湖南省高级人民法院申诉，请求监督，裁定案件不予执行。理由是：（1）双方实际履行的协议和补充协议没有仲裁条款，常德仲裁委员会对案件进行仲裁错误；（2）仲裁认定事实的主要证据不足，常德工艺

① 对应《民事诉讼法》（2021 年修正）第二百四十四条。

美术学校收到湖南华厦建筑有限责任公司工程结算文件后双方对工程结算问题多次进行了协商，并非不予答复，应当裁定不予执行；（3）裁决支付工程款利息证据不足；（4）工程中标价为1671814元，不含水电安装工程、装饰工程等，但仲裁认定水电安装及装饰工程部分造价147万元，超出仲裁协议范围，应不予执行。

湖南省高级人民法院认为，双方于2007年11月30日签订的协议虽然没有约定处理争议的管辖方式，但双方于2007年12月8日经过招投标而签订的合同明确约定，双方发生争议由常德市仲裁委员会管辖，该合同是在行政规章要求下进行的，是依法定程序签订的合法有效协议，应当遵照执行。该合同明确了协议仲裁管辖，故常德仲裁委员会对该案具有管辖权。同时，该合同也明确约定桩基础、室内外装饰、门窗、水电安装及附属工程等是不包含在承包范围内，补充协议虽对水电安装和装饰部分造价作了约定，但并未约定争议的解决方式，因此，水电安装及装饰工程等工程造价不属于仲裁协议的范围，但裁决书对这部分工程造价作出了裁决，超出了仲裁裁决范围。依照当时生效的《中华人民共和国民事诉讼法》第二百一十三条第二款二项、《最高人民法院关于人民法院执行工作若干问题的规定（试行）》第一百二十九条[①]的规定，于2013年6月6日作出（2013）湘高法执监字第14号执行裁定书，裁定：一、撤销常德市中级人民法院（2012）常执不字第8号执行裁定；二、对常德仲裁委员会（2011）常仲裁字第163号仲裁裁决不予执行。

另查明，2007年11月30日，常德工艺美术学校与湖南华厦建筑有限责任公司签订《常德市工艺美术学校学生宿舍楼施工承包合同书》，双方约定：工程发包方是常德工艺美术学校，工程承包方是湖南华厦建筑有限责任公司。常德工艺美术学校拟建一座学生宿舍楼，建筑面积4100m^2，经常德工艺美术学校对湖南华厦建筑有限责任公司考察核实，同意湖南华厦建筑有限责任公司承包。在“一、工程概况”部分约定承包方式：（1）在

① 对应《最高人民法院关于人民法院执行工作若干问题的规定（试行）》（2020年修正）第七十一条。

乙方承包工程范围内的有：包工包料按图施工西头宿舍楼现浇板改为空心预制板。整栋两头所有水磨石改为普通合格地面砖（楼梯踏步为水磨石），消防只负责材料及工资费，房屋外墙边周围1米范围内止。（2）不在乙方承包工程范围内的有：弱电、空调、电扇、桩基础；消防除材料费之外的其他费用由甲方负责。增加工程，除预算已包括在内，还包括如下项目：水电包括在内，基础包括在弱电线管工资费在内M1、M5门包括在内，一层地面做法按2~6层标准做包括在内。未预算及超出设计图纸以外的工程，按1999年定额及取费标准和当时各项调价文件精神按实结算。在“十、其他”部分约定：本合同未尽事宜，可经双方协商达成共识后加签补充协议以附件形式附后，其附件视为本合约同等效力。2007年12月28日，常德工艺美术学校与湖南华厦建筑有限责任公司双方签订《建设工程施工合同》（GF-1999-0201），约定工程承包范围：土建主体工程。注：桩基础、室内外装饰、门窗、水电及其附属工程不在承包范围内。在“第三部分专用条款37. 争议”部分约定：本合同在履行过程中发生的争议，由双方当事人协商解决，协商不成的提交常德市仲裁委员会仲裁。2008年3月20日，常德工艺美术学校与湖南华厦建筑有限责任公司签订《常德工艺美术学校学生宿舍楼施工承包合同补充协议》，约定：甲方新建学校宿舍楼一栋，建筑面积4526平方米。经协商双方已于2007年12月28日签订了合同（合同文本为GF-1999-0201），为完善条款，进一步保证双方合法权益。对未尽事宜和可能出现的新问题补签如下协议条款，以资双方遵守。该补充协议：（1）甲方委托黄生工程师编制的第一次预算文本，为甲乙双方签约依据（即预算下浮百分之十五后为发包依据；水电未进入预算，但由乙方承担）。乙方为招投标。单方委托黄工编制的工程主体部分预算，只用于招投标。在打决算时只服从第一预算文本。（2）本项工程中增加的节能等项目发包计价均按同一预算编制，国家标准下浮百分之十五计价。（3）工程各项明细依据甲乙双方于2007年11月30日签订的《常德市工艺美术学校学生宿舍楼施工承包合同书》履行。该合同在文本最后一页写有“正本”两字。（4）未尽事宜仍可经双方协商加签再补充协议，所签补充协议与前签协议有同等效力，且补充条款是最终履约依据。

申诉人湖南华厦建筑有限责任公司不服湖南省高级人民法院（2013）湘高法执监字第 14 号执行裁定，向本院申诉，主要理由是：

1. 湖南省高级人民法院（2013）湘高法执监字第 14 号执行裁定超越职权、违法受理。常德工艺美术学校向常德市中级人民法院申请不予执行仲裁裁决的理由与不服常德市中级人民法院驳回不予执行仲裁裁决申请裁定向湖南省高级人民法院申诉的理由不同，之前未涉及仲裁管辖问题。

2. 湖南省高级人民法院（2013）湘高法执监字第 14 号执行裁定没有依法送达法律文书，且没有依照湖南省高级人民法院《关于执行听证的规定》中规定的对仲裁机构作出的仲裁裁决书裁定不予执行的，必须实行听证的规定。

3. 湖南省高级人民法院（2013）湘高法执监字第 14 号执行裁定没有对常德市中级人民法院（2012）常执不字第 8 号执行裁定作出评判，且没有任何证据证明常德市中级人民法院（2012）常执不字第 8 号执行裁定错误，就直接撤销常德市中级人民法院（2012）常执不字第 8 号执行裁定，并裁定对常德仲裁委员会（2011）常仲裁字第 163 号仲裁裁决不予执行，超出了审查范围。并且常德工艺美术学校没有以仲裁裁决事项超出仲裁协议范围为由申请撤销仲裁裁决。

4. 湖南省高级人民法院（2013）湘高法执监字第 14 号执行裁定事实认定不清。一是该裁定称仲裁裁决超出合同约定。在招标合同中，水电及装饰部分是不包含在内的，补充协议也确定不是与主体一同计算，而且，补充协议对水电安装和装饰部分造价作了约定，但并未约定争议的解决方式，仲裁裁决也指出关于这部分的造价未经招标而无效，但裁决书对这部分工程造价作出了裁决，是超出了仲裁裁决范围的。这与双方签订的《建设工程施工合同》（GF-1999-0201）第 10 条 37.1 对争议的约定，《常德市工艺美术学校学生宿舍楼施工承包合同书》第八条、第十条的约定，《常德市工艺美术学校学生宿舍楼施工承包合同补充协议》第三条内容不符；二是双方实际选择的争议解决方式为仲裁，在仲裁庭审笔录中双方都明确表示同意仲裁管辖。常德工艺美术学校在仲裁中，就补充协议部分工程造价向仲裁委员会申请了司法鉴定，常德工艺美术学校缴纳了鉴定费，仲裁委员会依据该鉴定结论作出了裁决。

本院经审查认为：

1. 关于增加申诉理由部分是否要审查的问题。常德工艺美术学校在向湖南省高级人民法院提出的申诉理由中增加了“双方实际履行的协议和补充协议没有仲裁条款”等内容。因常德工艺美术学校向常德市中级人民法院和湖南省高级人民法院提出的请求均为不予执行仲裁裁决，其前后请求并没有发生改变，湖南省高级人民法院针对常德工艺美术学校提出的请求，并结合具体的申诉理由（新增理由）进行审查并无不当。

2. 关于申诉人称没有听证、没有依法送达法律文书的问题。根据《最高人民法院关于人民法院执行公开的若干规定》第十二条的规定，人民法院对案外人异议、不予执行的申请以及变更、追加被执行主体等重大执行事项，一般应当公开听证进行审查；案情简单，事实清楚，没有必要听证的，人民法院可以直接审查，因此，湖南省高级人民法院有权根据案件情况决定是否听证。人民法院对其作出的法律文书应当依法进行送达。本案申诉人湖南华厦建筑有限责任公司不服湖南省高级人民法院（2013）湘高法执监字第 14 号执行裁定，向本院申诉，说明其不仅已知晓该裁定书内容，而且向本院提交了该执行裁定书文本，但并不排除湖南省高级人民法院应当依法送达的义务。

3. 关于湖南省高级人民法院的审查是否超出常德工艺美术学校申请不予执行仲裁裁决理由范围的问题。依据当时生效的《中华人民共和国民事诉讼法》第二百一十三条第二款的规定，被申请人提出证据证明仲裁裁决有本条规定的六种情形之一的，经人民法院组成合议庭审查核实，裁定不予执行。因此，湖南省高级人民法院在对常德工艺美术学校向法院申请不予执行仲裁裁决审查过程中，依据上述规定认定仲裁裁决是否构成不予执行的理由并无不当。

4. 关于主合同约定的争议解决方式是仲裁，补充协议没有约定争议解决方式，仲裁机构是否可对主合同和补充协议一并进行仲裁的问题。本院认为，当事人自愿达成合法有效协议或仲裁条款选定仲裁机构解决其争议纠纷，是采用仲裁方式解决争议纠纷的前提。如果当事人没有约定其争议纠纷由仲裁机构解决，通常情况下，仲裁机构无权对该争议纠纷予以仲裁。但存在主合同与补充协议的情形时，当事人在主合同中约定其争议纠纷由仲裁机构解决，对于没有约定争议纠纷解决方式的补充协议可否适用该约定，其关键在于主合同与补充协议之间是否具有可分性。如果主合同与补充协议之间是相互独立且可分，那么，在没有特别约定的情况下，对于两个完全独立且可分的合同或协议，其争议解决方式应按合同或补充协议约定处理。如果补充协议是对主合同内容的补充，必须依附于主合同，而不能独立于主合同存在，那么，主合同所约定的争议解决条款也适用于补充协议。本案中，双方当事人于 2007 年 12 月 28 日经过招投标而签订的合同明确约定，双方当事人发生争议由常德市仲裁委员会管辖，故常德仲裁委员会对该案具有管辖权。此后双方当事人于 2008 年 3 月 20 日签订的补充协议明确约定双方已于 2007 年 12 月 28 日签订了合同，为完善条款，对未尽事宜和可能出现的新问题补签该补充协议，且明确约定："所签补充协议与前签协议有同等效力。"由此可见，主合同所约定的发生争议提交常德市仲裁委员会仲裁的争议解决条款也应适用于补充协议。此外，依据法律规定当事人对仲裁协议的效力有异议，应当在仲裁庭首次开庭前提出。本案中湖南华厦建筑有限责任公司向常德市仲裁委员会申请仲裁后，常德工艺美术学校并没有在仲裁庭首次开庭前，对仲裁协议的效力提出异议，而是向常德仲裁委员会提出仲裁反申请，并申请常德仲裁委员会委托对水电工程和装饰工程的工程造价依合同约定的结算标准进行了司法鉴定，这表明双方认可依照约定选择的常德仲裁委员会解决双方工程欠款纠纷。常德工艺美术学校在向湖南省高级人民法院申诉中称双方实际履行的合同和补充协议没有仲裁条款，常德仲裁委员会对案件进行仲裁错误的理由不予支持。故湖南省高级人民法院（2013）湘高法执监字第 14 号执行裁定中有关"补充协议并未约定争议的解决方式，因此，补充协议中水电安装及装饰工程等工程造价不属于仲裁协议的范围，仲裁裁决书对这部分工程造价作出了裁决，超出了仲裁裁决范围"部分的认定不正确，应予纠正。常德市中级人民法院（2012）常执不字第 8 号执行裁定结果正确，应

予维持。

综上，根据《中华人民共和国仲裁法》第二十条第二款、《最高人民法院关于人民法院执行工作若干问题的规定（试行）》第一百二十九条的规定，裁定如下：

一、撤销湖南省高级人民法院（2013）湘高法执监字第14号执行裁定；

二、维持常德市中级人民法院（2012）常执不字第8号执行裁定。

本裁定送达后即发生法律效力。

审　判　长　何东宁
代理审判员　向国慧
代理审判员　谷峻杰

二〇一五年九月二十四日

书　记　员　张巧云

66. 国家开发银行河南省分行申请执行监督案*

债权人在破产重整程序中未被通知的，可以在重整计划执行完毕后，申请恢复执行

【裁判摘要】

进入破产重整程序的被执行人未通知此前已经进入执行程序的债权人申报债权，导致其失去在破产重整程序中主张债权的机会；重整计划执行完毕后，该债权人有权依照《中华人民共和国企业破产法》第九十二条规定，按照破产重整计划规定的同类债权的清偿条件行使权利，申请恢复执行。

最高人民法院执行裁定书

（2022）最高法执监 121 号

申诉人（复议申请人、申请执行人）：国家开发银行河南省分行。住所地：河南省郑州市金水区金水路266号。

负责人：马某祺，该分行行长。

---

* 摘自《最高人民法院公报》2023 年第 7 期。

委托诉讼代理人：杨某凯，河南明商律师事务所律师。

委托诉讼代理人：朱某，河南明商律师事务所律师。

被执行人：莲花健康产业集团股份有限公司。住所地：河南省项城市莲花大道18号。

法定代表人：李某文，该公司董事长。

被执行人：河南省莲花味精集团有限公司。住所地：河南省项城市莲花大道18号。

法定代表人：郭某，该公司董事长。

申诉人国家开发银行河南省分行（以下简称国开行河南省分行）不服河南省高级人民法院（以下简称河南高院）（2021）豫执复339号执行裁定，向本院申诉。本院受理后，依法组成合议庭对本案进行了审查，本案现已审查终结。

河南省周口市中级人民法院（以下简称周口中院）在恢复执行国开行河南省分行与莲花健康产业集团股份有限公司（以下简称莲花健康公司）、河南省莲花味精集团有限公司（以下简称莲花集团）借款担保合同纠纷一案中，于2021年3月11日作出（2021）豫16执恢20号执行通知书；莲花健康公司对恢复执行不服，向周口中院提出执行异议，请求撤销（2021）豫16执恢20号执行通知书，终结执行程序。事实与理由：（一）莲花健康公司与国开行河南省分行双方已就债权清偿事宜达成执行和解，债权债务关系已经消灭。（二）鉴于莲花健康公司已经在周口中院主持下于2019年10月15日实施破产重整，即使国开行河南省分行对莲花健康公司享有债权，也应通过参与重整程序、申报债权的方式主张权利，依法获得确认并根据重整计划统一获得公平清偿。

周口中院查明：国开行河南省分行与莲花健康公司（原河南莲花味精股份有限公司）、莲花集团借款合同纠纷一案，周口中院于2006年12月8日作出（2006）周民初字第107号民事判决，判决莲花健康公司偿还国开行河南省分行借款本金99577909.47元及利息1349727.03元，支付违约金759276.36元（利息和违约金均计至2006年9月20日，其后的利息按中国人民银行规定的借款利率计算，违约金按双方借款合同约定计算，至还款之日一并清偿)；莲花集团对莲花健康公司所负债务承担连带责任，莲花集团向国开行河南省分行支付违约金 1138914.54 元（计至 2006 年 9 月 20 日）。后经国开行河南省分行申请，周口中院立案执行；2009 年 12 月 24 日，周口中院作出（2007）周法执字第 46-8 号裁定，裁定本次执行程序终结。后国开行河南省分行申请恢复执行，周口中院于 2021 年 3 月 11 日立案，2021 年 3 月 22 日作出（2021）豫 16 执恢 20 号恢复执行通知书，恢复（2006）周民初字第 107 号民事判决的执行。莲花健康公司对恢复该执行通知书不服，提起上述异议。

周口中院又查明：2009 年 9 月 1 日，国开行河南省分行向周口市人民政府去函《关于拟对河南莲花味精股份有限公司提起破产诉讼申请的函》(开行豫函〔2009〕62 号)。2009 年 10 月 19 日，周口市人民政府复函《关于国家开发银行拟对莲花股份有限公司提起破产诉讼申请的复函》（周政函〔2009〕24 号）载明：“经市政府办公会议研究，我市拟协调莲花股份公司和相关单位筹集 3000 万元资金用于归还贵行贷款，并建议你行对其剩余贷款本息予以核销处理。”12 月，周口市人民政府出资 1500 万元，莲花健康公司出资 1500 万元，共 3000 万元支付国开行河南省分行，国开行河南省分行对剩余贷款本息予以核销。2012 年 10 月 30 日，莲花健康公司第五届董事会第十五次会议议案公告：“双方在周口市人民政府的协调下，达成执行和解，周口中院于 2009 年下达裁定书，裁定本案本次执行程序终结。本案终结后，国家开发银行已在公司贷款卡信息中注销此笔贷款，公司通过查询贷款卡信息已无此笔债务。本案债权债务关系事实上已经消灭。”该议案获全票通过。

周口中院再查明：2019 年 10 月 15 日，周口中院作出（2019）豫 16 破申 7 号民事裁定，裁定受理国厚资产管理股份有限公司对莲花健康公司的重整申请。2019 年 12 月 16 日，周口中院作出（2019）豫 16 破 7 号之二民事裁定，裁定批准莲花健康公司重整计划，终止莲花健康公司重整程序。

周口中院认为，根据《中华人民共和国企业破产法》第十九条、第九十二条的规定，周口中院于 2019 年 10 月 15 日裁定受理对莲花健康公司的

重整申请，于2019年12月16日裁定批准莲花健康公司重整计划，莲花健康公司后进入重整执行期间。国开行河南省分行在莲花健康公司重整期间未申报债权，现主张债权，该权利行使途径应该通过申报债权确定清偿数额，并获得清偿。现径自在莲花健康公司重整后申请恢复执行，与《莲花健康产业集团股份有限公司重整计划》（以下简称《重整计划》）的规定不符，国开行河南省分行主张的权利也不应在执行及执行异议程序中予以确定，故直接恢复执行并不适当，莲花健康公司的异议请求成立。周口中院经该院审委会研究决定，于2021年4月21日作出（2021）豫16执异40号裁定，撤销周口中院（2021）豫16执恢20号恢复执行通知书。

国开行河南省分行不服上述异议裁定，向河南高院申请复议，请求撤销周口中院（2021）豫16执异40号裁定，驳回莲花健康公司的执行异议，继续执行（2021）豫16执恢20号案件。事实与理由：（一）周口中院的裁定会导致国开行河南省分行没有实现债权的途径，造成巨额国有资产流失。莲花健康公司至今仍欠国开行河南省分行借款本金近7000万元加上利息，按照《重整计划》的清偿比例，仍需偿还3700余万元。周口中院裁定书虽然提及国开行河南省分行应按照莲花健康公司《重整计划》中未申报债权的相关内容，确定清偿数额，并获得清偿，但是重整程序已经终结，不能再申报债权，裁定书不具有可执行性。（二）周口中院裁定认为国开行河南省分行主张债权的途径，不应通过恢复执行去实现，显属错误。国开行河南省分行的债权已经生效判决确认，并进入执行程序。莲花健康公司破产重整程序已经结束。国开行河南省分行作为已知债权人，因周口中院未通知莲花健康公司破产重整及申报债权事宜，未能在申报债权期限内申报债权。根据《重整计划》相关内容，本案债权应由莲花健康公司通过后续生产经营所得资金按照《重整计划》规定的清偿率进行清偿。（三）本案国开行河南省分行依照规定走核销程序，不存在债权债务灭失的情形，国开行河南省分行仍然享有本案核销债权的合法权益，有权向法院申请恢复执行。

河南高院查明的事实与周口中院查明的事实基本一致。

河南高院另查明：《重整计划》规定，“四（二）4. 普通债权，普通债权在经周口中院裁定确认后，按照以下期限及方式进行清偿：（1）每家普通债权人10万元以下（含10万元）的债权部分，由莲花健康公司在本重整计划执行期限内以现金方式清偿完毕；（2）每家普通债权人超过10万元的债权部分，由莲花健康公司在本重整计划执行期限内按照17.48%的清偿比例以现金方式清偿完毕”；“四（三）2. 未申报债权，对于莲花健康公司账面记载但未依法申报的债权，如债权权利应受法律保护的，在本重整计划执行期间不得行使权利，但可以在重整计划执行完毕后要求莲花健康公司按照重整计划中规定的同类债权清偿方案进行清偿”；“六（一）本重整计划的执行期限自重整计划获得周口中院裁定批准之日起计算，莲花健康公司应于2020年4月30日前执行完毕重整计划。在此期间，莲花健康公司应当严格依照重整计划的规定清偿债务，并随时支付重整费用”；“八（五）3. 对于未申报债权，本次重整计划不再预留偿债资金。相关债权在经周口中院确认后，以最终确认的债权金额为准，由莲花健康公司通过后续生产经营所得资金按照本重整计划规定的清偿率获得清偿”。

河南高院认为，本案的焦点问题是国开行河南省分行请求继续（2021）豫16执恢20号案件的执行是否应得到支持。《中华人民共和国企业破产法》第十九条规定：“人民法院受理破产申请后，有关债务人财产的保全措施应当解除，执行程序应当中止。”第九十二条规定：“经人民法院裁定批准的重整计划，对债务人和全体债权人均有约束力。债权人未依照本法规定申报债权的，在重整计划执行期间不得行使权利；在重整计划执行完毕后，可以按照重整计划规定的同类债权的清偿条件行使权利。债权人对债务人的保证人和其他连带债务人所享有的权利，不受重整计划的影响。”本案中，周口中院已于2019年10月15日裁定受理对莲花健康公司的重整申请，并于2019年12月16日裁定批准莲花健康公司重整计划，后莲花健康公司进入重整计划执行期间，重整计划至2020年4月30日执行完毕。国开行河南省分行在莲花健康公司重整期间未申报债权，现主张债权，应依据《重整计划》及相关破产法律规定的救济途径，通过向莲花健康公司及其管理人或周口中院等法定主体申报债权等法定程序行使权利，以此确定其破产债权人的身份及清偿数额并获得清偿。其认为因周口

中院未通知莲花健康公司破产重整及申报债权事宜，导致未能在申报债权期限内申报债权，亦应通过上述途径主张，并非异议、复议案件审查范围。国开行河南省分行申请在莲花健康公司《重整计划》执行完毕后申请恢复执行，以个别清偿的方式主张债权，与破产重整计划的规定不符，也与我国破产法律制度规定的公平原则相悖。国开行河南省分行请求继续执行（2021）豫16执恢20号案件并无事实及法律依据，不应得到支持。周口中院异议裁定撤销该院（2021）豫16执恢20号恢复执行通知书，并无不当。据此，河南高院作出（2021）豫执复339号执行裁定，驳回国开行河南省分行复议申请，维持周口中院（2021）豫16执异40号异议裁定。

国开行河南省分行不服河南高院（2021）豫执复339号执行裁定，向本院申诉，请求：一、撤销河南高院（2021）豫执复339号执行裁定、周口中院（2021）豫16执异40号执行裁定。二、维持周口中院（2021）豫16执恢20号恢复执行通知书，由周口中院继续执行（2006）周民初字第107号民事判决，强制被执行人莲花健康依照其《重整计划》通过的清偿方案向国开行河南省分行清偿债权，被执行人莲花集团对（2006）周民初字第107号民事判决项下全部债务向国开行河南省分行继续清偿。事实和理由为：（一）由于河南高院、周口中院均裁定认为本案不应通过恢复执行程序解决，莲花健康亦未按照《重整计划》规定的清偿条件向国开行河南省分行清偿债权，国开行河南省分行目前没有有效的法律救济途径来主张合法权利，国开行河南省分行经过生效判决、裁定确定的债权无法实现。2021年4月及6月，国开行河南省分行向莲花健康及其管理人均发出《要求参与莲花破产重整分配的告知函》，管理人于2021年6月18日复函国开行河南省分行称，周口中院已裁定终结莲花健康重整程序，管理人监督职责已终止，告知国开行河南省分行向莲花健康申报债权。2021年6月21日，莲花健康以微信方式向国开行河南省分行工作人员告知申报资料。2021年7月12日，国开行河南省分行按照莲花健康要求的文件资料格式向莲花健康申报债权，但莲花健康至今未按照其《重整计划》确定的清偿条件向国开行河南省分行清偿债权，国开行河南省分行的金融债权至今无法得到清偿。（二）本案所涉程序问题为，在重整程序终结后未申报的债权应该如何按《重整计划》行使权利。由于法律对此并无明确规定，国开行河南省分行认为，由周口中院继续恢复执行本案是最有利于各方且最大限度节约司法资源的解决方案。莲花健康重整过程中，是因莲花健康未将国开行河南省分行作为债权人列入债权债务清册所致，国开行河南省分行对未申报债权没有过错。莲花健康公司的《重整计划》已经周口中院裁定批准，并且在《重整计划》中明确规定了未申报债权由莲花健康公司通过后续生产经营所得资金按照重整计划规定的清偿率获得清偿。按《重整计划》确定的比例在执行程序中受偿，不会损害其他债权人的合法权益。法律并未明确规定必须再次启动债权申报、召开债权人会议、重新核查债权等程序来处理未申报的债权，在重整程序终结之后，再次启动相关程序也会无端增加各方的负担。法律亦未禁止在重整程序终结后，债权人有权按照《重整计划》确定的同类债权的清偿条件申请执行法院继续执行。（三）如果国开行河南省分行另案起诉，受理法院仍是周口中院，国开行河南省分行可能面临违反一事不再理被驳回起诉或不予立案的风险，即便周口中院受理案件，也需要再次确认已经被该院审判、执行程序中已经确认过的债权，国开行河南省分行起诉后还可能会经历一审、二审甚至再审程序，最后还是会转入周口中院执行。如此在同一家法院循环往复的诉讼只为确认一个简单的数学计算公式，即莲花健康公司应清偿的债权数额等于国开行河南省分行在周口中院 107 号判决项下计算至 2019 年 10 月 15 日莲花健康公司重整之日的债权乘以莲花健康公司《重整计划》确定的清偿比例，这无疑会极大浪费司法资源，加重诉讼各方的负担。（四）本案所涉实体问题为，国开行河南省分行核销债权是否意味着莲花健康公司无需承担清偿责任。国开行河南省分行从未放弃过对莲花健康公司享有的债权，周口中院（2007）周法执字第 46-8 号裁定系终结本次执行程序，并明确国开行河南省分行如发现被执行人有可供执行的财产，可以向该院再次申请执行。（五）本案被执行人除莲花健康公司外还有被执行人莲花集团，周口中院仅以国开行河南省分行不应在莲花健康公司重整后恢复执行为由，直接以（2021）豫 16 执恢 20 号执行裁定终结案件恢复执行程序并撤销（2021）豫 16 执恢 20 号恢复执行通知书，显然剥夺了国开行河南省分行

要求另一被执行人莲花集团清偿的权利，应予纠正。

本院对周口中院、河南高院查明的事实予以确认。

本院又查明：莲花健康公司在本案破产重整程序中未通知国开行河南省分行其进入破产程序的情况，由此导致国开行河南省分行未在莲花健康公司破产重整程序中申报债权。

2021 年 6 月 11 日，国开行河南省分行向莲花健康公司发出《要求参与莲花破产重整分配的告知函》，要求莲花健康公司按照《重整计划》规定的清偿率向该行清偿。同日，国开行河南省分行向莲花健康公司管理人发出《要求参与莲花破产分配的告知函》，要求管理人履行管理人职责，协调莲花健康公司依照《重整计划》规定的清偿率向该行清偿；莲花健康公司管理人于 2021 年 6 月 18 日复函国开行河南省分行，称周口中院已裁定终结莲花健康公司重整程序，管理人监督职责已终止，告知国开行河南省分行可向莲花健康公司申报债权。

本院认为，根据国开行河南省分行的申诉理由，结合本案异议法院、复议法院的认定，本案应重点审查的问题是：（一）本案能否通过执行程序处理国开行河南省分行的债权？（二）本案国开行河南省分行的债权应按照何种条件清偿？针对上述争议问题，本院分析认定如下：

（一）关于本案能否通过执行程序处理国开行河南省分行的债权的问题

本案中，国开行河南省分行于 2006 年取得对莲花健康公司的胜诉判决，案件进入执行程序，执行法院周口中院在执行到位部分金额后于 2009 年裁定该案终结本次执行程序。2019 年，周口中院裁定受理对莲花健康公司的重整申请以及批准莲花健康公司破产重整计划，莲花健康公司进入重整执行期间，至 2020 年 4 月 30 日重整计划执行完毕。在莲花健康公司破产重整程序过程中，并未通知国开行河南省分行申报债权，由此导致该分行的债权未能在破产重整程序中获得清偿。虽然《中华人民共和国企业破产法》第九十二条第二款规定："债权人未依照本法规定申报债权的，在重整计划执行期间不得行使权利；在重整计划执行完毕后，可以按照重整计划规定的同类债权的清偿条件行使权利"，但该条未明确在破产程序中由于被执行人未通知已经进入执行程序的债权人申报债权而导致该债权人未在破产重整程序中申报债权及获得清偿，应通过何种程序保护该债权人的合法利益。

对此，本院认为，就本案已经进入执行程序的债权人国开行河南省分行而言，针对莲花健康公司在本案破产重整程序中未通知其申报债权，由此导致国开行河南省分行失去在破产重整程序中主张债权的机会，对国开行河南省分行已经进入执行程序但未在破产程序中申报的债权，可通过执行程序处理。主要有以下几个方面的理由：

首先，通过执行程序处理该未申报债权，与《中华人民共和国企业破产法》第九十二条第二款“债权人未依照本法规定申报债权的，在重整计划执行期间不得行使权利；在重整计划执行完毕后，可以按照重整计划规定的同类债权的清偿条件行使权利”的文义相符；就本条规定文义而言，“在重整计划执行完毕后，可以按照重整计划规定的同类债权的清偿条件行使权利”应解释适用于在重整计划执行完毕后，未申报债权但是已经进入执行程序的债权人，可以直接参照重整计划确定的同类债权清偿比例，请求执行法院通过执行程序保护其未获得清偿的债权。进一步，在该法律规定文义并未排除执行程序中直接适用的情况下，从有利于保护债权人利益和节约司法资源、提高司法效率角度，则应解释适用于执行程序之中的债权人利益保护。

其次，通过执行程序解决本案进入执行程序的债权人利益保护问题，有利于提高保护债权人利益的效率，避免本案债权人利益保护缺乏救济途径而影响其利益保护。针对终结本次执行程序的债权人，由于未被通知其申报债权而导致其未在破产重整程序中行使债权的情形，《中华人民共和国企业破产法》未规定其债权保护和救济方式，但是根据该法第四条关于“破产案件审理程序，本法没有规定的，适用民事诉讼法的有关规定”，则可以补充适用《民事诉讼法》有关规定、原则来处理。《中华人民共和国民事诉讼法》第八条规定，人民法院审理民事案件应当保障和便利当事人行使诉讼权利，故对于进入执行程序的债权人权利保护而言，执行工作在确定债权人行使权利的方式上亦应当注意保障和便利其依法行使权利。本

案原审理破产重整案件的合议庭由于破产重整计划执行完毕，已经完成破产重整任务，往往以该破产案件结案处理；而破产管理人也由于破产重整计划执行完毕，其管理人任务已经完成，已不再具有相应职权。故向破产法院审判合议庭或者破产管理人请求行使权利，显然已经并无救济上的程序途径。在此情况下，强行要求债权人向原破产合议庭或破产管理人主张行使权利，则无异于徒然增加当事人行使权利的程序成本，而不会使其实体权益诉求得以实现。相反，案涉未清偿的债权在重整计划执行完毕后由执行法院通过恢复执行程序，按照《重整计划》所规定的债权清偿方式和比例予以保护，可使得债权人的权利得以直接实现，提高保护债权人利益的效率。

再次，由执行法院通过恢复执行程序处理，可以直接延续执行法院已开展的强制执行程序工作，节约司法资源，提高司法工作效率。本案中，债权人国开行河南省分行的债权已于2006年经生效判决确认，在债务人莲花健康公司在执行程序中清偿部分债权后，周口中院于2009年裁定终结本次执行程序。故案涉未清偿的债权属于已经法院生效判决确定并具有既判力的债权，已经不再具有再次审理和裁判的争议本质和法理基础。因此，对于该已经生效判决所确定并已经进入执行程序的债权，已经基于强制执行程序而属于具有强制执行效力的债权；对于该已启动强制执行程序的债权，执行法院对相关债权已经基于强制执行而获得清偿的债权数额及未获清偿的债权数额，已经基于执行案件而建立案件账目，且最为清楚；故由该执行法院恢复执行，有利于其及时高效计算债权人未获清偿债权的具体数额，在体现保护债权人利益工作延续性基础上，提高执行案件的执行效率；而通过在执行程序中直接按照破产重整计划确定的条件清偿未获得清偿部分的债权，则可以避免让已经完成破产重整程序任务的破产审判合议庭和破产管理人重新启动工作，增加不必要的工作负担，进而有利于节约司法资源。

此种处理方式除适用于本案执行案件实施部门和破产案件审理合议庭属于同一法院的情形外，还适用于执行案件实施法院和债务人破产案件审理法院非同一法院的类似情形；即如果由于通知义务主体未通知执行案件债权人被执行人已经进入破产程序的事实，导致该执行案件债权人的债权在破产程序中未获得保护，则执行法院亦可参照上述程序处理，通过恢复执行程序处理，以实现裁判标准统一。

（二）关于本案国开行河南省分行的债权应按照何种条件清偿的问题

针对本案由于破产程序相关通知义务主体未通知执行案件债权人，导致执行案件债权人未通过破产重整程序申报的债权，由执行法院通过执行程序处理，则涉及人民法院在执行程序中如何执行的问题，即执行法院应按照何种条件保障该债权的执行问题。对此，本院认为，《中华人民共和国企业破产法》第九十二条第一款规定，经人民法院裁定批准的重整计划，对债务人和全体债权人均有约束力，该规定当然能够适用于本案国开行河南省分行的情形，故针对国开行河南省分行已经进入执行程序但未获强制执行清偿的剩余债权，可以直接按照重整计划确定的清偿方案强制执行获得清偿。且就本案的事实而言，本案《重整计划》之四（三）2明确："未申报债权，对于莲花健康公司账面记载但未依法申报的债权，如债权权利应受法律保护的，在本重整计划执行期间不得行使权利，但可以在重整计划执行完毕后要求莲花健康公司按照重整计划中规定的同类债权清偿方案进行清偿"，故该《重整计划》亦明确了可按照《重整计划》同类债权清偿方案清偿。故就本案国开行河南省分行所享有的、已经进入执行程序但未依照《中华人民共和国企业破产法》规定申报的债权，在莲花健康公司重整计划执行完毕后，债权人国开行河南省分行可以按照《重整计划》规定的同类债权的清偿条件行使权利。

至于本案恢复执行之后，是否存在国开行河南省分行免除莲花健康公司债务的问题。鉴于本案周口中院、河南高院在异议、复议程序中均从本案不应通过执行程序处理的角度进行审查，并认定本案不应通过恢复执行程序处理，而未对是否存在国开行河南省分行免除莲花健康公司债务的问题进行审理。如针对国开行河南省分行是否存在免除莲花健康公司债务的实体问题，则本院原则上应将本案发回周口中院重新审理。但是，本院从明确法律适用标准、提高审判效率、节约司法资源角度出发，在明确本案应通过恢复执行程序处理案涉法律适用问题的情况下，不将本案发回重

审，而是直接对周口中院、河南高院法律适用错误予以纠正。在该处理模式下，莲花健康公司仍可依据《最高人民法院关于人民法院办理执行异议和复议案件若干问题的规定》第七条第二款“被执行人以债权消灭、丧失强制执行效力等执行依据生效之后的实体事由提出排除执行异议的，人民法院应当参照民事诉讼法第二百二十五条规定进行审查”的规定，依法就是否存在国开行河南省分行免除其债务的问题向执行法院请求救济；如莲花健康公司提出该异议请求救济，则异议法院可在本案恢复执行的前提下，聚焦该焦点问题进行审理，从而节约司法资源、提高司法效率，进而提高保护合法权利人利益的效率。

综上，周口中院（2021）豫16执异40号执行裁定撤销该院（2021）豫16执恢20号恢复执行通知书；河南高院作出（2021）豫执复339号执行裁定，裁定驳回国开行河南省分行复议申请、维持周口中院（2021）豫16执异40号异议裁定，均适用法律错误，应予纠正；本院依据《中华人民共和国企业破产法》第九十二条、《中华人民共和国民事诉讼法》第二百一十一条①、《最高人民法院关于人民法院执行工作若干问题的规定（试行）》第七十一条②的规定，裁定如下：

一、撤销河南省高级人民法院（2021）豫执复339号执行裁定；

二、撤销河南省周口市中级人民法院（2021）豫16执异40号执行裁定。

审 判 长　刘慧卓
审 判 员　仲伟珩
审 判 员　林　莹

二〇二二年九月二十六日

法官助理　刘　伟
书 记 员　增　斌

① 对应《民事诉讼法》（2021年修正）第二百一十八条。

② 该司法解释2020年修正后，第七十一条已无对应条文。

67. 中国农业银行股份有限公司吉林市东升支行与吉林市碧碧溪外国语实验学校借款担保合同纠纷执行案*

学校应以学校的财产包括教育用地与教育设施负担其债务，但对教育用地与教育设施的执行不能改变其公益性用途

【裁判摘要】

1. 豁免执行必须有法律法规的明确规定，现行法律法规中没有规定对教育用地或教育设施豁免执行，学校应以学校的财产包括教育用地与教育设施负担其债务。

2. 债权实现与维护社会公共利益之间应当保持平衡，法院采取的执行措施不能影响社会公益设施的使用。为保障社会公益事业发展，保障公众受教育权等基本权益，对教育用地与教育设施的执行不能改变其公益性用途，不能影响实际使用。

* 摘自《执行工作指导》2017年第1辑（总第61辑），人民法院出版社2017年版，第123~139页。

最高人民法院执行裁定书

（2015）执申字第55号

申诉人（申请执行人）：中国农业银行股份有限公司吉林市东升支行。住所地：吉林省吉林市吉林大街201号。

负责人：隋某，该行行长。

委托代理人：宋某峰，该公司职员。

委托代理人：郭某惠，该公司职员。

被申诉人（被执行人）：吉林市碧碧溪外国语实验学校。住所地：吉林省吉林市昌邑区莲花胡同2号。

法定代表人：陈某，该校校长。

委托代理人：张某杰，该校员工。

委托代理人：李某丽，该校员工。

被执行人：吉林市碧碧溪经贸信息咨询有限责任公司。住所地：吉林省吉林市昌邑区莲花街2号。

法定代表人：陈某，该公司董事长。

中国农业银行股份有限公司吉林市东升支行（以下简称农行东升支行）因与吉林市碧碧溪外国语实验学校（以下简称碧碧溪学校）借款担保合同纠纷执行一案，不服吉林省高级人民法院（以下简称吉林高院）（2014）吉执复字第29号执行裁定，向本院申诉。本院依法组成由审判员赵晋山担任审判长，代理审判员潘勇锋、葛洪涛参加的合议庭进行了审查，书记员刘伟担任记录，本案现已审查终结。

吉林高院查明，农行东升支行与被执行人碧碧溪学校、吉林市碧碧溪经贸信息咨询有限责任公司（以下简称碧碧溪咨询公司）借款担保合同纠纷执行一案，依据吉林省吉林市中级人民法院（以下简称吉林中院）（2006）吉中民二初字第101号民事判决，被告碧碧溪学校应偿还原告农行东升支行两笔借款本金合计676万元，支付借款利息合计87398.82元；如被告碧碧溪学校对其中一笔借款本金588万元及相关利息逾期未偿付，则以最高额抵押合同项下之抵押物，即被告碧碧溪咨询公司所有的办公用房变价所得价款，由农行东升支行优先受偿。农行东升支行不服上诉后，吉林高院作出（2006）吉民三终字第227号民事判决，驳回上诉，维持原判。

判决生效后，碧碧溪学校与碧碧溪咨询公司未按期履行判决确定的法律义务，农行东升支行于2009年4月7日申请执行，吉林中院同日立案。执行中，吉林中院依法对碧碧溪咨询公司抵押的办公用房进行了评估拍卖，经过三拍因无人登记而流拍，流拍价为6463385.60元。经吉林中院变卖后，卖得价款6307723.60元，交付农行东升支行。农行东升支行于2010年8月31日向吉林中院出具书面申请，请求终结执行、保留债权。吉林中院于2010年8月31日作出（2007）吉中民执字第125号执行裁定，裁定（2006）吉中民二初字第101号民事判决终结执行，保留债权。后农行东升支行申请恢复执行，吉林中院于2014年3月4日恢复执行，并于同年3月11日作出（2014）吉中执恢字第20号执行裁定，查封碧碧溪学校所有的位于吉林市昌邑区莲花街莲河街14号、面积为4314.68平方米、土地使用权证号为吉市国用（2003）第×××××××××6号土地使用权及位于吉林市昌邑区莲花街莲河街14号、建筑面积为1556.06平方米、房权证号为吉林市房权证昌字第QT×××××××4号房屋所有权，查封期限为二年，自2014年3月11日起至2016年3月10日止。

碧碧溪学校向吉林中院提出异议称，其是从事教育行业的社会公益事业组织，所查封的房屋及土地使用权为正在使用中的教育用地和教育用房，法院采取查封乃至进一步执行措施，必将严重影响碧碧溪学校的正常教育工作，影响在校学生的学习。故向法院申请解除对上述土地使用权及房屋的查封，或暂缓采取进一步执行措施。请求依法撤销（2014）吉中执恢字第20号执行裁定，解除查封。

吉林中院审查后认为，本案查封的房屋土地虽为教育用地和教育设施，但是碧碧溪学校目前已经不具备办学条件，房屋及土地处于闲置状

态，同时其非企业法人营业期限已经超期，不具备办学资质。因此，异议请求不能成立，应予驳回。吉林中院于2014年6月26日作出（2014）吉中执行异字第16号执行裁定，依照《中华人民共和国民事诉讼法》第二百二十五条[①]之规定，驳回碧碧溪学校的异议。

碧碧溪学校不服吉林中院上述裁定，向吉林高院申请复议称，其作为从事教育行业的社会公益事业组织，吉林中院所查封的房屋及土地使用权为正在使用中的教育用房和教育用地，查封及进一步执行措施，必将严重影响正常教育工作。之前学校周边的基建工程已经基本结束，学校已经向教育主管部门提出重新招生的申请，办学条件也会进一步完善，请求撤销（2014）吉中执恢字第20号执行裁定及（2014）吉中执行异字第16号执行裁定，解除查封。

吉林高院另查明，本案争议房屋原为学校的实验楼，产权证上注明设计用途为医疗；本案争议土地的使用权证上记载用途为教育用地，取得方式为划拨土地。碧碧溪学校的法人登记注明，其性质为民办非企业法人，业务范围为学前、小学、初中一体的民办学校，以提供教育服务为主要经营项目的社会办学机构。碧碧溪学校以此处房屋及土地作为向农行东升支行借款的抵押物，被吉林中院、吉林高院判决确认抵押无效。关于碧碧溪学校的办学资质问题，吉林市教育局复函称："2011年该校周边基建无法招生，提出暂停招生的申请。2014年4月28日该校提出恢复招生的申请，待我局审核通过后，可允许其继续办学。"

吉林高院认为，碧碧溪学校的上级主管部门吉林市教育局在复函中明确，该校可继续办学恢复招生。碧碧溪学校作为公益事业单位，其以土地使用权和房屋所有权向银行抵押借款，被吉林高院民事判决认定抵押无效，故人民法院不能对上述财产予以强制执行。吉林中院（2014）吉中执行异字第16号执行裁定缺乏法律依据，经吉林高院（2014）第19次民事行政审判专业委员会讨论，依照《中华人民共和国民事诉讼法》第二百二十五条和《最高人民法院关于适用〈中华人民共和国民事诉讼法〉执行程

① 对应《民事诉讼法》（2021年修正）第二百三十二条。

序若干问题的解释》第八条、第九条[①]的规定，于2014年12月4日作出（2014）吉执复字第29号执行裁定，撤销吉林中院（2014）吉中执恢字第20号执行裁定及（2014）吉中执行异字第16号执行裁定。

农行东升支行不服吉林高院上述裁定，向本院申诉，请求撤销吉林高院（2014）吉执复字第29号执行裁定。其主要理由为：第一，裁定书中认定的事实及适用法律错误。虽然碧碧溪学校在借款时办理的抵押被法院认定为无效，但不应影响农行东升支行依法要求碧碧溪学校以名下房产和土地清偿所欠债务的权利。碧碧溪学校名下财产不属于《最高人民法院关于人民法院民事执行中查封、扣押、冻结财产的规定》第五条列明的人民法院不得查封、冻结、扣押的财产。第二，碧碧溪学校系由陈某出资兴建的民办非企业法人，其营业期限已经超期，营业资质也已多年没有年检。2010年至今该校已没有学生，教学楼已经被法院依法拍卖，教师办公楼也已废弃，学校操场已变成驾校的练车场。现有房屋、土地虽为教育用地和教育设施，但处于闲置状态。该校已经名存实亡，不应被认定为公益事业单位。第三，本案不良资产已经剥离至财政部，希望切实保障国有资产安全。

质证后，农行东升支行补充其意见为：第一，根据现行有效的《民办非企业单位登记管理暂行条例》规定，各级民政部门是民办学校的核准登记机关，民办学校成立、运营需要办理民办非企业单位登记证书，教育部门只是业务主管单位。第二，碧碧溪学校已于2011年4月29日被吉林市民政局撤销其民办非企业单位登记证书，所以碧碧溪学校法人资格已不存在，也不再是公益事业单位。法院执行其自有财产偿还其自身债务没有任何不当。即使碧碧溪学校现在仍属公益事业单位，吉林中院作出的对碧碧溪学校自有资产查封的执行裁定也符合法律规定。碧碧溪学校以正在申请重新办学为由主张解除查封，暂缓执行没有任何法律依据。第三，在农行东升支行申请恢复执行并查封后，碧碧溪学校向吉林市教育局提出恢复招生申请，拟借此阻止法院进一步执行，其根本目的就是为了逃废银行

---

① 该司法解释已于2020年修正。

债务。

碧碧溪学校在质证中发表答辩意见认为：2006 年吉林高院判决认定本案争议标的抵押无效。争议标的为碧碧溪学校从事公益事业的教育用地和教育用房，不应当被强制执行。碧碧溪学校已经归还债权人本金 600 余万元，只剩余小部分本金及利息没有归还。农行东升支行多次要求吉林市教育局注销碧碧溪学校的办学资格，而吉林市教育局三次回复说碧碧溪学校有办学资格，可以继续办学。现在民政部门已经不具有对学校的管理权限，碧碧溪学校恢复办学后去民政部门登记备案即可。应当维持吉林高院的复议裁定。

碧碧溪咨询公司未提供答辩意见。

本院经审查，除确认吉林高院查明的事实外，另查明：《江城晚报》2011 年 4 月 30 日刊登了吉林市民政局行政处罚决定公告（第 5 号），公告中载明："下列 77 个民办非企业单位多年来未参加年检和不能正常开展活动，根据《民办非企业单位登记管理暂行条例》的规定，决定予以撤销登记。从即日起，证书、公章废止（2011 年 4 月 14 日）。"撤销登记的名单中包括了"吉林市碧碧溪外国语实验学校"。

吉林市教育局为答复中国农业银行吉林市分行，于 2015 年 6 月 5 日出具了《关于吉林市碧碧溪外国语实验学校办学资质的复函》（吉市教函〔2015〕24 号），函中载明："（1）关于办学资质问题。吉林市碧碧溪外国语实验学校是 1995 年由我局批准试办，1998 年批准成立。2011 年，因该校周边基建，学校提出暂停招生，依法保留办学资质。（2）关于恢复招生问题。由于学校住宿楼的产权证被抵押在贵行东升支行，该校无法进行办学条件的完善，我局暂时也无法依法对其进行评估。（3）关于贵行提出的'依据《中华人民共和国民办教育促进法》第九章第六十二条第八款'之事宜，由于学校自暂停招生以来，不能开展正常的教育教学活动，也没有资金往来，所以，我们也无法对其进行评估。"

本院认为，根据申诉人申诉及被申诉人答辩，本案争议的焦点为碧碧溪学校的主体资格问题以及碧碧溪学校的教育用地和教育设施能否获得执行豁免问题。

首先，关于碧碧溪学校的主体资格问题。在本案恢复执行之前，碧碧溪学校被吉林市民政局公告撤销民办非企业（法人）单位登记。根据《民办非企业单位登记管理暂行条例》第二十七条“未经登记，擅自以民办非企业单位名义进行活动的，或者被撤销登记的民办非企业单位继续以民办非企业单位名义进行活动的，由登记管理机关予以取缔，没收非法财产；构成犯罪的，依法追究刑事责任；尚不构成犯罪的，依法给予治安管理处罚”之规定，碧碧溪学校本不能继续以碧碧溪学校名义进行活动，但碧碧溪学校尚未办理注销登记，根据《民办非企业单位登记管理暂行条例》第十六条第二款“民办非企业单位在办理注销登记前，应当在业务主管单位和其他有关机关的指导下，成立清算组织，完成清算工作。清算期间，民办非企业单位不得开展清算以外的活动”之规定，碧碧溪学校被撤销登记之后，办理注销登记之前，其法人资格依然存在，但权利能力与行为能力受到限制，只能开展清算范围之内的活动。碧碧溪学校作为被执行人参与执行程序，应为债权债务清理工作的一部分。而碧碧溪学校尚未按照法律规定成立清算组织，不允许碧碧溪学校以单位名义参与执行程序，则无法进行相应的债权债务清理工作。参照《最高人民法院关于适用〈中华人民共和国公司法〉若干问题的规定（二）》第十条关于“公司依法清算结束并办理注销登记前，有关公司的民事诉讼，应当以公司的名义进行。公司成立清算组的，由清算组负责人代表公司参加诉讼；尚未成立清算组的，由原法定代表人代表公司参加诉讼”之规定，碧碧溪学校在注销登记之前，能够以单位名义参与执行程序，进行债权债务清理工作。本案中，碧碧溪学校以单位名义从事活动，必须严格限定在参与执行程序的必要活动中，不得从事清理既有债权债务关系之外的活动。碧碧溪学校为民办学校，根据《中华人民共和国民办教育促进法》第三条第一款之规定，“民办教育事业属于公益性事业，是社会主义教育事业的组成部分”。因此，农行东升支行有关碧碧溪学校法人资格已不存在，其也不再是公益事业单位的主张没有事实与法律依据，本院不予支持。

其次，关于教育设施和教育用地能否豁免执行的问题。本案争议的土地与房产为公益性质的教育用地与教育设施，碧碧溪学校曾以上述房屋所

有权与土地使用权向农行东升支行设定抵押，被法院以违反法律强制性规定为由判决抵押无效。虽然法律明确禁止学校以教育设施设定抵押，但目前法律、行政法规中对于强制执行教育用地或教育设施却并无限制性或禁止性规定。《中华人民共和国民办教育促进法》中规定了民办学校的终止及清算义务，明确了债务清偿顺序，在民办学校清算时，以学校的财产包括教育用地与教育设施变价清偿学校所负债务是应有之义。然而，基于社会公共利益考量，教育用地与教育设施确实具有不同于普通财产的特殊性。该种特殊性表现在教育设施具有特定用途。学校要完成教育教学目标，达到教书育人的社会公益目的，离不开各种教育教学设施。如果强制执行学校正在使用中的教育设施，不仅影响正常的教育教学秩序，处置不当还有可能造成学生失学，损害公众受教育权。因此，虽然我国法律、行政法规中对于教育设施能否豁免执行的问题并无明确规定，但为保障社会公益事业发展，保障公众受教育权等基本权益，对教育用地与教育设施的执行不能改变其原有的公益性用途，不能影响其实际使用。本案中，虽然碧碧溪学校目前并无在校学生，争议的教育用地与教育设施均处于闲置状态，不存在对在校学生受教育权直接现实的损害，但是碧碧溪学校的办学许可证并未被吊销，吉林市教育局的复函表明碧碧溪学校仍保留了办学资质，存在恢复招生的可能性。为充分维护社会公共利益，对本案争议的教育用地与教育设施的执行也应当以不影响其教育功能的发挥为前提。同时，强制执行程序的根本目的是实现生效法律文书确定的债权，只要不影响教育用地与教育设施的正常使用，人民法院应当根据申请执行人的申请采取必要的执行措施，以保护申请执行人的合法权益。因法律法规并不禁止教育用地与教育设施的转让，在存在转让可能性的情况下，应当允许在不影响使用的前提下进行查封。鉴于吉林中院（2014）吉中执恢字第20号执行裁定内容仅为查封本案争议的土地与房产，而查封可以在不影响正常使用的前提下进行，农行东升支行关于吉林中院对碧碧溪学校自有资产的查封符合法律规定的申诉主张，应予支持。吉林中院（2014）吉中执行异字第16号执行裁定虽然没有明确指出对本案争议的土地与房产必须在不影响其正常使用的前提下采取执行措施，但该裁定维持了对争议财产的查封，处理结果并无错误。吉林高院（2014）吉执复字第29号执行裁定直接撤销上述执行裁定没有法律依据，应予纠正。

综上，依据《中华人民共和国民事诉讼法》第一百五十四条①、《最高人民法院关于人民法院执行工作若干问题的规定（试行）》第一百二十九条②之规定，裁定如下：

撤销吉林省高级人民法院（2014）吉执复字第29号执行裁定，维持吉林省吉林市中级人民法院（2014）吉中执行异字第16号执行裁定和（2014）吉中执恢字第20号执行裁定。

本裁定送达后立即生效。

审　判　长　赵晋山
代理审判员　潘勇锋
代理审判员　葛洪涛

二〇一五年八月五日

书　记　员　刘　伟

---

① 对应《民事诉讼法》（2021年修正）第一百五十七条。

② 对应《最高人民法院关于人民法院执行工作若干问题的规定（试行）》（2020年修正）第七十一条。

68. 莱芜市庚辰经贸有限公司执行申诉案*

生效刑事判决主文明确判定对已查封、扣押、冻结的涉案财物予以追缴和处理，利害关系人在执行程序中请求排除追缴的应通过审判监督程序解决

【裁判摘要】

生效刑事判决主文明确判定对已查封、扣押、冻结的涉案财物依照法律规定予以追缴和处理，利害关系人在执行程序中对该查封、扣押、冻结的涉案财物主张财产权利，请求排除追缴的，属于对作为执行依据的刑事判决相关判项提出异议，不属于执行程序处理范围，应根据法律、司法解释规定通过审判监督程序解决。

【案号】

执行异议：(2012) 徐执异字第 0022 号

执行复议：(2013) 苏执复字第 0017 号

执行监督：(2016) 最高法执监 401 号

【案情】

申诉人（利害关系人）：山东省莱芜市庚辰经贸有限公司（以下简称庚辰公司）。

* 摘自《人民司法·案例》2017 年第 20 期。

被执行人：尹某新、王某香。

尹某新是山东莱北鹏展石油设备制造有限公司法定代表人，王某香是北京安泰瑞惠科贸有限公司（以下简称安泰瑞惠公司）法定代表人，二人系夫妻关系。2009年12月，二人为骗取徐州矿务集团有限公司（以下简称徐矿集团）资金，以虚构的莱芜钢铁集团股份有限公司的名义向徐矿集团订购1800立方米高炉自动化高压煤气净化系统设备，约定价格9496万元。同日，二人又以安泰瑞惠公司的名义与徐矿集团签订合同，约定以9216万元的价格向徐矿集团出售1800立方米高炉自动化高压煤气净化系统设备。徐矿集团于2009年12月17日、2010年1月15日分两次向安泰瑞惠公司支付货款共9216万元。2010年4月下旬，因徐矿集团多次要求尹某新、王某香返还货款，二人逃匿，后于2010年5月11日在山东省莱芜市被公安机关抓获归案。2011年5月19日，就江苏省徐州市人民检察院指控尹某新、王某香犯合同诈骗罪、行贿罪一案，徐州市中级人民法院作出（2011）徐刑二初字第2号刑事判决，判决主文第三项为：对已查封、扣押、冻结的涉案财物依照法律规定予以追缴和处理，其余涉案赃款继续予以追缴。

在该案刑事侦查阶段，徐州市公安局根据赃款流向，于2010年5月26日冻结庚辰公司300万元存款，并于2011年5月4日续冻。徐州中院（2011）徐刑二初字第2号刑事判决生效后，徐矿集团向徐州中院申请发还涉案财物。2011年10月26日，徐州中院向莱商银行北苑支行送达（2011）徐执字第236号协助冻结存款通知书，要求继续冻结庚辰公司银行存款300万元。

【审判】

庚辰公司向江苏省徐州市中级人民法院提出执行异议称：2009年12月7日，尹某新经熟人介绍并担保，向庚辰公司借款300万元。因庚辰公司当时没有现金，因此借给尹某新300万元承兑汇票一张。2009年12月18日，尹某新偿还了该借款。2010年5月26日，徐州市公安局以尹某新

偿还庚辰公司借款所用资金涉嫌诈骗所得赃款为由，冻结了庚辰公司在莱芜市莱商银行北苑支行的300万元资金。现尹某新的诈骗案件已经审结，徐州中院对庚辰公司的上述账户存款继续冻结。根据（2011）徐刑二初字第2号刑事判决书判决内容第三项，对已查封、扣押、冻结的涉案财物依照法律规定予以追缴和处理，其余涉案赃款继续予以追缴，徐州中院至今未解除对庚辰公司资金的冻结不当。根据《最高人民法院关于审理诈骗案件具体应用法律的若干问题的解释》① 第十一条以及《最高人民法院、最高人民检察院关于办理诈骗刑事案件具体应用法律若干问题的解释》第十条的规定，庚辰公司取得尹某新的300万元系善意取得，庚辰公司与尹某新之间有合法的债权债务关系，庚辰公司并不知道尹某新偿还借款的300万元系赃款。另，庚辰公司被冻结的300万元资金系贷款，不但自己不能使用，而且要照常支付银行利息，损失惨重。因此，请求立即解除（2011）徐刑二初字第2号案件中对庚辰公司在莱商银行北苑支行存款300万元的冻结。

徐州中院认为：第一，庚辰公司提供承兑汇票会计账目及承兑汇票复印件证明2009年12月7日庚辰公司以承兑汇票方式借给尹某新300万元，该承兑汇票显示出票人系山东百达威进出口有限公司，收款人为莱芜市茂鑫物资有限公司，无法显示出庚辰公司系该承兑汇票的当事人，且无法显示出票据背书的情况。第二，该承兑汇票系复印件，且只显示出票据一面的情况，复印件无法与原件进行核对。根据《最高人民法院关于民事诉讼证据的若干规定》② 之规定，无法就该承兑汇票与本案之间的关联性作出认定。第三，就该笔300万元借款而言，庚辰公司与尹某新之间是否存在真实的债权债务关系，庚辰公司亦未提供诸如借款合同、借条等充分证据证明。因此，对庚辰公司的异议请求，不予支持。徐州中院于2012年12月17日作出（2012）徐执异字第0022号民事裁定，驳回庚辰公司的异议。

① 该司法解释已于2013年1月14日废止。

② 该司法解释已于2019年12月25日修正。

庚辰公司不服，向江苏省高级人民法院申请复议。江苏高院认为：本案的执行依据是已发生法律效力的徐州中院（2011）徐刑二初字第2号刑事判决，该判决主文第三项“对已查封、扣押、冻结的涉案财物依照法律规定予以追缴和处理”中的已查封、扣押、冻结的涉案财物，包括在侦查阶段已被徐州市公安局冻结的庚辰公司银行存款300万元，徐州中院有权据此执行。徐州中院在本案执行过程中对上述款项采取冻结措施并无不当。关于庚辰公司主张被冻结的银行存款系善意取得不应予以追缴的问题，属于刑事案件裁判审查范畴，而不属于本案执行程序审查范围，故不予理涉。江苏高院于2013年7月16日作出（2013）苏执复字第0017号执行裁定，驳回庚辰公司的复议申请，维持徐州中院（2012）徐执异字第0022号民事裁定。

庚辰公司不服，向最高人民法院申诉。最高人民法院经审查查明：2011年6月9日，徐矿集团向徐州中院提交发还涉案财物申请书，请求发还已查封、扣押、冻结的涉案财物，追缴其余涉案赃款、赃物。2011年10月20日，徐州中院作出（2011）徐执字第236号民事裁决，裁定冻结、扣划、查封、扣押、扣留、提取、处置尹某新、王某香的涉案财物及罚金（附清单）。2013年10月10日，徐州中院作出（2011）徐执字第236号协助扣划存款通知书，要求莱商银行北苑支行将冻结的庚辰公司300万元存款扣划至徐州中院账户。

另查明：莱芜市利群物资有限公司因该公司368.88万元存款被徐州中院冻结、扣划，不服江苏高院（2013）苏执复字第0019号执行裁定、徐州中院（2011）徐执字第236号民事裁决和（2012）徐执异字第0026号民事裁定，向最高人民法院申诉一案，最高人民法院经审判委员会讨论，于2015年9月29日作出（2014）执申字第30号执行裁定，驳回莱芜市利群物资有限公司的申诉请求。

最高人民法院认为，《中华人民共和国刑事诉讼法》第二百三十四条①规定，人民法院作出的判决，应当对查封、扣押、冻结的财物及其孳息作

① 该法已于2018年10月26日修正，本条已变更为第二百四十五条，但内容未作变动。

出处理。判决生效后，有关机关应当根据判决对查封、扣押、冻结的财物及其孳息进行处理。对查封、扣押、冻结的赃款赃物及其孳息，除依法返还被害人的以外，一律上缴国库。本案中，徐州中院（2011）徐刑二初字第2号刑事判决虽然没有具体写明应当追缴庚辰公司300万元存款，但其第三判项已明确：对已查封、扣押、冻结的涉案财物依照法律规定予以追缴和处理，其余涉案赃款继续予以追缴。而庚辰公司的300万元存款系徐州市公安局冻结款项，直至刑事审判阶段一直处于续冻结状态，显然属于该刑事判决所称“已查封、扣押、冻结的涉案财物”。徐州中院根据刑事判决对冻结的庚辰公司300万元依法予以追缴和处理，并无不当。庚辰公司主张该300万元系其善意取得而非应当追缴的涉案财物，实质上并不是对执行过程中有关执行行为提出异议，而是对执行依据，即徐州中院（2011）徐刑二初字第2号刑事判决的相关判项提出异议，不属于执行程序应当审查的范围，江苏高院（2013）苏执复字第0017号执行裁定对此不予审查，并无不当。2014年11月6日起施行的《最高人民法院关于刑事裁判涉财产部分执行的若干规定》第十五条规定，执行程序中案外人认为刑事裁判对涉案财物是否属于赃款认定错误提出异议，应通过审判监督程序处理或者由执行机构将异议材料移送刑事审判部门裁定补正。按照这一规定，庚辰公司如果认为徐州中院（2011）徐刑二初字第2号刑事判决存在赃款认定错误，可对该判决申请再审，通过审判监督程序予以解决。庚辰公司的申诉理由不能成立，该院不予支持。参照《中华人民共和国民事诉讼法》第二百零四条①之规定，根据《最高人民法院关于人民法院执行工作若干问题的规定（试行）》第一百二十九条②之规定，裁定驳回庚辰公司的申诉请求。

---

① 对应《民事诉讼法》（2021年修正）第二百一十一条。

② 该司法解释已于2020年12月29日修正，本条已变更为第七十一条，但内容未作变动。

【本案解析】

一、利害关系人对刑事涉案财物主张权利是否属于审判事项

根据《中华人民共和国刑法》第六十四条规定，刑事涉案财物包括违法所得、违禁物和供犯罪所用之物。刑事涉案财物的认定和处置，与定罪量刑问题同属法院刑事审判的裁判对象。法院在刑事判决中，应对刑事涉案财物问题作出明确的裁判结论。刑事涉案财物裁判是以确定违法所得、违禁物、供犯罪所用之物等涉案财物的认定和处理问题为目标的司法裁判。刑事涉案财物裁判与定罪裁判、量刑裁判、程序性裁判一并作为刑事审判一项独立的裁判内容。刑事诉讼在解决被告人定罪量刑问题以及程序争议的同时，还需要对刑事涉案财物的处理作出裁决。长期以来，我国刑事司法实践也将涉案财物问题作为法院裁判内容之一，在刑事判决、裁定中有所涉及。2012 年《中华人民共和国刑事诉讼法》[①] 修正，在第二百三十四条第三款中明确规定，人民法院作出的判决，应当对查封、扣押、冻结的财物及其孳息作出处理。这一规定既是对实践中已经存在的法院审理刑事涉案财物做法的确认，同时也对刑事涉案财物判决内容提出了明确的要求。这一规定包含以下内容：第一，只有法院有权对权属不明确的涉案财物进行认定和处理，对于公诉机关提起明确指控的，法院必须进行审查并作出处理结论，不得因涉案财物权属不明或者情况复杂而不作处理；第二，法院对涉案财物的处理决定要体现在判决书中，无论是何种处理结果，必须在判决书中予以明确；第三，需要法院处理的不仅是涉案财物本身，也包括这些财物的孳息；第四，法院对涉案财物的处理内容应当明确具体，根据涉案财物的性质分别作出不同的处理。如经认定不属于违法所得或者依法应当追缴的其他涉案财物，应当作出发还物品持有人的决定；对于无法认定是否属于违法所得或者依法应当追缴的其他涉案财物，也应当作出返还物品持有人的决定。

① 该法已于 2018 年 10 月 26 日修正。

案外第三人对刑事涉案财物主张权利的，属于涉案财物问题的法律争议，也应纳入刑事审判的范围，由审判部门对其权利诉求一并审理并作出裁判。对此，《最高人民法院关于适用〈中华人民共和国刑事诉讼法〉的解释》（以下简称《刑事诉讼法解释》）第三百六十四条①规定，法庭审理过程中，对查封、扣押、冻结的财物及其孳息，应当调查其权属情况，是否属于违法所得或者依法应当追缴的其他涉案财物；案外人对查封、扣押、冻结的财物及其孳息提出权属异议的，人民法院应当审查并依法处理。需要指出的是，上述司法解释规定用“案外人”指称当事人以外对涉案财物提出权利主张的第三人，存在与《中华人民共和国刑事诉讼法》用语不一致的问题。《中华人民共和国刑事诉讼法》第五编特别程序第三章②“犯罪嫌疑人、被告人逃匿、死亡案件违法所得的没收程序”中，对案外第三人的指称采用的是“利害关系人”。该特别程序中对涉案财物主张权利的利害关系人，与被告人到案情况下普通刑事诉讼程序中对涉案财物主张权利的第三人，在法律地位、参与程序、抗辩理由方面并无本质区别。笔者认为，不论是在被告人到案情况下的普通刑事诉讼程序，还是在犯罪嫌疑人、被告人不到案情况下的特别刑事诉讼程序中，均应采《刑事诉讼法》的表述，用“利害关系人”这一概念指称对涉案财物主张权利的案外第三人。故本文采用“利害关系人”这一概念，而非“案外人”，与《刑事诉讼法》保持一致。

刑事涉案财物的利害关系人在涉案财物审判中，其诉讼立场独立于控辩双方，属于刑事诉讼中的第三人。利害关系人参与刑事涉案财物审判，既不是接受被告人的委托代其行使辩护权，也不是作为证人针对案件事实提供证据，而是针对涉案财物提出自己的权利主张及相关证据。利害关系

---

① 该司法解释已于2021年1月26日修改，本条已变更为第二百七十九条：“法庭审理过程中，应当对查封、扣押、冻结财物及其孳息的权属、来源等情况，是否属于违法所得或者依法应当追缴的其他涉案财物进行调查，由公诉人说明情况、出示证据、提出处理建议，并听取被告人、辩护人等诉讼参与人的意见。案外人对查封、扣押、冻结的财物及其孳息提出权属异议的，人民法院应当听取案外人的意见；必要时，可以通知案外人出庭。经审查，不能确认查封、扣押、冻结的财物及其孳息属于违法所得或者依法应当追缴的其他涉案财物的，不得没收。”

② 该法已于2018年10月26日修正，本章已变更为第五编第四章，但内容未作变动。

人系对涉案财物主张独立的财产请求权，其诉讼地位既不同于被追诉人，也不同于其他诉讼参与人，而是与涉案财物有法律上利害关系的第三人，更确切地说，是对涉案财物享有独立请求权的第三人。根据现行法律规定，刑事诉讼当事人只有被告人、被害人，在附带民事诉讼中还有民事诉讼双方当事人，并没有刑事诉讼第三人。但在利害关系人参与刑事诉讼，对刑事涉案财物主张财产权利的情况下，其拥有独立的诉讼地位，刑事诉讼必须对利害关系人参与程序作出回应，这就要求刑事诉讼立法必须扩大当事人的范围，将与刑事涉案财物具有利害关系的第三人作为当事人对待。刑事涉案财物的所有人、共有人、受让人、用益物权人、担保物权人、承租人等对涉案财物享有排他性权利的主体，均可以作为利害关系人参与刑事涉案财物审判。

在刑事被告人到案的情况下，法治发达国家利害关系人参与涉案财物审判的方式，总体上可以分为两种模式：相对分离模式与合并模式。相对分离模式的优点在于维持了刑事诉讼控、辩、裁三方结构，避免刑事诉讼结构过于复杂而影响诉讼效率。因为利害关系人一旦参与涉案财物审判程序，控诉方在是否应当没收涉案财物的问题上就会面临被追诉人与利害关系人两方面不同性质的抗辩，就会导致在同一个问题上适用不同的证据规则、传统的刑事诉讼三方结构受到冲击等问题。采取相对分离模式则可避免此类问题。但相对分离模式的缺点在于程序具有滞后性，不利于及时保障利害关系人的财产权。合并模式则相反，在解决被追诉人刑事责任问题的同时，又解决涉案财物是否应当追缴、没收的问题。合并模式虽然有利于及时保障利害关系人的财产权，却容易导致诉讼结构的复杂化，进而影响刑事审判的及时进行。所谓相对分离模式，就是通过相对独立于定罪没收程序的其他程序解决利害关系人的财产权保障问题。采取这种模式的是美国联邦。所谓合并模式，是指在定罪量刑程序中，允许利害关系人通过直接参与涉案财物审判程序来保障自己的财产权。采用这种模式的主要是德国、日本、英国、澳大利亚等国家。合并模式又可进一步分为相对合并模式和完全合并模式。《刑事诉讼法解释》第三百六十四条第二款规定，

案外人有权对涉案财物提出权属异议，法院对于案外人的异议应当审查，并根据不同的情况依法处理。由此可见，我国利害关系人参与刑事诉讼的模式是完全合并模式，法院对利害关系人权利主张的审理与追究被告人刑事责任的诉讼程序，以及刑事涉案财物审判程序是相结合的。虽然《刑事诉讼法解释》第三百六十四条设置了案外人通过提出异议参与刑事诉讼的程序，但是对于案外人提出异议的渠道、方式、期限，对案外人异议的处理，在法庭中如何举证、质证、认证等，司法解释都没有具体规定，远不能满足司法实践需要，需要进一步完善利害关系人的参与程序。

在刑事审判程序中，控辩双方及刑事涉案财物利害关系人可就涉案财物的种类、性质、范围、是否具有阻却追缴或没收的事由等进行举证、质证及辩论。法院应在控辩双方及利害关系人所提证据和发表意见的基础上，对涉案财物的认定和处理作出明确的裁判结论。但司法实践中，刑事诉讼法的上述规定并未得到充分落实，很多案件的刑事审判程序并未将涉案财物问题作为独立的裁判对象予以对待，也未保障刑事涉案财物利害关系人参与诉讼的权利，裁判结论没有充分考虑利害关系人利益。法庭对涉案财物的认定和处理缺乏明确的裁判结论，从而影响刑事裁判生效后执行主体对涉案财物的执行。

二、执行依据关于刑事涉案财物的判项是否明确

对本案执行依据关于刑事涉案财物的判项是否明确的问题，在案件处理过程中曾经存在不同意见。徐州中院（2011）徐刑二初字第 2 号刑事判决主文第三项对涉案财物的处理作了裁判，即“对已查封、扣押、冻结的涉案财物依照法律规定予以追缴和处理，其余涉案赃款继续予以追缴”。虽然该判项没有具体列明哪些财物需要处理，但“已查封、扣押、冻结的涉案财物”的表述，已经将需要处理的涉案财物限定为被公安司法机关采取查封、扣押、冻结措施的财物。而本案所涉 300 万元款项已经被徐州市公安局冻结，属于“已查封、扣押、冻结的涉案财物”，当然包括在执行依据判决主文第三项效力范围之内，徐州中院据此对冻结的 300 万元款项

采取执行措施有法律依据。本案执行依据主文的表述，与那些刑事涉案财物裁判内容模糊、笼统的案件仍有所不同。

三、利害关系人对刑事涉案财物的判项内容能否申请再审

有些主体虽然不是当事人或者当事人的法定代理人、近亲属，但案件的处理结果与其存在一定的利害关系，即已经发生法律效力的判决、裁定侵害了其合法权益，对于这样的主体能否提出申诉的问题，刑事诉讼法没有明确规定，司法实践中此类情形也并不少见。例如，被告人某甲系某公司聘任的总经理（法定代表人），他代表单位为另一公司向银行的借款合同提供担保，后因该公司未能清偿借款本息而由某甲所在单位承担连带清偿责任，某甲同意用单位的某一财产来清偿，执行完毕后，某甲以挪用资金罪被追究刑事责任。因刑期不长，某甲在上诉被驳回后便不再申诉。因某甲被以挪用资金罪判刑，银行因某甲同意获得的其所在单位承担担保责任的财产便被作为赃款而要求执行回转。在这种情况下，不允许银行进行申诉，显然是不公平的。所以，《刑事诉讼法解释》第三百七十一条①规定，案外人可以作为申诉主体，对生效刑事判决、裁定申请再审。根据该条第二款，案外人认为已经发生法律效力的判决、裁定侵害其合法权益，提出申诉的，人民法院应当审查处理。据此，案外人（利害关系人）可以作为申诉主体对刑事判决、裁定提出再审申请。

另外，根据《最高人民法院关于刑事裁判涉财产部分执行的若干规定》第十五条规定，执行过程中，案外人认为刑事裁判对涉案财物是否属于赃款赃物认定错误，向执行法院提出书面异议，可以通过裁定补正的，执行机构应当将异议材料移送刑事审判部门处理；无法通过裁定补正的，应当通过审判监督程序处理。该条规定进一步明确了执行程序中，案外人（利害关系人）对刑事裁判已经作出裁决结论的涉案财物提出异议，认为刑事裁判的处理结论错误且无法通过裁定补正的，应通过审判监督程序

① 该司法解释已于2021年1月26日修改，本条已变更为第四百五十一条，但内容未作变动。

处理。

本案中，庚辰公司主张案涉300万元款项系其善意取得而非应当追缴的涉案财物，实质上是对执行依据，即徐州中院（2011）徐刑二初字第2号刑事判决第三项内容提出异议，涉及该判项对刑事涉案财物的认定和处理是否正确合法的问题，系不服执行依据判项内容，对执行依据本身的法律效力提出挑战，属于刑事审判监督程序应当处理的问题，不属于执行程序应当审查的范围。故最高人民法院对庚辰公司的申诉请求不予支持，并在裁定中明确告知其应通过审判监督程序处理。

执行分配方案异议之诉案件

69. 劳某、洪某与朱某、凌某执行分配方案异议之诉案*

▶ 债权人在执行分配方案异议之诉中主张执行标的物归其所有、其他债权人不能参与分配的，应驳回起诉，可通过执行异议之诉获得救济

【裁判摘要】

执行分配方案异议之诉是申请执行债权人之间的权利冲突，审理焦点为判断执行分配方案的合法性，即参与分配债权的真实性、数额和受偿顺序等实体性争议是否成立，诉讼目的为撤销、部分撤销执行分配方案。申请执行债权人主张执行分配方案所涉的全部被执行款项均属其所有应通过案外人执行异议之诉程序获得救济，不应通过执行分配方案异议之诉程序解决。

【案例索引】

一审：湖州市吴兴区人民法院（2015）湖吴执分初字第5号民事裁定书

二审：湖州市中级人民法院（2016）浙05民终869号民事裁定书

* 摘自《审判监督指导》2018年第3辑（总第65辑），人民法院出版社2019年版，第63～65页。

【基本案情】

原告（上诉人）：劳某、洪某

被告（被上诉人）：朱某、凌某

凌某依生效民事调解书需偿还劳某、洪某借款227万余元。执行中，双方达成和解，约定凌某将其在某度假区管委会享有的拆迁补偿款225万元转让给劳某、洪某。法院向度假区管委会发出民事裁定书、协助执行通知书，要求度假区管委会扣留、冻结225万元拆迁补偿款。但度假区管委会擅自向他人支付了68万余元，法院根据劳某、洪某申请，扣划了度假区管委会68万余元存款。后法院将该68万余元作为凌某财产，对其债权人朱某、劳某、洪某制作了分配方案。劳某、洪某认为二人已通过债权转让方式获得了该68万余元拆迁补偿款，对分配方案提出异议，朱某予以反对。劳某、洪某遂提起执行分配方案异议之诉。

【审理结果】

吴兴区人民法院一审认为，劳某、洪某所提异议系对执行分配方案的程序异议，非执行分配方案异议之诉的受案范围。裁定：驳回起诉。

湖州市中级人民法院二审认为，劳某、洪某所提异议系对法院冻结、扣划拆迁补偿款是否错误的异议，属于对执行标的的异议，非执行分配方案异议之诉的受案范围。裁定：驳回上诉，维持原裁定。

【评析意见】

债权人或者被执行人在分配程序中所提异议有程序异议和实体异议之分。程序异议是指债权人或者被执行人认为执行法院在分配程序中存在违法或者不当，请求救济的情形。如对是否应当适用参与分配程序、参与分配的通知瑕疵等提出异议，实质是对执行行为的异议。实体异议是对分配方案所载各债权人债权的真实性、分配的债权数额和分配顺位提出的异议。对于前者，异议人可以依据《中华人民共和国民事诉讼法》第二百二

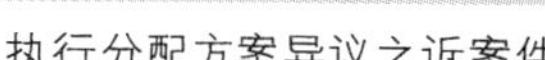

十五条①规定提出执行行为异议。对于后者，异议人可以提起执行分配方案异议之诉。案外人执行异议之诉指在民事执行程序中，执行法律关系当事人之外的与执行标的有利害关系的第三人，对执行标的主张全部或者部分实体性权利而提起的诉讼，涉及案外人与申请执行人、被执行人之间的权利冲突。案外人执行异议之诉主要针对执行标的能否执行，属于“确定蛋糕”问题；执行分配方案异议之诉主要针对执行标的如何执行，属于“分蛋糕”问题。本案从形式上看，劳某、洪某的异议系对朱某能否参与分配的程序性异议，属于对执行行为的异议，但由于两人提出异议的基础权利为对拆迁补偿款享有财产权的实体权利，故两人的异议实质为实体异议，应通过案外人执行异议之诉解决。虽然案件的执行已进入分配程序，但尚未分配完毕，亦未拨付至其他人账户，故劳某、洪某仍可以根据《中华人民共和国民事诉讼法》第二百二十七条②的规定对执行标的提出异议，在未得到支持的情况下可以提起案外人执行异议之诉。

① 对应《民事诉讼法》（2021 年修正）第二百三十二条。
② 对应《民事诉讼法》（2021 年修正）第二百三十四条。

承认和执行外国仲裁裁决案件

70. 斯万斯克蜂蜜加工公司申请承认和执行外国仲裁裁决案*

(最高人民法院审判委员会讨论通过 2022年12月27日发布)

▶ 仲裁协议仅约定通过快速仲裁解决争议，未明确约定仲裁机构的，由临时仲裁庭作出裁决后，被申请人以此为由主张不承认和执行该临时仲裁裁决的，不予支持

【关键词】

民事 申请承认和执行外国仲裁裁决 快速仲裁 临时仲裁

【裁判要点】

仲裁协议仅约定通过快速仲裁解决争议，未明确约定仲裁机构的，由临时仲裁庭作出裁决，不属于《承认及执行外国仲裁裁决公约》第五条第一款规定的情形，被申请人以采用临时仲裁不符合仲裁协议约定为由，主张不予承认和执行该临时仲裁裁决的，人民法院不予支持。

【相关法条】

1.《中华人民共和国民事诉讼法》第二百九十条（本案适用的是2017年6月27日修正的《中华人民共

---

* 摘自2022年12月27日最高人民法院发布的第36批指导性案例（指导案例200号）。

和国民事诉讼法》第二百八十三条）

2.《承认及执行外国仲裁裁决公约》第五条

【基本案情】

2013年5月17日，卖方南京常力蜂业有限公司（以下简称常力蜂业公司）与买方斯万斯克蜂蜜加工公司（SvenskHonungsfora-dlingAB）（以下简称斯万斯克公司）签订了编号为NJRS13001的英文版蜂蜜销售《合同》，约定的争议解决条款为“in case of disputes governed by Swedish law and that disputes should be settled by Expedited Arbitration in Sweden.”（中文直译为：“在受瑞典法律管辖的情况下，争议应在瑞典通过快速仲裁解决。”）另《合同》约定了相应的质量标准：蜂蜜其他参数符合欧洲（2001/112/EC，2001年12月20日），无美国污仔病、微粒子虫、瓦螨病等。

在合同履行过程中，双方因蜂蜜品质问题发生纠纷。2015年2月23日，斯万斯克公司以常力蜂业公司为被申请人就案涉《合同》向瑞典斯德哥尔摩商会仲裁院申请仲裁，请求常力蜂业公司赔偿。该仲裁院于2015年12月18日以其无管辖权为由作出SCCF2015/023仲裁裁决，驳回了斯万斯克公司的申请。

2016年3月22日，斯万斯克公司再次以常力蜂业公司为被申请人就案涉《合同》在瑞典申请临时仲裁。在仲裁审查期间，临时仲裁庭及斯德哥尔摩地方法院向常力蜂业公司及该公司法定代表人邮寄了相应材料，但截至2017年5月4日，临时仲裁庭除了收到常力蜂业公司关于陈述《合同》没有约定仲裁条款、不应适用瑞典法的两份电子邮件外，未收到其他任何意见。此后临时仲裁庭收到常力蜂业公司代理律师提交的关于反对仲裁庭管辖权及延长提交答辩书的意见书。2018年3月5日、6日，临时仲裁庭组织双方当事人进行了听证。听证中，常力蜂业公司的代理人对仲裁庭的管辖权不再持异议，常力蜂业公司的法定代表人赵上生也未提出相应异议。该临时仲裁庭于2018年6月9日依据瑞典仲裁法作出仲裁裁决：1. 常力蜂业公司违反了《合同》约定，应向斯万斯克公司支付286230美元及相应利息；2. 常力蜂业公司应向斯万斯克公司赔偿781614瑞典克朗、

1021718.45 港元。

2018 年 11 月 22 日，斯万斯克公司向江苏省南京市中级人民法院申请承认和执行上述仲裁裁决。

法院审查期间，双方均认为应当按照瑞典法律来理解《合同》中的仲裁条款。斯万斯克公司认为争议解决条款的中文意思是“如发生任何争议，应适用瑞典法律并在瑞典通过快速仲裁解决”。而常力蜂业公司则认为上述条款的中文意思是“为瑞典法律管辖下的争议在瑞典进行快速仲裁解决”。

【裁判结果】

江苏省南京市中级人民法院于 2019 年 7 月 15 日作出（2018）苏 01 协外认 8 号民事裁定，承认和执行由 Peter Thorp、Sture Larsson 和 Nils Eliasson 组成的临时仲裁庭于 2018 年 6 月 9 日针对斯万斯克公司与常力蜂业公司关于 NJRS13001《合同》作出的仲裁裁决。

【裁判理由】

法院生效裁判认为：依据查明及认定的事实，由 Peter Thorp、Sture Larsson 和 Nils Eliasson 组成的临时仲裁庭作出的案涉仲裁裁决不具有《承认及执行外国仲裁裁决公约》第五条第一款乙、丙、丁项规定的不予承认和执行的情形，也不违反我国加入该公约时所作出的保留性声明条款，或违反我国公共政策或争议事项不能以仲裁解决的情形，故对该裁决应当予以承认和执行。

关于临时仲裁裁决的程序是否存在与仲裁协议不符的情形。该项争议系双方对《合同》约定的争议解决条款“in case of disputes governed by Swedish law and that disputes should be settled by Expedited Arbitration in Sweden.”的理解问题。从双方对该条款中文意思的表述看，双方对在瑞典通过快速仲裁解决争端并无异议，仅对快速仲裁是否可以通过临时仲裁解决发生争议。快速仲裁相对于普通仲裁而言，更加高效、便捷、经济，其核心在于简化了仲裁程序、缩短了仲裁时间、降低了仲裁费用等，从而使当事人的争议以较为高效和经济的方式得到解决。而临时仲裁庭相对于常设的仲裁机构而言，也具有高效、便捷、经济的特点。具体到本案，双方同意通过快速仲裁的方式解决争议，但该快速仲裁并未排除通过临时仲裁的方式解决，当事人在仲裁听证过程中也没有对临时仲裁提出异议，在此情形下，由临时仲裁庭作出裁决，符合双方当事人的合意。故应认定案涉争议通过临时仲裁庭处理，并不存在与仲裁协议不符的情形。

（生效裁判审判人员：姜欣、蔡晓文、吴勇）

错误执行司法赔偿案件

71. 丹东益阳投资有限公司申请辽宁省丹东市中级人民法院错误执行赔偿案*

▶ 错误执行造成申请执行人损害的，因被执行人没有清偿能力且不可能再有清偿能力而终结执行的，不影响执行人依法申请国家赔偿

【裁判摘要】

对于人民法院确有错误执行行为，确已造成损害，被执行人毫无清偿能力、也不可能再有清偿能力的案件，即使执行程序尚未终结，也可以进行国家赔偿。

最高人民法院赔偿委员会 国家赔偿决定书

（2018）最高法委赔提3号

申诉人（赔偿请求人）：丹东益阳投资有限公司。住所地：辽宁省丹东市元宝区虹桥小区21-25号。

法定代表人：王某成，该公司执行董事。

委托代理人：王某，辽宁凡响律师事务所律师。

被申诉人（赔偿义务机关）：辽宁省丹东市中级人民法院。住所地：辽宁省丹东市振兴区滨江中路30号。

* 摘自《最高人民法院公报》2019年第2期。

法定代表人：王某砚，该院院长。

委托代理人：姜某晶，该院工作人员。

委托代理人：王某伟，该院工作人员。

申诉人丹东益阳投资有限公司（以下简称益阳公司）因申请辽宁省丹东市中级人民法院（以下简称丹东中院）错误执行赔偿一案，不服辽宁省高级人民法院（以下简称辽宁高院）赔偿委员会（2015）辽法委赔字第29号决定，向本院赔偿委员会提出申诉。本院赔偿委员会于2018年3月22日作出（2017）最高法委赔监236号决定，本案由本院赔偿委员会直接审理。2018年6月29日，合议庭对本案进行了公开质证。本案现已审理终结。

2015年7月16日，益阳公司向辽宁高院赔偿委员会提出赔偿申请称：丹东中院在益阳公司诉丹东轮胎厂债权转让合同纠纷一案执行过程中，未经益阳公司同意即擅自解除对涉案土地的查封，导致已查封土地被拍卖，益阳公司1000多万元的借款无法收回，损失巨大。故请求：依法确认丹东中院擅自解封行为违法，并决定由丹东中院赔偿益阳公司损失本金10429022.76元、利息9826676.78元（计算至2014年9月4日）、案件受理费84374元、保全费5000元。丹东中院未答辩。

辽宁高院赔偿委员会经审理，于2016年4月27日作出（2015）辽法委赔字第29号决定，认定事实如下：益阳公司诉丹东轮胎厂债权转让合同纠纷一案，丹东中院根据益阳公司的财产保全申请，于2007年5月23日作出（2007）丹民三初字第32-1号民事裁定：冻结丹东轮胎厂银行存款1050万元或查封其相应价值的财产。次日，丹东中院向丹东市国土资源局发出协助执行通知书，要求协助事项为：查封丹东轮胎厂位于丹东市振兴区振七街134号土地六宗，分别是：土地证号061412002、面积15168.8m^2，证号061412003、面积1817.5m^2，证号061412004、面积551.9m^2，证号061412005、面积221.5m^2，证号061205002、面积182.4m^2，证号061205004、面积333.5m^2。2007年6月29日，丹东中院作出（2007）丹民三初字第32号民事判决书，判决丹东轮胎厂偿还益阳公司欠款422万元及利息6209022.76元（利息计算至2006年12月20日，2006年12月21日至上述欠款付清之日止的利息按借款合同的约定计算）。

案件受理费 84374 元、财产保全费 5000 元，由丹东轮胎厂承担。判决发生法律效力后，益阳公司向丹东中院申请强制执行。在执行过程中，丹东中院于 2008 年 1 月 30 日作出（2007）丹立执字第 53-1 号、53-2 号民事裁定：解除对丹东轮胎厂位于丹东市振兴区振七街 134 号土地证号 061412002、面积 15168.8m^2，证号 061412003、面积 1817.5m^2，证号 061412005、面积 221.5m^2 土地的查封。上述土地已被丹东市国土资源局挂牌出让给太平湾电厂。2009 年起，益阳公司多次向丹东中院递交国家赔偿申请。丹东中院于 2013 年 8 月 13 日立案受理，但一直未作出决定。益阳公司遂向辽宁高院赔偿委员会申请作出赔偿决定。

辽宁高院赔偿委员会认为：《最高人民法院关于适用〈中华人民共和国国家赔偿法〉若干问题的解释（一）》第八条规定："赔偿请求人认为人民法院有修正的国家赔偿法第三十八条规定情形的，应当在民事、行政诉讼程序或者执行程序终结后提出赔偿请求……"益阳公司向丹东中院申请强制执行（2007）丹民三初字第 32 号民事判决的案件，执行程序尚未终结，益阳公司认为丹东中院错误执行给其造成损害，应当在执行程序终结后提出赔偿请求。2016 年 4 月 27 日，辽宁高院赔偿委员会依照《最高人民法院关于人民法院赔偿委员会审理国家赔偿案件程序的规定》第三条第一款的规定，决定：驳回赔偿请求人丹东益阳投资有限公司的国家赔偿申请。

益阳公司不服，向本院赔偿委员会提出申诉，请求：依法撤销（2015）辽法委赔字第 29 号决定书，责令辽宁高院赔偿委员会对本案作出予以赔偿的决定。主要理由：(1)（2015）辽法委赔字第 29 号决定书认定事实及适用法律错误。其一，丹东中院已于 2016 年 3 月 1 日裁定（2007）丹民三初字第 32 号民事判决终结本次执行程序，但辽宁省高院在收到此裁定书后却没有将其作为认定事实的依据，仍认为执行程序尚未终结，适用法律错误。其二，《中华人民共和国民事诉讼法》第二十二章只规定了执行中止和终结，没有规定终结本次执行程序。《最高人民法院关于适用〈中华人民共和国民事诉讼法〉的解释》第五百一十九条①规定的终结本次

① 对应《最高人民法院关于适用〈中华人民共和国民事诉讼法〉的解释》（2022 年修正）第五百一十七条。

执行，但只能理解为《民事诉讼法》规定的执行终结，不能理解为执行中止，也不能理解为在执行终结之外，还有一种独立的终结本次执行的程序，否则就与《民事诉讼法》的规定相抵触。而且，根据《最高人民法院关于适用〈中华人民共和国民事诉讼法〉的解释》第五百一十九条第二款的规定，如果益阳公司不再申请执行，则终结本次执行程序后也不可能再次执行。因此，终结本次执行程序就是执行终结。（2）（2015）辽法委赔字第29号决定书混淆“违法解除查封”与“错误执行”两个不同的概念并作出错误决定，损害益阳公司合法权益。该决定书认为，“益阳公司认为丹东中院错误执行给其造成的损害，应当在执行程序终结后提出赔偿请求”。但益阳公司是基于丹东中院违法解封涉案土地并最终造成益阳公司巨额债权落空这一事实提起国家赔偿请求的。在这个过程中，丹东中院的解封行为并不是益阳公司申请的执行案件中的错误执行行为，而是丹东中院在案件之外独立实施的一起职务侵权行为。因此，对于这一行为的处理，当然也就不适用“在执行程序终结后提出赔偿请求”这一规定。（3）（2015）辽法委赔字第29号决定书与丹东中院的行为遥相呼应，利用司法解释漏洞损害益阳公司合法权益，其结果是将益阳公司永远排除在赔偿程序之外。按照辽宁高院赔偿委员会的观点，根据《最高人民法院关于适用〈中华人民共和国国家赔偿法〉若干问题的解释（一）》第八条“赔偿请求人认为人民法院有修正的国家赔偿法第三十八条规定情形的，应当在民事、行政诉讼程序或者执行程序终结后提出赔偿请求……”的规定，本案似乎应当等待丹东中院执行程序终结、确认被执行人丹东轮胎厂确无其他财产可供执行后再提出国家赔偿申请。但实际上，丹东中院自擅自解除土地查封，导致相关土地立即被以4600万元的价格出售，所得款项全部被丹东轮胎厂用以清偿了对其他债权人的债务，而益阳公司作为合法的查封权人却分文没有得到。被执行人丹东轮胎厂在土地被出售之后，早已没有任何其他可以用来清偿债务的有效资产，之所以没有注销或破产，唯一的目的就是以丹东轮胎厂之名继续扛债。这也是丹东中院长期未对丹东轮胎厂采取任何后续执行措施的原因。既然没有财产可供执行，就应当下达执行终结裁定。但如果下达执行终结裁定，则益阳公司必然会据此提

出国家赔偿申请，而且必然会胜诉。丹东中院对此十分清楚。为了敷衍益阳公司，丹东中院在辽宁高院赔偿委员会审理本案件期间向益阳公司送达了一份“终结本次执行”的裁定，这更加明确地体现出丹东中院试图逃避法律责任的主观意图。上述法律规定以及具体情况，辽宁高院赔偿委员会也十分清楚，但仍以执行程序未终结为由驳回益阳公司的赔偿申请，这实际上将益阳公司排除在正常维权途径之外。

对于益阳公司的申诉，丹东中院答辩称：（1）益阳公司提出的赔偿申请不符合立案条件。本案所涉执行案件尚未执行终结，益阳公司提出国家赔偿申请不符合《最高人民法院关于适用〈中华人民共和国国家赔偿法〉若干问题的解释（一）》第八条的规定。辽宁高院赔偿委员会根据《最高人民法院关于人民法院赔偿委员会审理国家赔偿案件程序的规定》第三条的规定，在立案后决定驳回益阳公司的赔偿申请正确。（2）丹东中院解除查封符合当时最高人民法院有关政策精神。根据最高人民法院当时电话通知精神要求，对购买债权的诉讼案件不予受理，已经受理的应当中止审理，进入执行程序的案件不能采取强制执行措施。此时益阳公司与丹东轮胎厂的诉讼案件已进入执行阶段，丹东中院已对涉案土地进行了查封，按照电话通知精神的要求，丹东中院遂解除了涉案土地的查封。（3）丹东轮胎厂尚有财产可供执行。在丹东轮胎厂工会申请执行丹东市轮胎厂一案中，丹东中院相继查封了该厂所有的丹国用九三字第 063204006 号、061213015 号土地使用权，位于丹东市振兴区振七街 52 号 700 平方米仓库及土地使用权等其他财产，丹东市轮胎厂同意在解决所欠职工债务的过程中挤出 100 万元偿还益阳公司。（4）丹东中院解封涉案土地的目的是妥善安置职工，维护社会稳定。截至 2007 年 3 月 7 日，丹东轮胎厂仍有离休老干部 30 人，退休职工 1014 人，参加并轨职工 2426 人，在岗在册职工 76 人，其他人员 115 人，其中调离 11 人，遗属 37 人，死亡 67 人，计全厂债务人员 3661 人，企业拖欠 3661 人的生活费、取暖费、医药费等债务达 4600 万元，大量职工上访。为了维护社会稳定，切实解决职工安置问题，根据 2007 年 11 月 19 日市长办公会议的要求，按照最高人民法院电话通知精神，丹东中院于 2008 年 1 月 31 日解除了涉案土地的查封，使涉案土地顺利挂牌出售，初步缓解了职工困难，避免了大规模上访事件的发生。综上，请求驳回益阳公司的申诉请求。

本院赔偿委员会对辽宁高院赔偿委员会审理查明的事实予以确认。另查明：（1）1997年11月7日，交通银行丹东分行与丹东轮胎厂签订借款合同，约定后者从前者借款422万元，月利率7.92‰。2004年6月7日，该笔债权被转让给中国信达资产管理公司沈阳办事处，后经转手由益阳公司购得。（2）2007年11月19日，丹东市人民政府第51次市长办公会议议定，“关于丹东轮胎厂变现资产安置职工和偿还债务有关事宜”，“责成市国资委会同市国土资源局、市财政局等有关部门按照会议确定的原则对丹东轮胎厂所在地块土地挂牌工作形成切实可行的实施方案，确保该地块顺利出让”。同月21日，丹东市国土资源局在《丹东日报》刊登将丹东轮胎厂总厂土地挂牌出让公告。同年12月28日，丹东市产权交易中心发布将丹东轮胎厂锅炉房、托儿所土地挂牌出让公告。土地出让款4680万元，均被丹东轮胎厂用于偿还职工内债、职工集资、医药费、普通债务等，没有给付益阳公司。（3）在辽宁高院赔偿委员会审理过程中，丹东中院针对益阳公司申请执行案于2016年3月1日作出（2016）辽06执15号执行裁定，认为丹东轮胎厂现暂无其他财产可供执行，裁定：（2007）丹民三初字第32号民事判决终结本次执行程序。对于以上事实，益阳公司与丹东中院在质证时均明确表示无异议。

本院赔偿委员会认为：本案基本事实清楚，证据确实、充分，申诉双方并无实质争议。双方争议焦点主要在于三个法律适用问题：第一，丹东中院的解封行为在性质上属于保全行为还是执行行为。第二，丹东中院的解封行为是否构成错误执行，相应的具体法律依据是什么。第三，丹东中院是否应当承担国家赔偿责任。

关于第一个焦点问题。益阳公司认为，丹东中院的解封行为不是该院的执行行为，而是该院在案件之外独立实施的一次违法保全行为。对此，丹东中院认为属于执行行为。本院赔偿委员会认为，丹东中院在审理益阳公司诉丹东轮胎厂债权转让合同纠纷一案过程中，依法采取了财产保全措施，查封了丹东轮胎厂的有关土地。在民事判决生效进入执行程序后，根

据《最高人民法院关于人民法院民事执行中查封、扣押、冻结财产的规定》第四条的规定，诉讼中的保全查封措施已经自动转为执行中的查封措施。因此，丹东中院的解封行为属于执行行为。

关于第二个焦点问题。益阳公司称，丹东中院的解封行为未经益阳公司同意且最终造成益阳公司巨额债权落空，存在违法。丹东中院辩称，其解封行为是在市政府要求下进行的，且符合最高人民法院的有关政策精神。对此，本院赔偿委员会认为，丹东中院为配合政府部门出让涉案土地，可以解除对涉案土地的查封，但必须有效控制土地出让款，并依法定顺位分配该笔款项，以确保生效判决的执行。但丹东中院在实施解封行为后，并未有效控制土地出让款并依法予以分配，致使益阳公司的债权未受任何清偿，该行为不符合最高人民法院关于依法妥善审理金融不良资产案件的司法政策精神，侵害了益阳公司的合法权益，属于错误执行行为。

至于错误执行的具体法律依据，因丹东中院解封行为发生在2008年，故应适用当时有效的司法解释，即最高人民法院2000年发布的《关于民事、行政诉讼中司法赔偿若干问题的解释》。由于丹东中院的行为发生在民事判决生效后的执行阶段，属于擅自解封致使民事判决得不到执行的错误行为，故应当适用该解释第四条第七项规定的违反法律规定的其他执行错误情形。

关于第三个焦点问题。益阳公司认为，被执行人丹东轮胎厂并非暂无财产可供执行，而是已经彻底丧失清偿能力，执行程序不应长期保持“终本”状态，而应实质终结，故本案应予受理并作出由丹东中院赔偿益阳公司落空债权本金、利息及相关诉讼费用的决定。丹东中院辩称，案涉执行程序尚未终结，被执行人丹东轮胎厂尚有财产可供执行，益阳公司的申请不符合国家赔偿受案条件。对此，本院赔偿委员会认为，执行程序终结不是国家赔偿程序启动的绝对标准。一般来讲，执行程序只有终结以后，才能确定错误执行行为给当事人造成的损失数额，才能避免执行程序和赔偿程序之间的并存交叉，也才能对赔偿案件在穷尽其他救济措施后进行终局性的审查处理。但是，这种理解不应当绝对化和形式化，应当从实质意义上进行理解。在人民法院执行行为长期无任何进展、也不可能再有进展，被执行人实际上已经彻底丧失清偿能力，申请执行人等已因错误执行行为遭受无法挽回的损失的情况下，应当允许其提出国家赔偿申请。否则，有错误执行行为的法院只要不作出执行程序终结的结论，国家赔偿程序就不能启动，这样的理解与《国家赔偿法》以及司法解释制定的初衷是背道而驰的。本案中，丹东中院的执行行为已经长达十一年没有任何进展，其错误执行行为亦已被证实给益阳公司造成了无法通过其他渠道挽回的实际损失，故应依法承担国家赔偿责任。辽宁高院赔偿委员会以执行程序尚未终结为由决定驳回益阳公司的赔偿申请，属于适用法律错误，应予纠正。

至于具体损害情况和赔偿金额，经本院赔偿委员会组织申诉人和被申诉人进行协商，双方就丹东中院（2007）丹民三初字第 32 号民事判决的执行行为自愿达成如下协议：（一）丹东中院于本决定书生效后 5 日内，支付益阳公司国家赔偿款 300 万元；（二）益阳公司自愿放弃其他国家赔偿请求；（三）益阳公司自愿放弃对该民事判决的执行，由丹东中院裁定该民事案件执行终结。

综上，本案丹东中院错误执行的事实清楚，证据确实、充分；辽宁高院赔偿委员会决定驳回益阳公司的申请错误，应予纠正；益阳公司与丹东中院达成的赔偿协议，系双方真实意思表示，且不违反法律规定，应予确认。依照《中华人民共和国国家赔偿法》第三十条第一款、第二款和《最高人民法院关于国家赔偿监督程序若干问题的规定》第十一条第四项、第十八条、第二十一条第三项的规定，本院赔偿委员会决定如下：

一、撤销辽宁省高级人民法院赔偿委员会（2015）辽法委赔字第 29 号决定；

二、辽宁省丹东市中级人民法院于本决定生效后 5 日内，支付丹东益阳投资有限公司国家赔偿款 300 万元；

三、准许丹东益阳投资有限公司放弃其他国家赔偿请求。

本决定为发生法律效力的决定。

二〇一八年六月二十九日

其他执行案件

72. 张某利申请执行案*

黄金交易席位属于一种无形资产，可以强制执行

【裁判摘要】

执行法院确定被执行人持有上海黄金交易所的黄金交易席位与证券交易席位、期货交易席位类似，属于一种无形资产，是被执行人享有处分权，且具有一定经济价值并可予以转让的财产性权利，可以成为人民法院民事执行程序中适格的强制执行标的物。

一、基本案情

张某利因与西安一某贸易有限公司（以下简称一某公司）、吴某鸿、金某霞合同纠纷争议诉至陕西省西安市中级人民法院（以下简称西安中院），西安中院经审理于2016年12月26日作出（2016）陕01民初1796号民事判决，主要内容为：(1) 一某公司、吴某鸿、金某霞向张某利归还成色为99.99%的黄金6万克或支付相对应的折价款1624.14万元；(2) 一某公司、吴某鸿、金某霞向张某利支付违约金（以1624.14万元为基数按日万分之三从2016年5月1日计算至实际清偿之日止）；(3) 驳回张某利其他诉讼请求。一某公司、吴某

* 摘自《执行工作指导》2020年第1辑（总第73辑），人民法院出版社2020年版，第49~56页。

鸿、金某霞不服上述判决，向陕西省高级人民法院（以下简称陕西高院）提起上诉。2017 年 5 月 15 日，陕西高院作出（2017）陕民终 361 号民事判决，驳回上诉，维持原判。

判决生效后，张某利向西安中院申请强制执行。西安中院立案执行，并向被执行人一某公司、吴某鸿、金某霞发出执行通知书，责令其履行生效法律文书确定的义务。因被执行人未履行，西安中院遂于 2017 年 6 月 19 日作出（2017）陕 01 执 757 号之二执行裁定，冻结被执行人一某公司在上海黄金交易所的会员资格和其在上海黄金交易所的全部交易席位及相关权利。后西安中院对被执行人一某公司在上海黄金交易所的会员资格和其在上海黄金交易所的全部交易席位及相关权利委托评估。2017 年 8 月 25 日，西安建华资产评估有限责任公司作出资产评估报告，确定上述执行标的物在评估基准日所表现的市场价值为 3610.6 万元。2018 年 1 月 5 日，陕西金融控股集团有限公司（以下简称金融控股公司）作为买受人在京东拍卖平台举行的拍卖中通过公开竞价，以 2888.48 万元竞得上述在上海黄金交易所的会员资格和在上海黄金交易所的全部交易席位及相关权利。2018 年 1 月 12 日，西安中院作出（2017）陕 01 执 757 号之四执行裁定：（1）解除对被执行人一某公司在上海黄金交易所的会员资格和其在上海黄金交易所的全部交易席位及相关权利的冻结；（2）被执行人一某公司上述在上海黄金交易所的会员资格和在上海黄金交易所的全部交易席位及相关权利归买受人金融控股公司所有，上述标的物所有权自本裁定送达买受人金融控股公司时转移；（3）买受人金融控股公司可持本裁定到有关机构办理相关财产权变更登记手续。2018 年 5 月 17 日，上海黄金交易所向金融控股公司颁发了会员资格证书。2018 年 6 月 27 日，西安中院作出（2017）陕 01 执 757 号结案通知书，本案执行完毕。

二、裁判理由

执行法院西安中院认为，在被执行人一某公司名下无其他有效可供执行财产的情况下，其持有上海黄金交易所的黄金交易席位是否可以成为适格的执行标的物，将决定本案是否能执行到位。黄金交易席位，究其本质

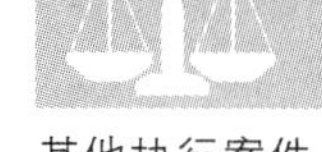

与证券交易席位、期货交易席位类似，属于一种无形资产，是被执行人享有处分权，且具有一定经济价值并可予以转让的财产性权利，可以成为人民法院民事执行程序中适格的强制执行标的物。且在执行中，执行法院认为交易席位与会员资格具有紧密的相关性，二者必须共同构成一项完整的执行标的物。割裂二者的关系，在司法实践中将导致执行措施出现瑕疵。因此，执行法院在对该财产采取保全及处分措施时，不应割裂二者的关系，应当一并保全或处分被执行人名下的会员资格、全部交易席位及相关权利。

三、评析意见

该案系全国首例人民法院对黄金交易席位强制执行的案件。其争议焦点在于：被执行人的黄金交易席位能否成为人民法院的强制执行标的物？如果可以，执行法院如何采取正确的执行措施？在执行过程中应该特别注意什么？这些都是本案执行中必须面临和解决的问题。

（一）被执行人的黄金交易席位能否成为人民法院的强制执行标的物

该案执行中，执行法院查明被执行人一某公司系上海黄金交易所的会员，持有该所黄金交易席位，且在工商机关的登记信息显示一某公司为该所“股东”，投资权益为 80 万元，与其缴纳的会员资格费 80 万元数额相同。在这种情况下，被执行人一某公司的有效财产到底是什么？是股权、会员资格还是交易席位？

1. “股东”非股东。从工商登记信息看，上海黄金交易所企业性质为股份合作制。但从上海黄金交易所现实治理结构来看，实行的是会员制组织形式，其会员并非交易所的股东，会员所谓的出资其实只是其缴纳的会员资格费，既不是投资权益，也不是股权，其名称虽为会员资格费，但实为押金或保证金。[①] 此外，在实践中，上海黄金交易所也从未向其会员企业支付作为股东应得的股息或红利等收益，《上海黄金交易所章程》也未见类似规定。无论是从上海黄金交易所的相关制度看，还是从实务中的治理结构看，上海黄金交易所会员所谓的“投资”都不是股权，故执行法院不宜以股权或投资权益的形式执行该会员资格费，但可以裁定对该会员资格费予以冻结，在将来其会员资格转让或终止，会员资格费需要退还被执行人时，由法院依法予以提取。

2. 交易席位是可强制执行的财产性权利。尽管对于被执行人享有的黄金交易席位到底是否属于财产性权利现有立法没有明确规定，但与黄金交易席位类似的证券交易所与期货交易所的交易席位，其可以成为强制执行标的物均有相关规定。[②] 结合《上海黄金交易所章程》有关规定可知，其会员资格和交易席位可以按规定转让。首先，按照《上海黄金交易所会员管理办法》第十三条的规定，其普通会员的会员资格经批准可以转让，只是禁止以承包、出租、抵押等方式私下转让会员资格或交易席位。[③] 其次，鉴于黄金交易所会员得以凭借黄金交易席位开展相关交易，具有获取一定经济利益的可能性，且其通过会员资格和交易席位的转让，亦有获取一定经济利益的可能。此外，由于黄金交易所的会员数量实行严格控制，新增

---

① 《上海黄金交易所会员管理办法》已于2019年12月24日修订，其中第十三条规定，申请成为普通会员的单位自收到交易所入会通知书之日起30个工作日内，应缴纳会员资格费和年会费。第二十五条规定，未结清与交易所的债务的，交易所将在清退会员资格费前从会员资格费中扣除，会员资格费不足以结清与交易所债务的，交易所保留继续追索的权利；其他未办事项由交易所按有关规定办理。由此可见，会员资格费实际承担了押金或者保证金的作用。

② 《最高人民法院关于冻结、划拨证券或期货交易所证券登记结算机构、证券经营或期货经纪机构清算账户资金等问题的通知》第二条规定：“证券经营机构的交易席位系该机构向证券交易所申购的用以参加交易的权利，是一种无形财产。人民法院对证券经营机构的交易席位进行财产保全或执行时，应依法裁定其不得自行转让该交易席位，但不能停止该交易席位的使用。人民法院认为需要转让该交易席位时，按交易所的有关规定应转让给有资格受让席位的法人。人民法院对期货交易所、期货经纪机构的交易席位采取财产保全或执行措施，适用上述规定。”《最高人民法院关于审理期货纠纷案件若干问题的规定》第五十八条规定：“人民法院保全与会员资格相应的会员资格费或者交易席位，应当依法裁定不得转让该会员资格，但不得停止该会员交易席位的使用。人民法院在执行过程中，有权依法采取强制措施转让该交易席位。”

③ 该办法已于2019年12月24日修订，本条已被修改，其中第二十条规定：“严禁会员对会员资格或交易席位进行发包、出租、抵押等形式。”

会员非常困难，现有会员资格及相应的交易席位属于相对稀缺的财产。实践中，证券交易席位和黄金交易席位都有转让先例。2011 年 10 月，上海国际商品拍卖有限公司受法院和社会委托，公告拍卖上海证券交易所的交易席位 13 个。[①] 2015 年 4 月，据北京产权交易所挂牌信息显示，中国黄金集团资产管理有限公司将其持有的上海黄金交易所综合类会员资格拟进行公开转让，转让底价为人民币 2400 万元。[②] 综上，黄金交易席位与证券交易席位、期货交易席位一样，属于无形资产，是被执行人享有处分权且具有一定经济价值并可予以转让的财产性权利。该财产性权利在权利主体依照私法可以处置的情形下，当然可以成为人民法院适格的强制执行标的物。

3. 交易席位与会员资格应共同组成一项完整的执行标的物

按照《上海黄金交易所会员管理办法》第十一条[③]的规定，获得上海黄金交易所会员资格是取得相应交易席位的前提。故被执行人持有上海黄金交易所的交易席位与其会员资格具有紧密的相关性，二者必须共同组成一项完整的执行标的物。割裂二者的关系，在司法实践中将导致执行措施出现瑕疵。如果执行机构只冻结被执行人的会员资格不冻结交易席位，由于交易席位才是被执行人得以开展交易的载体，故被执行人真正得以进行交易的财产性权利未被实际保全。反之，如果只冻结交易席位不冻结会员资格，一旦被执行人申请放弃会员资格或者交易所取消其会员资格，将导致以会员资格为基础而获得的交易席位不复存在。同时，参照《最高人民法院关于审理期货纠纷案件若干问题的规定》第五十八条的规定，也要求人民法院保全交易席位的同时，应当依法裁定不得转让会员资格。这里的“不得转让”，不应机械理解为只是禁止被执行人的自行转让行为，应还包含被执行人不得申请放弃会员资格，交易所亦不得取消其会员资格。人民

① 《〈上海证券交易所交易席位 13 个拍卖〉公告》，载 http：//www. zhongpaiwang. com/gonggao/qita/3485. html，2018 年 10 月 8 日访问。

② 《北交所挂牌转让上海黄金交易所综合类会员资格》公告，载 http：//gold. hexun. com/2015-04-20/175122444. html，2018 年 10 月 8 日访问。

③ 该办法已于 2019 年 12 月 24 日修订，本条已修改为第十七条：“会员取得会员资格后，自动拥有一个会员代码和相应的交易席位。”

法院在对被执行人的财产进行处分前，必须先采取查封、扣押、冻结的保全措施。因此，为确保完整处分被执行人黄金交易席位及相关权利，人民法院在采取保全措施时应裁定一并冻结被执行人在交易所的会员资格与全部交易席位及相应权利。[①]

（二）对黄金交易席位强制执行中应注意的事项

在本案中，执行法院在拍卖被执行人一某公司在上海黄金交易所的会员资格及其在上海黄金交易所的全部交易席位及相关权利过程中，有两个问题需要进一步明确：一是竞买人应具备的资格；二是对竞买人资格的审查。

1. 竞买人应具备的资格

按照《最高人民法院关于人民法院网络司法拍卖若干问题的规定》第十四条第一项的规定，法律、行政法规和司法解释对买受人资格或者条件有特殊规定的，竞买人应当具备规定的资格或者条件。在黄金交易席位变价中，由于上海黄金交易所实行会员制组织形式，具有较强的人合性质，其《上海黄金交易所章程》及《上海黄金交易所会员管理办法》对会员资格均有一定要求，但该《上海黄金交易所章程》及《上海黄金交易所会员管理办法》又不属于《最高人民法院关于人民法院网络司法拍卖若干问题的规定》第十四条第一项中所列的“法律、法规和司法解释”。同时，国务院发布的《金银管理条例》第十九条规定：“申请经营（包括加工、销售）金银制品、含金银化工产品以及从含金银的废渣、废液、废料中回收金银的单位，必须按照国家有关规定和审批程序，经中国人民银行和有关主管机关审查批准，在工商行政管理机关登记发给营业执照后，始得营业。”由此可见，国家对金银行业施行的是统一管理，不具备一定的资格不得从事该行业。而上海黄金交易所是我国唯一从事黄金现货交易的市场，执行法院拟拍卖的会员资格、交易席位及相应权利，其财产权的本质

① 参见陕西省西安市中级人民法院（2017）陕 01 执 757 号案件的（2017）陕 01 执 757 号之二执行裁定书。

是要进行黄金交易，故竞买该财产的企业必须符合国家对金银经营的管理制度。此外，在与黄金交易席位类似的证券交易席位执行时，《最高人民法院关于冻结、划拨证券或期货交易所证券登记结算机构、证券经营或期货经纪机构清算账户资金等问题的通知》第二条规定，人民法院认为需要转让该交易席位时，按交易所的有关规定应转让给有资格受让席位的法人。黄金交易席位的执行虽无类似规定，但两者在本质并无不同。

因此，在对黄金交易席位拍卖时，应对竞买人资格作特别说明与提示。本案的拍卖公告中，执行法院在公告第六项特别说明部分载明："本次拍卖的标的物是一某公司在上海黄金交易所的会员资格及在上海黄金交易所的全部交易席位及相关权利，对于竞买人的资格有一定要求。对此，本院依据《最高人民法院关于人民法院网络司法拍卖若干问题的规定》第十四条之规定，在本拍卖公告第五条的'特别提示'中已予以特别提示。为方便竞买人参与竞买，本院现提供有关信息如下，竞买人在确定自己是否具有竞买资格时可以参照但不局限于下列文件。"同时，执行法院将上海黄金交易所制度与规则官网链接、《上海黄金交易所章程》及《上海黄金交易所会员管理办法》全文作为公告附件发布，以供竞买人参考。

2. 对竞买人资格的审查

《最高人民法院关于人民法院网络司法拍卖若干问题的规定》第十四条要求实施网络司法拍卖的，人民法院应当在拍卖公告发布当日通过网络司法拍卖平台对竞买人资格予以特别提示。此外，《最高人民法院关于人民法院民事执行中拍卖、变卖财产的规定》第十五条[①]只规定法律、行政法规对买受人的资格或者条件有特殊规定的，竞买人应当具备规定的资格或者条件。上述司法解释均未明确竞买人资格的具体审查问题。

具体到个案中，对黄金交易席位拍卖时到底由谁负责审查竞买人资格？如果交由上海黄金交易所审查竞买人资格，可能会导致人民法院的司法拍卖权受到一定程度制约。同时考虑到人民法院也不具备黄金交易领域的相关专业知识，人民法院过度审查对交易所会员制的人合性也存在一定

① 该司法解释已于2020年12月29日修正，本条已被修改为第十二条，但内容未作变动。

程度侵蚀。故在本案中，执行法院仅在拍卖公告第五条特别提示的第一项中明确："竞买人参加竞买前，应确保自己符合竞买条件，因不符合竞买条件导致拍卖无效或被撤销的，由竞买人自行承担相应的法律后果和法律责任。"通过在拍卖公告中进行特别提示的形式，由竞买人自行确定其是否具备竞买资格，并由其承担因不符合竞买条件导致拍卖无效或被撤销的法律后果和法律责任，是比较合理的处理方式。

3. 其他相关问题的处理

在变价黄金交易席位时，除需要考虑竞买人实质条件与《上海黄金交易所章程》及《上海黄金交易所会员管理办法》要求的会员条件之间的关系外，人民法院强制执行不受《上海黄金交易所章程》和《上海黄金交易所会员管理办法》中会员资格或交易席位其他的转让形式要件约束。人民法院强制执行的国家公权力性质，决定了其并非一般的私权主体间的正常民事活动，其权力运行只受法律、法规和司法解释规制，上海黄金交易所的《上海黄金交易所章程》和《上海黄金交易所会员管理办法》作为规范约束其会员的规章制度，显然不能约束人民法院被依法赋予的强制执行权。因此，其《上海黄金交易所章程》和《上海黄金交易所会员管理办法》中关于会员资格或交易席位转让的其他形式要件，无论是转让的时间限制，还是交易所对转让行为的内部审批要求，都不应成为阻却人民法院强制转让被执行人会员资格和交易席位的正当理由。人民法院在强制转让被执行人上述财产时，应严格适用《民事诉讼法》及相关司法解释中关于强制转让被执行人财产的相关规定。

人民法院对被执行人的黄金交易席位强制转让后，对被执行人作为原会员的遗留问题，应按照《上海黄金交易所会员管理办法》第二十五条第二款的规定处理，逾期未解除或全部履行交易合同，交易所有权于到期日下一个交易日对该会员实施强制平仓；未结清与交易所的债务的，交易所将在清退会员资格费前从会员资格费中扣除，会员资格费不足以结清与交易所债务的，交易所保留继续追索的权利。因此，被执行人缴纳的会员资格费不足以结清与交易所债务的，交易所应通过诉讼处理。对于被执行人其他债权人的债权，应按照《最高人民法院关于适用〈中华人民共和国民

事诉讼法〉的解释》相关规定，被执行人符合破产条件的，按破产程序处理。不符合破产条件的，执行法院就执行黄金交易席位变价所得财产，在扣除执行费用及清偿优先受偿的债权后，对于普通债权，按照财产保全和执行中查封、扣押、冻结该交易席位的先后顺序清偿。

四、结语

对黄金交易席位的执行，非常集中地体现出新时期民事执行工作的复杂特点。一方面，在向市场经济转轨过程中，历史遗留问题与新兴财产类型同时并存，类似上海黄金交易所的“股权”问题并非孤例，列举式的事先规定难免挂一漏万；另一方面，与此类似的高尔夫俱乐部会籍问题，合作社的社员权益等问题也很难纳入传统的实体法财产类型中，从而给执行标的的确认及变价造成新的挑战。如果不能对被执行人的新型财产采取有效措施，致使财产类型创新成为逃避执行的法外之地，这在损害申请执行人合法权益的同时，更将严重损害已初见成效的社会诚信体系。对于一项财产是否可以成为适格的执行标的物，执行法院一般应从两个方面判定应否对拟执行标的物进行执行：一是判断被执行人对拟执行标的物是否享有所有权或依法处分的权利；二是判断执行标的物是否具有处分变价的可能性，以及是否具有法律禁止流转及执行的情形。①

在本案中，执行法院确定被执行人持有上海黄金交易所的黄金交易席位与证券交易席位、期货交易席位类似，属于一种无形资产，是被执行人享有处分权，且具有一定经济价值并可予以转让的财产性权利，可以成为人民法院民事执行程序中适格的强制执行标的物。同时，对强制执行中竞买人资格及其审查等问题的处理也作出有益的探索，为类似案件的执行积累了经验。

（执笔人：牛晶琦）

---

① 向巍：《执行标的物权属判定问题探讨》，载《财经界（学术版）》2008年第3期。

73. 申请执行人魏某等与被执行人某区政府行政纠纷案*

行政判决责令行政机关采取补救措施的，该判决具有给付内容，属于行为执行

【裁判摘要】

行政判决责令行政机关采取补救措施的，该判决具有给付内容，属于行为执行。行政机关按照判项要求履行义务并基本符合判决理由阐述的法律精神的，可以认定案件执行完毕。

一、基本案情

申诉人（申请执行人）：魏某。

被执行人：某区政府。

申请执行人魏某等与被执行人某区政府行政纠纷一案，济宁中院于2016年11月17日作出（2016）鲁08行初125号行政判决书，判决驳回原告魏某等人的诉讼请求。原告魏某等人不服（2016）鲁08行初125号行政判决，向山东高院提起上诉。山东高院于2017年5月10日作出（2017）鲁行终315号行政判决：一、撤销济宁中院（2016）鲁08行初125号行政判决；二、撤销被上诉人作出的济政复决字（2016）37号行政复议决

* 摘自《执行工作指导》2020年第2辑（总第74辑），人民法院出版社2021年版，第71~79页。

定；三、确认被上诉人某区政府作出的《西门大街棚户区改造项目房屋征收决定》违法，责令被上诉人某区政府采取补救措施；四、驳回上诉人的其他诉讼请求。

2017年8月13日，魏某等向济宁中院申请执行（2017）鲁行终315号行政判决书第三项，济宁中院于同日立案执行。

执行过程中，被执行人向济宁中院出具了《某区政府关于履行生效判决的告知函》，内容为："为履行山东省高级人民法院（2017）鲁行终176号、（2017）鲁行终315号行政判决，某区政府对《西门大街棚户区改造项目房屋征收决定》采取补救措施，已对《西门大街棚户区改造项目征收与补偿方案》中的征收补偿方式进行调整和补充，并在征收范围内进行了公告。现将《关于对西门大街棚户区改造项目房屋征收补偿方式进行补充说明的公告》报送贵院。特此告知。"《关于对西门大街棚户区改造项目房屋征收补偿方式进行补充说明的公告》具体内容为："2016年4月24日，某区政府公告了西门大街棚户区改造项目房屋征收决定，并附西门大街棚户区改造项目房屋征收与补偿方案。根据法院判决，现就该房征收与补偿方案中的第九条'征收补偿方式'作如下补充和说明：被征收人可以选择货币补偿，也可以选择房屋产权调换。（一）货币补偿：被征收选择货币补偿的，货币补偿金的总额是被征收房屋的价值与搬迁费、临时安置费、停产停业损失补偿费及补助奖励费的总和。被征收房的价值由选定的房地产价格评估机构依法评估确定。其中，被征收人只有一套住宅房屋且该房屋建筑面积小于50平方米的，上靠按50平方米的建筑面积进行评估确定被征收房屋的市场价值。（二）房屋产权调换：被征收人选择房屋产权调换的，在征收人提供的房源内选择产权调换房屋，持房票进行选房，并与征收人计算、结清被征收房屋价值与用于产权调换房屋价值的差价。对符合本征收补偿方案中规定的奖励条件的，按奖励办法给予奖励。"某区政府同时提交了在棚户区拆迁区域张贴公告的照片。

2017年12月28日，济宁中院作出（2017）鲁08执369号结案通知书，认为被执行人已采取了补救措施，本案执行依据确定的被执行人需要履行的义务已履行完毕。根据《最高人民法院关于执行案件立案、结案若干问题的意见》第十四条和第十五条规定，本案执行完毕。

二、审查处理意见

申请执行人魏某就结案问题，向济宁中院提出书面异议。济宁中院认为，本案为完成行为的执行案件，即被执行人某区政府采取补偿措施。在本案执行期间，被执行人某区政府已经按照（2017）鲁行终315号行政判决的要求，作出了《关于对西门大街棚户区改造项目房屋征收补偿方式进行补充说明的公告》，并在棚户区拆迁区域张贴公告，同时向该院出具了《关于履行生效判决的告知函》。上述行为，系本案的被执行人已采取的补救措施，本案执行依据确定的被执行人需要履行的义务已全部履行完毕。因此，该院作出（2017）鲁08执369号结案通知书并无不当。

复议法院山东高院认为，本案争议的焦点问题是：某区政府是否完成了判决要求的采取补救措施这一行政行为。本案中，济宁中院向某区政府发出执行通知书后，某区政府按照山东高院（2017）鲁行终315号行政判决判令其采取补救措施的要求，作出《关于对西门大街棚户区改造项目房屋征收补偿方式进行补充说明的公告》，并在棚户区拆迁区域张贴公告，同时向济宁中院出具《关于履行生效判决的告知函》。某区政府的行为，完成了判决确定的采取补救措施的义务，履行了济宁中执行通知的要求，济宁中院对本案的执行已经完毕。至于复议申请人关于某区政府的补救措施违法的问题，山东高院认为，《最高人民法院行政庭关于对行政机关作出的改变原具体行政行为的行政行为，当事人不服能否提起行政诉讼的电话答复》明确：“依据《行政诉讼法》的有关规定，对行政机关作出的改变原具体行政行为的行政行为，当事人不服可以提起行政诉讼。”据此，本案中，某区政府按照判决采取了补救措施，复议申请人认为这一行政行为违法，不属执行程序审查的范围。山东高院裁定驳回魏某等人的复议申请，维持济宁中院异议裁定。

当事人向最高人民法院申诉，最高人民法院认为，行政判决确认被上诉人某区政府作出的《西门大街棚户区改造项目房屋征收决定》违法，责令被上诉人某区政府采取补救措施。从判决的判项及其理由看，执行内容是要求某区政府采取的补救措施，给被征收人货币补偿与房屋产权调换的选择权。某区政府从形式上给了被征收人货币补偿与房屋产权调换的选择权，履行了生效判决确定的采取补救措施的义务。山东高院复议裁定认定事实清楚，适用法律正确，应予维持。

三、评析意见

（一）责令采取补救措施的判决是否可以强制执行

并非所有类型的行政判决都具有强制执行力，本案要解决的首要问题是责令采取补救措施的行政判决是否具有强制执行力。行政诉讼脱胎于民事诉讼，民事诉讼主要有三大类型：给付之诉、形成诉讼与确认之诉。行政诉讼，基本上也是这三大类型诉讼。对应三大诉讼类型，民事判决中的给付判决具有执行内容和强制执行力，具体主要包括金钱给付、物的交付与行为给付。形成判决和确认判决没有执行内容。同样，行政判决中的形成判决自判决生效之日起就产生变更、消灭行政法律关系效果，确认判决只是确认一种行政法律关系状况，均无须采取强制执行措施，只有给付判决需要采取进一步强制执行措施。行政判决的具体类型比较多，哪些可以归入给付判决类型需要具体分析。

《行政诉讼法》用十个条文规定了具体的行政判决方式（第六十九条至第七十八条），按照条文顺序，其判决类型分别为驳回诉讼请求判决，撤销或者部分撤销判决（撤销判决），重新作出行政行为判决（重作判决），履行法定职责判决（判决作出特定行政行为，也称为履行判决，科以义务判决），履行给付义务判决（狭义给付判决，一般可以具体化为金钱或者其他财物，也包括恢复原状、排除妨碍等非财产给付义务），确认违法判决，确认无效判决，责令采取补救措施、承担赔偿责任判决，变更判决（一般涉及金额、数额调整），行政协议履行及补偿判决。

一般而言，撤销或者部分撤销判决为形成判决，相关行政行为一旦撤销，在判决生效之时，则回到了没有作出相关行政行为的状态，撤销判决的目的即已达到，无须另行强制执行。

关于变更判决，有观点认为，变更判决和撤销判决一样，也属于形成判决，变更判决直接导致行政法律关系发生变动，无须强制执行。[①] 根据《行政诉讼法》第七十七条规定，变更判决主要有两类：一类是对明显不当的行政处罚进行变更。在《行政诉讼法》2014 年修正前，变更判决仅限于行政处罚显失公正的情形。另一类是对款额的确定或认定确有错误的其他行政行为进行变更，主要是指涉及金钱数量的确定和认定的除行政处罚外的其他行政行为，如支付抚恤金、最低生活保障待遇、社会保险待遇案件中，对抚恤金、最低生活保障费、社会保险金的确定。[②] 这是《行政诉讼法》修改后新增加的可以判决变更的情形。就第二类变更判决，变更判决作出后，实际上需要由行政机关向相对人支付抚恤金、最低生活保障待遇，如果行政机关不履行，仍需要走救济途径。对救济途径，有两种观点：一种观点认为，可以由相对人提起给付之诉。另一种观点则认为，无须另行起诉，变更判决本身就具有强制执行力，这种变更判决兼具形成之诉与给付之诉的效果。这种观点主张："变更判决确定之后，一方当事人不履行义务时，他方以判决为根据，可以申请人民法院强制执行，或者由行政机关依法强制执行（如果行政机关依法拥有强制执行权的话），以国家强制力保证判决的内容实现。"[③]

确认无效判决所涉及的行政行为自始无效，无须采取强制措施。确认违法判决也为确认判决，就确认判决本身无须采取强制执行措施。

驳回诉讼请求判决本身不能单独成为执行依据。判决驳回诉讼请求

---

① 梁凤云：《行政诉讼法司法解释讲义》，人民法院出版社 2018 年版，第 176 页。

② 全国人大常委会法制工作委员会行政法室：《〈中华人民共和国行政诉讼法〉解读与适用》，法律出版社 2015 年版，第 169~170 页。

③ 姜明安：《行政法与行政诉讼法》（第六版），北京大学出版社 2015 年版，第 512~514 页。

后，应该通过非诉方式执行。①

对重作判决是否可以强制执行存在不同理解。第一种意见认为，对重作判决不服，当事人可以提起行政诉讼，不能通过执行程序要求行政机关履行义务。其依据为《最高人民法院关于适用〈中华人民共和国行政诉讼法〉的解释》第九十条第三款规定："行政机关以同一事实和理由重新作出与原行政行为基本相同的行政行为，人民法院应当根据行政诉讼法第七十条、第七十一条的规定判决撤销或者部分撤销，并根据行政诉讼法第九十六条的规定处理。"第二种意见认为，如果行政机关拒绝按照行政判决要求重新作出行政行为，则可以通过强制执行程序强制其履行义务。第三种意见认为，除了原告保留再次起诉的权利之外，还应该可以参照《行政诉讼法》第九十五条规定，将作出原行政行为基本相同的行为的情况视为拒绝执行法院判决，并按照该条规定对行政机关及其有关责任人员作出处理。笔者倾向于赞成第二种意见。第三种意见涉及在执行程序中对前后两个行政行为是否基本相同的判断，属于实质审查，似不符合执行程序一般进行形式审查的特点，其合理性还有待进一步研究。

除了上述无须执行及存有争议的情形外，其他判决基本可以纳入广义的给付判决范围，具有强制执行力。具体包括：履行法定职责判决、履行给付义务判决、责令采取补救措施、承担赔偿责任判决、行政协议履行及补偿判决。

本案判决所依据的主要是《行政诉讼法》第七十六条，即人民法院判决确认违法或者无效的，可以同时判决责令被告采取补救措施；给原告造成损失的，依法判决被告承担赔偿责任。本案判决根据征收范围内绝大部

---

① 江必新主编：《贯彻〈中华人民共和国行政诉讼法〉专题讲座》，人民法院出版社2015年版，第318页。《最高人民法院行政审判庭关于行政机关申请法院强制执行维持或驳回诉讼请求判决应如何处理的答复》［（2013）行他字第11号］规定："人民法院判决维持被诉行政行为或者驳回原告诉讼请求后，行政机关申请人民法院强制执行的，人民法院应当依照《中华人民共和国行政强制法》第十三条第二款的规定，作出如下处理：一、法律已授予行政机关强制执行权的，人民法院不予受理，并告知由行政机关强制执行。二、法律未授予行政机关强制执行权的，人民法院对符合法定条件的申请，可以作出准予强制执行的裁定，并应明确强制执行的内容。"

分被征收人已经签订了补偿协议，且已进入了工程施工阶段，撤销该征收决定将会给国家和社会公共利益造成重大损失的情况，确认行政行为违法但不撤销行政行为，同时要求某区政府应严格按照《国有土地上房屋征收与补偿条例》（以下简称《条例》）的相关规定采取相应的补救措施。其判项第三项即为“确认被上诉人某区政府作出的《西门大街棚户区改造项目房屋征收决定》违法，责令被上诉人某区政府采取补救措施”。责令采取补救措施，是给付判决，其给付内容为行为，即由政府采取补救措施。本案给付判决具有强制执行效力，当事人申请强制执行，人民法院应当依法受理。

（二）如何确定执行内容

在民事执行中，确定执行内容是执行程序应当首先解决的问题。人民法院对生效判决中具体执行内容的实施主要根据判决主文进行判断。必要时，可结合判决主文文义、当事人诉辩情况以及判决理由等进行综合判断。[①] 但在行政判决的执行过程中，是否可以结合当事人诉辩情况以及判决理由等确定执行内容，涉及更为复杂的问题，即司法权与行政权的分工原则问题，涉及司法权是否越界的问题。

在德国，一些科以义务的判决中，法院在裁判时机不成熟的情况下，按照《德国行政法院法》第 113 条第 5 款的规定，宣布行政机关有义务根据法院的法律观对原告作出答复，是谓答复判决（Bescheidungsurteil）。答复判决的结果是，使行政机关受到在判决中宣布的法院的法律观的约束，答复判决的效力不仅包括行政机关的义务——重新作出决定，而且包括法院的“法律观”。倘若行政机关不履行义务，则原告可以依照《德国行政法院法》第 172 条的规定强制履行义务。[②]

在我国，法院在判决主文之外，在判决理由部分阐述的法律意见，也

---

① 参见鸿达兴业集团有限公司与江苏琼花集团有限公司股权转让纠纷执行监督案［最高人民法院（2017）最高法执监 452 号］。

② ［德］弗里德赫尔穆·胡芬：《行政诉讼法》，莫光华译，法律出版社 2003 年版，第 446 页。

是不容忽视的。比如在重新作出行政行为判决（重作判决）中，《最高人民法院关于适用〈中华人民共和国行政诉讼法〉的解释》第九十条规定："行政机关以同一事实和理由重新作出与原行政行为基本相同的行政行为，人民法院应当根据行政诉讼法第七十条、第七十一条的规定判决撤销或者部分撤销，并根据行政诉讼法第九十六条的规定处理。""法院判决既判力既体现在被诉行政机关必须重新作出行政行为，不得拒绝作出，还体现在重新作出的行政行为要受到法院撤销判决所认定事实和阐述理由的约束，即不得以同一事实和理由作出与原行政行为基本相同的行政行为。"[①] 据此，在判决理由部分，法院已经否定了原行政行为的理由，表明了法院的法律观点及对事实的基本判断，即使判决主文中未对重新作出行政行为作出明确的方向性指示，行政机关再次作出行政行为，也应当尊重法院对法律的认识和对事实的判断。作出与原行政行为基本相同的行政行为，实际上是否定了法院的生效判决。

在责令采取补救措施的判决中，法院在判决中认定的事实和阐述的理由，应当作为行政机关采取补救措施时的重要指引，也是执行法院确定执行内容的重要依据。其主要理由在于，补救措施与确认违法的理由需要结合起来，只有结合判决理由确定具体的补救措施，才能避免再次出现同样的违法情形，发挥行政诉讼解决争议的实效。

当然，行政判决虽然在理由部分对采取补救措施的方向予以了明确，为执行内容的确定明确了框架，但行政判决也要尊重行政机关的行政权，不会过多干预补救措施的具体细节，因此，在确定执行内容时，也应当遵循司法权与行政权的分工原则，给行政机关留出必要的空间。这一点体现了民事执行与行政执行的显著不同。在民事审判和执行中，法院应当结合判决主文与判决理由，尽量就争议问题给出全面彻底的解决方案，以实现一次性化解纠纷的目的。而行政诉讼和执行，则需要尊重行政机关必要的自主裁量权力。

---

① 全国人大常委会法制工作委员会行政法室编：《〈中华人民共和国行政诉讼法〉解读与适用》，法律出版社2015年版，第159页。

就本案而言，虽然可执行的判决主文仅为“责令被上诉人某区政府采取补救措施”，但结合判决说理，基本可以明确补救措施的大体内容，也就是行政机关必须执行的内容。本案执行依据为（2017）鲁行终 315 号判决，该判决在分析征收决定的合法性问题时指出，征收补偿方案是征收决定的重要内容之一，审查征收补偿方案是否合法是审理起诉征收决定案件中不可缺少的部分。《条例》第二十一条第一款规定：“被征收人可以选择货币补偿，也可以选择房屋产权调换。”因房屋是居民赖以生存的重要生活物资，房屋被征收后，必然会给居民生活带来不便，为避免因房屋征收造成居民居住困难问题的出现，故《条例》特别赋予被征收人对补偿方式享有自主选择权。本案中，被上诉人某区政府制定的《西门大街棚户区改造项目房屋征收与补偿方案》在征收补偿方式条款中规定“本片区房屋征收实行货币补偿”，而未对房屋产权调换作出相关规定。“房票”安置可以作为货币补偿与房屋产权调换补偿方式的补充，但并不能作为替代房屋产权调换的补偿方式。该征收与补偿方案中关于“房票”的规定实质上变相剥夺了被征收人关于补偿方式的选择权，导致被征收人特别是产权面积较小的被征收人居住权无法得到保障。被上诉人某区政府作出的被诉房屋征收决定明显不当。上诉人提出的涉案征收与补偿方案确定的补偿方式违法的上诉理由成立，山东高院予以支持。被上诉人某区政府作出的被诉征收决定变相剥夺了被征收人货币补偿与房屋产权调换的选择权。该征收决定明显不当，本应予以撤销，但因征收范围内绝大部分被征收人已经签订了补偿协议，且已进入了工程施工阶段，撤销该征收决定将会给国家和社会公共利益造成重大损失，故应确认其违法，被上诉人某区政府应严格按照《条例》的相关规定采取相应的补救措施。判决确认被上诉人某区政府作出的《西门大街棚户区改造项目房屋征收决定》违法，责令被上诉人某区政府采取补救措施。从判决的上述判项及其理由看，执行内容是要求某区政府采取的补救措施，给被征收人货币补偿与房屋产权调换的选择权。

（三）如何判断是否执行完毕

对是否执行完毕的判断问题，主要涉及行政、行政审判与强制执行的

关系，与民事案件对执行完毕与否的判断有所不同。

责令采取补救措施判决经常是概括性判决，而不是具体判决，具体如何补救，仍有赖行政机关根据具体情况作出行政行为。即使行政判决在事实认定及说理时指出了大体方向，通常也会给行政机关留出一定的自主裁量空间。到了执行阶段，执行法院同样不能越俎代庖，代替行政机关判断如何采取具体的补救措施。但在判决已经明确了具体的补救措施的情形下，执行法院应当严格按照判决执行。

基于对行政权及审判权的尊重，执行法院对执行完毕与否的判断，既要严格，又要谦抑。具体而言，对执行完毕与否的判断，一般以形式审查为原则，不进行实质审查。就责令采取补救措施的判决执行而言，执行法院主要审查补救措施是否符合判决要求的形式。在本案中，执行内容是要求某区政府采取补救措施，给被征收人货币补偿与房屋产权调换的选择权。某区政府在执行期间作出了《关于对西门大街棚户区改造项目房屋征收补偿方式进行补充说明的公告》，明确被征收人可以选择货币补偿，也可以选择房屋产权调换。某区政府从形式上给了被征收人货币补偿与房屋产权调换的选择权，履行了生效判决确定的采取补救措施的义务。对行政行为是否实质违法，是否实质上没有履行生效判决，一般不宜由执行程序判断，当然，行政机关的补救措施规避执行具有明显性的除外。由于行政机关采取的补救措施属于新的行政行为，当事人对其合法性有质疑的，仍然可以依法提起行政诉讼。

（执笔人：向国慧）

74. 田某某与贾某某机动车交通事故责任纠纷执行案*

残疾赔偿金与护理费执行问题

【裁判摘要】

生效判决以定额方式计算的残疾赔偿金，与受害人实际生存年限没有关联，受害人死亡后，残疾赔偿金作为受害人的财产权利，可以继承，继承人可依法申请继续按照生效判决确定的数额执行。

受害人死亡后，护理费不再产生，故尚未支付的护理费具有人身专属性，参照《民事诉讼法》第二百五十七条①关于追索赡养费、扶养费、抚育费案件的权利人死亡，执行程序应当终结的规定，受害人死亡后，不再继续执行。

已经执行的超过受害人实际生存年限的护理费，不再退还。

一、基本案情

申诉人（被执行人）：田某某。

原申请执行人：贾某某（已死亡）。

---

* 摘自《执行工作指导》2021年第4辑（总第80辑），人民法院出版社2023年版，第218~225页。

① 对应《民事诉讼法》（2021年修正）第二百六十四条。

变更后的申请执行人：李某某，原申请执行人法定继承人，贾某某之妻。

变更后的申请执行人：贾某甲，原申请执行人法定继承人，贾某某长子。

变更后的申请执行人：贾某乙，原申请执行人法定继承人，贾某次子。

被执行人：中国大地财产保险股份有限公司乌兰察布市中心支公司（以下简称大地保险公司）。

田某某与贾某某机动车交通事故责任纠纷一案，内蒙古自治区丰镇市人民法院（以下简称丰镇法院）于2015年8月10日作出（2015）丰民初字第119号民事判决，对受害人贾某某的各项损失确认：按照内蒙古自治区2014年度城镇居民人均可支配收入标准计算20年，残疾赔偿金为25497元/年×20年×100%=509940元，完全护理依赖护理费为101元/天×20年×365天/年=737300元；医疗费405533.44元、住院伙食补助费4800元、住院护理费9696元、精神抚慰金30000元、误工费20471.38元、交通费7615元、残疾器具费7473元。以上共计1725983.32元。扣除被告田某某已赔付的180000元。判决：一、大地保险公司在交强险限额内赔付贾某某医疗费10000元、精神抚慰金30000元、残疾赔偿金80000元；在商业第三者责任险限额内赔付贾富官各类损失500000元，合计620000元；二、田某某赔偿贾某某各类损失费925983.32元。上述赔付款项于判决生效后一个月内付清。田某某不服，提出上诉，乌兰察布市中级人民法院（以下简称乌兰察布中院）于2016年2月23日作出二审判决，维持原判。

丰镇法院于2016年4月25日立案执行，同年5月3日，贾某某领取了大地保险公司赔付的62万元款项。

2017年1月10日，申请执行人贾某某去世，丰镇法院变更李某某、贾某甲、贾某乙为本案申请执行人。

执行中，丰镇法院追加了田某某的妻子刘某某为本案被执行人，并执行田某某及刘某某536386.32元，尚有389597元未执行。

二、执行中的审查情况

田某某于2018年1月5日向丰镇法院提出异议，请求终结一审判决第二项执行。理由为：由于贾某某已死亡，原判残疾赔偿金（25497元/年×20年100%=509940元）和完全依赖护理费（101元/天×20年×365天/年=737300元），不应再由其承担，应按照受害人死亡时2017年度内蒙古自治区道路交通事故损害赔偿标准（自治区上一年度城镇居民人均可支配收入32975元×20年=659500元）一次性赔偿其死亡赔偿金及6个月的丧葬费（自治区上一年度职工月平均工资5166元×6个月=30996元）。原判认定的残疾赔偿金和完全护理依赖费是预计受害人今后治疗可能发生的费用，其性质专属于受害人，受害人死亡后则不应继续赔偿，且由于残疾赔偿金、完全依赖护理费具有专属性，不能转让和继承，受害人亲属不能继续申请执行，对这部分款项应终结执行。对原审认定的其他损失医疗费、住院伙食补助费、护理费、精神抚慰金等费用无异议。

丰镇法院和乌兰察布中院认为，本案一审判决已经生效，申请执行人与被执行人之间形成了被确认的债权债务关系，在原判决被依法撤销或改判前，应当继续执行。

孙某某不服，向内蒙古自治区高级人民法院（以下简称内蒙古高院）申诉。内蒙古高院经该院审判委员会研究，存在不同意见。

一是残疾赔偿金和后续护理费是否属于遗产，原申请执行人的继承人能否继续申请执行的问题。该院有两种意见，多数意见认为该两项财产具有人身专属性，不是遗产，不能继承，其继承人不能继续申请执行。少数意见认为，该费用是预计受害人今后发生的费用，受害人已死亡，不可能再发生相关费用，故不是继承的问题。

二是如后续护理费和残疾赔偿金不能继承，对于原申请执行人死亡后执行的款项能否执行回转的问题。该院有两种意见，多数意见认为，应予执行回转。少数意见认为，不再执行回转。

三是执行案件应如何处理的问题。该院有两种意见，多数意见认为，应终结对残疾赔偿金和后续护理费的执行，当事人启动新的诉讼主张死亡赔偿金和丧葬费。少数意见认为，在执行依据未被撤销或改变的情况下，执行机构不能以执代审，应中止执行，通过再审程序变更原判决或依当事人主张新的诉讼，再结合新诉的结果综合执行。

内蒙古高院向最高人民法院请示：判决确定的受害人在执行中死亡，应否继续执行原判决确定的残疾赔偿金和后续护理费？

三、最高人民法院不同意见

本案在审查过程中，就一审法院以确定的20年期限判令一次性支付残疾赔偿金和护理费用，在申请执行人实际生存期间短于赔偿年限的情况下，如何执行残疾赔偿金和护理费，以及当事人应通过何种途径主张权利的问题，最高人民法院存在分歧。

关于残疾赔偿金的支付问题。一致意见认为，残疾赔偿金性质是权利人因丧失劳动能力而导致的财产损失，在事故发生后，受害人的损失已经产生，残疾赔偿金在定残后依法确定，并不因受害人死亡而消灭。司法解释规定对残疾赔偿金的计算采纳定额化计算法，即对受害人残疾赔偿金的计算依据固定的赔偿标准和期限予以计算，不因受害人存活年限的减少而改变。因此，按照20年计算残疾赔偿金属于一种计算标准，以20年为标准计算的残疾赔偿金应当理解为一次性给付，在法律未规定受害人生存期间短于20年的可以减少赔付的情况下，残疾赔偿金数额并不和受害人生存期间长短有直接关联。受害人是基于法院判决一次性取得残疾赔偿金，即使受害人实际生存期间短于20年，也不存在返还多余费用的问题。

关于护理费的支付问题。一种意见认为，以20年期限支付残疾赔偿金和护理费用，只是法院确定赔偿数额的一个参考标准，判决主文中并没有区分哪部分款项具有人身专属性，不能转让和继承。对于没有实际发生的护理费用可不再支付。一种意见认为，护理期限是法官在自由裁量权的范围内确定的，赔偿标准及有关期限，只是赔偿的一个标准，不宜随当事人护理期限长短而变更。对于法院确定的护理期限未届满时，受害人已经死亡，赔偿义务人已经支付的护理费亦不应退还。如果从受害人死亡之后不再计取护理费，则可能出现责任人实际赔付的金额少于死亡赔偿金和丧葬费数额的情形，需要综合予以考虑。另一种意见认为，执行程序中，对护理费的执行与普通金钱债权的执行适用的规定是相同的。执行仅是程序性审查，并没有职权审理护理费的具体计算时间、标准等实体问题。如果执行程序中变更生效判决执行，不仅导致执行程序不稳定，还会带来道德风险，因此，在生效法律文书被依法撤销或改判前，应当继续执行。

关于当事人应通过何种途径主张权利的问题。一种意见认为，对于护理费用，受害人死亡后，一般不再发生护理费，故这部分款项可以考虑终结执行，当事人可以通过异议复议程序寻求救济。而仅以受害人死亡为由进行再审，改判被告承担的民事责任的范围和数额，依据不足。另一种意见认为，如赔偿义务人认为发生受害人死亡的新事由，可通过另诉程序，请求减免护理费，而不应在执行程序中直接终结执行。

四、最高人民法院研究意见

最高人民法院经研究认为：（1）生效判决以定额方式计算的残疾赔偿金，与受害人实际生存年限没有关联，受害人死亡后，残疾赔偿金作为受害人的财产权利，可以继承，继承人可依法申请继续按照生效判决确定的数额执行；（2）受害人死亡后，护理费不再产生，故尚未支付的护理费具有人身专属性，参照《民事诉讼法》第二百五十七条关于追索赡养费、扶养费、抚育费案件的权利人死亡，执行程序应当终结的规定，受害人死亡后，不再继续执行；（3）就本案处理，已经执行的超过受害人实际生存年限的护理费，不再退还。

五、评析意见

（一）关于残疾赔偿金的执行问题

第一，受害人死亡的，残疾赔偿金不能转换为死亡赔偿金。《最高人民法院关于审理人身损害赔偿案件适用法律若干问题的解释》（2022 年修正，以下简称《审理人身损害赔偿案件的解释》）第二十条第一款规定，赔偿义务人请求以定期金方式给付残疾赔偿金、辅助器具费的，应当提供

相应的担保。人民法院可以根据赔偿义务人的给付能力和提供担保的情况，确定以定期金方式给付相关费用。因此，残疾赔偿金的给付以一次性给付为原则，以定期给付为例外。在损害事实发生后，已经导致受害人残疾的后果，侵权结果发生，侵权责任人即应当按照判决认定的责任大小和受害人的损害程度支付残疾赔偿金，故不存在受害人后期死亡而免除或者将残疾赔偿金改为死亡赔偿金的问题，并且司法解释虽然规定经人民法院确认可以定期给付，但并未规定受害人死亡后，可以变更给付或免除给付。

第二，残疾赔偿金不与受害人生存期间的实际长短直接关联，赔偿义务人应当按照判决确定的金额给付残疾赔偿金。《审理人身损害赔偿案件的解释》第十二条规定，残疾赔偿金根据受害人丧失劳动能力程度或者伤残等级，按照受诉法院所在地上一年度城镇居民人均可支配收入标准，自定残之日起按20年计算；第十六规定，被扶养人生活费计入残疾赔偿金或者死亡赔偿金。根据司法解释的规定，残疾赔偿金不仅是对受害人因丧失劳动能力而导致的收入损失赔偿，也是对其被扶养家属的补偿。因此，对残疾赔偿金的计算一般采用定额化方式，且不与个别受害人的实际经济损失挂钩，也不与受害人生存期间的长短直接关联。受害人实际生存期间短于20年的，赔偿义务人也应当按照判决确定的标准给付残疾赔偿金。赔偿义务人也可以请求以定期金方式给付残疾赔偿金，定期金按照赔偿权利人的实际生存年限给付，给付金额可以根据执行期间有关统计数据变化进行调整。以定额化方式计算的残疾赔偿金数额可能高于也可能低于按定期金方式计算的赔偿金数额。本案赔偿义务人在诉讼中并未请求以定期金方式支付残疾赔偿金，就应当依法承担定额化方式计算的残疾赔偿金，不能因受害人实际生存年限变化而请求减少赔偿金额。

第三，受害人死亡后，其继承人可请求执行残疾赔偿金。残疾赔偿金是对受害人因丧失劳动能力导致收入损失的赔偿。因劳动而获得的收入，一般用于劳动者个人及其扶养家庭成员的生活、教育及发展，可不专用于劳动者个人。因此，因劳动能力丧失而获得的收入损失赔偿，同样可不仅仅由受害人个人使用，不具有人身专属性。在受害人死亡后，也不因被害人死亡而终止对残疾赔偿金的执行，残疾赔偿金作为受害人的财产权利可以由其继承人享有，故其继承人可依法申请继续执行残疾赔偿金，赔偿责任人也应当承担残疾赔偿金给付义务。

（二）关于本案完全护理依赖护理费的执行问题

第一，受害人实际生存年限短于生效判决确定的护理费给付期间，赔偿义务人已经支付的护理费中尚未经过的护理期限的护理费不能退还。《审理人身损害赔偿案件的解释》第八条规定，护理费根据护理人员的收入状况和护理人数、护理期限确定；受害人因残疾不能恢复生活自理能力的，可以根据其年龄、健康状况等因素确定合理的护理期限，但最长不超过20年。对于护理费的计算，司法解释综合了多重因素，选择以大多数人的一般情况确定标准，由于判决之初无法确切知晓护理具体期限，因此对于最长不超过20年的护理期限，也应当理解为是确定的期限，即在判决之时以确定的标准、确定的期限计算护理费，以此准确计算护理费数额，形成对受害人的保护。20年期间的护理标准、护理费用通常情况下存在较大变化，司法解释以定额进行计算，亦说明护理费不与受害人实际支出挂钩。在生效法律文书确定的护理期限尚未届满之前，受害人已经死亡的，赔偿义务人已经支付的护理费中尚未经过的护理期限的护理费系依照生效判决履行义务，依法有据，故不应退还。

第二，被害人实际生存年限短于生效判决确定的护理费给付期间，赔偿责任人尚未支付的护理费不再支付。因护理费是受害人需要他人护理而支出的费用，受害人死亡后，护理费不再产生，故具有明显的人身专属性。参照《民事诉讼法》第二百五十七条关于追索赡养费、扶养费、抚育费案件的权利人死亡，执行程序应当终结的规定，受害人死亡后，不应再继续执行护理费。

第三，赔偿责任人欠付的被害人生存期间的护理费，应当按照判决确定的标准支付该期间的护理费。对于赔偿责任人欠付的护理费，受害人及其家属以家庭其他财产支付，该部分费用转化为受害人实际财产损失，故受害人的继承人有权要求其支付欠付的护理费。

一直以来，我国坚持人身损害赔偿制度的重心在于保护受害人的生命健康权，弥补其因生命健康权受到损害而导致的身体上的损害和财产上的损失，以及精神上的痛苦和创伤。但人身损害无论如何与经济补偿无法画等号，赔偿标准及有关期限，只是赔偿的一个方面，其主要目的是便于法官在审理过程中确定赔偿数额，尽快解决纠纷，让受害人尽快拿到补偿。同时，司法解释规定了在人身损害赔偿中，可以定期金给付，对于受害人将来的继续治疗费用、将来的残疾用具费等具有高度人身专属性的赔偿，一次性赔偿有很多不公平的因素，转而适用定期金赔偿，更符合公平、正义的理念。

（执笔人：向国慧、魏丹）

人民法院能动司法（执行）典型案例

75．昆山某置业公司执行转破产重整案*

“执破融合”助被执行企业复工保交楼

【执行要旨】

面对被执行企业主要财产是“烂尾楼”的执行困境，昆山法院引导债权人申请“执转破”，发挥破产程序的债务概括清偿功能，找到平衡各债权人以及债务人利益的最优解。同时发挥府院联动机制作用，在破产程序中恢复债务人已被吊销的营业执照，最终完成破产重整，使烂尾楼盘复工，维护了购房者的合法权益。

【基本案情】

申请执行人：抵押权人、购房人及众多普通债权人

被执行人：昆山某置业有限公司

执行法院：江苏省昆山市人民法院

昆山某置业有限公司成立于2009年，2014年因未年检被吊销营业执照，该公司涉及商品房销售、在建工程抵押贷款、民间借贷、以房抵债、工程欠款等诸多纠纷，负债金额达7亿余元，主要财产是其建设的商住

* 2023年5月最高人民法院发布的人民法院能动司法（执行）典型案例之一。

楼，建筑面积26133平方米，价值约2.1亿元，房屋基本销售网签完毕。在相关执行案件中，抵押权人要求整体拍卖烂尾工程，购房人要求续建交房，其他普通债权人要求公平受偿，各方权利冲突严重。昆山法院认为，若直接将被执行人主要财产“烂尾楼”按在建工程拍卖处置，施工许可证等证件难以重新办理，也难以续建验收，且无法保障购房人权利。于是决定依托“执破融合”机制，将案件导入破产程序，充分发挥破产重整挽救功能保障各方权利人利益。

昆山法院执行法官会同破产审判法官召集购房人和其他权利人协商处置方案，充分释明了执行程序中无法确保续建完工的情况，并引导债权人申请“执转破”。此后，昆山法院裁定对该公司破产清算，并进一步甄别出应予优先保护的消费性购房人47户，其他网签购房人不享有优先权。同时向市场监管部门送达协助执行通知书，恢复了该公司的营业执照。在此基础上，法院裁定将清算程序转为重整程序，引入约2亿元投资用于偿债和续建。该公司在2022年4月重整成功，案涉商住楼上设定的抵押权、建设工程款优先权以及职工债权全额清偿，普通债权受偿率约10%。案涉商住楼正在续建，预计在今年底完成交付。

【典型意义】

该案是江苏省首例在“执转破”程序中恢复企业营业执照并完成破产重整的案件。在该案执行过程中存在债权人众多、利益诉求冲突的难题，昆山法院为化解执行难题，尽可能保障各方权益，一方面通过“执破融合”机制，以破促执，实现了普通债权公平受偿，化解了债权人之间的利益冲突；另一方面在破产程序中恢复债务人已被吊销的营业执照，引入投资完成烂尾工程续建，保护了购房者合法权益，实现了政治效果、社会效果、法律效果的有机统一。

76. 某机械租赁公司与某石材公司买卖合同纠纷执行案*

▶
运用执行联动机制，实现“一案解多纷”

【执行要旨】

执行法院强化善意文明执行理念，发挥在多元化纠纷解决机制中的引领、推动作用，充分运用执行调查权，建立执行联动机制，保证了执行处置工作的顺利推进，实现“一案解多纷”，有效解决村民修路难、工人要账难、债权实现难问题，实现了政治效果、社会效果、法律效果的有机统一。

【基本案情】

申请执行人：某机械租赁公司

被执行人：某石材公司

执行法院：重庆市武隆区人民法院

2022 年 3 月 8 日，武隆法院就某机械租赁公司与某石材公司买卖合同纠纷一案作出民事调解书。因某石材公司未履行该调解书确定的分期支付资产转让款 300 万元及利息的义务，某机械租赁公司于 2022 年 6 月 9 日申请强制执行。武隆法院在启动资产处置程序后，通过前

* 2023 年 5 月最高人民法院发布的人民法院能动司法（执行）典型案例之一。

期调研摸排，发现某石材公司除位于武隆某农业社的采矿设备和厂房外，已无其他财产可供执行。同时发现推进执行工作存在“三大困难”：一是存在某石材公司违法采矿期间拖欠20多人20余万元工资两年未决的“案中案”；二是存在某石材公司违法采矿造成公路受损而无力支付公路修复费用引发的“案后案”，严重影响近2000名村民的正常通行，引发长达两年的群体性信访；三是存在某石材公司采矿设备超期占用土地导致新生租金的“案生案”。

为实质性化解矛盾纠纷，武隆法院强化善意文明执行理念，及时启动由街道办、交通局、应急管理局、公安局、社员代表及双方当事人等多方参与的执行联动机制。历经两个月的不懈磋商，各方最终从法院提供的多个执行方案中确定了一个均可接受、切实可行的财产处置方案：由申请执行人先行垫付资金用于修复受损路段的路面路基，再从后续采矿设备变价款中优先支付；交通局针对违法采矿引发的山体滑坡问题，积极争取上级部门滑坡治理经费支持，因地修建一公里的便民道路；应急管理局负责监督公路质量；公安局负责维护日常交通安全秩序；法院负责及时处置采矿设备厂房并督促协议全面执行。在法院的耐心解释和督促执行下，财产处置顺利进行并交付完毕，拖欠的民工工资得以优先保障，近2000名村民的通行道路圆满修建完毕并移交使用，设备所占土地的新生租金纠纷得以避免，债权人胜诉权益得到切实保障，最终实现“一案解多纷”。

【典型意义】

本案在执行过程中，人民法院践行司法为民宗旨，坚持善意文明执行和矛盾纠纷实质性化解理念，充分发挥在多元化纠纷解决机制中的引领、推动作用，建立多部门参与的执行联动机制，保证执行处置工作顺利推进。人民法院充分运用执行调查权，有效化解经久未解的村民修路难、工人要账难、债权实现难等三大症结，实质性化解矛盾纠纷近百件，有效保障债权人的利益实现，减少人民群众的诉累，实现了政治效果、社会效果、法律效果的有机统一，对弘扬司法为民理念，处置类似案件，促进社会治理能力和治理体系的现代化具有典型意义。

77．某银行与龚某等资产管理合同纠纷执行案[*]

府院联动在“玻璃罩”监管下实现执行松绑“输氧”

【执行要旨】

被执行人龚某系属地政府重点培育拟上市企业实际控制人，因所持股权被冻结、信用受损，上市进程受阻。金华中院依托金华市府院协同构建的执行助企纾困“输氧玻璃罩”机制，共同研判公司现状、主体信用、上市进展等，经多次协调推动达成执行和解，并联合监督履行完毕，法院及时解除措施、修复信用，推动企业上市进程，为助企纾困解难、激发市场活力提供有力司法保障。

【基本案情】

申请执行人：某银行

被执行人：龚某等

执行法院：浙江省金华市中级人民法院

申请执行人某银行与被执行人龚某等资产管理合同纠纷一案，执行中，金华中院查封了龚某名下财产，并拟将其纳入失信被执行人名单。因龚某持股的关联公司

[*] 2023年5月最高人民法院发布的人民法院能动司法（执行）典型案例之一。

系属地政府重点培育的拟上市企业，经营状况良好，正在申报上市流程中，龚某系该公司法定代表人及实际控制人，因所持股权冻结、信用受损，上市进程受阻。

金华中院秉承依法平等保护民营经济、善意文明执行的理念，坚持三步走策略：一是府院协同研判。争取属地党委政府支持，与相关职能部门召开联席会议，就公司现状、主体信用、上市进展、执行方案等进行充分梳理研判，为纠纷实质性化解提供有力支撑。二是灵活施策“输氧”。考虑企业上市需求，在被执行人申报财产、配合执行的情形下，法院给予宽限期，暂缓纳入失信被执行人名单、处置财产，保障企业正常经营。府院协同推进，促成双方达成执行和解。三是联合监督履行。在执行法院、属地政府、经信局、金融办等监督下，龚某诚信履行执行款约1.2亿元，某银行确认龚某履行完毕法律文书确定的义务后，金华中院依申请解除相应执行措施，龚某控股的公司已于近期披露首次公开发行股票招股说明书(申报稿)，冲刺上交所主板IPO上市，预计募资8.621亿元用于扩产项目，企业上市程序顺利推进。龚某送来锦旗和感谢信，感谢金华中院“怀爱民之心，办利企之事”。

【典型意义】

金华法院秉持善意文明、平等保护各类市场主体产权和合法权益的执行理念，助企纾困和监督执行并举，不枉不纵。争取党委政府支持，灵活运用府院协同构建的执行助企纾困“输氧玻璃罩”机制，府院联审全方位评价企业信用、行业前景、资产负债等，对诚信且有持续增长可能的涉执民营企业，引导达成“一揽子”和解，分类实施松绑“输氧”措施，同时构建多重监管“玻璃罩”，定期审核履约相关的企业经营状况，确保纾困企业诚信履行，切实保护申请执行人合法权益，实现企业摆脱债务困境、债权人兑现债权的双赢。

78．陈某某与某公司财产保全案*

运用“账户解冻置换+已控资金归集”的方式“生道保全”

【执行要旨】

保全案件应合理平衡财产当事人双方的合法权益，厦门中院坚持能动司法理念，探索采取对被冻结基本账户和影响企业生产经营关键账户的解冻、置换、归集，为企业资金账户松绑，避免企业因财产保全而陷入生产经营困境。

【基本案情】

申请保全人：陈某某

被保全人：某公司

保全法院：福建省厦门市中级人民法院

某公司是一家专门生产母婴产品的港商投资企业，2018年被福建省政府有关部门认定为高新技术企业。2021年8月，该公司与陈某某发生经济纠纷，陈某某向厦门中院申请诉前财产保全该公司3000万元财产。保全中，厦门中院依申请冻结了该公司基本账户等多个普通账户，企业经营陷入了难以为继的困境。该企业随即向厦门中院提出解冻账户的请求。厦门中院财产保全中心收到请求后，认真审查企业被冻结账户的性质、流水

* 2023年5月最高人民法院发布的人民法院能动司法（执行）典型案例之一。

情况、交易对象，核实上述账户确为基本账户和发放员工工资、长期合同交易的重要账户，在企业承诺账户后续仅用于生产经营所需的最低限度，同时充分考虑案情并告知申请人后，决定对基本账户解除冻结，同时对重点普通账户解冻后置换，即责令该公司在解冻后12小时内将已冻结的款项统一归集到其他被冻结的账户。上述账户的解冻与置换，解除了该公司因财产保全引发的经营危机。在该案原告陈某某的诉讼请求被厦门中院驳回后，该公司送来感谢信深情表达对执行法院能动司法的感激："贵院秉持人性化司法的理念，帮我司解除了基本账户的查封冻结，置换一般账户，使我司不致因诉讼陷入无法经营的险境。通过这个财产保全案件，我司深切感受到厦门高水平的司法营商环境，将考虑加大在厦投资。"

【典型意义】

在财产保全的实践中，困扰保全法官的普遍性问题就是应否及如何置换保全财产，而一旦涉及银行账户解冻则更加棘手，因为现金是最便于执行的责任财产。本案中保全法院充分考虑该民营企业生存的困境，坚持能动司法理念，主动担当作为，通过基本账户解冻和关键普通账户置换归集的方式，既努力实现保全目的，又维护被保全企业生存权益，为财产保全案件中处理银行账户解冻置换探索出一条"生道保全"之路，为民营经济的发展营造优质的法治化营商环境，实现政治效果、社会效果、法律效果的有机统一。

79. 青岛某粮库、某置业公司等与青岛某实业公司买卖合同纠纷系列案*

▶ 将老企业搬迁政策与市场化法治化路径相结合实现本地老品牌“整体盘活”

【执行要旨】

面对拥有数十年知名老品牌的被执行企业，青岛中院充分运用属地政府“老企业搬迁”配套优惠政策，依托“市场化+法治化”路径，引导实力雄厚投资人整体整合债权，促成各方当事人达成一致并实现债权清偿，依法解除对涉案财产的查封，一揽子解决了75件执行案件。

【基本案情】

申请执行人：青岛某粮库、某置业公司

被执行人：青岛某实业公司

执行法院：山东省青岛市中级人民法院

青岛中院受理的申请执行人青岛某粮库、某置业公司等与被执行人青岛某实业公司合同纠纷系列案中，执行标的共计1亿余元。此前，青岛辖区某实业公司作为被执行人的执行案件共75件，绝大多数案件未执结。立案执行后，青岛中院全面评估了某实业公司名下可供

* 2023年5月最高人民法院发布的人民法院能动司法（执行）典型案例之一。

执行财产，全部资产估价共计约3000万元，唯一有处置价值的是位于青岛市某路45号的房地产，该房地产上涉及抵押权等多重权利负担，且已被多地多家法院轮候查封。因该宗土地系工业用地，市场评估价值较低，若贸然以强制拍卖程序推进，则仅抵押权债务能够得到偿付，其他债权人的债权及企业60余名职工的2000万元安置费用将无法清偿。

青岛中院改变传统执行思路，坚持能动司法理念，吃透企业所在地区政府的“老企业搬迁”政策，将执行案件融入企业属地政府“老企业搬迁计划”，组织各方当事人与政府相关职能部门进行了十几轮磋商，促成当事人与投资人在法治框架内达成协议，由投资人出资整合处理“某实业公司作为被执行人”案件的全部债权，同时为某实业公司预留2000万元职工安置费用、1800万元“老厂重建复工”费用。青岛中院遂依法解除了对某实业公司名下商标权、土地及其他财产的查封，某实业公司妥善安置了公司职工，顺利进行搬迁，目前已经进入复工重建阶段。青岛辖区涉某实业公司共75个执行案件全部执行完毕。

【典型意义】

某实业公司系青岛地区著名老品牌，具有优良的品牌价值、广泛的影响力和高度的认可度，该系列案件执行标的大、案件数量多、社会影响广，涉案财产的处置与地方经济发展、社会安全稳定和营商环境水平密切相关，能否统筹兼顾各方利益、妥善实质解决纠纷，同时保护本地老品牌，考验着执行工作的担当和智慧。青岛中院坚持以能动司法解难题、破困局，将案件依法执行与“老企业搬迁”政策相结合，依托法院专业优势，促成投资人、政府职能部门与案件当事人找到“最大公约数”，在法治轨道上以市场化路径整体盘活企业资产，一揽子解决了被执行企业历时十余年的75件执行案件，一举达到了清偿企业债务、维护债权人合法权益、助力地方老品牌焕发新活力、保障社会安全稳定的“多赢”局面，实现政治效果、社会效果、法律效果的有机统一，为优化营商环境注入了司法动能。

80. 某建设工程公司土地承包纠纷系列案*

以绿色执行理念妥善化解 468 亩林木腾退

【执行要旨】

实践中，土地腾退案件一直面临诸多难点。一方面林苗、花木等地上附着物的评估难度大、流拍率高，另一方面生物资源的生态价值在强制腾退过程中也可能面临不可逆转的损害。对此，上海崇明法院依托“府院联动”机制，由政府出面对涉案土地进行公开招租，积极引入第三方企业对地上林木予以整体收购，并对涉案土地进行承租，既有效兑现了村民土地权益，也践行了绿色执行理念，实现了生态资源保护和助力乡村振兴的双赢。

【基本案情】

申请执行人：11 个村民小组

被执行人：某建设工程公司

执行法院：上海市崇明区人民法院

2014 年，某建设工程公司与上海市崇明区某村 11 个村民小组签订土地承包经营权流转合同，约定承租各

* 2023 年 5 月最高人民法院发布的人民法院能动司法（执行）典型案例之一。

村民小组土地共468亩，因经营不善拖欠租金，11个村民小组分别向法院提起诉讼。2021年，法院最终判决解除双方签订的土地承包经营权流转合同，某建设工程公司将承租的468亩土地平复还耕后腾退返还给各村民小组，并支付逾期未付的租金。判决生效后，某建设工程公司未履行义务，11个村民小组分别向崇明法院申请强制执行，要求某建设工程公司腾退土地并支付欠付的租金。

崇明法院于2022年1月9日立案执行。经调查，被执行人除涉案土地上的林木外，无其他可供执行的财产。崇明法院于2022年3月9日依法查封了被执行人在涉案土地上的林木，并张贴腾退公告，限期要求被执行人履行义务。

经调查发现，涉案土地上的林木包括樱花树、香樟树、榉树等在内共27种近35万株，品种多样数量繁多，且部分品种有一定稀缺性，具有相当的经济价值及生态价值。若强行腾退，不仅工程量巨大，而且也易造成苗木死亡、土壤破坏，可能引发次级生态灾害，不利于土地的可持续发展。若对地上林木进行评估拍卖，一方面评估费用不菲且面临流拍风险，另一方面拍卖成交后仍需对林木进行腾退，生态资源仍面临破坏之虞。

为此，崇明法院多次召集双方就本案租金支付、土地腾退进行协商，并会同镇政府等相关职能部门召开联席会议，就案件化解寻求最优解决方案。经崇明法院积极协调，涉案土地所在镇政府对土地进行公开招租，成功引入第三方公司对林木进行整体收购，并与村民小组就涉案土地签订土地流转合同。至此，被执行人所欠土地租金得以全部支付完毕，本案得到妥善解决。

【典型意义】

本案中，土地腾退与兑现租金债权、保护生态环境之间呈现出一种紧张的对立关系。因被执行人名下除涉案土地上的林木外无其他可供执行的财产，启动林木拍卖，是常规的执行路径。但是在执行中发现，启动林木拍卖具有以下几个难点：（1）评估成本高。被执行人名下近35万株林木分布在468亩的土地上，品种也不尽相同，评估所需要耗费的人力、物力

以及时间成本都将十分高昂。(2) 拍卖难度大。林木由于其地上附着且生长周期长的特性，拍卖难度远超过其他标的物，拍卖成交率畸低。(3) 执结周期长。林木拍卖往往会经过一拍、二拍甚至变卖等数个环节，执行周期远超于一般执行案件。尤其本案中村民被拖欠租金已逾两年，采取林木拍卖并不利于系列案件的迅速化解，同时可能激发群体性的矛盾。(4) 社会效果差。如果林木流拍，申请执行人的债权将无法得到实现。如果林木最终拍卖成交也需面临后续土地的腾退，腾退的工具以及清退林木的存放地点等都需要耗费成本予以确认，同时将不可避免造成生态受损。

在综合考虑上述因素后，崇明法院确立了“民生为本”的工作思路，在执行工作中体现“绿水青山就是金山银山”的生态保护理念，紧盯村民权益的落实落地和生态环境保护。通过与涉案土地所在的镇政府积极协调沟通，成功引入第三方对林木予以整体收购，并与申请执行人签订土地流转租赁合同，既优先实现了村民的租金债权，同时在保全林木这一生态资源的基础上，为生态环境保护、涉案土地的可持续发展和村民的长远收益提供了解决方案，实现政治效果、社会效果、法律效果的有机统一。

81．某药业公司系列欠款纠纷执行案*

引入“临时管理人”实现企业盘活与债权人权益保障双兼顾

【执行要旨】

被执行企业因资金断流拖欠众多供货商货款，执行法院引入重整实务中的“临时管理人”机制，监管企业的生产经营，促成当事人达成和解，实现了企业资金不断流、企业不破产、生产不停止、工人不下岗，被执行企业得以存活、债权人利益稳步实现的目的。

【基本案情】

申请执行人：代某某等

被执行人：某药业公司

执行法院：河北省安国市人民法院

2020年12月底，河北安国法院在执行某药业公司案件时发现该公司作为被告的案件仍有80多件正在审理中。安国法院立即传唤公司负责人，了解到公司因未能按约定给供货商付款，引发大规模诉讼。安国法院通过查阅账目、现场调查发现，该公司拖欠473名个体工商户货款达1800余万元，公司应收账款有1700余万元，公司设备、资质等生产条件都具备。如果按照传统执行

* 2023年5月最高人民法院发布的人民法院能动司法（执行）典型案例之一。

思路，公司的账户资金只能清偿顺位在先的几名债权人，继续执行只能拍卖公司机器设备、房产土地等固定资产，一个经济实体也将随之消失。大部分债权人的权益将得不到保障。

安国法院秉承善意文明执行理念，坚持能动司法，果断协调正在审理中的案件，并将尚未起诉的供货商也纳入解决范围，多次组织召开债权人会议集思广益，最终确定了参照破产预重整制度，引入第三方会计公司作为“临时管理人”监管公司生产经营的执行方案：第一，委托会计公司接管公司财务，对公司进行监管，定期公示公司账目。第二，解封公司基本账户，对公司资产“活封”。第三，由法院以执行第三人到期债权的形式催收应收公司债权。第四，催收到账的案款交付公司，公司每月对供货商按照各自债权金额百分之五的比例偿还。

目前某药业公司已恢复正常生产经营，月营业额近百万元，累计偿还货款 500 余万元。

【典型意义】

安国法院通过引入“临时管理人”这一措施充分践行了习近平法治思想，贯彻了“法治是最好的营商环境”的理念；该案件用活了破产重整实务中的“临时管理人”制度，扶持企业平稳度过“疗愈期”，为经济实体发展注入了活力，让执行有力度，更有“温度”；最大限度帮助债权人足额实现债权，提高了执行效率，达到了对涉企案件执行的政治效果、社会效果、法律效果的有机统一。

82. 某信托公司与某资本公司等信托纠纷执行案*

▶

执行方案专业定制48个工作日兑现10亿元金融债权

【执行要旨】

证券市场瞬息万变，司法处置上市公司股票要快、准、稳。案件处置中既要妥善维护当事人、上市公司各方利益，又要尽可能降低对证券市场的影响，防范市场风险，避免引起股票价格大幅波动。武汉中院发挥能动司法作用，执结一起上市公司大额股票的典型案例。从立案到成交，武汉中院用时48个工作日（含公告一个月）推进立案、查控、约谈、评议、挂网、拍卖系列执行流程与各项工作，真金白银兑现申请执行人10亿元债权，有力维护了金融市场的稳定。

【基本案情】

申请执行人：某信托公司

被执行人：某资本公司、某股权公司

执行法院：湖北省武汉市中级人民法院

原告某信托公司与被告某资本公司签订《信托受益

---

* 2023年5月最高人民法院发布的人民法院能动司法（执行）典型案例之一。

权转让协议》，某股权公司以其持有的某上市公司限售原始股提供质押担保，后因资本公司违约，信托公司将其诉至法院。武汉中院一审判决被告某资本公司向原告信托公司支付 8.8 亿元投资本金及利息、违约金，判令原告就质押的某上市公司 4 亿股股票优先受偿。

判决生效后，被告未主动履行判决义务，信托公司于 2023 年 1 月向武汉中院申请强制执行。通过重大涉企案件绿色通道，武汉中院证券基金执行团队第一时间对申请执行人进行首次约谈，迅速确定本案债权兑现的关键是 4 亿股股票的处置。立案时，股票市场价在 2.2 元/股左右，案涉 4 亿股总价至少八九亿，处理的好坏不仅关系到申请执行人胜诉权益的兑现，还将影响到股价、股民利益及上市公司发展，牵一发动全身。执行人员抢在春节休市前前往中国证券登记结算上海分公司办理查控。经查，案涉 4 亿股股票现已转为无限售流通股，武汉中院系首封法院，具备处置权。合议庭随即就集中竞价、大宗交易、司法拍卖三种处置方法的利弊反复衡量，最终选择将案涉 4 亿股股票拆分三个资产包以拍卖日前 20 日均价八折作为起拍价进行挂网拍卖；为实现股票价值最大化，选择在目前股市与股价行情较好的“年后小阳春”启动司法拍卖程序。

最终，通过总计 148 次出价，94 次延时，在 19 万人次拍卖围观下，案涉 4 亿股股票以单股均价 2.5 元，总成交价 10.03 亿元全部成交，溢价率达到 24.8%，火爆的拍卖行情带动了二级市场行情。当天，该股票市场收盘价上涨 4%。成交后，申请执行人向武汉中院送来“高效执行 助力金融”的锦旗表达谢意。

【典型意义】

本案是武汉中院发挥能动司法作用，执行上市公司大额股票的典型案例。本案的执行突出了兑现胜诉债权的“快”、股票拆分市场化处置的“准”与涉企金融案件执行方案的“稳”。武汉中院通过牢牢把握“公正”这个根本要求，积极回应“效率”这一人民期盼，持续更新执行理念，进行专业化案件类型分流，深化改革创新，推行执行方案专业定制，实现兑现胜诉债权和推动经济发展并重，也为上市公司股票执行类案提供了成功范例。

83. 刘某某与郭某买卖合同纠纷执行案*

▶

设置履约宽限期最大限度维护双方当事人权益

【执行要旨】

大庆市让胡路区法院积极贯彻落实《最高人民法院关于在执行工作中进一步强化善意文明执行理念的意见》，注重在强制执行中把握善意要求，通过找准双方利益平衡点，充分运用“宽限期”推动解决“执行难”、实现共赢，既保障胜诉当事人合法权益，又最大限度避免给被执行人带来不利影响，有力实现政治效果、社会效果、法律效果的有机统一。

【基本案情】

申请执行人：刘某某

被执行人：郭某

执行法院：黑龙江省大庆市让胡路区人民法院

2022 年 5 月，大庆让胡路法院对刘某某与郭某买卖合同纠纷一案作出一审判决，判决郭某于 2022 年 5 月 20 日前给付刘某某合同价款 40000 元。2022 年 6 月 23 日，刘某某申请对郭某强制执行，经初步财产查询反

---

* 2023 年 5 月最高人民法院发布的人民法院能动司法（执行）典型案例之一。

馈，未发现被执行人郭某名下有可供执行财产。2022 年 7 月 5 日，刘某某进一步提供线索，申请法院到郭某当前所居住的肇东市新华村进行现场调查，执行法官当即带队赶赴新华村并顺利找到郭某。经调查，郭某刚刚在村里宅基地圈养了 25 头猪崽，于是刘某某主张将猪崽强制执行变现。

经进一步了解，这 25 头猪崽是郭某在亲属处借款 12500 元购买的，如现在强制执行变卖猪崽，根据市场价值仅能执行到位 1 万余元，一方面刘某某的胜诉权益目前无法全部兑现，另一方面郭某的债务负担将会进一步加重。为更好保护双方权益，执行法官经综合考虑提议，由郭某暂时喂养这 25 头猪崽，待 6 个月时间猪崽全部长成后再予处置。同时，执行法官向郭某言明利害、释法说理，告知其若擅自处置将承担的法律责任，申请执行人亦对此执行方案表示认可，双方达成执行和解。2023 年 1 月 10 日，被执行人郭某主动联系执行法院，表明猪崽已经养成可以变卖。在执行干警的见证下，25 头生猪共计变卖 83100 元，被执行人郭某现场给付申请执行人刘某某全部欠款 40423 元，郭某在偿还亲属 12500 元购买猪崽的借款后剩余款项 3 万余元。案涉双方均对执行干警表达了谢意。申请执行人表示多亏了法官的执行方案，他的欠款得以一次性全部清偿，案件顺利执结；被执行人则表示感谢法院给予他履行的宽限期，让其不仅清偿了两笔债务，自己还能有剩余款项。

【典型意义】

党的二十大报告指出，要“推进多层次多领域依法治理，提升社会治理法治化水平”。执行工作关乎民生福祉，关乎社会和谐稳定，作为司法机关，人民法院负有参与社会治理的重任，而执行工作则是人民法院参与社会治理的重要一环。本案是贯彻善意文明执行理念，将“以人民为中心”落到实处的典型执行案例。在这起案件中，人民法院通过设置履约宽限期，兼顾了执行工作的刚性与柔性，平衡了执行力度与执行温度，有力促进了“两难”变“多赢”，切实维护了社会和谐稳定。

84．周某、王某某与南京某物业公司物业服务合同纠纷执行案*

▶

打好“预罚款”＋“司法建议”组合拳满足新能源车主多样化需求

【执行要旨】

本案是关涉国家新能源汽车发展战略中，基础设施建设落实落地问题的行为类执行案件，具有较高的社会关注度。执行法院秉持善意文明、能动司法的工作理念，通过“预罚款”方式既警示被执行物业公司履行协助安装汽车充电桩义务，又给予其一定的宽限期，促使其在信用信息不受影响的情况下主动履行。同时，执行法院还充分发挥统筹协调、释法明理工作作用，在充分沟通的基础上，向被执行人发出“司法建议”，引导其更新管理理念、改进工作方法，从源头预防、化解类似潜在纠纷，起到了较好的示范作用。

【基本案情】

申请执行人：周某、王某某

被执行人：南京某物业公司

执行法院：江苏省南京市栖霞区人民法院

---

* 2023年5月最高人民法院发布的人民法院能动司法（执行）典型案例之一。

周某、王某某与南京某物业公司物业服务合同纠纷一案判决生效后，南京某物业公司以涉案小区地下车库曾发生电动车充电自燃事故，且其仅为小区管理方而非产权人为由，拒绝履行协助安装新能源汽车充电桩的义务，周某、王某某遂向法院申请强制执行。执行过程中，南京栖霞法院充分发挥司法能动作用，向怠于履行义务的被执行人南京某物业公司送达《预罚款通知书》，责令其与车位产权方区分责任，15 天内提出解决方案，否则将处以 10 万元罚款。同时，该院还积极组织涉案车位产权方、管理方、业主方三方座谈，就新能源汽车充电桩安装问题进行释法明理，并向被执行人送达《司法建议书》，指明其在车位管理中存在的不当之处，建议重新调整管理理念，对消防设施进行整改，强化安全管理责任，不得禁止业主依法依规安装充电设施。最终，被执行人南京某物业公司与涉案车位产权方均表示接受法院提出的建议，愿意协助业主安装新能源汽车充电桩。该物业公司在对栖霞法院《司法建议书》的回函中表示，充分认可法院的执行行为，今后会主动履行法律义务，并在后续管理中主动协调产权方、社区、消防部门等单位，统筹规划建设新能源汽车充电设施，满足业主的多样性需求。

【典型意义】

从政治效果上看，发展新能源汽车是我国从汽车大国迈向汽车强国的必由之路，是应对气候变化、推动绿色发展的战略举措，而加强新能源汽车基础设施建设，则是该战略的一个重要组成部分。本案的成功执行，为新能源汽车基础设施在基层社区的推广、落地提供了有益的实践范本，为国家战略的贯彻落实提供了有力的司法保障。从社会效果上看，民生权益无小事。新能源汽车充电设备在基层社区的落地，既大大提升了人民群众使用相关车辆出行的便捷程度，又促使物业公司转换管理思路、提升服务品质，从而更好满足业主的多样化需求，取得了各方当事人的一致认可，起到了良好的示范效果。从法律效果上看，执行法院积极创新工作方式方法，综合运用“预罚款”措施和“司法建议”机制，既展示强制力警示被执行人履行义务，又设定宽限期给予其维护信用、“改过自新”的机会，并有力发挥建议机制的柔性司法监督优势，全方位激励当事人主动履行。该案执行充分体现了善意文明执行理念和能动司法工作的良好成效。